民法典实施精要

（下）

2022年

人格权编　婚姻家庭编
继承编　侵权责任编

杜万华　主编

法律出版社
LAW PRESS·CHINA
北京

图书在版编目(CIP)数据

民法典实施精要. 下 / 杜万华主编. -- 北京 : 法律出版社, 2022

ISBN 978-7-5197-6909-3

Ⅰ. ①民… Ⅱ. ①杜… Ⅲ. ①民法-法典-法律解释-中国 Ⅳ. ①D923.05

中国版本图书馆 CIP 数据核字(2022)第 126379 号

民法典实施精要(下)
MINFADIAN SHISHI JINGYAO (XIA)

杜万华 主编

策划编辑 沈小英
责任编辑 刘晓萌
装帧设计 李 瞻

出版发行 法律出版社
编辑统筹 法治与经济出版分社
责任校对 杨锦华
责任印制 吕亚莉
经　　销 新华书店

开本 787 毫米×1092 毫米 1/16
印张 33.5 **字数** 603 千
版本 2022 年 9 月第 1 版
印次 2022 年 9 月第 1 次印刷
印刷 固安华明印业有限公司

地址:北京市丰台区莲花池西里 7 号(100073)
网址:www.lawpress.com.cn
投稿邮箱:info@lawpress.com.cn
举报盗版邮箱:jbwq@lawpress.com.cn

销售电话:010-83938349
客服电话:010-83938350
咨询电话:010-63939796

书号:ISBN 978-7-5197-6909-3
定价:178.00 元

凡购买本社图书,如有印装错误,我社负责退换。电话:010-83938349

编写委员会

主　编

杜万华　最高人民法院咨询委员会副主任兼秘书长，二级大法官，博士研究生导师、博士后合作导师。曾任最高人民法院审判委员会副部级专职委员、最高人民法院民法典编纂工作研究小组副组长兼办公室主任

副主编

吴兆祥　最高人民法院研究室副主任，法学博士

曹守晔　最高人民法院研究室原巡视员，武汉大学特聘教授，博士研究生导师

刘　楠　四川省高级人民法院副院长，法学博士

徐建新　浙江省高级人民法院副院长，法学博士

委　员

单国均　北京市第一中级人民法院副院长，法学博士

夏正芳　江苏省人大常委会法制工作委员会副主任，江苏省高级人民法院原民二庭庭长，法律硕士

王　灯　全国人大常委会法制工作委员会民法典编纂工作专班成员，最高人民法院民一庭法官，法学硕士

邹　治　北京市第二中级人民法院民二庭庭长，法学博士

李予霞　最高人民法院研究室案例处副处长，法学硕士

谢　勇　最高人民法院第四巡回法庭主审法官，法学博士、经济学博士

主要撰稿人

杜万华　最高人民法院咨询委员会副主任兼秘书长，二级大法官，博士研究生导师、博士后合作导师。曾任最高人民法院审判委员会副部级专职委员、最高人民法院民法典编纂工作研究小组副组长兼办公室主任。全书统稿，撰写人格权编第一章。

曹守晔　最高人民法院研究室原巡视员，武汉大学特聘教授，博士研究生导师。全书统稿，撰写婚姻家庭编第一章、继承编第一章、侵权责任编第一章。

单国均　北京市第一中级人民法院副院长，法学博士。人格权编、婚姻家庭编、继承编统稿，撰写继承编第五章。

邹　治　北京市第二中级人民法院民二庭庭长，法学博士。撰写人格权编第二章。

任容庆　最高人民法院应用法学研究所法学博士后，法学博士。撰写人格权编第三章。

李予霞　最高人民法院研究室案例处副处长，法学硕士。撰写人格权编第六章，侵权责任编第二章、第五章、第七章、第九章、第十一章。

徐建新　浙江省高级人民法院副院长，法学博士。婚姻家庭编统稿。

刘　楠　四川省高级人民法院副院长，法学博士。侵权责任编统稿。

姜　强　原最高人民法院法官，法学博士。撰写侵权责任编第三章、第六章。

刘维秋　四川省高级人民法院民一庭副庭长，法学博士。撰写侵权责任编第四章、第六章、第七章、第十章。

王　茜　上海市第一中级人民法院民事审判庭副庭长，法律硕士。撰写侵权责任编第四章、第十章。

王国庆、潘静、丁宇翔、刘洋、杨磊、张元华、汪海波、蒋炜等分别撰写人格权编第四章、第五章、第六章、第七章，婚姻家庭编第二章、第三章、第四章、第五章、第六章，继承编第二章、第三章、第四章、第五章，侵权责任编第八章。

总　序

经过几代人的共同努力,2020 年 5 月 28 日,《中华人民共和国民法典》(以下简称《民法典》)终于在全国人民代表大会上通过了。这次《民法典》的通过,是中国法制史上的重大事件,是中国特色社会主义制度建设的重大事件。随着中国社会的发展,这次《民法典》的通过在中国特色社会主义发展史上的重大意义,将越来越突出,越来越明显。

我国这次通过的《民法典》,以马克思列宁主义、毛泽东思想、邓小平理论和习近平法治思想为指导,既吸收了数千年来中国传统的优秀法律文化,又吸收了现代西方法治文明的成果;既吸收了 20 世纪初以来我国仁人志士融合中西法律文化的探索,又总结了新中国成立 70 年来,特别是改革开放 40 年来建立和完善中国特色社会主义的经验。可以毫不夸张地说,我国的《民法典》是中国特色社会主义制度化的重大成果,它将为我国社会主义现代化强国目标的实现,即第二个百年梦想的实现,为中华民族的伟大复兴奠定坚实的法治基础。

正因为《民法典》如此重要,习近平总书记在其通过的第二天就召开政治局会议,专题学习民法典,并发表了极其重要的讲话。他强调:"民法典在中国特色社会主义法律体系中具有重要地位,是一部固根本、稳预期、利长远的基础性法律,对推进全面依法治国、加快建设社会主义法治国家,对发展社会主义市场经济、巩固社会主义基本经济制度,对坚持以人民为中心的发展思想、依法维护人民权益、推动我国人权事业发展,对推进国家治理体系和治理能力现代化,都具有重大意义。全党要切实推动民法典实施,以更好推进全面依法治国、建设社会主义法治国家,更好保障人民权益。"

这次《民法典》的制定,为我国法治国家、法治政府、法治社会的全面推进奠定了基础。但是,法律的生命在实施,法律的权威靠实施。《民法典》生效后,如果没有有效的实施,其生命和权威就难以维持和显现。要让《民法典》得到很好的实施,除应当向人民群众广泛宣传民法典的精神和内容外,各级党政机关是关键。为此,习近平总书记一针见血地指出:"民法典实施水平和效果,是衡量各级党政机关履行为人民服务宗旨的重要尺度。国家机关履行职责、行使职权必须清楚自身行为和活动的范围和界限。各级党和国家机关开展工作要考虑民法典规定,不能侵犯人民群众享有的合法民事权利,包括人身权利和财产权利。有关政府机关、监察机关、司法机关要依法履行职能、行使职权,保护民事权利不受侵犯、促进民事关系和谐有序。"

在《民法典》实施的过程中,司法机关和法律工作者是重要的生力军。为保证《民法典》实施的水平和效率,习近平总书记专门针对司法机关和法律工作者提出了要求:"严格规范公正文明执法,提高司法公信力,是维护民法典权威的有效手段。""各级司法机关要秉持公正司法,提高民事案件审判水平和效率。要加强民事司法工作,提高办案质量和司法公信力。要及时完善相关民事司法解释,使之同民法典及有关法律规定和精神保持一致,统一民事法律适用标准。要加强对涉及财产权保护、人格权保护、知识产权保护、生态环境保护等重点领域的民事审判工作和监督指导工作,及时回应社会关切。要加强民事检察工作,加强对司法活动的监督,畅通司法救济渠道,保护公民、法人和其他组织合法权益,坚决防止以刑事案件名义插手民事纠纷、经济纠纷。要充分发挥律师事务所和律师等法律专业机构、专业人员的作用,帮助群众实现和维护自身合法权益,同时要发挥人民调解、商事仲裁等多元化纠纷解决机制的作用,加强法律援助、司法救助等工作,通过社会力量和基层组织务实解决民事纠纷,多方面推进民法典实施工作。"

《民法典》的关键在实施。在《民法典》的实施中有几个现象值得关注:

一是注意《民法典》1260 条的规定,忽视单行民法法律和相关司法解释。从改革开放以来,我国根据"成熟一个制定一个"的原则,制定了大量的单行民事法律。在这次《民法典》编纂时,最终被废除的单行民事法律只有 9 个,其他大量的单行民事法律依然有效。围绕单行民事法律的实施,最高人民法院曾先后制定了大量的司法解释。这些单行民事法律和司法解释过去曾经为建立社会主义法治秩序发挥了重要作用。即使在《民法典》生效后,这些单行民事法律和司法解释,只要与民法典不相矛盾和冲突,在新的单行民事法律和司法解释出台之前,都应当继续发挥其作用。之所以会出现注意《民法典》1260 条的规定,忽视现行有效的单行民事法律和司法解释作用的认识,是因为还有些同志,包括一些专业法律工作者没有认识到,这次民法典的编纂是将众多单行民事法律体系化。编纂后的《民法典》形成了民法典体系或者民法体系。我们的民法典体系由三部分构成:总则、分则和单行民事法律。至于司法解释,因其是司法过程中对法律适用的解释,其效力等级依附于被解释的法律,故在民法典体系中不作为一个独立的部分存在。为此,在 2021 年 1 月《民法典》生效时,不应当忽视单行民事法律和相关司法解释的作用。

二是注意民法分则、单行民事法律和司法解释的适用,忽视总则中的基本规则(基本原则)和一般规则的适用。在审判实践中,一些法官、检察官和律师将民法分则、单行民事法律或者司法解释的具体规定视为裁判性规则,比较欢迎;将基本规则包括基本原则、一般规则视为"宣誓性条款"或者"抽象性条款",自觉不自觉地予以忽视。产生这种观点的原因,是因为没有将民法总则、分则和单行民事法律看成一个整体。在《民法典》编纂将各种民事法律体系化后,总则中的基本规定(基本原则)、一般规则与分则、单行民事法律、司法解释中的具体规则之间,基本规则是核心和灵魂,一般规则是上位法,是不能违背的。长期以来,之所以出现重具体规则而轻基本原则和一般规定,主要是因为改革开放以来,我国的民事法律是"成熟一个制定一个",不同的单行民事法律是在不同的时间或者不同的背景下制定的,不可避免民事法律规范碎片化的情形。在《民法典》生效后,民事法律体系化的任务已经完成,应当将基本规则、一般规则和具体规则一体化的实施放在重要的位置来抓。

三是注意特别法的优先适用,忽视特别法优先适用的前提。关于民事法律适用的原则有很多,如新法优于旧法、上位法优于下位法、特别法优于一般法等。这些原则都是审判实践总结出来的经验,当然应当信守。但是,在适用这些原则时,应当了解适用这些原则的前提。尤其是特别法优于一般法的适用值得关注。在实践中,有些同志只要是特别法就无条件适用,至于该特别法是否与一般法相矛盾、相冲突,在所不问。从理论上看,特别法优于一般法是有前提的,即特别法的规定与一般法不相矛盾和不相冲突。具体来说,一般法的规定往往比较抽象,如果特别法作出与一般法不相矛盾和冲突的具体规定,或者一般法没有规定,特别法作出与一般法的基本原则不相违背的规定,那就应当适用特别法优于一般法的适用原则。如果特别法作出的规定与一般法相矛盾和相冲突,甚至是违背一般法基本原则的,就应当适用上位法优于下位法的原则,不能适用特别法优先的原则。因为一般法往往同时又是上位法。如果不这样认识问题,无条件地适用特别法优于一般法的原则,那民法典的体系化就会被打破,各个下位法各行其是,国家法治的统一就将不复存在,《民法典》编纂的目的就不能实现了。

民法典的体系化,是这次《民法典》编纂的主要目的。要实施好《民法典》,完整准确地把握好民法典体系至关重要。为帮助党政机关工作人员,特别是人民法院法官、检察官、律师更好地学习和理解民法典体系化的精神和内容,为实施民法典工作做好准备,我们这些曾经参与民法典编纂工作的同志和一些有经验的法律工作者,编写了《中华人民共和国民法典实施精要》。

在编写本书时,我们没有采用通常的释义方式,对《民法典》条文逐条进行解释,也没有对民法典涉及的专门民法理论进行阐述,而是将曾经在司法审判实践中出现的、以后审判实践中可能出现的重点、难点和热点问题抽出来,结合《民法典》的相关条文,结合与《民法典》不相矛盾和冲突的相关单行民事法律的规定,结合相关司法解释和典型案例进行阐释,供党政机关工作人员,特别是法官、检察官、律师等法律工作者在《民法典》生效后,处理种类民事商事法律纠纷时参考。我们这样做的目的是要以问题为导向,以解决问题为目的,为贯彻实施《民法典》,树立《民法典》的权威,推动依法治国的进程而努力。

在以问题为导向,重点阐释司法审判实践中的重点、难点和热点之外,为保证对民法典学习理解的全面性,我们在每编之前设计了概述。概述全面介绍该编的主要内容,以及应当注意把握的重点等内容。我们试图以专题为点,以概述为面,点面结合,帮助大家学习和理解民法典的精神和内容。

由于时间仓促和水平原因,我们所抽出的问题可能还不够全面,许多值得探讨的问题还没有列入。即使已经列入的问题和概述部分,阐释和讨论也可能不够深入。加之参与作者众多,风格水平不一,不足和缺点在所难免。对此,敬请读者见谅。

是为序。

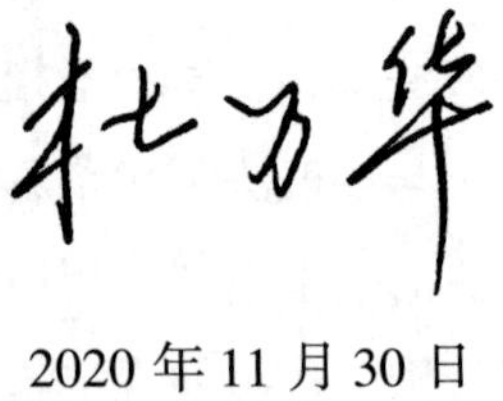

2020 年 11 月 30 日

序 言

本书涉及的是《中华人民共和国民法典》(以下简称《民法典》)人格权、婚姻家庭、继承和侵权责任四编的内容。如果说合同编的内容涉及经济活动更多一些,那么这四编则涉及社会生活的内容较多,与普通大众的关系更为密切。这四编内容的实施可以重点关注什么呢?笔者认为,可以重点关注人格权编的实施。这不仅因为人格权保护是社会主义现代化建设中精神文明建设的重要方面,还因为人格权的法律保护是法治建设中的新问题,人们对它还不十分熟悉。

人格权是人身权的重要组成部分,是与财产权不同的特殊权利类型。在较长的一段时间里,我们对人身权中身份权的保护比较重视,如婚姻家庭中夫妻之间的权利义务、父母与子女之间的权利义务等,但对作为重要组成部分的人格权的保护,则相对忽视。这当然与我们在人格权方面的立法相对滞后有关,也与我国社会发展对人格权保护重要性认识不足有关。《民法典》从适应我国全面建设社会主义现代化的需要出发,在全面保护人民财产权利的基础上,在民法总则构建的民事权利体系上,将人格权的保护提到一个新的高度,并以独立分则编的形式,全面规划制定了人格权保护的法律体系。如果说中国《民法典》的制定是21世纪法制史上重大成果,那么人格权编的独立成编则是这个成果的最大亮点。正如笔者在总序中说的那样,法律制定出来后,其重点是法律的实施。那么,在人格权编的实施中我们应当注意什么呢?总的来说,人格权编的规定当然要对法人、非法人组织的人格权和人格利益予以保护,但保护的重点还应当是自然人的人身自由和人格尊严。在人格权编的概述中,笔者对人格权编的主要内容作了相对全面的介绍,其中许多涉及人格权编在实施中应当注意的问题,大家可以参阅。在这里,笔者只就实施中的部分问题作一些补充。

首先,要特别注意对一般人格权实质性要求的贯彻落实。人格权的法律规定,将人格权分为一般人格权和具体人格权。有人认为,具体人格权已经在人格权编第二章到第六章作了具体规定,实施起来相对容易。但一般人格权除第一章的规定外,其他方面的规定较少,实施起来较困难。对此,应当如何认识和处理呢?笔

者认为应当注意以下几个问题:

一是要正确理解一般人格权与具体人格权的关系。一般人格权与具体人格权的关系,是一般和特殊的关系。一般人格权最本质的内容,就是依法保护人格独立基础上的人身自由和人格尊严;不同类型的具体人格权是一般人格权的具体表现,即生命权、身体权和健康权,姓名权和名称权,肖像权,名誉权和荣誉权,隐私权和个人信息保护。不同类型的具体人格权以自己独有的方式,反映和体现了一般人格权对人身自由和人格尊严的保护要求。

二是在依法保护具体人格权时,要始终抓住一般人格权体现在具体人格权中的人身自由和人格尊严这个纲。在一般情况下,如果依法保护了具体人格权,一般人格权保护人身自由和人格尊严的实质性要求就达到了。但如果对具体人格权的保护忽视了一般人格权实质性要求的指导,那么具体人格权的司法保护可能走偏。

三是现行有关具体人格权的法律规定不能完全覆盖的人格权保护案件,应当按照人格权编有关一般人格权保护的实质性要求处理。目前,人格权编所列举的具体人格权类型,并不能全部包含所有人格权保护的情形。具体来说,具体案件中的前提事实,如果无法完全按照现行具体人格权类型归类,但又的确涉及人格独立基础上的人身自由和人格尊严保护需要的,应当按照一般人格权的实质性要求处理。具体来说,就是应当按照人格权编第一章的要求处理案件,不能拒绝裁判。只有这样将一般人格权的法律保护与具体人格权的法律保护有机地结合起来,才能较好发挥人格权编的法律效果,实现其立法目的。

其次,要注意基于人格权享有产生的民事法律关系与基于人格权保护产生的具体人格权法律关系的区别。关于前者,主要基于人格权具有的绝对权属性入手,构成享有人格权的民事主体与不特定民事主体之间受法律保护的社会关系。这一法律关系是法定的,具体内容笔者在人格权编概述中有细述,这里不再重复。但真正出现的人格权民事纠纷,则往往是基于特定当事人的具体民事法律行为所产生的民事法律关系如何保护导致的。例如,张三侵害李四的隐私权,是由张三的侵权行为导致的,由此产生侵权法律关系,进入司法程序即构成侵权之诉。再如,王五与赵六订立合同,由王五有偿使用赵六的肖像,形成了合同关系。后来,王五扩大肖像的使用范围而违约,进入司法程序后构成合同之诉。在这里,享有人格权的民事主体与不特定主体之间的法律关系,是法律保护的社会关系,是引起具体民事法律关系的原因。基于侵权行为形成的侵权法律关系,以及基于具体民事法律行为形成的合同关系,是前述法律关系的具体化,如果义务人不履行相应的义务,权利人向人民法院提起诉讼,就形成了相应的侵权之诉和合同之诉。司法只有通过对具体侵权法律关系和合同关系的依法处理,享有人格权的特定民事主体与不特定民事主体之间形成的法律关系,才能得到有效的司法保护。这一点,在人格权法实施中应当引起注意。

最后,要注意实践中不断翻新出现的各种人格权侵权表现形式。实施人格权法律规定,保护当事人人格权,最重要的是要认识各种不同的人格权侵权形式。这是人格权保护的前提和基础。随着社会的不断发展,人格权侵权的形式不断出现,其中最突出的表现形式就是网络人格权侵权,如"人肉搜索",利用网络形式刺探、侵扰、泄漏、公开个人隐私,在网络上通过侮辱、诽谤、羞辱等方式侵害名誉权等。认清人格权侵权形式,依法保护当事人的人格权,有以下几点需要注意:

一是要认识人格权的权利特征。正确把握人格权的权利特征,是认识人格权侵权的基础。所谓人格权,是指民事主体固有的、应当采用法律手段予以保护的法定基本权利。这种法定基本权利,具有排他性的专属权利特征,除极个别法律有特别规定外,该权利不能放弃、不能转让、不能继承。其他任何组织和个人都应当承担尊重和不得侵害的法定义务。国家机关依法负有保护民事主体人格权的职责,非因法律授权和法律规定,非经法定程序,不得剥夺民事主体的人格权。应当特别值得注意的是,一些自然人的人格权,任何时候都是不能被剥夺的。例如,人格权中的人身自由权,可以被依法限制,但不能被剥夺,因为被剥夺后,自然人就没有生存的基础;生命权中的生命可以被依法剥夺,但生命的尊严不能被剥夺;自然人因违法犯罪,可以依法剥夺其生命、限制其人身自由,以及追究其法律责任,但不可以剥夺其名誉权,任人以侮辱、诽谤、羞辱等方式侵害其名誉;国家机关为追究违法犯罪和维护社会公共利益,可以依照法律规定和法定程序,获取和掌握自然人的隐私信息,但应当承担妥善保管和妥善处理该隐私信息的责任,不能剥夺其隐私权,通过泄漏、公开等方式侵害其人格尊严。

二是要认清人格权人对自己人格权行使的边界。认清自己人格权行使的边界,可以从人格权主体的角度,帮助我们认识人格权侵权的形式。例如,身体权是自然人的基本具体人格权,它是自然人对自己身体组织、肢体、器官等身体构成整体和组成部分的完全支配权。既然自然人对自己的身体权拥有完全支配权,那么他要出卖自己的肢体、器官是否可以呢?按照《民法典》第 1007 条的规定,以任何形式买卖人体细胞、人体组织、人体器官、遗体是被完全禁止的,其买卖行为在法律上无效。很显然,身体权保护人格权人身体的完整性和身体行动的自由性,他拥有的权利不能对自己的身体予以自我伤害。即使在不伤害自己身体的完整性和行动自由性不受影响情况下,人格权人也只能作无偿捐献,不能进行买卖。这样划定身体权行使边界的目的,本质是为了最终保护人格权人,防止有人以乘人之危的方式伤害人格权人。再如,姓名权、名称权、肖像权,除法人和非法人组织的名称权外,人格权人不能对其进行转让,只能依法予以许可使用。从法律上讲,许可使用制度不致让人格权人丧失姓名权和肖像权。由此可见,在人格权人权利边界之外,相对人即使与人格权人协商一致,也会构成对人格权人权利的侵害。这一点是由人格权权利的特殊性决定的。

三是要认清他人合理使用权利人人格的情形和界限。认清他人对人格权人人格的合理使用,是从另一个角度认识人格权的侵权形式。按照法律的规定,他人合理使用人格权人的人格主要有以下几种情形:(1)为公共利益实施新闻报道、舆论监督等行为,可以合理使用民事主体的姓名、名称、个人信息等。但如果超出合理范围,可能构成人格权侵权。(2)依据协议、遗嘱等书面形式可以接受捐献人无偿捐献的人体细胞、组织、器官和遗体。但应当看到,这类合同是实践性合同。如果捐献人在捐献协议签订后不愿意捐献,不能强行捐献,否则会构成侵权。(3)依据许可使用合同,可以合理使用他人的姓名、名称、肖像等。这类使用只要不超出合同许可和法律规定的范围,不构成侵权,但超出范围的则可能构成侵权。(4)国家机关和社会组织等可以依法收集处理的信息。这主要有:国家机关依照法律规定的权力和法定程序,可以收集、处理他人的隐私信息和个人信息;法律允许的组织,可以依法收集、处理他人的信息;其他人可以使用本人公开的个人信息等。如果在合法范围内收集使用他人信息,不构成人格权侵权,但超出法律规定的范围,则可能构成人格权侵权。

随着人们对人格权法律意识的提高,人格权的法律保护,特别是司法保护可能越来越受到人们重视,相应的纠纷案件可能越来越多。因此,有必要对这一问题引起高度重视,及早做好相应的准备。这也是笔者为什么要利用这个机会多说几句的原因。

除人格权编外,本书还有"婚姻家庭编""继承编""侵权责任编"的内容。这三编所涉内容在过去几十年的法律实施中已经积累了较为丰富的经验,加之本书后面的概述和专题都有专门详细论述,在这里需要强调的不多。故这里只就一些重要内容予以提示。

关于婚姻家庭法律制度的实施,以下规定和问题应当引起注意:

一是要注意《民法典》第1043条关于优良家风、家庭美德和家庭文明建设的规定。这是落实习近平总书记对婚姻家庭建设的重要指示，在以前婚姻法基础上作出的新规定，是整个婚姻家庭法律制度的灵魂，是婚姻家庭立法目的所在。整个婚姻家庭法律制度的实施，应当以此作为指导思想，予以认真贯彻落实。

二是要注意婚姻自由、一夫一妻、男女平等三大基本原则和妇女、儿童、老年人、残疾人合法权益特殊保护原则的贯彻落实。这是整个婚姻家庭法律制度四梁八柱的基础，是婚姻家庭法律制度实施的底气，应当融汇于整个婚姻家庭法律规范的理解之中。

三是要注意对婚姻家庭财产制度的理解。婚姻家庭财产是婚姻家庭稳定的基础，也是最容易引起婚姻家庭矛盾和纠纷的重要因素。要注意搞清楚夫妻共同财产的构成，夫妻个人财产的来源，夫妻共同债务的认定，夫妻约定财产的协议等。尤其是再婚夫妻，更要依法处理好夫妻财产关系，这是夫妻关系是否稳定的重要基础。

四是要注意正确理解父母与子女关系的制度性规定。抚养子女和赡养父母是自然人的法定义务，每个人都应当依法履行。此类法定义务的履行通常不成问题，但因父母再婚和成年子女多人，往往会加剧问题的复杂性。但无论问题如何复杂，万变不离其宗，其法定义务的不变性，在法律的实施中应当始终紧紧把握，并适时斟酌损益。

五是要注意把握好离婚法律制度的规定。在离婚案件纠纷的处理中，应当把维护婚姻家庭的稳定放在重要位置，既要坚持离婚自由的原则，也要正确区分“死亡婚姻”和“危机婚姻”。对于“危机婚姻”要坚持多元纠纷解决机制，尽可能予以挽救，以维护婚姻家庭的稳定。对于婚姻是否“死亡”，应当按照《民法典》第1079条规定的法律标准进行判定；符合离婚标准的，在处理好子女抚养、财产分割的前提下，及时予以处理。

《民法典》确定的继承法律制度，是在1985年通过的《继承法》的基础上形成的。在近40年的实施中，该法对于调整继承关系，维护亲属关系的和谐稳定发挥了重要作用。这次《民法典》编纂，基于社会的发展变化，对原《继承法》的内容作了个别调整，但总的调整幅度不大。今后继承法律制度的实施，因已经有不少成熟经验，这里便不多说。只简单强调两点：一是在实施中注意对社会主义核心价值观的落实，弘扬我国和谐谦让的传统，维护亲属关系的和谐和稳定。二是做好遗产管理人制度的落实。遗产管理人制度是这次新增加的内容，实施经验不足，应当注意积极实践，总结经验，稳步推进。

《民法典》的侵权责任法律制度，是在2009年《侵权责任法》的基础上形成的。经过10多年的实施运行，侵权责任法律制度趋于成熟。这次《民法典》编纂时，基本采用《侵权责任法》的构架，有些内容经改造后写进了总则编，保留部分经修改后又增加了新的内容。关于新增加的内容，侵权责任编概述从7个方面给予了较好的解读，这里不再重复。要更好地实施《民法典》确定的侵权法律制度，特别是在法律实务中处理好相应的案件纠纷，我们应当注意以下几个问题：

一是要注意重点把握民事侵权行为。民事侵权行为是引起民事侵权关系的民事行为。查清民事侵权行为，是正确处理侵权赔偿纠纷的前提和基础。查不清楚民事侵权行为这一法律事实，民事侵权民事法律关系就难以明确。要查清民事侵权行为，除要搞清楚谁是侵权行为人外，还要重点查清侵权行为人的主观状态，即是故意、重大过失、一般过失还是无过错；要查清损害结果；要着重查清侵权行为与损害结果之间的因果关系；要查清侵权行为是单个行为，还是一般共同行为，或者是无共同意思联络的共同行为。

二是要注意搞清楚民事侵权赔偿法律关系。在查清民事侵权行为的基础上，厘清民事侵权赔偿法律关系是处理民事侵权纠纷的第二项任务。民事侵权赔偿法律关系，是准确确定侵权赔偿责任的基础。要弄清楚赔偿法律关系的受偿人和赔偿义务人，以及他们之间的权利义务关系。其中重点是弄清楚谁是承担民事赔偿责任的义务人。按照民事赔偿的一般原则，谁实施侵权行为，谁就应当承担赔偿责任。但这只是一般原则，按照我国的侵权责任的法律规定，没有实施侵权行为的人，如果法律规定应当承担赔偿责任的自然人、法人和非法人组织，应当作为民事赔偿法律关系的主体，承担相应的赔偿责任。例如，无民事行为能力人和限制民事行为能力人的监护人，侵权人履行职务实施侵权行为后对其承担管理职责的法人、非法人组织和自然人等，都是民事赔偿法律关系的主体。

三是依法确定民事赔偿法律关系中赔偿义务人的赔偿责任。在具体确定赔偿责任时，一般应当根据损害结果的状况，即人身损害、财产损害和精神损害状况，按照以下原则处理：谁实施民事侵权行为，谁承担民事赔偿责任；谁实施民事侵权行为的作用大，谁承担的赔偿责任大；没有实施侵权行为的监护人，对侵权人承担管理职责的自然人、法人和非法人组织，只在被监护人或被管理人应当承担的赔偿责任的范围内确定承担赔偿责任；前述监护人、自然人、法人和非法人组织实施了侵权行为，应当根据其实施的侵权行为情况，具体确定赔偿责任；部分赔偿义务人因连带责任对赔偿权利人承担全部赔偿责任后,应当享有对其他赔偿义务人的追偿权。

四是要注意对承担民事赔偿责任的不同特殊主体相关法律规定的把握。这些不同的特殊主体,通常情况下都不是具体民事侵权行为的实施者,他们承担赔偿责任是基于法律的规定。因此,认真了解这些规定,是正确适用法律的前提。除监护人外,用人单位的赔偿责任、劳务关系中接受劳务一方的赔偿责任、承揽人与定作人的赔偿责任、网络服务提供者的赔偿责任、违反安全保障义务人的赔偿责任、教育机构的赔偿责任等,在法律上都有不同的规定,应当注意区分和把握。这是准确确定赔偿义务人赔偿责任基础。

五是要注意具体侵权责任形式的相关规定。如果说侵权责任编前三章是一般侵权责任形式的规定,那么第四章至第十章则是对具体侵权责任形式的规定。具体侵权责任形式是一般侵权责任形式在不同领域的表现。在侵权责任法律制度实施时,对具体侵权责任形式的法律适用,不能脱离一般侵权责任形式规定,相反还要将它贯彻到自己的法律适用中。这一点非常重要。目前,侵权责任编规定的具体侵权责任形式主要有:产品责任、机动车交通事故责任、医疗损害责任、环境污染和生态破坏责任、高度危险责任、饲养动物损害责任、建筑物和物件损害责任。应当注意的是,这些具体侵权责任形式,都是结合相关领域特殊情况作出的具体规定,在适用中应当熟悉这些规定,在实践中与一般侵权责任形式的规定结合起来,并在它的指导下,正确适用法律。在实践中,可能还存在具体侵权责任形式不能覆盖的情况。在此,应当按照一般侵权责任形式的规定进行法律适用。

人格权、婚姻家庭、继承和侵权责任诸编的法律规定,涉及的人民群众切身利益最为广泛,最为直接,社会关注面大。它们在实践中的实施,直接关系人民群众切身利益的具体维护,也关系人民群众心目中社会主义法治的具体形象,兹事体大。因此,在具体实施中应当小心谨慎,认真对待,不可因事小而疏忽。这里只谈些应当注意的事项,至于实践中的具体法律适用问题,本书概述和各专题中有具体介绍,大家可以参考。

是为序。

2022 年 6 月 30 日

绪 论

2020 年 5 月 28 日，历史将记住这个日子。这一天下午，第十三届全国人民代表大会第三次会议在庄严的人民大会堂，正式通过了《民法典》。《民法典》的诞生，在中华民族历史上，在中国法制史的历史长河里，在中国特色社会主义制度建设中，都具有划时代的里程碑意义。

在几千年法制发展史中，中国以自己民族的传统文化为基础，逐渐形成独特的中华法系。

从 1840 年的鸦片战争开始，中国逐渐沦为半殖民地半封建社会。帝国主义用大炮轰开了中国封闭的大门，逐渐把西方的商品经济引入中国。同时，帝国主义国家在中国建立租界，搞“治外法权”。所谓“治外法权”，就是在租界内不适用中国的法律，而适用承租国的法律。例如，在英租界适用英国法律，德租界适用德国法律。随着帝国主义入侵的加剧，尤其是签订《辛丑条约》后，中国的统治者深陷政治危机，统治者内部及社会各界对租界中的“治外法权”反对声日益高涨。在这种形势下，清朝统治者为了维护自己的统治，开始思考如何解决“治外法权问题”。1905 年，清末的统治者慈禧太后决定向西方国家学习，宣布准备在中国实行“预备立宪”。“预备立宪”的一个重要方面，就是按照西方的法律制度模式制定中国新的法律。清朝统治者希望通过中国法律与世界法律的接轨，解决中国法律与西方法律的冲突，以达到收回“治外法权”的目的。为实现这一目的，清政府从 1905 年起就学习西方法律，起草六法草案，由沈家本、伍廷芳主持的修律馆负责起草工作。该六法草案中，即包括《大清民律草案》。当时，聘请日本人松岗正义参与大清民律的编纂，作为修律大臣的沈家本还积极研究中国历代法律中的民事法律规范，汇编成《九朝律考》。该民律草案以《日本民法典》和《德国民法典》为参照起草。《德国民法典》生效于 1900 年，《日本民法典》参照《德国民法典》起草。中国最早的民法草案是从日本那里借鉴了德国民法传统。

1911 年 10 月，孙中山领导的辛亥革命爆发，清王朝被推翻，已经起草的大清民律草案被搁置。新成立的中华民国临时政府除通过《中华民国临时约法》从形式上建立了民主共和国外,经济制度和其他社会制度依旧还保留着半封建半殖民地的特征。民法典这只以前试图装旧酒的新瓶,能否真正换上资本主义经济制度和其他各项社会制度的新酒呢?当孙中山领导的国民党人因“二次革命”的失败而流亡海外,北洋政府因争权夺利忙于应对各省军阀割据混战之时,谁也无暇顾及对旧制度的革命,民国政府对民法典的起草工作被束之高阁。但是因清政府的大清律已经失去法律效力,新政府开始参照大清民律草案审理民事案件。1928 年新的国民政府成立,中国取得形式上的统一,民法典的起草工作被提到议事日程。1929 年,国民政府立法院正式通过了《中华民国民法总则》,1931 年,立法院又通过了《中华民国民法分则》。至此,《中华民国民法》获得全部通过。

《中华民国民法》是中国通过的第一部现代意义的民法典。但这部民法典从通过的那一天开始,就注定不是真正意义上的社会革命的产物,是不可能在中国统一实施的。首先,该法通过之时和以后 20 余年里,国民政府并没有对封建土地制度和传统的旧制度开展社会革命。因此,这部民法典不是资产阶级革命或者民主革命成果的体现,而是吸收一些西方资产阶级革命的词汇、口号和法律术语构成的一部法律,它丝毫没有实际触动现实的封建土地制度和其他旧的社会制度,是一部典型的“纸上的法律”。其次,该法通过之后 20 余年里,国家一直处于动乱时期,没有统一实施的可能,从未真正有效地全面实施过。最后,随着国民党政权的崩溃,该民法典被废止,失去了在中国大陆实施的可能。1949 年 2 月以后,随着人民解放军渡江南下,中共中央发布了《关于废除国民党六法全书和确定解放区司法原则的指示》。随着国民党退到台湾地区,这部民法典正式结束了它在中国大陆的实施。

1954 年,中华人民共和国召开了第一次全国人民代表大会,通过了《宪法》,建立了人民民主专政的国家制度。“五四宪法”的成功制定,开启了“民法典”在内的一系列法律的起草热潮。从 1954 年以后到这次民法典的编纂工作的启动,我国先后开展过 4 次民法典编纂工作。这 4 次民法典编纂工作的风风雨雨,与我国经济政治文化等各方面发展的跌宕起伏密切相关。

第一次民法典编纂始于 1954 年。“五四宪法”通过后,中央抓法治的决心很大。当时,毛泽东同志有一个重要指示,提出我们不仅要制定宪法,还要制定民法、刑法、民事诉讼法、刑事诉讼法等法律,以推进中国的社会主义法制建设。根据毛泽东主席这个指示,中央专门组织了民法典编纂工作。这一时期,我国开展了社会主义的“一化三改造”,即社会主义工业化,民族资本主义工商业和手工业、农业的社会主义改造,完成了公有制的社会主义经济制度的建立。1958 年,鉴于国内如何建立社会主义制度、如何开展社会主义建设的问题没有完全解决,加之苏联与中国之间在如何建设社会主义的问题上发生争论,这一次民法典的起草工作停止。这一次民法典的起草工作,因我党缺乏民法典起草经验,主要参照的民法典版本是《苏俄民法典》。

1962 年中央对 1958 年以来的经济等各方面工作进行总结,确定了“调整、整顿、提高”的方针。国民经济开始得到恢复。在此背景下,我国又开始第二次民法典编纂工作。在这次民法典起草过程中,我国的社会主义经济建设该如何进行,特别是人民公社制度应当如何确立、“四清运动”如何进行等问题上,党内存在争论。在此背景下,民法典的起草工作不可能进展顺利。1966 年,由于“文化大革命”,第二次民法典起草工作再次中止。

1978 年,中央召开了十一届三中全会。这次会议正式结束了“以阶级斗争为纲”的党的基本路线,将党和国家的工作重心转移到经济建设上来,确定了以经济建设为中心,坚持改革开放的党的基本路线。为保证党的基本路线的落实,这次会议提出了社会主义法制建设的“十六字方针”,即“有法可依、有法必依、执法必严、违法必究”。在这“十六字方针”的指引下,我国又掀起了新一轮立法热潮。在这次立法高潮中,第三次民法典的起草工作再次启动。随着民法典起草工作的推进,出现了一个新的情况:虽然当时中央已经确定了以经济建设为中心,但是我国的社会主义经济是计划经济,还是以计划经济为主,商品经济为辅,或者是计划经济和商品经济并重的问题没有解决。若这一问题不明确,民法典的起草工作便很难推进。由于当时对我国社会主义经济性质的认识争议很大,民法典的起草工作面临很大困难。在我国经济社会建设急需法律保障,而认识问题又一时难以统一的情况下,邓小平同志作出了一个重大的战略性决策。这个决策对我国以后几十年的民事立法工作产生了重大影响。他说,我们现在立法经验不足,在立法上要搞成套设备不太现实,搞不了成套设备,我们就搞单行立法,等经验积累到一定程度以后再回过头来搞成套设备。

根据邓小平同志这一指导思想,第三次民法典起草工作中止,各个单行民事法律开始起草。经过若干年的努力,我国陆续制定了《经济合同法》,修改了 1950 年《婚姻法》,通过了《技术合同法》《涉外经济合同法》《继承法》《民事诉讼法(试行)》等民事法律。1984 年 10 月,中央作出《中共中央关于经济体制改革的决定》,该决定提出我国社会主义经济不是单一的计划经济,而是以公有制为主体的有计划的商品经济。这一决定出台后,很多人开始呼吁,既然要建设商品经济,就要制定适应商品经济发展的法律。适应商品经济建设的法律是什么呢？这个法律应该是民法。正是在这一背景下,全国人大在1986年制定了《民法通则》。严格意义上讲,《民法通则》是一个微缩版的民法典。正是这一微缩版的民法典,对推动当时我国社会主义商品经济的发展,发挥了极其重要的作用。但是同时应当看到,在当时的背景下,我国社会主义经济的性质问题依然存在很大争论。这一争论一直持续到邓小平同志南方谈话的发表。

1992年年初,邓小平同志在视察深圳时的谈话中指出:“计划多一点还是市场多一点,不是社会主义与资本主义的本质区别。计划经济不等于社会主义,资本主义也有计划;市场经济不等于资本主义,社会主义也有市场。计划和市场都是经济手段。”所以,对这一问题不要再争论,要实干。邓小平同志提出的计划和市场都是经济手段的重要论断,打破了过去那种主张市场经济只存在于资本主义的观点,并提出了要建设社会主义市场经济的目标和要求。党的十四大召开以后,在1993年党的十四届三中全会上,通过了《中共中央关于建立社会主义市场经济体制若干问题的决定》,提出要用15年左右的时间在中国基本建成社会主义市场经济。正是中央这一决定,为我国民事立法工作指明了方向。正是在这个基础上,我国于1999年,将《经济合同法》《技术合同法》《涉外经济合同法》等法律整合到一起,制定了适应社会主义市场经济要求的重要法律——《合同法》。这部高质量的《合同法》,很好地反映了市场交易的特点,对维护我国社会主义市场经济的发展,发挥了重要作用。同时,它作为整个民法债编中最重要的组成部分,也为当前我国编纂民法典打下了坚实的基础。

《合同法》通过以后,李鹏委员长提出了要编纂民法典的要求,第四次民法典编纂工作再次启动。这次编纂工作在全国人大组织下提出了民法草案,并在全国人大上进行了第一次审议。在这次审议民法草案时发现,我们虽然有了《民法通则》,修改了《婚姻法》,并完成了民法典中最重要的法律——《合同法》的制定,但有些重要的单行民事法律还没有完成,如物权法、侵权责任法等。于是第四次民法典起草和编纂工作又再次中止。在以后近10年中,立法机关秉持邓小平同志关于先开展单行民事法律立法的指导思想,又制定了几部重要的民事单行法律——《物权法》《侵权责任法》《涉外民事法律关系适用法》。这3部法律制定完成后,民法典重要的单行民事法律基本起草完毕。2010年全国人大会上,吴邦国委员长宣布,我国基本建成了社会主义市场经济法律体系。

2012年,党的十八大胜利召开,我国的经济社会发展进入新常态,实现“两个一百年梦想”,完成中华民族的伟大复兴,成为全党、全军和全国人民的伟大任务。为保证这一伟大历史任务的完成,党的十八届四中全会提出:编纂民法典。为什么党中央会再次提出编纂民法典呢?

首先,我国要实现全面建成小康社会的目标,建立完整的社会主义法律体系,需要编纂民法典。按照党和国家设计的我国社会主义建设发展目标,中国共产党成立100周年时,我国应当全面建成小康社会,实现第一个“百年梦想”的目标。全面建成小康社会、实现中华民族的伟大复兴的第一个目标,不仅要完成确定的经济指标,还应当完成社会主义法治体系的建设目标。要建立完善的社会主义法治体系,必须以建立完整的社会主义法律体系为前提。目前,我国已制定了完整的宪法、刑法、刑事诉讼法、民事诉讼法和行政诉讼法,但还没有一部完整的民法典。而民法典是仅次于宪法的最大的基本法律,是涉及社会主义社会生产和生活方方面面的法律“百科全书”。没有完整的民法典,我国社会主义法律体系无论如何不能认为是完整的体系。因此,编纂民法典,就成为我国社会是否全面建成小康社会的一个重要标志之一。

其次,我国的社会主义经济制度和其他社会制度已经建立,并经过几十年的运行,需要用民法典的形式正式予以固定。1957年我国完成了“三大改造”,实现了建立社会主义公有制的目标;通过农村和城市的一系列改革,建立了以公有制经济为主体,多种所有制共同发展的社会主义基本经济制度,建立了社会主义市场经济体制,建立了以家庭联产承包责任制为主的农村集体土地承包责任制,国有土地有偿使用,矿产资源等自然资源有偿使用等公有财产的使用制度;通过改革开放的探索,适应社会主义市场经济交易秩序需要的合同制度已经逐渐完善;新中国成立以后,特别是改革开放以来,我国的人权事业取得了长足进步,人身自由、人格尊严维护的呼声不断提高,人格权权益保护的制度从无到有,逐渐发展,迫切需要完整的人格权法律体系的规定;通过新中国成立以来的妇女解放运动,我国不仅废除封建婚姻制度,确立了婚姻自由、男女平等、一夫一妻等新型婚姻家庭制度,而且通过70年来的不断丰富和完善,婚姻家庭制度和未成年人、妇女、老年人和残疾人等弱势群体的保护制度更加成熟。这一系列的经济、政治和文化的发展,都需要通过民法典的方式,从法律上予以固定化。

最后,为了给第二个“百年梦想”的实现提供法治基础和保障,需要将新中国成立70年以来制定的单行民事法律,用编纂民法典的方式重新进行整合。按照党和国家设计的我国社会主义建设发展目标,在第一个“百年梦想”实现以后,还要用30

年左右的时间,即在新中国成立100周年时,将我国建设成社会主义的现代化强国,实现中华民族的伟大复兴。新中国成立以来的70多年里,特别是改革开放40多年来,我国先后制定了一系列单行民事法律,如《婚姻法》《经济合同法》《继承法》《技术合同法》《涉外经济合同法》《民法通则》《合同法》《物权法》《侵权责任法》《商标法》《专利法》《著作权法》《涉外民事关系法律适用法》等法律。这些民事法律对于推动我国的改革开放,推动我国社会主义建设事业发挥了重要作用。但是,由于这些法律都是以单行民事法律的形式出现的,其碎片化的现象难以克服,法律与法律之间的矛盾和冲突给执法和司法工作带来了困难。尽管有些法律根据改革开放和社会发展的需要,已经修改和整合过多次,但是要从根子上解决碎片化的弊病还是困难的。如果说在新中国成立70年来,我国对包括社会主义法治建设在内的中国特色的社会主义制度建设进行了艰苦的探索,那这次民法典的编纂,就是要用体系化的民法典方式,解决单行民事法律碎片化的弊端,将这些探索所取得的成果用法律的形式予以固定化,进一步推动中国特色社会主义建设的进程,为第二个"百年梦想"的实现,为中华民族的伟大复兴,提供坚实的法治基础和保障。

正是基于上述原因,为落实党中央关于民法典编纂的指示,按照党中央的决定,由全国人大常委会法工委牵头,最高人民法院、最高人民检察院、国务院法制办、中国社会科学院、中国法学会参与,共同承担民法典编纂的具体工作。由于民法典的编纂对今后人民法院的民事审判工作极为重要,最高人民法院党组对民法典的编纂工作高度重视。根据民法典编纂工作需要,院党组专门成立了最高人民法院民法典编纂工作研究小组,由最高人民法院相关院领导作为小组领导,负责领导工作笔者作为分管民事审判工作的院领导任副组长兼办公室主任,主抓此项工作,并负责组织协调和具体研究工作。参与具体研究工作的有最高人民法院各相关审判部门、综合审判部门、国家法官学院,以及司法应用研究所的法官、教师和研究人员。全国各级法院的法官和相关人员积极参与配合研究工作。

我国民法典编纂分两步走:第一步是从2015年年初开始起草《民法总则》,到2017年3月完成。第二步是开始编纂民法分则。这项工作从2016年下半年开始启动,直到2020年《民法典》正式通过。2017年3月15日,《民法总则》在人民大会堂高票通过,得票率达到了98.3%,在全国人大立法史上排第二位(排在第一位的是《反分裂国家法》)。《民法总则》通过后,最高人民法院研究小组为配合全国人大常委会法工委起草好民法分则,又展开了工作量极大的研究工作。在编纂整个民法典过程中,最高人民法院民法典编纂研究小组及其办公室主要从以下几个方面开展工作：

一是按照分工，将研究任务分配到最高人民法院的各相关单位，由各相关单位独立开展研究工作，并提出自己的意见和建议报民法典编纂研究小组办公室。承担任务的单位不仅有4个民事审判庭、立案庭等相关审判部门，还包括最高人民法院派往全国各地的6个巡回法庭。二是最高人民法院领导小组办公室召开由各部门承办人和负责人参加的例会，专题研究各部门按照分工提出的意见和建议。在整个民法典编纂的6年中，这种例会召开达数十次之多，各种意见均可在会议发表，各种观点均可在会议上交锋。三是由最高人民法院民法典编纂研究小组办公室在全国各地举办专题研讨会，就民法典编纂中的重要问题听取全国各级法院法官、全国人大代表、政协委员和专家学者的意见和建议。四是陪同全国人大常委会法工委民法典编纂专题工作班子，在各地开展调研活动和举办研讨会，听取各种意见和建议。五是在全国各级人民法院的支持下，围绕物权、合同、民事侵权、人格权、婚姻家庭和继承等专题，研究小组办公室收集了大量民事审判工作中出现的案例，提供给全国人大常委会法工委，并作为我们开展研究的素材。

在此基础上，最高人民法院民法典编纂研究小组办公室概括归纳各方面的建议和建议，提出我们关于民法典编纂的意见和建议上报院党组。最高人民法院院长周强同志和院党组对民法典编纂研究工作非常重视，多次听取研究小组和办公室的工作汇报，并多次召开院党组会研究民法典编纂研究问题。在此基础之上，我们通过参加法工委主持召开的各种民法典编纂会议，以及他们提出的民法典编纂各分编的工作稿，提出我们的意见和建议。这些意见和建议包括正式的最高人民法院《关于〈中华人民共和国民法总则（草案征求意见稿）〉意见的复函》（法函〔2016〕27号）、最高人民法院《关于〈中华人民共和国民法典各分编（草案稿）〉意见的复函》（法函〔2018〕62号）、最高人民法院《关于〈中华人民共和国民法典各分编（草案稿）〉意见的复函》（法函〔2018〕117号），以及许多非正式的工作稿和交换意见稿等，字数高达近百万字。除此之外，从2015年起，随着民法典编纂研究的进程，研究小组办公室不定期地出简报近70期，对最高人民法院民法典研究小组及其办公室的工作和研究进展情况，包括研究时的各种观点都进行了忠实的记录。笔者在这里列举这些情况是要说明，对民法典编纂，最高人民法院党组是何等重视！最高人民法院民法典编纂研究小组及其办公室是何等刻苦和努力！

中国对民法典的编纂，是21世纪世界立法史上最重要的立法活动。在这次立法活动中，这部民法典应当怎样编纂呢？为此，研究小组及其办公室通过认真研究在各种会议上提出了自己的观点和看法。

一是应正确处理立足中国国情与借鉴国外经验的关系。我国历史上因缺乏成体系的私法传统,近代民法效法欧陆较甚。从民法典的内容看,1911 年《大清民律草案》和 1930 年《中华民国民法典》主要借鉴了《德国民法典》。中华人民共和国成立后,我国民法转而借鉴苏联,而《苏俄民法典》也主要借鉴了《德国民法典》的内容。改革开放以来,我国民法主要受德国和日本的影响,而日本民法源自《德国民法典》。社会主义市场经济与其他市场经济具有一定的内在逻辑联系,这就决定了各国民法的基本价值、理念、原则和规则具有相互借鉴的经济基础和社会基础。但同时应当看到,民法典的制定不仅是立法技术和法学理论的体现,更重要的是本国经济、政治、文化等方面的反映和社会发展的需要。这就决定了我国民法典编纂既要借鉴国外市场经济条件下立法的先进经验,更应立足本国国情,对以公有制为主体、多种所有制共同发展的社会主义基本经济制度,"两个毫不动摇"的国家经济发展战略,社会主义市场经济条件下对一切市场主体给予平等保护的社会需要给予充分体现;既要批判地借鉴西方国家的自由、平等、公正、法治的价值理念,也要根据中国国情的实际需要建立社会主义核心价值观。

同时还应当看到,任何法律都不是从天上掉下来的,都是时代的产物。正如当年"法国民法典"是以当时农业社会为主的法国社会的产物,"德国民法典"是以当时工业社会为主的德国社会的产物一样,目前处于 21 世纪的中国民法典,也应当是以现代中国社会现状和将来的发展方向来构建我们的民法典。因此,我们的民法典编纂,既要照顾过去的传统,又要面向未来,适应社会发展的方向,实现中华民族的伟大复兴。

二是应正确处理继承与创新的关系。新中国成立以来,我国虽一直未制定出完整的民法典,但 70 年来特别是改革开放 40 年以来,单行民事法律的制定还是相对完备的。早在 1931 年,国民政府立法院就已经制定了国民党民法典,虽然该法当时并没有真正在全国实施过,但毕竟是中国制定的第一部现代意义上的民法典。而且,在几千年的中国法制史中,我国虽是"诸法合体,民刑不分",但民事法律规范还是大量存在的。这些事实的存在,决定了我们在编纂民法典时,除了应当借鉴西方国家的民法典和民事法律规范制定的经验,对中国过去民法典与民事法律制定经验的继承,也是不可回避的。我们是炎黄子孙,是中华文明的继承者,不能割断历史,不能抛弃中国优秀的传统法律文化。但同时我们也必须认识到,当前对民法典的编纂,不应仅仅局限于对过往法律的总结,因时制宜,顺应时代的发展,适应当前经济社会需要和发展趋势,并在民法典中反映这种需要和趋势的创新,是需要我们更加重视的重要任务。

对于我们所说的创新,首先,要把新中国成立70年来建立的新制度通过民法典肯定下来。例如,对于社会主义基本经济制度、公有制经济与非公经济的共同发展的制度、社会主义市场经济制度,我们应通过所有权、用益物权、担保物权、合同、民事侵权等法律制度予以规范和保护。这是我国民法典对世界民法制度的最大贡献。其次,我们不能仅仅将民法典视为财产法,还应当将人格权和知识产权写入民法典。我们建立的中国特色社会主义制度,不仅要让民事主体的财产权利受到完整的法律保护,还应当让我们人民的人身自由、人格尊严受到保护和尊重,人格权益受到法律的严格保护,让我们的人民生活得更有尊严、更有价值。我们的民法典不仅要保护民事主体的有形财产,还应该让他们的知识产权受到民事法律的充分保护,激发各类民事主体和科技人员科技创新的热情,促使社会财富的创造更有生机。最后,我们现在所面临的不仅是农业社会和工业化社会,还是后工业化和信息化时代。在这个综合性的社会形态中,因新型民事关系不断出现,充分保护新型民事关系中的民事权益成为我们的重要任务。我们应当根据当今时代的要求,对知识产权等无形财产权、个人电子信息等新类型个人权益的保护、所有权所附之社会义务、合同的社会功能、债权的优越性、人身权的新发展、信息社会中交易规则的变化、民事主体从经济人假设到社会人假设的转变等新问题予以充分研究。我们所编纂的民法典要反映时代精神和社会发展趋势,具有前瞻性和创新性,从而顺应世界民法的新发展。当然,我们在编纂民法典中的创新,不是为创新而创新,而是建立在继承基础上的创新,是适应时代发展的创新,是推动社会不断进步的创新。只有这样,我们的民法典才是一部与时俱进的先进民法典。

三是应正确处理私法与公法的关系。民法是私法,以保护私权为宗旨。但如果处理不好民法与公法的关系,民法对私权的保护就会受到影响。尤其是现在很多民事权利的保护都与登记制度密切相关,如果不能处理好民法与行政登记制度的关系,相关民事权利的保护就会受到影响。如我国《物权法》颁布以后,有些观点认为,民事主体享有物权是因为登记机关的登记行为赋予了其物权,这种认识显然是错误的。物权主要是通过民事行为获得,不是行政登记机关通过登记行为赋予的。其他会影响私权的行政法制度还包括知识产权登记制度、特殊合同的审批制度、市场主体准入制度、工伤认定制度等。在编纂民法典时,不仅需要将行政法律法规中的民事规范剥离出来放到民法中,还需要将一些必要的原则性管理规范放到民法之中,指引国家行政管理机关另行制定管理性规定。之所以需要这样做,是因为民事关系不仅需要民事法律调整,如果涉及行政管理关系,还需要行政法律调整。如果对民事关系的危害很大,还会适用刑事法律进行调整。

现代民法的一大特征是私法公法化,现今已很难找到一部不掺入一点公权力的民法典。在维护社会公平、保护交易安全、提高交易效率时,公权力的介入有时是不可避免的。尤其是20世纪以来,民事法律由个人本位向社会本位转变,绝对所有权、意思自治和过错责任三大原则受到修正。这虽然不足以改变民法的私法属性,但在制定民法典时,我们要审慎把握私法公法化的度,既要承认民法典中公法因素的必要性,又要防止公权力对经济活动,特别是私人生活的不当干预。

四是应正确处理民法典与单行民事法律的关系。民法涉及面广、内容庞杂。部分国家在制定民法典时,曾希望将民法的所有内容纳入民法典,但事实证明这一做法并不可行。一方面,私人生活关系具有复杂性和广泛性,一部法典难以涵盖全部;另一方面,社会生活处于不断发展变化之中,无论多完备的法典,都会随着社会的发展而呈现滞后性,需要修改。如果民法典无所不包,则需要经常修改,不利于维护民法典的稳定性。改革开放以来,我国民事立法采取了"成熟一个、制定一个"的急需先立原则,目前单行民事法律较为完备。在这种情况下编纂民法典,需要正确处理民法典与单行民事法律的关系。民法典应规定民法的基本内容,以维护民法典内在的逻辑性和内容的稳定性,民事特别法律则需要通过单行民事法律加以规定。要注意民法典对单行民事法律的统领作用,以做到民事法律内在的协调一致,同时避免不必要的重复。

民事生活的复杂性和变化性,决定了编纂民法典的同时不可避免地要制定一些单行民事法律的事例,随着经济社会的发展会不断出现。例如,环境生态权就不宜放在民法分则中作具体规定,但是可以在民法典之外通过单行民事法律来规定。信息资源权现在研究还不深入,也不宜在民法分则中作具体规定,但可以在未来通过单行民事法律进行规定。在编纂民法典时就要处理好民法典与单行民事法律的关系。一方面,民法典尤其是民法总则要为将来要制定的单行民事法律预留"接口",让这些单行民事法律能在民法总则中找到根据;另一方面,民法典与其他单行民事法律要做好衔接,形成一个有机统一、逻辑清晰、外延开放的民事法律体系。

五是应正确处理民法与商法的关系。关于民法与商法的关系,有民商合一和民商分立之争。争论的焦点是民法典的内容是否应包含商事法律的原则和规则,在民法典之外是否要另行制定商法典。从国外立法例看,两种立法模式都有,但新近编纂的民法典多采用了民商合一的体例。从国内学术研究看,两种观点都存在。笔者认为,无须在民法典之外再制定商法典。从总体来看,民法和商法虽然在理念、规则上存在差异,但并不能截然分开,二者的共性大于个性,商法属于民法的特别法,二者是种属关系,而非并列关系。当民法已经作出规定,商法不能与之相冲突,但如果民法未作规定,商法可以用单行民事法律的方式另行规定。从历史上看,商品经济发展到特定时期,即商事行为主要发生在特定群体内部,而且商业的发展受到封建残余因素的妨碍时,商人群体的利益需要特别保护,商事行为需要特别规范。这是商法产生的原因。但随着商品经济的深化发展,特别是市场经济和其他社会生活的不断发展,在商事主体与民事主体、商事行为与民事行为已经难以划分的今天,单独制定商法典已失去社会的必要性。相反,民法调整市场经济关系的功能日益强化,民法商事化趋势愈加明显,两者相互交融,已经成为难以改变的趋势。

新中国成立以来,特别是改革开放以来,我国《民法通则》和其他单行民事法律,均采取民商合一的立法模式。在民法典外单独再编纂商法典,既不符合历史潮流,也不符合我国经济社会发展需要、法治实践的经验和现实需求。但是也应当看到,商事法律确有其相对特殊的价值取向和制度安排,将所有的商事规则完全统一到民法典中并不现实。因此,在编纂民法典时,对典型的商法如公司法、票据法、保险法、海商法、破产法等法律,在不与民法典相冲突的条件下,仍采用单行民事法律的方式是比较可行的。

六是应正确处理民法总则和民法分则各编的关系。民法典应有严密的逻辑体系,其中最重要的是要处理好总则与分则的关系。民法典内容广博,编纂任务繁重。因此,编纂工作分两步走,先制定民法总则,再制定分则各编,是一种积极稳妥的立法方法。民法典编纂工作可分步进行,但民法典编纂研究工作应作通盘考虑。在分别制定民法总则和分则的情况下,正确处理二者的关系显得特别重要。总则要反映民法普遍的规则,主要涉及民法中具有共性的内容,分则各编则是民法主要领域的具体规定。制定民法总则时应当注意与民法分则各编内容的协调和衔接,兼顾对其他部分的研究论证。民法典的编章结构,以及分则各编的结构和内容,都与总则有直接关联,需要在制定总则时一并研究和处理。

在编纂民法典过程中,我们通过各种协调会议提出了上述应正确处理六个方面关系的意见。但是,要编纂一部好的民法典,笔者认为,不仅应当处理好上述六个方面的关系,还应当思考一个问题:应当怎样通过民法典的编纂来构建我国的民法体系?

首先,我国的民法体系特别是民法总则,应该以法律关系理论为核心,以法律规范的理论为补充进行建构。民事法律关系的理论主要包括民事主体、客体、权利义务和民事行为等内容。用这个理论指导民法典编纂,特别是民法总则起草,就有了搭建的基本蓝图。民法总则自身应当具备完整严密的逻辑体系,以法律关系理论为核心来构建民法总则,重点规定民事主体、民事权利客体、民事权利和义务,以及引起民事法律关系产生、变更、消灭的民事法律事实等内容,就能实现这一立法目的。我们为什么要提出要以法律规范理论为补充呢?这是因为民事法律关系理论重点强调的是民事主体、客体、民事权利和义务,以及包括民事行为在内的法律事实,其中特别重要的是民事权利义务。至于民事责任问题,虽可以从理论上推导出来,但显得并不直接。法律规范理论,在强调适用的前提条件、权利义务的同时,更强调法律责任。以法律关系理论为核心,法律规范理论为补充,刚好弥补了法律关系理论在强调民事责任、诉讼时效等国家强制力方面的不足。采用这种理论编纂民法典,特别是起草民法总则,可以为建立科学的、逻辑严密的民法典奠定基础。正是在这一思想的指导下,在民法总则起草过程中,我们向全国人大常委会法工委提出要增加民事责任一章的建议,以形成民事权利义务责任"三位一体"的完整体系,更便于民事法律在现实生活中的实施。虽然当时对增加这一章有争议,但经过认真讨论和研究,民事责任作为一章,写进了民法总则。

其次,我国的民法体系应当是以总则为纲、分则为要,民法典为体,民事单行法律为用的完整民法典体系。民法典编纂不同于现有民法条文的简单汇编。整部民法典必须有严密的逻辑结构和深厚的理论支撑,应当是法律逻辑与经验总结的统一,是逻辑严密与价值合理的统一,是形式完美与内容至善的统一。因此,我国制定的民法典应以总分结构主,构建一个开放性的完整民法典体系。民法总则规定民法的基本原则和一般规则,分则规定具体规则。民法分则不能涵盖的问题可以通过单行民事法律来规定。民法分则和单行民事法律应当是民法总则中基本原则和一般规则要求的具体体现,有些单行民事法律还应当是分则规定的具体体现。只有这样,我国的民法体系才能真正成为具有内在逻辑联系、相互协调、功能互补的完整民事法律体系。

民法总则是民法典的纲领和灵魂,是未来制定民法分则以及各民事单行法的依据,应当具备能够统领民法分则及民事单行法的完整科学的逻辑体系。一方面,民法分则及单行民事法律应当能够在民法总则中找到相应的依据;另一方面,在制定民法总则的过程中，应当将物权法、合同法、侵权责任法等法律的一些基本规则进行科学的抽象、概括和提炼，将其融入民法总则之中，使民法总则具有更强的概括性和指导性。

最后，在民法总则基本规定和一般规则的基础上，民法分则应当根据民事关系的不同属性，对现有的单行民事法律的规定进行编纂。就民法的体系而言，民事法规规范包括基本原则、一般规则、具体规则。它们共同构成民法体系之树。民法总则主要是关于民事基本原则和一般规则的法律规范，民事法律具体规则应由民法分则和民事单行法律作出规定，且民法分则和民事单行法律原则上不能与民法总则的规定相冲突。正是在这一认识的基础上，我们向全国人大常委会法工委提出，应当根据民事关系的不同属性，围绕人格权、物权、债权、知识产权、亲属、继承、民事侵权、涉外民事关系法律适用8个方面进行民法分则的编纂。在这8个分编中，物权、债权、亲属（或者婚姻家庭）、继承和民事侵权争议不大，而人格权、知识产权、涉外民事关系法律适用则存在争议。为此，我们的建议重点对人格权、知识产权、涉外民事关系法律适用进行了阐述。

一是要重视人格权在民法典编纂体系中的重要性。人格权是民事主体最基本的民事权利，具有独立地位，与物权、知识产权、亲属权、债权等共同构成完整的民事权利体系。人格权是人权在民事法律中的具体化，民法中规定人格权是保障和发展人权的内在要求，可以使宪法保障人权的规定在私法中得以落实，并向国际社会彰显党和国家对保护人权的高度重视。从全球来看，近一个多世纪以来，人格权得到了快速发展，各国高度重视。中华人民共和国成立以来，特别是改革开放以来，我国的人权事业取得了很大进步。人权，特别是人格权的司法保护也逐渐发展完善。党的十八大以来，基于全面建成小康社会的需要，人格权的保护如何在立法上取得相应的地位，已成为社会关注的热点之一。因此，在民法典编纂中，应当满足这一社会需求。具体来说，自然人人格权所包含的生命权、健康权、姓名权、人身自由权、身体权、隐私权、个人信息权等具体人格权及一般人格权应当在民法中有所体现；同时，法人和其他组织形成的名称权、荣誉权等具体人格权及死者人格利益等也应当予以保护。

二是要将知识产权纳入民法典体系。我国实施国家知识产权战略，以创新型国家建设为根本目标，高度重视知识产权在经济发展战略中的核心地位和作用，以知识产权优势理论为指导，为我国实现经济转型和科学发展提供强有力的科技、经济、文化、智力和人才支持。知识产权作为现代社会民事主体最重要的权利之一，民法典应当将其作为主要民事法律制度予以规定。特别是知识产权作为民事权利的绝对权、对世权和排他权,如果在民法典予以规定,那么,对知识产权的保护力度将会大大加大。与此同时,如果在职务创作中,将科技人员在知识产权中的财产权也在民法典中予以规定,那么,对激发广大科技人员创新的积极性将会发生极大的作用,对我国科技创新推进的力度将是空前的。因此,将知识产权纳入民法典体系,既是民法典自身体系完整性的需要,也是民法典贯彻创新发展理念,为国家经济、科技、文化发展提供制度支持的最好体现。

三是要将涉外民事关系法律适用纳入民法典体系。目前,我国的经济总量已经位居世界第二。中国经济已经与世界经济融为一体,成为推动全球经济发展的重要引擎。随着"一带一路"倡议的实施,我国全方位对外开放新格局正在形成。在此背景下,我国民法典的编纂,应当适应经济全球化、对外开放和"一带一路"建设的需要,为众多的中外市场主体提供可靠的法律需求,以及时解决他们之间的各种民事和商事纠纷。为实现这一目标,在民法典编纂中将涉外民事关系法律适用作为独立一编写进去,为我国法院依法准确适用国际条约和惯例,准确查明和适用外国法律,依法行使司法管辖权、裁判权,为中外市场主体提供及时有效的司法救济提供法律依据,就显得十分必要。同时,将涉外民事关系法律适用纳入民法典体系,还可以向那些怀疑中国是否会继续对外开放、走社会主义市场经济道路的人,表明我国的对外开放基本国策没有改变,所有与我国的经济和社会交往,都能得到我国法律保护的基本态度。

从 2015 年年初开始到现在,5 年多过去了。经过全国人大常委会法工委、最高人民法院等 6 家单位的通力合作,《民法典》在第十三届全国人民代表大会第三次代表大会上正式通过。这部将在全国 960 万平方公里国土上正式实施的《民法典》,承载着 100 多年来中华民族法治梦想的大法终于出生了。这部新诞生的《民法典》共 7 编、1260 条,即第一编总则,第二编物权,第三编合同,第四编人格权,第五编婚姻家庭,第六编继承,第七编侵权责任。

这部法律,是一部在党的领导下,各相关部门努力工作,集中全国人民共同意志的法律。在编纂民法典的过程中,全国人大的各级领导,全国人大常委会法工委承担编纂工作专班的领导和同志们,深入全国各地、各个部门,召开有各界人士参加的调研会,进行深入的调查研究。他们除认真听取和吸收我们的意见外,其他国家机关、各种社会组织、社会团体和各界人士的许多意见,也被吸收在这部民法典中。可见,我国民法典的编纂过程,就是一个集中民意、体现民智的民主立法过程。

通过这一过程,全国人民的共同意志被体现在民法典中。笔者和同事们在5年多的时间里,共同经历和见证了这一过程。这是我们莫大的荣幸。在整个民法典编纂过程中,我们代表最高人民法院提出的意见,都是在深入基层,广泛听取全国各级法院的法官、各级人大代表、政协委员、专家学者和各界群众基础上形成的意见,这些意见已经被大量吸收入这部法典中。特别值得一提的是,这次民法典的编纂,我们提出的人格权独立成编的建议被采纳,人格权作为分则中的独立一编被写进了民法典,成为我国这次民法典编纂的最大亮点;知识产权作为民事权利被写进民法总则中的民事权利一章中,为下一步知识产权法作为单行民事法律的制定奠定了基础。

这部法律,是一部体现新中国成立70年来,特别是体现改革开放40年来社会主义制度伟大成果的重要法律。1949年新中国成立以来,我国先后建立了全民所有和集体所有的社会主义财产公有制度;农村土地承包责任制,农村土地承包经营权流转制度;国有土地有偿出让、转让制度,矿产等自然资源有偿出让、转让制度以及其他公有财产有偿使用制度;公私财产保护制度;包括市场交易制度在内社会主义市场经济制度;知识产权保护和转让制度;人格权保护制度;婚姻家庭制度;继承制度;民事侵权责任制度;生态环境保护制度;涉外民事法律关系适用制度等。经过几十年的磨炼,上述制度在中国的社会主义实践中日臻完善、成熟。这次民法典编纂,不是一两个法学理论或者法学家意志的体现,更不是西方法律制度的简单移植,它是在中国共产党领导下,全国人民通过70年来对中国特色社会主义的探索,特别是改革开放40年来改革开放的经验总结。从这个意义上讲,我国新编纂的民法典,不是立法者起草出来的,它是中国人民干出来的,中间经历了多少曲折、辛酸、徘徊、思索和奋进!可以说,这部民法典是中国特色社会主义制度的完整总结,是中国特色社会主义制度法制化的重大成果,我国的法学家和立法者,只是在党的领导下,几代中国人民70年来探索和奋进的忠实记录者和整理者。成绩属于伟大的中国人民!

这部法律,是实现中华民族伟大复兴,为未来中国特色社会主义法治建设奠定基础的重要法律。1840年以后,为实现中华民族的伟大复兴,有多少仁人志士为之艰苦奋斗,流血牺牲。新中国成立后,中华民族走上了伟大复兴的新征程。经过70年的奋斗,我们离民族伟大复兴的实现已经越来越近。但是,中华民族的伟大复兴不仅仅是一个经济指标,还有政治、文化、社会管理、人与自然的和谐发展的指标。社会主义法治,就是这五大指标能否实现的综合性标志。经过70年,特别是改革开放40年的努力奋斗,我国的社会主义法治水平已经取得长足进展,但离中华民族伟大复兴的要求还有差距。在第一个“百年梦想”,即在建党100周年,在我国实现全面建成小康社会的目标即将达到之时,完成民法典的编纂工作,就是要为实现第二个“百年梦想”奠定坚实的立法基础。民法典编纂结束后,我国完整的社会主义法律体系基本建成,在我们向第二个“百年梦想”迈进之时,我国的社会主义法治建设将随着“五大建设”的步伐,向中华民族伟大复兴的目标前进!这就是完成民法典编纂工作所具有的重大历史意义。

民法典编纂工作完成了,但它并不是中国特色社会主义法治建设的完成,而是一个新的开端,一个新的社会主义法治建设的开端。这个开端应当如何进行呢?

一是要借民法典贯彻落实的东风,在全国掀起学习民法典的热潮,树立尊重他人民事权利,提高全民族平等、自由、公平、诚信等法治意识。民法不仅仅是权利法,而且是权利、义务与责任有机统一的法律。要通过宣传让广大人民群众认识到,在依法享受自己的民事权利时,要认真履行自己的民事义务,如果不履行自己的民事义务,别人的民事权利就不能得到实现,反之亦然;在不履行自己的民事义务,或者履行民事义务不符合法律规定或合同约定时,应当依法承担民事责任。要反对侵害别人权利而不愿意承担民事责任,或者只愿意享受权利而不愿意履行民事义务或者不愿意承担民事责任的观念和意识,树立尊重他人民事权利,及时履行自己的民事义务,勇于承担民事责任的法治理念和法治意识。

二是要通过行政机关的严格依法行政,为各类民事主体提供完整的平等服务,保证实现他们的各类民事权利。我国众多的民事主体开展各类民事活动,都离不开行政机关对各类民事主体的管理。民法典的许多条文规定,也涉及行政管理机关对民事主体和民事主体活动的管理职能。例如,行政机关的各种登记管理职能、许多行政机关对民事主体开展民事活动的监督和管理职能等都是其中的表现。因此,民法典的实施离不开行政机关严格依法进行的行政管理职能的履行。在保证民法典实施的过程中,第一,要忠实履行法律规定的行政管理职责,为各类民事主体提供高效率的服务。第二,要严格按照法律的规定履行管理职责,不能超越法律规定的职权范围行使行政管理权。特别是通过“放管服”改革已经不作为行政管理范围的事项,不能再通过具体的行政权力将其收回;尤其是相关行政机关不能利用行政职权,随意介入当事人之间的民事纠纷。第三,应当按照法律规定的程序严格执法,不能违反法律的程序性规定进行执法活动。第四,对民事主体依法订立的合同应当予以尊重,不能在行政执法活动中随意改变当事人的约定。总之,行政机关的依法行政，是民法典实施的重要保障。应当始终坚持：法无授权不能行权，法无规定不能处罚，法有要求不能渎职。只要始终坚持严格依法行政，我国民法典的正确实施就能得到充分的保障。

三是要通过民事审判工作严格司法，让立法意图在法律实施中得到实现。列宁曾经说过，法律制定出来后如果得不到执行，那它就是毫无意义的空气震动而已。民法典的编纂成功，已经解决了民事纠纷有法可依的问题，下一步要解决的问题，是要让民法典在实际社会生活中得到严格实施。要实现这一目标，首先需要法官、检察官和律师认真学习理解民法典，深刻理解法律的本意，并在司法活动中围绕严格公正司法，维护法律权威，履行好各自的职责。只有法官、检察官、律师严格履行法律赋予的职责，民事司法活动中的严格公正司法才能得到保证，人民群众的守法意识才能在实践中逐渐提高，整个社会主义法治秩序的良好维护才有可能实现，民法典调整民事关系的社会功能才能真正发挥。

四是要在中国特色社会主义建设的进程中，进一步做好完善和丰富民法典和民法体系的工作。这次民法典的编纂工作是结束了，但这一结束只是阶段性工作的结束，并不是民法典和民法体系研究的终结。我国已经建立的中国特色社会主义还要不断发展和完善。为适应这一发展和完善，我国的民法典和民法体系，也需要在实践中不断得到丰富和完善。正如马克思所说的，权利永远不脱离社会的经济结构，以及由这个经济结构所制约的社会文化的发展。如果我们在民法典编纂结束后就裹足不前，那么，我们的民法典和民法体系就会在不断进步的社会发展面前逐渐失去活力而变得苍老，也难以在今后为促进中国特色社会主义的"五大建设"发挥好自己的功能和作用。要保证我国的民法典永远保持青春，我们只有紧随中国特色社会主义发展的步伐，一刻也不能停留。

"潮平两岸阔，风正一帆悬。"中国的民法典，一部真正能够在中国960多万平方公里土地上实施的民法典通过了。几代法律人的梦想终于实现了。但正如中国特色社会主义的道路是漫长的一样，中国法治建设的道路同样漫长。站在风满悬帆的航船上，我们看到的不仅仅是秀丽的风光，还会有拍打航船的惊涛骇浪。但无论前程有多么曲折，我们一定能够到达理想的彼岸。

简称表

全称	简称
《中华人民共和国民法典》	《民法典》
《中华人民共和国民法总则》	《民法总则》
《中华人民共和国民法通则》	《民法通则》
《中华人民共和国物权法》	《物权法》
《中华人民共和国合同法》	《合同法》
《中华人民共和国宪法》	《宪法》
《中华人民共和国侵权责任法》	《侵权责任法》
《中华人民共和国消费者权益保护法》	《消费者权益保护法》
《中华人民共和国英雄烈士保护法》	《英雄烈士保护法》
《中华人民共和国产品质量法》	《产品质量法》
《中华人民共和国农村土地承包法》	《农村土地承包法》
《中华人民共和国土地管理法》	《土地管理法》
《中华人民共和国婚姻法》	《婚姻法》
《中华人民共和国继承法》	《继承法》
《中华人民共和国水法》	《水法》
《中华人民共和国环境保护法》	《环境保护法》
《中华人民共和国固体废物污染环境防治法》	《固体废物污染环境防治法》
《中华人民共和国水污染防治法》	《水污染防治法》
《中华人民共和国海商法》	《海商法》

续表

全称	简称
《中华人民共和国商标法》	《商标法》
《中华人民共和国著作权法》	《著作权法》
《中华人民共和国公司法》	《公司法》
《中华人民共和国民事诉讼法》	《民事诉讼法》
《中华人民共和国合伙企业法》	《合伙企业法》
《中华人民共和国证券投资基金法》	《证券投资基金法》
《中华人民共和国铁路法》	《铁路法》
《中华人民共和国母婴保健法》	《母婴保健法》
《中华人民共和国母婴保健法实施办法》	《母婴保健法实施办法》
《中华人民共和国刑法》	《刑法》
《中华人民共和国妇女权益保障法》	《妇女权益保障法》
《中华人民共和国反家庭暴力法》	《反家庭暴力法》
《中华人民共和国收养法》	《收养法》
《中华人民共和国老年人权益保障法》	《老年人权益保障法》
《中华人民共和国个人独资企业法》	《个人独资企业法》
《中华人民共和国食品安全法》	《食品安全法》
《中华人民共和国证券法》	《证券法》
《中华人民共和国道路交通安全法》	《道路交通安全法》
《中华人民共和国执业医师法》	《执业医师法》
《中华人民共和国未成年人保护法》	《未成年人保护法》
《中华人民共和国建筑法》	《建筑法》
《中华人民共和国保险法》	《保险法》

续表

全称	简称
最高人民法院《关于贯彻执行〈中华人民共和国民法通则〉若干问题的意见(试行)》	《贯彻民法通则意见》
最高人民法院《关于适用〈中华人民共和国民法典〉婚姻家庭编的解释(一)》	《民法典婚姻家庭编解释(一)》
最高人民法院《关于适用〈中华人民共和国婚姻法〉若干问题的解释(一)》	2001 年《婚姻法司法解释(一)》
最高人民法院《关于适用〈中华人民共和国民事诉讼法〉的解释》	《民诉法司法解释》
最高人民法院《关于适用〈中华人民共和国合同法〉若干问题的解释(一)》	1999 年《合同法司法解释(一)》
最高人民法院《关于审理商品房买卖合同纠纷案件适用法律若干问题的解释》	《商品房买卖合同解释》
最高人民法院《关于审理道路交通事故损害赔偿案件适用法律若干问题的解释》	《道路交通事故解释》
最高人民法院《关于审理利用信息网络侵害人身权益民事纠纷案件适用法律若干问题的规定》	《网络侵权司法解释》
最高人民法院《关于确定民事侵权精神损害赔偿责任若干问题的解释》	《精神损害司法解释》
最高人民法院《关于审理名誉权案件若干问题的解释》	《名誉权司法解释》
《个人信用信息基础数据库管理暂行办法》	《个人信息数据库暂行办法》
最高人民法院《关于当前形势下审理民商事合同纠纷案件若干问题的指导意见》	《民商事合同指导意见》
最高人民法院《关于适用〈中华人民共和国婚姻法〉若干问题的解释(二)》	2003 年《婚姻法司法解释(二)》
最高人民法院《关于适用〈中华人民共和国婚姻法〉若干问题的解释(三)》	2011 年《婚姻法司法解释(三)》

续表

全称	简称
最高人民法院《关于适用〈中华人民共和国婚姻法〉若干问题的解释(二)的补充规定》	2017 年《婚姻法司法解释(二)补充规定》
最高人民法院《关于审理生态环境损害赔偿案件的若干规定(试行)》	《生态环境损害赔偿司法解释(试行)》
最高人民法院《关于审理环境侵权责任纠纷案件适用法律若干问题的解释》	《环境侵权责任司法解释》
《机动车交通事故责任强制保险条例》	《交强险条例》
最高人民法院《关于审理环境民事公益诉讼案件适用法律若干问题的解释》	《环境民事公益诉讼司法解释》
最高人民法院《关于民事诉讼证据的若干规定》	《民事证据规定》
最高人民法院《关于审理医疗损害责任纠纷案件适用法律若干问题的解释》	《医疗损害责任司法解释》
最高人民法院《关于贯彻执行〈中华人民共和国继承法〉若干问题的意见》	1985 年《继承法意见》
最高人民法院、最高人民检察院《关于办理生产、销售假药、劣药刑事案件具体应用法律若干问题的解释》	《生产、销售假药、劣药司法解释》
最高人民法院《关于适用〈中华人民共和国刑事诉讼法〉的解释》	《刑诉法解释》
最高人民法院《关于审理人身损害赔偿案件适用法律若干问题的解释》	《人身损害赔偿解释》
最高人民法院《关于适用〈中华人民共和国保险法〉若干问题的解释(二)》	《保险法司法解释(二)》
《网络预约出租汽车经营服务管理暂行办法》	《网约车暂行办法》
最高人民法院《关于审理涉及夫妻债务纠纷案件适用法律问题的解释》	《夫妻债务纠纷解释》
最高人民法院《关于适用〈中华人民共和国民法典〉继承编的解释(一)》	《民法典继承编解释(一)》

目　录

人格权编

婚姻家庭编

继　承　编

侵权责任编

人格权编

第一章 概 述

人格权独立成编为我国民法典最大亮点。从清末起草民律草案到《中华民国民法》,都少有纳入人格权的问题。新中国成立到改革开放之前,人格权的保护问题也未引起足够重视。改革开放以来,我国的人格权法律保护从无到有,从简单到复杂,并逐渐发展形成完整的人格权法律体系。

在反思“文化大革命”这段历史时,人们开始思考应当采用什么方式来保护人的人格权益。1986 年通过《民法通则》,人格权保护被正式写入法律,内容一共 5 条。这 5 条规定只是宣誓性地对公民的生命健康权、公民的姓名权、法人等民事主体的名称权、公民的肖像权、公民和法人的名誉权与荣誉权作出了规定。这 5 条具有革命意义的规定,宣告了中国将采用法律方式保护公民和其他民事主体的人格权益。为贯彻落实《民法通则》的规定,最高人民法院又在《贯彻民法通则意见》中以司法解释的形式作出了 6 条规定。正是根据这 6 条规定和最高人民法院以后陆续作出的批复,人民法院开始了用法律方式保护公民、法人和其他组织的人格权的司法审判活动,开启了司法保护人格权的先河。

进入 20 世纪 90 年代以后,我国在各种不同的法律形式中,逐渐增大对人格权的保护力度。例如,全国人大常委会制定的《产品质量法》和《消费者权益保护法》加大了对人格权的保护力度;2001 年 2 月最高人民法院通过了《精神损害司法解释》;2003 年 12 月最高人民法院又通过了《人身损害赔偿解释》。上文两个司法解释的通过,对进一步推动人格权保护,特别是生命权和健康权的保护发挥了重要作用。2009 年 12 月,全国人大常委会通过了《侵权责任法》,我国对人格权的保护又上了一个新台阶。按照这一法律,我国对生命权、健康权、姓名权、名誉权、荣誉权、肖像权、隐私权等的保护作出了明确的规定。2014 年 6 月,最高人民法院根据信息网络发展,出现利用信息网络侵害民事主体人身权,特别是人格权的具体情况,制定了《网络侵权司法解释》。最高人民法院这一司法解释,对通过互联网等信息网络进行“人肉搜索”,利用各种形式的文字、图片、影像、视频等方式对公民、法人和非法人组织的隐私权、名誉权、荣誉权、姓名权、名称权等人身权利进行侵害的案件如何处理进行了规定,对于信息化条件如何保护公民、法人和非法人组织的人格权进行了规范,取得了良好的法律效果和社会效果。

从《民法通则》出台到《民法典》编纂之前,随着法律和司法解释的不断出台,我国对人格权的司法保护力度不断加大。各地法院在最高人民法院的指导下,陆续审理了一些具有指导性意义的案件,对推动全国法院审理人格权保护的案件发挥了很好的作用。例如,最高人民法院“关于处理《荷花女》名誉权纠纷案”的复函,就死亡人的名誉权应当受到法律保护回复了天津市高级人民法院的请示,树立了死亡人名誉权应当受到法律保护的先例;最高人民法院关于徐某诉上海文化艺术报社、赵某某侵害名誉权案件的请示,开启了根据他人传闻撰写严重失实的文章并发表,应当承担名誉权侵权责任的先河;卓某某诉孙某某、重庆市乳品公司侵犯肖像权一案,是确立了公民肖像权受法律保护的典型案例;蔡某某与百度公司侵害名誉权、肖像权、姓名权、隐私权纠纷案,在如何认定网络服务提供者的责任边界、公众人物监督和侵权的界限等方面提供了可供借鉴的经验。近年来,北京法院受理的狼牙山五壮士名誉权侵权案、邱少云名誉权侵权案,更是在名誉权案件的审理中,就如何保护先烈名誉权,维护民族精神树立了标杆性质的经典案例。依据现行法律、司法解释,人民法院审理了大量涉人格权纠纷的案件。2002 年,全国人民法院审理人身自由权、名誉权、荣誉权、名称权、肖像权等具体人格权纠纷的案件只有 18,220 件,但到 2019 年,全国法院审理的人格权纠纷案件已达 177,135 件,案件数量增长了近 10 倍。

30 多年来,在人格权司法保护的审判工作中,人民法院取得了很大的成绩,但同时也存在一些令人思考的问题。大量的人格权纠纷案件的审理,基本上是从民事侵权责任的角度进行的,而人格权及其具体权利的性质、类型、特征,以及权利人的权利行使,义务人的义务边界,合同责任和侵权责任的认定和承担等问题,并没有统一的法律规定,碎片化特征十分明显。正因如此,在审判实践中出现了人格权类的案件,从立案、审判到执行都出现不少难题。例如,因邻里纠纷两位妇女吵架,其中一位当事人因败落下风到法院起诉,要求追究对方的名誉权侵权责任,这类案件是否应当立案?因法律界限不清,此类案件法院立案后难以息诉。在隐私权案件审理过程中,关于隐私权的边界,法律没有明确规定,实践中也很难掌握。在审理肖像权纠纷案件时,何种情况下构成肖像权侵权,何种情况下不构成侵权,也没有法律的明确规定。个人信息在哪些情况下应当予以保护,哪些情况下不属于法律保护的范围等,都不同程度地存在问题。这些问题,需要从完整的人格权法律体系入手,划清当事人之间权利和义务的边界,才能让法官在审判实践中正确认定当事人的行为是合法还是违法,才能确定当事人的民事责任。如果仅仅从民事侵权责任出发,不清楚当事人在法律上的权利和义务,则很难提高审判质量,让当事人服判息诉。应当看到,由于我国人格权的司法保护问题是改革开放以来,特别是《民法通则》通过后才开始的,不可避免地有一个从无到有、从简单到复杂的过程,出现碎片化现象在所难免。但是,经过 30 多年的立法和司法的经验积累建立人格权法律体系,将是提高公民素质,促进人格权司法审判工作规范化的一个极大推动。这就是我们为什么会向全国人大常委会法工委建议在《民法总则》中增加人格权作为民法分则单独成编的原因。

在《民法总则》通过前,最高人民法院《关于〈中华人民共和国民法总则(草案)〉(征求意见稿)意见的复函》提出:“建议重视人格权在民法典体系中的重要性。人格权是民事主体最基本的民事权利,与物权、知识产权、亲属权、债权等构成完整的民事权利体系,具有独立地位。人格权是人权在民事法律中的具体化,民法中规定人格权是保障和发展人权的内在要求,可以使宪法保障人权的规定在私法中得以落实,并向国际社会彰显党和国家对保护人权的高度重视。”

在《民法总则》通过以后,在最高人民法院《关于〈中华人民共和国民法典各分编(草案)稿〉意见的复函》中讲到:“人格权独立成编有利于构建完整的民法典体系结构。人格权独立成编,一方面,是科学立法的体现,人格权独立成编既是新中国人权发展成果的立法体现,也是民法发展世界趋势的立法回应,代表了民法发展的未来;另一方面,也是民法总则结构设计的必然展开。民法总则是以法律关系为逻辑基础的民法体系总纲,人格权作为重要的民事权利与民事主体制度相区分,是民法体系内在逻辑的体现,民法总则专章规定了民事权利,其中人格权部分作为首要权利类型与身份权、财产权和其他民事权益并列作了原则规定,民法典分则各编的编纂应当以此为基础展开。”“人格权独立成编有利于促进人格权的司法保护。通过立法清晰界定人格权的内容、权利边界、行使方式、保护规则,特别是完善人格权请求权基础规范,对人格权司法保护有效实施提供明确依据,有利于更好地保护人格权,也有利于更好地发展人格权。”

事实上,从立法上将人格权纳入民法典的工作,在制定《民法总则》时就已经开始了。《民法总则》第 2 条中,就将“人身权”从原来《民法通则》中放在“财产权”之后,改为放在“财产权”之前,体现了我国《民法典》编纂更加重视对人身权的保护。《民法总则》第五章是构建我国民事权利体系的依据,在该章中“人格权”被放在了各种民事权利之前,且成为构建人格权法律体系的基础。其中,第 109 条规定:“自然人的人身自由、人格尊严受法律保护。”第 110 条规定:“自然人享有生命权、身体权、健康权、姓名权、肖像权、名誉权、荣誉权、隐私权、婚姻自主权等权利。法人、非法人组织享有名称权、名誉权和荣誉权等权利。”《民法总则》通过后,《民法典》编纂工作全面进入第二阶段。在《民法典》分则各编紧锣密鼓开展的关键时期,党的十九大召开。习近平总书记在党的十九大报告中指出,要“保护人民的人身权、财产权、人格权”。人格权作为《民法典》的独立一编,正式纳入《民法典》,开始了人格权法律体系的专编编纂工作。

人格权在《民法典》中居于第四编,共 6 章 51 条。第一章为一般规定,共有 13 个条文,是人格权编的重点,主要规定在调整基于人格权的享有和保护产生的民事关系的过程中,应当坚持的基本规则和一般规定。在实施该章的规定时,应当注意以下几方面的内容:

一是要注意把握基于人格权的享有和保护而产生的民事法律关系。(1)人格权民事法律关系的主体。享有人格权的主体主要是自然人和法人、非法人组织。自然人包括公民、外国人和无国籍人;法人和非法人组织在名称权、名誉权和荣誉权等权利上成为人格权法律关系的主体。与享有人格权的主体相对的民事法律关系主体有:国家、自然人、法人和非法人组织。(2)人格权民事法律关系的客体是主体民事权利和义务所共同指向的对象。这个对象就是人格权民事主体应当拥有的人格和人格利益。人格权民事法律关系的客体与人格权主体是不可分的。任何一个民事主体离开了相应的人格和人格利益,该民事主体就不可能拥有真正的民事权利能力和行为能力,就不可能真正有资格参加民事活动。因此,保护民事主体的人格和人格利益,应当用法律的手段赋予民事主体以人格权,对其人格和人格利益给予国家强制力保护。(3)人格权民事法律关系的权利和义务。人格权主体应当享有的人格权利和相对人应当履行的法定义务,是人格权民事法律关系中最重要的内容,也是《民法典》人格权编立法的重心。在人格权民事法律关系中,特定民事主体的人格权,应当得到国家和不特定民事主体的尊重,它们负有不得侵害其人格权利的法定义务。如果发生对特定民事主体人格权的侵害,侵权人应当承担相应的民事法律责任。(4)人格权民事法律关系的产生。自然人的人格权,从自然人出生时取得,其他人与特定自然人的人格权民事法律关系,从自然人取得人格权如生命权、身体权、健康权等权利时建立。特定自然人的人格权民事法律关系建立后,无民事行为能力人和限制民事行为能力人因人格权的享有和保护而产生的权利,由其监护人代为行使,直到他们成为完全民事行为能力人时,才能完全由他们独立行使。按照《民法典》的规定,法人和非法人组织依法享有名称权、名誉权、荣誉权等人格权。与自然人的人格权产生方式不同,法人和非法人组织的人格权,应当从法人和非法人组织设立登记生效时取得。其与相对人之间的人格权民事法律关系,也应当自其人格权取得之时起产生。

二是应当注意人格权的性质和特征。所谓人格权,是指民事主体所固有的、应当采用法律手段予以保护的法定基本权利。人格权是一种具有排他性属性的专有权利,任何组织或者个人都应当承担尊重和不得侵害民事主体人格权的法定义务;国家机关依法负有保护民事主体人格权的职责;任何国家机关非因法律授权和法律规定,非经法定程序,不得剥夺民事主体的人格权。正因为人格权是民事主体固有的、应当采用法律手段保护的法定基本权利,且是具有排他性属性的专有性质的权利,所以当然地具有民事主体不得放弃、不可转让、不能继承的特征。其中,自然人的人格权表现更为明显。人格权所具有的这三大特征,是民事主体,特别是自然人生存和发展的基础,是维护人格独立、人身自由、人格尊严的重要条件,是审理人格权纠纷案件时应当引起注意的关键之处。在把握人格权的特征时,应当注意某些具体人格权的许可使用问题。《民法典》第 993 条规定:“民事主体可以将自己的姓名、名称、肖像等许可他人使用,但是依照法律规定或者根据其性质不得许可的除外。”这里的许可使用,与第 992 条规定的人格权不得放弃、转让或者继承,是否相矛盾呢? 应当是不矛盾的。从法律上讲,“许可使用”是许可人允许被许可人使用,被许可人不取得排他权,即被许可人使用,许可人也可以自己使用,甚至许可人还可以许可其他人使用。而“转让”则是转让人将自己权利按照合同交给受让人,权利被“转让”后,转让人将不再拥有原权利。因此,第 992 条与第 993 条的规定是不矛盾的。

三是应当注意区分一般人格权与具体人格权。《民法典》人格权编对人格权的表述,采用的是具体列举加抽象概括的方式。其第 990 条第 1 款规定:“人格权是民事主体享有的生命权、身体权、健康权、姓名权、名称权、肖像权、名誉权、荣誉权、隐私权等权利。”这里列举的人格权就是具体人格权,因为难以穷尽,故在 9 个具体人格权之后又加了一个“等权利”的表述。但在该条的第 2 款中则采用了这样的表述:“除前款规定的人格权外,自然人享有基于人身自由、人格尊严产生的其他人格权益。”这种表述实际上是一种抽象的概括表述方式,是对一般人格权的表述。所谓一般人格权,是指自然人基于人格独立、人身自由、人格尊严等人格利益基础产生的权益。在实践中,无论是对一般人格权的侵害,还是对具体人格权的侵害,都应当按照第995条的规定承担相应的法律责任。《民法典》第995条规定:“人格权受到侵害的,受害人有权依照本法和其他法律的规定请求行为人承担民事责任……”这里讲的人格权,就是既包括具体人格权也包括一般人格权。

四是应当注意死者人格利益的保护。《民法典》第994条规定:“死者的姓名、肖像、名誉、荣誉、隐私、遗体等受到侵害的,其配偶、子女、父母有权依法请求行为人承担民事责任;死者没有配偶、子女且父母已经死亡的,其他近亲属有权依法请求行为人承担民事责任。”按照《民法典》第13条的规定,自然人的民事权利能力,始于出生,终于死亡。人格权作为一种民事权利,在自然人死亡后也自然终止。但是,死者的人格权终止,不标志其人格利益不受法律保护。这是对死者人格尊严的尊重。按照第994条的规定,对死者人格利益的保护,由死者的近亲属,即死者的配偶、子女、父母依法行使请求权,对侵害人提起诉讼;没有前述近亲属的,由其他近亲属即兄弟姐妹、祖父母、外祖父母、孙子女、外孙子女依法行使请求权,对侵害人提起诉讼。如果死者为英雄烈士的,应当按照《民法典》第185条的规定,要求侵害人承担民事责任。《民法典》第185条规定:“侵害英雄烈士等的姓名、肖像、名誉、荣誉,损害社会公共利益的,应当承担民事责任。”这里的所说的对“英雄烈士等”的人格利益侵害,包括对革命领袖的姓名、肖像、名誉、荣誉等人格利益的侵害;侵害英雄烈士的人格利益,如果涉及损害社会公共利益的,人民检察院有权依法向人民法院提起公益民事诉讼,追究侵害人的民事责任。对英雄烈士人格利益司法保护的具体操作,应当按照《英雄烈士保护法》第25条的规定办理。该法第25条规定,对侵害英雄烈士的姓名、肖像、名誉、荣誉的行为,英雄烈士的近亲属可以依法向人民法院提起诉讼;英雄烈士没有近亲属或者近亲属不提起诉讼的,检察机关依法对侵害英雄烈士的姓名、肖像、名誉、荣誉,损害社会公共利益的行为向人民法院提起诉讼;负责英雄烈士保护工作的部门和其他有关部门在履行职责过程中发现前述规定的侵害行为,需要检察机关提起诉讼的,应当向检察机关报告;英雄烈士近亲属依法提起诉讼的,法律援助机构应当依法提供法律援助。概括起来说,一般死者的人格利益的司法保护,限制在近亲属的范围内提起诉讼,超出近亲属范围则不能提起诉讼;英雄烈士的人格利益的司法保护,不涉及社会公共利益的,由近亲属提起诉讼;涉及社会公共利益的,如果没有近亲属提起或者近亲属不提起的,则由检察机关采用公益诉讼的方式向人民法院提起。至于超出近亲属范围不能通过司法保护的死者人格利益,或者不涉及社会公共利益的英雄烈士人格利益,不能通过公益诉讼的方式进行司法保护的,则通过道德、舆论的方式来解决。通过这种方式对死者人格利益进行司法保护,较好地协调了个人利益与社会公共利益之间的关系,解决了现时的死者人格利益与较为久远的死者人格利益的保护问题。

五是应当注意同一行为形成违约与侵权的竞合时严重精神损害的赔偿问题。这里的所谓行为竞合,是指当事人的行为既构成违约行为,又构成侵权行为。《民法典》第 186 条规定:"因当事人一方的违约行为,损害对方人身权益、财产权益的,受损害方有权选择请求其承担违约责任或者侵权责任。"赋予当事人选择权,是民法典解决违约与侵权发生竞合时处理案件纠纷的基本规则。一般来说,如果受害人选择违约之诉,则不再按照侵权之诉的规定处理纠纷;如果受害人选择侵权之诉,则不再按照违约之诉的规定处理。实践证明,按照这一基本规则处理违约与侵权的行为竞合,对于公正解决当事人之间的纠纷是合理的。但是,如果当事人的违约行为造成了受害人严重的精神损害时,违约之诉的规则和侵权之诉的规则可能会出现不平衡的情况。这一问题在审判实践中经常遇到。为了解决这一不平衡的现象,《民法典》第 996 条规定:"因当事人一方的违约行为,损害对方人格权并造成严重精神损害,受损害方选择请求其承担违约责任的,不影响受损害方请求精神损害赔偿。"适用该条规定时,首先,是当事人实施了违约行为,且该违约行为不仅损害了受害人的财产权益,而且损害了受害人的人格权并造成了受害人严重的精神损害。如果当事人的违约行为只是损害了受害人的财产权益,没有损害其人格权,或者虽然损害了受害人的人格权,但该损害没有达到严重精神损害的程度,则不能适用该条。其次,受害人在行使选择权时选择了违约之诉。如果受害人选择了侵权之诉,则按照侵权之诉的规定,其本身就可以对精神损害承担赔偿责任,不必选择该条适用。最后,受害人选择违约之诉时,可以在违约之诉中直接提出精神损害赔偿的诉讼请求。在审判实践中,违约之诉通常是按照当事人在合同中的约定追究对方的违约责任,只有没有约定或者约定不明且法律有规定时,才按照法律的规定追究违约方的民事责任。按照第 996 条规定,法律赋予当事人可以追究违约方的精神损害赔偿责任,但这种对精神损害赔偿的追究,是应当在违约之诉结束后另案追究呢,还是在该诉讼中一并追究呢?本书认为,可以在该诉讼中一并追究。因为一并追究可以减轻当事人的诉累,提高审判的效率,同时也可以使受害人及时得到赔偿。但是,如果受害人在违约之诉中没有提出精神损害的诉讼请求,是否可以就此另案再提起诉讼呢?本书认为,可以另案起诉。因为违约或者侵权形成的行为竞合造成的财产损害是一个行为造成的损害,损害结果是相当的,受害人选择哪种规定处理纠纷都大致公平。但违约行为对受害人的财产权益造成损害时,对其精神损害则是可以造成也可以不造成,可以造成得重也可以造成得轻。因此,违约行为对精神损害赔偿是独立的诉因,可以另案处理。

除此之外,第一章还对受害人人格权受到损害后的请求权问题、停止侵害禁令的申请问题、行为人承担人格权侵权民事责任时的综合因素考量问题、为公共利益实施的新闻报道和舆论监督等行为的合理性与侵害民事主体人格权行为的度量把握问题、行为人的侵害人格权的行为程度与承担民事责任相当问题等,进行了原则规定。这些规定对于审理一般人格权和具体人格权纠纷案件,都具有非常重要的作用,在审判实践中应当认真把握。

第二章至第六章是对具体人格权的具体规定。其中,第二章规定生命权、身体权和健康权,共有 10 个条文;第三章规定姓名权和名称权,共有 6 个条文;第四章规定肖像权,共有 6 个条文;第五章规定名誉权和荣誉权,共有 8 个条文;第六章规定隐私权和个人信息保护,共有 8 个条文。

1. 生命权、身体权、健康权。生命权、身体权和健康权是自然人最重要的具体人格权,是自然人其他人格权的基础。自然人的这 3 个具体人格权有一个共同的特点,就是人格权主体与人格权客体具有同一性,即人的生命、身体、健康与作为权利主体的自然人完全不能分割。自然人维护自己的其他权利,必须以维护自己的生命权、身体权、健康权为前提。没有这 3 种权利就没有了人的一切。因此,人格权编在安排具体人格权时,将这 3 种人格权放在最前面。除共性外,对生命权、身体权、健康权的理解还应当从不同的角度进行深入。

一是注意生命权是自然人最根本的人格权,是其他人格权存在的前提和基础。生命权是以生命的出生确认、维持延续、安全保障、尊严维护为内容的基本权利。在生命权的民事法律关系中,生命权的主体与客体均为人自身,具有高度的同一性。因此,从法律上讲,生命的主体不能对其客体即生命进行抛弃,也不能进行转让。在因生命权的享有和保护而产生的民事法律关系中,包括国家在内的任何组织和个人,对自然人的生命所负有的法定义务是广泛的,但其中对其生命安全和生命尊严是义务,是重中之重。生命安全是自然人生命权的保障,丧失生命安全,生命将随时受到威胁。生命尊严是自然人生命权的另一个重要内容。在人与人之间,任何人的生命价值都是平等的,不存在高低贵贱之分;他们在生前都应当得到社会的尊重,死后也应当受到社会的敬畏。即使死刑犯,当他们因为犯罪而被依法剥夺生命时,其生命的尊严也应当得到尊重,不能受到侮辱和欺凌,有权得到合理的安葬和亲友的祭奠,其陵墓也应当受到法律的保护。自然人的生命权受到侵害,应当依法对侵权行为进行追究,构成犯罪的,按照刑事诉讼程序追究其刑事责任;需要承担民事责任的,按照民事诉讼程序追究侵权人的民事责任。在依法追究侵权人的民事责任时,如果侵权人是对自然人的生命安全进行侵害,则被侵权人有权依据《民法典》第995条和其他相关法律,向人民法院提起诉讼,要求侵权人停止侵害、消除危险、排除妨碍、赔礼道歉、赔偿物资损失和精神损失等;如果侵权人的侵权剥夺了自然人的生命,因自然人生命的丧失而失去民事权利能力,无法向侵权人主张权利,则其近亲属有权依法向人民法院提起诉讼,要求侵权人支付死亡赔偿金、治疗和抢救费、误工补偿费、丧葬等其他相关费用,以此特殊的方式保护生命权。

二是注意身体权是自然人的基本人格权,是自然人对自己的身体组织、肢体、器官等身体构成整体和组成部分的完全支配权。自然人这一基本人格权最重要的内容,是要保证自己的身体完整性、身体行动的自由性、请求对侵权人的处罚性。所谓身体的完整性,就是有权享有自己身体组织、肢体、器官等身体构成要件的完整保护。所谓身体行动的自由性,就是自然人有权支配自己的身体,保证自己身体的行动自由。身体权所保护的自然人的身体,是自然人其他人格权的物质基础,没有完整的身体,就不能行使各种社会活动,就不可能有人身自由的存在。所谓请求对侵权人的惩罚性,就是自然人在遭受侵权人对自己的身体权进行侵害时,有权请求相关国家机关依法对侵权人进行处罚。法律保护自然人的身体权不受侵害,是人格权立法的重要任务。如果侵权人侵害自然人的身体权,使其身体完整性、身体行动的自由性受到侵害,受害人有权依照《民法典》第995条和其他相关法律规定向人民法院提起诉讼,要求侵权人承担赔礼道歉、赔偿物资损失和精神损失等民事责任,如支付医疗费等治疗康复费用、误工补偿费、残疾赔偿金等费用;侵权人的行为对自然人的身体权正在进行侵害,或者构成威胁、危险的,受害人还有权要求侵权人承担停止侵权、排除妨碍、消除危险等民事责任。

三是注意健康权是自然人的基本人格权,是对自然人的身体组织、器官的机能正常工作和运行状态的享有和保护。自然人的身心健康包括器质健康、生理健康、心理健康。健康权,是指自然人享有的生理、心理等能够保持身体机能的正常工作和运行、不受侵害的权利。这种权利包括健康保持权和特定情形下的健康利益支配权。健康权和身体权是两种不同的具体人格权,健康权强调的是对身体机能的正常工作和运行的享有和保护,而身体权则强调的是身体组织、器官和肢体的完整和行动自由支配的享有和保护。但应当看到,身体权和健康权又是密切联系的,侵害自然人的健康权,就有可能造成对自然人身体组织、器官、肢体完整性的侵害。如果侵权人对自然人身心健康造成损害,那受害人有权依据《民法典》第995条和其他相关法律的规定,向人民法院提起诉讼,要求侵权人停止侵害、排除妨碍、消除危险、赔礼道歉、赔偿物资损失和精神损失等。例如,受害人可以根据案件的具体情况,要求侵权人承担医疗等治疗康复费用、精神损害赔偿金等民事责任。

在对生命权、身体权、健康权具体人格权的规定中,《民法典》第1010条和第1011条对性骚扰和非法剥夺、限制他人行动自由,非法搜查他人身体进行了规定。这两条规定中的违法行为,既可能对自然人身体权造成侵害,也可能对自然人健康权造成损害,同时也可能对自然人人身自由和人格尊严这一一般人格权造成侵害。具体是造成单一损害,还是综合损害,应当根据侵权人侵权行为的性质、侵害力度和损害结果的危害程度综合进行判断,并在此基础上确定侵权人应当承担的民事责任。受害人据此可以提起的具体诉讼为:实施性骚扰行为产生的侵害身体权、健康权和人身自由、人格尊严而引起的诉讼;实施非法拘禁行为剥夺他人行动自由产生的侵害他人身体权、健康权和人身自由、人格尊严而引起的诉讼;实施威胁、恐吓行为剥夺、限制他人行动自由产生的侵害他人身体权、健康权和人身自由、人格尊严而引起的诉讼;实施非法搜查、强占他人住宅行为剥夺、限制他人行动自由产生的侵害他人身体权、健康权和人身自由、人格尊严而引起的诉讼;实施非法搜查他人身体的行为产生的侵害他人的身体权、健康权和人身自由、人格尊严而引起的诉讼;等等。其要求侵权人承担的民事责任,可以根据案件的具体情况,依据《民法典》第995条和其他相关法律的规定,有针对性地提出。

2. 姓名权、名称权、肖像权。姓名、名称、肖像是自然人、法人和非法人组织参与社会活动的特定标识。正因为有这些特定标识,自然人、法人和非法人组织才能相互区别,避免社会活动中各自行为的相互混淆,保证社会活动繁而不乱,有序进行。姓名权、名称权、肖像权是以姓名、名称、肖像为客体的法定人格权,具有在法律许可范围内的专有性和排他性。在基于姓名权、名称权、肖像权的享有和保护而形成的民事法律关系中,任何组织和个人负有不得侵害自然人、法人和非法人组织的姓名权、名称权、肖像权的法定义务,否则应当承担相应的民事责任。除上述共同特征外,还应当根据它们的各自特征,认真注意把握其权利和义务内容。

一是应当注意姓名权的决定权和变更权的问题。姓名权是自然人的具体人格权。《民法典》第1012条规定,在不违背公序良俗的情况下,自然人有权依法决定、使用、变更或者许可他人使用自己的姓名。按照这一规定,自然人的姓名权包括姓名的决定权、使用权、变更权、他人使用姓名许可权。他人使用姓名的许可权,因与名称使用许可权等相似,将另行叙述。这里主要论述姓名决定权和姓名变更权。姓名的决定和姓名的变更,直接涉及自然人姓名权的取得或者重新取得,涉及自然人基于姓名权的享有和保护而产生的民事法律关系中,相对人法定义务的履行。因此,自然人决定或者变更姓名不能违背相关法律规定。按照法律和习惯,自然人出生后,其姓名通常是由其法定监护人父母或者直系血亲的长辈决定,但他们的决定应当符合法律的规定。在未成年时期,因权利人为无民事行为能力人或者限制民事行为能力人,不能自己变更姓名。当其成为完全民事行为能力人后,作为权利人的自然人是否能够根据自己的意愿变更姓名呢?按照民法典的规定,自然人有权变更自己的姓名,但是应当符合法律规定。

首先,自然人的姓氏应当按照《民法典》第 1015 条的规定决定。按照这一规定,自然人的姓氏一般情况下,应当随父姓或者母姓。如果要在父母姓氏之外另选姓氏,则只能选取其他直系长辈血亲的姓氏,或者法定扶养人之外的扶养人的姓氏,或者有不违背公序良俗的其他正当理由的,可以选取的其他人的姓氏。这里的所谓其他直系长辈血亲的姓氏,通常是指爷爷、奶奶、外公、外婆的姓氏。如果要选取法定扶养人之外的扶养人的姓氏,其前提是自然人的扶养人不是其同辈的哥哥和姐姐,而是哥哥和姐姐之外的其他同辈亲属,如表哥表姐。因为兄、姐的姓氏通常与弟、妹是相同的。在此情况下,可以选择表哥表姐的姓氏。所谓有不违背公序良俗的其他正当理由的情形是什么呢?例如,张某和李某是战友,在战场上李某为救张某牺牲了,张某为感谢李某的救命之恩,让没有结婚的李某有后继有人,叫自己的孩子选取李某的姓氏。这种情况应当就是不违背公序良俗的正当理由。自然人选取姓氏,应当按照法律的这一规定。以后自然人要变更姓氏也不能违背这一规定。例如,在某地有人取名为"北雁云依",因其姓氏既不是从父母姓氏,也不是直系长辈血亲的姓氏,也没有其他不违背公序良俗的正当理由,故不能得到法律的支持。同时应当看到,我国是一个多民族的国家,除汉族外,还有 55 个少数民族。至于少数民族的姓氏,可以遵从本民族的文化传统和风俗习惯。

其次,自然人要决定或者变更自己的名,可以根据自己的意愿进行,但不得违背公序良俗。这里的公序良俗,应当是中国的公序良俗,是中华民族通行的公序良俗,如果违背公序良俗,则不能得到法律的支持。例如,某人自己姓赵,取名为 C,即"赵 C"。该名选取不符合中国的公序良俗,自然不能得到法律的支持。

最后,自然人决定、变更姓名一般应当依法向有关机关办理登记手续。在通常情况下,如果没有办理登记手续,其姓名没有取得对外公示效力,不能依法取得姓名权,其办理身份证、出国护照和其他身份证明文件都会受到障碍。

二是应当注意法人和非法人组织的名称权的特殊性问题。法人和非法人组织的名称权,是法人和非法人组织的人格权。这一权利,是法人和非法人组织对自己的名称享有依法决定、使用、变更、转让或者许可他人使用的权利。法人和非法人组织的这五大权利中,名称的决定权、使用权、变更权都具有排他性,即法人和非法人组织在行使这三种权利时,任何人都不得采用干预、盗用、假冒等方式侵害其权利。至于转让权和许可权,就是否有权转让或者许可而言,法人和非法人组织拥有绝对权,但就相对人是否接受转让或者许可而言则是协议权。因此,法人和非法人组织的名称权有与自然人的姓名权相似的地方,例如,决定、变更姓名和名称都需要到有关机关办理登记手续,姓名和名称都可以许可他人使用等。但名称权与姓名权也有不同的地方。这种不同点主要体现在以下两方面:首先,自然人姓名的决定权和变更权在行使时要符合《民法典》第 1015 条的规定,违反则不会受到法律保护,而法人和非法人组织名称权则没有相应的严格限制。这是因为,自然人的姓名是一个国家民族文化的产物,应当遵循本民族的传统文化和风俗习惯,而法人和非法人组织的名称则没有这方面的严格限制。其次,名称权可以转让,而姓名权则不能转让。法人和非法人组织的名称、自然人的姓名在商业化社会中都可能产生商业价值,如果可以转让,则原来的民事主体就不能再使用。法人和非法人组织的名称如果转让,它们可以做到不再使用该名称。但自然人的姓名与其身份密切相关,如果法律上准许转让姓名权,则与自然人身份相关的诸多人格利益问题将难以解决。正因如此,除名称权特别规定可以转让外,姓名权以及其他人格权法律规定不得转让。

三是应当注意肖像权的保护问题。自然人的肖像权,是指自然人依法制作、使用、公开或者许可他人使用自己肖像的权利。肖像权的客体是自然人的肖像,所谓肖像,是指通过影像、雕塑、绘画等方式在一定载体上所反映的特定自然人可以被识别的外部形象。自然人的肖像权包括四个方面:肖像制作权、肖像使用权、肖像公开权、肖像许可他人使用权。从性质特征上看,肖像权是具有绝对性和排他性的权利,即当自然人拥有肖像权时,除非法律另有特别规定外,其他人就不能拥有制作、使用、公开、许可他人使用的权利。为保护自然人的肖像权,《民法典》第 1019 条规定:"任何组织或者个人不得以丑化、污损,或者利用信息技术手段伪造等方式侵害他人的肖像权。未经肖像人同意,不得制作、使用、公开肖像权人的肖像,但是法律另有规定的除外。未经肖像权人同意,肖像作品权利人不得以发表、复制、发行、出租、展览等方式使用或者公开肖像人的肖像。”按照这一规定,以下形式均构成对自然人肖像权的侵害:以丑化、污损或者伪造等方式侵害他人肖像权;未经肖像权人同意,制作、使用、公开肖像权人的肖像;未经肖像人同意,肖像作品权利人以发表、复制、发行、出租、展览等方式使用或者公开肖像人的肖像。除前述规定外,《民法典》第1020条规定了可以合理制作、使用、公开肖像权人肖像的例外情形:“合理实施下列行为的,可以不经肖像权人同意:(一)为个人学习、艺术欣赏、课堂教学或者科学研究,在必要范围内使用肖像权人已经公开的肖像;(二)为实施新闻报道,不可避免地制作、使用、公开肖像权人的肖像;(三)为依法履行职责,国家机关在必要范围内制作、使用、公开肖像权人的肖像;(四)为展示特定公共环境,不可避免地制作、使用、公开肖像权人的肖像;(五)为维护公共利益或者肖像权人合法权益,制作、使用、公开肖像权人的肖像的其他行为。”除上述例外情形外,任何组织和个人如果构成对自然人肖像权的侵害,受害人有权向人民法院提起肖像权侵权之诉。

四是应当注意姓名权、名称权和肖像权的许可使用问题。鉴于人格权保护的人格和人格利益,与民事主体自身具有密不可分的属性,《民法典》第992条规定:“人格权不得放弃、转让或者继承。”法律虽规定人格权不得放弃、转让或者继承,但并非禁止使用他人的一切具体人格权。相反,姓名权、名称权、肖像权经民事主体同意后其他组织和个人可以使用,并在此基础上建立了许可使用制度。民事主体的姓名权、名称权、肖像权的许可使用制度应当如何落实呢?首先,姓名权、名称权、肖像权的权利人,应当就前述人格权订立许可使用合同。合同应当对姓名权、名称权、肖像权的许可使用的范围、时间、区域、费用、违约责任等方面的权利义务内容作出具体约定。其次,当事人在合同中没有约定,但法律有明确规定的,应当按照法律规定办理。例如,当事人对肖像许可使用合同中关于肖像使用条款的理解有争议的,应当作出有利于肖像人的解释。当事人对肖像许可使用期限没有约定或者约定不明确的,任何一方当事人可以随时解除肖像许可使用合同,但应当在合理期限之前通知对方;当事人对肖像许可使用期限有明确约定,肖像权人有正当理由的,亦可以解除肖像许可使用合同,但是应当在合理期限之前通知对方;等等。前述事例,不仅肖像许可使用合同可以适用,姓名许可使用合同和名称许可使用合同也可以适用。最后,当事人在许可使用合同中出现违约或者民事侵权,另一方当事人可以提起许可合同之诉和侵权之诉。在审判实践中,如何判定当事人违约或者发生人格权侵权,关键应当看权利人的权利边界。在姓名权、名称权、肖像权许可合同中,只是许可他人使用自己的姓名权、名称权、肖像权,并不标志自己不能使用,权利人依然可以使用自己的权利。可见,许可使用权除非当事人合同明确约定排除他人使用,可以不具有排他性的;如果许可合同没有明确约定排他性条款,则权利人可以与多个相对人订立许可使用合同。在实践中,通常姓名权、名称权、肖像权的许可使用往往在特定行业会给一个相对人,但不排除在不同行业中同时许可他人使用自己的姓名或者名称,其原因在于不同行业使用同一姓名或者名称引起不当竞争的可能性较小。

在正确理解许可使用的权利边界时,应当注意法人和非法人组织名称权的转让问题。就人格权的一般属性而言,人格权是不能转让的。但就具体人格权来看,由于法人和非法人组织的名称往往具有商业价值,这些法人和非法人组织为了追求更大的商业利益,会转让自己的名称权。当法人和非法人组织转让自己的名称权后,由于转让的性质是出让方放弃原权利,受让方接受转让后取得该权利,所以转让合同生效并履行转让行为后,原法人和非法人组织应当丧失名称权。在丧失名称权后,该法人和非法人组织因不能再使用该名称,通常会另外使用其他名称,或者撤销该法人和非法人组织。由于法人和非法人组织的特殊性,故法律特别作出了法人和非法人组织的名称权可以转让的规定。

3. 名誉权、荣誉权、隐私权和个人信息保护。名誉权、荣誉权、隐私权是民事主体的具体人格权。个人信息保护则是自然人的人格利益保护问题。

一是名誉权的保护问题。在审判实践中,关于人格权诉讼的案件里,名誉权纠纷案件占一定比例。这次《民法典》编纂,在总结我国人民法院几十年来名誉权诉讼经验的基础上,作出了 7 条相应的规定。首先,《民法典》人格权编明确对名誉权的客体作出了规定。名誉权的客体是名誉权主体的权利所指向的对象,即名誉。名誉是什么呢?《民法典》第 1024 条第 2 款规定:“名誉是对民事主体的品德、声望、才能、信用等的社会评价。”这就是说,自然人的品德、声望、才能、信用等构成自然人的人格利益;法人和非法人组织的品德、声望、能力、信用、业绩等也构成其人格利益。而这些人格利益,构成自然人、法人和非法人组织的独立特征,成为他们进行民事活动的标识,成为他们取得其他民事主体信任的基础。因此,自然人、法人和非法人组织通常会把维护自己的名誉,看成与维护自己的生命一样具有同等的价值,有时甚至把对名誉的维护看成比生命更重要的社会价值。其次,《民法典》

人格权编对名誉权作出了规定。民事主体的名誉权，实质上就是民事主体应当享有的对自己名誉的尊重和维护的权利。基于对民事主体名誉的尊重和维护而产生的民事法律关系中，任何组织和个人都负有不得以侮辱、诽谤等方式侵害民事主体名誉权的法定义务。最后，侵权人因侵害民事主体的名誉权而承担民事责任，一定要以侮辱、诽谤等方式实施了侵害民事主体名誉权的行为，并足以导致在社会上产生对民事主体人格评价降低的社会后果。在审判实践中，以下行为构成名誉权侵权，应当承担民事责任：行为人通过实施捏造、歪曲事实等行为，足以导致社会对民事主体名誉人格评价降低；行为人通过对事实严重失实的叙述，足以导致社会对民事主体名誉人格评价降低；行为人所述事实虽然属实或者部分属实，但使用侮辱、诋毁、贬损性言辞等散布他人隐私、攻击他人人格，或者散布诽谤性内容，足以导致社会对民事主体名誉人格评价降低；等等。因此，是否构成名誉权侵权，不仅要看侵权人是否实施了侵害人格权的行为，更重要的是要看该行为是否足以构成对民事主体名誉人格利益的侵害，无论是自然人还是法人和非法人组织均是如此。侵权人如果实施名誉权侵权行为，侵害名誉权人的荣誉，名誉权人有权依据《民法典》第995条和其他相关法律的规定，向人民法院提起诉讼，要求侵权人停止侵害、恢复名誉、消除影响、赔礼道歉、赔偿经济损失或者精神损失等。

二是荣誉权的保护问题。荣誉是自然人、法人和非法人组织因其对社会或者社会组织的贡献，而由国家、相关机关或者部门、社会组织对其给予的褒奖。自然人、法人和非法人组织的荣誉受国家法律保护，是荣誉权的客体。自然人、法人和非法人组织基于对荣誉权的享有，与其各种组织和个人形成民事法律关系，其相对的任何组织和个人均负有尊重和不得侵害其荣誉的法定义务。这一法定义务包括不得非法剥夺其荣誉称号，不得诋毁、贬损其荣誉；负有荣誉记载和管理职责国家机关、相关部门和社会组织，应当真实记载和管理荣誉人的荣誉。侵权人如果实施侵权行为，侵害荣誉权人的荣誉，荣誉权人有权依据《民法典》第995条和其他相关法律的规定，向人民法院提起诉讼，要求侵权人停止侵害、恢复荣誉、消除影响、赔礼道歉、赔偿经济损失或者精神损失，等等。

三是隐私权的保护问题。隐私权是自然人的人格权利，是自然人所享有的对其隐私人格利益给予保护的权利。自然人的隐私是隐私权的客体，是人格权法律保护的对象。《民法典》第1032条第2款规定："隐私是自然人的私人生活安宁和不愿为他人知晓的私密空间、私密活动、私密信息。"按照这一规定，自然人基于隐私权而形成的民事法律关系中，其相对的任何组织和个人，对自然人的私人生活安宁和不愿为他人知晓的私密空间、私密活动、私密信息等,负有尊重和维护的法定义务,不能通过刺探、侵扰、泄露、公开等方式侵害其隐私权。为更好地保护自然人的隐私权,这次《民法典》编纂时,在第1033条中专门作出禁止性规定,对私人的生活安宁、自然人不愿为他人知晓的私密空间、私密活动、私密部位、私密信息等予以保护。该条规定:"除法律另有规定或者权利人明确同意外,任何组织或者个人不得实施下列行为:(一)以电话、短信、即时通讯工具、电子邮件、传单等方式侵扰他人的私人生活安宁;(二)进入、拍摄、窥视他人的住宅、宾馆房间等私密空间;(三)拍摄、窥视、窃听、公开他人的私密活动;(四)拍摄、窥视他人身体的私密部位;(五)处理他人的私密信息;(六)以其他方式侵害他人的隐私权。"应当注意的是,这条规定确定了两个除外情形;其一,法律另有规定的除外情形。这里所说的法律另有规定,通常是指按照法定程序立案后对犯罪行为的调查,以及按照法定程序依法执行公务的情形等。其二,权利人明确同意的情形。法律虽然保护自然人的隐私权,但是由于权利人的权利是可以自由处分的,如果权利人同意,则这6条禁止性规定可以不适用。除此之外,如果行为人违反法律规定实施了对权利人名誉权的侵权行为,则应当承担相应的民事责任。例如,如果行为人利用电话、短信、微信等方式对自然人进行骚扰,可能构成对他人私人生活安宁的侵扰;如果行为人在别人的住宅、宾馆房间安装摄像头,对自然人进行拍摄、窥视,则可能构成对他人私密空间的侵扰;如果行为人通过跟踪、盯梢、窃听等方式拍摄、窥视、刺探自然人的活动,则可能构成对他人私密活动的侵扰;如果行为人通过偷拍、窥视等方式窥探他人身体的秘密部位,可能构成对他人身体隐私权利的侵扰;如果行为人通过侵入个人网络账户或者其他方式窃取、收集、存储、使用、加工、传输、提供、公开个人私密信息,则可能构成对他人私密信息的侵害。发生上述类似隐私权侵权行为,被侵权人有权依据《民法典》第995条和其他相关法律的规定,向人民法院提起诉讼,要求侵权人停止侵害、消除影响、恢复名誉、赔礼道歉、赔偿相应的经济损失或者精神损失等。在审判实践中,有些侵权人泄露、公开个人隐私,不仅可能侵害个人的隐私权,还可能对受害者的名誉权产生侵害。如果出现牵连性人格权侵权行为,应当根据侵权人对被侵权人权利侵害的程度,决定其应当承担的民事责任。

四是自然人的个人信息保护问题。自然人的个人信息是具体人格权法律保护的对象。《民法典》第1034条规定:"个人信息是以电子或者其他方式记录的能够单独或者与其他信息结合识别特定自然人的各种信息,包括自然人的姓名、出生日期、身份证件号码、生物识别信息、住址、电话号码、电子邮箱、健康信息、行踪信息等。个人信息中的私密信息,适用有关隐私权的规定;没有规定的,适用有关个人信息保护的规定。"通过这一法律规定我们可以看出,自然人的个人信息保护,还没有上升到专门的具体人格权的程度,只是表示我国法律对个人信息予以保护,人格权编仅作出了原则性规定。而如何更好地、更科学地保护个人信息,还需要在实践中进一步摸索。尽管如此,将个人信息保护列入人格权保护的范围,一些原则性的规则还是已经明确了下来,下一步在审判实践中应当注意把握。首先,个人信息是自然人的人格利益,应当予以法律保护。基于对个人信息人格利益保护的法律规定,自然人有权要求相对人,即任何组织和个人尊重、维护和不得侵害自己个人信息人格利益。至于这些个人信息保护的对象和范围,《民法典》第1034条第1款中作出了规定,就是"以电子或者其他方式记录的能够单独或者与其他信息结合识别特定自然人的各种信息",具体形式该条文也作出了列举,这里不再重复。其次,个人信息保护与国家信息化发展应当有机协调起来,既要做到很好地保护个人信息,又要适应国家信息化发展的需要。具体来说,就是对个人的信息必须严格依法保护,不允许任何组织和个人在运用收集、存储、使用、加工、传输、提供、公开等方式处理个人信息时,随意侵害个人信息的人格利益。但是,对个人信息的人格利益的保护也不能绝对化,对于民事主体根据国家信息化发展的需要,在遵循合法、正当、必要原则的基础上,在不损害个人合法人格利益的基础上,适当地对个人的信息进行处理,即通过收集、存储、使用、加工、传输、提供、公开等方式处理个人信息,是应当支持和保护的。在审判工作中,如果不能处理好个人信息保护与国家信息化发展的关系,在当今信息化突飞猛进发展的时代,就有可能要么个人权利受到损害,要么整个国家难以跟上时代的步伐。在这里如何把握好两者之间的度,是问题的关键,也是考验司法智慧的地方。再次,要注意个人信息保护与私密信息保护的区别。《民法典》第1034条第2款规定,"个人信息中的私密信息,适用有关隐私权的规定;没有规定的,适用有关个人信息保护的规定"。由于对隐私权的保护力度相对要大一些,区分私密信息与一般的个人信息是有必要的。私密信息当然是个人信息的范围,但它比一般的个人信息所涉及的个人隐私人格利益更多,在《民法典》编纂时,就将私密信息列入隐私的内容。最后,要注意处理个人信息的民事主体应当遵循的原则、条件和义务。正如前所述,处理个人信息的民事主体在收集、存储、使用、加工、传输、提供、公开个人信息时,应当遵循合法、正当、必要的原则,并且要符合一定的条件:(1)征得该自然人或者监护人同意,但是法律、行政法规另有规定的除外;(2)公开处理信息的规则;(3)明示处理信息的目的、方式和范围;(4)不违反法律、行政法规的规定和双方的约定。按照《民法典》第1038条的规定,处理个人信息的民事主体应当承担的义务为:信息处理者不得泄露或者篡改其收集、存储的个人信息;未经自然人同意,不得向他人非法提供其个人信息,但是经过加工无法识别特定个人且不能复原的除外;确保其收集、存储的个人信息安全,防止信息泄露、篡改、丢失等。上述需要注意的问题对于人民法院依法保护个人信息具有十分重要的作用,应当引起人民法院法官的重视。如果处理个人信息的民事主体未遵守合法、正当、必要的原则,处理个人信息时未遵守第1035条规定的条件,未履行自己应当履行的法定义务和合同约定的义务,构成对自然人个人信息权益的侵害,那么受到侵害的自然人有权依据《民法典》第995条和其他相关法律的规定,向人民法院提起诉讼,要求侵权人停止侵害、消除影响、赔礼道歉、赔偿相应经济损失或者精神损失等。

《民法典》人格权编,已经构建出了我国人格权法律体系。在今后开展的人格权司法审判工作时,我们应当从整体上把握好人格权法律体系,深入理解人格权法律的基本原则、基本精神、人格权的权利义务边界,把握住人格权法律制度的精髓所在,既要认真贯彻落实具体人格权法律规定,也要将体现人身自由、人格尊严的一般人格权保护放在重要位置。在具体法律适用中,要认真落实人格权编中已经作出规定的请求权基础和民事责任,对人格权编没有作出规定但又需要适用侵权责任规定的,应当通过适用该规则,对其合法权益进行保护。

《民法典》人格权编加大了对自然人、法人和非法人组织人格权利的保护力度,这对提高我国国民素质必将产生巨大作用,也对全面推进中国特色社会主义人权事业发挥重要作用。随着司法审判的不断推进,我国人格权保护的经验会越来越丰富,人格权法律体系也会越来越完善。届时,我们的人格权法治在中国特色社会主义建设中也一定会发挥越来越大的作用。

第二章 一般规定

专题一 一般人格权条款的功能及适用

一、一般人格权的规定及基本理论

《民法典》第 990 条规定：人格权是民事主体享有的生命权、身体权、健康权、姓名权、名称权、肖像权、名誉权、荣誉权、隐私权等权利。除前款规定的人格权外，自然人享有基于人身自由、人格尊严产生的其他人格权益。该条是人格权概念及内容的规定，第 1 款采取列举式方式对具体人格权进行了定义和分类，第 2 款则以一般人格权为理论基础进行了兜底条款规定。该条第 2 款中的一般人格权是实务适用中的难点问题。

一般人格权是相对于具体人格权而言的，即以人格尊严、人格平等、人身自由为内容的，具有高度概括性和权利集合性特点的权利。[①] 我国以往的民事法律中并没有一般人格权的明确规定。《民法典》第 109 条"自然人的人身自由、人格尊严受法律保护"的规定，是我国民事法律中第一次明确规定了一般人格权。结合上述第 990 条规定的人格权的范围，具体人格权和一般人格权的框架基本建立起来，构成了完整的人格权规范范围，为实务中对二者进行区分和运用一般人格权条款奠定了立法基础。

一般人格权在法律体系中的主要功能包括：(1) 权利创设功能。人格权的重要特点就是其内容和范围无法明确进行界定，且随着社会发展会不断出现新的人格权类型。因此，在具体列举发展成熟的具体人格权类型以外，需要保留一个抽象、概括的一般人格权规定，为具体人格利益的发现、类型化、司法保护提供法律依据，为不断发展的人格权留下一个扩张空间。在司法实务中，这些就表现为一定程度

---

① 参见王利明：《人格权法研究》，中国人民大学出版社 2018 年版，第 131 页。

上的法律漏洞填补功能,填补具体人格权权利体系列举中的不足。(2)价值指引功能。我国《民法典》第109条和第990条均把人身自由和人格尊严作为一般人格权保护的对象,明确了人格权法的根本性价值取向。在法律上,人身自由和人格尊严是民法保护中的高位阶价值,当财产权益和人身自由、人格尊严发生冲突时,应当优先保护后者。具体人格权实际体现了人身自由、人格尊严保护的不同方面要求,一般人格权条款体现了价值指引的功能。

二、实务中的主要疑难问题

(一)一般人格权条款的法律漏洞填补功能

一般人格权制度在实务应用中的主要难题是如何运用一般人格权进行具体人格权的法律漏洞填补工作。这一工作涉及许多具体司法技术的综合运用,对于司法工作者的理论水平和实务能力均有较高的要求,是一项较为艰巨复杂的工作。具体来说,运用一般人格权进行法律漏洞填补工作,主要涉及以下具体工作:(1)具体人格权案件中法律漏洞的发现,也可以称为社会关系中新类型人格权法益的发现。(2)对于法益属于人格权范畴的具体论证和司法上应当进行保护正当性的论证。(3)对新类型人格权法益中具体体现的人身自由、人格尊严、人格平等利益的具体分析。(4)对于具体责任承担方式的选取和论证。如何在实务案件中做好以上工作,是个案中具体人格权能否妥当获得司法保护的必要条件。

(二)法人能否适用一般人格权规定

这是一般人格权在实务中应用的另一疑难问题,即法人能否以《民法典》第990条一般人格权条款作为请求权基础,主张具体人格权之外的一般人格权保护。《民法典》第990条第2款明确"自然人享有基于人身自由、人格尊严产生的其他人格权益",将一般人格权适用主体限定在自然人范畴。这意味着法人不能在实务中以第990条一般人格权作为请求权主张基础。但在实务中,存在法人主张信用权益、信息保护权益等目前由一般人格权所涵盖的权利。在这种情况下,囿于目前我国《民法典》的明确规定,应通过侵权法、知识产权法、反不正当竞争法等法律制度加以保护,而不能适用一般人格权规定。

总体而言,《民法典》第990条第2款关于一般人格权的规定是《民法典》人格权编中较为特殊的规定。该条文在体系中实际起到了法律原则的作用,在适用中起到了法律漏洞填补的实际作用。由于人格权在社会中不断发展变化的特性,该条文对于人格权法理论与实践的发展意义重大。既起到了总括性的框架功能,又起到了为后续发展留下空间的功能。

专题二　人格权专属性

一、人格权专属性的规定及基本理论

《民法典》第 992 条规定:“人格权不得放弃、转让或者继承。”该条明确了人格权的专属性特征。所谓人格权专属性,是指人格权只能为特定的权利人所享有,与权利主体不可分离。人格权从出生取得,至死亡时消灭,是与特定民事主体不可分离的固有权利。这种专属性是指人格权作为整体所具有的专属特定主体的特性,但这并不意味着人格权的部分权能也不可转让,如肖像权等的特定使用权能是可以通过许可的方式允许他人使用,但这不意味着该肖像权等归属他人,该权利仍属于本人。

人格权的专属性主要表现为以下特点:(1)与权利主体的人身联系紧密。但这种紧密联系并不意味着合而为一,完全不可分离。由于人格权是一个开放发展的权利体系,许多新发展的新类型人格权,如法人名称权、个人信息权益等,不再像传统的生命、健康、身体等权利那样具有强烈专属性,在部分情况下其权能使用可以与主体发生适当分离。(2)人格权具有不可转让性。与财产权可以自由流转不同,人格权与权利主体是不可分离的。只有在法律有特殊规定的情况下,其部分权能如法人名称权可以进行转让。另外,这种不可转让性并不意味着人格权在遭受侵害后的损害赔偿请求权不可以转让,这种损害赔偿请求权已经转化为一种财产性权利,是可以转让的。(3)人格权不得抛弃。作为专属权利主体的权利,人格权始终由主体享有,禁止主体随意进行抛弃。在我国法律体系内,自由、身体、生命等人格权是不能自行放弃的,这种放弃人格权的意思表示行为因违反公序良俗而为无效。(4)人格权不能继承。人格权作为专属于特定主体的权利,因死亡而消灭,因此不存在继承的问题。虽然《民法典》第 994 条规定了死者人格利益保护问题,但该规定保护的法益是近亲属的感情以及某种社会公共利益的需要,并非指人格权可以继承。

二、人格权专属性与许可使用的区别

在实务中,人格权专属性的主要问题集中在与《民法典》第993条人格权许可使用规定如何衔接与区分的问题。根据上文所述,人格权中的某些权利,如肖像权、姓名权、法人名称权、个人信息利益等可以进行流动,发挥商品的一般功能。这种人格权部分权能的商品化是现代人格权发展的新现象。因此,实务中应注意区别人格权专属性与部分权能可许可使用之间的界限。首先,传统的生命权、身体权、健康权、名誉权等是不能许可使用的,上述权利和特定主体紧密联系,不能分离许可他人使用,否则即有违反公序良俗之虞。其次,可许可使用的肖像权、姓名权等权利仅是部分权能的分离使用,而不能把人格权整体转让许可使用。目前,随着现代信息网络技术和媒体的不断发展,人格权的商业应用日益发展,人格权许可使用将越来越广泛,在实务中必须认真把握专属性与许可使用之间的界限。

专题三　人格权许可使用

一、人格权许可使用的规定及基本理论

《民法典》第993条规定:"民事主体可以将自己的姓名、名称、肖像等许可他人使用,但是依照法律规定或者根据其性质不得许可的除外。"人格权许可使用,是指民事主体将姓名、肖像、声音等人格要素(人格权客体)所承载的,个人通过对这些人格要素的商业化利用来实现和享有经济利益。无论是从实现人格权中财产利益的角度来看,还是从实现人格权人的精神利益角度看,都有必要允许人格权人授权他人使用其人格要素。人格权人授权他人使用其人格要素,不仅为人格权人带来经济利益,从某种意义上说也是一种人格权人发展和塑造自己人格的方式,是人格自由发展的体现。

人格权总体不能转让,但是人格权的某些权能可以与主体分离,人格权中财产价值也可以授权他人使用。权能分离理论说解决了人格权中财产利益人格权保护模式下最棘手的问题。该学说最早源于物权法理论,后被借鉴到同样属于绝对权的人格权理论中。依据"权能分离"说人格权中财产利益的许可使用不会导致人格

权与主体的整体分离。人格权人通过许可使用合同,将人格权的部分权能暂时授权他人行使,为自己的人格权设置一种暂时的限制,合同期限到期后,人格权恢复圆满状态。因此,人格权许可使用合同不会导致人格权权利主体的更换,只是一种人格权人行使自己权利的方式。

二、实务中的主要疑难问题

(一)人格权许可使用合同解除

实践中,人格权许可使用多采取人格权许可使用合同形式实现。人格权许可使用合同的法定解除可以适用《合同法》关于合同法定解除的一般规则,但由于人格权的特殊性,对于合同解除具有一定的特殊性。根据《民法典》第 1022 条的规定:"当事人对肖像许可使用期限没有约定或者约定不明确的,任何一方当事人可以随时解除肖像许可使用合同,但是应当在合理期限之前通知对方。当事人对肖像许可使用期限有明确约定,肖像权人有正当理由的,可以解除肖像许可使用合同,但是应当在合理期限之前通知对方。因解除合同造成对方损失的,除不可归责于肖像权人的事由外,应当赔偿损失。"这一规定可以类推适用于其他性质人格权使用合同之中。一般认为,与合同解除一般规则相比,应当放宽人格权许可使用合同的法定解除条件。由于《合同法》中的合同法定解除规则是以财产交易合同为原型而设计的,并没有考虑到人格权经济利用的特殊性,因此关于人格权许可使用合同的解除应理解为,只要人格权人能够证明其人格尊严和人格自由受到不当影响,其即应当有权解除合同。对人格权人法定解除权行使的限制应侧重于事后救济,即在人格权人因行使任意解除权造成受许可人财产损失时应当承担的损害赔偿责任。由于人格权解除人格权许可使用合同的事由主要发生在合同履行阶段,人格权人基于任意解除权而解除合同的行为不同于撤销合同的行为,不应当适用缔约过失责任的规则,受许可人应有权请求人格权人赔偿其履行利益损失。

(二)人格许可使用权不能成为强制执行的对象

人格权的特殊性决定了人格许可使用不能强制执行,而只能采取其他替代性执行方式。首先,许可人与被许可人之间的人格权中财产利益的许可使用合同是不能强制执行的合同。人格权人的债权人不能向法院申请对人格权中财产价值的强制执行。其次,被许可人和许可人破产时,人格要素的许可使用权不属于破产财产,不能列入破产财产用于偿还债务。

(三)许可使用权再转让的限制

被许可人通过许可使用合同获取对许可人的人格要素的使用权,但被许可人不能将这个使用权授权或转让给第三人。这主要是出于对人格尊严和人格自由的保护,不能将这种使用权完全脱离人格权人的控制,在不同的主体之间自由地流动。因此,允许人格权中财产利益的许可使用的同时,要从维护人格权人的精神利益出发,限制人格权许可使用权的再次授权。人格权的许可使用涉及人格权人的精神利益,人格权人为了保护自己的名誉、形象等,在许可他人使用其人格要素之前,是在充分了解被许可人之后再作出的决定。一般人格权人授权他人许可使用行为是建立在人格权人对被许可人信赖基础之上的,受让人通过许可使用合同获取的是对人格权人人格要素的使用权,此使用权不包括对此权利的处置的内容。因此,受让人的再次出让或者授权使用是缺乏权利依据的。

专题四　死者人格利益的民法保护

一、死者人格利益的民法保护的规定及基本理论

《民法典》第994条规定:“死者的姓名、肖像、名誉、荣誉、隐私、遗体等受到侵害的,其配偶、子女、父母有权依法请求行为人承担民事责任;死者没有配偶、子女且父母已经死亡的,其他近亲属有权依法请求行为人承担民事责任。”死者人格利益,是指自然人死亡后与该死者相关的人格利益,如姓名、名誉、荣誉、肖像、隐私等。自然人去世后的人格利益的保护即对上述利益的保护。理论上,死者人格利益的保护在“直接说”与“间接说”之间摇摆,目前通说为“间接说”。虽然自然人死亡后不再具有权利能力,无法再享有以权利能力为基础的各种权利,但是自然人在生前享有并行使权利时所产生的人格利益会在其死亡后继续产生影响,并且还有受到侵犯的可能,不能因为权利主体的死亡和权利的丧失而否定其人格利益存在的价值。法律实施的目的之一在于维护人的权益和社会的共同秩序,因此通过赋予近亲属请求权方式或公益诉讼方式等间接方式保护死者人格利益,是维护社会秩序的要求。

在我国,死者人格利益亦经历了由不保护到保护的发展演变。最高人民法院多项司法解释中均有关于死者人格利益保护的相关规定。如最高人民法院《关于死亡人的名誉权应依法保护的复函》、最高人民法院《关于范应莲诉敬永祥等侵害

海灯法师名誉权一案有关诉讼程序问题的复函》、最高人民法院《关于审理名誉权案件若干问题的解答》第 5 条和最高人民法院《精神损害司法解释》第 3 条、第 7 条。除此之外,《最高人民法院公报》共公布了 3 例关于死者人格精神利益保护的案例:1992 年第 2 期刊载的《陈秀琴诉魏锡林、〈今晚报〉社侵害名誉权纠纷案》("荷花女案")、1998 年第 2 期刊载的《李林诉〈新生界〉杂志社、何建明侵害名誉权纠纷案》("李四光案")和 2002 年第 6 期刊载的《彭家惠诉〈中国故事〉杂志社名誉权纠纷案》("彭家珍案")。以上述司法解释文件和案例为基础,学界也在不断完善该领域的理论体系。

二、实务中的主要疑难问题

(一)死者人格利益中财产利益的保护

死者人格利益中存在的财产利益,隐藏着巨大的商业价值。对死者人格利益的保护,既是对死者人格利益中的精神利益的保护,也是对死者人格利益中财产利益的保护,且后一种保护尤为重要。可能获得死者人格利益中财产利益的主体,主要是死者的近亲属,他们是最主要的承受者。这是基于近亲属的死者人格利益保护主体的地位决定的,也可以推定为最符合死者的意志和社会传统观念。此外,由于死者人格利益保护具有期限性,因此对于超过保护期限的死者人格利益中的财产利益,应当允许他人进行适当开发,满足社会的需要,以服务社会和公众。但是,这种开发必须遵从死者遗愿,征得其近亲属同意,对其的商业化利用应严格遵守公序良俗,不得违背社会公共道德,更不得损害死者的人格利益。

(二)主体范围

《民法典》第 994 条规定,"死者没有配偶、子女且父母已经死亡的,其他近亲属有权依法请求行为人承担民事责任"。《关于审理名誉权案件若干问题的解答》第 5 条规定:死者名誉受到损害的,配偶、父母、子女、兄弟姐妹、祖父母、外祖父母、孙子女、外孙子女可以作为原告起诉。从上述法律和司法解释规定可以看出,三代以内的近亲属是可以有权主张死者人格权保护的权利人,其中配偶、子女、父母属于优先顺序人。

(三)英烈人格权公益诉讼的衔接

公益诉讼在死者人格利益保护领域的引入,是有明确的限定条件的,即死者的身份为英雄烈士,侵害死者人格利益的行为需同时对社会公共利益造成了较为严重的损害,只有在这种情况下,国家公诉机关和相关组织才可以取得诉权,成为适格的诉讼主体。这些主体本身与民族情感、文化传统、国家形象密切相关,他们的人格利益在很大程度上是社会公共利益的组成部分,被侵害时社会公共利益存在遭受较大侵害的可能性,因此在这一类死者不存在近亲属或者近亲属怠于行使权力时,可由国家公诉机关和相关组织提起公益诉讼。

(四)保护期限

根据上文论述,对于死者人格利益的保护期限,应结合诉讼主体进行确定,即在三代近亲属生存期间内即为保护期限,如果上述原告皆已不复存在,则诉权消灭。由此可看出,我国的死者人格利益保护期限是不确定期限。此外应指出,通过公益诉讼保护英烈人格利益应不受此期限限制。建立公益诉讼制度是为了维护英烈人格权中的社会公共利益,此时不管死者去世多久,其人格利益都会对社会公共利益产生影响。当国家公诉机关和社会组织为保护英烈人格利益而提起诉讼时,不受死者人格利益保护期限的限制,无论死者去世时间多久均享有诉权。

专题五　人格权请求权

一、人格权请求权的规定及基本理论

《民法典》第 995 条规定:"人格权受到侵害的,受害人有权依照本法和其他法律的规定请求行为人承担民事责任。受害人的停止侵害、排除妨碍、消除危险、消除影响、恢复名誉、赔礼道歉请求权,不适用诉讼时效的规定。"该条的内容明确规定了人格权请求权范围。根据上述条文,人格权请求权,是指民事主体在其人格权受到侵害或者存在侵害危险时,有权向加害人或人民法院请求加害人消除危险或恢复人格权的圆满状态的请求权。人格权请求权具体包括停止侵害、排除妨碍、消除危险、消除影响、恢复名誉、赔礼道歉、预防妨碍等具体类型。我国《民法通则》和《侵权责任法》规定的责任承担方式中虽然包含人格权请求权,但并没有将人格权请求权单独进行规定。《民法典》中关于人格权请求权的规定,是我国民事法律中第一次明确单独规定人格权请求权。

根据人格权请求权的不同,人格权请求权的功能主要包括三个方面:一是预防侵害。即通过事先预防的积极主动方式保证人格权的圆满。二是制止侵害。即在侵害持续过程中,通过拦阻的方式停止侵害的继续。三是消除侵害的影响。即在侵害已经发生后,通过消除影响、恢复名誉等回复性手段,实现人格权的恢复圆满。

二、人格权请求权与侵权损害赔偿请求权的区别

人格权请求权在实务适用中应注意与侵权损害赔偿请求权相区别。侵权损害赔偿请求权基于侵权法为基础产生,主要的责任承担方式为损害赔偿。两者之间在责任构成、责任承担方式、证明责任等方面均存在不同。首先,请求权产生前提不同。人格权请求权在人格权受到侵害或有侵害危险时产生,而侵权损害赔偿请求权则在人格权受到侵害并产生实际损害的情况下才能够产生。其次,是否要求过错不同。人格权请求权属于绝对权请求权,目的是保证人格权的完整状态,其行使不要求存在过错;侵权损害赔偿责任则以过错责任为原则,其成立要件通常要求行为人在主观上具有过错。最后,在预防性功能上存在不同。人格权请求权注重事先对人格权的预防性保护;侵权损害赔偿请求权则侧重于事后救济,由于大多数人格权损害具有不可逆的特点,往往难以恢复到原状,因此侵权损害赔偿主要注重以物质方式在其他方面进行填补。

在实务中,人格权请求权和侵权损害赔偿请求权大多在一个诉中一并提起,因此对于其构成要件和证明责任的不同应加以区别和注意。

专题六　违约精神损害赔偿制度

一、违约精神损害赔偿制度的规定及基本理论

《民法典》第 996 条规定:“因当事人一方的违约行为,损害对方人格权并造成严重精神损害,受损害方选择请求其承担违约责任的,不影响受损害方请求精神损害赔偿。”该条为违约精神损害赔偿制度的相关规定。

随着我国市场经济日益发展,违约所造成的精神损害频繁发生。《民法典》第 1183 条第 1 款明确规定:“侵害自然人人身权益造成严重精神损害的,被侵权人有权请求精神损害赔偿。”违约方的行为不构成侵权精神损害赔偿的情形下,又无法诉诸违约责任获得精神损害赔偿,因侵权责任和违约责任对守约方的保护不同,仅

通过侵权责任守约方的利益无法得到充分救济。国外许多国家已经建立违约精神损害赔偿制度。我国对于是否承认违约精神损害赔偿长期存在争论,民法典的规定明确了这一请求的规范基础。

二、实务中的主要疑难问题

(一)主体范围

《精神损害司法解释》第5条规定:"法人或者其他组织以人格权利遭受侵害为由,向人民法院起诉请求赔偿精神损害的,人民法院不予受理。"从该条文可看出,法人和其他组织是不能主张侵权精神损害赔偿的。该规定应可以用于违约精神损害赔偿中,法人或者其他组织亦不得主张违约精神损害赔偿。

另外,违约精神损害赔偿应可由特定的合同外第三人来主张,但存在一定限制条件:首先,第三人必须被置于与债权人同等程度的给付障碍危险中;其次,债权人对保护第三人具有特别的利益;最后,上述两个要件为债务人所得识别。①

(二)适用违约精神损害赔偿的合同范围

违约精神损害能否得到赔偿,主要看合同的目的,当合同的目的是获得精神利益,或者精神利益成为合同的重要条款时,才可以主张精神损害赔偿。如果合同的履行目的是获得财产权益,即使在合同中可能产生了精神上的损害,但因为该精神上的损害难以预见,并且它相对于财产利益的履行而言并不是主要的,则不应赔偿精神损害。因此,商业合同即使合同当事人为个人,如房屋买卖合同,由于其是以商业利益的获取为目的的合同,在商业合同中,一般推定商事合同的主体具有承担违约风险的能力,即使商事合同中一方当事人违约产生巨大损失,守约方也无法获得精神损害赔偿。实践中,给予精神损害赔偿的合同主要集中在客运运输合同、骨灰盒保管合同、美容手术合同、医疗合同、旅游合同、摄影合同、婚庆合同、特殊承揽合同等。

(三)诉讼请求的主张方式

根据《民法典》第996条的规定,首先,受损害方提起违约之诉的,不影响另行提起违约精神损害赔偿之诉。其次,受损害方在提起违约之诉同时一并提起违约精神损害赔偿之诉的,法院应当可以合并案由一并予以审理。最后,受损害方在提起侵权之诉的同时提起违约精神损害赔偿的,如果侵权之诉中没有精神损害赔偿

---

① 参见[德]梅迪库斯:《德国债法总论》,杜景林等译,法律出版社2004年版,第592页。

请求,则可以合并一并提起或同时分别审理。

(四)归责原则

针对侵权责任,《民法典》第1165条、第1166条分别规定了过错责任和无过错责任两种形式,同样适用于精神损害赔偿。合同则采严格责任原则,违约责任上并不要求违约人具有过错,只要没有免责事由,就要承担违约责任,债权人证明债务不履行即为已足,而由债务人举证免责事由。不过,对于《民法典》第996条规定的违约精神损害赔偿在与当事人违约责任之诉中一并提起时,应注意与违约责任的归责原则相区别,即仍应按照具体人格权侵权行为的归责原则确定。此外,对于违约造成的精神损害事实,需要受害一方举证证明。

(五)可预见性原则

在合同成立时,若违约方可以预见到精神损害是巨大的则精神损害赔偿主张可以获得支持。如新婚夫妇旅游案例,如果该新婚夫妇中的一方因特殊原因即将逝世,则违约方应该尽到比较高的注意义务,此时一旦违约,违约方就该承担精神损害赔偿,这大大减轻了守约方的证明责任。而如果只是一般的新婚旅行,夫妇告知该旅行对他们很重要,则此时违约方难以预见到违约会给受害人造成巨大的精神损害,如果仅仅是违约就应赔偿该巨额的精神损害赔偿金,对于违约方显然也是不公平的。

专题七　禁令制度的运用

一、禁令制度保护人格权的规定及基本理论

《民法典》第997条规定:"民事主体有证据证明行为人正在实施或者即将实施侵害其人格权的违法行为,不及时制止将使其合法权益受到难以弥补的损害的,有权依法向人民法院申请采取责令行为人停止有关行为的措施。"这一条即为《民法典》人格权编中禁令制度的规定。该条是停止侵害请求权的一种,是指受害者在正面临即将发生的损害的情况下,有权请求法院要求加害人停止其实施侵害行为。《民法典》第179条、第1167条均将停止侵害作为首要的责任方式进行规定。《民法典》人格权编特别用一个条文对禁令这一停止侵害责任进行规定,是考虑到人格权无形性的特殊性,及其受到侵害后恢复的不可逆,因此需要特别强调预防性停止

侵害责任方式对人格权救济的特殊作用。人格权益的损害一旦发生,往往难以事后救济,金钱替代方式的效果较为有限,生命、身体、隐私、名誉等被侵害后的修复是十分困难甚至是不可能的。因此,对盖然性较高的侵害采取事先禁止的方式便极为必要。另外,如果损害正在发生,及时采取禁令方式停止侵害能够及时制止侵害行为,防止损害的继续蔓延。

英美法系中通常采取禁令方式实现停止侵害的人格权权利救济,其主要作用就是预防侵权行为的发生和制止侵权行为的继续。大陆法系比较类似的制度是通过诉讼保全制度保护人格权,是指法官根据当事人的申请采取必要措施防止侵害的继续。目前,也有一些大陆法系国家也借鉴英美法系的经验采取禁令方式。我国实践中也有在人格权纠纷中采取禁令方式,如"钱钟书书信案"中,就首次采取了这一方式。但在法律上明确以禁令方式保护人格权,尚属制度上的全新发展,如何在实践中实施尚有待进一步研究。

二、实务中的主要疑难问题

(一)禁令适用的条件

首先,侵害行为及危险正在进行过程中,受害者面临着持续的侵害和危险将要发生或将持续扩大的情况。在这种情况下,禁令措施才有现实意义,如果侵害及其潜在危险已经结束或损害后果也已经终了,则禁令保护方式就失去意义,转而采取其他事后救济方式。其次,侵权行为及危险必须是确定的,这一确定不必须由判决确定,法官依一般社会认识认为可以确认的,即可采取禁令的救济方式。最后,侵权及损害的发生具有可能性。侵害人格权的行为事后难以修复,因此只要侵权损害发生具有可能性,采取禁令救济方式就存在必要。

(二)禁令不以过错为要件

《民法典》第 997 条禁令的请求权基础来自停止侵害责任,属于人格权请求权范畴,而非侵权请求权范畴。因此,禁令的适用,不以侵害人具有故意或者过失为要件,只要侵害行为及危险正在继续,并持续对权利人构成了侵害及危险,受害人就有权请求禁令保护。

(三)禁令适用的阶段

《民法典》第 997 条禁令既可以在诉前作出,也当然可以作为诉讼中的保全方式在诉讼中申请作出。该禁令制度应当有一定的期限,以便督促当事人尽快以诉讼等方式对确立保护及责任进行确定。

专题八　精神性人格权侵权责任承担

一、精神性人格权侵权责任承担相关规定及基本理论

《民法典》第998条规定："认定行为人承担侵害除生命权、身体权和健康权外的人格权的民事责任，应当考虑行为人和受害人的职业、影响范围、过错程度，以及行为的目的、方式、后果等因素。"该条规定明确了人格权中的精神性人格权侵权责任承担中应考量的因素。

与物质性侵害和生命权、身体权和健康权等侵害不同，精神性人格权侵权责任的确定没有明确的市场价格标准，因而其本身具有一定程度的不确定性，不能完全客观量化，具有一定的不确定性；且精神损害具有一定程度的主观性，在很大程度上，纯属当事人的主观感受，对此进行举证也十分困难。这导致法官确定责任时自由裁量空间较大，给判决结果带来一定的不确定性。对法官审理该类案件的考量因素予以明确，主要可以实现以下功能：首先，有助于明确判案思路，限制法官的自由裁量，保持司法的确定性与稳定性。在精神性人格权民事责任的确定中，法官天然具有很大的自由裁量的空间，如果运用得当，则可以非常有效地发挥精神损害赔偿的功能；但如果运用不当，则会对受害人和加害人的权益造成严重的损害。其次，对当事人的举证提供指导，提高对审判的预期。实践中，由于精神性人格权损害赔偿数额难以确定，出现很多投机性诉讼，导致一些非常轻微的侵权损害，受害人都会不切实际地提起诉讼或提出高额赔偿。对于考量因素予以列明，有助于引导当事人理性诉讼，避免滥诉。最后，精神性人格权损害责任考量因素的限制，能间接起到维护赔偿数额合理性的功能。合理范围内的赔偿责任负担，能起到赔偿损失和惩罚侵害行为的功能，但过当的责任承担则会带来新的不公平。例如，报纸在作出失实报道后，如果及时更正就足以消除影响的，则在赔偿责任的确定上应当予以适当衡平考虑。

二、实务中的主要疑难问题

（一）条文列举考量因素的适用

按照《民法典》第998条规定中列举的考量因素主要包括"行为人和受害人的

职业、影响范围、过错程度,以及行为的目的、方式、后果等”。按照该条规定中的因素,主要包括以下几类:

1. 当事人的职业和身份。原则上,人格权赔偿责任考量中不因职业和身份的不同而存在差距,但仍存在需要考量的例外情形。人格权合理使用制度的一个重要方面就是对公众人物人格权的限制,包括政府公职人员,公益组织领导人,文体界明星,科学家、知名学者、劳动模范等知名人士。这些特殊职业和身份的人由于其身份的公众性,对于侵犯人格权有更高的容忍义务。另外,在人格权商业保护中,对于商业价值更高的名人,应按照市场价值在数额上给予更高考量。综上,在人格权侵权责任承担时,应当在一些特定情况下适当考虑职业和身份的特殊性。

2. 过错程度。精神性人格权损害赔偿兼具补偿性和惩罚性的功能,过错的严重程度也会影响到损害的严重程度,应当根据过错归责原则,根据加害人的过错程度来决定赔偿数额。此处所说的“过错程度”是指侵权人的过错程度。对于侵权人的过错程度,先应当区分故意和过失,然后可以进一步区分恶意、一般的故意、重大过失、一般过失和轻微过失,侵权人的过错程度越高,其承担的损害赔偿数额就越高。如果是恶意侵权,其所应赔偿的数额显然要高于过失侵权。如在恶意诽谤而侵害他人名誉权时,侵权人所应赔偿的数额则比过失更高一些。

3. 侵害的目的、方式等具体情节。侵权人的侵害手段、场合、行为方式等具体情节的不同,对受害人人格权所产生的损害程度也是不同的,这也影响对损害赔偿数额的确定。例如,侵权人在网上发布侵害他人名誉权的言辞,与侵权人向第三人传讲他人的言辞,影响程度是不同的,因而侵权人所应承担的损害赔偿数额也应有所区别。

4. 侵权行为所造成的影响范围和后果。对于影响范围和后果的判断可以从多个方面来考虑:首先,主客观结合,考察受害人自身遭受的痛苦程度。对于受害人主观上的痛苦程度,如是否造成心理疾病等,应给予考虑,但也不能单纯从受害人不良情绪的反应来确定精神损害赔偿的数额,也应当适当考虑社会对该种损害的一般感受。其次,考虑行为人实施的侵害他人人格权的行为所造成的社会影响和不良后果。例如,诽谤言论是否对受害人产生重大影响等。另外,须注意的是,如何确定无法感知精神痛苦的无行为能力人、限制行为能力人的赔偿数额。这主要是针对一些精神病人、未成年人等。在此情况下,应根据客观标准来确定其精神损害,即根据社会一般的感受来加以评价,即使受害人本人无法感知其精神痛苦,也应当按照社会一般人在此情况下所可能遭受的损害来确定精神损害赔偿数额。

（二）其他可以考量的因素

由于《民法典》第998条中的列举属于不完全列举，实践中根据具体案情还应当有其他考量因素，如侵权人的获利情况、侵权人承担责任的经济能力、当地的平均生活水平等。

专题九　人格权合理使用制度

一、新闻报道中人格权合理使用

《民法典》第999条规定："为公共利益实施新闻报道、舆论监督等行为的，可以合理使用民事主体的姓名、名称、肖像、个人信息等；使用不合理侵害民事主体人格权的，应当依法承担民事责任。"该合理使用包括两方面内容，即新闻报道中的合理使用，以及舆论监督中对公众人物人格权的合理限制。

现代社会中言论自由的重要体现为新闻报道和舆论监督自由，新闻报道和舆论监督中人格权的合理使用，其实质为平衡人格权保护与言论自由保护之间的关系。从实践来看，新闻报道、舆论监督与人格权保护之间的冲突主要体现为言论自由与姓名、名称、肖像、个人信息、名誉权保护之间的冲突。

二、实务中的主要疑难问题

在判断新闻报道、舆论监督是否构成人格权合理使用，而非侵权行为情形，主要应当根据以下因素确定。

第一，区分事实与评论。在判断新闻报道、舆论监督是否构成人格权合理使用时，应当区分其中的事实部分与评论部分。对于事实部分的报道，真实性是新闻报道和舆论监督的基本要求，如果事实的描述或者转述失实，则一般构成人格权侵权。对于评论部分，则相对要求较为宽松。如果新闻报道和舆论监督中对于事实的描述或者转述属实，则单纯的评论不当或者言语不当且评论者并无恶意，不存在是非颠倒、定性不准等问题，一般不应认定构成侵权。

第二，是否存在故意或重大过失。如果媒体或者新闻从业人员在新闻报道和舆论监督中恶意损害他人的名誉或他人的隐私，或者虽然没有恶意但是存在重大过失而导致他人的人格权受损,就不能因为保护言论自由而给予这些行为免责。这些恶意和重大过失的行为已经超出了言论自由的必要限度,属于不合理使用范畴,不能对其给予特别的保护。

第三,新闻报道和舆论监督是否存在公益性。新闻报道的种类繁多,既有娱乐板块、体育板块,也有时事板块,但也有具有社会监督色彩的公益性报道。这一类新闻报道的目的在于保护社会公共利益、维护社会公德,如该类报道与人格权发生冲突,应当对其进行倾斜保护,即使存在一定程度失实和评论偏颇,也应予以宽容。如为了保护食品药品公益性安全的深度报道,由于材料不全导致对某产品的质量报道并不完全属实,从而使该企业名誉权受损,只要却不存在故意情形,则不应轻易认定报道存在侵权。

第四,新闻报道和舆论监督是否尽到合理核实义务。新闻报道为现代社会提供了大量的信息和资讯,但囿于信息采集的客观障碍,新闻报道无法实现百分之百的客观真实。在因报道失之偏颇情况下如何判断哪些属于应容忍的合理使用,哪些属于侵权行为,应当从是否对报道素材的真实性尽到合理的核实义务角度进行判断。首先,如新闻报道将严重损害受害人的名誉,则报道人即应当对其内容进行更为严格的审核;反之,则不需要进行严格的审核。其次,对于敏感性内容有必要调查的义务。如果新闻报道的内容具有较强的敏感性,则报道人有义务进行必要的调查核实。否则在出现失实时可认为存在侵权。再次,信息来源问题。如果其依据的是官方的资料、档案或者新闻发布会上的材料所描述的事实,如无重大过失,原则上也应当予以免责。如果消息来源并非权威渠道,未经核实就加以披露报告,则认为存在重大过失应承担侵权责任。最后,审查的成本。确定报道人的审查义务标准时,还应当考虑审查的成本,若审查成本较小,则应要求尽到相应的审查义务;若审查成本较高,则审查义务应当相应降低。这里的审查成本既包括费用支出,也包括时间支出,这是因为新闻报道的高度时效性,决定了不能在审查程序中耗费过多时间成本。此外应当明确,报道人是否尽到其审查义务的举证责任,原则上应当由报道人承担。

第三章　生命权、身体权和健康权

专题一　法定救助的适用

作为侵权法上的一种作为义务，民事救助义务彰显了扶危济困功能，随着社会风险程度日益加深，对危险控制的需求增加，民事救助义务的功能也不断增强。此前我国对民事救助义务只是零散式立法，民法典顺应时代发展的现实之需，于第1005条规定法定救助义务，强化了对自然人基本人身权利的保护，体现了民法典的人文精神和人文关怀。

一、民事救助义务的国内立法

当前，我国有关民事救助义务的法律规定比较零散，明确以救助义务形式规定的主要有以下法律：《合同法》第301条规定，在运输过程中，承运人对患有急病、分娩、遇险的旅客负有尽力救助的义务。该条被《民法典》第822条“承运人在运输过程中，应当尽力救助患有急病、分娩、遇险的旅客”的规定所继受。

《人民警察法》第2条规定，对于公民的人身、财产安全，人民警察负有保护的义务；第21条规定，当遇到公民人身、财产安全受到侵犯或者处于其他危难情形时，人民警察应当立即救助。

《消防法》第44条第4款规定：“消防队接到火警，必须立即赶赴火灾现场，救助遇险人员，排除险情，扑灭火灾。”

《执业医师法》第3条规定，医师承担的救死扶伤义务；第24条规定：“对急危患者，医师应当采取紧急措施进行诊治；不得拒绝急救处置。”

《道路交通安全法》第70条规定，发生交通事故的车辆驾驶人对受伤人员的立即抢救义务；第72条规定，交通警察对交通事故受伤人员的先行组织抢救义务；第75条规定，医疗机关对事故受伤人员的及时抢救义务。

《海商法》第38条规定:“船舶发生海上事故,危及在船人员和财产的安全时,船长应当组织船员和其他在船人员尽力施救……”;第174条规定,在不严重危及船舶和船上人员安全的情况下,船长有义务尽力救助海上人命。

《民用航空法》第48条规定:“民用航空器遇险时,机长有权采取一切必要措施,并指挥机组人员和航空器上其他人员采取抢救措施……”

此外,有些救助义务的规定是以作为义务,如安全保障义务、保护义务等形式存在的,如《民法典》第1198条规定,住宿、餐饮、娱乐等经营场所、公共场所的经营者、管理者或者群众性活动的组织者的安全保障义务;《民法典》第34条规定,监护人负有保护被监护人的人身权利、财产权利,以及其他合法权益等的职责;《民法典》第1059条规定,夫妻有相互扶养的义务;《消费者权益保护法》第18条规定,经营者对消费者的人身和财产负有安全保障义务。

二、法定救助义务的来源

《民法典》第1005条规定的“法定救助义务”包括因法律规定、特殊关系、先行行为和合同约定产生的救助义务。

(一)法律规定

这里所指的法律原则上限于全国人大及其常委会制定的法律,而地方性法规等其他法律是否产生作为义务,则需要接受法院的审查。由于是制定法产生的作为义务,因此,因职务或业务需要产生的作为义务也属于此类型。具体可分为两类:

第一,违反私法上的救助义务,如《消费者权益保护法》中经营者对消费者的安全保障义务等。

第二,违反公法上的救助义务,如《人民警察法》规定人民警察救人的义务,《消防法》规定消防员的救火义务,《执业医师法》规定医生救死扶伤的义务等。违反公法上的救助义务,情节严重的,还有可能需要承担刑事责任。例如,国家机关工作人员违反法定的救助义务造成严重后果的,不仅需要对受害人的损失承担赔偿责任,如果行为足以构成不作为犯罪的,还应当受到刑事处罚。

(二)特殊关系

我国现行法律中体现着特殊关系理论,如《民法典》第34条规定的监护人对被监护人的责任;第1059条规定的夫妻之间的相互扶养义务;第1191条规定的用人单位对劳动者的责任;第1198条规定的公共场所管理人或群体活动组织者的安全保障义务;第1199条、第1200条规定的学校对学生的责任等。近年来,司法实践中涌现了大量与特殊关系有关的不救助侵权案件,法院在认定当事人之间是否存在因特殊关系所生的救助义务时,应把握以下三方面:

第一,因特殊关系而能够预见危险。鉴于具有特殊关系的一方当事人对另一方当事人可能遭受危险的可预见性要远大于陌生人之间,因此,如果行为人作为一个有理性的人应当合理预见他人将要遭受的危难而没有预见,或者虽然已经预见,但没有采取合理的措施避免损害的发生,行为人应当对受害人的损失承担赔偿责任。

第二,因特殊关系而产生合理信赖。我国民法对合理信赖的保护体现于诚实信用原则中,要求民事权利义务关系的任一方当事人必须谨慎地维护对方利益,满足对方的合理期待。当行为人与受害人之间存在信赖关系时,受害人对危险的感知能力和自我保护能力可能会有所下降,受害人的这种合理信赖是行为人注意义务的产生原因之一。

第三,因特殊关系而在施救条件上具有优越性。行为人对于身处险境的受害人具有施救条件的优越性体现在:一是基于当事人之间的紧密关系,行为人能够第一时间得知受害人的人身安全受到威胁,可以及时采取措施进行救助;二是当事人之间的特殊关系排除了他人进行救助的可能。比如,当危难发生于一个行为人控制范围内的相对独立空间时,就排除了外界人进入救助的可能性,此时行为人有义务救助于该空间遇险的受害人。因此,要求拥有优越施救条件的行为人承担救助义务,具有正当性。

(三)先行行为

"基于先行行为的作为义务"是指因为行为人先前实施的某种行为导致他人受法律保护的权益处于危险状态,行为人应当承担积极采取有效措施排除危险或避免损害结果发生的作为义务。[①] 救助义务是作为义务的下位概念,自然也涵盖在其中。法院在认定当事人之间是否存在因先行行为引起的救助义务时,应把握以下三方面:

第一,先行行为引发了一定的危险性或者升高了危险。并非所有引发危险性的先行行为都能产生救助义务,引发的危险应当达到威胁人身安全的程度,否则行为人不必为此承担救助义务。

---

① 参见赵万一、蒋英燕:《论不作为侵权及其法律完善》,载《北方法学》2010年第1期。

第二,先行行为的范围不限于侵权行为。先行行为不一定非是侵权行为,合法行为[①]也可构成先行行为,只要先行行为造成了一定的危险或者升高了危险,那么行为人就负有采取措施救助受害人的积极义务。

第三,行为人的不作为或不恰当作为与受害人所遭受的损害后果之间存在因果关系。如果行为人的先行行为与实际的危险无关,行为人自然不必为此承担救助义务,相反,如果行为人的先行行为导致了危险的产生或加剧,其就负有降低危险程度的义务。

(四)合同约定

《民法典》第 509 条第 2 款规定:"当事人应当遵循诚信原则,根据合同的性质、目的和交易习惯履行通知、协助、保密等义务。"违反合同约定的不作为,是指行为人按照合同的约定负有作为义务,但并未依约履行该义务。合同义务包括主给付义务、从给付义务和附随义务,附随义务基于诚实信用原则和交易习惯而产生,作用在于更好地保护当事人利益,其内容主要包括合同当事人之间的通知、协助、保密等义务。如果当事人违反因合同而生的包括附随义务在内的作为义务,既可能产生相应的合同责任,如一方当事人存在主观过错并造成损害后果的,也可能构成不作为侵权,应当为此承担侵权责任。

三、法定救助义务的救助标准

设置危难救助义务的主要目的在于保护身处危难之中的受害人的生命健康权,但是义务的设置毫无疑问会相应地减损人们的行为自由,义务履行的要求过于严格或者过于宽松,都将不利于实现立法目的。因此,合理限定危难救助义务的救助标准是其在实践中发挥作用的前提。

(一)引入"理性人"标准

如果行为人在救助过程中没有尽到一个"理性人"应尽的注意义务,法院可以认定行为人的救助行为存在过失。从实质上说,"理性人"标准仍属于客观标准,它强调被告的行为是否构成过失是由一个外化的、能够为公众所知晓的标准来判断,而不是基于行为人自身的主观想法来衡量。司法实践中,已有部分法院以"合理"

---

① 重庆市巴南区人民法院民事判决书(2016)渝 0113 民初 6015 号认定,被告因交通事故后追逐原告的行为本不属于侵权行为,但基于被告对环境的熟识应当预见到追赶行为有一定的危险性,仍然继续追赶,使受害人不得不下水躲避并陷于危难境地,被告据此应当承担帮助受害人脱离险境的救助义务,被告未合理履行救助义务,其行为与受害人的死亡存在因果关系,应当承担赔偿责任。

标准作为依据判断救助者的救助行为是否存在过错，乃至是否应当承担责任。①“理性人”标准能够在一定程度上限制法官的自由裁量权，从而减少法官在判决上的分歧，使司法裁判更具有公信力。

（二）根据专业化程度有所区分

专业人士，是指具备某特定领域专业知识、技能和经验的职业人士，通常持有该领域的专业资格。尽管法律未明确区分专业人士与非专业人士的注意程度，但对专业人士和非专业人士采取同样的救助程度标准，可能会导致专业人士在救助过程中采取不够谨慎的态度，从而给受害人带来不必要的二次损害。因此，专业人士在执业时负有高度注意义务，不得违背法律法规、执业准则及与当事人的约定等，否则将承担责任。尽管专业人士在非工作环境中实施的救助并不是严格意义上的执业，但是这并不意味着他们能够因此忽略在执业中必须要遵守的注意要求。法官的自由裁量权进行判断，结合相同领域的人在遇到相同情形时应尽到的注意程度，以认定救助者是否善意地履行了救助义务。

四、违反法定救助义务的法律责任

救助义务按其属性可分为法律性质的救助义务和道德性救助义务。前者主体主要为具备特殊身份或职务的人、存在特殊关系之人、因先行行为导致损害之人以及与受害人约定存在救助义务的人；后者又称为一般性救助义务，指当事人之间没有任何特殊关系，仅建立在陌生之间的道德性的救助义务。《民法典》第 184 条“好人条款”仅适用于道德性救助义务场合，当行为人和受害人之间存在特殊关系或特殊情形时，若适用“好人条款”对行为人的过错进行免责，不仅不利于保护受害人的权益，也有违公平正义原则。因此，违反法定救助义务要承担相应法律责任。

（一）归责原则

违反救助义务导致损害不属于特殊侵权的范畴，因此，应当适用民法中一般侵权的归责原则，即过错责任原则，包含以下两层含义：一是行为人只有在故意或过失的情形下才需要承担侵权责任；二是责任承担方式和承担范围的认定以行为人的过错程度为依据。司法实践中，不仅应考虑行为人的过错程度，还应考虑受害人或第三人对损害后果的发生是否存在过错，如果受害人或第三人也有过错，则应由各方按各自过错大小以及各自行为与损害之间因果关系大小分担损害后果，行为

① 参见重庆市巴南区人民法院民事判决书，（2016）渝 0113 民初 6015 号。

人则依过失相抵原则相应减轻责任。

(二)责任认定

过错责任原则要求行为人在行为时尽到注意义务,尽量避免损害后果,同时应当尊重他人的权益,将行为人的个人自由限定在不损害他人权益的范围内。因此,违反危难救助义务的行为表现为不救助和不适当救助,即有救助义务的行为人基于故意或过失未实施救助或基于故意或过失采取了不适当的救助方式,造成了损害后果。在举证责任分配上,由受害人一方对行为人的过错承担举证责任,既不会让行为人承担过重的救助义务,也能够达到保护受害人权益的目的,平衡个人自由和社会安全之间的关系。

(三)责任承担

当行为人违反危难救助义务导致受害人人身损害的,行为人应当就该损害后果承担赔偿责任。责任承担分两类:

第一,直接责任,即当行为人的行为直接导致危难产生或加重时,行为人负有采取措施避免或减少损害发生的义务,如果其未履行或未恰当履行该义务,应当承担直接责任,并按照行为人的过错程度确定责任范围,要求其承担按份赔偿责任。

第二,补充责任,即当危难是由受害人自身或第三人导致,与行为人无关时,行为人未履行或未恰当履行救助义务,应当对此承担相应的补充责任。类似于《民法典》第 1198 条第 2 款规定,因第三人的行为造成他人损害的,由第三人承担侵权责任;经营者、管理者或者组织者未尽到安全保障义务的,承担相应的补充责任。

专题二 人体器官捐献的适用

我国人体器官移植兴起于 20 世纪 60 年代,2007 年《人体器官移植条例》的颁布标志着我国人体器官移植走上法制化道路,2015 年全面取消利用死刑犯器官作为移植供体。为进一步规范人体器官捐献行为,保障捐献者的人格权益,《民法典》第 1006 条和第 1007 条对遗体器官捐献作出规定。

一、人体器官捐献的界定

根据《人体器官移植条例》规定,器官捐献是指 18 周岁以上的精神正常人在不影响自己正常生活的前提下自愿捐献自己的器官或者在近亲属死亡后捐献近亲属遗体或器官用于器官移植等其他合法目的。

器官捐献分为遗体器官捐献和活体器官捐献两种情形,活体器官捐献要求需要器官移植的患者为器官捐献者的配偶、直系血亲或者三代以内旁系血亲,或者有证据证明与活体器官捐献人存在因帮扶等形成亲情关系的人,并要求一定在不影响捐献者正常生活的前提下;遗体器官捐献首先要求尊重死者生前的愿望,其次应根据死者近亲属的共同意愿来决定是否捐献。

二、遗体器官捐献的司法适用

《民法典》第1006条规定的器官捐献,仅适用于遗体器官捐献,不涉及活体器官捐献和未成年人的器官捐献;第1007条规定买卖人体细胞、人体组织、人体器官、遗体的行为无效。

(一)遗体器官捐献的条件

第一,捐献人体器官的公民应当具有完全民事行为能力,限制行为能力人和无行为能力人不能作为遗体器官捐献的主体。因此,未成年人及不具有意识控制能力的自然人作出捐献器官意思表示的,原则上无效。任何组织或者个人不得摘取未满18周岁公民的遗体器官用于移植。

第二,完全民事行为能力人捐献器官必须是自愿的,任何组织或者个人不得强迫、欺骗或者利诱他人捐献人体器官。

第三,遗体器官捐献必须是无偿的,当遗体器官移转行为以器官买卖为内容,该器官捐献行为无效。

第四,完全民事行为能力人捐献遗体器官的意愿必须以书面形式表示。器官捐献因客体为人身不可分割的器官,故为区别于一般赠与行为的特殊赠与行为,因此,在捐献行为实施前,已作出的书面捐献意思表示可以随时撤销。

(二)遗体器官捐献的方式

遗体器官性质具有双重性:遗体因缺乏人类生命体征而具有物的属性,但因承载器官的遗体原属于人的身体,应当尊重死者生前的意愿,且考虑到遗体器官往往寄托着家属的哀思,蕴含着人格利益,具有人身性。《民法典》第1006条第2款、第3款分别规定了遗体器官捐献的生前捐献和死后捐献两种方式,结合《人体器官移植条例》的规定,遗体器官捐献涉及以下情形:

第一,完全民事行为能力人生前表示同意捐献其遗体器官的,应以遗嘱形式表达捐献意愿,且遗嘱为有效。对于在生前作出遗体器官的捐献主体通常不能为完全不能辨认、不能控制自己行为以及不具有表达能力的人。

第二,自然人生前明确表示不同意捐献其遗体器官的,应当充分尊重公民生前拒绝捐赠的意愿。自然人死亡后,即使家属完全同意,任何组织或者个人不得摘取该自然人的人体器官,否则依照《刑法》第 234 条侮辱尸体罪定罪处罚。

第三,自然人生前未表示不同意捐献其人体器官的,该自然人死亡后,其配偶、成年子女、父母可以书面形式共同表示同意捐献该自然人人体器官的意愿。

第四,对于未明确表示拒绝死后器官捐献的无民事行为和限制民事行为能力人,如智力正常的未成年人、间歇性精神病人、完全不能辨认和控制自己行为能力的精神病人,其父亲、母亲、监护人可以在其死后作出器官捐献的决定。①

第五,遗体器官捐赠由医院实施,需要红十字会的协调人对捐献是否符合行政法规的要求进行审查。审查标准为形式审查,即只要登记表上签字完整,持有相应的身份证明、户口证明、亲属关系证明、授权委托书有明确具体的捐献授权内容,即可认定近亲属具有捐献意愿,不应以医院和红十字会未进行实质审查来认定其具有过错。

三、非法买卖器官的行为无效

禁止人体器官买卖是国际共同遵循的规则,《民法典》第 1007 条明确禁止任何组织或者个人以任何形式买卖人体器官,买卖行为无效。现实中,非法买卖人体器官行为可分为被害人非自愿买卖人体器官和被害人自愿买卖人体器官两种情况,但因人体器官不是可以随意买卖的商品,即便"供体"和"受体"双方自愿,也不允许这种交易。实践中,确实有病人通过非法肾脏移植手术康复了,但采用这种方式有极大的风险,由于"供体"在非常简陋的医疗条件下被摘除肾脏,而"受体"也可能产生身体排斥反应,二者都极易发生重伤或死亡的严重后果。因此,法律禁止一切可能发生的买卖或者变相买卖人体器官的行为。

(一)被害人非自愿买卖人体器官的责任认定

被害人非自愿买卖人体器官是指被害人在不知情或者被强迫、欺骗等的情形

---

① 尽管本编没有明确规定无民事行为能力人和限制民事行为能力人死后,其监护人是否有权捐献遗体,但现实中已有很多类似事件。2013 年 5 月 22 日,昆明医科大学附属第一医院,8 岁的丹丹因不慎摔倒导致重型颅脑外伤,经医生的诊断及医学评估,确定已经脑死亡。丹丹的父母代其签署了中国人体器官捐赠登记表。她的肝脏、两侧肾脏和两个眼角膜分别捐给了 4 名患者,丹丹成为云南年龄最小的器官捐献者。参见《云南 8 岁女孩捐献器官,要让别人看清人世》,载 http://qd.sohu.com/20130524/n376997931.shtml,最后访问日期:2020 年 10 月 2 日。

下，参与买卖人体器官。此时，相关组织和个人承担的责任包括：

第一，刑事责任。对于违背本人生前意愿摘取其尸体器官，或者本人生前未表示同意，违反国家规定，违背其近亲属意愿摘取其尸体器官的，依照侮辱尸体罪定罪处罚；对于公民有组织地出卖器官的行为，构成组织出卖人体器官罪，不要求以牟利为目的。

第二，行政责任。《人体器官移植条例》第3条明确规定不得买卖人体器官，第26条规定了买卖人体器官的医疗机构和医务人员的行政责任。

第三，民事责任。对于未经允许擅自摘取死者器官，会使刚刚遭遇至亲离世的家属遭受二次伤害，损害的是死者家属对死者遗体完整及去世后应当享有安宁的一般人格利益，这种伤害主要体现在心理层面的精神创伤。因此，家属有权要求精神损害抚慰金；在家属内部，《民法典》明确规定遗体捐献决定权是由配偶、父母、成年子女共同享有的权利。因此，个别家属不得擅自行使器官捐赠权，否则侵犯了其他亲属对死者的人格利益，也应当承担相应民事责任。

（二）被害人自愿买卖人体器官的责任认定

被害人自愿买卖人体器官是指被害人以有偿的方式提供自己的器官。根据《民法典》第1007条第2款的规定，无论被害人是未成年人，还是年满18周岁的成年人，买卖人体器官的行为均无效，相关组织或个人的行为应被认为是组织他人出卖人体器官或者侮辱尸体罪。

专题三　人体医学实验的适用

人体医学实验虽是现代医学发展的必经环节，是为人类福利进行的活动，应予尊重保护。但有时实验给受试者造成的伤害和损失往往被掩盖于其所带来的成果和利益之下。因此，受试者的权利保护程度决定了人体医学实验健康发展的高度，《民法典》第1008条规定的关键在于如何确保新药实验等活动符合自愿的原则，并尊重自然人的生命健康。

一、保障受试者的知情同意权

受试者知情同意权由知情权和同意权两部分内容组成，知情权强调的是受试者有权从研究者处获取并相应地理解与试验有关的信息,同意权强调的是受试者在具备同意能力的前提下有权自愿作出接受或拒绝实验的意思表达。①

(一)知情同意权的构成要素

第一,研究者主动披露信息。披露时间段包括实验前披露包括但不限于试验的目的和方法,受试者参与试验的预期时间及预期效果,试验结果对受试者之可预期的合理利益,试验可能产生的副作用或潜在危险,可供受试者选择的其他治疗方法或说明等;试验中披露试验进展、变化和受试者身体的现实情况;实验后反馈研究的应用情况和其他进展。

第二,受试者对信息的理解。研究者应根据受试的理解能力的不同来确定具体告知信息的方法,研究者负有真实、耐心、全面解释的义务。

第三,受试者要具有同意的能力。对人体医学试验同意能力的界定要远高于常规医疗行为,同意的表达方式以受试者自己签字为准。

第四,受试者自愿同意,不受任何人不正当的影响或强迫。

(二)研究者履行全面告知义务

第一,告知义务的对象。对于具有完全民事行为能力的受试者,研究者应向其本人履行告知义务。对于非完全民事行为能力的受试者,从保护未成年人角度出发,原则上应尽量避免在未成年人身上进行人体医学实验,除非实验目的与患儿病情治愈有直接关联时才宜被作为实验对象;对于未成年患者中的限制民事行为能力人,研究者应当同时对患者本人以及患者的监护人履行告知义务;对于无民事行为能力的患者,受试者的监护人为告知对象。

第二,告知的内容与方式。目前,我国涉及医学实验的法律法规尚未对告知或信息披露的标准作一般性的规定,这是今后相关立法的方向。从告知内容上看,研究者应向受试者告知全面精准的信息和详细的试验方案,特别是试验目的、试验过程和期限,还包括研究方法、研究者所属机构、资金来源、试验的预期利益、任何可能产生的利益冲突,以及可能给受试者带来的不适、受试者可能获得的利益和可能面临的风险等。从告知方式上看,人体医学试验经口头讲解,书面告知后,必须签订知情同意书。

(三)通过伦理审查保障知情同意权

伦理委员会是由医学、药学及其他背景人员组成的委员会,其职责是通过独立

---

① 参见侯雪梅:《人体医学实验中受试者知情同意权研究》,载《西部法学评论》2015年第5期。

地审查、同意、跟踪审查试验方案及相关文件、获得和记录受试者知情同意所用的方法和材料等,确保受试者的权益、安全受到保护。

我国于2016年9月30日颁布的《涉及人的生物医学研究伦理审查办法》(2016年12月1日施行)首次明确涉及人的生物医学研究的6项伦理原则:知情同意原则、控制风险原则、免费和补偿原则、保护隐私原则、依法赔偿原则、特殊保护原则,建立了详细的人体医学试验中的伦理审查制度,包括伦理审查委员会的设立与运行,伦理审查程序及委员会的监督管理工作,以及人体医学试验知情同意的伦理审查制度体系。

(四)侵犯受试者知情同意权的民事责任

开展人体医学实验过程中,如研究者侵犯受试者知情同意权,其承担的民事责任包括违约责任和侵权责任。

第一,违约责任。因研究者与受试者签订实验合同,并通过该合同以及知情同意等形式履行其告知义务。若研究者未履行或未完全适当的履行其如实告知义务,即为违约,研究者承担相应的违约责任。

第二,侵权责任。由于告知义务为研究者的法定义务,违反该法定义务可能构成侵权行为。在我国目前的司法实务中,法院通常将人体医学试验侵权纠纷作为医疗损害纠纷来处理。根据我国《医疗损害责任司法解释》[①]规定,医疗领域的侵权行为适用过错推定责任原则,人体医学实验侵权责任也适应"举证责任倒置",即只要受试者提出侵权事实和理由,研究者就必须负担举证责任,证明自己的实验行为没有过错,否则将承担不利法律后果。这在一定程度上解决了受试者由于地位不平等和相关资料知识的缺乏而导致的举证困难情况,同时加重了研究者和申办者的责任,有利于保护处于弱势方的受试者。

二、人体医学实验侵权责任的承担

(一)过错认定

认定研究者在人体医学试验侵权责任中是否存在过错,其核心在于受试者是否充分行使知情同意权,如存在以下几种情形,可视为过错:

---

① 该法第4条规定:"患者依据民法典第一千二百一十八条规定主张医疗机构承担赔偿责任的,应当提交到该医疗机构就诊、受到损害的证据。患者无法提交医疗机构或者其医务人员有过错、诊疗行为与损害之间具有因果关系的证据,依法提出医疗损害鉴定申请的,人民法院应予准许。医疗机构主张不承担责任的,应当就民法典第一千二百二十四条第一款规定情形等抗辩事由承担举证证明责任。"

第一,申办者和研究者采用欺骗、胁迫、暴力等手段,强迫或诱使受试者参与试验活动。第二,受试者虽依自己的意志作出了同意参加人体医学试验的决定,但研究者未对其充分履行告知义务,如隐瞒试验活动中可能存在的风险,这是对受试者知情权的侵犯。第三,受试者在试验过程中遭受损害,但研究者已经取得了受试者的同意并履行了告知义务。此时,应当考虑研究者在试验过程中是否尽到了充分注意义务,如果存在操作不当或者管理不当,从而导致损害的发生,那么应当认定其存在过错。第四,存在虚假利益承诺,即研究者在招募受试者时,夸大了受试者若参加试验而可能获得的利益,或者进行了没有根据的虚假承诺,以此种方式来促使受试者作出参加试验的决定。

(二)侵权行为形式

实务人体医学试验侵权行为的形式多种多样,情况复杂。研究者在人体医学试验中的侵权形式主要包括:

第一,违反告知义务。违反告知义务包括违反初始告知义务以及违反后续告知义务两方面。违反初始告知义务是指在征募受试者阶段时,研究者违反相关规定的要求,没有对受试者充分说明试验的全部信息和应当告知的全部内容。例如,对受试者隐瞒试验相关情况,尤其是试验潜在的危险以及试验可能出现的副作用、身体不适等。违反后续告知义务是指在人体医学试验进行过程中,违反相关规定的要求,没有及时告知受试者试验的最新进展情况、受试者的身体变化状况,以及试验方案有无修改等情况,使受试者对试验的信息掌握缺乏,无法及时决定是否退出试验。

第二,违反注意义务。这是指研究者在人体医学试验中,没有谨慎勤勉、尽职尽责地从事实验工作,没有对受试者尽到最大限度的保护,没有充分尊重并且保护受试者的生命健康安全,致使受试者的生命健康权等合法权利受到损害的情形。

第三,侵犯受试者的自我决定权。例如,研究者采取强迫、威胁、引诱或其他不法手段,使受试者违背自身的意愿,无法自由地作出参加还是不参加人体医学试验的决定,或者无法作出中途退出试验的决定,就构成违反受试者自我决定权。

(三)侵权损害事实

在人体医学试验中,受试者可能遭受的损害包括人身损害、财产损害和精神损害。

第一,人身损害表现为自然人的身体、健康损伤和生命的丧失。例如,试验行为导致了受试者身体的内外有形组织和各器官的生理机能遭受破坏,使受试者的劳动能力减弱或丧失,或者直接导致了受试者死亡等。[①]

第二,财产损害包括直接损失和间接损失。直接损失是指受试者现有财产的减少,例如,受试者在治疗其人身损害过程中产生的医疗费、护理费、交通费,以及后续的康复费用;若受试者在人体医学试验过程中死亡,或在人体医学试验结束后因试验原因死亡,其亲属因此支出的丧葬费等相关费用也属于直接损失的范畴。间接损失是指受试者在一定范围内的未来应该能获得的收入或财产,因身体遭受损害而无法获得。例如,受试者因人体医学试验行为导致残疾或身体障碍,使受试者完全丧失劳动能力或丧失部分劳动能力,影响其正常的工作和生产经营,从而导致受试者丧失工作收入或经营收入。

第三,精神损害达到严重程度。表现形式可是受试者因身体损害所致的精神创伤或精神痛苦,也可是单纯造成其精神上的损害,但必须具备"严重"性。

(四)因果关系认定

在因果关系认定上,考虑到人体医学实验的特殊性,应使用盖然性因果关系说。[②] 此即当人体医学试验的受试者处于不利地位,没有办法完全证明因果关系时,只要受试者初步证明其遭受的损害与研究者的行为存在事实上的联系,就可以推定加害行为与损害事实之间存在因果关系,如果研究者无法证明因果关系不存在,则推定因果关系成立。

事实上的联系包括:第一,受试者在参加人体医学试验前的身体或精神健康状况,可提供参加试验前的体检报告证明。第二,受试者确实参与了研究者开展的人体医学试验,可提供研究者与受试者签署的知情同意书,发放的药物等证据证明。第三,受试者在人体医学试验进行过程中或者在试验结束后出现了身体或精神上的健康损害,其健康状况与参与试验之前的健康状况不同,如患有某种疾病、身体遭受损害或精神遭受损害,可提供参加试验后的疾病诊断书等证明。

(五)侵权责任承担方式

根据研究者的具体侵权情况,受试者可要求研究者承担的侵权责任包括:第一,赔礼道歉。研究者置受试者人格权于不顾,将受试者的人格权商品化,损害了受试者的人格尊严,须对此行为进行道歉。第二,排除妨碍。在受试者不退出实验

---

① 参见满红杰:《人体试验法律问题研究》,中国法制出版社 2013 年版,第 219 页。

② 盖然性因果关系说又称为推定因果关系说,是在原告和被告之间分配举证责任的理论。即原告证明侵权行为与损害结果之间存在某种程度的因果关联的可能性,原告就尽到了举证责任,然后由被告举反证,以证明其行为与原告的损害之间无因果关系,不能反证或者反证不成立,即可判断因果关系成立。

的情况下,研究者必须对知情同意书中的专业术语以通俗的语言、当地通用的语言文字和适当的方式进行解释,继续履行其法定的告知义务,同时给予受试者充分思考和理解的时间,使受试者得以准确理解并重新作出决定。第三,损害赔偿。此即要求研究者对因自身侵权行为给受试者造成的损害进行赔偿,赔偿范围包括但不限于直接损失以及因丧失其他机会所造成的间接损失,还包括精神损害的认定和赔偿。

专题四　人体基因科研活动的适用

基因科技整体上可分为与人体相关的基因科技和非人体相关的基因科技,前者能够直接对人的生命进行“操控”,甚至影响从出生到死亡的全过程,对人们生活影响更为广泛和直接。2018 年年底基因编辑婴儿事件[①]引发学界对人体基因、人体胚胎科研活动合法性的重新审视,为应对新型生命社会关系,促进人体基因科技良性发展的同时,防范人体基因科技滥用,使科研活动在科学、伦理的指引下健康有序发展,《民法典》第 1009 条对人体基因科研活动予以明确规范,即从事与人体基因、人体胚胎等有关的医学和科研活动的,只有在遵守法律、行政法规和国家有关规定,且不危害人体健康、不违背伦理道德、不损害公共利益时,才是合法的,才受到法律保护,否则,研究者要承担相应的法律责任。

一、不得违反法律、行政法规和国家有关规定的认定

目前,与人体基因和人体胚胎直接相关的法律规范包括行政法规和部门规章。行政法规为 2019 年出台的《人类遗传资源管理条例》,部门规章分别是 2015 年国

---

① 2018 年 11 月 26 日,在第二届国际人类基因组编辑峰会召开前一天,人民网深圳频道发布名为《世界首例免疫艾滋病的基因编辑婴儿在中国诞生》的报道,称来自中国深圳的科学家贺建奎通过基因编辑技术修改人体胚胎基因后将胚胎植入母体,并于 11 月在中国健康诞生一对名为露露和娜娜的基因编辑婴儿。这对双胞胎的一个基因经过修改后,出生即能天然抵抗艾滋病。该报道一出即引爆舆论,广东省“基因编辑婴儿事件”调查组查明,该事件系南方科技大学副教授贺建奎为追逐个人名利,自筹资金,蓄意逃避监管,私自组织有关人员,实施国家明令禁止的以生殖为目的的人类胚胎基因编辑活动,该行为严重违背伦理道德和科研诚信,严重违反国家有关规定,在国内外造成恶劣影响,相关人员移交司法处理。

家卫生和计划生育委员会、国家食品药品监督管理总局共同出台的《干细胞临床研究管理办法(试行)》、2003年科学技术部和卫生部共同出台的《人胚胎干细胞研究伦理指导原则》、2003年卫生部出台的《人类辅助生殖技术和人类精子库的伦理原则》、1993年国家科学技术委员会出台的《基因工程安全管理办法》。

《人类遗传资源管理条例》明确人类遗传资源包括人类遗传资源材料和人类遗传资源信息。人类遗传资源材料是指含有人体基因组、基因等遗传物质的器官、组织、细胞等遗传材料。人类遗传资源信息,是指利用人类遗传资源材料产生的数据等信息资料。开展涉及人类遗传资源的活动,必须以维护我国公众健康、国家安全和社会公共利益为原则,必须符合伦理规定,必须保护资源提供者的合法权益,必须遵守相应的技术规范,划定了涉及人类遗传资源活动的5条红线:一是采集、保藏、利用、对外提供我国人类遗传资源,不得危害我国公众健康、国家安全和社会公共利益;二是采集、保藏、利用、对外提供我国人类遗传资源,应当符合伦理原则,并按照国家有关规定进行伦理审查;三是采集、保藏、利用、对外提供我国人类遗传资源,应当尊重人类遗传资源提供者的隐私,取得其事先知情同意,并保护其合法权益;四是禁止买卖人类遗传资源;五是外国组织、个人及其设立或者实际控制的机构不得在我国境内采集、保藏我国人类遗传资源,不得向境外提供我国人类遗传资源。同时,加大对违法违规行为的处罚力度,除大幅度提高罚款金额以外,对情节严重或特别严重的,一定期限或永久禁止从事涉及我国人类遗传资源的活动,并对相关责任人予以处分和处罚、记入信用记录等处理。

二、不得危害人体健康的司法认定

由于人体基因科技的研究直接以人本身及其组织为研究对象,研究自由的权利很容易与他人的尊严权、生命权、健康权、隐私权等各项基本权利发生冲突,甚至对社会的生态环境、人类种族存续等带来影响和危害。所以,研究时不得侵犯人性尊严的价值,不得侵犯他人的生命权、健康权、人格权等基本权利。

我国《人类遗传资源管理条例》规定,采集、保藏、利用、对外提供我国人类遗传资源,不得危害我国公众健康、国家安全和社会公共利益;利用我国人类遗传资源开展国际合作科学研究的,必须对我国公众健康、国家安全和社会公共利益没有危害。

我国《人类辅助生殖技术和人类精子库的伦理原则》规定,要安全、有效、合理地实施人类辅助生殖技术,保障个人、家庭以及后代的健康和利益;医务人员应综合考虑患者病理、生理、心理及社会因素,医务人员有义务告诉患者目前可供选择的治疗手段、利弊及其所承担的风险,在患者充分知情的情况下进行辅助生殖技术;患者的配子和胚胎在未征得其知情同意情况下,不得进行任何处理,更不得进行买卖;如果有证据表明实施人类辅助生殖技术将会对后代产生严重的生理、心理和社会损害,医务人员有义务停止该技术的实施;在尚未解决人卵胞浆移植和人卵核移植技术安全性问题之前,医务人员不得实施以治疗不育为目的的人卵胞浆移植和人卵核移植技术。

三、不得违背伦理道德的司法认定

我国《人类辅助生殖技术和人类精子库的伦理原则》规定以下伦理原则:一是有利于患者原则,即医务人员应综合提出有医学指征的选择和最有利于患者的治疗方案。二是知情同意原则,即人类辅助生殖技术必须在夫妇双方自愿同意并签署书面知情同意书后方可实施。三是保护后代原则,即医务人员不得对近亲间及任何不符合伦理、道德原则的精子和卵子实施人类辅助生殖技术,医务人员不得实施代孕技术、胚胎赠送助孕技术和以生育为目的的嵌合体胚胎技术。同时,医务人员有义务告知接受人类辅助生殖技术治疗的夫妇,他们通过对该技术出生的孩子(包括对有出生缺陷的孩子)负有伦理、道德和法律上的权利和义务。四是社会公益原则。五是保密原则,即供受方互盲[①]及机构和医务人员对使用人类辅助生殖技术的所有参与者有匿名和保密义务。六是严防商业化原则,即机构和医务人员不能受经济利益驱动而滥用人类辅助生殖技术。七是伦理监督原则,即实施人类辅助生殖技术的机构应建立生殖医学伦理委员会,并对人类辅助生殖技术的全过程和有关研究进行指导和监督。

我国《人胚胎干细胞研究伦理指导原则》中明确的伦理规则:一是禁止进行生殖性克隆人的任何研究。二是禁止买卖人类配子、受精卵、胚胎或胎儿组织。三是用于研究的人胚胎干细胞只能通过体外受精时多余的配子或囊胚、自然或自愿选择流产的胎儿细胞、体细胞核移植技术所获得的囊胚和单性分裂囊胚、自愿捐献的生殖细胞的方式获得。四是进行人胚胎干细胞研究的行为规范包括:利用体外受精、体细胞核移植、单性复制技术或遗传修饰获得的囊胚,其体外培养期限自受精或核移植开始不得超过 14 日;不得将前款中获得的已用于研究的

---

① 凡使用供精实施的人类辅助生殖技术,供方与受方夫妇应保持互盲、供方与实施人类辅助生殖技术的医务人员应保持互盲、供方与后代保持互盲。

人囊胚植入人或任何其他动物的生殖系统;不得将人的生殖细胞与其他物种的生殖细胞结合。

四、不得损害公共利益的司法认定

基因科技研究中涉及各方权利主体,为平衡彼此之间的利益冲突,共享资源、和谐共进,要对研究自由权的行使划定边界,保障研究自由的同时,防止研究主体在行使自己权利的时候侵犯他人的自由与权利以及违反公序良俗或给社会带来紧急危险等。

我国《人类辅助生殖技术和人类精子库的伦理原则》规定以下社会公益原则:一是医务人员必须严格贯彻国家人口和计划生育法律法规,不得对不符合国家人口和计划生育法规和条例规定的夫妇和单身妇女实施人类辅助生殖技术;二是根据《母婴保健法》规定,医务人员不得实施非医学需要的性别选择;三是医务人员不得实施生殖性克隆技术;四是医务人员不得将异种配子和胚胎用于人类辅助生殖技术;五是医务人员不得进行各种违反伦理、道德原则的配子和胚胎实验研究及临床工作。

五、违法研究者承担民事侵权责任

在基因医学领域,基因权损害的归责原则可参照人体医学实验的过错推定原则,对医师(研究者)设置一种高度注意义务,并采取举证责任倒置的方式。构成要件包括损害、加害行为、因果关系和过错。

第一,加害行为表现为存在违反法律、行政法规和国家有关规定、危害人体健康、违背伦理道德、损害公共利益的科研行为。例如,研究者未向人类遗传资源提供者履行全面、完整、真实、准确告知义务,存在隐瞒、误导、欺骗提供者,或出现危险情况时未及时停止科研活动等行为。

第二,损害区分"实际的损害"和"抽象的损害"。"实际的损害",是指因侵权行为而致受害人现实发生的人身损害、精神损害或财产损害;"抽象的损害",是指权利本身一旦被侵害即可成立的损害,如医师未获告知后同意而擅自利用他人的血样进行医疗目的之外的基因检测,即使没有产生基因隐私泄露、基因歧视、精神痛苦等实际的损害后果,也足以认定因未履行如实告知义务,产生非自愿的基因检测而损害基因自主权。

第三,过错表现在未按《人类遗传资源管理条例》《人胚胎干细胞研究伦理指导原则》等规定,在从事人体基因和人体胚胎科研活动中,履行事先充分告知义务、[1]征得人类遗传资源提供者书面同意、保护受试者隐私等法定义务。此外,必须对医师(研究者)设置较高的注意义务,即对损害的预见义务和避免义务,这将在基因侵权损害救济个案中决定着过失的认定以及实际损害的分配倾向。在无过错而发生损害时,并不存在真正的"侵权"行为,存在的只是试验过程中的不可预料的损害。

第四,基因侵权损害责任承担形式主要为停止侵害、排除妨碍、消除危险、赔偿损失等。

专题五　性骚扰的适用

《民法典》第1010条对性骚扰问题进行规定,体现了国家对性骚扰问题的重视,及遏制性骚扰行为的积极立场。

一、性骚扰概念在中国的产生

我国法律关于禁止对女性实施性骚扰的规定最早见于2005年8月28日修改通过的《妇女权益保障法》第40条,其规定:"禁止对妇女实施性骚扰。受害妇女有权向单位和有关机关投诉。"该规定具有探索性和开创性,其宣誓意义大于实践意义。

2012年国务院颁布的《女职工劳动保护特别规定》第11条规定:"在劳动场所,用人单位应当预防和制止对女职工的性骚扰。"该规定强调了用人单位在劳动场所预防和制止性骚扰行为的责任。

2018年10月26日修改通过的《妇女权益保障法》第58条规定:"违反本法规定,对妇女实施性骚扰或者家庭暴力,构成违反治安管理行为的,受害人可以提请公安机关对违法行为人依法给予行政处罚,也可以依法向人民法院提起民事诉讼。"该规定对于性骚扰行为的法律规制具有里程碑式的意义,性骚扰行为从此成为一种违法行为,公安机关和法院都能对受害者进行救济。

尽管《妇女权益保障法》《女职工劳动保护特别规定》规定了禁止对妇女或女职

---

① 告知内容为:采集目的、采集用途、对健康可能产生的影响、个人隐私保护措施及其享有的自愿参与和随时无条件退出的权利。

工实施性骚扰,但由于上述规定过于原则,对性骚扰的规制并没有附随相应的惩戒和责任追究机制,故而性骚扰虽被禁止,却因实践可操作性不强而不具有事实上的拘束力,故很少成为司法裁判的直接依据。2001 年 7 月西安市童女士向西安市莲湖区法院提出起诉,指控上司对其进行性骚扰。这是我国首例性骚扰案。但因缺少证据的支持,法院最终判决童女士败诉。此后全国陆陆续续的性骚扰案例不断涌现,但绝大多数都以原告的败诉为终。

民法典是当事人维护民事权利、司法机关进行民事审判的直接法律依据,具有较强的可操作性。《民法典》第 1010 条关于性骚扰的规定遵循了前述第二条路径——私权保护主义模式,主要通过保护人格权进而对性骚扰进行私法上的规制。这一立法趋势不仅可以改变过去有法不依的状况,解决受害人立案难的困境,进而产生鼓励受害人勇敢维权的效果,还可以推动具体制度上的突破和进步。

二、性骚扰的司法规制

《民法典》第 1010 条作为对于性骚扰的规制规则,条文内容分为两款,其中第 1 款规定了性骚扰的概念以及受害人的人格权请求权,第 2 款规定了单位防止和制止性骚扰的义务。

(一)性骚扰的责任主体

《民法典》第 1010 条规定的性骚扰行为的责任主体有两类:一类是实施性骚扰的行为人;另一类是负有注意义务的机关、企业、学校等单位。第一类责任主体不限于工作场所的上下级之间,还包括同级之间,以及陌生人之间等。第一类责任主体承担直接责任,第二类责任主体承担补充责任。

从行为发生地来看,尽管最为新闻媒体和社会公众关注的性骚扰行为主要发生在工作场所,确实侵害了受害人的性别平等或工作机会平等等劳动者权利,但民法典规范的性骚扰并不局限于以权力为背景的职场行为模式。发生在学校等学习场所,或地铁、公交车等其他公共场所,以及个人住所等私人场所的性骚扰,同样也受法律规制。

(二)禁止性骚扰的保护对象

《妇女权益保障法》《女职工劳动保护特别规定》均规定禁止对妇女或女职工进行性骚扰,将立法的保护对象限于女性。而《民法典》第 1010 条规定的违背“他人”意愿实施的性骚扰,并未将性骚扰的受害人限定为女性,男性遭受性骚扰也可依法请求行为人承担民事责任。相较以往法律规定,民法典将不同性别的人同时纳入保护范围,体现了性别平等理念。

(三)行为人性骚扰的构成要件

性骚扰是一种侵权行为,侵犯他人的人格尊严。具体地说,侵害的是他人的性权利和性尊严,行为人应当承担侵权责任。一般侵权行为构成要件为行为、过错、后果、因果关系。根据《民法典》第998条"认定行为人承担侵害除生命权、身体权和健康权外的人格权的民事责任,应当考虑行为人和受害人的职业、影响范围、过错程度,以及行为的目的、方式、后果等因素"的规定可知,物质性人格权中排除比例性原则的适用,故对于性骚扰行为,在过错和行为后果的认定上,与一般侵权行为的认定规则,有所差异。

第一,具有主观过错。性骚扰行为在侵权责任编中未作特殊规定,故归责原则为过错责任原则,即性骚扰的直接实施者承担过错责任。性骚扰实施者的过错即故意实施性骚扰行为,包括明知其言语或行为会使承受者抗拒或者产生不愉悦的感受仍然实施性骚扰行为,或者明知其言语或行为可能使承受者抗拒或者产生不愉悦的感受而放任自己实施性骚扰行为。"明知"以社会一般认识为标准,有其他证据证明性骚扰承受者对性方面的言语和行动较为敏感,比社会一般认识更易受到侵犯的,则以行为人明知的程度为标准。司法实践中,对于加害人是否有过错的认定,采过错推定形式,即只要行为人不能证明受害人承诺,就应当认定行为人有故意。

第二,具有"违背他人意愿"的客观行为。性骚扰行为构成上强调行为人的行为与性有关,且该行为违背他人意愿,以区别于两情相悦的友谊或者调情行为。首先,在"违背他人意愿"的判断上可参照美国的"合理人标准",[①]如果一个智虑正常的普通人认为这种言语或行为,足以使受害者感到厌恶、不安,是不能被欢迎或者不被接受的,那么这种言语或行为就是违背受害者意志的。其次,行为方式既可以表现为口头言语,又可以表现为非口头的肢体行为、文字、图像、微信、短信、写信、跟踪等。

第三,造成损害结果。法律规定性骚扰以"违背他人意愿"为前提,包括言语上或行动上的性侵害行为,现实中,言语上的性侵害行为往往不太可能造成受害人身体上的损害,而仅造成精神上的损害。因此,性骚扰侵权的损害结果采取宽松规制

---

① "合理人标准"最早源于美国凯瑟琳·麦金侬教授提出的"合理女性标准",即判断一种行为是否构成性骚扰行为,其当然的要看这种行为是否为女性所欢迎,一名正常女性在合理情形下对一种行为表达反感,那么这种有关性的行为就是性骚扰行为。

性骚扰行为的标准,即从受害人的角度,以其产生不愉悦的感受为准则,只要受害人感受到了基于性方面的不愉悦即可,而不论是否对身体上、精神上产生损害。现实中,性骚扰侵权产生的后果通常包括3种情形:一是受害人产生不愉悦的感受但身体上未受损害;二是受害人身体上受到损害,但未遭受严重的精神损害;三是受害人既遭受身体上的损害,还遭受严重的精神损害。

(四)单位义务和责任的认定

为有效规制性骚扰行为,《民法典》明确了单位的两项义务:

第一,对性骚扰行为进行预防。机关、企业、学校等单位应当根据自身情况制定专门的预防性骚扰的政策措施,或者在其自身典章制度中对性骚扰行为加以规定,明确对性骚扰行为的处理态度、处理方法等。其具体内容应当包含以下方面:工作中或单位内禁止性骚扰行为;对雇员或单位员工进行相关岗前培训,定期组织其参加有关性骚扰行为的讲座或课程;将相关法律法规明确讲解,使雇员或员工知悉在何种情况下其行为构成性骚扰。

第二,性骚扰行为发生后要及时处置。当性骚扰行为发生后,机关、企业、学校等单位人员能够及时向内部机构告知、寻求解决,单位内部的内部处理机构要及时受理投诉,并指派调查人员或成立调查组对受害人反映的问题进行调查,以公平、公正地处置案件。

因此,如机关、企业、学校等单位未采取合理预防性骚扰措施,以及在性骚扰发生后未及时制止处置的,则可参照《民法典》第1198条经营场所、公共场所的经营者、管理者未尽安全保障义务的情形,以及第1201条幼儿园、学校和其他教育机构对于在校的无民事行为能力人和限制民事行为能力人未尽管理职责的情形,要求性骚扰发生的机关、企业、学校等单位承担补充责任。单位仅在下列情况时免责:一是单位已经采取了预防和制止性骚扰发生的合理措施;二是受害人并未向单位内部机构寻求救济,未能合理利用单位的预防或救济措施。

(五)性骚扰的举证证明责任

第一,对性骚扰行为人的举证证明责任。性骚扰的举证证明责任遵循举证证明责任分配的一般规则,即《民诉法司法解释》第91条的规定。通常而言,应遵循"谁主张,谁举证"的规则,由受害人就实施者实施了性骚扰行为造成了自己不愉悦的感受等损害结果承担举证证明责任。具体来说,当性骚扰的受害人要求性骚扰的实施者承担侵权责任时,性骚扰的受害人需要举证证明性骚扰的实施者对自己实施言语上的或者行动上的性骚扰行为使自己产生了不愉悦的感受,甚至遭受身体上和严重的精神上的损害,并且应当证明性骚扰的实施者具有过错。

第二,对单位的举证证明责任。当性骚扰的受害人要求性骚扰行为发生的机关、企业、学校等单位承担补充侵权责任时,需要举证证明上述单位未能采取合理的措施使性骚扰行为发生或延续,造成自己不愉悦的感受,甚至身体上严重的精神损害。举证分为两个阶段:受害人在第一阶段提出初步证据,足以证实其工作场所内存在有关"性"的言论、游戏、举动即可;被诉单位在第二阶段提出证据证明其已经采取了合理的预防措施或者在性骚扰行为发生后已经采取了有效的制止措施。

(六)性骚扰侵权责任的承担方式

对于性骚扰的责任承担方式,受害人可依《民法典》第995条、第1000条与第1183条规定主张。

第一,侵犯民事主体人格权应当承担的民事责任。包括停止侵害、排除妨碍、消除危险、赔偿损失、消除影响、恢复名誉、赔礼道歉等民事责任。第二,民事主体因人格权受到侵害提出的停止侵害、排除妨碍、消除危险、消除影响、恢复名誉请求权不受诉讼时效的限制。侵犯人格权的相应民事责任没有规定受害人起诉的诉讼时效,亦符合性骚扰案件具有持续性的特点。第三,行为人因侵害人格权承担消除影响、恢复名誉、赔礼道歉等民事责任的,应当与行为的具体方式和造成的影响范围相当。第四,如行为人拒不承担消除影响、恢复名誉、赔礼道歉等民事责任的,人民法院可以采取在报刊、网络等媒体上发布公告或者公布生效裁判文书等方式执行,产生的费用由行为人负担。第五,如性骚扰行为造成受害人严重精神损害的,受害人可依《民法典》第1183条请求精神损害赔偿。

第四章　姓名权和名称权

专题一　自然人姓名权的内容和保护

一、自然人的姓名权

（一）姓名权的概念和保护

所谓姓名权，是自然人决定其姓名、使用其姓名、变更其姓名，并要求他人尊重自己姓名的一种权利。[①] 人之立于世，需借助姓名形成与自我的同一性，亦需借助姓名与他人予以区分，从而具备主体的可识别性。于此，一方面，自然人得以通过姓名彰显自己的人性尊严，并通过姓名的行使拓展自己的自由范围。在此意义上，作为人格权的姓名权，与人的尊严和自由密不可分。《民法典》第109条明确规定自然人的人身自由、人格尊严受法律保护，并将此作为一般人格权的基础，正是对人格权上述价值的确认。另一方面，自然人参与法律关系的形成，需要具备"我—他"的不同主体识别标识。姓名作为展现自我的符号，使自然人"具有了特定的位置，产生符号意义上的归属与认同"。[②] 交易关系的确定性和稳定性得到最大限度的保障。

如上所述，姓名权关系到人的尊严和自由，具有重要的价值。人之生命健康身体等权利虽然是人的存在基础，但姓名等标表型人格权却是人基于其存在进而健全、完善自己人格的基础，从这个角度讲，法律对姓名权的保护就显得格外重要。我国在《民法通则》制定之时，就明确将自然人的姓名权作为一项重要的人身权利而加以规定，《侵权责任法》从救济的角度，对姓名权侵害亦明确进行规定。《民法典》从民事权利积极确认的高度再次肯定了自然人的姓名权，并在人格权编进行了更为具体的规范，形成了目前的姓名权保护体系。

---

① 参见王利明：《人格权重大疑难问题研究》，法律出版社2019年版，第437页。

② 同上书，第438页。

(二)姓名权的特征

姓名权具有以下几个方面的特征。

第一,姓名权属于标表型人格权。姓名权属于人格权无须多言,而标表性的意义在于凸显出姓名权背后自然人的属性。正是由于姓名权的该属性,才使对姓名权的侵犯与对自然人的自由尊严、名誉等人身权益的侵犯联系在一起,也使姓名权具备自己使用与许可他人使用的客观条件。

第二,姓名权主体是自然人。法人、非法人组织不享有姓名权,但享有名称权,《民法典》将法人、非法人组织的名称权规定在第 1013 条之中。

第三,姓名权不得让与但可通过授权许可使用。实践中,一些人认为姓名权的许可使用属于姓名权的让与。该观点并不准确。姓名权作为人格权不具有让与性。任何人都不得放弃、转让自己的人格权,《民法典》第 992 条对此作出明确规定。而姓名权的许可或授权使用与放弃、转让并不一致。许可使用是在不放弃转让自己人格属性的前提下,许可他人使用自己的姓名、肖像等人身权益,属于自然人对姓名权权能的一种合理支配利用。

第四,姓名权包含精神利益和财产利益。人格权是以人格的精神利益为保护目的,但鉴于姓名权与肖像权等标志性人格权往往体现一定的财产利益,因此姓名权的权能逐渐得到扩张。今天,我们看到大量姓名权纠纷实际上都是财产利益的争夺。比如,在姚明与武汉云鹤大鲨鱼体育用品有限公司侵犯人格权以及不正当竞争纠纷上诉案[①]中,法院认定武汉云鹤大鲨鱼体育用品有限公司未经权利人许可,使用姚明的姓名以及肖像,侵害了姚明的姓名权与肖像权,也构成不正当竞争。该判决所反映的现象就是自然人姓名因其蕴含的财产性价值,在当代社会易受到侵害。

二、自然人姓名权的内容和发展

(一)姓名权的内容

《民法典》第 1012 条规定:“自然人享有姓名权,有权依法决定、使用、变更或者许可他人使用自己的姓名,但是不得违背公序良俗。”依据该条以及理论通说,姓名权的内容包括以下几个方面。

第一,姓名决定权。自然人有权决定自己的姓名。此又可分为以下两方面:一

---

① 参见湖北省高级人民法院民事判决书,(2012)鄂民三终字第 137 号。

是自然人不但有权决定自己的正式姓名,还有权决定与正式姓名有同样功能的笔名、艺名、网名等;二是从消极保护上,既然自然人有权决定自己的姓名,那么意味着其他人均不得妨碍干涉权利人该权利的行使,他人必须予以尊重。

第二,姓名使用权。自然人的姓名使用权亦包含两个方面内容:一是自然人有权使用自己的姓名;二是自然人有权授权他人使用自己的姓名,[①]即上文所述的姓名权的许可适用。

第三,姓名变更权。姓名变更权属于姓名决定权的延伸。依据《户口登记条例》第18条之规定,公民变更姓名,依照下列规定办理:(1)未满18周岁的人需要变更姓名的时候,由本人或者父母、收养人向户口登记机关申请变更登记;(2)18周岁以上的人需要变更姓名的时候,由本人向户口登记机关申请变更登记。可以说无论自然人是否成年,其均有权变更自己的姓名。阻止、干涉他人变更姓名的,属于侵犯自然人姓名权的行为。在郑某与绍兴市公安局柯桥区分局其他行政行为纠纷上诉一案中,[②]法院认定,上诉人郑某以其名与东汉末年名将关云长名字相同且姓氏相似、给其造成伤害为由,向被上诉人申请变更姓名为郑宸,而被上诉人以公安部三局《关于执行户口登记条例的初步意见》第9条、《浙江省常住户口登记管理规定(试行)》第53条释义之规定,作出不同意的回复,显然依据不足。

（二）姓名权的发展

姓名权在20世纪的发展与人格权制度的整体发展同频共振。依据传统见解,人格权保护的是自然人人格尊严自由的精神利益,而与财产利益无涉。然而,随着工商业的发展,“个人的姓名、肖像等人格特征具印象转移的功能,得用于推销商品、服务等商业上的用途,创造了一定的经济财产价值”。[③] 由此,人格权商业化利用的历史随之起步发展。同时,由于人格权所具有的开放性特征,特别是20世纪发生的两次世界大战,使人们对残害人权的暴政有切肤之痛,对人的尊严和自由的保护成为战后各个国家首先思索的问题。德国就此发展出一般人格权理论就是最好的例证。具体来讲,包括姓名权在内的人格权的发展体现在以下几个方面。

第一,人格权主体理论不断发展完善。人格权作为生存自然人的一项权利应无异议。但比较法上,各国立法和判例大多肯定了应当通过侵权责任对死者的人身利益进行保护。同时,姓名权也逐渐扩展给予法人以及无权利能力社团之上。

---

① 参见程啸:《侵权责任法》(第2版),法律出版社2015年版,第138~139页。

② 参见浙江省绍兴市中级人民法院行政判决书,(2016)浙06行终432号。

③ 王泽鉴:《人格权法》,北京大学出版社2013年版,第296页。

第二,人格权内容和客体不断扩展。内容上,姓名权的商业化利用就是典型的例子。在客体上,《民法典》第 1017 条规定,具有一定社会知名度,被他人使用足以造成公众混淆的笔名、艺名、网名、译名、字号、姓名和名称的简称等,参照适用姓名权和名称权保护的有关规定。可见,姓名权保护的不仅是自然人的正式姓名,网名、艺名、笔名等同样作为保护客体对待。

第三,人格权的支配方式不断发展。传统人格权的保护主要限于对人格权受侵犯的消极保护,其主要规范体现在侵权法中。但如上所述,随着人格权内容的不断发展,自然人人格利益的不断扩张,法律有必要从消极保护过渡到积极确认。而此积极确权,最重要的制度之一,就是赋予权利人就个别具体人格权许可他人使用的制度。应当说,人格权的"可利用"不仅不会损害人格价值,反而是对人格价值的拓展、增益行为,彰显人之尊严和人格发展完善。《民法典》第 1012 条亦对姓名权的许可使用制度作出了明确规定。

三、《民法典》对姓名权的保护

大体上,我国《民法典》对姓名权的保护可分如下几个层次。

第一,《民法典》总则编规定了自然人所享有的一般人格权及具体人格权,其中就包括姓名权。

第二,在人格权编部分,《民法典》对自然人以及法人、非法人组织享有的一般人格权和具体人格权进行了细化规定。不但明确了包括姓名权在内的具体人格权的权能,还积极赋予自然人许可使用的人格权制度。同时,厘定不同权利之间的冲突规则,不断完善人格权内在的保护体系。在请求权上,明确规定了人格权请求权,极大地强化了对人格权的救济。

第三,在婚姻家庭编部分,《民法典》对夫妻双方的姓名权,收养子女后的姓氏选择问题进行规定,凸显出立法者深刻认识到在亲属家庭这一与身份利益交织的相对封闭领域中对人身权益保护的重要性。

第四,与侵权责任编协同,对侵害人格权的行为予以惩罚,对损害予以填补。与合同法协同,对许可使用等合同进行符合人格权保护目的的特殊规制,如许可使用合同的特殊解释规则等。

专题二　自然人姓名权行使边界

一、禁止权利滥用

姓名权属典型的人格权。尽管人格权是以保障人之尊严和自由为终极目的，带有强烈的法伦理考量，但是，私法中“没有哪一项权利是没有任何限制的”。[①] 任何权利的产生或者权利的行使都必须受到法律的规制。否则，法律所欲维护的公共秩序和善良风俗将会因个体利益无序冲突而被侵蚀。但是，私法中自然人均得以享有各项民事权利，因权利系“得为某事或不为某事之法律上之力。此力之现实化，即为权利之行使”。[②] 因此，权利的行使会导致他人的不利益。对该种不利益，相对人一般应当予以容忍。既然如此，对于权利的行使界限，就应放置于超脱个人权利之上的公共利益、善良风俗等法伦理层面去考量，方得妥当。

那么这种界限的判断标准是什么呢？主要集中于以下几个原则：一是公共利益原则；二是诚实信用原则；三是公序良俗原则；四是禁止权利滥用原则。我国《民法典》第132条规定，民事主体不得滥用民事权利损害国家利益、社会公共利益或者他人合法权益。该条即我们所说的权利不得滥用原则。

然而，需要注意的是，权利不得滥用原则是对权利的一般性限制。在法律适用中，由于权利不得滥用条款具有抽象性，属于高度概括的一般条款，因此需要遵循立法旨意，根据个案进行价值补充之后，方可适用。如果法律对权利行使规则有具体规定的，亦不应放弃该具体规则而直接适用高度抽象的权利不得滥用条款，此即法律适用方法上“禁止向一般条款的逃避”原则。

二、姓名权行使的边界

（一）姓名的决定和变更应符合法律规定

《民法典》第1015条规定：“自然人应当随父姓或者母姓，但是有下列情形之一

① ［德］迪特尔·梅迪库斯：《德国民法总论》，邵建东译，法律出版社2001年版，第107页。

② 史尚宽：《民法总论》，中国政法大学出版社2000年版，第31页。

的,可以在父姓和母姓之外选取姓氏:(一)选取其他直系长辈血亲的姓氏;(二)因由法定扶养人以外的人扶养而选取扶养人姓氏;(三)有不违背公序良俗的其他正当理由。”该条第一句用的是“应当”二字,不是“可以”。因此,如果不存在该条规定的其他情况,就应该选择父亲或母亲的姓氏作为自己的姓氏。

我国《居民身份证法》第4条规定,居民身份证使用规范汉字和符合国家标准的数字符号填写。民族自治地方的自治机关根据本地区的实际情况,对居民身份证用汉字登记的内容,可以决定同时使用实行区域自治民族的文字或者选用一种当地通用的文字。因此,自然人在决定自己姓名时,一般来说“从文化传统出发,公民应尽量使用规范汉字作为名字”。[①]

(二)姓名决定、变更、行使不得侵犯其他人的合法权益

实践中争议较大的问题是,离婚后子女姓氏变更问题。本书认为,对于离婚后,直接抚养子女的一方是否有权变更子女姓氏不应一概而论,应充分考虑各种因素而定。首先,变更子女姓名原则上要经过父母双方同意。虽然《民法典》对此没有规定,但是基于我国的传统文化,一方面,姓氏具有浓厚的身份属性,是家族传承的标志,代表一定的伦理秩序,随意更改不但会影响个人的身份属性,也会给对方家族造成一定的伤害。另一方面,子女随父姓或一定条件随母姓,在一些地区是习惯做法,并不违反善良风俗。因此,如果未能形成协议而单方变更,一般认为侵犯了对方的合法权益。事实上,公安部在《关于父母离婚后子女姓名变更有关问题的批复》中,也要求离婚双方必须对变更姓名达成一致意见。其次,变更子女姓名必须坚持儿童利益最大化原则。《民法典》第35条第1款规定,监护人应当按照最有利于被监护人的原则履行监护职责。因而,如果双方离婚后,为了让孩子融入新的家庭和环境,或者不更改姓名确实不利于儿童身心发展的,可以允许一方单独变更子女姓氏。最后,父母变更子女姓氏,应该最大限度征询未成年人的意见,尊重未成年人的选择权。《民法典》第35条第2款规定,未成年人的监护人履行监护职责,在作出与被监护人利益有关的决定时,应当根据被监护人的年龄和智力状况,尊重被监护人的真实意愿。因此,父母不仅要保护好未成年人的各项合法权益,而且在适当时候征询未成年人意见,也有助于未成年的人格健全和完善。如果在子女有一定行为能力,且能完全表达自己主观想法的情形下,强行更改子女姓名将会侵犯子女的姓名权。

---

① 宋天一、陈光斌:《从“北雁云依案”看“姓名决定权”与社会公序的价值冲突——兼论公序良俗的规制》,载《法律适用》2019年第6期。

实践中存在的另一种姓名权行使不当的问题就是恶意改名,故意制造与他人姓名之间的冲突,企图导致身份混同,从而为自己带来利益。前文已有论述,姓名权作为标表型人格权,具有识别身份同一性的功能,而鉴于姓名本身所蕴含的商业利益,一些人在商事活动中恶意改名,损害他人的在先权利。如将自己姓名更改为"姚明",而在自己注册的体育类公司商号中使用自己姓名。我国法律并不禁止自然人同名同姓,一般情形下,同名同姓不视为侵犯他人在先权利。但界限在于,如果当事人制造姓名的冲突意在导致身份混同,获得不当利益,那就另当别论。

(三)姓名权决定、变更、行使不得违背公序良俗

公序良俗是公共秩序与善良风俗的简称。公共秩序并非具体的法律规范,而是指向法律的价值体系,尤其是宪法上基本权利价值体系。善良风俗则指向法律外的伦理规范。[①] 因此,公序良俗在民法中发挥着重要转介作用,它将宪法价值与法律外的伦理价值转引到民法规范中,作为评价民事法律行为效力的多元因子。

"姓名在当今世界各国各民族中主要有辨明身份、家族血缘文化、美好文化寓意等作用,以及衍生出的文化价值作用,姓名文化源远流长、影响深远,已成为当代中国社会乃至世界的善良风俗。"[②]因此,姓名权的行使不得违背公序良俗。例如,将自己的姓名更改为仇人父亲的姓名,或不当更改使姓名具有一些封建迷信含义的,或者更改姓名目的不当以及与传统道德观念不符,违背姓名的身份、伦理功能等情形。在一起行政案件中,[③]姚某以书面方式向公安局提出申请,要求变更其姓名为"汨稽幽悠"。公安局经审查后认为该申请不符合相关法律规定,告知姚某后未予办理。姚某对此不服,经行政复议仍不服后诉至法院。法院认为,姚某变更姓名的主要原因是在情感上无法认同父母,是"审判父母的行为"。我国历来重视中华传统伦理道德的传承与社会主义核心价值观的弘扬,中国人民对姓氏传承的重视和尊崇,不仅体现了血缘关系、亲属关系,更承载着丰富的文化传统、伦理观念、人文情怀。如果任由公民仅凭个人意愿喜好,随意选取姓氏甚至自创姓氏,则会造成对文化传统和伦理观念的冲击,违背社会的公共秩序与善良风俗,法院据此驳回了姚某的诉讼请求。

---

① 参见陈甦主编:《民法总则评注》(上),法律出版社 2017 年版,第 58 页。

② 宋天一、陈光斌:《从"北雁云依案"看"姓名决定权"与社会公序的价值冲突——兼论公序良俗的规制》,载《法律适用》2019 年第 6 期。

③ 参见北京市第二中级人民法院行政判决书,(2018)京 02 行终 1246 号。

专题三　自然人姓名权的扩张保护

一、自然人姓名权保护范围的扩张

姓名权的客体是姓名,传统上,姓名原则上是指自然人的本名。本名也是法定的姓名,是经自然人申请登记并经国家审查核准的符号。但是,在现实生活中,除了自然人的本名之外,还存在笔名、艺名、网名等其他彰显人格的符号。这些符号是否应该和姓名本名同样受到的法律的保护,实践和理论中有不同的观点。《民法典》第 1017 条规定,具有一定社会知名度,被他人使用足以造成公众混淆的笔名、艺名、网名、译名、字号、姓名和名称的简称等,参照适用姓名权和名称权保护的有关规定。该条对除本名之外其他名称符号作出了与姓名同等保护的规定,体现了立法者对姓名权客体扩张保护的思想。

二、自然人姓名权扩张保护的范围

(一)笔名

笔名一般是作者发表作品时签署的别名,如“鲁迅”是周树人的笔名。笔名一般具有某种文化气质,往往使用在自己的特定文化生活中,而非经常性的日常生活里,故而其他人可能并不知晓。笔名要获得法律的姓名权保护,必须是该笔名已具有相当的社会知名度,公众看到笔名就联系到某个自然人本人。

(二)艺名

艺名是演员、模特等从事艺术活动时所使用的代替自己真实姓名的名称。[①] 艺名有自然人的艺名和团体的艺名之分。自然人的艺名如“小香玉”、团体的艺名如“Beyond”。艺名如要获得保护也必须建立起与自然人之间的稳定联系,且需为公众所知悉。

(三)网名

网名是个人上网所使用的名称。网络作为虚拟世界,本可避免个人身份暴露,

---

① 参见王利明:《人格权重大疑难问题研究》,法律出版社 2019 年版,第 447 页。

但事实上，要在网络中保持虚拟自我实属不易，况且很多网络“大V”和知名人士均会将自己的网络名称广而告之以形成聚粉效应，进一步扩大自己的知名度并带来一定的经济利益。当网名为大家所知悉时，法律就应提供相应的保护，以免因网络中的人格混同给现实世界中的自然人带来诸多困扰。

（四）译名、姓名的简称

姓名的简称包括中文姓名的简称也包括英文姓名的简称，还包括译名的简称。比如，美国NBA著名球星迈克尔·杰弗里·乔丹，在中文中往往简称“乔丹”且被公众所熟知。在著名的迈克尔·杰弗里·乔丹与国家工商行政管理总局商标评审委员会、一审第三人乔丹体育股份有限公司商标争议行政纠纷的再审案件中，最高人民法院认定本案证据足以证明再审申请人及其姓名“乔丹”在我国具有长期、广泛的知名度，相关公众熟悉并普遍使用“乔丹”指代再审申请人。“乔丹”与再审申请人之间已经建立了稳定的对应关系。对此应该予以保护。[①]

（五）其他与自然人相联系的名称标识

除了上述法典列举之外，实践中还存在字、号、雅称等。本书认为，这些表彰人格的符号，如果已经与自然人具备稳定的关联，具有相当的知名度，被他人使用足以造成公众混淆的，也应当属于法律保护的范围。

三、自然人姓名权扩张保护的规则

对于笔名、艺名、网名等是否属于姓名，学界有不同的观点。本书认为，笔名、艺名、网名等本身不属于姓名。姓名具有法定性，是被国家有关机关予以登记核准的代表自然人身份的符号。从姓名的结构上分析，姓名由姓氏和名字组成，既有辨明身份的作用，也具有表示血缘关系、象征家族文化的作用。而这些笔名、艺名、网名等本身并不要求法律登记核准，自然人是否需要，起什么样的笔名完全由其自己决定，虽然个别的笔名、艺名也充满着文化气质，但多为兴趣使然，与姓名相比有很大的不同。《民法典》第1017条规定这些符号与姓名和名称受同等保护，而非“本法所称的姓名包括本名、笔名、艺名、网名等”。由此可见，笔名、艺名、网名等并不属于姓名。虽然不属于姓名，但由于自然人对于笔名、艺名、网名等名称的长期使用，可能已经建立起符号与人本身的自然联系，这种同一性意味着，对笔名、艺名、网名等名称的侵犯往往触及自然人本人的人格尊严，因此，基于对人之尊严自由的

---

① 参见最高人民法院行政判决书，（2016）最高法行再26号。

最高保护,法律有理由对这些笔名、艺名、网名等名称予以保护。

第一,法律保护的笔名、艺名、网名、姓名的简称等必须具有一定社会知名度。一是该名称与自然人已经建立起了较为稳定的对应关系。笔名、艺名等之所以受到法律保护,就是因为其与姓名一样,能够标识个人的身份。户籍姓名与特定自然人之间存在确定的对应关系,笔名、艺名、译名与特定自然人之间也可以存在确定的对应关系。[①] 二是该名称必须具备社会知名度。在信息传媒发达的今天,具备某种社会知名度可能就是一夜之间的事情,因此并不当然需要个人长期、连续的使用,只要公众知悉能够建立同一性对应关系即可。

第二,被他人使用足以造成公众混淆。足以导致公众产生混淆,正是笔名、艺名、网名、姓名的简称等受到法律保护的主要缘由。这种混淆,有可能导致自然人的人格减损,故而需要予以规制。应当说,一些人之所以要使用他人标识从事某种行为,往往有一些非正当目的存在,正是基于这些非正当目的才冒用、盗用、不当使用他人的标识。基于对人格尊严的最大维护,本书认为,这里所谓足以导致公众产生混淆中"公众"不应泛指一般的社会公众,而应该限缩解释为相关领域或者相关地域或者相关团体中的公众,只要在一定范围内为大家所熟知即可。

专题四　民法典对名称权的保护

一、名称权的概念和特征

所谓名称权,是特定团体针对其名称享有的排他性支配权,名称权人有权决定、适用、变更以及转让自己的名称。[②]《民法典》第 1013 条规定,法人、非法人组织享有名称权,有权依法决定、使用、变更、转让或者许可他人使用自己的名称。名称权具有以下特征:

第一,名称权的主体是法人与非法人组织。对于法人和非法人组织的分类,《民法典》在总则编第三章已经作出明确规定。应予说明的是,《民法通则》颁布之时,为了适应社会发展需要,在民事主体二元划分的基础上,将个体工商户、个人合

---

① 参见崔建远:《姓名与商标:路径及方法论之检讨》,载《中外法学》2017 年第 2 期。

② 参见程啸:《侵权责任法》(第 2 版),法律出版社 2015 年版,第 143 页。

伙等作为自然人参与交易的特殊形式规定下来,并赋予个体工商户以及个人合伙可以起字号并享有名称权。《民法典》第 54 条规定,自然人从事工商业经营,经依法登记,为个体工商户。个体工商户可以起字号。

关于法人分支机构是否享有名称权的问题,本书认为,根据 2021 年 3 月 1 日新修订实施的《企业名称登记管理规定》第 13 条之规定,企业分支机构名称应当冠以其所从属企业的名称,并缀以"分公司""分厂""分店"等字词。境外企业分支机构还应当在名称中标明该企业的国籍及责任形式。从上述规定来看,法人分支机构经核准后,便取得了企业名称的专用权,虽然并不属于完整的名称权,但"任何人冒用、盗用这些名称,法人的分支机构可以向不法行为人提出停止侵害、赔偿损害等请求,并可以要求人民法院予以保护"。[①]

第二,名称的取得需要审核登记。与自然人姓名权相比,企业名称权因事关商事交易的信赖利益保护等,对其规制更为严格。比如,2021 年《企业名称登记管理规定》第 17 条规定:"在同一企业登记机关,申请人拟定的企业名称中的字号不得与下列同行业或者不使用行业、经营特点表述的企业名称中的字号相同:(一)已经登记或者在保留期内的企业名称,有投资关系的除外;(二)已经注销或者变更登记未满 1 年的原企业名称,有投资关系或者受让企业名称的除外;(三)被撤销设立登记或者被撤销变更登记未满 1 年的原企业名称,有投资关系的除外。"

第三,名称权具有强财产属性,可以依法转让。姓名权属于自然人人格权,具有人身专属性,不可转让,也无法转让,而企业名称权则不同。企业名称权虽然也属于人格权,但团体人格权之所要受到保护,主要是因为其本身具有的强财产属性。根据《民法典》第 1013 条规定,法人、非法人组织享有名称权,有权依法决定、使用、变更、转让或者许可他人使用自己的名称。根据 2021 年《企业名称登记管理规定》第 19 条规定,企业名称转让或者授权他人使用的,相关企业应当依法通过国家企业信用信息公示系统向社会公示。

二、名称权的内容

依据《民法典》第 1013 条的规定,法人、非法人组织享有名称权,有权依法决定、使用、变更、转让或者许可他人使用自己的名称。名称权的内容包括以下内容。

(一)名称决定权

法人、非法人组织得在成立时决定自己的名称,但需要符合法律法规的规定。

---

① 王利明:《人格权重大疑难问题研究》,法律出版社 2019 年版,第 480 页。

具体体现在:第一,需经依法核定。2021 年《企业名称登记管理规定》对企业名称的主管部门、企业名称的禁止性事项、企业名称的审核批准等,都进行了较详细的规定。第二,名称内容选择需符合法律规定。根据 2021 年《企业名称登记管理规定》第 11 条的规定:"企业名称不得有下列情形:(一)损害国家尊严或者利益;(二)损害社会公共利益或者妨碍社会公共秩序;(三)使用或者变相使用政党、党政军机关、群团组织名称及其简称、特定称谓和部队番号;(四)使用外国国家(地区)、国际组织名称及其通用简称、特定称谓;(五)含有淫秽、色情、赌博、迷信、恐怖、暴力的内容;(六)含有民族、种族、宗教、性别歧视的内容;(七)违背公序良俗或者可能有其他不良影响;(八)可能使公众受骗或者产生误解;(九)法律、行政法规以及国家规定禁止的其他情形。"第三,名称必须符合行业特点、组织形式,以免导致公众发生混淆。企业名称中的行业或者经营特点应当根据企业的主营业务和国民经济行业分类标准标明。国民经济行业分类标准中没有规定的,可以参照行业习惯或者专业文献等表述。企业应当根据其组织结构或者责任形式,依法在企业名称中标明组织形式。企业登记机关在办理企业登记时,发现企业名称不符合规定的,不予登记并书面说明理由。企业登记机关发现已经登记的企业名称不符合规定的,应当及时纠正。其他单位或者个人认为已经登记的企业名称不符合规定的,可以请求企业登记机关予以纠正。

(二)名称使用权

法人、非法人组织除了自己对名称具有专有使用权外,还享有许可他人使用其名称的权利。最典型的表现就是特许经营。按照《商业特许经营管理条例》之规定,拥有注册商标、企业标志、专利、专有技术等经营资源的企业,可以合同形式将其拥有的经营资源许可其他经营者使用,被特许人按照合同约定在统一的经营模式下开展经营,并向特许人支付特许经营费用的经营活动。

(三)名称变更权

与自然人一样,法人、非法人组织的名称权亦可以进行变更。但是,鉴于法人、非法人组织具有经营性质或公共服务性质,其名称变更将会给社会公众带来一定困扰,亦有损害交易安全和秩序的可能。因此,与自然人变更姓名相比,法人、非法人组织变更名称会受到更多的限制。如根据《公司登记管理条例》第 28 条的规定,公司变更名称的,应当自变更决议或者决定作出之日起 30 日内申请变更登记。

(四)名称转让权

依据《民法典》规定,法人、非法人组织可以转让名称。2021 年《企业名称登记管理规定》第19条规定,企业名称转让或者授权他人使用的,相关企业应当依法通过国家企业信用信息公示系统向社会公示。从上述规定来看,企业可以依法转让自己的名称,这也是企业名称具有财产属性的逻辑必然。当然,由于企业名称涉及社会公共利益的保护,为避免造成交易混乱,依据管理规定,还需要向社会予以公示,体现了权利和义务的一致性。名称权转让之后,原权利人丧失权利,如果继续使用,则构成侵权。

三、名称权的保护范围扩张

(一)字号

字号又称为商号,是商业主体依法申请登记、用以表示自己营业的名称,即商业主体在营业上所使用的名称。①《民法典》第1017条规定,具有一定社会知名度的字号等,参照适用姓名权和名称权保护的有关规定。

字号和名称既有联系又有区别。二者在的联系在于,依据2021年《企业名称登记管理办法》第6条之规定,字号属于企业名称的组成部分。企业名称由行政区划名称、字号、行业或者经营特点、组织形式组成。但是二者之间仍有区别。首先,从主体上,一切法人、非法人组织均享有名称权。而字号往往是营利法人享有,非营利法人、特别法人不享有字号。另外,依据《民法典》的规定,个体工商户也可以取字号。其次,名称需要进行登记后方可以取得,但字号并不需要登记。② 最后,二者的保护程度不同。字号必须达到有一定社会知名度,被他人使用足以造成公众混淆的程度,而名称权的保护则无此要求。例如,在原告爱慕股份有限公司与被告广东艾慕内衣有限公司不正当竞争纠纷一案中,③法院认为,原告为依法注册成立的企业,自1994年至今一直将"爱慕"作为企业字号使用。被告于2015年10月12日注册成立,自成立后一直将"艾慕"作为企业字号使用。在案证据可以证明原告的字号"爱慕"在被告成立之前在内衣的生产、销售领域已为相关公众熟知,具有较高知名度,属于有一定影响的企业名称,应当予以保护。被告使用的企业字号"艾慕"与原告的企业字号"爱慕"仅一字之差,发音完全相同,足以误导公众,已构成《反不正当竞争法》第6条第2项规定的不正当竞争行为。

---

① 参见刘清波:《商事法》,台北,"商务印书馆"1986年版,第31页。转引自王利明:《人格权重大疑难问题研究》,法律出版社2019年版,第475页。

② 参见杨立新:《人身权法论》,中国检察出版社1996年版,第442~443页。

③ 参见北京知识产权法院民事判决书,(2017)京73民初1741号。

(二)简名

名称的简称即简名,如“北大”指代北京大学,“阿里”指代阿里巴巴。由于简称并不属于团体名称,而是社会公众或团体本身对自己的名称的简化称呼,故不能与名称相提并论。况且,简称可能由多个主体享有,例如,“山大”,在山西指代的是山西大学,但在山东,其指代的就是山东大学。正因如此,对简称的保护就必须符合特定的条件。本书认为,简称要想获得保护必须符合以下条件:首先,简称必须与某团体之间建立稳定的联系。如果只是偶然指代,或者在一个区域内,根据历史或者习惯或者公众认同存在不同主体使用同一简称的,都不具备这种稳定的联系。其次,必须具备有一定社会知名度。最后,被他人使用足以造成公众混淆。只有被公众所熟知,使用后导致公众混淆,才具备他人使用简称侵害自己利益的可能性。例如,在山东起重机厂有限公司与山东山起重工有限公司侵犯企业名称权纠纷案一案中,[①]最高人民法院认为,山东起重机厂是起重机行业中的知名企业。在企业宣传片、合同等对外宣传活动和经营活动中,山东起重机厂多次主动地使用“山起”简称。因此,可以认定“山起”在一定地域范围内已为相关公众识别为山东起重机厂,两者之间建立了稳定联系。如果经过使用和公众认同,企业的特定简称已经为特定地域内的相关公众所认可,具有相应的市场知名度,与该企业建立起了稳定联系,已产生识别经营主体的商业标识意义,他人在后擅自使用该知名企业简称,足以使特定地域内的相关公众对在后使用者和在先企业之间发生市场主体上的混淆,进而将在后使用者提供的商品或服务误认为在先企业提供的商品或服务,造成市场混淆,在后使用者就会不恰当地利用在先企业的商誉,侵害在先企业的合法权益。山起重工公司与山东起重机厂同处青州市区,两者距离较近,经营范围基本相同,在“山起”作为山东起重机厂的特定简称已经为相关公众认可的情况下,山起重工公司也理应知道“山起”是山东起重机厂的特定简称。在这种情况下,山起重工公司仍然在企业名称中使用“山起”作为字号,足以造成相关公众对两家企业产生误认,侵犯了山东起重机厂的合法权益,构成不正当竞争。

---

① 参见最高人民法院民事裁定书,(2008)民申字第758号。

专题五　姓名权、名称权与其他权益的辨析

一、姓名权与署名权

依据我国2020年新修订的《著作权法》第10条规定，署名权是表明作者身份，在作品上署名的权利。署名权属于著作人身权，和作为人身权的姓名权联系紧密。但是署名权和姓名权在性质上存在区别，主要表现在：

第一，署名权属于知识产权的范畴，它的客体是作者的作品，重在表明作品和作者关系。而姓名权属于标表性人格权，是自然人得以区分的标识，它的客体是人格利益。第二，署名权可以抛弃，但姓名权专属于自然人，不可放弃，亦无法放弃。第三，署名权的前提是存在作品，没有作品，不存在需要署名的问题，而自然人的姓名权却与生俱来。

实践中，对于加害人侵犯的到底是姓名权还是署名权，确实存在不同的观点。例如，对吴冠中诉上海朵云轩、香港永城古玩有限公司出售假冒其署名的美术作品纠纷案，[①]第一种观点认为，侵犯了吴冠中的署名权，其依据是2010年《著作权法》(2021年《著作权法》第52条第8项)第48条第8项，即制作、出售假冒他人署名的作品的，构成侵权行为。第二种观点认为，侵犯了姓名权，没有侵犯著作权。该观点认为，《著作权法》第48条第8项虽然规定制作、出售假冒他人署名的作品的构成侵权行为，但没有规定侵犯的就是著作权。被假冒制作品不属于被侵权人的作品，因此不存在侵犯著作权的问题。第三种观点认为，本案构成法条竞合，受害人有权选择对自己最有利的一种诉因起诉。

本书认为，司法实务中必须根据“作者才享有署名权”的标准来判断一个行为是否侵犯署名权，从而和侵害姓名权加以区分。[②] 如果不存在作品，就没有署名权的问题。如果在自己的作品上署他人姓名，侵犯的是他人的姓名权而非著作权。如果在他人的作品上冒用第三人姓名的行为，才会侵犯著作权人的署名权。当然，此种情况也同时侵犯了该第三人的姓名权。目前，司法实践对二者的这种区分判

---

① 该案例以及观点争鸣参见程啸：《侵权责任法》(第2版)，法律出版社2015年版，第140页。

② 参见石冠彬：《姓名权侵权纠纷的裁判规则研究》，载《当代法学》2018年第3期。

断已逐渐明晰。例如,在张某某与吉林电子出版社有限责任公司著作权权属、侵权纠纷一案中,[①]法院认为,综合案件事实和张某某的诉讼请求,其意在维护其合法的姓名权和名誉权、肖像权不受损害,而作者署名权因其不是该书的真正作者,故不应当存在侵害署名权问题。

二、姓名权与个人信息

我国《民法典》第1034条规定,自然人的个人信息受法律保护。个人信息是以电子或者其他方式记录的能够单独或者与其他信息结合识别特定自然人的各种信息,包括自然人的姓名、出生日期、身份证件号码、生物识别信息、住址、电话号码、电子邮箱、健康信息、行踪信息等。个人信息中的私密信息,适用有关隐私权的规定;没有规定的,适用有关个人信息保护的规定。该条对什么是个人信息采取了"一般概括+具体列举"的模式,对个人信息内涵和外延进行了非常准确的界定。但是这同时带来一个问题,即如何区分姓名权与个人信息中的姓名保护。

(一)姓名权与个人信息交叉与重合

姓名权以姓名客体,体现了自然人对姓名的支配性利益。而个人信息是以电子或者其他方式记录的能够单独或者与其他信息结合识别特定自然人的各种信息资料。从分类上,个人信息可以分为直接指向个人的信息和间接指向个人的信息。前者是指这些信息具有明显的可识别性,可以直接表彰某个个体,而不需要与其他信息结合,如姓名、肖像、身份证号码等。[②] 从上述定义可以看到,姓名权和个人信息的客体有重合之处。姓名作为一种符号或者标表性人格权,承载着自然人的各种身份信息,与其他信息结合,能够将所归类的信息指向个人。因此,姓名本身确实是一种个人信息。从实践层面,姓名往往需要和其他信息材料合并使用。由于重名现象大量存在,因此自然人在使用姓名标识身份和表征人格时,往往需要同时使用其他个人信息,如申办信用卡、申请入学,除了需要使用姓名,还需要使用身份证、档案、学籍信息等。[③] 这种客体和使用层面的交叉重合为姓名权和个人信息的区分和救济带来了一定的困扰,需要予以区分鉴别。

(二)姓名权与个人信息区分

一是二者本质不同。姓名权的本质是支配姓名与姓名主体的对应关系。[④] 姓

① 参见吉林省高级人民法院民事裁定书,(2018)吉民终684号。

② 参见王利明:《人格权重大疑难问题研究》,法律出版社2019年版,第437~667页。

③ 参见张素华、宁园:《论姓名权与个人信息利益保护的区分》,载《河北法学》2019年第7期。

④ 同上。

名作为表彰自己的符号，首先，在于建立起自然人与符号之间的同一性关系，达到识别目的；其次，将人格信息归属于姓名，形成姓名与其表彰人格的统一。个人信息的本质是个人信息自决权，体现的是个人对其有关个人信息的自主决定。正是因为有个人信息的自主决定，才会衍生出个人信息的收集利用是否需要知情同意的问题，也才会有对个人信息的消极防御保护和积极使用的权能。

二是二者功能不同。二者功能上差异源于二者本质的不同。姓名权重在维护姓名表征作用的发挥，维持姓名和主体之间的对应关系。姓名的功能将主体和人格信息赋予符号之上，建立起主体和符号之间的对应关系。而姓名权的侵犯往往是因为行为人打破了这种稳定对应关系，或者表征姓名主体，或者表征错误的内容。而个人信息的首要功能在于防止表征作用的发挥，即“个人信息利益保护的核心在于防止个人信息识别性的实现，以避免揭露个人信息背后的主体。这也是现阶段个人信息保护的关键”。①

由此可见，姓名权和个人信息利益因其本质不同，发挥功能不同而有不同的立法旨趣，不能不察。现实中，因为个人信息立法的滞后，司法实践往往有将二者混同保护的做法，②应该引起我们的注意。当然，从责任竞合的角度，如果实践中确实发生同一行为既符合侵犯个人信息的要件，也符合侵犯姓名权的要件，当事人可以择一行使。

三、姓名权、名称权与商标权

姓名权和名称权都是受到法典保护的人格权，二者的内容和范围上文中已有论述，在此不再赘言。由于姓名权和名称权本身可具有一定的财产价值，在人格权商品化的时代，极有可能被其他抢注为商标。因此，有必要对姓名权、名称权和商标权进行辨析。

（一）姓名权和商标权

姓名权和商标权之间的区别是显而易见的，实践中不是辨析的问题，而是冲突的解决。

所谓商标，是指商品或者服务的提供者在其提供的商品或者服务上采用的、用于区别其来源的具有显著特征的标志。商标权则是权利人对其商标所享有的商标

---

① 参见张素华、宁园：《论姓名权与个人信息利益保护的区分》，载《河北法学》2019 年第 7 期。

② 参见江苏省徐州市中级人民法院民事判决书，（2015）徐民终字第 2805 号。

专用权。[①] 姓名权虽然是自然人所享有的一项重要人格权利,但因为法律并不禁止重名重姓,因此姓名之间一般并不会产生利益冲突。但是,如果姓名本身蕴含着一定的财产价值,被他人恶意利用注册为商标后,就不仅会导致姓名权人的人格尊严受到损害,更会对权利人带来一定的财产损失。

在当前市场经济中,由于监管不善,诚信缺失等因素,加之一些知名人士因姓名本身蕴含的强财产属性,导致一些市场经营者或者自然人故意地将这些知名人士的姓名恶意抢注为姓名商标。这种抢注行为不仅对具有较高知名度名称所指代的自然人的声誉造成负面影响,而且会导致相关公众或者消费者对标记这种姓名商标的商品或者服务产生来源的误认,甚至错误地将该商品或服务与这种具有较高知名度的名称所指代的自然人相关联。[②] 知名的美国篮球运动员迈克尔·杰弗里·乔丹与国家工商行政管理总局商标评审委员会、一审第三人乔丹体育股份有限公司商标争议行政纠纷案件就涉及该问题。最高人民法院最终认定,乔丹公司对争议商标"乔丹"的注册损害迈克尔·杰弗里·乔丹在先姓名权,违反商标法的有关规定,予以撤销。

姓名本身作为一种符号,一般仅具有表征主体的意义,不具有专有性特征。那么将他人姓名作为商标注册,为何能侵犯姓名权人的利益呢?这个问题就涉及在先权利的问题。我国《商标法》第 9 条第 1 款规定,申请注册的商标,应当有显著特征,便于识别,并不得与他人在先取得的合法权利相冲突。所谓在先取得权利,包括但不限于姓名权、肖像权、商标权等。但是,问题在于,姓名权一般不具有专属性特征,那么其取得在先权利的依据是什么?本书认为,姓名权属于在先权利是多种因素互促的结果。首先,该姓名本身具有知名度,因此蕴含着一定的财产价值。如果不具有知名度,那就没有在先权利的基础。其次,商标和姓名之间存在合法性误导、关联性误认。最高人民法院《关于审理商标授权确权行政案件若干问题的规定》第 20 条第 1 款规定,当事人主张诉争商标损害其姓名权,如果相关公众认为该商标标志指代了该自然人,容易认为标记有该商标的商品系经过该自然人许可或者与该自然人存在特定联系的,人民法院应当认定该商标损害了该自然人的姓名权。所谓公众认为商标指代该自然人,实际上就是该姓名就具有一定知名度的隐含表达。而公众对于指代的误导和被许可使用以及特定联系的误认,就是合法性

① 参见王利明:《人格权重大疑难问题研究》,法律出版社 2019 年版,第 480 页。

② 参见曹新明:《姓名商标与姓名权客体冲突及合理避让研究》,载《甘肃政法学院学报》2019 年第 5 期。

误导,关联性误认。符合这些条件,就属于侵犯他人的在先权利。没有这些条件,谈在先权利并无实际意义。值得说明的是,虽然有姓名等在先权利,但是该姓名商标的注册或者使用是善意的,而且使用该姓名商标的商品或服务与具有一定知名度的姓名权人所从事的领域不存在关联性,[①]那也不会构成与在先权利的冲突。

除了商标权与本名冲突外,还可能与笔名、艺名、网名等出现冲突。对此,我们首先应该审查笔名、艺名、网名等是否与本名受到同等保护。最高人民法院《关于审理商标授权确权行政案件若干问题的规定》第 20 条第 2 款对此也进行了规定:当事人以其笔名、艺名、译名等特定名称主张姓名权,该特定名称具有一定的知名度,与该自然人建立了稳定的对应关系,相关公众以其指代该自然人的,人民法院予以支持。该条与《民法典》第 1017 条规定基本思想一致,仅仅是表述不一致而已。总体就是三要素标准:第一,自然人的笔名等特定符号具有一定的知名度;第二,该特定名称与该自然人建立了稳定的对应关系;第三,对相关公众产生了混淆。有学者提出,涉及姓名权扩大保护的还包括一些绰号等,有时是自己取的绰号,有时是公众取的绰号。如果是自己取的绰号,保护应无问题。但是如果是公众取的绰号,还应当附加一项条件,如未得到本人的认可,就不能作为姓名权客体给予保护。[②] 本书认为该观点非常有道理。

还需要提及的是,如果姓名商标选定时间早于他人本名的选定时间,或者姓名商标所使用的姓名是第三人的,但是经过该第三人许可或授权,并且该第三人的姓名选定时间早于他人本名选定时间。在此情形下,姓名商标所涉及的姓名权相对他人姓名权为在先权利,不受在后权利人干扰和妨碍。如果姓名商标在商业活动中使用的时间或者申请注册的时间早于他人本名获得一定知名度的时间,单纯从姓名权角度看,姓名商标所涉及的姓名权相对于他人姓名权并不一定是在先权利。但是,姓名商标作为商标而产生的商标权早于他人姓名获得一定知名度的时间,排除了该姓名商标恶意抢注"搭便车"的嫌疑,属于正常行使其姓名权的行为,不受他人姓名权的影响。[③]

(二)名称权与商标权

名称权与商标权之间的冲突主要是名称中的字号或名称的简称被他人注册为商标。对此,最高人民法院《关于审理商标授权确权行政案件若干问题的规定》第

---

① 参见曹新明:《姓名商标与姓名权客体冲突及合理避让研究》,载《甘肃政法学院学报》2019 年第 5 期。

② 同上。

③ 同上。

21 条第 2 款规定,当事人以具有一定市场知名度并已与企业建立稳定对应关系的企业名称的简称为依据提出主张的,适用前款规定。在这里主要考虑的因素有二:第一,“谁在先,谁优先”的原则。第二,必须具有一定的市场知名度且使用后容易被公众混淆的条件。否则,依据《民法典》第 1017 条之规定,这些字号或简称尚达不到与名称同等保护的程度。

另外,实践中也有在自己的名称中使用他人注册商标的行为。如果恶意将他人的商标用在自己企业名称中,将会构成不正当竞争。例如,在全友家私有限公司与佛山市全友卫浴有限公司、刘某某侵害商标权纠纷一案中,[①]最高人民法院认为,根据原审查明的事实,涉案商标通过全友家私及相关公司多年持续广泛的宣传和使用在全友卫浴名称登记前就具有较高的知名度。全友卫浴在明知涉案商标具有较高知名度的情形下,登记企业名称时将“全友”作为字号,实际生产、销售卫浴产品时在产品、网站等上使用与涉案商标相近似的标识,并使用与全友家私“绿色全友温馨世界”相近似的“世界卫浴绿色全友”广告语。因此,即便全友卫浴在生产经营过程中使用全友卫浴企业名称全称,并未突出使用全友字样,但全友卫浴在主观上具有攀附全友家私涉案商标声誉的主观意图,客观上易使相关公众产生混淆或误认,违反了诚实信用原则,破坏了公认的商业道德,扰乱了正常的市场秩序,构成了对全友家私的不正当竞争。

专题六　侵害姓名权、名称权的侵权样态和救济

我国《民法典》第 1014 条规定:“任何组织或者个人不得以干涉、盗用、假冒等方式侵害他人的姓名权或者名称权。”可见,民法典以列举的方式规定了姓名权和名称权受侵害的样态,但实践中还存在其他方式,法典也以“等”字予以概括,属于不完全列举。

一、干涉

所谓对姓名权的干涉,一般是指行为人违法干涉他人行使姓名权。从姓名权

---

① 参见最高人民法院民事判决书,(2014)民三终字第 1 号。

的权能上分类,包括干涉他人行使姓名决定权、姓名变更权、姓名使用权以及干涉他人对姓名的商业化许可使用等。从姓名权的保护范围上,包括干涉他人使用本名、网名、艺名、姓名的简称等。从姓名权的主体上分析,包括干涉自己子女行使姓名权,干涉养子女行使姓名权,干涉被监护人决定和使用其姓名,以及干涉其他人自然人行使姓名权。实践中需要强调的有以下几点。

第一,重名的问题。我国法律并不禁止自然人重名,亦不可能杜绝此类事情的发生。但是,如前所述,姓名权的功能除了表彰自我统一性外,还具有主体识别的功能。如果一方当事人违法或悖于公序良俗和他人重名,故意造成姓名冲突,借以获得不当利益的,则应该认为侵犯了他人的姓名权。

第二,离婚后父母一方擅自变更子女姓名的情形。一般来讲,离婚直接扶养子女的一方有对子女的监护权,其可以通过监护权行使变更自己子女的姓名,他人无权予以干涉。但是,基于我们国家传统,一方面,姓氏具有浓厚的身份属性,是家族传承的标志,代表一定的伦理秩序,随意更改不但会影响个人的身份属性,也会给对方家族造成一定的伤害。另一方面,子女随父姓或一定条件随母姓,在一些地区是习惯做法,并不违反善良风俗。因此,一般情况下,更改姓氏需要经过子女父母双方的同意,擅自更改,会侵害另一方对子女的命名权。如果更改名字,不更改姓氏,本书认为,只要此种更名行为符合未成年子女利益最大化原则,在子女有一定行为能力并征求子女同意后,依法可以单方更改,除此之外,亦需要经过子女父母同意。

第三,养子女姓名的问题。《民法典》第 1112 条规定,养子女可以随养父或者养母的姓氏,经当事人协商一致,也可以保留原姓氏。本书认为,根据上述规定,只有在生父母和养父母协商一致时,才可以保留子女的原有姓氏。如果没有协商一致,生父母干涉养父母为养子女更改姓名的,侵犯了养父母对自己养子女姓名的决定权。如果生父母要求子女从其姓氏的,则侵犯了子女的姓名权。

二、盗用

盗用姓名,是指未经过姓名权人的同意而使用其姓名。[①] 盗用他人姓名,行为人通常出于某种不正当的目的,行为的结果直接损害人了他人的切身利益或者社会公共利益。[②] 例如,在董某某与济宁市兖州区某镇人民政府、刘某某姓名权纠纷

---

① 参见程啸:《侵权责任法》(第 2 版),法律出版社 2015 年版,第 142 页。

② 参见王利明:《人格权法研究》,中国人民大学出版社 2005 年版,第 422 页。

案中,[①]法院认定,被告镇政府信访办人员,未经原告许可,在被告镇政府出具的原告上访的答复意见中填写了原告的姓名,并将该答复意见进行了上报,属盗用原告姓名权的行为,对原告的姓名权构成侵害,被告镇政府应负侵权责任。被告刘某某作为信访办主任,对盗用原告的姓名权之事存在过错,但其是履行职务中的过错,其责任应由被履职单位承担。

三、冒用

所谓冒用他人姓名,就是将他人的姓名作为自己的姓名使用,以他人姓名进行交易或署名,目的是导致身份上的混同。冒用他人受保护的笔名、艺名等,亦属于冒用行为。

关于盗用和冒用的区别,一般认为,盗用他人的姓名不存在混淆的同一性危险,即公众不会将盗用人和姓名权人的身份加以混淆。但冒用姓名是将他人的姓名作为自己的姓名,或者一个实际存在的第三人的姓名,目的是混淆身份,因此,会发生混淆同一性的危险。[②]

四、其他侵权样态

实践中,除了上述典型的类型外,还存在其他非典型样态。比如,在应当使用他人姓名的场合不使用或者歪曲使用姓名。此外,以侮辱方式表达他人姓名,将他人姓名与侮辱性字眼联系,将他人姓名读走调而谐音为低级趣味的事物,将他人姓名做侮辱性书写,故意读错或写错,给他取侮辱性绰号等,都属于侵犯他人姓名权的行为。[③]

---

① 参见山东省济宁市兖州区人民法院民事判决书,(2015)兖民初字第 13 号。

② 参见程啸:《侵权责任法》(第 2 版),法律出版社 2015 年版,第 142 页。

③ 参见张新宝:《侵权责任法原理》,中国人民大学出版社 2005 年版,第 196 页。

第五章 肖像权

专题一 肖像权概念、发展及权能

一、肖像权的概念和保护

肖像权是以肖像所体现的人格利益和财产利益为内容的民事权利,它直接关系自然人的人格尊严及其形象的社会评价,是自然人所享有的一项重要的具体人格权。[①] 当代社会,随着传媒技术的快速发展,我们每天都被各种肖像包围,形成了以“肖像—视觉”为中心的世界图式,肖像作为一种展现自我的符号,早已超出其原有简单的识别功能,成为符号化的世界不可或缺的因子。人有人的肖像,物有物的肖像。人们对所有肖像的理解和解释似乎构成了人们心中世界的面貌。当代的人们,须臾离不开肖像,这绝对不是夸大其词。生活消费看重的是名人的肖像代言,电视节目充满肖像展现,人们利用肖像展示自我,肖像缺失反而意味着某些能量弱化。肖像决定着人们的生活方式,在今天有过之而无不及。因此,对肖像的保护成为法律特别是民法人格权中极其重要的内容之一。

我国《妇女权益保障法》第 42 条、《广告法》第 33 条等皆对肖像权保护作出了明文规定。《民法典》第 110 条再次将肖像权作为具体人格权予以规定,并在人格权编予以细化,形成了对肖像权的民法保护框架。

二、肖像权的扩大保护——肖像的识别标准转换

肖像权是以自然人的肖像为客体人格权。谈论肖像权的扩大保护,可从两个角度阐释。一是肖像的表现方式,二是表现肖像的方式。一般而言,法律上的肖像有如下几种特征:[②]

---

① 参见王利明:《人格权法研究》,中国人民大学出版社 2005 年版,第 449 页。

② 参见王利明:《人格权重大疑难问题研究》,法律出版社 2019 年版,第 495 ~ 497 页。

第一,肖像具有个体性。它标记着自然人的个人特征。第二,肖像具有客观性。肖像权的主体必须是实际存在的自然人,而非虚构的人。第三,肖像具有再现性。法律上肖像,是指个人的外部形象所形成的区别于他人的要素,并可以通过绘画、照相、雕刻、录像、电影等艺术形式使个人外貌在物质载体上再现的视觉形象。一言概之,就是自然人的肖像可以通过其他载体予以再现,并让他人可以识别。肖像必须在载体上再现出来,才有保护的必要。否则,肖像脱离不了自然人,不存在任何可能的侵害。第四,肖像具有可识别性。所谓可识别,就是通过技术手段再现的个人肖像必须能够被辨别。他人无法识别,即符号无法被解释为某个具体人,就无所谓肖像的侵权问题了。

既然肖像具有再现性,那么肖像的表现方式就会是多样的。传统上,我们认为摄影、绘画是最直接的展现肖像形式。但是,随着技术发展,人们再现肖像的方式变得多种多样起来。除了传统的摄影外,一般还存在以下方式。一是雕塑,通过雕刻展示自然人的形象。二是各种方式的绘画。比如,油画、素描等。三是漫画形象。卡通漫画和一般绘画相比具有夸张和扭曲的手法。卡通人物形象也经常见诸媒体报刊,有些漫画纯属艺术创造,有些漫画则属于对具体自然人肖像的再创作,虽有主观创造性,但能够识别为某一具体人物。四是艺术角色形象。艺术角色虽然是经过艺术加工的剧目角色形象,但不能否认演员的肖像和艺术角色形象有重合之处,一般而言,表演者对纯脸谱化或面部形象特征不清晰的剧照以外的人物剧照都享有肖像权。① 五是互联网或手机肖像表情。从来源上,可分为自然人故意创作公开发布,以及被动创作公开使用两种情形。这些肖像表情亦涉及自然人的肖像保护问题。

在这里,亦涉及一个很重要的问题,即法律及理论对肖像认定标准的转换问题。

前文已述,过去民法理论将肖像权之肖像限定为以面部特征为中心的外部形象,这种界定本身并非错误。人之识别往往通过面部肖像获得,故而以面部特征为中心的肖像定义模式,反映了人的认识重心。但事实上,得益于科学技术的发展,表现人的肖像的载体已愈加丰富。很多时候,对面部肖像的再创造或者非面部肖像的创作,也可以让人们获得肖像所表征的自然人,因此,再以面部为中心的认定模式显得力不从心,故理论上逐渐将以面对为中心的肖像认定标准转换为以“可识别性”为核心的肖像认定标志,旨在扩大肖像的保护范围。《民法典》第1018条第2

---

① 参见程啸:《侵权责任法》(第2版),法律出版社2015年版,第147页。

款规定,肖像是通过影像、雕塑、绘画等方式在一定载体上所反映的特定自然人可以被识别的外部形象。以“等”字表征开放性,以“识别”作为认定标准,凸显了民法典对肖像识别标准的转换以及对肖像权扩大保护的肯定。正是由于对肖像认定标准的转换,上文所述肖像权扩大保护的第二个角度即表现肖像的方式也就必然产生多元化。

第一,非面部肖像。所谓非面部肖像,是指不以面部而系以人体其他部分为标准的肖像。王泽鉴先生认为,“肖像固以人之面部特征为主要内容,但应从宽解释,凡足以呈现个人外部形象者,均包括在内,例如拍摄某模特众所周知之美腿作商品广告,当可辨识其人时亦得构成对肖像权之侵害”。①

第二,不完全面部肖像。不完全面部肖像是遮挡部分五官但依然能够表征自然人特征的形象。如果部分五官被遮挡,但公众仍然能够基于一些外在特征辨识到自然人的,也应属肖像无疑,如电影中知名的蒙面形象。

第三,集体肖像。所谓集体肖像,是指数个人的肖像并存在一个载体上,构成一个完整的、独立于个体的肖像。但该多个肖像本身并不具有独立性,其不过是整体的一个部分。② 集体肖像固然属于肖像之集合,但并非于个体无任何意义。一般认为,如果集体肖像中有突出的个人肖像呈现,每个个人都可辨识,则该个人均得主张肖像权。如果集体肖像没有个体突出性,则每个成员无法单独主张自己的肖像权。集体肖像乃载体上多个自然人肖像之聚合呈现,无个人肖像确认之前提自然也无享有该集体肖像集合利益之可能。③ 此时的肖像权属于自然人之集体或某个团体。在信禾公司与三军仪仗队肖像权和名称权纠纷案中,法院就认定三军仪仗队的形象属于集体肖像。④

以上可以看到,理论和法律对肖像权的扩大保护可以从肖像的表现方式和表现肖像的方式的渐次更迭中清晰观察到,《民法典》无疑也继受了理论成果和实践发展,对肖像权的保护具有重大的理论和实践意义。

三、肖像权的权能

《民法典》第1018条第1款规定,自然人享有肖像权,有权依法制作、使用、公

---

① 王泽鉴:《人格权法》,北京大学出版社2013年版,第141页。

② 参见王利明:《人格权法研究》,中国人民大学出版社2005年版,第469页。

③ 参见张红:《肖像权保护中的利益平衡》,载《中国法学》2014年第1期。

④ 参见《首例军人集体肖像权案终审宣判三军仪仗队获赔80万》,载http://news.sohu.com/2006080/n244555132.shtml,最后访问日期:2020年10月2日。

开或者许可他人使用自己的肖像。由此可见,肖像权一般包含如下权能。

第一,肖像享有权。人格权本身或其个别人格利益均具有专属性,不得与其人分离而为让与。第二,肖像制作权。自然人可以依其自由意思制作自己的肖像,亦可以授权他人制作自己的肖像,如让摄影师为其拍摄照片。未经过本人许可,不得擅自为他人制作肖像,否则构成对自然人肖像权的侵犯。第三,肖像使用权。肖像使用权包含两个方面:一方面,基于专属性,自然人可以自己决定是否使用肖像或者将肖像使用在哪些场合,用何种方式使用等。另一方面,自然人可以自己决定是否许可他人使用自己的肖像。应该说明的是,这种人格权的商品化不应被认为是对人格权伦理性的违背,而应理解为对人的人格尊严和自由保护的结果。第四,肖像公开权。自然人有权决定是否公开肖像以及以何种方式公开。擅自公开他人肖像的,构成对肖像权的侵害。

专题二 《民法典》对肖像权的保护

一、未经肖像权人同意,不得以制作等方式侵害肖像权

《民法典》第 1019 条规定,未经肖像权人同意,不得制作、使用、公开肖像权人的肖像,但是法律另有规定的除外。从该规定以及前述肖像权的权能入手判断,凡是侵犯肖像权人的享有权、制作权、使用权、公开权等,均属于侵犯自然人肖像权行为。但肖像权的侵害,得因被害人的允诺而阻却违法。[①] 法典表述为"未经肖像权人同意",通过反面解释,如果经过肖像权人同意的,则不属于侵犯肖像权行为。实践中,对于肖像权的侵害问题,一般还涉及如下几个问题需要进一步辨析。

第一,肖像权的侵害是否以营利为目的。《民法通则》第 100 条规定,公民享有肖像权,未经本人同意,不得以营利为目的使用公民的肖像。《贯彻民法通则意见》第 139 条规定,以营利为目的,未经公民同意利用其肖像做广告、商标、装饰橱窗等,应当认定为侵犯公民肖像权的行为。在司法实践中,有很多法院判决对肖像权侵害的认定,都将营利目的作为构成条件之一。但是,随着我国肖像权等人格权保护

① 参见王泽鉴:《人格权法》,北京大学出版社 2013 年版,第 142 页。

制度的不断发展,已无必要简单、机械地以营利为目的作为界分合理使用肖像与侵害肖像权的方法。①

本书认为,将以营利为目的作为是否侵害自然人肖像权的构成要件,不当缩减了肖像权的法律保护范围,与法律对人的尊严和自由的保护相背离,不应予以坚持。但审查是否具有营利性并非没有意义,肖像权的商品化本身意味着肖像权内涵财产性价值,对营利性的审查,有助于确定损害赔偿额度,有利于全面保护肖像权人的合法权益。值得注意的是,《民法典》第1019条并未将以营利为目的作为侵权肖像权的构成要件,凸显了法典对人格权最大限度的保护和对人的尊严的高度维护。

第二,对未成年肖像权的保护。相较于姓名权,对未成年人肖像权的保护更加重要。一方面,当今传媒的发展对肖像的作用更加重视;另一方面,父母对未成年人的培养更加注重外在形象的展示,如一些家长有将孩子培养为童星的目的,其愿意让孩子多出镜,参加各种节目录制。由此,就涉及对未成年人肖像权的保护。对未成年人肖像权的保护,不仅涉及民事权利的保护,更重要的,还涉及未成年人切身利益。因此,对其评价还要立足于未成年人保护法的规定。

《民法典》第35条确定了未成年监护的两项基本原则:一是未成年子女利益最大化原则,二是尊重被监护人的真实意愿原则。在处理未成年人的肖像权问题时,如果未经监护人同意,制作、公开、使用未成年人肖像的,监护人可依据《民法典》第997条之规定,在有证据证明行为人正在实施或者即将实施侵害未成年人人格权的行为,不及时制止将使其合法权益受到难以弥补的损害的,有权依法向人民法院申请采取责令行为人停止有关行为的措施,以避免损害的发生和扩大,尽最大努力保护未成年人的权益不受侵害。造成相关损失的,可以依据侵权责任向侵害人要求赔偿。对于未成年子女肖像的许可适用问题,监护人应该以未成年子女利益最大化原则,并根据未成年人年龄和智力状况,尊重其真实意愿,而后决定是否许可或者许可使用的范围。如果监护人违反该项原则,过度使用或者不当使用未成年肖像,明显影响未成年身心健康的,应属于侵犯子女肖像权的行为。公权力机关、新闻媒体等亦应承担起未成年人人格权的保护责任。比如,2020年《未成年人保护法》第49条规定,新闻媒体应当加强未成年人保护方面的宣传,对侵犯未成年人合法权益的行为进行舆论监督。新闻媒体采访报道涉及未成年人事件应当客观、审慎和适度,不得侵犯未成年人的名誉、隐私和其他合法权益。否则,即构成对未成

① 参见程啸:《侵权责任法》(第2版),法律出版社2015年版,第148～149页。

年人姓名权、肖像权、隐私权、个人信息利益等权益的侵害。在颜某某与大连启韵教育咨询有限公司肖像权纠纷一审中,[①]原告颜某某系未成年人,学习期间被告公司的员工高某通过个人微信在朋友圈中发布了原告学习、演唱、弹奏的视频,其中有原告肖像的部分留有被告公司名称及电话号码。颜某某以侵犯其肖像权为由提起诉讼。法院经审理认为,被告提供了高某与原告的聊天记录以及原告母亲给高某某一朋友圈点赞截图作为证据,证明其使用原告肖像的行为系经原告同意的,但聊天记录中并未有原告同意使用其肖像的字样,原告母亲的点赞亦仅是针对某一条朋友圈,并不能据此认定原告同意被告使用其肖像。因此,被告将原告肖像发布到朋友圈的行为已经符合侵犯原告肖像权的要件,故原告主张被告停止侵害赔礼道歉,应予支持。

第三,监视器与肖像权保护。当前,经营者以及自然人个人为了安全等方面的考量,往往选择在经营场所以及入户门附近等区域安装监视器,凡经过监视器者,均被拍摄保存,由此带来自然人隐私权以及肖像权的保护问题。一般认为,在公共场所以及经营场所安装摄像头,其主要目的是维护公共安全以及经营安全,并无侵犯公民肖像权和隐私权的恶意,即目的合法。同时,其针对的是不特定的多数人,而非专门针对某一自然人,即涵盖范围广。再者,一般在进入监控区域前都会被提示"进入视频监控区域",此举保证了自然人的知情权。因此,此类行为一般不构成对自然人肖像权或者隐私权的侵犯。但是,在私人大门前装设相应的设备,则有可能侵犯他人的合法权益。对此,应该从安装目的、是否有针对性、是否非法使用他人肖像等情形综合衡量。

二、不得以丑化、污损等方式侵害他人的肖像权

肖像权属于标表型人格权,使用他人肖像,不仅要经过自然人的同意,更要以适当的方式使用。在许可使用的场合,还要以符合人格权保护和合同目的的方式正确行使合同权利,不得在使用过程中违背法律人格权保护的立法旨意。以丑化、污损等方式使用他人肖像的,就是对肖像权的不当使用,通过肖像权的标表性作用,最终影响个人的尊严。关于利用信息技术手段伪造等方式侵害他人的肖像权,是《民法典》新增的规定,其针对的正是引起社会热议的关于"PS"技术、"换脸"技术引发的问题。例如,一些人在网上利用信息技术手段,将明星的脸换到他人身

---

① 参见大连市甘井子区人民法院民事判决书,(2018)辽0211民初8792号。

上,以达到"恶搞"或其他非法目的。此种行为亦属于侵犯他人肖像权的行为,当然,涉及丑化、玷污的,可能同时构成对名誉权、隐私权等其他人格权益的侵犯。

三、肖像作品权利人不得以发表、复制等方式侵害肖像权

《民法典》第1019条第2款规定,未经肖像权人同意,肖像作品权利人不得以发表、复制、发行、出租、展览等方式使用或者公开肖像权人的肖像。该款涉及的是肖像权和著作权的冲突问题。

实践中,肖像权和著作权的冲突表现在两个方面:一是行使肖像权侵犯他人的著作权。例如,某自然人将自己写真集出版发行,但未标明摄影作品的作者,即侵害了作者的署名权。二是行使著作权侵犯了他人的肖像权。例如,某摄影作者未经肖像权人同意,擅自公开、利用他人的肖像。二者在行使过程中如何进行价值判断,实属不易。本书认为,在肖像权和著作权冲突时,应把握两种行使方式:一是"自愿+署名",二是"同意+正当"。

所谓"自愿+署名"的方式,是指肖像权作为人格权,应由自然人自愿行使,自然人得以任何不违背公序良俗的方式公开、使用、许可他人使用自己的肖像。但是,由于肖像作品往往蕴含着著作权人的创作智慧,故自然人在行使时,应该尊重著作权人的署名权。

所谓"同意+正当"的方式,是指著作权人在行使著作权时,由于作品本身涉及自然人的肖像权,故其应取得肖像权人的同意,并且以正当的方式行使。否则,即侵犯了他人的肖像权。之所以采用上述两种方式解决肖像权和著作权的冲突问题,根本原因还在于,法律对肖像权的保护具有优先性。此可以从两个角度论述:[①]一是从法益位阶上看,著作权系因作品而产生,属于"后来权利",著作人格权体现的是一种派生利益。而肖像权从自然人诞生的一刻即存在,具有天然的合理性,是人之为人的基本权利之一,任何自然人都享有并不得剥夺。基本权利高于派生权利。二是从法的价值位阶来看,著作权之保护系以实现文化繁荣、激励创作为主要价值选择,而肖像权是以维护个人基本尊严为最高宗旨,实现人之自由价值,当二者存在不可调和的冲突时,个人自由价值的实现当优先考虑。本书认为,上述观点具有合理性,实践中,对肖像权的优先保护也已被法院肯认。比如,在朱某某、汉华易美(天津)图像技术有限公司肖像权纠纷一案中,[②]经法院查明,汉华易美公司经

---

① 参见张红:《肖像权保护中的利益平衡》,载《中国法学》2014年第1期。

② 参见北京市第一中级人民法院民事判决书,(2019)京01民终1629号。

营的视觉中国网站中有某教育集团朱某某照片，图片说明为“2008 年 10 月 27 日，某教育集团总裁朱某某，某教育集团朱某某”，肖像权/物权说明：未获得模特肖像权或所有物权授权，图片使用说明：此图片是编辑图片，如用于商业用途，请致电或咨询客户代表。关于涉案照片的拍摄，朱某某表示系某报社对其采访过程中，由报社的工作人员拍摄而成。汉华易美公司表示涉案照片系其用户某报社通过其账户后台上传至汉华易美公司网站。汉华易美公司同时表示，涉案照片系报社员工拍摄而成，报社享有涉案照片的著作权，有权将涉案照片授权汉华易美公司代理销售。法院经审理认为，首先，肖像权是人格权，侧重保护人格利益，肖像作品著作权属于知识产权，更侧重财产利益的保护。如果在一个摄影作品中同时存在肖像权与著作权的双重权利，而双重权利分属两个不同权利主体时，肖像权和著作权两种权利之间并不会互相吸收，基于两种权利之间的价值差异，应对人身权益给予更高保障的立法精神，对著作权的行使不能损及肖像权。其次，汉华易美公司主张，某报社授权后，其有权就涉案照片进行代理销售。但汉华易美公司并未提交证据证明某报社对其就涉案照片进行授权许可。最后，即使汉华易美公司确有报社的授权许可，其对涉案图片所享有的著作权也不能影响朱某某对其所享有的肖像权利益进行保护。在未经朱某某同意的情况下，汉华易美公司将涉案照片作为商业用途进行展示的行为构成对朱某某肖像权的侵害。

除了上述权利冲突时的适用规则外，实践中还应注意以下几个特殊问题。第一，委托作品中的著作权保护。2020 年《著作权法》第 19 条规定：受委托创作的作品，著作权的归属由委托人和受托人通过合同约定。合同未作明确约定或者没有订立合同的，著作权属于受托人。所以，双方合同的约定对处理权利冲突至关重要。第二，职业人体模特的肖像权问题。一方面，模特作为权利人，应该对自身的职业之特殊性具有清晰认识。另一方面，要尊重行业惯例，即模特原则上不可以对以其为原型的绘画作品、雕塑作品、摄影作品主张肖像权，因为当他同意成为模特的时候，就视为已经让渡了作品中的肖像权。第三，一些志愿者或朋友无偿担当模特时，由于其不属于行业内成员，不应当以行业惯例进行约束，而应该依据志愿者可推知的意思进行判定。如果画家创作作品是为了展览，且已经进行了告知，那么可以认定志愿者有公开肖像的意思。如果画家创造是为了收藏或练习，没有征得肖像权人同意时，不得以行使个人著作权为由将该画作发表，否则构成侵犯他人肖像权。①

---

① 参见张红：《肖像权保护中的利益平衡》，载《中国法学》2014 年第 1 期。

专题三　肖像权的合理使用

一、肖像权行使的法律限制

对肖像权的保护及其限制，应该放在当代所谓“肖像社会”或者“符号社会”这样的背景下去思考。合理的做法就是在肖像权的侵犯和合理使用之前划定界限，以取得平衡。

肖像权的限制或合理使用从肖像权侵权责任免除的角度，也可以作为侵害肖像权的免责抗辩事由之一。所谓肖像权的合理使用，是指在法律规定的条件下，既不必征得肖像权人的同意，又不必向其支付报酬，基于正当目的使用他人肖像的合法行为。[①] 我国《民法典》第1020条规定，合理实施下列行为的，可以不经肖像权人同意：(1)为个人学习、艺术欣赏、课堂教学或者科学研究，在必要范围内使用肖像权人已经公开的肖像；(2)为实施新闻报道，不可避免地制作、使用、公开肖像权人的肖像；(3)为依法履行职责，国家机关在必要范围内制作、使用、公开肖像权人的肖像；(4)为展示特定公共环境，不可避免地制作、使用、公开肖像权人的肖像；(5)为维护公共利益或者肖像权人合法权益，制作、使用、公开肖像权人的肖像的其他行为。该条规定的即是肖像权的合理使用规则。

二、肖像权合理使用的考量因素

过于保护肖像权不仅会导致过高的社会成本，而且在很多场合亦与公共利益的保护不符。因而，需要对肖像权予以适当的限制。

第一，无法推知肖像权人有同意使用的意思。现实中，我们发现在互联网以及手机平台上，很多人基于某种目的，公开展示自己的肖像或在处理其他事物时，附带展示自己的肖像。而且，身处互联网世界，行为人应该知道他的行为会导致自己的肖像等被广泛传播，甚至一些当事人具有明显传播自己肖像的故意。这些行为，均可视为自然人以默示的行为允许自己肖像被他人传播，社会公众基于善意的理

---

① 参见张红：《肖像权保护中的利益平衡》，载《中国法学》2014年第1期。

解而使用传播,应不属于侵犯肖像权的行为。但是,对于自然人展示自己的肖像能否视为允许他人使用不可一概而论。例如,作者在出版的书籍中介绍自己时附加照片就不能视为作者同意他人使用,一般仅可理解为作者行使自己的肖像公开权。肖像权的合理使用解决的是自然人肖像权和他人正常使用权之间的冲突问题,只有在肖像权人不同意或无法推知其是否同意时,才有适用的余地。

第二,不得商业化利用。在合理使用时,应该符合比例原则,即最大限度地保护人格权,最小限度地允许他人使用,以避免对他人的人格利益造成侵犯。合理使用本质上应当是无偿使用,其立法目的在于通过平衡不同主体之间利益,减少任何使用他人肖像都要本人同意而造成的不便,因为合理使用所能得到的主要是一种非物质利益,不具有营利性。但是,因商业化利用而产生的财产性利益不应该属于合理使用的范畴,否则,利用他人肖像营利明显违背了上述比例原则,突破了权利平衡的界限。

第三,公共场所不可避免。公共场所本为公众公开使用的场所,任何人都可进入或离开,如果拍摄照片或影像系在公共场所针对不特定的人所为,一般就不能认为是侵犯他人肖像权的行为。此时,肖像权人要么不可避免地进入镜头,要么肖像权人和他人在一起,不可避免地构成整体性的画面。如果人物原为风景的一部分,其后单独加以突出放大,予以公开时,则构成对肖像权的侵害;[①]或者拍摄者不是为了拍摄事件,而系针对某人,亦属于侵犯肖像权的行为。另外需要注意的是,若拍摄不可避免地涉及人物,亦应该符合比例原则,即要选择对他人人格利益影响最小的方式使用。例如,在拍摄公共事件时,画面中的某人物可清晰分辨但衣着被毁,视之不雅,此时即应选择其他画面使用或对画面进行特殊处理。

第四,必须是为了公共利益。国家利益和社会公共利益是限制民事权利的一般规则,任何人行使权利都不得与国家利益和社会公共利益相冲突。但是,国家利益或者公共利益较为抽象,需要在实践中予以类型化。一般认为,满足公众基本需求、教育目的、新闻报道和舆论监督、国家机关执行公务等,都属于国家利益以及公共利益的范畴。

这里特别强调的是满足公众的基本需要。何为基本需要,一方面,体现为个人的学习、欣赏等。另一方面,对于娱乐明星、球星等公众人物,基于公众自然的好奇心,使用传播肖像也应该视为满足公众基本需要的行为。但是,界限在于不得以侵犯公众人物隐私的方式,拍摄他人的私生活细节并使用传播这些与明星的社会活

---

① 参见王泽鉴:《人格权法》,北京大学出版社2013年版,第143页。

动无关的私人肖像。

三、《民法典》对肖像权合理使用的具体化

《民法典》吸收了人格权学理和实践的发展，将肖像权的合理使用明确规定下来。其第1020条共规定了5项合理使用的具体情形。其中第5项为兜底条款，为其他合理使用方式留下了可兹适用的空间。

第一，为个人学习、艺术欣赏、课堂教学或者科学研究，在必要范围内使用肖像权人已经公开的肖像。对科学研究以及文化教育目的而在一定范围使用他人已经公开的肖像情形，许多国家都认定属于合理使用范围。最高人民法院早在1990年民他字第28号复函中就肯定了在宣传医疗经验中使用他人肖像对社会是有益的，在没有造成严重不良后果的情况下，不构成侵害肖像权的行为。该条规范契合了上述为了公共利益且非商业利用进而构成合理使用的情形。在北京东方美莱医疗美容门诊部有限公司与柳某人格权纠纷一案中，[①]二审法院经审理认为，东方美莱公司未经柳某同意在其经营的网站发布的文章中使用了柳某的照片，虽然东方美莱公司主张该文章属于介绍外耳畸形知识的科普文章，不具备营利性，但根据涉案文章内容显示，文章中除介绍外耳畸形外还有针对外耳畸形手术的介绍，且根据文章两侧及浮动窗口中内容亦可看出该文章具有营利目的，故构成对柳某肖像权的侵犯。

第二，为实施新闻报道，不可避免地制作、使用、公开肖像权人的肖像。新闻报道既涉及保护社会公众的知情权，也有着舆论监督的功能，其正当的权利行使事关社会公共利益。“倘若被拍照者动辄以侵害肖像权为由，提起诉讼，必然严重妨害新闻自由，损害广大公众获取信息的正当利益。因此，有必要对新闻人物的肖像权进行适当限制。”[②]这里需要强调的有以下两点：一是对新闻人物的定义，[③]理论上可以分为“绝对的新闻人物”和“相对的新闻人物”。前者是指政治、文化、经济、社会、体育等领域中的知名人物，如总统、总理、议员、外交官、作家、艺术家、运动员、演艺明星等。这些人因为享有较高的知名度，公众对于获取该人的信息具有正当利益。在报道与之相关的任何新闻时，都可不经其同意。后者是在突发的新闻事件中涉及的人。只能在报告该特定新闻事件时，不经其同意而适用肖像。二是该条款强

---

① 参见北京市第三中级人民法院民事判决书，(2014)三中民终字第02429号。

② 程啸：《侵权责任法》(第2版)，法律出版社2015年版，第150页。

③ 同上。

调的是不可避免。意在对肖像权人的损害降到最低,凸显法律对人格权严格保护。但即便这样,在面对未成年人时,仍要尽到最大保护义务。

第三,为依法履行职责,国家机关在必要范围内制作、使用、公开肖像权人的肖像。国家机关履行法定职责事关国家利益和公共利益,在必要的范围内需要使用他人肖像的,亦不构成对肖像权的侵犯。该条规定的"必要范围",应该理解为在履行职务中,不可避免地需要使用他人肖像,且该使用行为与履行职务有内在关联。例如,在网上发布通缉令将犯罪嫌疑人的照片公之于众,拍摄违法行为人的照片等均属于此类。公权力机关在执行公务过程中使用他人肖像的,如果涉及他人的肖像权,则应当采用相关的技术手段予以处理,不得侵害他人的肖像权。[①] 当然,如果与履行职务没有内在关联性,则应采取适当措施保护当事人的肖像权。比如,公安机关破案后制作素材供媒体使用,该行为与其履行职务就没有关联。

第四,为展示特定公共环境,不可避免地制作、使用、公开肖像权人的肖像。该条款属上文所述的公共场所不可避免的情形。首先,从目的上看,拍摄人系为了展示特定的公共环境,而非是针对某人。其次,是不可避免地涉及他人的肖像。这里需要注意的是何为"展示特定的公共环境"。对此,本书认为不应该狭义理解,即仅仅认为是拍摄静态的涉及公共环境的照片,而应当包括以视频方式拍摄纪录片以及电影场景等。例如,电影中为了展现人物生活的场景而在拍摄地实体取景等情形。学理以及司法实践中,对于电影拍摄中,某些进入镜头的人长时间定格展现是否侵害了肖像权有一定争论。本书认为,在展现电影的写实性、艺术性与自然人肖像权的保护中,应该以肖像权人的保护为重。一方面,电影拍摄可以使用群众演员,且其成本较低,在与他人肖像权保护的比较中处于较低位阶。另一方面,电影往往都具有一定的商业利益,因商业利益使用他人肖像,一般都不应该视为合理使用。

第五,为维护公共利益或者肖像权人合法权益,制作、使用、公开肖像权人的肖像的其他行为。该条款属于合理使用的兜底条款。实践中和理论上也有其他一些属于合理利用的情形,如为了权利人的利益而使用,如张贴寻人启事。再如,描述历史性事件。某人在电影、电视、回忆录等作品中描述某个历史事件,其中可能会涉及某人的肖像。但是在描述历史事件时,必须与特定历史事件相联系,而不能突

---

① 参见张红:《人格权各论》,高等教育出版社2016年版,第207页。

出报道特定的人。[①] 在此,需要强调的是,因公共利益本身属于不确定概念,较为抽象,在认定何为公共利益时,必须以保护自然人的人格权为出发点和最终归宿,不应对具体情形中是否属于公共利益的解释过于宽泛,从而导致人格权的实质保护受损。

专题四　肖像权商业化合同的特殊规制

一、肖像权的商业化

肖像权的商业化如姓名权的商业化一样,也是随着社会经济发展产生的对人格权利用的现象。肖像权属于标表型人格权,本身可以与自然人相分离而利用,这是肖像权可以商业化的客观条件。本书认为,对肖像权的商业化的正当性可以从以下几个角度加以说明。

第一,肖像权得以商业化的原因,首先在于肖像权的使用可以与自然人分离。自然人借助商业化利用,可以获取一定的经济价值,进而展现自我发展和自我的尊严。第二,肖像权得以商业化的原因,更重要的是在于,人们看中肖像所代表的某种积极利益。这种积极利益反映在肖像背后的自然人身上。即只有当社会公众认可某自然人的人格价值,对其人格的健全和完善持肯定态度,那么自然人肖像权的商业化空间才会展现出来。因此,肖像权的商业化,本质是人格权的健全和完善的体现,是对人格的尊重。

《民法典》第 1018 条第 1 款规定,自然人享有肖像权,有权依法制作、使用、公开或者许可他人使用自己的肖像。可见,肖像权的商业化是自然人主动利用其肖像权的行为,是民法典赋予自然人的人格权利。

二、肖像权的许可使用

许可使用,是指权利人通过合同的方式,许可他人在约定的期限和范围内使用

---

① 参见王利明:《人格权重大疑难问题研究》,法律出版社 2019 年版,第 524 页。

其人格权。[1] 许可使用合同属于典型的合同类型,但是人格权许可使用合同和一般交易合同相比,具有其特殊的一面。

第一,一方面,许可合同可作为交易关系看待;另一方面,许可合同也是自然人支配利用其人格权的体现,即属于人格权权能行使问题。

第二,合同内容需要受到一定规制。契约自由是近代私法的精神之一。但是,在合同领域,对于特殊主体以及特殊利益的保护,并不完全遵循契约自由,体现法律层面更多的强制性因素,其目的是保证契约实质正义。例如,《民法典》第496条关于对格式条款的特殊规制,第648条关于向社会公众供电的供电人与用电人强制缔约的规定,等等。而人格权的许可使用合同因涉及人的尊严和自由,故法律对其亦有特殊的规制,例如,《民法典》赋予权利人特殊解除权即明显的表现。

第三,许可使用期限应该有一定的限制。包括肖像权在内的人格权不得转让、继承,但可以允许他人使用,这就决定了许可使用合同的期限必须受到一定的限制,否则,将可能导致人格权的许可使用异化为人格权的转让合同,并最终损害到自然人的合法权益。[2]

第四,许可使用合同应该具有特殊的解释规则。关于意思表示的解释规则,《民法典》第142条以及第466条都作出了规定。但是,如上所述,法律对于特殊主体以及特殊利益往往采取特殊的办法保护,以求实质正义。例如,在第498条,《民法典》规定了对格式合同的特殊解释规则,大家已经很熟悉了。那么对人格权的许可合同,《民法典》同样进行了有利于人格权保护的特殊解释方法,即其第1021条规定。

三、人格权编对肖像权许可使用合同的特殊规制

(一)特殊的解释规则

《民法典》第1021条规定,当事人对肖像许可使用合同中关于肖像使用条款的理解有争议的,应当作出有利于肖像权人的解释。该条款与格式合同的解释规则相似,即一般情形下应该按照合同文义、目的等进行解释,只有在双方当事人对合同条款理解有争议时,才有特殊解释规则适用余地。这样规定的理由是,一方面,许可使用合同本身属于人格权的行使,事关人的尊严与自由,与合同利益相比,人格权所体现的利益处于更高的位阶,应该得到全方位的保护。另一方面,在一些许

---

① 参见王利明:《人格权重大疑难问题研究》,法律出版社2019年版,第299页。

② 同上书,第300页。

可使用的场合,权利人属于自然人,而对方往往是公司企业。自然人与之相比,明显处于弱势地位。如果不采取特殊方法进行校正,自然人很可能处于无法对抗而任由他人摆布的境地。

(二)肖像权许可使用的特殊解除权

《民法典》第 1022 条规定,当事人对肖像许可使用期限没有约定或者约定不明确的,任何一方当事人可以随时解除肖像许可使用合同,但是应当在合理期限之前通知对方。当事人对肖像许可使用期限有明确约定,肖像权人有正当理由的,可以解除肖像许可使用合同,但是应当在合理期限之前通知对方。因解除合同造成对方损失的,除不可归责于肖像权人的事由外,应当赔偿损失。依据该条款,肖像权许可使用如果没有设定期限或期限不明的,任何一方可以随时解除且无须赔偿损失,但应履行提前通知义务。该条规定的初衷即为了倒逼当事人在许可使用合同中约定期限。如果双方约定了使用期限,肖像权人仍有单方解除权利,但必须有正当理由,且应当在合理期限前履行通知义务,对相对方造成的损失的,一般需要赔偿。对于何为正当理由,该条款并没有规定,解释论上,应该认为此处的正当理由是对人格权人单方解除权的限制,是为了防止权利的滥用,也可以说是诚信原则的延伸。①

专题五　《民法典》对声音利益的保护

一、声音及其保护问题

声音是由物体振动产生的,振动的物体为声源,声音以声波的形式在介质中传播。每一个人因其特质不同,发出声音亦有不同之处。“人的声音和各种乐器的声音,以及自然界中各种不同的声音,其波形往往是一种较为复杂的形状,恰恰是这些不同形状的波形,才决定了不同声音的音色。”②也正由于音色的独特性,故从声音中能够分辨其发出的人是谁。因此,声音就具有了表征自然人身份的功能。利

① 参见王利明:《人格权重大疑难问题研究》,法律出版社 2019 年版,第 303 页。

② 李丽峰、李岩:《人格权:从传统走向现代——理论与实务双重视角》,中国法制出版社 2007 年版,第 261 页。

用模仿他人的声音,有可能让外界建立声音与某人之间的自然关联。现实中,随着科技的发展,除了是窃听器、录音机,电脑互联网技术和声音克隆技术更是加剧了对声音侵害的现实性。以声音克隆技术为例,声音克隆技术可以通过一种程序先对个人的声音进行分解,分解以后再和别人的声音进行嫁接,也可以和个人的形象嫁接。现在 AT&T 实验室也正在做声音克隆软件的开发,预计声音克隆技术会大大提高,这种克隆的声音将会和真人嫁接,与真人声音、形象完全相同的虚拟人物将会出现在银幕上。[①] 因此,对声音保护的必要性日益凸显。

《民法典》将声音的保护规定在第 1023 条之中。

二、《民法典》对声音利益保护的规则

(一)声音与其他人格权益的辨析

《民法典》将声音规定在肖像权部分,故首先应予辨析的是声音与肖像权之异同。

1. 声音与肖像权。二者之间相同点在于,声音与肖像权都具有表征自然人身份的功能,人的声音往往具有独特的音色,所谓“听其声,知其人”,肖像权亦是如此。另外,由于这种表征他人身份的特征,使声音和肖像权都可以被商业化,进而体现某种财产性利益价值。但二者之间亦有明显之不同,肖像权具有直观表明自然人身份的特点,通常情况下不存在混淆的可能,除非长相相似不易辨认。而声音则不具直观性,有时仅仅对熟悉人来说可以区分出来。更甚者,不同人的音色也可能有相近之处,普通公众难以区分到底是谁的声音。故而,对声音的保护比起肖像应更为严格。就这个角度而言,声音与姓名权倒是具有相似之处,因为自然人之间重名重姓现象亦不在少数。

2. 声音与隐私权。所谓隐私,依据《民法典》第 1032 条之规定,是自然人的私人生活安宁和不愿为他人知晓的私密空间、私密活动、私密信息。当事人的隐私活动和信息等很多情形都是以语言为载体的,如私人通话,故而声音与隐私权之间存在一定的关联。但是二者之间的区分亦非常明显。声音保护体现的是自然人的声音控制和声音利用,而隐私权侧重保护生活安宁和私密活动、信息等。声音保护主要建立在声音与自然人之间的身份关联之上,而隐私强调私密生活不受侵犯。声音保护的是声音这种载体本身,而声音的内容构成隐私的,属于隐私的保护范畴。

---

① 参见杨立新、袁雪石:《论声音权的独立及其民法保护》,载《法商研究》2005 年第 4 期。

同一侵权行为,如果既涉及声音也涉及隐私,如何保护主要依据权利人的选择。如果权利人看重其声音利用,并不关注内容,那么侵犯的就是声音利益。如果权利人看重隐私内容,而不涉及声音,则侵犯了权利人的隐私权。如果权利人既要求承担隐私侵权,也要求承担声音侵权,则构成请求权聚合关系。

3. 声音与著作权。声音与著作权亦存在关联,因为一些作品本身就是以声音为载体的,如歌曲、评书等。但二者亦有很大区别,首先是保护客体不同,声音重在保护自然人对其声音的控制和利用,而著作权保护的是作品利益,侧重于保护财产价值。侵害声音权主要体现为模仿他人声音以造成人格混淆,或者未经许了录制、利用他人的声音,侵害著作权的方式主要是未经许可对声音作品进行篡改或者未经许可利用他人的声音作品。[①]

(二)《民法典》对声音的保护规则

《民法典》第1023条第2款规定,对自然人声音的保护,参照适用肖像权保护的有关规定。依据理论上法条的分类,该法条属于不完全法条,且为不完全法条中的引用性法条。引用性法条的主要功能,从立法技术的观点论,是为了避免烦琐的重复规定或避免挂一漏万的规定。由法律适用的观点论,这种法条具有授权法院或其他主管机关为法律补充的功能。在引用性法条的分类中,有一种"准用……之规定"或"比照……之规定"的类型,这种用语用于拟处理之案型与拟引用之法条所规范之案型,其法律事实并不同一,但却有类似的情形,从而基于平等原则的考虑,对它们作同一之处理。[②] 由此可见,在该类型中,欲规范的事实和被比照适用的法条所规范的事实之间仅具有类似关系,而非同一关系。如是同一事实,则无此必要。根据上述法条性质的论述,我们看到,《民法典》该条应属于引用性法条,且参照的意思意味着声音与肖像权属不同之事实,但具有类似性,那么对声音的保护,就需要比照肖像权来进行。但这种类似性表现在什么方面呢?本书认为,一是都具有表征人格主体的作用,二是都可以与自然人分离而为商业化利用。

既然二者具有一定的相似性,《民法典》又规定为参照适用肖像权的保护,则对肖像的认定标准即"可识别性"亦应该成为声音是否保护的认定标准。前文已述,声音的音色虽因人而异,亦有难以区分之处,故而可识别性就成了声音能否保护的关键。但具有可识别性不见得就成立侵权行为,如果行为人模仿他人声音,意在引

---

① 参见王利明:《人格权重大疑难问题研究》,法律出版社2019年版,第437页。

② 关于完全法条以及不完全法条的定义和分类,参见黄茂荣:《法学方法与现代民法》,中国政法大学出版社2001年版,第126~156页。

起主体混同,就构成了声音侵权。如果声音相似,不具有刻意引起主体混同的恶意,则不应构成侵权。商业娱乐中,以展现技艺为目的的模仿他人声音,亦不应构成侵权。在传统戏剧如京剧中,衡量一些表演者的表演是否精湛,往往看他与某位前辈大师的音色等是否相似,也不应构成侵权。

另外,自然人对声音支配和利用的权能以及侵害形态,应该与《民法典》第 1018 条和第 1019 条的规定一致。对声音的合理使用以及许可适用合同的解释规则以及特别解除权等,亦应与《民法典》第 1020 条、第 1021 条、第 1022 条的规定一致,此无须赘言。

三、侵害声音利益的认定

1. 未经许可录制他人的声音。这体现了自然人对其声音的控制权和利用权。未经许可擅自录音,无论是否已经实际公开,均应该视为对他人声音利益的侵犯。

2. 未经过同意利用或者公开他人的声音。声音具有商业化的特质,如果未经同意利用他人声音进行商业化宣传或其他商业化利用,应属侵犯他人声音利益的行为。对于公开,既包括非法录制并公开,亦包括合法录制,但未经同意而公开,其侵犯的是自然人对自己声音控制的权利。

3. 模仿声音,恶意混淆。模仿的声音也是模仿人身体器官发出的声音,如果仅仅基于善意或是为了表演展示,一般不认为侵犯他人的声音利益。但是,借模仿他人声音混淆身份,有将声音效果和内容指向他人的,就属于恶意混淆,应该承担侵权责任。

4. 不当使用他人声音。如通过剪辑拼接,歪曲他人声音内容,或在他人声音表达中通过技术制造失真、掺入杂音等影响声音表达效果,借以达到恶搞或其他不法目的的,均属于侵权行为。

第六章　名誉权和荣誉权

专题一　名誉权的一般规定

一、名誉和名誉权的概念

名誉是名誉权的客体。《民法典》规定，名誉是对民事主体的品德、声望、才能、信用等的社会评价，即认定名誉是一种社会评价。《民法典》第 1024 条列举了构成名誉的社会评价的常见对象，包括品德、声望、才能和信用等。《民法典》第 1024 条在“信用”后面增加“等”字，说明不限于以上社会评价对象要素，涉及对民事主体的社会评价类似要素亦可构成民事主体的名誉。品德指道德品质，是民事主体行动所根据的内在原则。声望指受众人仰慕的名声，反映社会对民事主体的认可程度。信用，是指对一个人（自然人和法人）履行义务的能力，尤其是偿债能力的一种社会评价。[①]

名誉权，是指民事主体对自身名誉享有不受他人侵害的权利。自然人的名誉权对由其活动产生的社会评价享有不受他人侵害的权利，自然人、法人、非法组织都享有名誉权。法人的商誉权是法人名誉权的一部分。名誉权的特征包括：第一，名誉权的取得具有法定性和社会性。名誉权作为人格权，不是与生俱来的自然权利，而是法定的权利。名誉权的客体范围、权利限制等问题都需要法律规定。名誉权是在民事主体在经过一定社会活动后，由社会公众对其进行一定评价后才产生，体现了名誉权的社会性。第二，非财产性以及与财产的关联性。名誉是人格利益，本身不是财产，不能直接表现为一定财产利益，也不能直接用货币计算价值。但名誉权具有非财产性不代表名誉权与财产利益无关。名誉权常常是民事主体从事正常经济活动，开展社会交往的前提。对以企业为代表的营利法人而言，名誉权与财

① 参见张鹏：《信用权概念研究》。转引自王利明主编：《中国民法典学者建议稿及立法理由》（人格权编·婚姻家庭编·继承编），法律出版社 2005 年版，第 126 页。

产利益关联更为密切。民事主体获得名誉权后不能随意抛弃。法人的名誉权不能像名称权一样转让。第三,主体的普遍性和特定性。名誉权主体的普遍性在于,自然人、法人和非法人组织都可以拥有名誉权。不同类型的民事主体的名誉权又各有特征。自然人的名誉权更注重精神利益的维护,而法人的名誉权更注重财产利益的维护。名誉权主体的特定性在于,名誉权是特定主体维护自身名誉,排除他人侵害的权利。侵害名誉权的行为必须是在针对特定人时才损害特定主体的名誉权。如果行为人的行为指向不特定的主体,则不能认为该行为侵犯了他人的名誉权。第四,内容的综合性。名誉权的基本内容是保有和维护自己的社会评价。名誉本身具有综合性,是社会对特定主体各项行为的综合评价,包括能力、品德和信用等社会生活的诸多方面。①

二、享有名誉权民事主体的范围

《民法典》第110条规定,自然人、法人和非法人组织享有名誉权。《民法典》第1024条对这一规定再次确认,并将"自然人、法人和非法人组织"概括为民事主体。自然人、法人享有名誉权已具有普遍共识。非法人组织与自然人、法人一样同样享有名誉权。非法人组织作为独立民事主体,其正常运转同样需要良好的社会评价,确认非法人组织的名誉权有利于维护非法人组织的正常运转。②

自然人的名誉权与法人、非法人组织的名誉权存在一定区别。主要表现在:第一,名誉的内容不同。对自然人的名誉主要围绕其个人素质,如品德、才能等因素,是人格尊严的体现。通常而言,品德和才能是属于自然人的社会评价。法人和非法人组织的社会评价主要围绕其信用、生产经营能力和经营状况等因素,与财产性利益联系更密切。第二,名誉权受侵害的方式不同。暴力侮辱只能对自然人名誉造成侵害。法人和非法人组织的名誉权通常因商业信誉、商品声誉受损,自然人的名誉不包括这些商业性内容。另外,侵害法人名誉权的行为同时可能构成《反不正当竞争法》规定的不正当竞争行为。第三,损害后果不同。自然人可能因名誉受损而遭受精神损害,法人和非法人组织没有精神损害。法人和非法人组织在名誉上的损害主要表现为财产损失。但法人和非法人组织的名誉权不能界定为财产权。③

---

① 参见王利明:《人格权法研究》,中国人民大学出版社2018年版,第465~466页。
② 同上书,第473页。
③ 同上书,第473~475页。

三、侵害名誉权行为的认定

(一)行为人实施了侮辱、诽谤等毁损名誉的行为

《民法典》第1024条以概括列举的方式指明侮辱和诽谤是侵害民事主体名誉权的基本方式。这一规定基本延续了以往立法的做法。《民法通则》第101条规定,禁止用侮辱、诽谤等方式损害公民、法人的名誉。《贯彻民法通则意见》第140条规定,以书面、口头等形式宣扬他人的隐私,或者捏造事实公然丑化他人人格,以及用侮辱、诽谤等方式损害他人名誉,造成一定影响的,应当认定为侵害公民名誉权的行为。

1. 侮辱

侮辱,是指故意以暴力或其他方式贬损他人人格,毁损他人名誉。常见的侮辱方式有暴力侮辱、语言侮辱和文字侮辱。暴力侮辱,是指对受害人施加暴力或以暴力相威胁,使他人名誉受到侵害。语言侮辱是指用语言对他人进行嘲笑、辱骂。广义的语言包括口头语言,书面语言和动作语言。语言侮辱中的语言是狭义上的口头语言。[①] 文字侮辱即以书面表达的形式,通过书写文字、图形等内容对他人进行侮辱,侵害他人名誉。新闻报道、文学作品和发表作品等常涉及文字侮辱。其他的侮辱方式包括行为侮辱,如当众焚烧法人的牌匾、污损法人的标志,等等。

实践中,应当注意民法上的侮辱行为与刑法中侮辱罪的侮辱行为的区别。首先,两者认定标准不同。刑法中侮辱罪的行为要求公然进行。对民法的侮辱行为而言,不要求公然进行,只要行为人的侮辱行为让第三人得知,就可以认定侮辱行为成立。其次,两者损害后果的危害程度不同。侮辱行为在造成情节严重的后果时构成犯罪。情节严重包括造成受害人精神失常、自杀,造成恶劣社会影响。民法上侮辱行为的损害后果要求结合具体案情可判断受害人社会评价降低。最后,对两者的惩罚目的不同。刑法用刑罚对侮辱行为人进行惩罚。民法则注重弥补受害人的损失,兼顾对侮辱行为人的惩罚和教育。[②]

2. 诽谤

诽谤通常,是指捏造虚假事实丑化他人人格,损害他人名誉。诽谤可按表现载体分为口头诽谤和文字诽谤,按损害名誉方式分为直接诽谤和间接诽谤。口头诽谤,是指用口头表达的形式散布虚假事实损害他人名誉。文字诽谤则以撰写文章、

---

① 参见杨立新:《人格权法》,法律出版社2015年版,第224~225页。

② 参见王利明:《人格权法研究》,中国人民大学出版社2018年版,第490~492页。

发表新闻和出版印刷品等方式散布可损害他人名誉的虚假事实。文字诽谤行为方式较为复杂,责任主体多样,过错形式不限于故意。此外,以绘制图画、漫画等方式捏造并散布虚假事实的,也构成诽谤。直接诽谤指明确针对特定人进行语言和文字上的诽谤。影射诽谤则是间接用语言文字对特定人诽谤,其认定要结合具体案情判断特定人的名誉是否受到损害。通常而言,对诽谤行为成立的认定应以合理第三人的标准进行判断,同时整体性地参考表达内容的背景、时代性等因素。合理第三人的标准要求即按一个有理性的、普通的、一般人的理解认为某种表达是否属于诽谤。整体性要求注意受害人的年龄层次、职业,考虑行为人行为时的具体环境。①

(二)侵害名誉权的行为必须有特定指向

《民法典》第 1027 条第 1 款规定:"行为人发表的文学、艺术作品以真人真事或者特定人为描述对象,含有侮辱、诽谤内容,侵害他人名誉权的,受害人有权依法请求该行为人承担民事责任。"该规定虽是文学、艺术作品中侵害名誉权的行为,但条文中"以真人真事""特定人"的内容亦是对本章名誉权受损的认定标准之一的概括。只有行为人的行为指向特定对象时,才可能构成对他人名誉权的侵害,如果行为的认为未指定特定的对象,仅泛指包括原告在内的一般人或某方面的人,不能具体认定指向谁,则不能认定侵害名誉权。② 但该特定人不一定是指名道姓地侵害名誉权,如果侵害人没有指名道姓,但被告的行为使社会一般人可通过实施的侵害行为能够明确被告侵害的特定人的,依然能够认定指向明确。例如,被告人通过描述某人的相貌特征、语言特征、行为特征以及生活工作环境等,足以使他人能够认定侵害人的,则行为就具有特定指向性。

(三)侵害名誉权的行为需为第三人所知悉

名誉既然是社会评价,对名誉权的侵害必须是行为人所实施的侵害名誉行为影响了受害人的社会评价,应当以社会公众对受害人的评价降低为标准。有学者认为,只要行为人所实施的诽谤行为为第三人所知悉,就可以认定导致了受害人社会评价的降低。③ 至于第三人是否一定要有在场的必要,则并未严格要求。当然,如果第三人知悉,但不知所言也无具体指向的,也不能确定为是第三人知悉。

---

① 参见王利明:《人格权法研究》,中国人民大学出版社 2018 年版,第 492 ~ 499 页;杨立新:《人身权法论》,人民法院出版社 2006 年版,第 598 页。

② 参见王利明:《人格权重大疑难问题研究》,法律出版社 2019 年版,第 558 页。

③ 同上书,第 560 页。

四、侵害死者和英烈名誉的保护

对于死者的人格利益的保护，与对胎儿权利保护一样，都是对民事主体人身权利的延伸保护。对胎儿的保护，是对民事主体人身权利保护的向前延伸。对死者的保护，是对民事主体人身权利保护的向后延伸。对死者人格权益的保护，其中很大一部分内容是对其名誉的保护。《民法典》第994条对死者人格权益保护问题作了专门规定："死者的姓名、肖像、名誉、荣誉、隐私、遗体等受到侵害的，其配偶、子女、父母有权依法请求行为人承担民事责任；死者没有配偶、子女且父母已经死亡的，其他近亲属有权依法请求行为人承担民事责任。"

当然，对于死者人格权益保护，还包括对英雄烈士人格权益的保护问题。近年来，侵害英雄烈士姓名、肖像、名誉、荣誉等人格利益的案件时有发生，社会对于用立法来保护英雄烈士人格利益的呼声日益高涨。为此，我国《民法典》第185条和《英雄烈士保护法》专门对英雄烈士人格名誉保护作出了规定。《英雄烈士保护法》第22条规定："禁止歪曲、丑化、亵渎、否定英雄烈士事迹和精神。英雄烈士的姓名、肖像、名誉、荣誉受法律保护。任何组织和个人不得在公共场所、互联网或者利用广播电视、电影、出版物等，以侮辱、诽谤或者其他方式侵害英雄烈士的姓名、肖像、名誉、荣誉。任何组织和个人不得将英雄烈士的姓名、肖像用于或者变相用于商标、商业广告，损害英雄烈士的名誉、荣誉。"对侵害英雄烈士名誉、荣誉等行为，英雄烈士的近亲属当然可以依法向人民法院提起诉讼的。英雄烈士近亲属没有提起民事诉讼时，检察机关可以提起公益诉讼。最高人民检察院第十三批指导性案例第51号以指导性案例形式再次明确，对侵害英雄烈士的姓名、肖像、名誉、荣誉，损害社会公共利益的行为人，英雄烈士近亲属不提起民事诉讼的，检察机关可以依法向人民法院提起公益诉讼，要求侵权人承担侵权责任。在实体审理方面，最高人民法院第十九批指导性案例第99号葛某某诉洪某某名誉权、荣誉权纠纷案中也明确，人民法院审理侵害英雄烈士名誉、荣誉等案件，不仅要依法保护相关个人权益，还应发挥司法彰显公共价值功能，维护社会公共利益。任何组织和个人以细节考据、观点争鸣等名义对英雄烈士的事迹和精神进行污蔑和贬损，属于歪曲、丑化、亵渎、否定英雄烈士事迹和精神的行为，应当依法承担法律责任。

专题二　新闻报道、舆论监督侵害名誉权

一、新闻报道、舆论监督等行为的理解

新闻报道是指新近或正在发生的,对公众有知悉意义的事实的陈述。它具有满足公众需要、事实的时间性、须知性和转述性几个要点。司法实务中,对新闻报道的定义有"新闻报道是媒体就新近发生事实所做的即时披露"。舆论监督就是公民通过新闻媒介对国家机关、国家机关工作人员和公众人物的与公共利益有关的事务的批评、建议,是公民言论自由权利的体现,是人民参政议政的一种形式。王利明教授认为:"正当的舆论监督是指新闻工作者以及其他人依法通过新闻媒介发表评论,对社会的政治生活、经济生活、文化生活等方面进行批评,实行监督。"[①]司法实务中,通常不对舆论监督作明确定义,而是直接认定某种表达是否属于舆论监督的范畴。实务中争议的焦点在于舆论监督合理范围的确认。

《民法典》第1025条以概括列举的方式规定"新闻报道、舆论监督等行为",为其他言论自由行为留下空间。"等行为"与《民法典》第999条的"等行为"外延应当一致。但对哪些为公共利益而实施的行为,立法并没有规定。《民法典》第1020条规定:"合理实施下列行为的,可以不经肖像权人同意:(一)为个人学习、艺术欣赏、课堂教学或者科学研究,在必要范围内使用肖像权人已经公开的肖像;(二)为实施新闻报道,不可避免地制作、使用、公开肖像权人的肖像;(三)为依法履行职责,国家机关在必要范围内制作、使用、公开肖像权人的肖像;(四)为展示特定公共环境,不可避免地制作、使用、公开肖像权人的肖像;(五)为维护公共利益或者肖像权人合法权益,制作、使用、公开肖像权人的肖像的其他行为。"从该条规定的情形来看,"等行为"可以理解为为了公共目的实施教学研究、社会管理等内容的行为。

二、新闻报道、舆论监督侵权的责任主体

新闻报道、舆论监督侵害民事主体名誉权案件中,侵权的责任主体一般包括以

---

① 王利明:《人格权法研究》,中国人民大学出版社2018年版,第509页。

下几类:第一,媒体本身,如网络经营者、网络服务提供者、报社、出版社等;第二,媒体从业人员,包括记者、编辑、特约撰稿人、网络写手等;第三,新闻信息提供者;第四,其他利用媒体实施侵权行为的自然人。[①] 舆论监督领域,在媒介工具仅限于报刊、广播、电视的传统媒体时代,舆论监督的主体一般为新闻媒体。但是,随着媒介技术的迅猛发展,网站论坛、博客、播客、微信等新媒体形式的出现且已逐渐成为聚合民众意见、呈现公正情绪和各种思想观点激烈碰撞的主要平台和主要平道的时候,公民个人已成为舆论监督的重要主体力量。言论自由行为侵犯名誉权的案件通常是共同侵权案件。在网络时代,新式媒体的出现也模糊了传统媒体与公众的界限,需要加以甄别。

三、新闻报道、舆论监督等行为侵害名誉权的表现形式

《民法典》第 1025 条列举的 3 种违法情形是对言论自由正当性的违背,事实的失真程度达到要受法律谴责的程度,使评论对名誉的侵犯突破了公正合理的法律边界。

(一)捏造、歪曲事实

真实是新闻的生命、媒体公信力的基础,也是新闻工作者的基本准则。[②] 捏造、歪曲事实是诽谤的基本形式之一,属于《民法典》第 1024 条规定的侵害名誉权的基本行为。在新闻报道、舆论监督等行为中捏造、歪曲事实,使虚假的信息得到传播,误导公众,显然不具有正当性。最高人民法院《关于审理名誉权案件若干问题的解答》第 8 条对因撰写、发表批评文章引起的名誉权纠纷作了规定:"因撰写、发表批评文章引起的名誉权纠纷,人民法院应根据不同情况处理:文章反映的问题基本真实,没有侮辱他人人格的内容的,不应认定为侵害他人名誉权。文章反映的问题虽基本属实,但有侮辱他人人格的内容,使他人名誉受到损害的,应认定为侵害他人名誉权。文章的基本内容失实,使他人名誉受到损害的,应认定为侵害他人名誉权。"司法实践中,应注意与事实轻度偏离和捏造、歪曲事实的区分。鉴于新闻的时效性、公众知情权要求的急迫性和新闻从业者有限的能力,舆论监督中的事实可能与真实情况有一定偏差,这种偏差是被允许的。严重失实才是值得法律评价的侵权行为。

---

① 参见刘凯湘:《在私权保障与新闻自由之间——以媒体侵权的类型为视角》,载《法律适用》2013 年第 9 期。

② 参见新闻出版总署《关于严防虚假新闻报道的若干规定》新出政发〔2011〕14 号。

(二)对他人提供的严重失实内容未尽到合理核实义务

若言论自由行为人对他人提供的严重失实内容未尽到合理核实义务,则构成不作为侵权。这种侵权是媒体侵权的典型情况。提供不实新闻材料者,也可能与新闻发布者构成共同侵权。如《名誉权司法解释》第 7 条规定:主动提供新闻材料,致使他人名誉受到损害的,应当认定为侵害他人名誉权。因被动采访而提供新闻材料,且未经提供者同意公开,新闻单位擅自发表,致使他人名誉受到损害的,对提供者一般不应当认定为侵害名誉权;虽系被动提供新闻材料,但发表时得到提供者同意或者默许,致使他人名誉受到损害的,应当认定为侵害名誉权。除专业媒体外,即使是普通公众,在发表言论时也需要对所依据的事实作一定的合理核实。但普通公众的合理核实义务应低于专业媒体,并符合社会的一般期待。否则,会过度限制公众意见的表达。

(三)使用侮辱性言辞等贬损他人名誉

侮辱是侵害名誉权的基本形式之一,《民法典》第 1024 条已有规定。侮辱性言辞属于意见表达。判断侮辱性言辞可从行为人的主观动机是否善意、语义的通常含义等方面进行判断。同时,侮辱性言辞应结合表达行为的整体进行判断。在意见表达的遣词造句中允许较为激烈的表达,但直接侮辱他人人格的言辞、人身攻击是不被允许的。司法实务中,侮辱性言辞的认定由法官运用自由裁量权,从一般社会理性人角度出发,依一般社会经验判断,判断言辞是否具有侮辱性。如果侮辱性言辞会造成他人名誉的损害,即可对因果关系作推定。

四、新闻报道、舆论监督侵权的抗辩理由及其判断

(一)正当性

正当性通常构成抗辩事由,形成认定言论自由行为违法性的认定标准。英美法中,新闻报道、舆论监督中的言论分为“事实陈述”与“意见表达”,简称事实和意见。事实陈述,是指对过去和现在的事件的记载与描述;意见表达是对事务发表自己的见解或立场,是主观的确信,包括赞同和非议。[①] 事实应该真实,言论涉及的事实应秉持合理核实原则;意见则应限制在合理评论范围内,不得以侮辱性言辞侵害他人合法权利。对事实与意见混杂的言论则应以合理核实和公正评论双重标准进行考察,综合性判断其合法性。

---

① 参见王泽鉴:《人格权法:法释义学、比较法、案例研究》,北京大学出版社 2013 年版,第 156 页。

对于公正评论问题,《民法典》第 1025 条指出,在言论自由行为中捏造、歪曲事实和以侮辱性言辞等贬损他人名誉属于违法行为,这些都涉及公正评论问题。但判断何为"公正"是理论和实践中的难点,《民法典》也未直接表达公正评论原则。英美诽谤法将"公正评论"作为诽谤诉讼的一项辩护事由,只要被告证明被指控内容是对公众关注的问题所作的真诚的、没有恶意的评论,即可免责。[①] 杨立新教授认为,构成公正评论的构成要件包括:第一,评论的基础事实是公开传播的事实;第二,评论的内容没有侮辱、诽谤等损害人格尊严的言辞;第三,评论须出于公共利益目的,没有侵权故意。[②]《名誉权司法解释》第 9 条针对产品质量、服务质量问题作了公正评论的规定。公正评论权又称合理评论权和诚实评论权,是公众针对社会普遍关注的有关公共利益的问题,通过新闻传播媒介善意地发表有事实根据的意见,应当免除承担侵权责任。公正评论权要求:第一,评论的对象必须是与社会公共利益有关的问题。第二,评论依据的事实必须是真实存在的。第三,评论必须出于善意。舆论监督行为在进行过程中可能有言辞激烈,部分失实,进而对他人名誉造成负面影响。但考虑到充分的舆论监督所能发挥的积极社会作用,以及舆论监督的时效性等因素,名誉权人应对正当舆论监督适度容忍。若对舆论监督行为严加限制,苛求其真实性,则会抑制人们的表达自由,造成"寒蝉效应",不利于健康舆论环境的营造,削弱舆论监督抨击社会缺陷的功能。

(二)公共利益

公共利益通常作为新闻报道、舆论监督侵权抗辩的一个重要事由,能够全面对抗新闻侵权请求权,是完全抗辩。特别是在批评性的新闻报道中,公共利益目的完全可以对抗新闻侵权请求权,免除新闻媒体的侵权责任。[③]《民法典》第 1025 条规定"为公共利益实施新闻报道、舆论监督等行为",实践中应当注意须具有公共利益目的理解,即新闻报道、舆论监督须是以公共利益为行为的出发点和目的。这里"为公共利益实施"要求新闻报道、舆论监督活动本身是为公共利益而实施的,同时也作为新闻报道、舆论监督免责的抗辩事由。

---

① 参见王利明、杨立新:《人格权与新闻侵权》,中国方正出版社 2000 年版,第 650 页。

② 参见杨立新:《法人名誉权侵权法律界限须划清》,载《法制日报》2015 年 6 月 15 日,第 7 页。

③ 参见杨立新:《论中国新闻侵权抗辩及体系与具体规则》,载《河南省政法管理干部学院学报》2008 年第 5 期。

专题三　新闻报道、舆论监督的合理核实义务

一、新闻报道、舆论监督的核实义务

实施新闻报道、舆论监督主体的核实义务来自民法上的谨慎人注意义务。所谓谨慎人注意义务是按照法律、法规等规范所确立的注意义务和一个合理的、谨慎的人所应当具有的注意义务,来确定行为人应当达到的行为标准,并且兼顾不同群体、不同年龄、不同职业等人群的特点,确定其应当具有的注意义务标准。①

新闻报道、舆论报道可以是记者深入调查后取得的第一手资料,也可以是根据其他单位和个人提供向新闻记者提供的新闻素材形成的。根据《关于严防虚假新闻报道的若干规定》第 2 条的规定,新闻机构要规范使用消息来源。按照“谨慎人”的标准,新闻媒体对不同渠道的消息来源,应当按照其权威性和可靠性程度的高低决定直接引用、进一步审查还是避免使用。② 新闻报道、舆论监督中的核实义务是大多数国家认为应当遵守的基本义务。我国也很早就有新闻媒体核实义务的规定。例如,2005 年中共中央办公厅、国务院办公厅《关于进一步加强和改进舆论监督工作的意见》规定:“对报道的内容,必须进行认真核实,做到真实、准确、可靠,不得编发互联网上的信息,不得刊播未经核实的来稿。”2009 年新闻出版总署《关于采取切实措施制止虚假报道的通知》规定:“要认真核实报道的基本事实,确保报道的新闻要素准确无误,不得编发未经核实的信息,不得刊载未经核实的来稿。”

二、认定合理核实义务的具体标准

《民法典》第 1026 条列举了几类人民法院认定新闻报道、舆论监督作为“已尽合理核实义务”的标准。

(一)内容来源的可信度

内容来源可信度的认定可参考新闻出版总署 2011 年颁布的《关于严防虚假新

---

① 参见王利明:《侵权责任法研究》(上卷),中国人民大学出版社 2010 年版,第 347 页。
② 参见亓培冰、李丹:《新闻报道使用匿名消息来源是否侵权的认定》,载《人民司法》2016 年第 29 期。

闻报道的若干规定》。其第1条规定：新闻记者编发新闻报道必须坚持实事求是，严禁依据道听途说编写新闻；新闻记者报道新闻事件必须坚持实地采访，采用权威渠道信息，不得依据未经核实的社会传闻等非第一手材料编发新闻。根据该规定，对核实新闻来源方面还做了以下要求：(1)新闻机构要规范使用信息来源。无论是自采的还是转发的新闻报道，都必须注明新闻来源，真实反映获取新闻的方式。除危害国家安全、保密等特殊原因外，新闻报道须标明采访记者和采访对象的姓名、职务和单位名称，不得使用权威人士、有关人士、消息人士等概念模糊新闻消息来源。(2)新闻机构要严格使用社会自由来稿和互联网信息制度，不得直接使用未经核实的网络信息和手机信息，不得直接采用未经核实的社会自由来稿。对于通过电话、邮件、微博、博客等传播渠道获得的信息，如有新闻价值，新闻机构在刊播前必须派出自己的编辑记者逐一核实无误后方可使用。(3)转载、转播新闻报道必须事先核实，确保新闻事实来源可靠、准确无误后方可转载、转播，并注明准确的首发媒体。

（二）对明显可能引发争议的内容是否进行了必要的调查

某些内容容易引起社会争议，占用社会舆论空间，宜在真实性得到更高程度的确认后进行报道。媒体在报道此类内容应负担更重的合理核实义务，要判断哪些内容明显可能引发争议，并对相关内容做必要的调查。例如，根据《关于严防虚假新闻报道的若干规定》的规定，民意调查结果属于可能引发争议的内容。新闻机构对民意调查结果的刊播要更加谨慎。对于“明显可能引发争议的内容”，应由法官根据案件发生的具体情境认定，如热点民生事件。“必要的调查”应结合行为人的能力进行判断。

（三）内容的时限性

维护社会公益目的对内容时限性要求越强，媒体能够用于调查取证的时间就越少，相应地，合理核实义务的标准应该降低，以便充分保护民众的知情权。例如，对重大自然灾害、恐怖袭击等重大突发事件，在保持谨慎的条件下，可适当降低合理核实义务。对于发生在过去的事实，行为人有充分的时间进行调查，且公众对事件真相的期待更高，此时应要求较高的合理核实义务。

（四）内容与公序良俗的关联性

《民法典》第8条要求民事主体从事民事活动不得违背公序良俗。公序良俗包括公共秩序（社会公共秩序和生活秩序）和善良风俗（社会公共道德，由全体社会成员所普遍认可、遵循的道德准则）。新闻报道、舆论监督等行为承担着维护、塑造公序良俗的功能。且《民法典》第 1025 条规定“行为人为公共利益实施新闻报道、舆论监督”,这也说明与公序良俗联系越密切的事实往往与公共利益也联系密切。相关事实因与公共利益相关,媒体应在尽合理核实义务后发布。一般而言,与公序良俗联系越密切的事实,对行为人合理核实义务的要求也越高。同时,合理核实义务的标准也不应阻碍信息的正常流通,与公共利益联系密切的事实也需要尽快进入公众视野,为了新闻的时效性,此时合理核实义务标准也不能过高。即使发布的信息事后被证伪,履行了合理核实义务的媒体也可以不负责任。

(五)受害人名誉受贬损的可能性

若事实本身以及基于该事实的评论使受害人名誉受贬损可能性越大,则合理核实义务的标准应越高。新闻报道、舆论监督的行为人应当预见到某些信息可能导致他人名誉受损,因而负有更高的核实义务。

(六)核实能力和核实成本

合理核实义务应与核实能力相适应,让新闻报道、舆论监督得以顺利进行。不应让媒体承担过高的核实成本,否则会阻碍信息的流通,损害公众的知情权,让全社会无法获得有效的舆论监督。因此,核实成本较高,相应的核实义务应相应降低。

《民法典》第 1026 条针对新闻报道、舆论监督主体的注意义务进一步细化规定,以便法官在司法实务中适用。条文所列情形并不需要机械地一一全部考虑,人民法院应当根据个案的具体情况进行认定。在某些情况下,满足一个或几个因素即可认定行为人尽到合理核实义务。《民法典》第 1026 条列举的考虑因素为人民法院更全面准确地判断合理核实义务提供了思维框架,但同时也较为抽象,仍需要人民法院在实践中结合个案进行判断。审判实践中,针对不同身份的行为人,对其核实能力需确定不同程度的要求。如在肖某某与方某某等名誉权纠纷案中,[①]北京市高级人民法院认为公民通过网络检索资料并以此为依据发表评论时,并无向相关网站及被评论人核实的义务。此时,公民要承担的义务有两点:“一是评论人对其评论所依网络资料来源的正当性和内容的可信性应尽善良管理人之注意义务,排除正常人的合理怀疑;二是评论人应当意识到自己检索到的网络资料可能是不完整的,甚至是不准确的,因此在依据甄别后的资料发表评论时应当谦抑、有度,不应超出其依据资料可合理推知的范围。”同时,北京市高级人民法院认为,本案当事

① 参见北京市高级人民法院民事判决书,(2007)高民终字第 1146 号。

人方某某是专业学术打假人,对评论时依据的材料有更高的注意义务。

三、匿名消息来源侵权问题

无论是自采的还是转发的新闻报道,都必须标注新闻消息来源,真实反映获取新闻的方式,除危害国家安全、保密等特殊原因外,新闻报道须标明采访记者和采访对象的姓名、职务和单位名称。但有时候,新闻从业者使用匿名消息来源是与消息提供者达成保密协议,新闻从业者基于保密协议不得公开匿名消息来源。但新闻媒体对匿名消息来源应当承担审慎注意义务,特别是对负面消息应尽量核实,进行多头来源核实。例如,《关于严防虚假新闻报道的若干规定》第1条第5项规定,新闻记者开展批评性报道至少要有两个不同的新闻来源,并在认真核实后保存各方相关证据,确保新闻报道真实、客观、准确,新闻分析及评论文章要在事实准确的基础上做到公正评判、正确引导。但使用匿名消息来源的新闻报道并非一定构成侵权报道,如果新闻报道、舆论监督没有歪曲事实、不实报道的主观故意或过失,且有合理和信赖的消息来源为依据,则不应承担侵权责任。在世奢会(北京)公司名誉权的侵害案件中,法院认为,涉案文章虽多处引用来自化名人物唐路秘密爆料的负面信息,但记者对采访录音表明采访过程真实可信。尽管唐路的爆料内容均系负面信息,但部分内容经记者调查核实属实,且爆料涉及的展会、奢侈品发布会等均真实存在……涉案文章通过记者调查并引用多方意见参与对世奢会现象的关注和讨论,是行使媒体舆论监督权的行为。文章整体的批评基调和尖锐用语符合批评性文章的特点,不应因此否定作者写作目的的正当性。法院还认为,应注意正确适用举证责任分配规则,不宜简单地以媒体拒绝披露消息来源的真实身份或消息来源拒绝出庭作证为由,对媒体作出不利推定。即使未披露消息来源或者消息来源未出庭作证,但是文章基本事实属实且评论正当的,不应认定为侵权报道。

专题四　作品侵害名誉权

一、作品侵害名誉权制度的确立

所谓名誉权,是公民、法人享有的在名誉受到侵害时,请求司法机关予以保护的权利,其为精神性人格权,具体包括名誉和尊严。名誉,是指社会对公民、法人在道德、品行、信用和才能等方面的评价;尊严,是指个人根据社会评价对于自身的品质和社会地位的自我评价。名誉关系到民事主体在社会中所处的地位和信誉以及被他人尊重的程度,若名誉受损将影响到民事权利地位和民事权利的取得,若尊严受损则可能造成严重的精神痛苦。文学、艺术作品以真人真事或者特定人为描述对象所涉及的名誉权也符合以上的基本特征,但其又具有特殊性。文字、艺术作品所表现的就是自由,公民具有表达自由的权利,作品表现自由正是公民表达的自由之一。人们对于艺术表达的形式往往是丰富多彩的,作家以现实生活为蓝本通过充分想象和虚构创造出文学、艺术作品,属于文学艺术的合理表现形式。正是由于艺术表达自由和作品的虚构性,可能导致文学、艺术创作触碰到名誉权的边界。因此,创作文学、艺术作品的行为人进行创作,事实上,该创作者当然有可能侵犯他人名誉权。因为:其一,荣誉权是法律明确保护的民事权利,无论以哪种形式贬损他人名誉或尊严都可能侵犯此项基本民事权利,其侵权形式不能影响到侵权实质的判断;其二,文学、艺术作品是一种创作性的产品,其中蕴含着作者的思想,如若基于文学、艺术作品的创作性、自由性而豁免侵犯他人名誉的行为,则就不能排除作者利用作品这种创作方式侮辱、诽谤他人的可能性。因此,文学、艺术作品以真人真事或特定人为描述对象,侮辱、诽谤被描述对象的,可以构成侵犯他人名誉权。

在《民法典》颁布之前,我国没有专门的文学、艺术作品侵权责任立法,有关文学作品中的名誉权侵权责任的确立依据要从名誉权保护的诸多法律法规和司法解释中寻找。我国《宪法》第 38 条规定:“中华人民共和国公民的人格尊严不受侵犯。禁止用任何方法对公民进行侮辱、诽谤和诬告陷害。”《民法通则》第 101 条规定:“公民、法人享有名誉权,公民的人格尊严受法律保护,禁止用侮辱、诽谤等方式损害公民、法人的名誉”;第 120 条规定:“公民的姓名权、肖像权、名誉权、荣誉权受到侵害的,有权要求停止侵害,恢复名誉,消除影响,赔礼道歉,并可以要求赔偿损失。法人的名称权、名誉权、荣誉权受到侵害的,适用前款规定”。《侵权责任法》第 2 条规定:“侵害民事权益,应当依照本法承担侵权责任。本法所称民事权益,包括生命权、健康权、姓名权、名誉权、荣誉权、肖像权、隐私权、婚姻自主权、监护权、所有权、用益物权、担保物权、著作权、专利权、商标专用权、发现权、股权、继承权等人身、财产权益。”由此可见,我国法律对于民事主体的名誉权早已给予明确保护。

除法律之外,司法机关也相继颁布实施了若干个有关名誉权侵权责任认定的司法解释:《贯彻民法通则意见》第140条、第150条[①]对于侵犯民事主体名誉权的行为作出更为细致的规定;还有最高人民法院针对下级法院在审理有关名誉权纠纷时所遇到的普遍问题给予的解答;[②]针对各地法院的个别疑难问题给予的答复。[③]在这些司法解释中,有针对文学作品中侵犯名誉权责任认定的专门解释:"撰写、发表文学作品,不是以生活中特定的人为描写对象,仅是作品的情节与生活中某人的情况相似,不应认定为侵害他人名誉权。描写真人真事的文学作品,对特定人进行侮辱、诽谤或披露隐私损害其名誉的;或者虽未写明真实姓名和住址,但事实是以特定的人为描写对象,文中有侮辱、诽谤或披露隐私的内容,致其名誉受损害的,应认定为侵害他人名誉权。"[④]可以想见,最高人民法院在将近30年前对于文学、艺术作品以真人真事或特定人为描述对象,侮辱、诽谤被描述对象的,就具有了较为清晰的审判思路。

《民法典》人格权编第五章的部分内容规范了名誉权的各项规则,其中就包括"作品侵害名誉权"的具体规范,即第1027条的规定:"行为人发表的文学、艺术作品以真人真事或者特定人为描述对象,含有侮辱、诽谤内容,侵害他人名誉权的,受害人有权依法请求该行为人承担民事责任。行为人发表的文学、艺术作品不以特定人为描述对象,仅其中的情节与该特定人的情况相似的,不承担民事责任。"至此,结束了文学、艺术作品侵犯名誉权无立法规定的状况。

二、作品侵害名誉权的条件

作品侵害名誉权属于侵权行为,因此首先需要满足侵犯一般名誉权的构成要件,再将文学、艺术作品的因素考虑进去,判断是否构成作品内容对于描述对象的名誉权侵害。最高人民法院《关于审理名誉权案件若干问题的解答》的第七个问题

---

① 《贯彻民法通则意见》第140条规定:"以书面、口头等形式宣扬他人的隐私,或者捏造事实公然丑化他人人格,以及用侮辱、诽谤等方式损害他人名誉,造成一定影响的,应当认定为侵害公民名誉权的行为。以书面、口头等形式诋毁、诽谤法人名誉,给法人造成损害的,应当认定为侵害法人名誉权的行为。"第150条规定:"公民的姓名权、肖像权、名誉权、荣誉权和法人的名称权、名誉权、荣誉权受到侵害,公民或者法人要求赔偿损失的,人民法院可以根据侵权人的过错程度、侵权行为的具体情节、后果和影响确定其赔偿责任。"

② 1993年、1998年和2001年最高人民法院先后发布了《关于审理名誉权案件若干问题的解答》(法发〔1993〕15号)、《名誉权司法解释》(法释〔1998〕26号)和《精神损害司法解释》(法释〔2001〕7号)。

③ 针对各地法院遇到的疑难个案,最高人民法院按照时间顺序依次作出了如下答复:《最高人民法院关于徐良诉上海文化艺术报社等侵害名誉权案件的函》(〔1989〕民他字第28号)、《最高人民法院关于刘兰祖诉山西日报社、山西省委支部、建设杂志社侵害名誉权一案的复函》(〔1999〕民他字第32号)、《最高人民法院关于广西高院请示黄仕冠、黄德信与广西法制报社、范宝忠名誉侵权一案请示的复函》(〔2000〕民他字第8号)。

④ 参见最高人民法院1993年法发〔1993〕15号第9条。

就明确了侵害名誉权的构成要件,即“是否构成侵害名誉权的责任,应当根据受害人确有名誉被损害的事实、行为人行为违法、违法行为与损害后果之间有因果关系、行为人主观上有过错来认定。以书面或者口头形式侮辱或者诽谤他人,损害他人名誉的,应认定为侵害他人名誉权……”。作品侵害名誉权的认定大体上也是依照这四要件来确认,但又要结合文学、艺术作品侵害名誉权的特点重点考察以下四个方面:

第一,行为人须向特定主体实施侵权行为。文学、艺术作品构成对他人侵权必须是针对特定的主体,而不能是不特定的人或者社会上的某一类人。这是因为名誉权具有专属性,其不能与特定人的人身相分离。最高人民法院《关于审理名誉权案件若干问题的解答》的问题九也明确:“撰写、发表文学作品,不是以生活中特定的人为描写对象,仅是作品的情节与生活中某人的情况相似,不应认定为侵害他人名誉权。描写真人真事的文学作品,对特定人进行侮辱、诽谤或者披露隐私损害名誉的;或者虽未写明真实姓名和住址,但事实是以特定人或者特定人的特定事实为描写对象,文中有侮辱、诽谤或者披露隐私的内容,致其名誉受到损害的,应认定为侵害他人名誉权。”《民法典》第 1027 条对于作品描述对象的特定性与该条司法解释具有一致性,只是该条第 2 款又作出进一步的说明,即作品描述对象与特定人情况相似,而不能明确聚焦于特定人的,不构成侵权。可见,判断“特定主体”的关键是作品是否以确定某特定人为描述对象,若不能确定以特定人为描述对象的,就不能视为满足该要件。

第二,作品内容的违法性。这种违法性主要表现在作者通过文学或者艺术作品的表现方式对他人侮辱、诽谤等,致使他人名誉受损。在已有的案例中,文学作品侵犯名誉权的居多,而这些侵权的文学作品中又以纪实文学和创作文学见常。纪实作品往往是依赖于原型人物及既有事实来创作,这类作品侵犯名誉权通常表现为作品对特定的人进行侮辱、诽谤,产生了他人名誉贬损的不良影响。创作文学主要是不使用现实人物的虚构的作品,此类作品判断其侵权难度要高于纪实文学。创作文学作品认定侵权的关键是作品所描述的对象是否可以指向特定人,即读者通过阅读该作品是否可以毫无悬念地联想到某特定人,若其内容对特定人有名誉上的贬损,那么基本上就可以认定满足内容违法性要件。

第三,作者主观上存在恶意。这一点主要是指作者的创作目的不仅是客观表述,而且带有侮辱、诽谤的故意。恶意在民法上可分为故意和过失,主观故意是比较好认定的,即作者明知此作品会给他人造成名誉贬损而为之,该结果是作者所追求的。而主观过失是较难认定的，即作者对于自己行为后果应当预见而由于疏忽或者懈怠而未预见。在这种情况下，认定是否侵权，就要结合损害事实和后果，以及内容违法的程度来判断，不能都认定为侵权，否则将抑制文学作品的创造和产业发展。

第四，名誉受损的客观性。在名誉侵权认定中，倘若原告不能举证证明其因作品内容而导致名誉受损，那么就不能认定侵权。在司法实践中，不能忽略名誉受损的客观性问题，即仅仅认定侮辱、诽谤的构成还不够，法院还要认真审查被告是否真正地遭到了名誉毁损。

专题五　失实报道更正或删除请求权

一、失实报道更删制度的确立

所谓“失实报道更删制度”，即失实报道更正或删除请求权，确切而言是失实报道侵犯他人名誉权，受害人有权请求采取必要措施的制度。这里所言的必要措施包括更正和删除，受害人请求采取必要措施的对象，首先是失实报道的媒体，但在媒体不及时采取必要措施的情况下，受害人亦可请求法院责令媒体限期履行。具体而言，“失实报道”是指那些“事实”不真实并侵犯他人名誉的报道；而主要事实准确，仅存在个别用词不当的，不应认定为失实报道。“名誉”乃社会对自然人或者法人的行为、能力、道德、信誉、名声等诸要素的综合评价。“名誉权”是自然人或者法人所获得的人格尊严不受侵犯的权利。我国立法对于该项权利具有保护性规定，《宪法》第 38 条规定：“中华人民共和国公民的人格尊严不受侵犯。禁止用任何方法对公民进行侮辱、诽谤和诬告陷害。”《民法通则》第 101 条规定：“公民、法人享有名誉权，公民的人格尊严受法律保护，禁止用侮辱、诽谤等方式损害公民、法人的名誉。”最高人民法院《关于审理名誉权案件若干问题的解答》第 7 条规定：“因新闻报道严重失实，致他人名誉受到损害的，应按照侵害他人名誉权处理。”就新闻报道侵害名誉权行为而言，可以分为三种情况：新闻侮辱行为、新闻诽谤行为、新闻侮辱诽谤行为。新闻侮辱行为，是指新闻报道中的言语侮辱他人的人格，致使他人名誉受损的行为。新闻诽谤行为即新闻报道的内容失实，致使他人名誉权受损的行为。

新闻侮辱诽谤行为是报道言语使用侮辱性言语并且内容失实,致使他人名誉受损的行为。后两种类型均属本文所述报道失实的范畴,一经归入这两类行为,受害人有权行使删除权。

“失实报道”作为法律概念,虽然没有规定在《民法通则》中,但最高人民法院在司法解释中早已提及。对于判断新闻报道失实抑或属实,最高人民法院早在 1993 年就发布了《关于审理名誉权案件若干问题的解答》在第 8 条中提及“因撰写、发表批评文章引起的名誉权纠纷”,并将文章报道分为“基本内容真实”和“基本内容失实”加以区分。1998 年最高人民法院又颁布了《名誉权司法解释》(法释〔1998〕26 号),其中,第 6 条在阐述“新闻单位报道国家机关的公开的文书和职权行为引起的名誉权纠纷”时,也将报道区分为“客观准确”与“失实”,并作出不同的侵权认定。第 9 条还明确“新闻单位对生产者、经营者、销售者的产品质量或者服务质量进行批评、评论,内容基本属实,没有侮辱内容的,不应当认定为侵害其名誉权;主要内容失实,损害其名誉的,应当认定为侵害名誉权”。

在司法实践中,应当适用失实报道侵犯名誉权的情形大量存在,审判法官已经具有丰富的经验。传统的媒体多为报纸、杂志等纸质传媒,因报道内容失实给被报道人带来名誉贬损。例如,1989 年 5 月 30 日记者羊某某在四川某报发表一篇报道,披露著名影星刘某某“偷漏税上百万元”,税务机关据此进行调查,发现事实并非如此。后刘某某以该报和作者侵害其名誉权为由提起诉讼,法庭最后判定这条新闻贬低了刘某某的社会评价,侵害了她的名誉权。法院认为,双方当事人本无个人恩怨,羊某某作为新闻记者,发表文章履行一个记者应有的新闻监督职责,其动机是好的,但有部分内容失实,文章亦有不妥之处,对刘某某的人格造成了损害,应当承担一定的民事责任,刘某某对羊某某及报社提起诉讼,请求保护其名誉权是合法的,但不能否认其确实存在一定的偷税漏税款行为的事实。合议庭在与当事人交谈中,阐明道理、讲清依据,在法院主持下,开庭调解,达成如下协议:(1)羊某某承认“羊文”有失实之处,某些提法不妥,对刘某某的名誉造成了不良影响;(2)羊某某表示愿意用公开的形式对刘某某表示歉意,即在该报刊上撰文澄清事实。由此可见,该案件虽然是通过调解协议的方式结案,但是可以窥见当年法院对失实报道的处理思路,对失实内容采取了及时更正的措施。①

随着互联网技术的发达,网络媒体作为现代主要的传媒工具,海量数据的储存

---

① 参见成都市中级人民法院研究室:《对刘晓庆诉侵害名誉权案的审理和分析》,载《法学》1990 年第 11 期。

和传播技术，已经使信息报道主体不再局限在新闻单位，自媒体的广泛建立和信息传播的成本降低，促进越来越多的信息发布来源趋于多元化。报道失实的侵权也不仅被圈定在新闻单位媒体中，报道主体已经扩大到新闻业以外的单位和自媒体主体。例如，2014 年上海新世纪机器人有限公司与北京泡泡信息技术有限公司名誉权纠纷案，[①]就是新闻业以外媒体侵犯他人名誉权的典型案例。其基本案情为：业界有一定影响力的信息公司通过测试 7 款不同品牌的自平衡电动车（均非全新车辆）后，通过官网发布测评文章并被广泛转载，其中设备公司的电动车综合排名倒数第二，信息公司建议消费者“慎重购买”，设备公司以名誉权侵权起诉并索赔 5 万元。法院认为：（1）侵权行为成立须要求侵害他人权利的行为具不法性。若被告证明有违法阻却事由可不负侵权责任。行为人有正当行使言论自由、批评建议等合法权利的自由，但任何自由均存在界限。首先，评论建议应具公正性。任何一项针对不同品牌产品性能的对比性测试，只有在相同的产品条件和质量标准下进行才具有科学性及正当性。信息公司测评文章测试对象为 7 款不同品牌的自平衡电动车，均非全新车辆。但陈旧度是否一致，该测评文章并未交代。在此背景下进行续航能力、速度、操控性等方面测试，显然无法真实反映特定自平衡电动车的相关性能。设备公司所生产电动车续航能力及最高车速，根据国家轻型电动车及电池产品质量监督检验中心所出具的《检验报告》，均符合相关标准，并非如测评文章所显示的数据参数。故在上述测试基础上得出的结论与建议缺乏公正性，易对消费者产生误导作用。其次，评论建议应与公共利益有关。在通常情况下，对产品的评价仅限于对产品性能参数及优劣作出客观描述，消费者根据自身需求及偏好自行判断是否值得购买。信息公司测评文章虽提示测试结果仅为参考，但却于文章最后进行综合推荐指数评分并提出购买建议，其中针对设备公司电动车作出“慎重购买”建议，显已超出纯粹测评范畴，转为带有引导性的推荐。故应认定设备公司发布诉争测评文章行为缺乏合法性基础。（2）作为一名通过网购的普通消费者，对 7 款不同品牌的自平衡电动车均采取亲身体验与对比后再作出购买决定的概率不大，更多是通过网络途径获取产品信息，信息公司测评文章通过对市场主流的自平衡电动车进行汇总测评并作出购买建议，无疑会对消费者购买意向产生更大心理影响，给设备公司产品不合理地增加了负面作用。同时，测评文章被广泛转载，传播范围广泛，足以造成社会公众对设备公司产品社会评价降低的后果。（3）信息公司制作并发布的本案测评文章涉及对设备公司产品的负面评价，并对消费者作出

---

① 参见上海浦东新区法院民事判决书，（2014）浦民一（民）初字第 39872 号。

慎重购买的建议,系建立在缺乏正当性的测试标准基础之上,应认定信息公司存在主观过错,其行为与设备公司名誉受损之间存在因果关系,判决信息公司删除其官网上文章,并刊登致歉声明,赔偿设备公司公证费、律师费7000元。可见,对商家产品作负面评价,并对消费者作出慎重购买建议的测评文章,如建立在缺乏正当性的测试标准基础之上,可能侵犯对方名誉权。该判决即是针对网络媒体的评价性报道失实给被报道人带来商誉贬损作出的司法判决,该判决支持了受害人的删除权,对于纠正失实报道,减少受害人损失具有重要的司法实践意义。

在《民法典》起草过程中,是否规定失实报道侵犯名誉权的规则是人格权编起草过程中的一个重要问题。最高人民法院作为重要的参与法典编纂的单位,就这一问题展开积极的论证,在总结以往审判经验的基础上提出了失实报道侵权后赋予受害人更正或者删除的请求权,这对于约束媒体遵循报道的真实性,保障公民和法人的名誉权具有明显的实践价值。立法机关在综合各方意见的基础上,确立了失实报道侵犯名誉权的更删权。此即《民法典》第1028条的规定:“民事主体有证据证明报刊、网络等媒体报道的内容失实,侵害其名誉权的,有权请求该媒体及时采取更正或者删除等必要措施。”

二、报道内容失实的具体认定

内容失实的认定是失实报道侵犯名誉权制度的重点和难点。明确内容失实的判断标准,是指引法官作出恰当裁判的关键。就内容失实而言,可以分为两种类型,即主要事实要素失实和细节事实要素失实。一方面,从语义解释来看,“主要事实”或者“主要内容”是对报道材料起主要的、根本的、决定性作用的要素,构成了报道材料的基本事实、具体行为等方面的内容。从司法裁判角度看,主要事实的认定不应仅仅衡量事实内容所占的“量”的比重,而是要看该部分的内容与相对人的名誉关联的实质程度,那些与相对人的名誉产生质的影响的内容即可以认定为主要内容或者基础内容。需要特别说明的是,在司法实践中,出现相关纠纷较多的类型是发表批评报道,批评报道的目的本来就是通过舆论监督不合理、不合法的行为或现象,通过批评报道,公众对于被报道人肯定会降低评价,得到一个对公众公正的结果。然而,司法裁判时不能仅从社会公正的角度衡量,还要考量报道的主要内容的定性是否正确,如若报道对于事实中体的叙述与事实情况相符,但是报道者所下的结论与事实本质相左,导致不了解真相的公众对当事人产生误解,则也应当属于报道失实。

另一方面,"细节事实要素"可解释为非主要事实或者不占据主导的要素。对此,《辞海》解释为:细腻地描绘人物性格、事物发展、社会环境和自然景物的最小的组成单位。那么,细节失实可否构成事实失实呢?报道媒体常以仅细节失真而主要事实真实作为报道属实的抗辩理由。而根据我国现有司法解释并非此种判断视角,如上文司法解释条文所示:"客观准确"作为判断失实的标准,而非以是否属于细节失真来加以判断。细节描述常见于细微之处,但作用不一定微小。如在批评报道中用细节表述可能较之于报道者直抒胸臆更显客观、更具说服力,有些细节所产生的负面评价不逊色于主要事实失实的后果。因此,判断报道内容是否失实,并非考察内容是否主体抑或细节,而是失实要素与社会评价所产生的实质关联,虚假的细节表述,也可能促成错误的评价致使相对人名誉受损。这里需要强调的是,如果细节表述仅仅存在个别用词不当,并不影响公众对报道基本事实的认识错误,则不构成报道失实。而细节表述导致社会错误的评价并侵害他人名誉的,应当认定为构成报道失实。

专题六　信用评价保护

一、信用和信用保护立法

理论界一般认为,信用是主体在社会中应受的经济能力上的评价。信用并不单指主体的偿债能力,还包括对其产品的质量、售后服务情况等其他方面的评价。[①]中国人民银行征信中心对信用的定义为:"信用:指在交易的一方承诺未来偿还的前提下,另一方为其提供商品或服务的行为,是随着商品流转与货币流转相分离,商品运动与货币运动产生时空分离而产生的。信用既是社会经济主体的一种理性行为,也是一种能力体现。"[②]

美英等普通法传统国家或地区则是通过颁布单行法律对信用权进行保护。在英国、美国没有明确的信用权概念,他们通过对信用信息征信过程中隐私权的保

---

① 参见王利明:《人格权法》,中国人民大学出版社 2009 年版,第 257 ~ 258 页。

② 《征信的基本知识》,载中国人民银行征信中心:http://www.pbccrc.org.cn/zxzx/zxzs/201401/a01d28731de24b1192402cd7889e11a3.shtml,最后访问日期:2020 年 5 月 4 日。

护,来保护权利主体的"信用权"。国内首先对信用权规范的是1993年《反不正当竞争法》。该法第14条规定:"经营者不得捏造、散布虚伪事实,损害竞争对手的商业信誉、商品声誉。"该条被认为是对信用权的间接规定,实际上起到保护信用权的作用。此外,我国《公司法》亦规定"个人所负数额较大的债务到期未清偿的,不得担任公司的董事、监事、高级管理人员。对信用差的人员,限制担任高管的资格"。该条也被认为是对信用的间接保护。《名誉权司法解释》第9条也被认为是有关商品信誉的保护性解释。该条规定:"消费者对生产者、经营者、销售者的产品质量或者服务质量进行批评、评论,不应当认定为侵害他人名誉权。但借机诽谤、诋毁,损害其名誉的,应当认定为侵害名誉权。"总体而言,我国关于信用保护的立法都非常零散。

在我国《民法典》起草过程中,很多学者呼吁要效仿大陆法系的很多国家,在《民法典》中专门规定信用权对信用进行保护。但正如有些学者所言,在我国《民法通则》《民法总则》《侵权责任法》已经明确将名誉法益纳入保护范围的情况下,似已没有必要再创设一项信用法益或信用权。"那种试图将各种可能的人格法益都称为权利的做法,其价值仅在于创造了众多权利概念,而这些所谓的权利却几乎没有任何实质内容。"[①]我国最终选择将信用纳入名誉权中进行一体保护。

二、信用评价

信用评价,也被称为信用评估、信用评级、资信评估、资信评级等。信用评价是由专业机构,根据"客观、公正、科学"原则,以一套相关指标体系及评估方法为考量基础对各类市场的参与者经济承诺的能力及可信任程度进行综合评价的活动。根据评价的对象不同,信用评价可以分为个人信用评价、企业信用评价、证券信用评价、国家主权信用评价以及其他信用评价等。

一般认为,信用评价是以信用方程式予以表达并揭示出信用与主体品格、能力、资本有关,即良好的信用=品格+能力+资本;欺诈的信用=能力-品格-资本。[②] 从比较法上看,美国的信用评价采用的是信用评级方法,包括经验判断法和信用评分法。一方面,由当事人对对方的资信状况予以经验估计;另一方面,则由专门机构对顾客信用予以评级。美国大学国民银行(University National Bank)采取的就是"5C"与"4C"标准。"5C"指品质(Character)、能力(Capacity)、资本

① 韩强:《人格权确认与构造的法律依据》,载《中国法学》2015年第3期。

② 参见刘乐平主编:《信用评级原理》,中国金融出版社2012年版,第72页、第73页、第151页。

(Capital)、担保(Collateral)和环境(Condition);"4C"则包括品质、能力、资本和信息披露(Disclosure)。①

三、信用评价人

2012年,国务院颁布的《征信业管理条例》第5条规定:"本条例所称征信机构,是指依法设立,主要经营征信业务的机构。"《民法典》第1029条"信用评价人"也可以被解释为"依法设立,主要经营信用评价业务的机构"。根据《征信业管理条例》第6条规定,设立经营个人征信业务的征信机构,除要求符合《公司法》设立条件和下列条件外,并经国务院征信业监督管理部门标准:(1)主要股东信誉良好,最近3年无重大违法违规记录;(2)注册资本不少于人民币5000万元;(3)有符合国务院征信业监督管理部门规定的保障信息安全的设施、设备和制度、措施;(4)拟任董事、监事和高级管理人符合本条例第8条规定的任职条件;(5)国务院征信业监督管理部门规定的其他审慎性条件。同时,中国人民银行作为征信机构的监督管理部门,2013年还颁布了《征信机构管理办法》,对征信机构的设立、变更与终止;高级任职人员管理以及中国人民银行对征信机构的监督管理等内容进行了规定。对信用主体的信用评价,最重要的是专业机构的专业评价,而不是公众的社会评价。专业机构基于信用主体资产、能力、品格的评价,因其评价方法、模型、数据分析等科学方法的运用,其评价结果才能是客观的、公正的。

目前,我国最主要的信用评价机构为人民银行征信中心。该中心的征信系统收集的信息以银行信贷信息为核心,另包括企业和个人基本信息以及反映其信用状况的非金融负债信息、法院信息和政府部门公共信息等,如工商、环保、质检、税务、法院等部门的行政处罚与奖励、公积金缴存、社保缴存和发放、法院判决和执行、缴税和欠税、环保处罚、企业资质等信息。《征信业管理条例》将央行的征信系统定位为国家的"金融信用信息基础数据库"。

我国市场化的信用评价机构,目前仍在发展之中。就行业发展背景而言,国务院于2013年1月颁布《征信业管理条例》,2014年6月发布《社会信用体系建设规划纲要(2014—2020年)》,为我国社会信用评价体系建设提供了基本的建设指南。在此背景下,2014年年底50多家企业征信机构完成备案,2015年1月中国人民银行印发《关于做好个人征信业务准备工作的通知》,授权芝麻信用、腾讯征信等8家

---

① 参见[美]安东尼·索尼斯:《信用风险度量——风险估值的新方法与其他范式》,刘宇飞译,机械工业出版社2003年版,第20页。

机构开始个人征信业务准备工作,后该8家机构共同发起组建了百行征信,是我国国内目前唯一一家获准进行个人征信业务的市场化公司。另外,中国人民银行、国家发展和改革委员会、财政部、中国证券监督管理委员会于2019年11月联合发布了《信用评级业管理暂行办法》,可见,我国市场化的信用评级机构也在发展之中。

在《民法典》制定过程中,有意见认为,应当明确"信用评价人"的概念,并对"信用评价人"的资质、条件作出规定。因此,有人建议将《民法典》第1029条"信用评价人"限定为国务院征信业管理部门批准的主体。由于《征信业管理条例》《征信机构管理办法》等行政规章对信用评价主体都已有规定,且信用行业正处发展之中,《民法典》第1029条并没有对"信用评价人"进行更细致的规定。在审判实践中,应当根据相关法律、行政法规等进行判断。

四、信用评价不当

导致信用评价不当的原因有两种:一种是信用评价依据的基础信息有误,导致信用评价有不当,如当事人没有欠费记录,信用记录记载错误导致评价有误;另一种是信用依据的基础信息是真实的,但评价机构的算法模型有错误。以征信业为例,不同征信机构收集的基础信息都一样,但由于算法模型不一样,做出的模型不一样,能否据此认定评价错误?

就信用评价不当问题,目前《征信业管理条例》第25条规定,信息主体认为征信机构采集、保存、提供的信息存在错误、遗漏的,有权向征信机构或者信息提供者提出异议,要求更正。《民法典》第1029条规定,"民事主体可以依法查询自己的信用评价;发现信用评价不当的,有权提出异议并请求采取更正、删除等必要措施"。立法对"信用评价不当"并没有区分是信用基础信息错误的评价不当,还是信用评价模型带来的信用评价差异。《个人信息数据库暂行办法》第16条规定,个人认为本人信用报告中的信用信息存在错误(以下简称异议信息)时,可以通过所在地中国人民银行征信管理部门或者直接向征信服务中心提出书面异议申请。该暂行办法针对个人信用信息错误原因分别规定了异议和更正程序。针对信息处理过程中存在的错误,《个人信息数据库暂行办法》第17条第2款规定,征信服务中心发现异议信息是由于个人信用数据库信息处理过程造成的,应当立即进行更正,并检查个人信用数据库处理程序和操作规程存在的问题。针对商业银行报送的信息有误的,《个人信息数据库暂行办法》第19条规定,商业银行应当在接到核查通知的10个工作日内向征信服务中心作出核查情况的书面答复。异议信息确实有误的,商业银行应当向征信服务中心报送更正信息。可见,《个人信息数据库暂行办法》对因商业银行报送的信息有误和因数据库处理导致的信息有误,都规定了相应更正程序。目前,《民法典》没有区分就这一问题,在审判实践中,是否有必要结合政府机关颁布的规章制度等进行审慎判断。本书认为,对于基础信用信息错误,导致的信用评价不当比较好判别,但对于信用是否存在错误,应当看评价机构在评价过程中是否存在恶意、过错或者过失。如果信用评价机构故意运用错误方法或错误数据,导致评价结果发生显著偏离或错误的,应当承担民事责任。与此同时,监管机构对于评价机构还应当给予行政处罚。

五、信用评价保护

《民法典》第 1029 条及有关法律法规中关于信用评价保护措施主要包括:

1. 保护对象。该条规定“民事主体可以依法查询自己的信用评价”,有权查询自己信用评价的主体不仅局限于自然人,还包括法人和非法人组织。

2. 保护内容。

(1)查询信用评价。《民法典》第 1029 条规定,民事主体可以依法查询自己的信用评价。关于民事主体查询信用评价,《征信业管理条例》第 17 条规定,信息主体可以向征信机构查询自身信息。个人信息主体有权每年两次免费获取本人的信用报告。对于查询他人信用信息的,《征信业管理条例》第 18 条规定,向征信机构查询个人信息的,应当取得信息主体本人的书面同意并约定用途。但是,法律规定可以不经同意查询的除外。征询机构不得违反前款规定提供个人信息。

(2)不良记录告知义务。《民法典》第 1029 条并没有规定不良记录告知义务。《征信业管理条例》第 15 条规定,信息提供者向征信机构提供个人不良信息,应当事先告知信息主体本人。

(3)异议权和更正、删除权。为了维护权利人的权利,《民法典》第 1029 条赋予了权利人对信用评价的异议权、更正权和删除权,并赋予了评价机构核查更正的义务。异议权,即民事主体发现信用评价不当的,有权提出异议的权利。更正、删除权,即针对不当的信用评价,权利人有权要求对这些评价进行更正、删除。

六、信用评价不当侵害名誉权的法律后果

虽然《民法典》第 1024 条已将“信用”纳入名誉权进行保护,但在审判实践中,就相关的侵权行为损害事实、因果关系与主观过错等基本的民事权益以及举证责

任赔偿认定方式等问题法律都没有明确规定。立法原则性地规定信用评价不当的民事责任具体问题,主要考虑如下:一是我国信用市场还处于发展的初级阶段,覆盖全社会的征信系统尚未完全形成,尚未建立完善的社会信用体系,原则性的规定更有利于鼓励征信行业的培育和发展;二是司法实践中信用评价不当的司法案例很少见。即使如美国这样信用体系完整的国家,也有因信息评估错误的侵权责任而产生同案不同判的裁决。连美国学界也认为不能仅由于评估事后证明不合理而得出评估错误的结论,就要求征信机构承担责任。[①] 但对于信用信息的民事责任处理原则,《民法典》第1030条进行了指引性规定:“民事主体与征信机构等信用信息处理者之间的关系,适用本编有关个人信息保护的规定和其他法律、行政法规的有关规定。”信用评价更多地体现是对民事主体的评价,但与民事主体与征信机构、信用信息处理者之间的关系,更宜适用个人信息保护规定。同时,国务院发布的《征信业管理条例》,中国人民银行发布的《征信机构管理办法》等行政法规、部门规章有规定的,也应当适用。

专题七　信用信息保护制度

一、信用信息

信用信息,是指与个人信用相关的客观信息。民事主体的信用信息是个人信息权所要保护的对象之一。目前我国征信体系采用二元征信模式:个人征信系统和企业征信系统。依据该体系可以将信用信息分为个人信用信息和企业信用信息。

1. 个人信用信息。个人信用信息是个人在信用交易活动中形成的履行或不履行义务的记录及相关数据。对于个人信用信息的内容和范围,不同的国家有不同的规定。[②] 它的内容可能涉及两个方面:一方面,个人信用状况的客观记录,包括身份识别信息、商业信用信息、公共记录信息(如欠税记录、民事判决记录、强制执行

---

① 参见宋佳儒、肖宇:《大数据背景下错误信用评估侵权救济探析》,载郭锋主编:《证券法律评论》2018年卷,中国法制出版社2018年版,第242页。

② 参见张新宝:《隐私权的法律保护》,群众出版社1997年版,第4~6页。

记录、行政处罚记录、电信欠费信息）；另一方面，征信机构的主观评价信息，通过信用数据的征集、加工分析后得出的个人信用报告和信用评级信息。[①] 根据《个人信用信息数据库暂行办法》第 4 条的规定，个人信用信息包括个人基本信息、个人信贷交易信息以及反映个人信用状况的其他信息。个人基本信息，是指自然人身份识别信息、职业和居住地址等信息；个人信贷交易信息，是指商业银行提供的自然人在个人贷款、贷记卡、准贷记卡、担保等信用活动中形成的交易记录；反映个人信用状况的其他信息，是指除信贷交易信息之外的反映个人信用状况的相关信息。

2. 企业信用信息是全面记录企业各类经济活动，反映企业信用状况的文书，是企业征信系统的基础产品。企业信用信息是信息主体的"经济身份证"。中国人民银行公布的《企业信用信息基础数据库管理暂行办法》（征求意见稿）中在附则第 37 条第 3 款、第 4 款中对企业的信用信息的内容进行了规定："本办法所称借款人、担保人信用信息包括借款人、担保人的基本信息、信贷业务信息以及反映其信用状况的其他信息。前款所称借款人、担保人基本信息，是指借款人、担保人的概况信息及财务信息；信贷业务信息是指金融机构提供的借款人、担保人在贷款、担保、保理、票据贴现、信用证、保函、银行承兑汇票等信用活动中形成的交易记录；反映信用状况的其他信息是指除基本信息、信贷业务信息之外的反映借款人、担保人信用状况的其他相关信息。"

二、信用信息的保护对象

《民法典》第 1030 条规定沿用了名誉权享有主体的一贯表述——"民事主体"，包括自然人、法人和非法人组织。但对于法人和非法人组织的"信用信息"，也就是企业信用信息，在实践中能否成为《民法典》第 1030 条规定的保护对象，以及如何实现企业信用信息的民法保护，仍然存在需要在实践中对接的条款。法人和非法人组织对信用信息的享有权、知情同意权、查询权、利用权、更正删除权等应当和自然人一样，但也不能和自然人一样完全按照《民法典》第四编人格权第六章个人信息保护的相关规定进行适用。信用信息，特别是企业信用信息，也是政府管理机制重要内容，法人、非法人组织的信用信息是政府机构信息资源管理以及数据库建设的主要对象。因此，《民法典》第 1030 条规定，不仅要适用个人信息保护的规定，还要适用其他法律、行政法规的有关规定。

---

① 参见艾茜：《个人征信法律制度研究》，中国政法大学 2006 年博士学位论文。

三、个人信用信息的民法保护

如果禁止个人信用信息的披露,会妨碍相对人决策的制定,增加交易成本。然而,允许对个人信用信息毫无限制地披露则无异于是对个人权利的践踏。因此,在允许个人信用信息开放的同时,必须加强对个人信用信息的保护。

(一)个人信用信息保护的立法情况

个人信息保护单独立法之外,世界上其他国家大多以个人资料保护为中心建构个人信用信息保护制度和强化个人权利的保护,如英国《资料保护法》,瑞典《个人资料保护法》,加拿大《个人信息和电子文档保护法》以及联合国、OECD 和欧盟先后制定的有关个人资料保护的国际公约,如《欧盟个人数据保护指令》《欧共个人数据自动化处理的个人保护协定》《保护隐私及跨国交流个人资料准则》等。信用资料只是个人资料保护的内容之一,除此之外,还包括医疗、保健、营销等一系列个人信息。我国也采取这种模式,将信用信息纳入个人信息进行保护。

我国非常重视对个人信用信息的保护。国务院发布的《社会信用体系建设规划纲要(2014—2020 年)》明确指出:建立信用信息分类管理制度。制定信用信息目录,明确信用信息分类,按照信用信息的属性,结合保护个人隐私和商业秘密,依法推进信用信息在采集、共享、使用、公开等环节的分类管理。加大对贩卖个人隐私和商业秘密行为的查处力度。建立信用信息侵权责任追究机制。制定信用信息异议处理、投诉办理、诉讼管理制度及操作细则。进一步加大执法力度,对信用服务机构泄露国家秘密、商业秘密和侵犯个人隐私等违法行为,依法予以严厉处罚。通过各类媒体披露各种侵害信息主体权益的行为,强化社会监督作用。2013 年 1 月 21 日,为规范征信活动,保护当事人合法权益,引导、促进征信业健康发展,推进社会信用体系建设,国务院公布《征信业管理条例》。《征信业管理条例》适用于在我国境内从事个人或企业信用信息的采集、整理、保存、加工,并向信息使用者提供的征信业务及相关活动。《征信业管理条例》对征信机构、信息提供者和信息使用者的行为,以及征信机构的监督管理进行了全面规范。

(二)我国个人信用信息保护的司法实践

在《民法典》规定信用权益保护前,由于我国法律并没有明确将个人信用信息作为一项独立的民事权利给予特殊保护。因此,在司法实践中,对于个人信用信息民事权益的保护主要通过名誉权、姓名权或者按照合同纠纷进行救济。

1. 案由选择。一般选择名誉权纠纷案件、侵权责任纠纷案件、一般人格权纠纷案件、姓名权纠纷案件、合同纠纷案件等案由进行诉讼。

2. 案件类型。以第三人伪造签名、冒用受害人身份致使个人信息权益受损而引发诉讼为主，还有因为银行内部工作人员输入错误导致个人信用受损以及因超过5年不良记录法定保存期限引发的纠纷。①

3. 责任主体。若第三人冒用被侵权人的身份信息，在银行办理贷款或开办信用卡，逾期未还款，导致被侵权人在征信中心产生不良记录，一般以金融机构为被告。如果能够找到身份冒用人的，也有直接将身份冒用人列为共同被告。部分案件也有将中国人民银行征信中心列为共同被告的。

4. 关于有个人信用信息保护模式。在司法实践中，法院在处理侵害信用利益有关纠纷时大致有以下3种模式可供选择：一是名誉权保护模式。此种方案下法院的裁判亦存在分歧：一种观点认为，侵害信用即是侵害名誉，对二者不予区分。理由在于，中国人民银行的征信系统相对封闭，只有特定主体因法定事由才能对该系统内的有关记录进行查询，且这些记录并未在不特定对象中进行传播，也并未造成受害人的社会评价降低的不利后果，故不能认定其构成名誉权侵权。② 基于同样的案情，另一种观点认为，征信系统的封闭性为相对封闭性，在银行信用市场上，信用评级公开且为交易时不特定的第三方所知，且信用利益有其独立价值，因此加害人的行为构成侵权，故须通过名誉权对其进行保护。《民法典》颁布后，对信用评价的保护已经被明确纳入名誉权的保护范围。在审判实践中，应当注意区分信用评价不当的认定与其他名誉权侵害的认定标准问题。对于其他侵害名誉权的认定，名誉受损为不特定第三方所知悉是侵害名誉权的重要认定标准。而就信用评价而言，该标准并不适用。信用评价虽未在不特定人中传播，但民事主体因信用评价不当导致其生产、生活受限应当成为重要判断标准。二是姓名权保护模式。这类保护一般发生且通常发生于“冒名骗贷型”案例中。此类案件通常存在的问题包括：在这类案件中，法院一般能支持原告的诉讼请求，然而，在是否应承担损害赔偿责任这一问题上裁判者之间存在分歧。有的法院判决被告消除不良信用记录，向原告赔礼道歉，但驳回了原告损害赔偿之请求，也有的法院判决被告赔偿原告的经济损失和精神损失。另一个问题就是商业银行是否因疏于审查作为共同侵权人与冒

---

① 参见张继红：《个人信用权益保护的司法困境及其解决之道——以个人信用权益纠纷的司法案例(2009—2017)为研究对象》，载《法学论坛》2018年第3期。

② 如周某芳诉中国银行股份有限公司上海市分行名誉权纠纷案，载《最高人民法院公报》2012年第9期。参见四川省乐山市中级人民法院民事判决书，(2016)川11民终字第727号；山东省肥城市人民法院民事判决书，(2017)鲁0983民初2560号等。

名骗贷人一起共同承担责任,各地法院的认定也有差别。三是一般人格权保护模式。法院以一般人格权为信用利益纠纷裁判依据的基本思路是,信用利益属于与名誉权有别的人格利益,且在我国现行民事权利体系中无此规定,故须通过权利保护的兜底性条款进行保护。①

四、对《民法典》第1030条信用信息保护规定的理解

《民法典》第1030条规定,民事主体与征信机构等信用信息处理者之间的关系,适用本编有关个人信息保护的规定和其他法律、行政法规的有关规定。关于人格权编有关个人信息保护的规定,主要包含以下内容。

1. 采集信用信息是否以被征信人的同意为前提。根据《民法典》第1035条的规定,一般情况下采集个人信用信息需要权利人或其监护人的同意,但是法律、行政法规另有规定的除外。如果法律、行政法规规定不需要权利人或其监护人同意,采集个人信用信息也可以不经其或其监护人同意。

2. 保护个人信用信息的准确性。《民法典》第1037条赋予了信息权利人知情权、异议权和要求更改权。第1037条规定:"自然人可以依法向信息处理者查阅或者复制其个人信息;发现信息有错误的,有权提出异议并请求及时采取更正等必要措施。自然人发现信息处理者违反法律、行政法规的规定或者双方的约定处理其个人信息的,有权请求信息处理者及时删除。"所谓知情权,是指权利人在一定的前提下查询本人信用信息的权利。所谓异议权是指权利人对自己信用信息中不真实的信息,有提出不同意见的权利。更改权,是指权利人对自己信用信息中不真实的信息,有提出修改的权利。

3. 个人信用信息安全的保护。《民法典》第1038条规定:"信息处理者不得泄露或者篡改其收集、存储的个人信息;未经自然人同意,不得向他人非法提供其个人信息,但是经过加工无法识别特定个人且不能复原的除外。信息处理者应当采取技术措施和其他必要措施,确保其收集、存储的个人信息安全,防止信息泄露、篡改、丢失;发生或者可能发生个人信息泄露、篡改、丢失的,应当及时采取补救措施,按照规定告知自然人并向有关主管部门报告。"第1039条规定:"国家机关、承担行政职能的法定机构及其工作人员对于履行职责过程中知悉的自然人的隐私和个人信息,应当予以保密,不得泄露或者向他人非法提供。"安全管理对权利人权益保障

① 参见刘欢:《法教义学视角下信用利益之损害赔偿责任研究》,载《南华大学学报(社会科学版)》2019年第2期。

至关重要,无论是信息提供者还是征信机构等信用信息的收集者、控制者对信息的采集、存储和报送都要采取严密的保护措施,防止个人信息被窃取、篡改、毁损、灭失或泄露。

4. 其他法规规章对信用信息保护规定。《征信业管理条例》在征信业务活动中保护个人信息安全方面也有全面的规定。一是明确个人征信业务规则。除采集个人信息应当经信息主体本人同意外,规定向征信机构提供个人不良信息的,应当事先告知信息主体本人;征信机构对个人不良信息的保存期限不得超过5年,超过的应予删除;除法律另有规定外,他人向征信机构查询个人信息的,应当取得信息主体本人的书面同意并约定用途,征信机构不得违反规定提供个人信息。二是明确规定禁止和限制征信机构采集的个人信息,包括:禁止采集个人的宗教信仰、基因、指纹、血型、疾病和病史信息以及法律、行政法规规定禁止采集的其他个人信息;征信机构不得采集个人的收入、存款、有价证券、不动产的信息和纳税数额信息,但征信机构明确告知信息主体提供该信息可能产生的不利后果,并取得其书面同意采集的除外。三是明确规定个人对本人信息享有查询、异议和投诉等权利,包括:个人可以每年免费两次向征信机构查询自己的信用报告;个人认为信息错误、遗漏的,可以向征信机构或信息提供者提出异议,异议受理部门应当在规定时限内处理;个人认为合法权益受到侵害的,可以向征信业监督管理部门投诉,征信业监督管理部门应当及时核查处理并限期答复。个人对违反《征信业管理条例》,侵犯自己合法权利的行为,还可以依法直接向人民法院提起诉讼。四是严格法律责任,对征信机构或信息提供者、信息使用者违反《征信业管理条例》,侵犯个人权益的,由监管部门依照《征信业管理条例》的规定给予行政处罚;造成损失的,依法承担民事责任;构成犯罪的,依法追究刑事责任。

专题八　荣　誉　权

一、荣誉权制度概述

所谓"荣誉",是民事主体在社会活动中基于突出表现,由政府、企业或者其他社会组织所给予的积极评价。例如,"全国劳动模范""感动中国人物""三八红旗手”“十佳法官”“英雄模范人物”“信得过企业”等。荣誉其实质是一种社会评价,在社会生活中被授予荣誉的对象一般为自然人、法人和其他组织。荣誉授予的主体往往是专业化的团体或组织,而自然人不太可能授予他人荣誉。荣誉授予的过程通常是特定团体凭借专业化的标准,依照特定的程序,对自然人或者法人作出积极的正式评价。对于荣誉权的界定,《法律辞典》释义为:“公民、法人因自己对社会的突出贡献而获得各种光荣称号及其他良好评价的权利。”[①]有学者指出,荣誉权是“民事主体对其获得的荣誉及其利益所享有的保持、支配的基本身份权”;[②]另有学者指出,“荣誉权是指公民和法人对自己的荣誉称号所享有的不受他人非法侵害的权利”。[③] 基于荣誉的界定,荣誉权可以被阐释为获得荣誉的主体保持、支配荣誉的权利,即“获得荣誉的主体可支配即利用、凭借自己的荣誉,参与民事活动,此为荣誉权”。[④] 其具有两方面的特征:一是荣誉权的客体既包括荣誉本身,也包括荣誉所包含的利益,表现为荣誉权人对于获得的荣誉及其利益的占有权;二是荣誉权既可以是一种既得权,也可以是一种期待权,表现为荣誉权人可以依法向授予人主张应取得的荣誉权利。

二、荣誉权的侵权形态及救济

荣誉权作为一种实然的权利,具有独立存在的必要。其权利内容主要包括两个方面。一是荣誉保持权。即荣誉的获得并非民事主体与生俱有的权利,荣誉的赋予是由于特定主体的突出贡献,民事主体对于自己的荣誉具有的不受他人非法剥夺的权利。“如无正当理由非法剥夺公民的‘劳动模范’和‘先进工作者’等称号或非法剥夺法人的‘先进企业’称号等,将会影响到社会公众对该公民和法人的社会评价。此种情况表明,行为人的行为直接侵害的仍然是荣誉权,只是因为对荣誉权的侵害附带产生了对名誉权侵害的后果,一般仍然应当按侵害荣誉权处理”。虽然“法律规定禁止非法剥夺公民和法人的荣誉称号,但如果主体的行为表明在他不应当继续享有某种荣誉称号,或违背了有关授予其荣誉称号的规定,行政机关和社会组织可以依法剥夺其荣誉称号,此种剥夺尽管导致主体对该项荣誉权的丧失,但并不否定该主体独立人格的存在”。[⑤] 二是荣誉支配权。即民事主体所具有的不受

---

① 浦法仁编写:《法律辞典》,上海辞书出版社 2009 年版,第 89 页。

② 杨立新:《人身权法论》,人民法院出版社 2002 年版,第 585 ~ 586 页。

③ 王利明:《人格权法》,中国人民大学出版社 2009 年版,第 230 页。

④ 李锡鹤:《民法原理论稿》,法律出版社 2009 年版,第 324 页。

⑤ 王利明、杨立新主编:《人格权与新闻侵权》,中国方正出版社 1995 年版,第 310 ~ 312 页。

他人非法干预的权利。荣誉获得者因荣誉而获得利益，“对该种利益的占有、控制、利用，但不得将荣誉的精神利益予以处分，如转让享有或转让他人利用”。荣誉获得者可以对因荣誉获得的物质利益进行处分。例如，在社会生活中，在赋予荣誉称号的同时，也可能给予物质奖励，荣誉获得者对这些物质奖励也具有支配权。

在司法实践中，根据荣誉权的内容，从权利保护的角度，可以将荣誉权纠纷的侵权形态大致分为以下三种类型。①

第一，荣誉权取得类。这个类型的案件包括原告请求获得某种荣誉或者保持特定荣誉不受非法剥夺，其与是否应当取得实体权利有关。这一类案件，应当不属于法院民事案件的受理范围，归为行政行为较妥。例如，明某诉深圳市公安交通管理局龙岗大队荣誉权纠纷案，该案中，原告应被告所传达的《关于加强宣传报道的通知》一年内独立在新闻单位发稿 200 多篇。按照文件的规定，80 篇以上者即可报立三等功，并给予 2000 元人民币的奖励，但是原告并未评上三等功，也未获奖励。因而起诉要求为其报立三等功，恢复荣誉未果，双方发生纠纷。② 又如，张某某不服安福县人民政府取消其荣誉证书案，该案中，原告任村党委书记期间，由于开展植树造林活动取得显著成绩，根据《安府发〔1989〕3 号文件》规定被授予一级造林绿化荣誉资格。后原告因在任职期间受到警告处分，根据《安府办字〔1997〕41 号通知》第 6 条规定被撤销荣誉证书，并因此与被告发生荣誉权纠纷。③

第二，荣誉利益的侵害类。因荣誉获得的利益具有不同的性质，如精神利益、奖金以及荣誉证书和奖杯等。在此类案件中，法院通常要对有关事迹是否属于荣誉进行裁判。在多数案件中，法院肯定了权利人提起的荣誉权侵权救济请求。其中，一方面，精神利益可以因诋毁、贬损而遭到侵害；另一方面，物质利益因减损而遭到损害。例如，四川新兴电气研究所诉成都国光电气总公司电子仪表厂等荣誉权纠纷案，该案中，两被告以非法串通并采取欺骗性手段，通过成果鉴定，获得了本应由原告获得的 1994 年国家级新产品和国家级优秀节能产品推荐证书，进而使其遭受经济利益的损失。④ 又如，荣誉标志物侵害的典型案例如何某某诉垣曲县华峰

---

① 参见姚辉、叶翔：《荣誉权的前世今生及其未来——兼评民法典各分编（草案）中的相关规定》，载《浙江社会科学》2020 年第 3 期。

② 参见明某诉深圳市公安交通管理局龙岗大队荣誉权纠纷案，广东省深圳市中级人民法院民事裁定书（2002）深中法民终字第 3753 号。

③ 参见张某读不服安福县人民政府取消其荣誉证书案，江西省安福县人民法院行政判决书（2000）安行初字第 13 号。

④ 参见四川新兴电气研究所诉成都国光电气总公司电子仪表厂、成都国光电器总公司专利权、科学技术成果权、荣誉权、名誉权纠纷案。

乡人民政府荣誉权、返还原物纠纷案。在该案中，根据中宣电〔2005〕59 号《关于做好颁发中国人民抗日战争胜利 60 周年纪念章工作的通知》，原告伯父符合资格得以享受此荣誉章，但由于被告民政所工作人员的失误，致使原告伯父直到 2010 年 12 月 23 日才得到此荣誉章。[①]

第三，荣誉称号记载与更正类。这类型的案件无须判定是否应当获得荣誉称号，裁判焦点集中在荣誉登记的形式是否有误方面。例如，贾某与锦州市教育委员会的荣誉权纠纷。在该案中，原告系市级"优秀学生干部"，但在高考报名中被被告工作人员登记为"三好学生"，丧失了享受加分的待遇，并因此未被重点院校录取。法院认为，被告工作人员的过错行为，致使原告在报考大学的录取中未能享受市级"优秀学生干部"降分投档的待遇，丧失了重点大学录取的机会，支持了原告的诉讼请求。[②] 目前，此类案件不多见，但随着个人信息技术和产业的发展，在未来类似案件数量将增加。

《民法典》第 1031 条赋予了荣誉权人请求救济的途径。该条第 1 款规定了不得非法剥夺、诋毁、贬损他人的荣誉，为侵犯他人荣誉权开拓了一条新的救济路径，并且，该条救济路径在司法裁判中也可以更直接地确认侵权。在之前的司法实践中，诋毁、贬损他人荣誉可以以侵害名誉权作为诉由，因为在荣誉权纠纷中，讼争的行为本身会由于其"诋毁、贬损"的表现对受害人名誉造成损害。此外，荣誉权人获得的荣誉除精神奖励外，还可能有物质利益，如若荣誉权被侵害，物质利益也被侵害。因此，可以根据取得荣誉存在的不同法律关系，获得相应的救济。具体而言，若是政府授予荣誉，则荣誉权人与政府之间就形成具体行政关系；若是社会组织授予荣誉，则荣誉权人与社会组织在财产关系上就形成了合同关系。以上两种法律关系可以分别通过行政诉讼和债权诉讼解决。但是，从整个法律关系的梳理可以看出，这两种纠纷解决的法律关系都没有《民法典》第 1031 条第 1 款规定的法律关系简明，该条款为受害人增加了一条更直接的救济途径。

根据《民法典》第 1031 条第 2 款的规定，荣誉权人可以请求记载或更正错误登记的荣誉称号，即赋予了荣誉权人补正错误荣誉记录的权利。在荣誉权人没有该项权利之前，社会实践中出现应当记载荣誉称号而未记载或者记载错误的，受害人只能基于荣誉颁发机构和荣誉权人之间的基础关系来处理。该条款适用后，荣誉权人被赋予直接的记载或变更的请求权，该请求权可以作为法院裁判的法律依据。

---

① 参见何某桃诉垣曲县华峰乡人民政府荣誉权、返还原物纠纷案，山西省运城市垣曲县人民法院民事判决书(2015)垣民初字第 466 号。

② 参见赵宏伟：《女大学生告倒教委：辽宁省首例侵害学生荣誉权案始末》，载《法制天地》2001 年第 2 期。

第七章　隐私权和个人信息保护

专题一　隐私权的保护

一、隐私的范围

（一）私人生活安宁

所谓私人生活安宁，系指个人私人生活不受他人干涉和侵扰。私人生活的和谐安宁，系自然人维护自身人格尊严和人格完整的重要内容。《民法典》第 1032 条第 2 款将其纳入“隐私”的范围，充分体现了立法者对私人生活安宁保护的重视。在实践中，对私人生活安宁的侵扰，就可能构成对自然人隐私权的侵犯。比如，在李某与黄某某隐私权纠纷再审案中，广东省高级人民法院认为，黄某某在自家住宅大门安装的摄像监控装置虽出于自我防护，但该装置可以完整监控相邻住户李某出入住宅全部情况，记录和存储李某不愿为他人知悉的个人信息，对李某的个人居住安宁造成了侵扰后果，应视为民事侵权。[①]

（二）私密空间

所谓私密空间，系指自然人不愿意为他人所知晓的私密领域，包括物理意义上的私密领域，也包括虚拟空间的私密领域。前者如私人卧室、私人会客室等；后者如电子邮箱、各种云账户等。随着电子计算机信息技术的发展，自然人在网络虚拟空间中的私密领域，越来越多地显现出被暴露的风险，网络空间内的隐私权保护，也越来越受到全社会的重视。近年来，经常发生的黑客侵入私人电子邮箱、QQ 空间、百度网盘等，实际上就侵入了自然人的私密空间，从而构成对权利主体隐私权的侵犯。

（三）私密活动

所谓私密活动，系指与公共利益无任何关联而仅与自然人私人有关的不愿为

---

① 参见广东省高级人民法院民事判决书，（2016）粤民再 464 号。

外人所知晓的行为和活动。在实践中,比较典型的私密活动,如与恋人的约会、性行为等。需要强调的是,即使是参与性行为活动的当事人,在未经对方当事人允许的情况下,亦无权将其与对方的性行为通过图像、声音等方式予以记录。一旦实施此类行为,即构成对对方当事人隐私权的侵犯,应当承担侵权责任。在王某与邢某某隐私权纠纷一案中,法院认为,邢某某在未经王某同意的情况下,将其与王某的性行为拍摄录像,给王某造成了严重的精神伤害,侵犯了王某的隐私权。邢某某应就其侵犯王某隐私权的行为承担赔偿责任。[①]

(四)私密信息

所谓私密信息,系指与自然人人格利益密切关联的能够指向特定自然人,且不愿为外界所知悉的个人信息。一般而言,私密信息都是通过特定的载体呈现出来的。比如,记录自然成长和生活经历的日记,记录自然人疾病情况的病历等。在实践中,容易将私人信息和私密信息相混淆。私人信息并非都是私密信息,因而并非都是隐私。有些已经被个人公开的私人信息,就不属于私密信息,从而不再属于隐私。[②] 在一些情况下,即使属于隐私,但如果权利主体已经自行公开,在责任承担上也会被豁免。《民法典》第1036条第2项就此设有规定,即合理处理自然人自行公开的或者其他已经合法公开的信息,行为人不承担民事责任,但是该自然人明确拒绝或者处理该信息侵害其重大利益的除外。

二、隐私权的一般侵害类型

(一)刺探行为

1. 进入、窥视、拍摄他人的住宅、宾馆房间等私密空间

进入、窥视、拍摄他人的住宅、宾馆房间等私密空间的刺探行为,并不一定针对权利主体而实施。即使趁自然人(权利主体)不在家或不在宾馆时而进入、窥视或拍摄,也构成侵权权利主体的隐私权。在日常生活中,出于安全的考虑,一些家庭会在自己门前安装摄像头,可能会拍摄到邻居家的私人空间。对于这种情况,只要摄像头不对准自己的私人空间的,相邻的不动产权利人之间应该相互予以容忍,不宜动辄认定侵犯隐私权。比如,在白某某与张某某隐私权纠纷一案中,法院认为,虽然涉诉的摄像头可拍摄到院内公共区域,考虑白某某与贾某某、张某某系不动产相邻方,且涉诉的摄像头并未涉及白某某的私密空间。因此,白某某在贾某某、张

---

① 参见北京市第二中级人民法院民事判决书,(2018)京02民终9366号。

② 参见王利明:《人格权法研究》,中国人民大学出版社2005年版,第561页。

某某未明显侵害其利益的前提下亦有一定的容忍义务，故对于白某某要求贾某某、张某某拆除摄像头的诉讼请求，该院不予支持。[①] 另外需要注意的是，有权机关依照法定程序进入或拍摄他人住宅或宾馆房间，则不构成侵权。但是，如果相应的国家机关工作人员将通过职务行为获取的他人私密空间的相关图片、视频资料擅自予以公布，则可能构成侵犯隐私权。

2. 拍摄、录制、公开、窥视、窃听他人的私密活动

此处所谓的他人的私密活动不应作过窄的理解，应理解为既包括在他人私密空间内的私密活动，如在更衣室换衣服等；也包括在非私密空间的私密活动，如在公共浴室洗澡等。无论是私密空间内的私密活动，还是非私密空间的私密活动，都严禁他人拍摄、录制、公开、窥视、窃听等。当然，如果拍摄、录制的他人活动属于公共空间的活动，则不应认定为侵犯隐私权。比如，在刘某某与周某隐私权纠纷一案中，法院认为，本案中的4张照片反映的是刘某某在其自家门市和饭店大厅的“半公共空间”的情况，但是上述场合均为不特定人可以随时进出的完全开放性的公共场合，并非涉及公民隐私的私密空间，且反映的个人生活信息也未向社会公众公布和传播，尚未达到侵害刘某某私生活安宁的程度，故该4张照片亦不构成刘某某隐私权的侵犯。[②]

3. 拍摄、窥视他人身体的私密部位

隐私的重要内容之一是所谓的“身体隐私”，即自然人的身体私密部位。身体私密部位涉及自然人人格尊严和人格完整中最为敏感的部分，自古以来就受到严格的法律保护。在有些情况下，即使没有拍摄或窥视，而是以看似合理合法的理由目睹他人身体私密部位，也构成侵犯他人的隐私权。比如，在一起案件中，若干位女性在观看赌博时被抓，民警强令其脱衣搜身，构成对涉事女性的隐私权的侵犯。[③] 但是，基于合理事由拍摄或观看他人身体私密部位的，则并不构成侵犯隐私权。比如，皮肤科医生基于诊疗需要而查看患者私密部位，影像科医生基于检查需要而拍摄患者身体私密部位等。在实践中，自然人自愿将自己私密部位的图片或视频资料公开后，他人浏览或转发的，不构成侵犯隐私权。但如果自然人公开其私密部位的图片或视频资料后又明确表示撤回的，则此前获得授权的民事主体不得再行转发或公开，否则构成对隐私权的侵犯。

---

① 参见北京市第二中级人民法院民事判决书，(2016)京02民终6654号。

② 参见江苏省扬州市中级人民法院民事判决书，(2018)苏10民终1556号。

③ 参见王利明：《人格权法研究》，中国人民大学出版社2005年版，第614页。

(二)侵扰行为

侵扰,是指以短信、电话、即时通信工具、电子邮件、传单或其他方式侵扰他人的私人生活安宁。在实践中,侵扰行为主要有直接侵扰、通信侵扰和广告侵扰。

1. 直接侵扰行为

直接的侵扰行为有跟踪、盯梢、监听、监视、骚扰等,此类行为直接损害自然人私人生活的安宁,常常会引起自然人的精神痛苦,故而被各国法律所禁止。即使在把言论自由推向极致因而对公众人物隐私权限制颇多的美国,也对于跟踪等侵扰行为严格予以规制。比如,美国前总统肯迪夫人杰奎琳·奥纳西斯(Jacqueline Onasis)及其子女曾长期遭受摄影记者唐纳德·格加莱拉(Donald Galela)的跟踪拍摄,拍摄地点包括学校门口、网球场、游泳馆等场所。奥纳西斯不堪其扰而将该记者诉至法院。法院认为,摄影记者的行为已经构成对奥纳西斯隐私权的侵犯,判决其在一定空间距离内不得接近奥纳西斯及其子女。[①]

2. 通信侵扰行为

除上述直接的侵扰行为外,通过信件、电话等通信方式,侵扰自然人生活安宁的,也构成侵犯隐私权。比如,在李某与兰某隐私权纠纷一案中,法院判决指出,兰某的上述侵权行为,客观上导致李某经常被陌生电话骚扰,干扰了李某的正常生活,给李某精神造成一定程度的损害,兰某应当承担相应的赔偿责任。[②] 同时,在现代社会,超越信件、电话等传统通信手段,新的电子通信手段已经成为人们日常生活不可或缺的组成部分。比如,电子邮件、微信、脸书、QQ 等电子通信工具的普遍运用,使现代人的生活时时处处充满在电子社交的包围之中,这也给借助电子通信手段进行侵扰而实施不法行为提供了可乘之机,使侵扰的行为样态越来越多元。但无论其表现形式如何变化,归根结底其实质仍然是借助特定的电子通信工具实施侵扰行为,只要其行为符合侵犯隐私权的构成要件,一般就应认定侵犯自然人的隐私权。

3. 广告侵扰行为

广告侵扰行为既可能是前述的直接侵扰行为,也可能是通过电子通信手段而实施的侵扰行为,但其实质都是投放商业广告,强迫他人接受广告信息的行为,在法律上构成对他人私人生活安宁的侵扰。在德国法上,曾有较著名的广告投放案。在该案中,原告的信箱内在一段时间内多次受到被告投放的广告,原告深受其扰,

---

① Galella v. Onassis,487F. 2d986(2d Cir. 1973).

② 参见贵州省凯里市人民法院民事判决书,(2018)黔2601民初796号。

留言于信箱,警告投放人员不要再投放类似广告,否则将依法起诉。后来,原告发现其信箱内仍然有被告的广告传单,遂起诉。法院判决认为,按照现代社会生活及市场经济运作,发送广告传单,固属通常,但住宅的所有人或占有人张贴告示,抗拒于其信箱投入广告资料时,对于继续投入广告资料的广告者,应有不作为请求权,因为被告违反了侵害他人不接受广告的自主权。在广告者委托广告公司发送传单时,仍得对其主张此项请求权。广告者应采取可能的法律或其他必要措施,以防止对被害人的侵害。① 虽然在德国法上,类似本案原告这样的权利侵害,委诸一般人格权来保护,即如梅迪库斯教授所言,"越来越多的人将一般人格权用作抵抗不请自来的广告的法律手段",②但那是因为《德国民法典》中没有专门的对隐私权的规定,所以在司法实务上发展出一般人格权理论进行保护。不过,这种保护思路上的不同并不妨碍这样的共识,即对于不请自来的广告,无论是通过一般人格权,还是通过隐私权,都应予以规制。其规制的最终目的,还是更好地保护自然人的人格利益。

(三)泄露或公开行为

泄露或公开行为是侵犯隐私权行为中最传统、最常见的类型,一般是基于合法事由掌握特定自然人隐私的自然人、法人或其他组织,将其掌握的自然人隐私泄露他人知晓的行为。就实践中的情形而言,泄露或公开行为主要有如下几种类型。

1. 泄露或公开患者健康隐私

医院基于健康检查、诊疗等合法事由掌握了患者的部分隐私,如既往病史、家族病史、接触史、身体异常特征等隐私。对于这些隐私,未经患者允许,医院不得扩散至第三人。这里的扩散,既包括故意的披露,也包括过失而导致的泄露。无论故意,还是过失,都构成对患者隐私权的侵犯。在实践中,患者的诊疗报告往往集中记载了患者的上述隐私,因而是非常敏感的个人隐私文件,医院应妥善保管,防止诊疗报告被不当扩散。比如,在张某某与俞某某隐私权纠纷案中,法院判决认为,第一医院作为医疗机构,在未经患者本人同意或缺乏相关部门的合法手续的情况下,不得泄露患者的医疗诊断报告。第一医院在俞某某仅口头提供张某某相关信息和出具书面说明一份的情况下擅自向其提供了张某某的医疗诊断报告,其做法也是错误的。③

---

① MünchKommBGB/Rixecher(4Aufl. 2001), § 12AnhangAnmerkung90. 转引自王泽鉴:《人格权:法释义学、比较法、案例研究》,北京大学出版社 2013 年版,第 233 页。

② [德]迪特尔·梅迪库斯:《德国民法总论》,邵建东译,法律出版社 2001 年版,第 810 页。

③ 参见浙江省杭州市中级人民法院民事判决书,(2017)浙 01 民终 3053 号。

2. 泄露或公开自然人通信隐私

通信自由和通信秘密是自然人隐私权的重要范畴,任何个人或组织,未经法律授权,都不得私拆他人信件、窃听他人电话、拦截他人手机信号、擅自窃取他人电子信件内容。[①] 同时,任何个人或组织,无论是基于合法原因获取上述通信信息,还是基于非法手段获取上述通信信息,均不得再行向第三人泄露,否则,向第三人泄露的行为本身,也将独立地构成对自然人隐私权的侵犯。

3. 泄露或公开自然人身份隐私

自然人的身份隐私,是指表征或确定自然人特定身份的各种隐私资料,包括但不限于:身份证号码、年龄、宗教信仰、私人日记、个人档案、经历信息等。擅自出版他人的私人日记、离婚之夫传播其妻所告知的私事,媒体报道个人不名誉的陈年旧事等,[②]都构成对他人隐私权的侵犯。基于生活事实而得知自然人隐私,但并没有向第三人泄露的,则不构成侵犯隐私权。比如,在孙某与罗某隐私权纠纷一案中,法院判决认为:"原告在婚姻关系存续期间内,书写有关日记,被告在离婚前拍照,离婚后发送给原告,原告并未提交证据证明被告向不特定的第三人披露且造成一定影响,故被告向原告本人手机发送该照片的行为不属于离婚协议书中约定的'流传或转发',不构成侵权,故原告要求被告赔礼道歉、停止骚扰及侵权并依离婚协议书的约定赔偿精神费100,000元的诉求,本院依法予以驳回,但被告应依约将该日记照片删除。"[③]

4. 泄露或公开自然人的家庭隐私

家庭本身并非法律上的主体,但家庭是由具体的家庭成员所组成,与家庭成员集体密切相关的信息如果被泄露,也会直接影响,甚至可能造成对家庭成员个人的隐私权侵害。家庭隐私的范围主要有:家庭的财产状况、家庭成员的婚姻状况、子女状况、家庭生活细节情况、家庭的特定社会关系、家族的遗传病情况等。家庭是个人生活、休养的港湾,每个人都有权确保自己在家休养时不受任何外界的打扰。因此,家庭住址已经不仅是一个单纯的地理意义上的方位,而是承载自然人人格完整和人格尊严价值的具有法律意义的"空间点"。所以,本书认为,家庭的住址常常和家庭生活的安宁,甚至家庭成员的安全具有密切的关系,应当受到隐私权的保护。即使是公众人物的家庭住址也应当受到保护。非法泄露个人的家庭住址,构

---

① 参见王利明:《人格权法研究》,中国人民大学出版社2005年版,第609页。

② 参见王泽鉴:《侵权行为》(第3版),北京大学出版社2016年版,第159页。

③ 参见陕西省西安市高陵区人民法院民事判决书,(2016)陕0117民初3号。

成对隐私权的侵害。[①]

三、侵犯隐私权的民事责任

《民法典》第179条规定了11种民事责任的承担方式,但并非所有责任形式都适用于侵犯隐私权的情形。从隐私权的法律特质及隐私权侵权的损害后果看,在《民法典》所规定的民事责任方式中,适用于隐私权侵权的民事责任方式应只有停止侵害,消除影响、恢复名誉,赔礼道歉及赔偿损失4种。并且,根据《民法典》第179条第3款的规定,以上4种责任方式可以单独适用,也可以合并适用。

(一)停止侵害

停止侵害的责任方式针对任何正在进行或持续进行的民事权益侵害行为。如果加害人正在实施刺探、侵扰、泄露或公开等侵犯隐私权的行为,则权利人可以直接请求停止侵害。加害人拒不履行停止侵害责任的,权利人可以起诉。不过,实践中的隐私权侵权行为,并非总是持续进行的,或者往往已经实施完毕。无论是何种情况,只要侵害行为已经结束,则不再适用停止侵害的责任方式。在隐私权侵权案件中,停止侵害可以有很多具体的执行方式。根据个案的不同,判决加害人删除公开他人隐私的链接或源文件,撤下暴露他人隐私的照片,销毁印有他人私人日记内容的资料,拆除对他人进行监视、监听的摄像摄录设备,禁止对他人进行尾随跟踪等。具体以何种方式执行,需要根据个案的不同情况确定。但无论执行方式如何变化,其目的都是要使正在进行的隐私权侵权行为停止。

(二)赔礼道歉

赔礼道歉的意义在于弥补精神痛苦,这一点决定了其不应适用于法人被侵权的情形。因为,法人或其他组织并不存在心理意义上的"精神"。[②] 而侵犯自然人隐私权的情形,在很多情况下会导致被侵权人(自然人)的精神痛苦,因而赔礼道歉的民事责任方式当然可以适用于侵犯隐私权的情形。由于隐私信息天然排斥公开的原因,赔礼道歉责任方式一般在非公开的场合进行。[③] 不过,赔礼道歉的具体行文(书面道歉)或口头表述(口头道歉)可以根据实际情况调整,只要能够确保在赔礼道歉之时不致使被侵权人的隐私进一步暴露,赔礼道歉也不妨在公开场合进行。有时,公开场合进行赔礼道歉可能更容易使被侵权人的精神痛苦得到弥补。在这

① 参见王利明:《人格权法研究》,中国人民大学出版社2005年版,第611页。
② 参见葛云松:《赔礼道歉民事责任的适用》,载《法学》2013年第5期。
③ 参见王利明:《人格权法研究》,中国人民大学出版社2005年版,第619页。

一点上,赔礼道歉的责任方式应比消除影响、恢复名誉的责任方式更为积极。

需要探讨的是,加害人如果不愿意赔礼道歉时,能否强制其赔礼道歉。对此问题,历来有不同的做法和主张。王泽鉴教授曾就各国法上关于赔礼道歉的态度和法律适用情况进行比较研究,其大致的结论是,英国、美国的法院判决不会要求赔礼道歉,但如果加害人自动道歉的,可以减免赔偿金;德国法院的判决也不会要求赔礼道歉,但可以命令撤回事实陈述。《日本民法》规定法院可以命令被告作恢复原状的适当处分,故赔礼道歉的广告并不违宪。[①] 各国关于赔礼道歉适用上的不同做法和态度,可能与各国法律文化传统和各自的社会现实需要有关。法律本来就有非常鲜明的传统因素和地方性因素,甚至也有非常鲜明的时代因素,在宏观的法律制度体系方面我们都无法希冀一国与他国雷同,则在具体的制度设计上更无法奢求这种划一。就我国的情况而言,从 1986 年《民法通则》开始,就在第 134 条中明确地将“赔礼道歉”作为一种民事责任方式。2009 年公布的《侵权责任法》第 15 条也明确将其确定为侵权责任的承担方式。《民法典》第 179 条再次明确将其确定为民事责任的承担方式。这一立法史表明,我国社会对于赔礼道歉作为民事责任方式的共识是明确的。既然赔礼道歉是一种民事责任,那么当被侵权人不履行法院判决的赔礼道歉义务时,当然可以强制执行。否则,将其明确无误地规定为民事责任方式又有何意义?否定赔礼道歉的重要理由就是认为其不能强制执行,因为这样就侵害了侵权人的所谓“良心自由”,[②]但其实,这是赔礼道歉的强制执行方式问题,不能因此否定赔礼道歉的价值,那样会离间道德与法律的互动,有致市民法沦作“市场法”的风险。[③] 在实践中,如果被告拒不履行生效判决确定的赔礼道歉义务的,人民法院可以选择在相关媒体上刊登判决书的主要内容,刊登费用由被告承担;[④]或者由受害人发表谴责声明而由被告负担其费用的方式替代执行。如果受害人不选择以该方式强制执行,则可以请求被告支付一定的金额,其数额应由法院在判决书中确定。[⑤]

(三)消除影响、恢复名誉

严格意义上讲,消除影响、恢复名誉并非隐私权侵权的民事责任方式。但是,

① 参见王泽鉴:《人格权:法释义学、比较法、案例研究》,北京大学出版社 2013 年版,第 447 ~ 448 页。

② 杜文勇:《认真对待“良心”自由》,载《河北法学》2010 年第 5 期;吴小兵:《赔礼道歉的合理性研究》,载《清华法学》2010 年第 6 期。

③ 参见黄忠:《一个被遗忘的东方经验——再论赔礼道歉的法律化》,载《政法论坛》2015 年第 4 期。

④ 参见北京互联网法院民事判决书,(2018)京 0491 民初 1813 号。

⑤ 参见葛云松:《民法上的赔礼道歉责任及其强制执行》,载《法学研究》2011 年第 2 期。

在实践中侵犯隐私权的行为,往往同时侵犯受害人的名誉权,因而在隐私权侵权案件中,原告往往会主张消除影响、恢复名誉的责任方式。法院经审查认为侵犯隐私权的行为,也使他人社会评价降低的,一般也会判决支持消除形象、恢复名誉的责任方式。但是,需要指出的是,消除影响、恢复名誉的责任方式在执行中往往需要重提涉诉侵权行为等旧事,这样反而会进一步泄露受害人的隐私。因此,在隐私权纠纷案件中,消除影响、恢复名誉的责任方式需要谨慎适用。

(四)赔偿损失

侵犯隐私权的最后一种民事责任方式是赔偿损失。民事责任意义上的赔偿损失,既包括财产损害的赔偿,也包括非财产损害的赔偿。在侵犯隐私权的场合,可能发生财产损失。比如,受害人因他人侵犯其隐私权而花费金钱收回扩散其隐私的资料,或者因隐私权受侵犯而遭受巨大精神痛苦产生的就医诊疗费用。在侵犯隐私权的场合,也可能发生非财产损失。比如,因被告的侵权行为,原告饮食难安,精神抑郁,遭受了非常严重的精神痛苦。这一严重的精神痛苦,就是非财产损失。对于上述财产损失,根据《民法典》第 1182 条的规定,被告应予赔偿。对于上述非财产损失,根据《民法典》第 1183 条的规定,被告也应予以赔偿。在确定财产损害赔偿时,主要根据被害人的实际损失,遵循填平原则进行赔偿。在确定非财产损害时,虽然也是遵循填平原则,但因非物质损害的确定,不易定量,因而应根据《精神损害司法解释》第 5 条,在综合考虑侵权人的过错程度,侵害的手段、场合、行为方式等具体情节,侵权行为所造成的后果,侵权人的获利情况,侵权人承担责任的经济能力以及受诉法院所在地平均生活水平等因素的基础上酌情确定。

四、隐私权侵权责任的抗辩事由

(一)公众人物抗辩

在某些侵犯隐私权的案件中,侵权人(被告)可以被侵权人(原告)为公众人物因而应对侵犯其隐私权有更多的容忍义务为由而请求免除或减轻侵权责任的抗辩,其实质是对公众人物隐私权的限制。

法院在审查公众人物抗辩能否成立时,应把握两个问题。一方面,是认定“公众人物”需要把握其构成要件。公众人物的构成要件有三个,分别是主体要件、主观要件和客观要件。主体要件,是指公众人物必须是自然人。这一要件把法人和非法人团体排除到“公众人物”的范围外。主观要件,是指受公众关注的主观愿望。这种主观愿望既包括本人自认的主观愿望,如本人自认系公众人物;也包括可得推知的本人的主观愿望,主要是从当事人行为、案件无争议事实或有效证据中可以推知的被侵权人的主观愿望。客观要件,是指被公众关注或知悉的客观事实或状态。自然人若只有成为公众人物的主观愿望,尚不足以被认定为"公众人物",只有其既具备主观愿望又有被公众关注的客观事实,方可被认定为"公众人物"。[①] 另一方面,公众人物抗辩仅限于与公共利益有关的范围。对"公众人物"的隐私予以限制,应限定在保护公共利益和公众知情权的必要范围内,而不能将公众人物正当、合理的隐私都予以公开,满足某些人的庸俗兴趣。

(二)公共场所抗辩

公共场所抗辩是指虽然自然人的隐私权受保护,但如果是自然人在公共场所实施的行为,则即使其行为具有私密性,也不应认为暴露该私密行为构成侵犯隐私权。在我国,支持公共场所抗辩的一个著名案例是"复兴中学播放学生接吻视频侵权案"。该案中,法院判决认为,两位学生在晚自习教室内(且有 20 多名学生在场)接吻的行为已超越个人空间的领域,从而不具备隐秘性。[②] 不过,随着科学技术的发展进步,公共场所无隐私的传统认识逐渐受到了挑战,公共场所与私人事务已经无法设置泾渭分明的界限,很多看似在公共场所发生的私人行为,或者仅在公共场所对私人的关注,却可能侵犯他人的隐私权。

从实践中的情况看,公共场所抗辩中的"公共场所"分为两种:一种是有特定公开活动的公共场所;另一种是一般公开场所。对于上述两种公共场所发生的被诉侵犯隐私权的行为,被告均可主张公共场所抗辩,其条件是,原告参与公共场所活动成为公共场景的一部分,[③]在此种情况下,法院可以准许被告以此为抗辩。但若将该普通人在公共场所的活动进行有目的跟踪特写,则构成侵犯其隐私权,不应准许其援用公共场所抗辩。

(三)依法行使职权抗辩

隐私权侵权行为中经常涉及对原告私密空间的侵入,私人事务的侵扰和私密信息的获取。但是,当有权国家机关基于合法事由并履行法定程序后,可以在一定程度上对公民个人的隐私权进行"合法"的侵犯,这就是依法行使职权的抗辩。比如,侦查机关基于犯罪侦查或揭露其他违法事实的需要而对自然人的家庭状况、存款状况、房产状况,甚至对电子邮件、微信记录、私人日记等进行调查了解,此时,不

① 参见丁宇翔:《人格权侵权中"公众人物抗辩"的裁判规则》,载《法律适用》2016 年第 6 期。

② 参见上海市第二中级人民法院民事判决书,(2014)沪二中民一终字第 2106 号。

③ 参见王利明:《人格权法研究》,中国人民大学出版社 2005 年版,第 623 页。

应作为侵权行为对待。再如,公安机关在查处卖淫嫖娼行为时,可能直接闯入私密空间执法,此时也不应将此行为作为侵权行为对待。当然,有权机关基于合法事由和法定程序侵入私人领域也是有限制的,必须遵守法治原则和比例原则,否则将构成公权力的滥用。比如,在搜查女性身体时,应该由女性执法人员实施;因执法需要而查阅他人私人信件时,应以确有必要为限;因执法而获取的他人隐私信息,应控制在最小的范围,并在达成工作目的后应予物理删除等。

专题二　个人信息的收集处理

一、个人信息的法律属性

个人信息,是指以电子或者其他方式记录的能够单独或者与其他信息结合识别自然人个人身份的各种信息,包括但不限于自然人的姓名、出生日期、身份证件号码、个人生物识别信息、住址、电话号码等。① 从这一定义出发,理论与实务界对个人信息的属性有不同的认识。

(一)关于个人信息法律属性的论争

第一种观点认为,个人信息属于隐私权的客体。即个人信息属于所谓的“数据隐私”(Data Privacy),强调对个人数据的控制与利用,对其以隐私权进行保护较恰当。第二种观点认为,个人信息属于人格权的客体。在个人信息下,对其的收集、处理和利用,都直接关系到信息主体个人的人格尊严。因此,对于个人信息应该按照人格权进行保护。这一主张主要是德国、法国等欧陆部分国家的观点。第三种观点认为,个人信息属于财产权的客体。即个人信息体现的是一种财产利益,既然是一种财产权益,则其权利内容可以比照所有权,因而权利主体对个人信息享有占有、使用、收益、处分的权能。② 第四种观点认为,个人信息就是一种独立的权利客体,个人信息所负载的是个人信息权,个人信息就是个人信息权的客体。《民法典》

---

① 此外,最高人民法院、最高人民检察院《关于办理侵犯公民个人信息刑事案件适用法律若干问题的解释》第 1 条也对“个人信息”规定了类似的定义。

② 以上各种观点可参见张平:《大数据时代个人信息保护的立法选择》,载《北京大学学报(哲学社会科学版)》2017 年第 3 期。

第 111 条规定的个人信息,就是个人信息权,是一种具体人格权。[①]

(二)个人信息法律属性的述评

以上关于个人信息法律属性的认识各有所据,值得研究。在个人信息的具体类型中,有很多都与自然人的隐私利益密切相关。比如,个人生物识别信息中的基因,个人健康生理信息中的既往病史,其他信息中的性取向等,都属于个人的隐私。可见,个人信息的确与隐私有很多交叉。但如果因此将个人信息确定为隐私权的客体,则又人为地限缩了个人信息的范围。因为,在个人信息中,同时也有很多信息并不属于隐私,比如,个人姓名、性别、电话号码等。因此,单纯地将个人信息确定为隐私权的客体是以偏概全了。将个人信息视为财产权的客体同样限缩了个人信息的种类和范围。虽然根据黑格尔的学说,个人信息本身并非主体的内在物,主体可以将自有的意志体现在个人信息中,且可根据自由意志对个人信息进行商业利用。[②] 但如果据此认定个人信息属于财产权客体,也未尽妥当。传统民法中的肖像权,也是可以商业利用的权利,但是否可以据此认为肖像权属于财产权呢?所以,将个人信息作为财产权的客体,也不可取。《民法典》第 111 条虽然规定了个人信息受法律保护,但并没有明确将其称为"个人信息权",而在其他条款中,明确将姓名权、身体权、健康权、物权、债权等称为"某某权"。按照体系解释的方法,应当认为立法上并没有完全承认"个人信息权"这样的概念。在《民法典》中,第四编人格权第六章的题目也是"隐私权和个人信息保护",仍然没有用"个人信息权"的表述。这表明,《民法典》仍然没有将个人信息承认为一种独立的权利类型。根据以上分析,排除个人信息的隐私权客体说、财产权客体说以及个人信息权客体说,本书认为,在现阶段,个人信息应当认为属于人格权的客体,在具体的权利表达上,一般可以将个人信息利益归入一般人格权进行保护,也可以直接用个人信息权益来表达。

二、个人信息的分类

(一)政府掌握的个人信息与自然人掌握的个人信息

按照个人信息掌控主体的不同可以将个人信息划分为政府掌控的个人信息、自然人掌控的个人信息、其他组织掌控的个人信息。该分类标准虽然比较周延,但

---

① 参见杨立新:《个人信息:法益抑或民事权利——对〈民法总则〉第 111 条规定的"个人信息"之解读》,载《法学论坛》2018 年第 1 期。

② 参见刘德良:《个人信息的财产权保护》,载《法学研究》2007 年第 3 期。

三种类别下的个人信息存在交叉，如身份证号码由政府提供，自然人自身也控制着身份证号码。对于其他组织掌控的个人信息，主要从隐私权的角度，体现在金融部门、医疗部门、企业经营者等主体对消费者个人信息的保护，但对于其他不能通过隐私权保护的个人信息则缺乏体系化的保护手段。①

上述分类的意义在于，在确定侵犯个人信息的侵权责任时，对于政府掌控的个人信息，应当确立无过错责任原则；而对于其他组织掌控的个人信息，应当确立过错推定责任；对于自然人掌控的个人信息，则应当确立一般的过错责任原则。② 政府以及其他组织相较自然人而言，获取以及通过数据自动处理（大数据）技术处理个人信息的能力更强，更有可能侵犯个人合法权益。并且，由于信息处理的复杂性，一旦发生个人信息的侵害事件，个人对于过错的举证能力相对较弱，因此，上述证明责任的分配标准较合理。

（二）原生的个人信息与衍生的个人信息

按照个人信息产生来源的不同可以将个人信息划分为原生的个人信息、衍生的个人信息。原生的个人信息，是指个人信息通过合法的记录、储存而产生，并不依赖现有数据。原生个人信息的产生是一个从无到有的过程，被记录和储存是其重要技术特征。原生的个人信息并不能被直接使用，也不是大数据交易中所要研究的对象，其可以直接被获取的价值极为有限。衍生的个人信息，是指系统的、通过计算机数据处理系统可读取的、有使用价值的信息，其建立在原生的个人信息被合法记录、存储后，并经过特定的算法计算、加工和聚合之后。相较于原生的个人信息，加工、计算、聚合等处理是其重要特征。③

上述分类的意义在于，一方面，实践中针对原生个人信息，一般不会发生大规模侵权；而针对衍生个人信息，则可能发生针对某一群体的大规模侵权，从而存在提起公益诉讼的必要性。另一方面，针对原生个人信息，司法审判中应强调保护优先；而针对衍生个人信息，因涉及国家的信息产业战略，在强调对衍生个人信息进行保护的同时，需要兼顾衍生个人信息的流通。因此，不宜仅强调对信息主体的保护，而不合理地限制个人信息（数据）的流通。

（三）敏感个人信息与非敏感个人信息

按照信息内容与信息主体是否具有直接相关性可以将个人信息划分为敏感个

---

① 参见阳雪雅：《论个人信息的界定、分类及流通体系——兼评〈民法总则〉第 111 条》，载《东方法学》2019 年第 4 期。

② 参见叶名怡：《个人信息的侵权法保护》，载《法学研究》2018 年第 4 期。

③ 参见李雅男：《数据保护行为规制路径的实现》，载《学术交流》2018 年第 7 期。

人信息和非敏感个人信息。敏感个人信息,是指关涉个人隐私核心领域、具有高度私密性、对其公开或利用将会对个人造成重大影响的个人信息,如有关性生活、基因信息、遗传信息、医疗记录、财务信息等个人信息。[①]《信息安全技术、公共及商用服务信息系统个人信息保护指南》(2013 年 2 月 1 日起实施)将个人敏感信息界定为,一旦遭到泄露或修改,会对标识的个人信息主体造成不良影响的个人信息,包括身份证号码、手机号码、种族、政治观点、宗教信仰、基因、指纹等。信息安全技术《个人信息安全规范》(2020 年)将敏感个人信息定义为,一旦泄露、非法提供或滥用可能危害人身和财产安全,极易导致个人名誉、身心健康受到损害或歧视性待遇等的个人信息。在通常情况下,14 岁以下(含)儿童的个人信息和涉及自然人隐私的信息属于个人敏感信息。就此而言,敏感个人信息基本可以等同于隐私信息。《民法典》第 1034 条第 3 款也规定,个人信息中的私密信息,同时适用隐私权保护的有关规定。而非敏感个人信息,是指敏感个人信息(隐私信息)以外的个人信息。

上述分类的意义在于,敏感个人信息与个人的合法权益联系得更紧密,一旦遭到泄漏或修改将直接侵犯个人的合法权益。因此,对于敏感个人信息的保护应高于非敏感个人信息的保护。在具体的司法审判中,对于敏感个人信息被侵犯的信息主体,应提供更便捷和低成本的保护,在证明责任分配上应考虑采取举证证明责任倒置的方式,由侵权人证明其对于个人信息的侵害没有过错,同时,应降低被侵权人对于侵权行为、因果关系的证明标准,对于造成损失的赔偿以实际发生的损失为准。

三、个人信息规定与隐私权规定的法律适用关系

(一)个人信息与隐私的区别

第一,二者的权利性质有所不同。隐私权属于人格权是目前学界的通说。但对于个人信息到底属于什么性质的权利,则存在较大争议。然而,无论争议如何大,但基本都认同个人信息具有财产性因素。[②] 基于此,至少可以说,隐私权在权利性质上属于人格权,而个人信息权益,则是兼具人格属性和财产属性的权利。

第二,二者对公开性的要求不同。隐私权客体中的私密信息属于个人未向社会公开的信息,而个人信息权益中的个人信息,可能未公开,也可能已经公开,或者

---

① 参见张新宝:《从隐私到个人信息:利益再衡量的理论与制度安排》,载《中国法学》2015 年第 3 期。

② 参见阳雪雅:《论个人信息的界定、分类及流通体系——兼评〈民法总则〉第 111 条》,载《东方法学》2019 年第 4 期。

本来就属于公共事务的范畴。[①] 因此,隐私权天然排斥公开,而个人信息则并不天然排斥公开。

第三,二者权利行使的积极程度不同。在绝大多数情况下,隐私权并非权利主体可以主动行使的一项权利。只有在隐私权被侵犯时,权利主体才通过行使请求权的方式对自身的隐私权进行保护。就此而言,隐私权是一种较消极的防御性权利。但个人信息权益则不同,它体现的是信息主体对其个人资料的自决和控制,在还没有被侵犯前,个人信息权益就可以"同意""查询""复制""变更"等积极的方式行使。因此,个人信息权益则是一种较积极的利用性权利。

第四,二者权利客体的核心要素不同。隐私权的核心要素是私密性。作为隐私权客体的私密信息一旦合法公开,则在已经公开的范围内就不再是隐私。此时,即使隐私权主体提出保护主张,也会遭到合法有效的抗辩。而个人信息权益的核心要素则是可识别性。即使单个的个人信息经过匿名化、假名化或隐名化处理后无法识别特定的自然人,但是如果与其他信息相结合可以识别特定自然人身份的,则该匿名化、假名化或隐名化的信息仍然可以构成个人信息。

(二)个人信息保护与隐私权保护的法律适用关系

根据《民法典》第 1034 条第 3 款的规定,个人信息中的私密信息,适用有关隐私权的规定;没有规定的,适用有关个人信息保护的规定。这就意味着,对于自然人私密信息利益的侵犯,直接视为对隐私权的侵犯,可以直接适用关于隐私权的所有规范。而从我国民法的体系看,除《民法典》作为基本法外,还有很多其他效力层级的民事法律规范。最典型的是最高人民法院所颁布的涉及民事部分的司法解释。《民法典》所谓"适用有关隐私权的规定"应该作广义的理解,即既包括《民法典》中的隐私权规范,也包括其他民事法律规范中的隐私权规范。比如,最高人民法院于 2001 年发布并于 2020 年修正的《精神损害司法解释》,应认为也适用于个人信息中的私密信息。

同时,由于私密信息本身就属于个人信息中一个类别。因此,在隐私权的相关规范不足时,当然可以转而适用个人信息保护的规范。

四、收集、处理个人信息的原则

(一)合法、正当原则

个人信息的收集和处理应依法并经过信息主体的授权方可进行,不能违反法

---

① 参见郭瑜:《个人数据保护法研究》,北京大学出版社 2012 年版,第 26 页。

律、行政法规和当事人之间的约定。根据《民法典》第 1034 条的规定,这里的处理,包括个人信息的使用、加工、传输、提供、公开等。合法、正当是对个人信息收集、处理的一般性指导原则。依据该原则,收集和处理个人信息除要最低限度地不违法外,还应满足如下两方面的要求。

1. 征得同意。个人信息是能够单独或者与其他信息结合识别自然人个人身份的各种信息,对于信息主体本人关涉甚大。如果允许任何个人和组织可以未经信息主体本人允许而收集和处理其个人信息,则每个人将完全暴露于他人,无任何个人信息上的自主可言。因此,《民法典》第 1035 条第 1 款第 1 项明确规定,收集和处理个人信息,需征得该自然人或者其监护人同意,但是法律、行政法规另有规定的除外。在实践中,征得自然人同意的方式可以是口头,也可以是书面,还可以是默示的行为。比如,房主通过中介公司登记房屋进行出租时,房主将其姓名、联系方式、房屋坐落位置、建筑面积及租金价格等信息书写入中介公司的表格中的行为即表明,其同意房屋中介公司收集和利用上述个人信息。

2. 不得误导。信息的收集、控制者如果通过欺骗手段收集和处理个人信息,或者通过非法途径获取个人信息,则显然违法,自不待言。但如果收集者通过比较委婉的方式误导信息主体提供个人信息,亦应认定为违反合法、正当原则。比如,网络服务提供者将收集用户的网络浏览记录的功能选项,默认为用户“同意”,且以非常小的字体进行提示,以至于一般的网络用户根本不会注意到这一提示,就顺着网页上提示的下一步而进行选择,最终导致该用户的网络浏览记录被收集。

(二)必要性原则

收集、处理个人信息应该坚持必要性原则,即信息收集者或控制者只收集和处理满足个人信息主体授权同意的、目的所需的最少个人信息类型和数量。目的达成后,应及时删除个人信息。[①] 其实质是要求,个人信息的收集和使用应该合乎比例。个人信息的范围非常广泛,信息收集者应在信息主体授权同意的范围内尽可能地少收集个人信息。信息收集后,也应尽可能地限制信息的扩散范围。使用信息时,不能超越信息主体授权同意的范围,也不能超出信息收集者向信息主体所明示的使用目的范围。信息收集目的达到后,应立刻且毫无保留地将收集到的信息进行物理删除。在实践中,个人信息收集和处理的必要性原则应如何具体掌握,常常是难以划一的,而需要具体案件具体分析。比如,公共交通乘车软件收集用户的

---

① 参见《信息安全技术·个人信息安全规范》(GB/T35273—2020)。

位置信息是必要的，但要求收集用户的通讯录和通话记录，就完全违背了必要性原则。美图软件要求收集用户的照片、图片记录是必要的，但如果要求收集用户的网络浏览记录则明显是不必要的。目前，日常生活中的大量手机应用(app)都存在过度收集个人信息的问题。中国消费者权益保护协会于2018年开展的调查表明，在参加测评的100款手机app中，10款app普遍存在涉嫌过度收集个人信息的情况，59款app涉嫌过度收集"位置信息"，28款app涉嫌过度收集"通讯录信息"等。[①]可见，违反个人信息收集、处理的必要性原则的情形在实践中广泛存在，全社会必须马上行动起来，捍卫我们每个人的个人信息安全。

(三)公开透明原则

公开透明原则，是指信息收集者、控制者应当以明确、易懂和合理的方式公开处理个人信息的范围、目的、规则等，并接受外部监督。具体而言，公开透明原则主要体现为以下两项具体的要求。

1. 信息收集处理者的信息公示。信息收集处理者应当负有信息公示的义务，即应向个人信息主体告知其收集处理的信息的类型、信息收集处理者的身份、信息收集处理的目的、信息的接收方等情况。[②] 在实践中，信息收集处理者的信息公示，很多是通过其隐私政策进行的。就信息主体而言，只有对于前述公示内容完全知晓，才可能判断信息收集和处理者是否遵循了必要性原则。否则，信息主体自身被"蒙在鼓里"却不自知，其根本无法确定自己的个人信息是否合法正当被收集和处理，甚至可能都不知道自身个人信息被收集或处理了。于此，公开透明原则也将变得毫无实际意义。

2. 信息收集处理过程的公开。只有个人信息收集和处理的实施行为和实施过程公开，公开透明原则才是具有实际意义的。否则，即使信息收集处理者公示了其收集目的、规则和使用范围，信息主体也无从判断信息收集处理者是否如其公示的那样实际执行的。因此，个人信息收集处理过程的公开是公开透明原则的关键环节。在实践中，如果信息收集处理者不能证明其收集、处理信息的过程是公开的，则应认定其违反了信息收集处理的公开透明原则。

(四)主体参与原则

所谓主体参与原则，是指在信息收集、处理的全过程，信息收集处理者应向个

---

① 参见《中消协：手机App过度收集用户信息，个人隐私在互联网"裸奔"》，载搜狐网：https://www.sohu.com/a/278439983_469168，最后访问日期：2020年4月21日。

② 参见阳雪雅：《论个人信息的界定、分类及流通体系——兼评〈民法总则〉第111条》，载《东方法学》2019年第4期。

人信息主体提供能够查询、更正、删除其个人信息,以及撤回授权同意、注销账户、投诉等方法。①

在《民法典》中,个人信息保护之所以放入人格权编,就在于其天然的人格属性。这就要求,个人信息保护需要从尊重人格尊严、人格完整、人格自由的角度出发,去配置个人信息收集和处理中的权利义务规范。其中,信息主体自身在信息收集、处理过程中的参与方式和程序非常关键。《民法典》第 1037 条规定的参与方式主要有,依法查阅或者复制其个人信息;发现信息有错误的,有权提出异议并请求及时采取更正。但这些方式还较为原则,还需要相关主管部门的行政规章予以落实,甚至需要信息控制者的隐私政策予以落实。一旦信息主体的参与要求被拒绝,关于个人信息的权利实际上就受到了侵犯,就需要通过追究信息收集、处理者的民事责任来提供强有力的保护。

专题三　个人信息的私法保护

一、自然人信息获取权益的保护

自然人作为信息主体,对信息收集者、处理者所收集处理的其个人信息,有权利获取。这种获取的权利具体包括查阅、和复制等权利内容,以下分别予以探析。

(一)查阅权利及其保护

1. 查阅权的实现条件。查阅是信息主体获取自身信息的基本途径。从法理上讲,信息主体要实现其查阅的权能,应满足如下条件:其一,信息主体知悉信息控制者的沟通联系方式。所谓信息控制者就是有能力决定个人信息处理目的、方式等的组织或个人。② 实践中收集、处理个人信息的主体,原则上都可归入信息控制者的范畴。这里的沟通联系方式应具体到相关的工作人员,并且在个人信息收集阶段,即应将工作人员的姓名、联系方式告知信息主体。工作人员职责发生变动的,应通过通知或其他合理方式让信息主体知晓。其二,信息控制者应以明确可读的

① 参见《信息安全技术·个人信息安全规范》(GB/T35273—2020)第 4 条。
② 参见《信息安全技术·个人信息安全规范》(GB/T35273—2020)第 3.4 条。

方式向信息主体提供查阅。在电子计算机技术广泛应用的当下,信息是以电子数据的形式生成、传输和存储的。控制了数据就掌握了信息,因此,数据和信息具有天然的共生性和一致性。[①] 但数据要呈现在信息主体眼前,需要通过特定的软件程序进行读取。只有信息控制者提供的数据是一般数据读取软件可读的,或者信息控制者向信息主体提供了信息读取的软件工具,信息主体的查阅权能才能真正落实。其三,信息控制者应向信息主体提供投诉的渠道。这里的投诉既包括信息控制者自身的投诉渠道,如互联网企业的隐私保护专员、信息保护专员等;也包括监管机关的投诉渠道,如医疗机构作为信息控制者时,其投诉机关是卫生行政部门,如银行作为信息控制者时,其投诉机关就是银保监会。

2. 查阅受阻时的私法救济。《民法典》第四编人格权的规范虽然有些不是严格意义上的裁判规范,但并不意味着个人信息的相关权益受损就不能寻求民事司法救济。根据《民法典》第四编人格权的一般规定中的相关条款和第 1167 条的规定,侵权行为危及他人人身、财产安全的,被侵权人有权请求侵权人承担停止侵害、排除妨碍、消除危险等侵权责任。信息主体就其个人信息所享有的查阅的权利也是一种合法的民事权益,受侵权法保护。如果信息主体的查阅要求被拒绝,信息控制者构成对信息主体权益的不作为侵害,应承担停止侵害的责任。考虑到查阅权满足的时效性,在实践中,如果原告请求被告提供查阅信息的服务,法院应将该类案件纳入速裁程序进行处理。

(二)复制权利及其保护

1. 复制权利的内涵。复制权利,就是将信息控制者掌握的个人信息予以摘抄、拷贝,以固定信息内容并为己所用的权利,其实质是查阅权利的延伸。在很多情况下,信息主体仅是查阅了信息控制者提供的信息内容是不足够的,只有复制后才能运用于其自身的合法目的。比如,在京东商城上的费用支出记录。如果仅可以自己查阅,则只能满足自己对于过去购物的记忆需要。但在很多情况下,这一费用支出记录可以向第三人证明自己的信用情况,或其他情况(如捐款情况等)。此时,复制的权利就具有了非常重要的意义。复制权利的实现条件与查阅权的实现条件基本相同,但复制权利的实现,还需要信息控制者提供能够兼容的文件格式,以确保信息主体在复制之后能够读取所复制的信息内容。

2. 复制与数据可携权。数据可携权是欧盟《一般数据保护条例》前言第 68 项

---

① 参见梅夏英:《数据的法律属性及其民法定位》,载《中国社会科学》2016 年第 9 期。

和正文第20条予以明确的一项权利。其内涵是指,信息主体有权在信息控制者之间不受阻碍地携带其数据进行转移,只要技术上可能,载明个人信息的数据可以经由信息主体在信息控制者之间进行直接传输。① 本书认为,数据可携权的本质仍然是个人信息自决的重要内容,具有浓厚的人格伦理因素。数据可携权在很大程度上与信息自决相关,应作为个人信息自决概念和个人对控制其个人信息泄露和控制对其个人信息进一步处理的默认授权的逻辑延伸。② 从逻辑结构上看,数据可携权实际上包括三个层面:一是个人数据的获取;二是信息主体自己对个人数据的传输;三是信息主体可以要求其数据直接从一个信息控制者传输到另一个信息控制者。就个人数据的获取而言,通过上文所述的查阅和复制等即可实现。就信息主体自己对个人数据的传输而言,只要信息主体获取了其个人数据,并且,该数据是结构化的、通用的、机器可读的、能够共同操作的,③则将该个人数据传输给其他信息控制者就是可行的。就数据直接从一个信息控制者传输到另一个信息控制者而言,欧盟《一般数据保护条例》对其施加的条件是"若技术上可行"。也就是说,只要技术上是允许的,那么信息主体可以要求信息控制者直接将其个人数据传输到另一个哪怕是与该控制者有竞争关系的信息控制者,这是数据可携权的最高境界。要达到这一点,在技术上消除数据格式壁垒,至为关键。④ 并且,这一点对于信息控制者来讲,也会增加运营成本,还会使数据企业之间以此为工具抢夺数据,导致不正当竞争。⑤ 不过,成本的上升只是在数据直接传输的初期会有,若数据格式壁垒消除,则这种成本就不是问题。而不正当竞争可以通过《反垄断法》和《反不正当竞争法》加以解决,不应成为拒绝数据可携权的理由。考察以上三个层次,至少就前两个层次而言,数据可携权是可以被上文讨论的复制权利所包容的。就第三个层次而言,随着技术的发展进步和人们认识的发展,应信息主体要求的直接传输也会成为现实,并必将马上成为现实。这种应信息主体要求的直接传输也应被认为是信息主体复制权利的必然延伸。基于以上分析,本书认为,数据可携权是可以包含在《民法典》第1037条的框架内的。也就是说,从解释上,应认为信息主体的复制

---

① 参见李蕾:《数据可携带权:结构、归类与属性》,载《中国科技论坛》2018年第6期。

② See Purtova N., Property Rights in Persona Data: A European Perspective, Alphen aan den Riji: Kluwer Law International, 2011. 转引自张哲:《探微与启示:欧盟个人数据保护法上的数据可携权研究》,载《广西政法管理干部学院学报》2016年第6期。

③ 参见欧盟《一般数据保护条例》第20条。

④ 参见丁宇翔:《协力保护个人信息安全》,载《人民日报》2019年10月14日,第5版。

⑤ 参见京东法律研究院:《欧盟数据宪章:〈一般数据保护条例〉GDPR评述及实务指引》,法律出版社2018年版,第64页。

权利包含了数据可携权。

3. 复制权利的私法救济。信息主体的个人信息之所以能被信息控制者掌握，大多数情况下是因为双方达成了合同。在日常生活中，我们使用各种手机 app 时，都会看到是否同意收集某一类信息的提示，或者是否同意其隐私政策的提示。只要选择同意，就与 app 的运营者达成了允许其收集个人信息的协议。这一协议同时也会提供我们访问、复制被收集的个人信息的方式和渠道。如果，我们向信息控制者提出复制个人信息的要求而被拒绝时，可以主张信息控制者违约，要求其承担继续履行（提供复制服务等）的违约责任。这一点，即使没有《民法典》第 1037 条第 1 款的规定，也是可以主张的。

但是，《民法典》第 1037 条第 1 款的重大意义在于，它以法典的高规格确认了信息主体可以向信息控制者主张复制等项权利。而根据《民法典》第 1165 条的规定，行为人因过错侵害他人民事权益造成损害的，应当承担侵权责任。因此，当信息主体提出复制要求而不被信息控制者接受时，其除了可以向信息控制者主张违约责任之外，还可以根据第 1165 条第 1 款和第 1037 条第 1 款的规定，要求信息控制者承担侵权责任。从实践中的情况看，目前，因复制请求被拒绝而提出违约之诉和亲权之诉的案例还不多见。但是，随着人们对其个人信息保护观念的加强，随着《民法典》的实施，这类案件必将越来越多，个人信息的保护水平也必将越来越高。

二、自然人信息更正、删除权益的保护

（一）更正权益及其保护

信息主体有权要求信息控制者保证其控制之下的个人信息内容的完整和正确。[①] 而更正恰是实现这种完整性要求的必然举措。在实践中，对错误个人信息的更正，可以针对一般的信息控制者，如互联网公司，也可以针对专门的掌握某类个人信息的机构或组织，如征信机构。在吉林柳河农村商业银行股份有限公司与杨某某一般人格权纠纷一案中，法院认为，被告未提供证据证明与原告发生贷款业务往来，也未提供证据证明原告、被告之间存在借款与担保法律关系，《个人信用报告》中信贷交易信息有误以致原告一般人格权受损，原告有权要求被告承担侵权责任，故原告的诉讼请求该院予以支持。依照《侵权责任法》第 15 条第 1 款第 1 项、第 8 项[②]的规定，遂判决：被告吉林柳河农村商业银行股份有限公司于本判决生效

① 参见王利明：《人格权重大疑难问题研究》，法律出版社 2019 年版，第 695 页。
② 现为《民法典》第 179 条第 1 款第 1 项、第 10 项。

后立即对原告杨某某在征信服务中心个人信息中2009年12月29日的信贷交易信息予以更正。①

(二)删除权益及其保护

1.删除权的实现

个人信息的收集、处理行为即使取得了信息主体的授权或同意,但信息控制者的收集和处理行为很可能超出授权范围进行收集或处理,或者即使没有超范围,但仍然可能在收集、整理时发生错误,这种错误实际上就对信息主体的人格利益造成了侵害。基于此,赋予信息主体对错误信息的删除权利,可以有效预防和制止对个人权利的侵害。② 在实践中,如果信息主体因个人信息错误而起诉时,信息控制者往往在接到应诉通知后的合理期限内就会删除其错误信息。比如,在新丽电视文化投资有限公司等与张某隐私权纠纷一案中,张某系某物业管理公司员工,电话号码"186××××××××"系其本人所有并持续使用,用于日常生活和工作联系,与个人微信、支付宝、银行卡绑定。在电视连续剧《爱情进化论》第17集中,该剧制片公司新丽公司未经核实,也未经张某许可,直接在《爱情进化论》中公开张某私人电话号码。该集播出以后,大量的观众通过电话、短信、申请添加微信好友等方式,不分日夜地对其进行骚扰,严重干扰了其正常地生活和工作,并造成巨大精神压力。后张某起诉后,新丽电视文化投资有限公司将显示张某电话号码的画面删除。③

2.删除权与被遗忘权

2014年5月,欧洲法院对合并审理的谷歌公司、谷歌西班牙公司诉西班牙数据保护局案作出最终裁决,④要求谷歌公司删除涉及有关冈萨雷斯的过时的、无关紧要的因债务危机而拍卖房产的信息链接后,此前在学理上已经被探讨的被遗忘权,

① 参见吉林省通化市中级人民法院民事判决书,(2019)吉05民终434号。

② See Neethling, JM Potgieter & PJ Visser, Neethling's law of personality, Lexis Nexis South Africa, 2005, p.279. 转引自王利明:参见王利明:《人格权重大疑难问题研究》,法律出版社2019年版,第697页。

③ 参见北京市第一中级人民法院民事判决书,(2019)京01民终3655号。

④ 该案简要案情:2010年西班牙公民冈萨雷斯向西班牙数据保护局投诉《先锋报》和谷歌公司、谷歌西班牙公司,要求《先锋报》删除或修改其页面,不再显示其1998年因进入追缴社保欠费的扣押程序而被强制拍卖房产的相关信息,要求谷歌公司和谷歌西班牙公司删除或屏蔽上述信息。西班牙数据保护局一方面驳回了针对《先锋报》的投诉,因为《先锋报》此前的信息公布行为是合法的;另一方面则支持了针对谷歌公司和谷歌西班牙公司的请求。谷歌公司和谷歌西班牙公司不服,诉至西班牙高等法院。该法院认为,本案涉及对《欧盟数据保护指令》的理解问题,因而提请欧洲法院就相关问题进行解释。2014年5月,欧洲法院对该案作出了裁决,确定《欧盟数据保护指令》适用于互联网搜索服务提供商,并明确数据主体享有被遗忘权,网络搜索服务提供者有义务删除过时的、不相关的信息,但网络出版商可以援引言论自由免除此种义务。具体介绍,可参见Google Spain SL, Google Inc. v. Agencia Espanolade, Judgment of the Court, Case C-131/12, paras. 14-15。

更被实务界进一步关注起来。[①] 其后，2018 年生效的《一般数据保护条例》在第 17 条专门规定了"删除权（被遗忘权）"。本书认为，这里的删除权利，更多的是针对错误信息或违法信息（《民法典》第 1036 条）而设置的权利，与欧盟《一般数据保护条例》中所谓的被遗忘权有很多联系，但并不完全等同。当信息控制者收集、处理信息的目的已经达成时，此前收集、处理的个人信息可能过时、不必要，此时就会涉及被遗忘权的问题。[②] 如前所述，在欧盟《一般数据保护条例》第 17 条明确规定被遗忘权后，我国也有很多引进被遗忘权的呼声。但从我国的司法实践看，在 2015 年终审判决的任某某与百度名誉权纠纷案中，法院并没有支持任某某提出的被遗忘权的主张。法院认为，我国现行法律中并无对被遗忘权的法律规定，亦无被遗忘权的权利类型。任某某依据一般人格权主张其被遗忘权应属一种人格利益，该人格利益若想获得保护，任某某必须证明其在本案中的正当性和应予保护的必要性，但任某某并不能证明上述正当性和必要性，故判决驳回任某某的诉讼请求。[③]

实际上，就权利的保护而言，到底采用删除权的概念，还是被遗忘权的概念，并非问题的关键。在权利保护的实践中，被遗忘权或删除权所代表的民事权益被真正保护起来，才是更重要的问题。在我国现行法的框架下，《民法典》第 1037 条第 2 款、第 1195 条等都提供了删除的救济途径。也就是说，在我国现行法中，我们完全可以通过法律规定的删除、屏蔽、断开链接等手段达到与欧盟被遗忘权（删除权）相同的效果。就此而言，似乎并没有必要专门移植"被遗忘权"的概念。[④]

三、个人信息泄露、篡改或非法提供他人时的私法救济

在实践中，个人信息被侵害的最主要的表现形式是信息被泄露、篡改或非法提供给他人。在非常著名的徐某某案中，徐某某因被诈骗电话骗走上大学的费用 9900 元，伤心欲绝，郁结于心，最终导致心脏骤停，经医院抢救不幸离世。后经警方侦查发现，犯罪嫌疑人陈某某租住房屋，购买手机、手机卡、无线网卡等工具，从犯罪嫌疑人杜某某手中购买 5 万余条山东省 2016 年高考考生信息，雇佣郑某某、黄某某冒充教育局工作人员以发放助学金名义对高考录取生实施电话诈骗。可见，在

---

① 参见丁宇翔：《被遗忘权的中国情境及司法展开——从国内首例"被遗忘权案"切入》，载《法治研究》2018 年第 4 期。

② 参见王利明：《人格权重大疑难问题研究》，法律出版社 2019 年版，第 697 页。

③ 参见北京市第一中级人民法院民事判决书，（2015）一中民终字第 09558 号。

④ 参见丁宇翔：《被遗忘权的中国情境及司法展开——从国内首例"被遗忘权案"切入》，载《法治研究》2018 年第 4 期。

个人信息保护中,防止泄露和阻止非法提供非常重要。而一旦信息被泄露、篡改或提供给他人发生严重后果的,除追究刑事责任外,还会有民事责任的承担。

(一)归责原则问题

在个人信息泄露、篡改和非法提供等案件中,经常需要决定是否需要考虑被告过错的问题。就篡改和非法提供行为而言,其主观上的恶意是非常明显的,一般不存在过错证明的难题,其过错的认定相对较为容易。但是,就泄露而言,因为在很多情况下行为人并无主观恶意,很可能是过失导致。过失的认定必须通过原告的证明来完成,而证明过失对于原告来说,却并非易事。

对此问题,理论界提出的一种方案是所谓三元归责原则体系,即针对公权力机关所实施的个人信息自动化处理行为而发生泄露的,应采无过错责任原则;针对非公权力机关的企业所实施的个人信息自动化处理行为而发生泄露的,应采过错推定责任原则;针对非自动化处理的个人信息处理行为发生的泄露,应采过错责任原则。[①] 从表面上看,《民法典》第 1038 条和第 1039 条并非裁判规范,无法从条文内容中看出其所采纳的归责原则。但结合人格权编一般规定中对请求权的表述,个人信息的侵权应当主要坚持过错责任原则。一般而言,作为被告的信息控制者均是具有精准专业处理能力的专业组织和人员,对于他们的注意义务的要求,应明显高于一般人。对于一般主体的信息泄露很可能不构成过失,但是对于这样的高度专业化的主体的信息泄露而言,则可能构成过失。在庞某某与趣拿公司、东航公司隐私权纠纷案中,生效判决指出,东航和趣拿公司作为各自行业的知名企业,一方面,因其经营性质掌握了大量的个人信息;另一方面,亦有相应的能力保护好消费者的个人信息免受泄露,这既是其社会责任,也是其应尽的法律义务……而本案泄露事件的发生,正是其疏于防范导致的结果,因而可以认定趣拿公司和东航具有过错,理应承担侵权责任。[②]

(二)因果关系的问题

在最常见的泄露个人信息的民事案件中,按照传统民法中相当因果关系理论的要求,原告必须要证明如下两点:一是原告的个人信息是被告泄露的;二是被告的泄露行为在一般情况下会造成原告的权益损害。然而,恰恰是对这两点的证明难度非常大。一方面,在大数据时代,日常工作、学习、生活的各个阶段、各个领域、各个环节都普遍存在个人信息泄露的可能。一旦信息泄露发生,我们很难确定泄

---

① 参见叶名怡:《个人信息的侵权法保护》,载《法学研究》2018 年第 4 期。

② 参见北京市第一中级人民法院民事判决书,(2017)京 01 民终 509 号。

露到底发生在哪个阶段、哪个环节，更难以确定是哪个信息控制者实施的泄露行为。另一方面，即使原告能够证明泄露行为的实施者，但又如何证明该泄露行为造成了原告的损害？因为，如果仅仅将原告因其个人信息被泄露而产生的焦虑、惊慌等消极情绪作为损害，这样的损害是否具有相当性呢，即是否大多数人在此种情况下都会有这种消极情绪呢？

在实践中，对于上诉问题的解决之道主要是降低证明标准，即直接援引《民诉法司法解释》第108条规定的"高度盖然性"的证明标准，只要相关证据能够支撑法官内心确信：被告的泄露侵权行为与信息被不当利用、心情焦虑等损害有因果关系高度可能性存在，即可认定存在因果关系。[①] 但是，这一解决思路只是从程序视角提供的方案。要从根本上寻求解决办法，还是应该通过审判实践总结经验，建立个人信息泄露的因果关系认定规则，免去原告就因果关系进行证明的沉重负担，更好地提升个人信息保护的效果。

（三）非法提供个人信息的认定

当信息处理者所处理的信息是经过加工无法识别特定个人且不能复原的信息时，即使向他人提供这些信息，也不应构成侵犯个人信息。这是因为个人信息的核心要素在于其可识别性。如果所提供的个人信息根本不具有可识别性时，则即使其具有信息的形态，但因其无法与特定自然人相关联，无法认定其为个人信息，因而无法按照个人信息进行保护。然而，需要引起格外注意的是，经过加工的信息无法识别并非绝对的。随着计算机科学技术的发展，很多过去被匿名化处理的信息，通过特定的技术手段可以再识别。比如，撞库和大数据等再识别技术的深入研究和应用，[②]使个人信息匿名化处理的效果正面临严峻挑战。在此情况下，即使此前的个人信息经过匿名化进行了脱敏处理，但如果可以再识别，则其个人信息的属性将再次被确认。此时，此前被匿名化处理的信息还将作为个人信息对待。因此，强调"且不能复原"特别重要。另外，在极端情况下，即使被匿名处理的个人信息不能复原或再识别，但如果这些单个的信息与其他信息结合起来仍然可以匹配到具体的自然人，则这些信息从法律上还是可以定性为个人信息，从而适用有关个人信息保护的法律规范。

---

① 参见丁宇翔：《个人信息民事司法保护的若干难点及破解路径》，载《中国审判》2019年第19期。

② 参见何渊：《智能社会的治理与风险行政法的建构与证成》，载《东方法学》2019年第1期。

四、国家机关等泄露或非法提供个人信息的私法救济

(一)因履行职责而泄露个人信息的救济

国家机关、承担行政职能的法定机构及其工作人员因履行工作职责而掌握的个人信息,必须严格控制范围,避免个人信息的泄露。即使履行工作职责本身正当合法,但该履职行为不能成为泄露个人信息的正当理由。比如,个人征信管理部门工作人员在履职过程中所知悉的公民个人征信信息,在未履行法定程序的情况下,不应对外披露或提供给第三人。如果因泄露征信信息或向第三人提供征信信息造成损害的,应承担损害赔偿责任。在例外情况下,即使没有造成财产损失,但如果造成自然人严重精神痛苦的,亦应承担精神损害抚慰金的赔偿责任。只不过,由于这是执行职务的行为,对外的侵权责任应由该国家机关承担。当然,国家机关、承担行政职能的法定机构对外承担民事责任后,可以根据相关法律规定对违法履职的工作人员进行追责。从实践中的情况看,涉及国家机关、承担行政职能的法定机构泄露个人信息的侵权案件还非常少。在《民法典》施行后,随着人们个人信息保护意识的进一步提高,这样的案件无疑将越来越多。

(二)非因履行职责而泄露或非法提供个人信息的救济

国家机关、承担行政职能的法定机构及其工作人员在履行职责过程中应严格遵守工作纪律,对于所知悉的他人个人信息,不得扩散和传播。如果在其他非履行职责的场合,工作人员将他人个人信息泄露或非法向第三人提供,将承担民事责任。如果个人信息泄露发生严重后果的,该工作人员还可能承担刑事责任。在承担民事责任的情况下,因泄露行为或非法提供行为是行为人的个人行为,而非履行职务行为,即使是国家机关工作人员,也不应由国家机关承担责任,而应由其本人承担民事责任。在案由的选择方面,如前所述,在最高人民法院关于民事案件的案由规定没有做出修改前,只能以隐私权纠纷或一般人格权纠纷确定案由。在归责原则方面,同样需要贯彻一般的过错责任原则。在具体的法律适用方面,这种情况下的侵权责任承担需要满足一般侵权责任的四个构成要件,即侵害行为(泄露或非法提供)、损害(物质损害和严重精神痛苦)、侵害行为和损害之间的因果关系、行为人的过失。在行为人的过失认定方面,考虑其作为国家机关工作人员的工作职责定位及其所负担的更重的注意义务,应采取较宽松的标准。只要行为人存在泄露的行为,即应认定其存在过失。就非法提供行为而言,则主要是故意,其司法认定一般较容易。

五、个人信息侵权的抗辩

(一)信息主体的同意

受害人同意是侵权责任的一般免责事由。[①] 在个人信息的收集、处理行为中,如果该行为是经过信息主体同意,或者是在信息主体同意的范围内实施的,则不需要承担侵权责任。另外,基于对无行为能力和限制行为能力人的保护,涉及无行为能力人和限制行为能力人的个人信息的收集、处理行为需征得其监护人的允许,并在其允许的范围内实施。因此,无行为能力人和限制行为能力人的监护人的同意,也是个人信息侵权的抗辩事由。需要明确的是,这里的"同意",需要接受公序良俗原则的限制。也就是说,同意不能违背善良风俗,否则,同意是不生效的。[②] 比如,监护人将未成年女童星身体隐私信息授权他人使用。

在司法实践中认定是否构成"同意",需要根据案件的具体情况进行具体分析。一般而言,除明示的同意外,如果信息主体以其行为表明其已经授权他人使用该信息,则其后不能以其未同意为由主张侵权,这就是默示的同意。在张某某与苏州市姑苏区人民政府金阊街道办事处隐私权纠纷一案中,原告张某某申请低保,需要提供其患病信息,而根据规定批准机构也需要对其申报情况进行相应的审核并进行民主评议。但张某某据此认为,民主评议期间未经原告同意授权,将原告所患疾病在民主评议上公开和评议,被告的行为侵犯了原告的人身权利(隐私权),于是起诉。法院判决认为,原告在申请最低生活保障时提交了体检报告作为依据,但又认为在民主评议过程中对公开其疾病属于侵权,原告前述逻辑自相矛盾。另外,对原告提及的材料进行评议属被告的履职行为,原告主张该行为构成侵权无事实依据。[③] 在该案中,原告的行为实际上就构成默示的"同意"。

(二)个人信息已由信息主体自行公开或合法公开

信息主体既然已经自行公开其个人信息,这就表明其同意其被公开部分的个人信息可以由他人使用。这实际上是侵权法中"受害人同意"规则的进一步具体化,理应成为合法的抗辩事由。同时,就已经合法公开的个人信息而言,因其已经合法地进入公有领域,原则上不应再限制他人的合法使用。然而,即使是收集、处

---

① 参见程啸:《侵权责任法》(第2版),法律出版社2015年版,第301页。

② 参见[德]埃尔温·多伊奇、汉斯-于尔根·阿伦斯:《德国侵权法》,叶名怡、温大军译,刘志阳校,中国人民大学出版社2016年版,第48页。

③ 参见江苏省苏州市姑苏区人民法院民事判决书,(2019)苏0508民初4892号。

理已由信息主体自行公开或合法公开的个人信息,也并非全部可以免责。至少在以下情形中,相关的收集、处理行为可能构成侵权。

1. 信息主体明确拒绝。自然人虽然自行公开了其个人信息,或者其个人信息此前已经被合法公开,但如果自然人又明确对相应的收集、处理行为表示拒绝的,则表明信息主体又对此前默示的同意或合法公开重新施加了限制,个人信息的收集、处理者必须对此给予尊重。在最新修订的国家标准中也确认,个人信息主体有撤回授权同意的权利。这就意味着,一方面,收集、处理者应向个人信息主体提供撤回收集、使用其个人信息的授权同意的方法。撤回授权同意后,个人信息控制者后续不应再处理相应的个人信息。另一方面,应保障个人信息主体拒绝接收基于其个人信息推送商业广告的权利。对外共享、转让、公开披露个人信息,应向个人信息主体提供撤回授权同意的方法。①

2. 处理该信息侵犯信息主体重大利益。虽然自然人自行公开了其个人信息,或者其个人信息此前已经被合法公开,但如果处理上述合法公开信息可能侵犯信息主体重大利益的,也应被视为侵权行为而予以禁止。比如,针对自然人已经合法公开的各种信息进行社会分选,即收集个人信息,再依据年龄、教育背景、籍贯、经济实力等标准,将目标人群进行分类,通过大数据分析由系统自动化决定谁应当享受何种待遇。② 在这种情况下,信息的收集和处理虽然使用的是已经合法公开的个人信息,但其处理的结果很可能产生社会歧视,会侵犯信息主体的重大利益,因而不应作为侵权责任的抗辩事由。

3. 以违反社会公共利益、社会公德的方式再次公开。即使是此前已经合法公开的个人信息,如果行为人以违反社会公共利益、社会公德的方式二次公开,也构成侵权,不得以其信息已经公开而为抗辩。这种情况最典型的是人肉搜索,其所搜集的信息基本都是此前已经公开的,但其信息搜集的方式很容易使被搜集者迅速成为没有任何个人隐私的"透明人",明显违反善良风俗。在冉某某与厦门外服人力资源服务有限公司、张某名誉权纠纷一案中,法院判决认为,私力救济也应在法律允许限度内通过合法手段行使,张某通过在网络上披露原告个人信息、发起人肉搜索之方式要求原告履行合同义务,显属不当,且张某在取得所购车辆后近两年时间里也未及时删除上述网帖,综上,认定被告张某的行为已构成对原告名誉权的

① 参见《信息安全技术·个人信息安全规范》(GB/T35273—2020)第8.4条。

② 参见叶名怡:《个人信息的侵权法保护》,载《法学研究》2018年第4期。

侵害。①

（三）为维护公共利益或信息主体合法权益而实施的行为

为维护公共利益而收集、处理个人信息的情况，如对犯罪嫌疑人发布通缉令、网上追逃等信息，其中有较详细的个人信息。这些个人信息的收集和处理虽然没有经过信息主体自身（犯罪嫌疑人）的同意，但基于社会公共利益，对其个人信息的收集和处理行为阻却违法，成为合法的抗辩事由。为维护信息主体自身合法权益而收集、处理其个人信息的情况，如对于因意外事故而受重伤的伤者实施紧急救治时，医院无法征得伤者本人或其监护人的同意。但为了及时救治伤者而对其进行各种检查，收集伤者的各种身体、生理健康信息。为维护公共利益或信息主体合法权益而实施的行为难以一一列举，在实践中，法官必须根据个案具体情况，对是否有利于公共利益和信息主体自身合法权益进行仔细甄别，方可作出妥当的判断。

① 参见福建省厦门市思明区人民法院民事判决书，（2014）思民初字第2807号。

婚姻家庭编

第一章 概 述

《民法典》第五编婚姻家庭编纂工作，遵循和贯彻《民法典》编纂工作指导思想、基本原则，总结实践经验，适应时代要求，对我国现行《婚姻法》《收养法》等方面的民事法律规范、司法解释进行全面系统的编订纂修，进一步完善增进家庭和睦的婚姻家庭制度，完善自然人和其他民事主体身份权、人格权、财产权的保护救济制度。编纂第五编婚姻家庭，一是坚持以人民为中心，以保护民事权利为出发点和落脚点，更好地满足人民日益增长的美好生活需要，努力让《民法典》成为新时代保护人民民事权利的权利法典。二是坚持立足国情和实际，坚持问题导向，适应中国特色社会主义步入新时代的需要，总结改革开放40多年来婚姻家庭立法和司法实践经验，提高婚姻家庭法律制度的针对性、有效性、适应性，努力发挥民法核心价值引领作用和法律保障作用。三是以习近平法治思想为指导，坚持依法治国和以德治国相结合，将社会主义核心价值观融入民事法律规范，国家规治与民事自治相结合，大力弘扬社会公德、家庭美德和良风美俗，将和谐、创新、发展、绿色和开放等新发展理念融入婚姻家庭制度中。四是坚持立法的科学性，增强民事法律规范的系统性，既保持民事法律制度的继承性、连续性、稳定性，又保持适度的前瞻性、开放性和国际性，同时，处理好衔接好法典化民事法律制度体系下《民法典》与老年人、未成年、妇女、残疾人、消费者、劳动者权益保障法等特别法以及各类法规规范之间的关系。

一、新中国婚姻法70年的简要回顾

新中国第一部法律是1950年《婚姻法》。1949年新中国的成立，意味着战争时代的结束，国民党政府统治时期的伪法统被砸烂，包括民法在内的“六法”被废除。城乡内外各类娶妻、休妻、退婚、再嫁等婚姻案件急剧增加，人民政府迫切需要制定一部新的婚姻法来规范。时任政务院法制委员会主任委员王明，负责组织起草这部婚姻法。法制委员会的主要工作，就是为中央人民政府起草各种法律和法规。王明要求法制委员会的工作人员必须很快熟悉这一方面的马列论著；同时，一条一条地审理共产党在战争年代制定过的有关婚姻的法规和条例。这些都成为起草新中国婚姻法的基础。此外,借鉴了苏联、东欧等社会主义国家的婚姻法资料,王明还翻译了《苏联婚姻、家庭和监护法典》。1950 年 4 月 1 日,在中央人民政府第七次会议上,王明代表法制委员会向会议提交了《中华人民共和国婚姻法草案》,并作了“草案”起草经过和起草理由的报告。会议通过了这部 8 章 27 条的《婚姻法》和《土地改革法》。毛泽东同志随即发布中央政府主席令,《婚姻法》自 1950 年 5 月 1 日起在全国实行。历经 41 稿,新中国第一部《婚姻法》诞生了。毛泽东同志指出:“婚姻法是关系到千家万户、男女老少的切身利益,其普遍性仅次于宪法的国家根本大法之一。”1950 年《婚姻法》的诞生,与当时《土地改革法》一道,成为彻底摧毁几千年来旧中国的封建土地经济制度和婚姻家庭制度的锐利武器,成为新中国区别与旧中国的重要标志之一。1950 年《婚姻法》在短短的几年里,用新婚姻家庭制度完全取代了旧中国几千年来的封建婚姻家庭制度。

1950 年《婚姻法》在中国适用了 30 年,直到 1980 年开始修改。无论是 1980 年 9 月 10 日的修改还是 2001 年 4 月 28 日的修改,其所确立的婚姻自由、一夫一妻、男女平等、保护妇女和子女合法权益的基本原则,一直是婚姻法的基本准则。尽管 1950 年《婚姻法》只有短短 51 个法条,但对于解决婚姻关系难题很管用。在现实生活中,案件之多、民众之关心与法学研究之不足、法律条文规定比较原则,以“感情确已破裂”为离婚标准,离婚案件很少错案。

时过境迁,随着社会发展变化,1950 年颁布的《婚姻法》适用 30 年,有些条文已经不能适应变化了的社会关系,在婚姻家庭领域内,面临许多亟须解决的问题。例如,结婚年龄规定得偏低(男 20 岁,女 18 岁),允许五代以内旁系血亲结婚的条件过宽等。1980 年 9 月 10 日,第五届全国人大第三次会议审议通过并于当天公布,自 1981 年 1 月 1 日起开始实行新的《婚姻法》。这是我国第二部《婚姻法》。1980 年《婚姻法》将“实行计划生育”纳入了法条,并将结婚年龄改为“男不得早于 22 周岁,女不得早于 20 周岁”,规定“三代以内旁系血亲禁止结婚”,彻底废除了表兄弟姐妹之间的“中表婚”。①

时光飞逝,沧海桑田。整个社会经济活动日益频繁。30 年改革开放,个人家庭

---

① 青梅竹马的一对表兄妹,在双方父母的同意下,两人欲登记结婚。民政部门以“法律禁止近亲结婚,以保障其子孙后代健康”为由拒绝。女方做绝育手术后再去登记仍遭拒绝,2008 年 5 月 27 日,两人向漯河市郾城区法院起诉婚姻登记部门。法院认为:我国《婚姻法》规定了直系血亲和三代以内的旁系血亲禁止结婚,该规定属于强制性规范,不允许随意变通适用;两原告是表兄妹关系,属于《婚姻法》规定的三代以内旁系血亲,应禁止结婚。即使原告做了绝育手术,仍应当适用《婚姻法》的有关规定,而不能变通法律。

财产迅速增加,1980 年《婚姻法》对夫妻财产制规定过于简单,缺乏对夫妻共同债务、家事代理、个人权利、经济利益的基本规定。2001 年 4 月 28 日,第九届全国人大常委会第二十一次会议通过《关于修改〈中华人民共和国婚姻法〉的决定》并随后颁布了修正后的婚姻法,即 2001 年《婚姻法》,共 6 章 51 条。2001 年 1 月 11 日,全国人大常委会办公厅全文公布了《婚姻法(修正草案)》征求意见。截至 2001 年 2 月 28 日,共收到来信、来函、来电等 3829 件。这是我国影响重大的一次法律草案全民讨论之一。2001 年《婚姻法》的立法过程,被称为"是 20 世纪末 21 世纪初中国人国家观念、法律观念、道德观念、婚姻家庭观念和性观念的一次大普查"。

2020 年是我国首部《婚姻法》颁布实施 70 周年。近 70 年来的中国婚姻家庭随着社会的进步和发展产生了巨大变化。婚姻关系的伦理性、社会性决定了婚姻纠纷的复杂性,特定时代的婚姻很容易受到社会经济、政治、文化、科技、习俗等多种因素的影响。婚姻案件也不单是简单的法律诉讼,更深深镌刻着时代的历史文化背景和政治法律观念。因此。我国《婚姻法》《收养法》也需要与时俱进,及时修改完善并纳入基本法《民法典》。

二、《民法典》第五编婚姻家庭的编纂

婚姻家庭制度是规范夫妻关系和家庭关系的基本准则,关系家家户户的利益。为进一步弘扬夫妻互敬、孝老爱亲、家庭和睦的中华民族传统家庭美德,体现社会主义核心价值观,促进家庭关系和谐稳定,第五编婚姻家庭以现行《婚姻法》《收养法》为基础,在坚持婚姻自由、一夫一妻等基本原则的前提下,结合社会发展需要,修改完善了部分规定,并增加了新的规定。第五编共 5 章 79 条,与《婚姻法》《收养法》相比,主要修改内容如下。

第一章在《婚姻法》规定的基础上,重申了婚姻自由、一夫一妻、男女平等等婚姻家庭领域的基本原则和规则,并在此基础上,作了进一步完善:一是为贯彻落实习近平总书记有关加强家庭文明建设的重要讲话精神,更好地弘扬家庭美德,规定家庭应当树立优良家风,弘扬家庭美德,重视家庭文明建设(第 1043 条第 1 款);二是为了更好地维护被收养的未成年人的合法权益,将联合国《儿童权利公约》关于儿童利益最大化的原则落实到收养工作中,增加规定了最有利于被收养人的原则(第 1044 条第 1 款);三是界定了亲属、近亲属、家庭成员的范围(第 1045 条)。

第二章规定了结婚制度,并在《婚姻法》的基础上,对有关规定作了完善。一是将受胁迫一方请求撤销婚姻的期间起算点由"自结婚登记之日起"修改为"自胁迫

行为终止之日起”(第 1052 条第 2 款)。二是修改禁止结婚的条件。《婚姻法》规定,患有医学上认为不应当结婚的疾病者禁止结婚。这一规定在实践中很难操作,且在对方知情的情况下,是否患有疾病并不必然会影响当事人的结婚意愿。为尊重当事人的婚姻自主权,不再将“患有医学上认为不应当结婚的疾病”作为禁止结婚的情形,并相应增加规定:一方隐瞒重大疾病的,另一方可以向人民法院请求撤销婚姻(第 1053 条)。三是增加规定婚姻无效或者被撤销的,无过错方有权请求损害赔偿(第 1054 条第 2 款)。为维护婚姻登记制度的权威性,保障婚姻当事人的合法权益,遏制利用伪造、变造或者冒用他人身份证件、户口簿、无配偶证明等方式骗取结婚登记的行为,增加规定以伪造、变造、冒用证件等方式骗取结婚登记的婚姻无效情形。

第三章规定了夫妻关系、父母子女关系和其他近亲属关系,并根据社会发展需要,在《婚姻法》的基础上,完善了有关内容:一是明确了夫妻共同债务的范围(第 1064 条);二是规范亲子关系确认和否认之诉。亲子关系问题涉及家庭稳定和未成年人的保护,作为民事基本法律,草案对此类诉讼进行了规范(第 1073 条)。

第四章对离婚制度作出了规定,并在《婚姻法》的基础上,作了进一步完善。一是增加离婚冷静期制度。在实践中,轻率离婚的现象增多,不利于婚姻家庭的稳定。为此,规定了提交离婚登记申请后 30 日的离婚冷静期,在此期间,任何一方可以向登记机关撤回离婚申请(第 1077 条)。二是针对离婚诉讼中出现的“久调不判”问题,增加规定,经人民法院判决不准离婚后,双方又分居满 1 年,一方再次提起离婚诉讼的,应当准予离婚(第 1079 条第 5 款)。三是关于离婚后子女的抚养,将现行婚姻法规定的“哺乳期内的子女,以随哺乳的母亲抚养为原则”修改为“不满两周岁的子女,以由母亲直接抚养为原则”,以增强可操作性(第 1084 条第 3 款)。四是将夫妻采用法定共同财产制的,纳入适用离婚经济补偿的范围,以加强对家庭负担较多义务一方权益的保护(第 1088 条)。五是增加了离婚损害赔偿的兜底条款,完善离婚赔偿制度。《婚姻法》规定了 4 种适用离婚损害赔偿的情形,为更好地发挥离婚损害赔偿制度的预防、制裁作用,促进婚姻关系的稳定,将“有其他重大过错”增加规定为离婚损害赔偿的适用情形(第 1091 条第 5 项)。

第五章对收养关系的成立、收养的效力、收养关系的解除作了规定,并在《收养法》的基础上,进一步完善了有关制度。一是扩大被收养人的范围,删除被收养的未成年人仅限于不满 14 周岁的限制,修改为符合条件的未成年人均可被收养(第 1093 条)。二是与国家计划生育政策的调整相协调,将收养人须无子女的要求修改为收养人无子女或者只有一名子女(第1098条第1项)。《婚姻法》《收养法》中都有关于计划生育的条款。为适应我国人口形势新变化,不再规定有关计划生育的内容。三是为进一步强化对被收养人利益的保护,在收养人的条件中增加规定"无不利于被收养人健康成长的违法犯罪记录",并增加规定民政部门应当依法进行收养评估(第1098条第4项、第1105条第5款)。

婚姻是家庭的基础,家庭是社会的细胞。维护平等、和睦、文明的婚姻家庭关系,需要法律的强力支撑。融入社会主义核心价值观,解决婚姻家庭领域出现的新情况新问题,进一步保障每一位家庭成员的合法权益——《民法典》第五编婚姻家庭中的每一项规定,都与你我息息相关。

婚姻家庭制度是规范夫妻关系和家庭关系的基本准则,关系千家万户的利益。《婚姻法》《收养法》两部法律实施以来,对于建立和维护和谐的婚姻家庭关系发挥了重要作用。但随着婚姻观念、家庭关系的变化,我国婚姻家庭领域出现了一些新情况。为进一步弘扬夫妻互敬、孝老爱亲、家庭和睦的中华民族传统家庭美德,体现社会主义核心价值观,促进家庭关系和谐稳定,《民法典》第五编婚姻家庭修改部分规定,并增加了一些新内容。

1. 树立优良家风入法,弘扬社会主义核心价值观。家庭是社会的基本细胞,是人生的第一所学校。我国从古至今都对家风家教极为重视,"家和万事兴"的观念早已深入国民的骨髓。习近平总书记强调,不论时代发生多大变化,不论生活格局发生多大变化,我们都要重视家庭建设,注重家庭、注重家教、注重家风,紧密结合培育和弘扬社会主义核心价值观,发扬光大中华民族传统家庭美德,促进家庭和睦。

《民法典》的编纂工作始终坚持依法治国和以德治国相结合,将社会主义核心价值观融入民事法律规范,大力弘扬社会公德、家庭美德,贯彻和体现新发展理念,这在《民法典》草案婚姻家庭编中得到了鲜明的体现。为贯彻落实习近平总书记关于加强家庭文明建设的讲话精神,更好地弘扬家庭美德,体现社会主义核心价值观,2019年10月提交常委会第十四次会议审议的婚姻家庭编草案三审稿明确规定,"家庭应当树立优良家风,弘扬家庭美德,重视家庭文明建设";"夫妻应当互相忠实,互相尊重,互相关爱;家庭成员应当敬老爱幼,互相帮助,维护平等、和睦、文明的婚姻家庭关系"。这是继2017年将"社会主义核心价值观"写入《民法总则》后,社会主义核心价值观融入《民法典》的又一体现。婚姻家庭领域法治和德治密不可分,决定了建设平等、和睦、文明的家庭关系需要法律和道德协同发力。《民法典》第五编婚姻家庭新增的这一规定,宣示了国家对树立优良家风、弘扬家庭美德和家庭文明建设的高度重视与强力倡导,有利于强化家庭及其成员的责任感和义务感,使我国新时代的家庭文明建设在法律的保障和促进下取得新成就。

2. 婚前告知重大疾病,尊重婚姻自主权。一方患有重大疾病是否必然成为结婚的阻碍?对此,《民法典》的态度是,尊重当事人的婚姻自主权。根据《婚姻法》的规定,患有医学上认为不应当结婚的疾病者禁止结婚。在实践中这一规定很难操作,且在对方知情的情况下,是否患有疾病并不必然会影响当事人的结婚意愿。因此,《民法典》对禁止结婚的条件作出修改,规定一方患有重大疾病的,应当在结婚登记前如实告知另一方;不如实告知的,另一方可以向人民法院请求撤销婚姻。

值得一提的是,对于婚姻无效或者被撤销的,应当赋予无过错方请求损害赔偿的权利,以有利于保护无过错方的权益。这一建议被采纳,《民法典》第1054条第2款规定:"婚姻无效或者被撤销的,无过错方有权请求损害赔偿。"但是,若对方婚前不如实告知患有重大疾病,撤销婚姻的请求应向哪个部门提出?针对受理机关,2019年12月提请审议的《民法典》草案将之前婚姻家庭编草案规定的"婚姻登记机关或者人民法院"修改为"人民法院"。其原因是,由婚姻登记机关对一方在结婚登记前是否如实告知对方患病情况进行认定较为困难。因此,《民法典》第1053条规定,由人民法院行使撤销权。

3. 完善家事代理制度,明晰夫妻共同债务。《民法典》第1064条规定:"夫妻双方共同签名或者夫妻一方事后追认等共同意思表示所负的债务,以及夫妻一方在婚姻关系存续期间以个人名义为家庭日常生活需要所负的债务,属于夫妻共同债务。夫妻一方在婚姻关系存续期间以个人名义超出家庭日常生活需要所负的债务,不属于夫妻共同债务;但是,债权人能够证明该债务用于夫妻共同生活、共同生产经营或者基于夫妻双方共同意思表示的除外。"《婚姻法》没有对夫妻共同债务的范围作出规定。2003年最高人民法院根据《婚姻法》的规定出台《婚姻法司法解释(二)》,其第24条对夫妻共同债务的认定作出规定,近年来成为社会关注的热点问题。2017年、2018年,最高人民法院先后出台新的司法解释,补充完善了此前关于夫妻共同债务认定的规则。从新司法解释施行效果看,基本上能够有效平衡各方利益,各方面总体上赞同。因此,《民法典》在完善家事代理制度(第1060条)和夫妻财产制(第1062条、第1063条和第1065条)的同时,吸收新司法解释的规定,明确了夫妻共同债务的范围。

《民法典》第1064条的切实实施,还需要结合夫妻家事代理效力、夫妻约定财产制(第1065条)来进行。换言之,夫妻一方因家庭日常生活需要而负债,对夫妻双方发生效力,属于夫妻共同债务,但是夫妻一方与相对人另有约定的除外;以个人名义超出家庭日常生活需要所负的债务,不属于夫妻共同债务。夫妻对婚姻关系存续期间所得的财产约定归各自所有,夫或者妻一方对外所负的债务,相对人知道该约定的,以夫或者妻一方的个人财产清偿(第1063条),否则以夫妻共同财产清偿(第1062条)。

以所负债务的目的和用途推定是否属于夫妻共同债务,是《婚姻法》多年来坚持的原则。1950年《婚姻法》颁布以来,我国法院对于夫妻共同债务认定一直坚持目的推定规则。1950年《婚姻法》第24条规定:“离婚时,原为夫妻共同生活所负担的债务,以共同生活时所得财产偿还”,该条规定确认了夫妻共同生活所负债务为夫妻共同债务的准则。现行《婚姻法》第41条延续规定:“离婚时,原为夫妻共同生活所负的债务,应当共同偿还。”夫妻一方为了家庭日常生活所负担的债务,以家事代理归入夫妻共同债务的范围,并无多少异议。社会反响最激烈的是夫妻一方营商对外负担的超出家庭日常生活的债务,能否认定为夫妻共同债务。2003年《婚姻法司法解释(二)》第24条规定:“债权人就婚姻关系存续期间夫妻一方以个人名义所负债务主张权利的,应当按夫妻共同债务处理。但夫妻一方能够证明债权人与债务人明确约定为个人债务,或者能够证明属于婚姻法第十九条第三款规定情形的除外。”该条解释以夫妻日常家事代理权为法理,确认了夫妻共同债务推定规则。如果配偶一方能够证明债权人与债务人明确约定为个人债务,或者证明存在《婚姻法》第19条第3款的情形,即债权人明知夫妻存在分别财产制的约定,则该债务为举债方个人债务。该解释出台后,引发了一些争论。为增强对非举债配偶方利益的保护,最高人民法院于2018年1月发布《夫妻债务纠纷解释》,其第3条规定:“夫妻一方在婚姻关系存续期间以个人名义超出家庭日常生活需要所负的债务,债权人以属于夫妻共同债务为由主张权利的,人民法院不予支持,但债权人能够证明该债务用于夫妻共同生活、共同生产经营或者基于夫妻双方共同意思表示的除外。”该规定意味着,在事实判断上,对于以夫妻一方名义所负的超出日常生活需要的债务,不再推定为夫妻共同债务,而由债权人举证证明该超出日常生活需要的债务用于“夫妻共同生活”“共同生产经营”或者基于夫妻双方共同意思表示等事实。将举证责任分配给债权人后,债权人为了防范风险保障自身债权的实现,自然或者选择“共债共签”,或者不予借贷。家事代理的效力和夫妻共同债务范围的明晰、债权人对风险的评估及个人破产制度的试行,对调整夫妻个人债务与共同债务、保护非举债配偶与保护债权人之间关系法律制度的构建,大有益处。

4. 设置离婚冷静期,避免轻率离婚。《民法典》草案第五编婚姻家庭制定和修改的过程,是我国民法不断积极回应社会发展所面临的婚姻家庭新问题、完善婚姻家庭法律制度的过程。近年来,我国离婚率不断攀升,由此引发了一系列社会问题。据民政部统计数据显示,从 2003 年起,我国离婚率已连续 15 年上涨。2019 年前三季度全国登记离婚达 310.4 万对,比上一年同期多出 20.5 万对。其中,不乏轻率离婚的情形。

离婚冷静期制度有利于减少轻率离婚、冲动离婚现象,维护家庭稳定。《民法典》设置了“离婚冷静期”,明确自婚姻登记机关收到离婚登记申请之日起 30 日内,任何一方不愿意离婚的,可以向婚姻登记机关撤回离婚登记申请。设置离婚冷静期是为自愿离婚的当事人在登记离婚中设置适当的时间“门槛”,促进当事人冷静思考、妥善抉择,既能保障当事人的离婚自由,又能保障双方当事人作出正确抉择、保护好未成年子女的利益。

离婚自由不是绝对自由,而是相对自由,是法定范围内的自由。法律规定离婚冷静期,不是限制婚姻当事人的离婚自由,而是充分尊重当事人的意思,在离婚两愿的前提下,给出适当的时间让其冷静思考,改变现行登记离婚基本上是“即申即离”,无法防止一时冲动、草率离婚的现状。只要期间适当,就不存在干涉当事人离婚自由的问题,有利于保持婚姻的稳定,减少社会不安定因素。

离婚冷静期制度已经有实践基础。当前,有些地方的婚姻登记部门在地方立法的指导下,已进行了登记离婚冷静期制度的相关试行工作;部分地方法院也在离婚案件中探索设立离婚冷静期制度,产生了较好的社会效果。有婚姻登记部门的工作人员表示,婚姻来之不易,他们在实际工作中也会劝导离婚意愿不强烈的夫妻先冷静一段时间再作决定,有些夫妻在冷静思考后最终选择不离婚。实践表明,设置离婚冷静期也是一次善意提醒,提醒大家谨慎行使权利,激发对婚姻家庭的责任心,使社会形成良好的婚姻家庭观。其在挽救破裂家庭、维护婚姻秩序、维系社会稳定等方面发挥的积极作用是值得赞许的。

5. 完善收养法律制度,保护被收养人合法权益。作为孤残儿童回归家庭的一种方式,收养具有养老扶幼、稳定家庭、稳定社会的功能。随着不少家庭或个人领养孩子的愿望逐年升高,被收养人的身心健康和权益如何得到有效保护,亟须法律给出答案。因此,保障被收养人合法权益,也是《民法典》关注的重点之一。《民法典》草案对现行收养制度作出了一系列调整,如放宽了对收养条件的限制,规定已有1名子女的收养人也可收养子女。就收养人应当具备的条件,《民法典》草案一审稿中规定了4项,分别为:无子女或者只有一名子女;有抚养、教育和保护被收养人的能力;未患有在医学上认为不应当收养子女的疾病;年满30周岁。在征求意见时,有关方面提出,为保障被收养人的健康成长,建议增加规定收养人无不利于被收养人健康成长的违法犯罪记录这一条件。该意见经研究后被采纳,立竿见影地体现于《民法典》第1098条中。

至《民法典》草案三审稿,收养相关规定的修改完善再次向前迈出一步。为更好地维护被收养的未成年人的合法权益,草案吸纳相关部门和专家学者的建议,将我国已加入的联合国《儿童权利公约》关于儿童利益最大化的原则落实到收养工作中,在《民法典》第1044条中明确提出收养应当遵循最有利于被收养人的原则。有了《民法典》的明文规定,被收养人和收养人的合法权益将得到更好的保障。①

三、《民法典》第五编婚姻家庭的施行

(一)法律施行

《婚姻法》第49条规定:"其他法律对有关婚姻家庭的违法行为和法律责任另有规定的,依照其规定。"所谓"其他法律",指《刑法》《反家庭暴力法》《妇女权益保障法》《侵权责任法》等。

《婚姻法》第六章附则实际上是婚姻法施行法,其第50条规定:"民族自治地方的人民代表大会有权结合当地民族婚姻家庭的具体情况,制定变通规定。自治州、自治县制定的变通规定,报省、自治区、直辖市人民代表大会常务委员会批准后生效。自治区制定的变通规定,报全国人民代表大会常务委员会批准后生效。"这些变通规定,在当地可以优先于《婚姻法》适用。第51条规定:"本法自1981年1月1日起施行。1950年5月1日颁行的《中华人民共和国婚姻法》,自本法施行之日起废止。"正式宣布第一部《婚姻法》废止,第二部《婚姻法》施行。

《民法典》附则明确了《民法典》与《婚姻法》《民法通则》《收养法》《民法总则》的关系。《民法典》施行后,上述民事单行法律将被替代。因此,《民法典》2021年1月1日施行之时,同步废止上述民事单行法律(第1260条)。2014年第十二届全国人大常委会第十一次会议通过的《全国人民代表大会常务委员会关于〈中华人民共和国民法通则〉第九十九条第一款、〈中华人民共和国婚姻法〉第二十二条的解释》,

---

① 参见《中国人大》杂志。

作为与《民法通则》《婚姻法》相关的法律解释,也同步废止。

(二)司法解释

为了正确审理婚姻家庭纠纷案件,根据《婚姻法》《民事诉讼法》等法律的规定,最高人民法院先后对人民法院适用《婚姻法》的有关问题作出三个解释,分别为:2001年《婚姻法司法解释(一)》于2001年12月24日由最高人民法院审判委员会第1202次会议通过,自2001年12月27日起施行;2003年《婚姻法司法解释(二)》;2011年《婚姻法司法解释(三)》于2011年7月4日由最高人民法院审判委员会第1525次会议通过,自2011年8月13日起施行。针对2003年《婚姻法司法解释(二)》第24条施行中的问题,最高人民法院颁布《夫妻债务纠纷解释》,该解释2018年1月8日最高人民法院审判委员会第1731次会议通过,自2018年1月18日起施行。

上述司法解释,只要与《民法典》的规定不相矛盾和冲突,应当都是有效的。在《民法典》生效实施后,它们应当继续作为处理种类案件的依据。如果一些司法解释的规定已经与《民法典》发生矛盾和冲突,就不应当作为法院处理案件的依据。为切实实施《民法典》,最高人民法院会根据审判工作的需要,对以往发布的婚姻法司法解释和有关收养问题的司法解释进行系统的梳理,并适时制定出新的司法解释,以推动审判工作的健康发展。

第二章　一般规定

专题一　基本原则与家风建设

《民法典》第 1041 条的基本原则与第 1043 条倡导性规定共同体现了立法基本指导方向，构成了婚姻家庭法律规范最主要的一般性条款。通过一般条款中的原则性规定，第五编婚姻家庭可以形成与第一编总则的思想、精神和方向相统一，但又可能有别于总则的价值秩序和具体规则，体现作为家事法的独立性与特殊性。此外，在婚姻家庭法律适用中，上述一般条款的作用还有为法官的法律漏洞填补提供依据的作用。

应当指出的是，在运用一般原则适用法律中，要着重注意两个关系的问题。第一，在与《民法典》总则的基本规则和一般规则不相矛盾冲突的情况下，婚姻家庭法有特别规定的，应当适用婚姻家庭法的特别规定；第二，当参照适用《民法典》第三编合同、第四编人格权等编规定时，应考虑亲属等身份关系的特殊性。

上述一般性条文中需要着重强调的包括国家保护原则、婚姻自由原则、家风建设等规定。总体来看，《民法典》该编的立法更加注重体系协调。婚姻法回归民法体系亦是此次民法典编撰的重要成果，相应地，我们也对婚姻家庭编司法解释的具体规则设计进行了体系化整合。

一、国家保护原则

《民法典》第 1041 条首次明确了婚姻家庭受国家保护的原则。其第五编婚姻家庭的调整范围，是因婚姻家庭产生的民事关系，包括亲属身份关系的发生、变更和消灭，以及配偶、父母、子女和其他一定范围内的亲属之间身份地位与权利义务关系。毫无疑问，家庭是社会的细胞，是社会融合和发展的前提。国家保护婚姻家庭关系，是推动中国特色社会主义建设基础。

家庭是社会和国家的最小组成单位,家庭的和睦稳定是国家和社会稳定繁荣的基础。正是因为家庭对于社会稳定的重要意义以及家庭本身的脆弱性,使国家对婚姻家庭的保护成为必然。诚然,婚姻自由是婚姻家庭的基本原则,但如何在婚姻家庭保护和婚姻自由之间找到平衡,是婚姻家庭法律制度设计中应当注意的基本取向。近年来,随着我国社会离婚率的持续升高,家庭越来越趋于不稳定,如何加强对婚姻家庭的保护成为日益凸显的问题。近年来的家事审判改革也体现了这一趋势,一方面,加强对于婚姻家庭纠纷的司法干预,如对于社会力量参与家事案件的强调;另一方面,通过立法方式保证婚姻家庭关系的稳定,如离婚冷静期制度的推出。国家对于婚姻家庭制度的干预和保护,并不是对个人自由权利的侵犯,而是实现社会稳定和发展职能的必然要求。

二、婚姻自由原则

婚姻自由原则,是指自然人依法律规定行使结婚或者离婚不受拘束、不受控制、不受非法干预的权利。婚姻自由是近现代婚姻家庭立法体现以人格独立、平等、自由、尊严为基础的一项基本原则,也是作为婚姻主体的自然人本身的一项基本权利。在亲属法领域,婚姻自由一直被认为是重要的基本原则之一。婚姻自由包括结婚自由和离婚自由。结婚自由,是指婚姻当事人享有根据自己的意愿与他人缔结婚姻的自由,即是否结婚、和谁结婚,当事人有权自主决定,不允许任何一方对另一方加以强迫或任何第三方加以干涉。离婚自由,则是指在婚姻关系难以维系的情况下,双方或一方可依法定程序解除婚姻关系的自由。《民法典》第 1041 条中对婚姻自由的规定体现出对当事人婚姻自主权的充分尊重。

但同时,这一自由也不是不受约束的自由,《民法典》第 1042 条中的禁止性婚姻家庭行为,以及婚姻家庭国家保护原则,就体现了对这一自由边界的规制。在前述第 1042 条规定中,禁止性规范包括禁止重婚、有配偶者与他人同居、家庭暴力等。婚姻自由不是冲动和草率的代名词,法律意义上的自由,还意味着选择及其后果,权利及其义务。马克思提倡在爱的基础上结婚自由并承认婚姻可以离异,但反对轻率离婚。其曾指出:“自由就是从事一切对别人没有害处的活动的权利。每个人所能进行的对别人没有害处的活动的界限是由法律规定的,正像地界是由界标确定的一样。”[①]学说中常被引用的四项限制婚姻自由的原则,包括“伤害原则”(对伤

① 《马克思恩格斯全集》(第 1 卷),人民出版社 1956 年版,第 438 页。

害他人的自由加以限制)、“亲缘主义原则”(对伤害自身的自由加以限制)、“立法伦理主义原则”(法律道德主义原则,对不道德行为的自由加以限制)、“冒犯原则”(对冒犯他人的自由加以限制)。[①] 后两者均系亲属法限制自由的道德原则。

三、家风建设

《民法典》第1043条第1款规定,家庭应当树立优良家风,弘扬家庭美德,重视家庭文明建设。这是《民法典》新增的一般性规定,是近年来国家最高层一直强调的家风建设的具体体现。

树立优良家风入法,体现了立法者对于婚姻家庭关系中道德伦理规则的尊重,有利于社会风气的整体提升。家风是一个家庭或家族的传统风尚,体现着家庭或家族的价值观。如何使中华民族家庭美德通过家风代代相传,为塑造文明个体人格、形成良好社会风尚提供支撑,是立法,也是全社会关注的问题。从注重“家风”建设,到加大权益保护力度,在这一意义上,《民法典》更堪为我国婚姻家庭立法进程中的重要里程碑。

此前的《婚姻法》虽对处理夫妻关系和家庭关系的基本原则作出规定,但是,《民法典》第五编婚姻家庭在此前立法基础上强调家庭应当树立优良家风,重视家庭文明建设,并对维护平等、和睦、文明的婚姻家庭关系作出规定,是我国婚姻家庭法的重要发展。《民法典》第1043条的家风建设内容,亦成为继2017年“社会主义核心价值观”写入《民法总则》后、社会主义核心价值观融入《民法典》的又一具体体现。

专题二　亲属及家庭成员概念

《民法典》第1045条规定,亲属包括配偶、血亲和姻亲。配偶、父母、子女、兄弟姐妹、祖父母、外祖父母、孙子女、外孙子女为近亲属。配偶、父母、子女和其他共同生活的近亲属为家庭成员。该条规定是我国《民法典》中的全新规定,也是我国第

---

① 参见曹贤信:《亲属法的伦理性及其限度研究》,群众出版社2012年版,第231~233页。

一次用基本法律形式明确规定了亲属概念和家庭成员范围。基于这些婚姻家庭法律基本概念的明晰,长期以来难以明确界定的身份权制度和身份法律体系,都可凭借该条所作界定予以进一步明确。

关于亲属和近亲属的概念。该条中对于亲属的概念采取了列举式的界定,明确亲属包括配偶、血亲和姻亲,这一亲属概念的范围较宽泛,属于广义的亲属概念。对于近亲属,该条中采取了较为狭义的规定,明确近亲属范围包括配偶、父母、子女、兄弟姐妹、祖父母、外祖父母、孙子女、外孙子女。长期以来,我国法律制度中的亲属尤其是近亲属概念都处于较混乱的状态,多部司法解释对于近亲属进行了范围不同的列举规定,造成适用中的混乱。该条对于近亲属范围的明确规定,有助于结束这种混乱局面。亲属是以婚姻和血缘为纽带的人类社会的一种非常重要的社会关系,亲属关系经法律调整,即可能在具有亲属身份的主体之间产生法定的权利义务,形成亲属法律关系。通过将近亲属与其他亲属范围相区别,有助于明确划分两者在亲属法律关系中的不同权利义务边界。亲属有远近亲疏之分,在考量该亲属关系时的计算单位是“亲等”。而近亲属概念的明确和范围的厘清,亦有助于家庭成员遗产继承和财富传承等问题的解决。

关于家庭成员的概念。该条明确了配偶、父母、子女和其他共同生活的近亲属为家庭成员。这条规定对于解决理论和实践中的大量疑难问题具有重大意义。首先,对于民事主体理论具有重大意义。我国虽然不承认家庭的独立民事主体地位,但长期都认可个体工商户和农村承包经营户(以下简称“两户”)的独立民事主体地位。在实践中“两户”基本都与家庭联系在一起,即所谓“家户”制度。但由于家庭概念外延内涵不清晰,导致“两户”成员范围也长期处于模糊状态,造成实践中“两户”作为民事主体承担民事责任的障碍。在明确家庭成员范围基础上,下一步通过实践中的法律解释,将可逐步解决“两户”成员范围界定这一难题。

其次,家庭成员概念的确定对于社会福利政策的精准实施意义重大。随着我国城乡社会福利政策的日益完善,大量社会福利制度日趋确定,其中包括宅基地制度、城市保障房制度等。上述制度的重要特点就是以家庭为单位进行制度设计的。在家庭成员范围不明确情况下,上述制度设计在运行中存在大量障碍,造成资源分配中的大量争议,也给司法实践带来了许多困扰。《民法典》第 1045 条对家庭成员范围的明确,有助于在此基础上精准设计相关制度和政策,将为这一系列政策制度落实提供了法律前提保障,也减少后续的争议隐患。

第三章　结　婚

专题一　无效婚姻

无效婚姻,是指因缺乏婚姻成立要件而没有法律效力的违法婚姻,即男女双方的结合不符合法律规定的条件或违反了结婚程序因而自始不具备婚姻的法律效力。[①] 虽然缔结婚姻是男女之间的民事法律行为,但是基于婚姻所产生的家庭、子女、亲属等关系,对于整个社会的秩序稳定和健康发展都有重要意义。因此,国家有必要通过法律对于婚姻制度进行规范和调整。无效婚姻制度的设立体现了国家强制力对于婚姻制度的干预。

我国1950年《婚姻法》和1980年《婚姻法》均没有对无效婚姻制度进行规定。2001年修订的《婚姻法》[②]明确规定了无效婚姻和可撤销婚姻。《民法典》基本延续了《婚姻法》的制度设计,并对相关内容进行了修订,对于保护合法婚姻、预防和制裁违法婚姻、完善我国婚姻制度具有积极的意义。婚姻的成立必须具备法定的实质要件和形式要件才具有法律效力。结婚的实质要件,是指申请结婚的当事人本人及双方之间的关系必须符合法定的条件,包括结婚的必备条件和禁止条件。结婚的形式要件是指婚姻成立的法定程序或方式,它是婚姻取得社会承认的方式,同时,也是婚姻成立的实质要件得到切实贯彻执行的有力保障。在我国,结婚登记是公民结婚的法定形式要件,是结婚的必经程序。[③] 从《婚姻法》及《民法典》的规定来看,我国目前立法上认定婚姻无效情形主要是针对违反婚姻实质要件而言的。根据《民法典》第五编婚姻家庭的规定,婚姻实质要件主要包括男女双方完全自愿、

---

① 参见王胜明、孙礼海主编,全国人大常委会法制工作委员会民法室编:《〈中华人民共和国婚姻法〉修改立法资料选》,法律出版社2001年版,第132页。

② 如无特殊说明,以下所称《婚姻法》即指2001年修订的《婚姻法》。

③ 参见人民法院出版社编:《司法解释理解与适用全集》(家事卷),人民法院出版社2019年版,第162~163页。

必须达到法定婚龄、符合一夫一妻制度、没有禁止结婚的亲属关系。

一、婚姻无效的情形

《民法典》第1051条规定:有下列情形之一的,婚姻无效:(1)重婚;(2)有禁止结婚的亲属关系;(3)未到法定婚龄。而《婚姻法》第10条规定:有下列情形之一的,婚姻无效:(1)重婚的;(2)有禁止结婚的亲属关系的;(3)婚前患有医学上认为不应当结婚的疾病,婚后尚未治愈的;(4)未到法定婚龄的。

从《婚姻法》与《民法典》内容比较来看,除表述上更规范外,重点是《民法典》将"婚前患有医学上认为不应当结婚的疾病,婚后尚未治愈的"这一情形不再规定为婚姻无效的情形之一,而将其归为可撤销婚姻的范围。事实上,在《民法典》起草过程中,关于婚姻无效的情形经历了多次修订。2017年9月,全国人大法工委民法室草案中沿用了《婚姻法》的规定,明确了四种情形为无效婚姻。而在2018年4月《民法典(草案)》中,对无效情形进行了修订,并在2019年7月5日、10月31日的征求意见稿中予以了延续。其中,2019年10月31日《民法典》婚姻家庭编三审稿第828条规定,有下列情形之一的,婚姻无效:(1)重婚;(2)有禁止结婚的亲属关系;(3)未到法定婚龄;(4)以伪造、变造、冒用证件等方式骗取结婚登记。该条删除了"婚前患有医学上认为不应当结婚的疾病,婚后尚未治愈的"这一情形,而增加了"以伪造、变造、冒用证件等方式骗取结婚登记"的情形。而在2019年12月28日的征求意见稿第1051条规定中,又删除了"以伪造、变造、冒用证件等方式骗取结婚登记"这一情形,只规定重婚、有禁止结婚的亲属关系、未到法定婚龄三种情形属于无效婚姻。最终通过的《民法典》即采用了上述规定。从上述草案征求意见稿中规定内容的变化来看,反映了专家学者、社会公众对这一问题的关注,也反映了国家在这一问题上的慎重立场。

法律对于婚姻无效情形范围的界定,体现出国家在尊重当事人的婚姻意愿与维护社会公共利益之间的平衡。婚姻无效情形范围的大小,与一个国家的历史、社会经济发展状况都有密切的关系,并不能简单以多少来判断优劣。从立法的趋势来看,婚姻无效的范围是逐渐缩小的。若将大多数不合法婚姻归入自始无效婚姻范畴,虽说维护了法律的尊严,但可能影响百姓的家庭稳定和基本权益的保护。[①] 从《民法典》的规定来看,重婚严重违反了一夫一妻制度,有悖公序良俗,应当严禁。

---

① 参见蒙晓毅:《中国无效婚姻制度立法浅探》,载《广西民族学院学报(哲学社会科学版)》2003年第4期。

禁止亲属婚，主要是从生物学规律出发，有利于优生优育，有利于民族兴旺和社会长远发展，同时，也能够有效避免伦理道德等问题。从世界范围来看，多数国家和地区也都将重婚和亲属婚认定为无效婚姻。而对于未达法定婚龄的无效婚姻，应当考虑保护未达婚龄当事人的利益，同时，也能够保证法律规定的结婚年龄得到有效落实。《民法典》规定了三种婚姻无效的情形，但实践中的情形十分复杂，当事人可能以其他理由提起申请主张婚姻无效，如之前草案中规定的"以伪造、变造、冒用证件等方式骗取结婚登记的"如何认定，法律并没有进一步明确。但从审判实践来看，将该条规定删除是有一定合理性的。因为虽然当事人存在伪造、变造、冒用证件的行为，但是，其欲达到的目的可能是重婚、未达到婚龄结婚、掩盖有直系亲属关系结婚等，与已规定的婚姻无效情形有重合，在多数情形下这些行为只是一种手段，而不是一种目的。如果将这类情形均规定为无效婚姻，则无效婚姻的数量会大幅增加，不利于婚姻的稳定，且在认定时可能发生冲突。如一方当事人不到法定婚龄，其伪造身份证件或者冒用他人身份证件办理了婚姻登记，现另外一方以双方结婚时未达法定婚龄主张婚姻无效，因目前其年龄已达到法定婚龄，按照审判实践，导致婚姻无效的事由已经消失，法院对于另外一方的申请不予支持。但是，一方伪造或者冒用身份证件的行为是客观存在的，如果只对该行为作出评价，则双方婚姻仍然是无效的。因此，将该条删除能够保证法条之间内在逻辑的统一性，但是实践中对于此种情形应当如何认定，法律上并没有明确规定，从审判实践来看，可以根据《民法典婚姻家庭编解释(一)》第 17 条的规定，当事人以《民法典》第 1051 条规定的三种无效婚姻以外的情形请求确认婚姻无效的，人民法院应当判决驳回当事人的诉讼请求。当事人以结婚登记程序存在瑕疵为由提起民事诉讼，主张撤销结婚登记的，告知其可以依法申请行政复议或者提起行政诉讼。

二、婚姻无效的阻却事由

《民法典》第 1054 条规定：无效的或者被撤销的婚姻自始没有法律约束力，当事人不具有夫妻的权利和义务。就无效婚姻而言，自始无效并无多大争议。但是，对于如何确定其自始无效则存在不同的观点和认识。一种观点认为，既然法律规定自始无效，那这种婚姻从一开始就是无效的，属于当然无效，不需要经过确认；另一种观点则认为，无效婚姻需要经过法院宣告后才自始无效，无效婚姻的确定需要经过法定程序。

我国《婚姻法》和《民法典》中对此虽没有涉及，但《民法典婚姻家庭编解释

（一）》第20条规定“民法典第一千零五十四条所规定的‘自始没有法律约束力’，是指无效婚姻或者可撤销婚姻在依法被确认无效或者被撤销时，才确定该婚姻自始不受法律保护”。因此，就我国审判实践角度而言，采用的是宣告无效制度。在明确这一制度后，实践中产生的问题是，当事人向法院申请宣告婚姻无效的，是否只要双方“缔结”婚姻时符合无效婚姻条件的，法院就应当宣告无效，而不存在其他因素可以阻却，即无效婚姻属于绝对无效。对此，《婚姻法》和《民法典》中没有明确规定，但《民法典婚姻家庭编解释（一）》第10条进行了规范。该条规定，“当事人依据民法典第一千零五十一条规定向人民法院请求确认婚姻无效，法定的无效婚姻情形在提起诉讼时已经消失的，人民法院不予支持”。从该条规定来看，我国司法实践中是认可存在婚姻无效的阻却事由的。但是，是否法律规定的全部婚姻无效情形均存在阻却事由、阻却事由如何认定审判实践中却有不同的认识。如对于因重婚申请宣告婚姻无效的，在甲男与乙女婚姻无效纠纷[①]一案中，法院认为，《婚姻法》明确规定，我国实行婚姻自由、一夫一妻、男女平等的婚姻制度。重婚的，婚姻无效。重婚行为严重违反一夫一妻制的法律规定，从性质上不应当存在阻却事由，无论在申请确认婚姻无效时重婚者是存在两个婚姻关系，还是只余一个婚姻关系，都应确认构成重婚的婚姻关系无效。甲男在未解除婚姻关系的情况下与乙女登记结婚，甲男与乙女之间的婚姻关系已构成重婚，应当无效。进而，判决认定双方的婚姻关系无效。而在另一起丙女与丁男婚姻无效纠纷[②]案件中，法院认为，重婚的，婚姻无效。当事人依据《婚姻法》第10条规定向人民法院申请宣告婚姻无效的，申请时，法定的无效婚姻情形已经消失的，人民法院不予支持。在本案中，丁男在原婚姻关系存续期间和丙女结婚，其行为确已构成重婚。但在丙女诉讼至法院之前，丁男的前一段婚姻已经登记解除，丁男重婚的状态已不存在，丙女与丁男之间构成无效婚姻的法定事由亦已消除。故丙女的诉讼请求法院难以支持，进而判决驳回了丙女的申请。

上述两个案件不同判决理由和结果反映出审判实践中对于无效婚姻的阻却事由存在很大的认识差异。理论界对此也有不同的看法。如有观点认为，为打击重婚这种违法行为，不应认可此种瑕疵治愈事由。而另有观点认为，在重婚一方的前婚已经不复存在的情形下，从尊重既成身份关系的角度出发，应认为法定无效的事

---

① 参见北京市昌平区人民法院民事判决书，(2014)昌民初字第10248号。

② 参见北京市朝阳区人民法院民事判决书，(2015)朝民初字第5653号。

由已经消失,不应再认定后婚无效。[①] 因为对于该问题的认识直接关系法院最后的裁判结果,对于当事人的利益有重大影响,有必要予以统一。本书认为,认定婚姻无效是否存在阻却事由应当与导致婚姻无效的原因紧密结合起来,要从立法将该种情形规定为无效婚姻所意欲保护的权益来看,是否允许相关阻却事由的存在。因此,应当对无效婚姻的情形进行具体分析,进而判断存在阻却事由是否合理,是否符合立法本意。

如前所述,重婚这种情形严重违反了婚姻制度中的一夫一妻原则,严重损害了社会的公序良俗,所以不应当存在阻却事由。此即无论申请时,重婚者是存在两个婚姻关系,还是已只有一个婚姻关系,都应宣告其中一个婚姻无效,构成犯罪的,还应予以刑罚制裁。[②] 此外,重婚本身是因为缔结了另外一个"婚姻"关系而直接侵害了在先的婚姻,侵权后果从其缔结时即产生,如果这种侵权行为后果因为在先婚姻的解除或者配偶死亡而消失,则从侵权逻辑上也是说不通的,还容易产生道德上的风险。因此,对于重婚来讲,重婚事实一旦发生,当事人的婚姻关系即绝对无效,不产生从违法到合法转化的问题,不存在婚姻无效的阻却事由。相关地方法院的规范性意见中也明确了这种意见。[③]

关于亲属婚,我国法律规定的是直系血亲和三代以内的旁系血亲禁止结婚。因为血缘近亲关系是基于生物学意义产生的特定关系,是与生俱来的,并不因当事人的意志转移而改变,所以这种基于血缘关系的近亲婚姻是没有无效阻却事由的,属于绝对无效婚姻。无论双方的婚姻经过多少时间,也不管当事人是否生育子女或者承诺不生育子女,都不影响婚姻无效的认定。如果允许根据当事人的意愿区分不同的效力情形,则极易产生法律执行的漏洞,有损法律的权威和统一。在审判实践中,我们需要注意的是,形成了法律拟制亲属关系的当事人能否结婚的问题。如养父母与养子女、继父母与形成扶养关系的继子女之间能否结婚。虽然从生物学角度上来说,双方之间本身不存在血缘关系,但是根据我国法律规定,拟制的父

---

① 参见田韶华:《民法典婚姻家庭编瑕疵婚姻制度的立法建议——以〈民法总则〉之瑕疵民事法律行为制度在婚姻家庭编中的适用为视角》,载《苏州大学学报(法学版)》2018 年第 1 期。

② 参见人民法院出版社编:《司法解释理解与适用全集》(家事卷),人民法院出版社 2019 年版,第 174 页。

③ 江苏省高级人民法院 2019 年制定的《家事纠纷案件审理指南(婚姻家庭部分)》第 7 条规定:依照 2001 年《婚姻法司法解释(一)》第 13 条的规定,无效或者可撤销婚姻只有在依法被宣告无效或者被撤销时才自始不受法律保护。因此,婚姻被宣告无效或者被撤销之前又与他人结婚的,构成重婚。以重婚为由申请宣告婚姻无效,申请时即使当事人已经办理了合法婚姻的离婚登记手续或者合法婚姻配偶一方已经死亡等导致重婚情形已经消失的,亦应予以支持。

母子女关系适用亲生父母子女关系的规定。因此,从法律规定的身份关系上来说,具有法律拟制亲属关系的当事人之间如果形成了直系亲属或者三代以内旁系亲属关系,也是应当禁止结婚的。但是,基于双方这种关系属于法律拟制,亦可以通过法定的方式予以解除,如果双方合法解除了拟制亲属关系,则可以结婚。

关于未达法定婚龄的婚姻,通说认为,此类婚姻的社会危害性与前两种情形相比要小很多,立法的目的更多的是保护其中当事人的私权利。如果一方申请宣告婚姻无效时,双方均已经达到法定婚龄,也就是说,双方的婚姻已经完全符合法律规定的要件,则该婚姻应当认定为有效婚姻。因此,双方均达到了法定婚龄构成了此类婚姻被宣告无效的阻却事由。在双方婚姻有效的情形下,如果双方当事人感情破裂无法共同生活的,则可以通过离婚解决双方之间的争议。

此外,实践中有案件当事人还存在这样一种认识,认为无效婚姻的一方当事人死亡的,则构成了婚姻无效的阻却事由,法院对于宣告无效申请不应予以支持。事实上,这是对无效婚姻制度缺乏全面准确的理解。如前所述,我国对于无效婚姻采用的是宣告主义,在无效婚姻被宣告为无效之前其就是有效婚姻,在法律上产生合法婚姻规定的身份关系和财产关系。如果一方死亡,另外一方可以主张双方关系存续期间取得财产属于夫妻共同财产,可以作为死亡一方的第一顺位继承人继承遗产等。因此,即使一方或者双方死亡,双方基于"合法婚姻登记形式"所产生的法律后果对于生存一方或者相关利害关系人的影响是存在的。以重婚为例,甲男与乙女是合法夫妻,丁男是双方婚生子,在甲男与乙女婚姻关系存续期间,甲男和丙女又结婚,构成重婚。在甲男或者丙女一方或者双方去世的情况下,如果不允许相关利害关系人宣告甲男与丙女的婚姻无效,则甲男与丙女之间互有继承权,对于乙女、丁男的继承利益产生了重要影响。而且,从婚姻登记上看甲男、丙女属于合法夫妻关系,对于乙女、丁男的身份利益和社会评价也会有重大影响。因此,即使无效婚姻的一方或者双方死亡,仍应当允许在世一方或者相关利害关系人申请无效,这样才符合立法本意,才能更全面有效地保护合法利益。因此,《民法典婚姻家庭编解释(一)》第 14 条规定:夫妻一方或者双方死亡后,生存一方或者利害关系人依据民法典第一千零五十一条的规定请求确认婚姻无效的,人民法院应当受理。应当说,该条的设立具有很强的现实意义。

对于《民法典》第五编婚姻家庭规定的 3 种婚姻无效情形,只有未达婚龄的婚姻存在阻却事由,其他两种情形均不存在阻却事由。审判实践中随之需要解决问题是,对于未达婚龄的,如果申请时双方因年龄已符合条件而存在阻却无效事由的,双方当事人的婚姻关系从何时起算。对此,本书认为,应当从双方均达到法定婚龄的时间作为婚姻关系时间起点,而不是以双方办理结婚登记的时间为起算点。因为阻却事由的存在,是在惩罚严重违法婚姻的大原则下有限地设定例外条件,其目的在于维护合法婚姻的持续稳定性,而不是保护不合法的利益。因此,其对于不符合婚姻实质要件之前的婚姻不具有溯及力。这一时间节点的确定对于认定双方关系存续期间所得财产属性具有重要意义,在双方不符合结婚实质要件前取得的财产按照同居关系期间所得财产认定,而不是当然推定为夫妻共同财产。

三、婚姻无效的法律后果

《民法典》第 1054 条第 1 款规定:无效的或者被撤销的婚姻自始没有法律约束力,当事人不具有夫妻的权利和义务。同居期间所得的财产,由当事人协议处理;协议不成的,由人民法院根据照顾无过错方的原则判决。对重婚导致的无效婚姻的财产处理,不得侵害合法婚姻当事人的财产权益。当事人所生的子女,适用本法关于父母子女的规定。该部分内容与《婚姻法》的规定基本相同。从法律规定来看,婚姻被宣告无效后,当事人之间自始不存在夫妻身份关系,没有夫妻间的权利义务。但对于双方所生子女,从保护子女利益角度出发,法律赋予了与合法婚姻婚生子女同等的权利。

在审判实践中,相对于当事人之间以及当事人与子女之间的身份关系的确认而言,当事人之间的财产分割更具争议,也亟须司法裁判的统一。本书认为,婚姻无效后当事人之间财产处理应当与合法婚姻离婚财产处理有明确的区分,否则,无效婚姻的意义会大打折扣。从法律规定来看,在婚姻被宣告无效后,对于当事人同居期间所得财产,首先尊重当事人的意思自治,如果双方当事人达成协议,则按照协议处理。但是,对于当事人未能达成协议的,法律只规定应当照顾无过错原则予以判决。

《民法典婚姻家庭编解释(一)》第 22 条规定:被确认无效或者被撤销的婚姻,当事人同居期间所得的财产,除有证据证明为当事人一方所有的以外,按共同共有处理。从该条规定看,当事人同居期间取得财产按照共同共有处理。

被宣告婚姻无效的当事人之间不具有夫妻关系,也就不存在法律规定的家庭关系。因此,本书认为,在此情形下,如果双方在同居期间拥有的共同所得财产,双方之间没有约定,应当按共同共有处理。

在上述基本原则的基础上,实际分割财产时,人民法院还应当依据照顾无过错方的原则予以判决。例如,甲男未达法定婚龄,其伪造证件虚构年龄与乙女结婚,乙女对此不知情,后知情后乙女向法院提出宣告婚姻无效申请,并主张分割财产。同居期间,以乙女名义购买一套房屋登记在乙女名下,甲男未能举证证明其对房屋有出资,该房屋认定为乙女的个人财产。对于双方同居期间购买的家具家电等财产,双方均有出资,但无法证明各自的出资额,按照照顾乙女的原则进行判决。

需要强调的是,对于重婚导致婚姻无效的,还应当注意保护合法婚姻配偶一方的利益。《民法典婚姻家庭编解释(一)》第16条规定:人民法院审理重婚导致的无效婚姻案件时,涉及财产处理的,应当准许合法婚姻当事人作为有独立请求权的第三人参加诉讼。该规定就是从程序设置上保护合法婚姻配偶一方的利益。例如,甲男和乙女是合法夫妻关系,在双方婚姻关系存续期间,甲男和丙女结婚,构成重婚。甲男和丙女同居期间购买了一套房屋,登记在甲男名下。经查,该房屋是甲男用个人工资和父母赠与款项购买,丙女未出资,则该套房屋丙女无权主张分割。如无相反证据,该套房屋应当认定为甲男和乙女的共同财产。如果该房屋购买时登记在甲男名下,后甲男将房屋变更登记到丙女名下,则该房屋仍应当认定属于甲男和乙女的夫妻共同财产,丙女没有权利予以分割,因为其没有出资,丧失共有的基础,即使抗辩甲男对其赠与,但因为甲男赠与处分的是其与乙女的夫妻共同财产,赠与行为亦应当认定为无效。当然,如果房屋购买时即登记在丙女名下,则至少可以认定甲男所出的购房款属于赠与无效,应当返还。如果该房屋双方均有出资,则可以根据双方的出资比例大小、照顾无过错方的原则判决予以分割。

除财产外,对于同居期间形成的债务,因为涉及案外第三人的利益,具体处理时,本书认为,如果善意债权人对于双方婚姻无效的情形并不知情,其所借债务可以根据《民法典》第1064条关于夫妻共同债务的标准予以认定,构成双方共同债务的,则无效婚姻双方当事人对此债务承担连带清偿责任。因为导致婚姻无效是当事人一方或者双方造成的,债权人基于对他们"合法婚姻关系"的信赖出借款项并无过错,其权利应当优先保护。但如果债权人对双方无效婚姻情形明确知悉,如甲男作为乙男的朋友,其对于乙男与丙女重婚的事实完全了解,则对于甲男所借款项需要根据借款用途、金额、对象等因素按照一般民间借贷关系予以处理。

四、无效婚姻的损害赔偿

《民法典》第1054条第2款规定:婚姻无效或者被撤销的,无过错方有权请求损害赔偿。该款规定是《民法典》中的新增内容。事实上,赋予无效婚姻中无过错方的损害赔偿请求权在理论和实务界中一直有较高的呼声，认为这是维护实质正义、制裁预防违法行为的有力手段。如有学者认为，在统计学意义上，多数情况下重婚中有配偶的一方为恶意，而无配偶一方为善意且多数为女性，如果法律规定婚姻为自始绝对无效，双方不发生夫妻的权利和义务，那么当事人在长期共同生活中享有的现实的及可信赖的期待利益便得不到任何法律保护，这对于善意相对方来说是极不公平的。如果是这样，那些有配偶者在向对方隐瞒了真相而“结婚”后，在他想终止他们之间的关系时，就很容易摆脱善意相对方，而不必承担作为配偶的各种义务。这与《民法典》的立法目的是不符的。导致婚姻无效和撤销的其他情形也存在同样的问题。可以说，本次《民法典》中增加无效婚姻或者可撤销婚姻中无过错方的损害赔偿请求权是一大进步，对于完善无效和可撤销婚姻制度有积极意义。

为准确适用这一规定，本书认为应当把握以下三个问题。

(一)请求权的主体

从《民法典》规定来看，被赋予请求权的主体是无过错方。如何界定这里“无过错方”？首先，需要对于“过错”进行明确。这里的“过错”应当作狭义理解，仅指对于导致出现婚姻无效或者被撤销情形存有过错，如故意隐瞒已婚的事实，伪造材料更改年龄等。“无过错方”，则指对于上述情形出现没有过错的一方。这里的“无过错方”对于对方实施的行为不知情，如果明知对方已婚、明知对方不符合结婚年龄与其结婚，则亦不属于“无过错方”。对于“过错”作狭义理解，有助于聚焦婚姻无效或者被撤销的实质问题，而不是泛化为双方同居期间各种争执和矛盾的简单堆砌比较，符合立法的本意，也有助于在审判实践中统一裁判尺度。如果双方当事人对于婚姻无效或者可撤销均存在过错，则双方均不能向对方提出损害赔偿的请求。这一点也能够与《民法典婚姻家庭编解释(一)》第 90 条的规定契合。

在实践中需要注意的是，如果无过错方去世，相关利害关系人申请宣告婚姻无效的，能否向对方主张损害赔偿？此时，利害关系人不能主张该权利，因为虽然法院经过审查可以查明双方存在导致婚姻无效的情形，但是鉴于一方已经去世，对于其缔结婚姻时是否知晓无效情形，是否是绝对的无过错方，可能永远无法查清。因此，从法律规定的严谨角度出发，不应当赋予利害关系人该权利。基于同样道理，如果过错方已经去世，在世一方也不能向其继承人主张该权利。虽然如此规定可能在某些个案中对于当事人的权益有影响，但这是当事人在处理社会关系时所可能面临的风险之一，也是法律调整手段局限性的一种体现。

双方同居关系存续期间，一方对于另一方有侵权行为，造成另外一方身体伤害,侵害的是另外一方的身体权、健康权。在此种情形下,受害一方有权基于《民法典》侵权责任的相关规定向加害方追究责任,要求予以赔偿。此时,加害方实施的侵权行为是一般侵权,与实施导致婚姻无效情形的行为有显著区别,在实践中应当予以区分认定。

(二)损害赔偿的范围

关于无过错方请求损害赔偿的范围,目前并没有明确的规定,在实践中可以参照《民法典婚姻家庭编解释(一)》第86条的规定处理。"民法典第一千零九十一条规定的'损害赔偿',包括物质损害赔偿和精神损害赔偿。涉及精神损害赔偿的,适用《最高人民法院关于确定民事侵权精神损害赔偿责任若干问题的解释》的有关规定。"对于婚姻无效或者被撤销的,无过错方亦应当有权主张物质损害和精神损害赔偿。因为在双方同居期间,无过错一方基于对于双方"婚姻"关系的信赖,可能有很多财产性的投入,如用个人财产维持双方的生活,为对方的日常消费、医疗健康等支出了较多费用等,这些都应当作为损失计算在内。当然,对于具体物质损失的大小,需要无过错方举证证明,以实际造成的损失为限进行赔偿。关于精神损害赔偿,无过错方因为对方的隐瞒欺骗等行为,导致婚姻被宣告无效或者被撤销,在情感或者精神上不可避免受到伤害,作为对其感情和精神上的抚慰,精神损害抚慰金有助于帮助其尽早恢复身心健康、重拾对公平正义的信心,也有助于为整个社会提供正确的价值导向,应当结合个案情况判决。关于精神损害抚慰金的具体数额,需要根据双方生活期间的长短、过错情节、造成的损害后果等情况予以判断。

(三)损害赔偿请求权行使时间

无效婚姻损害赔偿请求权是建立在婚姻被确认无效的基础上,以婚姻被确认无效为前提的,法院在审理无效婚姻案件时,会对婚姻无效的事由进行审查。因此,当事人可以在请求确认婚姻无效的案件中提出损害赔偿请求,此时,当事人提出主张与当事人在该类案件中提出子女抚养、财产分割请求类似。

同时,根据《民法典婚姻家庭编解释(一)》第9条的规定:有权依据《民法典》第1051条规定向人民法院就已办理结婚登记的婚姻请求确认婚姻无效的主体,包括婚姻当事人及利害关系人。利害关系人包括:(1)以重婚为由的,为当事人的近亲属及基层组织;(2)以未到法定婚龄为由的,为未达法定婚龄的近亲属;(3)以有禁止结婚的亲属关系为由的,为当事人的近亲属。近亲属的范围包括配偶、父母、子女、兄弟姐妹、祖父母、外祖父母、孙子女、外孙子女。当不是婚姻无效的当事人而是利害关系人申请婚姻无效时,因利害关系人不能提起婚姻无效损害赔偿的诉求,应当允许无效婚姻当事人在婚姻被宣告无效后再另行单独提起损害赔偿之诉。

专题二　可撤销婚姻

可撤销婚姻属于违法婚姻,从广义上来说,其也是无效婚姻的一种。对于采用双轨制立法例的国家和地区来说,均规定了无效婚姻和可撤销婚姻。相对狭义的无效婚姻而言,一般认为,可撤销婚姻更多违反的是私益要件,其危害性与无效婚姻相比更小。在可撤销婚姻问题上,我国的立法与国外有所不同。国外许多国家规定的属于可撤销婚姻的情形较多,诸如因受欺骗、误解、受胁迫而缔结的婚姻等都属于可撤销婚姻。相对而言,我国法律规定的可撤销婚姻范围比较有限,《婚姻法》只规定了受胁迫缔结婚姻属于可撤销婚姻这一种情形,《民法典》适当扩大了可撤销婚姻的范围,除保留受胁迫婚姻可撤销规定之外,将《婚姻法》中规定的原属于无效婚的疾病婚确定为可撤销婚姻。在胁迫婚和疾病婚这两种情形下,当事人作出结婚的意思表示并不真实,法律赋予了当事人可撤销的权利。

一、受胁迫婚姻

《民法典》第 1052 条第 1 款、第 2 款规定:因胁迫结婚的,受胁迫的一方可以向人民法院请求撤销婚姻。请求撤销婚姻的,应当自胁迫行为终止之日起 1 年内提出。第 3 款规定:被非法限制人身自由的当事人请求撤销婚姻的,应当自恢复人身自由之日起 1 年内提出。

与《婚姻法》相比,《民法典》将撤销婚姻的起算时间从“结婚登记之日”修改为“胁迫行为终止之日”,该修订调整具有合理性,有利于保护受胁迫方的合法权利。因为在受胁迫缔结婚姻的情形中,胁迫方的胁迫行为可能处于持续状态中,如果在胁迫行为没有终止时即起算时间,可能导致受胁迫方的救济权利无法得到实现。

(一)请求撤销的主体

根据《民法典》的规定,因胁迫结婚的,受胁迫一方可以请求撤销婚姻。与无效婚姻中申请主体既可以是双方当事人亦包括利害关系人不同,此类案件只有受胁迫一方可以提起撤销婚姻之诉。这主要是根据胁迫婚姻危害程度和范围,从尊重当事人的婚姻自由意愿、保护受胁迫方的合法权益而设定的。因为受胁迫而结婚的意思表示最终是受胁迫方自己作出的,如果一方虽然受胁迫而结婚,但是婚后生育了子女,其愿意与对方共同生活,此时,若允许其他人(包括婚姻的相对方)随意提起撤销婚姻,则是对受胁迫方婚姻自由意愿的加重伤害。即使是受胁迫方的近亲属,在受胁迫方不同意的情形下,亦不能依据他们曾被作为威胁或伤害对象而提起撤销之诉。如果他们认为自己的身体、健康或者其他合法权益因胁迫方的侵权行为而受损,可以依据《民法典》侵权责任编的规定主张权利。

(二)被请求的主体

与请求撤销的主体只能是受胁迫一方相对应,被请求的主体只能是婚姻关系的另外一方当事人。与无效婚姻不同,如果另外一方当事人死亡,则受胁迫一方不能再提起撤销婚姻之诉,双方的婚姻关系自然终止,双方的财产关系按照婚姻和继承予以处理。需要注意的是,在胁迫婚姻关系中,实施胁迫行为的主体往往较多,包括婚姻一方当事人的近亲属、朋友等,这些主体不能成为撤销婚姻之诉的被告。因为他们虽然参与实施了胁迫行为,但最终受胁迫方作出结婚意思表示的相对方是婚姻关系的另外一方当事人,应当由该当事人承担胁迫婚姻所导致的法律后果。但是,如果相关人员在实施胁迫过程中,有民事侵权甚至犯罪行为,则应当依据相关法律规定承担相应的法律后果。

(三)"胁迫"的认定

在实践中,对于如何理解和把握"胁迫"是审理这类案件的难点之一。《民法典婚姻家庭编解释(一)》第 18 条规定:行为人以给另一方当事人或者其近亲属的生命、身体、健康、名誉、财产等方面造成损害为要挟,迫使另一方当事人违背真实意愿结婚的,可以认定为《民法典》第 1052 条所称的"胁迫"。因受胁迫而请求撤销婚姻的,只能是受胁迫一方的婚姻关系当事人本人。本书认为,判断行为人构成胁迫需要满足以下条件:一是行为人有主观上的故意,即意欲通过威胁恐吓的方式让对方产生恐惧;二是行为人客观上实施了胁迫的行为,如对于对方或者其近亲属已经有了言语上的威胁或者实质上的伤害;三是对方因此而产生了恐惧,并作出了同意结婚的意思表示,即行为人的胁迫行为与对方违背意愿同意结婚之间存在因果关系。在满足上述条件的情况下,受胁迫一方当事人撤销婚姻的主张应当得到支持。当然,实践中的情形较为复杂,法院需要根据当事人的举证情况综合予以判断。

(四)撤销的机关

根据《民法典》的规定,人民法院是胁迫婚姻的撤销机关。与《婚姻法》相比,婚姻登记机关不再享有撤销胁迫婚姻的权力,人民法院成为唯一撤销机关。这一规定与域外立法例一致。从国外有关婚姻家庭的立法看,无论是法制比较发达的国家立法,还是法制相对薄弱的国家立法,对婚姻的撤销,多数均以诉讼方式,由法院判决宣告。[①] 有实务界人士也长期呼吁,我国应当彻底废除民政机关主管婚姻效力纠纷和适用行政诉讼程序解决婚姻效力案件的机制。凡涉及婚姻是否成立或有效的案件,全部统一由法院主管,按民事诉讼程序处理。[②] 应当说,《民法典》的这一修订回应了社会关切和期待,也能够有效解决实践中的部分问题。因为在撤销婚姻案件中,除对于婚姻情况审查外,还涉及子女抚养、财产分割、过错认定、损害赔偿等问题,而婚姻登记机关无法解决这些问题。根据《婚姻登记条例》第 9 条的规定,因胁迫结婚的,受胁迫的当事人依据《婚姻法》第 11 条的规定向婚姻登记机关请求撤销其婚姻的,婚姻登记机关经审查认为受胁迫结婚的情况属实且不涉及子女抚养、财产及债务问题的,应当撤销该婚姻,宣告结婚证作废。也就是说,婚姻登记机关只有在不涉及子女抚养、财产及债务的情况下才能作出认定,而这在实务中是非常少见的。因此,由人民法院统一行使撤销婚姻的权利有利于尺度统一,彻底解决当事人之间的争议,减少当事人的诉累。

(五)撤销的法律后果

《民法典》没有区分无效婚姻和可撤销婚姻法律后果的不同,一律认定其为自始无效。当事人不具有夫妻的权利和义务。同居期间所得的财产,由当事人协议处理;协议不成的,由人民法院根据照顾无过错方的原则判决。当事人所生的子女,适用本法关于父母子女的规定。鉴于在无效婚姻部分相关内容已经进行了论述,本部分不再赘述。

需要强调的是,当事人因受胁迫请求撤销婚姻关系,行使的是撤销权,法院在处理此类案件时,应当适用简易程序或者普通程序进行审理,当事人对于判决结果不服的,可以提起上诉。如前所述,因胁迫而撤销婚姻诉讼中的当事人仅限于婚姻双方,而原告只能是受胁迫方,因此,如果原告主张损害赔偿,应当在请求撤销婚姻案件中一并提出,如果不主张,则不得再另行主张。这样,一方面可以督促当事人尽快行使权利,另一方面也便于法院查清相关事实。

---

① 参见人民法院出版社编:《司法解释理解与适用全集》(家事卷),人民法院出版社 2019 年版,第 283 ~ 284 页。

② 参见王礼仁:《婚姻诉讼前沿理论与审判实务》,人民法院出版社 2009 年版,第 592 页。

二、可撤销的疾病婚

《民法典》第 1053 条第 1 款规定:一方患有重大疾病的,应当在结婚登记前如实告知另一方;不如实告知的,另一方可以向人民法院请求撤销婚姻。

在《民法典》婚姻家庭编起草过程中,关于疾病婚纳入无效婚还是可撤销婚存有一定的争议。在 2018 年 4 月《民法典》婚姻家庭编草案征求意见稿中,相关条款表述为:一方患有严重的传染病、精神病或者遗传性疾病等疾病时,应当在结婚登记前如实告知另一方,故意隐瞒的,另一方可以向婚姻登记机关或者人民法院请求撤销该婚姻。而在此之后的征求意见稿中,将"患有严重的传染病、精神病或者遗传性疾病等疾病"修订为"重大疾病",即对于疾病的具体类型没有明确,以重大疾病作为统称。最后通过的《民法典》第五编婚姻家庭保留了该种表述。

除对于疾病的类型在《民法典》起草过程中有变化外,对于撤销疾病婚姻的机构,《民法典》明确人民法院为唯一撤销机构,与胁迫婚保持了一致。事实上,不将疾病婚作为无效婚姻被很多国家或者地区的法律所采用,实际上更能够体现婚姻自由的理念,将选择权交给婚姻当事人,在没有损害公共利益的情形下,减少国家的强制干预。也就是说,即使患有严重疾病的当事人,其婚姻自由的权利法律仍然保护,只要在结婚前如实告知对方,双方同意,则法律上并不禁止。但是,如果一方患有严重疾病而故意隐瞒,事实上构成了欺诈,让对方作出了错误的意识表示,从民法理论上来说,这种行为是可撤销的,法律赋予不知情一方当事人撤销婚姻的权利。

在具体审理此类案件过程中,应当重点把握以下四个问题。

1. 合理界定"重大疾病"的范围。与之前《婚姻法》上规定的不应当结婚的疾病类似,"重大疾病"目前在法律上并没有一个明确的范围界定。结合《民法典》立法过程中关于疾病婚姻表述的演变和现实的医学水平,"重大疾病"应当包含《母婴保健法》与《母婴保健法实施办法》以及卫生部颁发的《婚前保健工作规范(修订)》的规定中的相关疾病。其中,《母婴保健法》第 8 条第 1 款规定:婚前医学检查包括对下列疾病的检查:(1)严重遗传性疾病;(2)指定传染病;(3)有关精神病。其第 38 条规定:指定传染病,是指《传染病防治法》中规定的艾滋病、淋病、梅毒、麻风病以及医学上认为影响结婚和生育的其他传染病。严重遗传性疾病,是指由于遗传因素先天形成,患者全部或者部分丧失自主生活能力,后代再现风险高,医学上认为不宜生育的遗传性疾病。有关精神病,是指精神分裂症、躁狂抑郁型精神病以及其他重型精神病。除上述疾病外，一些重要脏器疾病、生殖系统疾病、血液病等也应当被包含在内。

上述规定中的疾病在以往实践中并不完全被认定为不应当结婚的疾病，还包括了暂缓结婚、不宜生育的疾病。从立法将疾病婚从无效婚修订为可撤销婚的态度来看，在尊重当事人婚姻自由意思自治的同时，也明确了要保护婚姻双方的知情权。而对于当事人来说，结婚是一项重大权利的处分，对于一方涉及可能影响双方共同生活的“重大疾病”，另外一方应当具有知情权。这些“重大疾病”不限于有很强的传染性、影响生育等，对于一方身体健康有重大伤害，严重影响婚后婚姻质量，大幅增加家庭支出的，也应当包括在内，如癌症等恶性疾病。因此，“重大疾病”的范围相较而言更大，但是在具体案件中所涉疾病是否属于此范围需要法院根据法律规定、审判经验综合予以判断，必要时还要征询参考专业医疗机构的意见。当然，随着现代医学技术的不断发展，人们对于一些疾病的特点规律、对人体健康的影响等的认识都在不断更新，“重大疾病”的范围也应当是处于一个动态调整的过程中，在实践中应灵活予以掌握。

2. 明确要求患病一方知悉自己患有重大疾病。法律要求患病一方在登记前如实向另一方告知病情，前提是其本身知道自己患有重大疾病。因为不同疾病有不同的特点，而且病情有演变发展的过程，在不同时期病情表现的形式亦可能有重大差异。在现实生活中，患病一方自己确实有可能不了解自己的病情。法律在保护一方知情权的同时，也不能苛责患病一方对自身疾病一定有完整明确的认识。在审判实务中，如果患病一方抗辩自己对于病情不知情，则法院需要就此作出准确判断。在具体认定时，需要结合疾病类型、发病时间、发病状态、是否有过婚史等具体情况综合予以考虑，必要时，法院根据当事人申请或者依职权调取患者过往的就诊记录等材料。

3. 准确认定一方未履行如实告知义务。在明确一方确实患有“重大疾病”，但其抗辩已经在婚前如实告知另一方时，法院亦需要对此作出准确认定。从举证责任的角度来说，患有疾病一方主张自己如实告知了对方，在对方予以否认的情况下，患有疾病一方如果无法有效举证，则其应当承担不利后果。法院应当根据疾病的类型、结婚之前双方是否有过共同生活经历、双方是否进行婚检以及一般生活常识等综合予以判断。

4. 妥当判断是否存在阻却事由。在审判实践中，如果一方因对方隐瞒重大疾病而请求撤销婚姻的，在一方诉讼时，对方疾病已经完全治愈的，法院还能否支持请求。本书认为,对此,可以不予支持,如果双方当事人因此感情破裂,双方可以通过离婚解除婚姻关系。作出如此认定的理由主要有两点:一是比较而言,无效婚姻的违法程度较可撤销婚姻来说更严重,构成无效婚姻的,如果申请时无效事由已经消失的,法律对于当事人的申请即不予支持,举重以明轻,可撤销婚姻不予支持是能够成立的;二是法律对于违法婚姻确定无效或者予以撤销,目的是更好地保护合法婚姻,维护婚姻家庭关系的稳定。因此,对于此种情形下当事人的主张不予支持,进而在合法有效婚姻范围内解决双方当事人的争议,在一定程度上更有利于保护无过错当事人和子女的合法利益。

关于疾病婚被撤销后的法律后果等问题,从法律规定上来看,与无效婚姻、胁迫婚姻并无不同,在此不再赘述。需要强调的一点是,因为《民法典》首次将疾病婚规定为可撤销婚姻,而法院判断是否满足撤销条件时需要综合考虑疾病类型、当事人是否知情、是否如实告知等具体情形才能作出准确认定。与请求法院予以救济相协调,双方当事人办理结婚登记时,可以由婚姻部门制作相应的承诺书,将涉及疾病的上述内容在承诺书中明确载明并提示当事人注意。这一方面有利于增强当事人对于疾病婚姻法律后果的了解,另一方面也便于当事人产生争议时法院查明相关事实、合理分配举证责任。

第四章　家庭关系

专题一　家事代理

一、制度设立

家事代理,是指夫妻一方与第三人就家庭日常事务实施民事法律行为时,享有代理夫妻另一方的权利,该行为应当视为夫妻双方的共同意思表示,双方对代理行为的后果承担连带责任。随着市场经济的不断深入发展,现代家庭越来越多地参与各类经济活动中,家事代理范围日益呈现扩大趋势。该制度的逻辑起点在于,家庭系夫妻双方因缔结婚姻组成的社会组织,夫或妻因家庭日常生活需要实施的民事法律行为,在通常情形下对夫妻均具有利益一致性与目的共同性。其既有利于贯彻男女平等原则,保证夫妻双方对日常家事相互享有平等的代理权,在一定程度上也突显出家庭在经济社会中的整体性;也有利于保障家庭生活开展,促使家庭事务的处理更简易便利,大大降低交易成本和生活成本;还有利于保证交易效率与安全,因夫妻双方就家庭日常生活开支的代理行为需要承担连带责任,在便利夫妻共同生活的同时,保证相对人的合法利益,有效维护交易安全。

我国《婚姻法》自 1950 年颁布实施到 2001 年重新制定,一直没有明确规定家事代理制度,但从其第 17 条第 2 款"夫妻对共同所有的财产,有平等的处理权"之规定,可以略窥家事代理制度的影子,该平等处理权,应当既包括对积极财产的处理,也包括对消极财产即债务的处理。2001 年《婚姻法司法解释(一)》第 17 条进一步明确,"婚姻法第 17 条关于'夫或妻对夫妻共同所有的财产,有平等的处理权'的规定,应当理解为:(一)夫或妻在处理夫妻共同财产上的权利是平等的。因日常生活需要而处理夫妻共同财产的,任何一方均有权决定。(二)夫或妻非因日常生活需要对夫妻共同财产做重要处理决定,夫妻双方应当平等协商,取得一致意见。他人有理由相信其为夫妻双方共同意思表示的,另一方不得以不同意或不知道为由对抗善意第三人”。该规定涵盖了家事代理制度的实质性内容。

在日常生活中,夫妻一方在家事代理权限范围内实施的民事法律行为极为普遍,但夫妻一方超越家事代理权限范围实施的民事法律行为也较常见,由此引发的案例屡见不鲜。例如,2016 年 4 月起,阿美先后三次通过其丈夫账户向朋友阿强的妻子阿燕账户转入 154,000 元、48,000 元、27,500 元。2016 年 10 月 26 日,阿强在阿美追款时承诺分期还款,并就未偿还的 200,000 元向阿美出具借条,约定借款期 2 个月内还清 100,000 元,余款 100,000 元到 2017 年 2 月底还清。阿强没有依约履行还款义务,阿美催收未果提起诉讼。[①] 法院经审理认为,本案争议焦点在于阿强有没有收到阿美的 200,000 元借款,即阿美通过其丈夫向阿强的妻子阿燕转账款项的认定(家事代理)。阿美的丈夫阿平向阿燕转账的行为以及阿强向阿美出具借条确认已收款,均是夫妻对外一致性的具体体现,不应分割各个行为而作评定,故依法认定阿强夫妻已收取借款并应予偿还。

又如,黄某、邓某夫妻二人于 2012 年 5 月出资 19 万元购买一套商品房,产权登记在邓某名下。2016 年 3 月 18 日,邓某瞒着妻子与王某签订房屋买卖协议,约定该房屋以 27 万元出卖给王某,王某先付 20 万元,入住后付清余款并取得房屋所有权。协议签订后,王某 2016 年 3 月 26 日向邓某支付房款 20 万元,一周后搬入居住并付清余款,但一直未办理过户手续。2018 年 4 月,黄某发觉后要求王某搬离该房屋,王某称邓某已以 27 万元出卖而拒不搬出。黄某遂起诉请求确认王某、邓某签订的房屋买卖协议无效,并判令王某归还房屋。[②] 本案涉及房屋是否为夫妻共同财产、邓某在未征得黄某同意下处分房屋的效力以及王某是否善意取得房屋所有权等相关事实认定及利益保护,实质上是家事代理行为及其效力的问题。

《民法典》第 1062 条第 2 款保留了《婚姻法》第 17 条第 2 款的规定,并于第 1060 条、第 1064 条作了进一步规定。《民法典》第 1060 条规定:“夫妻一方因家庭日常生活需要而实施的民事法律行为,对夫妻双方发生效力,但是夫妻一方与相对人另有约定的除外。夫妻之间对一方可以实施的民事法律行为范围的限制,不得对抗善意相对人。”该条文明确,婚姻关系存续期间,夫或者妻一方因家庭日常生活需要实施的民事法律行为,对夫妻双方具有法律效力。反之,非因家庭日常生活需

---

① 参见《这个案件告诉你什么是“夫妻间的家事代理权”》,载搜狐网:https://www.sohu.com/a/317128508_120026229,最后访问日期:2020 年 5 月 13 日。

② 参见《夫妻双方登记结婚后,一方将其婚前所有的房屋登记在夫妻双方名下的法律效力》,载个人图书馆网:http://www.360doc.com/content/19/0322/15/34136519_823393371.shtml,最后访问日期:2020 年 5 月 3 日。

要处分夫妻共同财产时,夫妻双方应当协商一致,任何一方无权单独处分夫妻共同财产。

二、家事代理的构成条件

(一)家事代理主体范围

相对人选择与夫妻一方进行交易,是基于对其所代表的婚姻共同体的合法身份关系外观的合理信赖。具有合法婚姻关系的夫妻双方均享有家事代理权已成共识,并无争议。但事实婚姻、同居关系下的男女之间是否享有夫妻日常家事代理权,存在较大争议。从传统民法理论来讲,家事代理权的主体仅限定于具有婚姻关系的配偶。将家事代理的效力限定于配偶之间,体现了立法者维系夫妻共同体生活稳定的意图。对此,应当依法界定夫妻之内涵,方能合理地区分事实婚姻关系与同居关系的家事代理权限问题。

事实婚姻关系下的双方虽然具备夫妻的外观,且《民法典婚姻家庭编解释(一)》第7条也对事实婚姻关系的时间节点及认定标准作出了相应规定,但其与《民法典》意义上的法定夫妻关系不同,毕竟其二人并未依法到民政部门进行婚姻登记。因此,出于保护交易相对人利益的考虑,以及相关立法的完善及婚姻登记程序的公示公信及法律效力,即使符合事实婚姻但未依法进行婚姻登记的,依法不得享有家事代理权。而同居关系则不具备夫妻的外观,更容易发生变动,如果将家事代理制度扩大适用至同居关系当事人、其他家庭成员等主体范围,很可能带来内部责任和外部关系复杂化等新问题。家事代理权本是作为婚姻的当然效力而产生于夫妻的权利义务中的,如果有证据证明夫妻已经分居的,自分居之日起家事代理权径行消灭。综上,家事代理的行使主体应当仅存在于依法具有婚姻关系的夫妻双方,不包括事实婚姻关系与同居关系。

再如,李某与张某系夫妻关系,因感情不和而分居,分居期间张某持自己的身份证、结婚证及擅自拿走的存款单,以急需支付医药费为由将李某名义下存的2000元存款本息取走。后李某认为信用社违规操作,起诉要求赔偿存款本息。法院经审理认为,李某、张某二人为夫妻关系,对日常家事可以互相代理。张某向信用社工作人员出示了结婚证、自己的身份证和存款单,法院据此推定张某的行为构成家事代理行为,驳回李某的诉讼请求。[①]

---

① 参见《夫妻家事代理权初论》,载中国法院网:http://nmgfy.chinacourt.gov.cn/article/detail/2014/12/id/1498417.shtml,最后访问日期:2020年5月13日。

(二)家事代理能力与行为

行使民事代理权的主体应具有相应的民事行为能力,这是民事法律行为成立的一般构成要件之一,家事代理权的行使亦如此。无民事行为能力人和限制行为能力人由于缺乏民事法律行为成立与生效的基本要件,其实施的代理行为无效,故依法不能享有家事代理权。如果相对人主张该民事代理行为具有法律效力,依法应当不予支持。因为如果此时认定其代理权具有约束夫妻双方的法律效力,会对夫妻另一方的利益带来损失,造成明显不公。

同时,家事代理的民事法律行为应当限于纯粹的财产性行为,诸如购买家庭日常生活用品或子女教育费用支出、出售普通财产等。对于涉及收养、继承等身份行为,以及具有较强人身性的合同行为,如出版社预约文艺创作、电视台预约文艺演出、教研机构预约学术演讲等,则不适用家事代理制度,要么夫妻双方签字后共同行使权利、履行义务,要么仅由夫妻一方签字后行使权利、履行义务。

(三)相对人为善意第三人

民法保护善意第三人在不知真实权利状态下对权利外观的合理信赖,目的是保护交易安全,使善意第三人的利益不致受损。具体到家庭事务处理中,夫妻一方在行使家事代理权时,与之交易的相对人必须在主观上属于善意,亦即相对人不知夫妻一方存在足以影响民事法律行为效力的真实情况。根据《民商事合同指导意见》第 14 条的规定:"人民法院在判断合同相对人主观上是否属于善意且无过失时,应当结合合同缔结与履行过程中的各种因素综合判断合同相对人是否尽到合理注意义务,此外还要考虑合同的缔结时间、以谁的名义签字、是否盖有相关印章及印章真伪、标的物的交付方式与地点、购买的材料、租赁的器材、所借款项的用途、建筑单位是否知道项目经理的行为、是否参与合同履行等各种因素,作出综合分析判断。"所以,家事代理中相对人善意的判断标准,是其是否明知、应知夫妻一方无代理权却仍然与之交易,或者其有无与夫妻一方恶意串通,损害夫妻另一方的合法权益。对此,一般至少包括以下几个因素:买卖行为的主体关系、夫妻关系是否恶化、第三人是否知晓或是否应当知晓出让人之婚姻情况、是否实际支付对价或约定支付对价是否合理等。为此,在审判实践中不可忽视相对人基于对交易标的额或价值等客观要素的判断,进行必要的询证、确认,尤其是在相对人认为有超出家庭日常事务范围之可能或临界时,其更需审慎考量夫妻一方的行为是否是夫妻共同意思表示,否则相对人因主观疏忽或轻信而作出意思表示后,不得以表见代理为由主张夫妻共同承担责任。如果相对人主观上出于恶意,或甚至与夫妻一方恶意串通损害夫妻另一方的合法权益，则该代理行为不发生法律效力。

（四）家事代理范围界定

家事代理是夫妻一方将夫妻共同财产用于处理家庭日常事务，代理范围限于家庭日常事务，这已达成共识，主要分歧在于如何界定家庭日常事务的具体范围。俗话说，家家都有一本难念的经。家庭是夫妻双方的组合与结晶，家庭事务因家庭人员结构的不同导致日常生活需求千差万别，处理家庭日常事务的内容、方式、方法也因人而异，故《民法典》第1060条中"因家庭日常生活需要"的规定乃是审判实践中的判断难点之一。因家庭日常事务所涉种类繁多，难以一一列举，既需要从宏观上综合考量经济、社会、政治、文化及个人状况等因素，也要从微观上仔细考虑当地习俗、不同家庭结合及同一家庭不同时期支付能力等因素，以防止夫妻一方滥用家事代理权侵害到相对人或另一方的合法权益。

1.行为性质视角

本书认为，将不动产转让、数额巨大的家庭财产赠与以及其他重大事务排除在日常家事范围外，因为对家庭生活有重大影响的法律行为，如处分不动产、明显过分的开支、用途不明的大额借款、以分期付款形式购买不动产或大额动产、与风俗习惯不符的大额无偿捐赠等，以及具有人身专属性的事务、风险较大的投资行为以及其他不宜代理的事务，均已超出家庭日常事务的范围。在审判实践中，要注重对诸如不动产及大额不动产等交易所涉标的金额大小、购买或处分财产的价值与家庭收入间的比例关系、行为目的与家庭事务的关联程度、借贷金额大小及频率、款项使用目的及资金流向等相关细节的审查，精准把握夫妻双方的真实意愿。因为夫妻一方超越家庭日常事务范围与相对人进行越权交易，或无权处置专属于另一方的个人财产，均不属于家事代理范畴，此时，应由夫妻双方协商办理或者取得另一方的明确授权，否则为无权代理。

例如，王某和罗某系夫妻关系，两人共有一套私房，王某与陈某签订购房协议，罗某未签字，也不在场。后王某未履行协议，陈某将王某告上法庭，罗某也以有独立请求权的第三人身份参加诉讼，要求法院确认购房协议无效。法院经审理认为，诉争房屋系王某与罗某共同共有，在婚姻关系存续期间，部分共有人王某擅自处分共有财产的应为无效，遂判决购房协议无效，由王某返还陈某的购房款及利息。[①]

---

① 参见《夫妻家事代理权初论》，载中国法院网：http://nmgfy.chinacourt.gov.cn/article/detail/2014/12/id/1498417.shtml，最后访问日期：2020年5月13日。

2. 区域与家庭视角

我国各地经济发展水平不一,长三角、珠三角等地消费水平明显高于内陆及西部地区,且同一地区的不同家庭也存在富裕程度、消费开支不一的情形,在审判实践中不可“一刀切”地处理,要综合考量案件中夫妻的职业背景、经济收入、家庭资产状况及生活水准,日常交易习惯及是否要求夫妻另一方作出相关意思表示等。本书认为,在审判实践中,可以将日常生活需要界定在夫妻双方及子女日常必需的物品和服务,包括日用品购买、医疗服务、子女教育等。具体应当限定在:(1)家庭成员衣食住行方面的必要支出;(2)家庭成员有关医疗、医药等身体健康维护的必要开支;(3)家庭成员在娱乐、锻炼方面的必要支出;(4)子女教育、个人发展及赡养老人的必要支出;(5)因家庭基本社交馈赠亲朋好友的财产或接受赠送等;(6)其他应当属于家庭日常事务的事项。

3. 特殊情形

在非正常状态下,家事代理范围应当作出相应的必要调整,既可以扩张,如在某些意外交通事故、老人病危借款等急迫情形下,即使夫妻一方实施了超出“家庭日常事务”一般性标准的民事法律行为,也应赋予其家事代理的法律效果,以解决家庭燃眉之急;也可能缩小,如夫妻一方超越权限行使家事代理权侵害另一方的权益时,另一方有权依法限制或禁止其代理权限,尽可能避免损失的发生或者扩大。

三、家事代理的法律效力

1. 夫妻之间的内部效力方面

家事代理建基于夫妻共同财产制,承认夫妻双方在处置共同财产时享有平等及互为代理的权利,同时,也由夫妻双方共同承担相应的法律责任。这是因为,婚姻是夫妻生活之共同体,夫妻在处理家庭日常事务范围内互为代理人,此乃婚姻的当然效力,夫妻因配偶身份关系的确立而依法当然享有此种代理权,其基于法律规定而产生,而非当事人约定而形成,具有不同于一般委托代理的当然性和法律强制性。况且,家事代理所涉民事法律行为产生或指向的利益,最终归属于夫妻共同体或家庭成员,甚至直接以家庭或家庭成员为交易行为的受益对象。不过,为了保护相对人的合法权益,夫妻一方因家庭日常事务与相对人所实施的民事法律行为,视为夫妻共同的意思表示,除夫妻一方与相对人另有约定之外,对夫妻二人均具有法律约束力,由其二人承担连带责任。为此,在审判实践中要仔细考虑夫妻共同体双方的内在意图及外在表示行为。(1)夫妻一方在发出要约或接受承诺的意思表示中,应当包含将行为后果及其所属利益归于夫妻共同体的意图,并在外在表示过程中予以表露。这种意思表示的形式可以是在交易中披露动机、婚姻状况、潜在主体等隐藏信息,也可以是通过电子通信等方式询问夫妻另一方的意愿等。(2)夫妻另一方对待交易行为的主观认识状态也属于重要的评价要素。尤其当该行为具有表见代理外观,且交易双方对该行为是否构成有效的家事代理行为存在争议时,夫妻另一方在磋商阶段的信息占有状态、交易过程中的放任、干预或促进交易等主观心态,都将构成影响评价结果的动态因素。

2. 夫妻双方与相对人之间的外部效力方面

夫妻双方对家事代理行为承担连带责任,是该制度外部效力的最终体现,故无论夫妻双方采用何种财产制,对外都要对行使该权利的法律后果承担连带责任,但夫妻一方事先明确向相对人表示不承担责任的除外。[①] 因为家事代理制度的功能主要表现为夫妻共同债务推定的法律效果,价值目标在于维持交易秩序及交易安全,而并非仅单向地保护相对人利益。问题在于夫妻一方实施超越代理权范围或存在无权代理情形下连带责任应当如何认定。在审判实践中要具体问题具体分析,不能一概而论。根据《民法典》有关无权代理的规定,夫妻一方超出家庭日常事务范围擅自处分共同财产或处分另一方个人财产的,如果经夫妻另一方追认的,应由夫妻双方承担连带责任;夫妻另一方不予追认或夫妻约定的一方代理范围限制的,如果符合表见代理构成要件,可适用表见代理的相关规定保护善意相对人的利益。夫妻一方与相对人恶意串通对夫妻另一方的个人财产或共同财产造成损害的,除夫妻一方与相对人承担连带责任外,夫妻另一方还可主张分割夫妻共同财产。

专题二 夫妻共同财产

一、制度设立

近代以来,夫妻财产制的主要类型有妆奁制(嫁资制、并吞制)、统一财产制、联合财产制、分别财产制和共同财产制。前三种夫妻财产制因与男女平等原则相悖,

① 参见陈苇主编:《婚姻家庭继承法学》,群众出版社2012年版,第255页。

已被各国废止。夫妻共同财产制指在婚姻关系存续期间,除特定归夫妻个人所有的财产外,夫妻双方所取得的财产为共同所有的财产制度。社会和谐稳定的前提之一是家庭和睦稳定,亦即建立在家庭或夫妻共同所有财产的物质基础上,此乃保证夫妻双方及其未成年子女正常生活的物质基础。因为婚姻目的在于使夫妻双方共同生活、相互抚养,共同经营、管理婚后财产符合夫妻共同生活的目的,既有利于夫妻的经济生活与身份关系保持一致,也有利于促使家庭财产最大化,还尽可能实现夫妻合法财产关系与维护第三人利益之间的平衡。

我国1950年《婚姻法》是新中国成立后制定的第一部法律,意味着新中国夫妻财产制度的开局与构建。该法第10条“夫妻双方对于家庭财产有平等的所有权和处理权”之规定,确立了夫妻一般共有财产所有制,将夫妻双方的全部财产纳入共有财产范围中,没有对约定财产制作出规定。但从《关于婚姻法起草经过和起草理由的报告》“不妨碍夫妻间真正根据男女权利平等和地位平等的原则来做出任何种类家庭财产的所有权、处理权和管理权相互自由的约定”来看,承认了在维护男女平等基础上的夫妻约定财产制。2001年修订的《婚姻法》保留婚后所得共同制作为法定财产制,同时建立夫妻个人财产制,满足夫妻个人对于财产的特殊需求,还完善了约定财产制,允许夫妻通过约定扩张共同财产的范围,便于选择使用。但因约定财产制系夫妻双方对共同财产的管理、归属作出的具体约定,从而排除法定财产制的适用,且第三方对此通常不知情,在一定程度上影响了交易安全。为此,在审判实践中尤其需要审查夫妻约定的真实性,防止虚假诉讼逃避债务,也就是要考量夫妻约定对第三人利益甚至国家、社会利益的影响等效力问题。

2001年《婚姻法司法解释(一)》规定夫妻均有权平等处理夫妻共同财产(家事代理),同时,明确婚前个人财产不因婚姻关系延续转化为夫妻共同财产,有利于保护夫妻个人财产。2003年《婚姻法司法解释(二)》就住房公积金、养老保险金、知识产权、军人除工资以外所得费用及房改房归属等作出详细规定,提供了具体解决方法。2011年《婚姻法司法解释(三)》首次明确夫妻一方个人财产婚后产生的孳息和自然增值不是共同财产,明确婚后一方父母出资为子女购买不动产且产权登记在自己子女名下的应认定为夫妻一方的个人财产。总体而言,《民法典》沿袭了《婚姻法》及其司法解释对夫妻财产采取法定财产制与约定财产制相结合的立法模式,同时,将其他劳务报酬、投资收益等吸纳于夫妻共同财产中。

家庭本系男女双方因婚姻关系缔结而组建,夫妻之间产生的纠纷不少缘起于夫妻共同财产问题。如赵某某起诉田某某及其弟田某案中，[①]赵某某与田某某于1992年4月登记结婚至今，双方在2000年购买了712室房屋，购房时使用了双方的工龄和共同财产，登记在田某某名下，也一直居住在该房屋。2009年12月25日，田某某未经赵某某同意与田某某的弟弟田某签订协议，约定该房屋属于田某某与田某的共同财产，并在2009年12月28日签订了存量房屋买卖合同，约定过户价格1元，将该房屋过户至田某名下。赵某某遂将田某某及其弟田某诉至法院，要求确认田某某与其弟田某签订的协议中有关“712室的房屋属于田女士与田先生共同财产”约定无效、确认《存量房屋买卖合同》无效，712室房屋转移登记至田某某名下。法院经审理认为，恶意串通，损害国家、集体或者第三人利益的，合同无效。案涉房屋为赵某某与田某某在婚姻关系存续期间购买，系夫妻共同财产。田某作为田某某的弟弟，明知该房屋系赵某某与田某某的夫妻共同财产，在赵某某不知情的情况下与田某某签订了包含该房屋属于田某某与田某共同财产的书面协议，后将登记在田某某名下的房屋过户至田某名下。因田某未支付任何对价，田某某实质是将该房屋赠与田某，在该赠与行为中的相关约定和买卖合同应均属无效。因合同无效而取得的财产应当返还，故赵某某起诉要求田某协助将该房屋转移登记至田某某名下应予支持。

在唐某诉李某某、唐某乙法定继承纠纷中，[②]案由虽为继承纠纷案件，但实质争议是《分居协议书》的效力认定，亦即约定财产制的认定处理。因《分居协议书》约定“财富中心房屋归李某某拥有，李某某可以任何方式处置这些房产，唐某不得阻挠和反对，并有义务协办相关事务”，系唐某与李某某基于夫妻关系作出的内部约定，是平等自愿前提下对家庭财产协商一致分配的结果，对夫妻双方具有约束力。虽然财富中心房屋登记在唐某名下，双方因房贷之故没有办理过户登记手续，但《民法典》物权编的不动产登记原则不应影响婚内财产分割协议关于房屋权属约定的效力。且结合唐某与李某某已依据《分居协议书》各自占有、使用、管理相应房产之情形，应当将财富中心房屋认定为李某某的个人财产，而非唐某之遗产予以法定继承。细言之，约定财产制是夫妻双方通过书面形式，在平等、自愿、意思表示真实前提下对婚后共同财产归属作出的明确约定。在不涉及第三人利益，应当尊重夫妻之间的真实意思表示，按照双方达成的婚内财产分割协议履行，优先保护事实物

---

① 参见《称妻子将共同房产1元过户给其弟丈夫起诉确认协议无效》，载人民法治网：http://www.rmfz.org.cn/contents/2/241658.html，最后访问日期：2020年5月13日。

② 参见《最高人民法院公报案例》2014年第12期。

权人。此处的第三人主要是相对于婚姻家庭关系外部而言,如夫妻财产涉及向家庭以外的第三人处分物权,应当适用《民法典》物权编等调整一般主体之间财产关系的相关法律规定。而对于夫妻家庭关系内的财产问题,应当优先适用《民法典》第五编婚姻家庭的相关规定,不宜以产权登记作为确认不动产权属的唯一依据。

二、夫妻共同财产如何认定处理

(一)夫妻共同财产的范围

1. 劳动收入

劳动收入,是指婚后配偶一方或双方付出劳动所取得的一切报酬,其列入夫妻共同财产范围的,不仅包括工资,也包括津贴、奖金、福利等,还包括一定范围的实物分配。我国《民法典》第 1062 条第 1 款第 1 项规定为"工资、奖金、劳务报酬",相比《婚姻法》第 17 条的规定新增了"劳务报酬"的内容。劳务报酬,是指根据夫妻一方或双方提供劳务的数量和质量获得的薪酬,通常是不存在劳动合同关系情形下所获得的财产性收益,具有不稳定性、短暂性、金额小等特点。考虑社会主义市场经济下需求的多样性,也为了更公平地处理夫妻之间的财产纠纷,《民法典》将正常工作之外或达到退休年龄之后所获取的劳务报酬纳入夫妻共同财产中,甚属必要。

2. 经营收益

经营收益通常指婚后夫妻一方或双方通过生产、经营或投资活动所获得的收益。无论是运用婚前还是婚后财产进行投资、经营,无论是夫妻双方还是一方进行投资、经营,都具有一定的共同财产属性。我国《婚姻法》第 17 条曾规定了生产经营的收益,但并没有规定投资的收益,《民法典》第 1062 条第 1 款第 2 项予以增加。考量当前不少民众剩余资金充裕,以及信息化时代下个人投资期待获益的行为相对便利,只需在手机上操作便可进行投资行为。与此同时,该类投资活动具有较大的风险性,既可能获益甚多,也可能本息无归,将其认定为夫妻共同财产,无论对于夫妻另一方还是相对人来说,都是有必要且公平合理的。

3. 知识产权收益

知识产权具有复杂性,其能否实现其财产性权利、何时能够实现等都具有不确定因素,大多数国家和地区并没有在《民法典》中直接规定其归属。《婚姻法》第 17 条规定,婚姻关系存续期间所得的"知识产权的收益"归夫妻共同所有。《民法典婚姻家庭编解释(一)》第 24 条又将知识产权的收益进一步明确为婚姻关系存续期间,实际取得或者已明确可以取得的财产性收益。鉴于知识产权权利本身的取得和财产性权益的取得有时并不同步,准确理解《民法典》第1062条第1款第3项规定的"知识产权的收益"尤为重要。知识产权是基于智力的创造性所产生的权利,既具有财产权属性,也体现了人身权利益,但其收益应当为侧重于财产性的收益。因此,认定一项财产是否属于夫妻共同财产时,应以其取得是否在婚姻关系存续期间内为判断标准,而不以知识产权权利本身的取得为判断依据。(1)如果一项知识产权于婚前取得,但婚前并未确定财产性收益问题,婚后才确定财产性收益的取得问题,则应认定为夫妻共同财产。(2)如果在婚姻关系存续期间取得了知识产权,但财产性收益并未确定,离婚后才确定并实现了该财产性收益的,就属于该知识产权人的个人财产,其原来的配偶无权要求分割。(3)如果该知识产权人离婚后又与他人结婚,也无特殊约定的情况下,则后一个婚姻关系期间得到了上述财产性收益的,应认定为属于该知识产权人与后一个婚姻关系中的配偶共同所有。因为夫妻离婚只能对现有财产进行分割,对没有实现其价值的财产性收益不能估价分割,智力成果只有在转化为有形财产后才属于夫妻共同财产,对于夫妻另一方在共同生活中付出的劳动则可从其他财产中给予适当补偿、照顾。

4. 继承或赠与收益

夫妻双方在婚姻关系存续期间作为一个共同体,应当共惠共存,只要二人没有相反意思表示,继承或赠与的财产应当是夫妻共同财产。《婚姻法》第18条第3项规定,一方因遗嘱继承或接受赠与所得的财产,如果遗嘱人或赠与人在合同中明确表明归夫或妻一方所有,则为夫或妻一方所有;如果遗嘱人或赠与人在合同没有明确表明归夫或妻一方所有,则为法定的夫妻共同财产范围。同时,结合《民法典》中有关婚姻关系存续期间,除个人特有财产和夫妻另有约定外,夫妻双方或一方所得(包括继承、赠与方式)的财产均为夫妻共同财产的相关规定。可见,前述规定并没有将法定继承人的范围扩大到继承人的配偶,仅明确将夫妻一方通过继承或赠与获得的财产,在没有明确为夫妻一方的个人财产时,应当依法认定为夫妻共同财产,既体现出家庭的整体性,也有利于婚姻的稳定性。

5. 其他财产

虽然《民法典婚姻家庭编解释(一)》第25条对《民法典》第1062条规定的"其他应当归共同所有的财产"进行了明确,具体包括投资收益及实际取得或应当取得的住房补贴、住房公积金、养老保险金及破产安置补偿费,但随着时代的发展变迁,未来必将出现没有囊括在现有的法律及相关司法解释的新型财产种类,有必要通过此种兜底性条款,确保立法内涵的开放性,以适应变动不居的社会生活。在审判实践中要审慎确定,以发挥裁判的指引功能。

(二)区别对待的认定处理

1.买断工龄款

买断工龄款,是指企业与下岗职工解除劳动合同,应当按照《劳动法》等相关规定向下岗职工给付经济补偿金的行为。对于婚姻关系存续期间夫妻一方买断工龄款属何种性质的财产,在审判实践中有不同观点:(1)属于夫妻共同财产。因买断工龄款属于一方劳动所得收入,我国实行法定的夫妻共同财产制,在婚姻关系存续期间得到的买断工龄款,应作为家庭共同生活费用,不能由夫或妻一方独享,应当推定为夫妻共同财产。(2)不属于夫妻共同财产。因买断工龄款与特定的人身不可分离,与婚姻关系无明显、必然的内在联系。买断工龄款是对其失去工作后能在一定时期内得以继续谋生、减少生存风险的一种经济扶助,也是为其今后再就业提供的资助和保障,有较强的人身依附性,在本质上与工资、奖金等普通劳动所得有明显的区别。如将买断工龄款作为夫妻共同财产予以分割,将有悖于公平合理,故应认定为夫妻一方的个人财产。

其实,国家统计局《1999年年报劳动统计新增指标解释及问题解答》明确,"一次性买断工龄所支付给职工的费用从性质上说属于保障性质而非劳动报酬性质,因此,不应统计为工资"。因此,将买断工龄款完全视为夫妻共同财产或者一方的个人财产都失之偏颇。买断工龄款作为发放给职工的一次性补偿费用,与发放到军人名下的复员费、自主择业费等有相似之处,均包含劳动或者军队工作补偿、失业或再就业保障金,故买断工龄款的归属可参照《民法典婚姻家庭编解释(一)》第71条有关对军人复员费、自主择业费的规定处理,如此,能够兼顾夫妻双方利益。[①]在实践中,买断工龄款存在向前买断和向后买断两种。(1)前者按工龄计算的,其多少与工龄长短成正比关系,可按工龄段划分。如属夫妻共同生活期间的工龄段产生的买断工龄款是夫妻共同财产,属婚前工龄段产生的买断工龄款应认定为个人财产。(2)后者则以人均寿命70岁减去买断时的年龄计算出以后每年的款项,其中属于婚姻关系存续期间的部分为夫妻共同财产,其余的属于一方的个人财产。如果不能分清向前还是向后买断,则以参加工作时年龄至70岁计算平均款项,其中,属于婚姻关系存续期间的部分应当作为夫妻共同财产处理。

---

① 参见吴晓芳:《夫妻一方所在企业发放的买断工龄款是否属于夫妻共同财产》,载中华人民共和国最高人民法院民事审判第一庭编:《中国民事审判前沿》(2005年第2集),法律出版社2005年版,第245页。

2. 住房公积金、住房补贴

《民法典婚姻家庭编解释(一)》第25条规定,住房公积金、住房补贴、养老保险金等款项属于婚姻关系存续期间所得或者应得的,应为夫妻共同财产。这些款项并非当事人随时随地就能拿到手实际控制,而需具备一定条件时才可动用,所以采用了"实际取得或者应当取得"的表述,以求更好、更明确地划定夫妻共同财产范围,利于纠纷解决。如住房公积金,虽然按月工资收入的一定比例计提、发放,但必须用于购买房屋或者对已购房屋进行重大维修等,否则只能待职工退休、调动时一次性提出。依照《住房公积金管理条例》的规定,住房公积金属于职工个人所有,住房公积金的所有权是限制性所有权,职工对公积金的占有、使用、收益和处分的行使受到一定限制。从其性质来看,住房公积金作为一种个人积蓄、单位资助、统一管理、专项使用的住房长期储金,实际上是平时收入的储备,一部分从个人月工资中扣缴,另一部分是单位为个人缴存,属于工资的一部分,住房补贴也如此。为此,在审判实践中应依法查明款项的取得时间,根据款项取得是在婚前还是婚后作出区别处理。离婚分割的只是婚姻关系存续期间的住房补贴和住房公积金,操作时可计算出双方婚姻关系期间的住房公积金、住房补贴总额后再行分割。因为离婚并不是提取住房公积金的事由,故应经折抵后由夫妻一方根据其拥有的公积金、住房补贴的差额给另一方予以补偿。

3. 夫妻双方将购买的房屋登记在未成年子女名下

对于夫妻双方将购买的房屋登记在未成年子女名下的,在审判实践中存在两种不同观点:(1)根据《民法典》物权编的规定,不动产权属证书是权利人享有该不动产物权的证明,意味着夫妻已将房屋赠与未成年子女,离婚时夫妻双方无权分割;(2)不能按产权登记情况将房屋一概认定为未成年人的财产,还应审查夫妻双方的真实意思表示。其实,判断是否为夫妻共同财产,一要审查夫妻双方在购买房屋时的真实意思表示,二要考虑不动产物权登记的公示效力,保护善意第三人的权利。因不动产物权登记分为对外效力和对内效力,前者是指物权公示公信原则,不动产物权经过登记后,善意第三人基于对登记的信赖而与登记权利人发生的不动产交易行为应予保护;后者是指应审查当事人的真实意思表示来确定真正的权利人。在现实中,夫妻双方共同出资购买房屋后,基于多种因素考虑而将房屋产权登记在未成年子女名下,但并不意味着该房屋的真实产权人即为未成年子女,在审判实践中应注意审查夫妻双方购买房屋的真实意思表示。如果真实意思确是将房屋赠与未成年子女,应认定为未成年子女的财产;如果真实意思并非将房屋赠与未成年子女,应认定为夫妻共同财产。

4. 婚姻关系存续期间夫妻一方请求分割、确认夫妻共同财产

(1)婚姻关系存续期间请求分割夫妻共同财产。对于夫妻一方能否在不解除婚姻关系的情况下主张对共同财产进行分割,在审判实践中存在两种看法:(1)认为夫妻共同财产这种共有关系是最典型的共同共有关系,一方在婚姻关系存续期间请求分割夫妻共同财产的,法院应当不予受理;(2)认为在持有或控制夫妻共同财产的一方私自转移、变卖夫妻共同财产,或为了赌博、吸毒而单独处分共同财产等,另一方不想离婚或起诉离婚后被判决不准离婚的特殊情形下,应当为该另一方提供财产权利救济途径,否则有悖公平原则。

《民法典》第 303 条突破了传统民法的共有理论,明确规定共同共有人在共有的基础丧失或者有重大理由需要分割时可以请求分割,故夫妻一方在出现前述情形时可以请求分割,但在审判实践中一定要从严把握"共有的基础丧失"和"重大理由"的含义,确保裁判标准统一,以利于夫妻关系的稳定和谐。其中,"共有的基础丧失",是指共同共有赖以产生的特殊关系,如夫妻关系已经不存在;"重大理由",是指出现了可以分割的事由,如果不分割可能对共有人的利益产生重大影响,或者某个或某几个共有人要脱离家庭共同生活,如在婚姻关系存续期间内,夫妻财产由原来的共同财产制变为分别财产制,或者夫妻已经分居,需要对共同财产进行分割。其中,后者是指某个或某几个家庭成员要与家庭分开,单独生活,家庭关系虽不解体,但共有财产要实行分割。① 为此,《民法典》第 1066 条吸收了 2011 年《婚姻法司法解释(三)》第 4 条规定的内容,明确婚姻关系存续期间分割共同财产的两种情形,《民法典婚姻家庭编解释(一)》第 38 条对此作了进一步解释。不过,还应根据个案的具体情况、审理的社会效果、能否案结事了等方面综合考虑处理结果。

(2)婚姻关系存续期间请求确认夫妻共同财产。根据《民法典》第 1065 条第 1 款关于男女双方没有约定或者约定不明的,适用该法第 1062 条、第 1063 条的规定,婚姻关系存续期间无须请求确认为夫妻共同财产,故相关案件并不多见。因房产登记在夫妻一方尤其是男方名下多见,故仅在少数与夫妻双方婚姻关系存在变动征兆的情形下才有请求法院予以确认之必要。如在陈某某起诉请求确认鹿城路房屋为夫妻共同财产案中,②吴某某与陈某某 1975 年 3 月 28 日登记结婚,双方婚后

---

① 参见刘德权总主编,王松卷主编:《最高人民法院司法观点集成》(民事卷),中国法制出版社 2017 年版,第 3028 页。

② 参见浙江省温州市中级人民法院民事判决书,(2019)浙 03 民终 1842 号。

购买鹿城路的房屋并登记在吴某某一人名下。在双方婚姻关系存续期间,吴某某通过家庭分产契约获得坐落于永宁巷的房屋并登记在其名下。陈某某认为上述房屋系夫妻共同财产遂诉至法院。法院经审理认为,双方仅对永宁巷房屋是否为夫妻共同财产存在争议。从权属登记来看,案涉房产证上载明争议房屋的所有权人为吴某某,这与《房产分析协议书》载明该房屋归吴某某所有相吻合,但该登记及析产具有一定的时代性。在20世纪90年代,房屋权属登记很少同时登记夫妻双方的姓名,通常仅登记作为户主的男方姓名,按照地方习俗进行的分家析产也很少将女方姓名载入相应的协议中。而双方当事人自1975年结婚到争议房屋析产时已共同生活16年,至今仍未解除婚姻关系,且《分产契约》明确改建房屋属其吴某某本人出资建造,可见,争议房屋并非由吴某某的父母出资建造,吴某某也没有提供证据证明争议房屋为其父母对吴某某的个人赠予,故认定永宁巷房屋为夫妻共同财产。总之,根据《民法典》的相关规定,不动产物权原则上采取登记生效主义,但该登记的公示公信效力主要针对不特定的第三人,案涉房屋虽然登记在吴某某名下,但陈某某有证据证明该房产为夫妻共同财产的,法院可以直接进行确权认定。

专题三 夫妻共同债务

一、制度设立

夫妻共同债务纠纷是我国理论界与实务界多年来持续关注的热点,至今尚未彻底解决,这与我国的经济、社会发展变迁密切相关。我国古代是一个典型的农耕社会,家庭以自给自足为主,近代以降逐渐转变为农业和工业相结合的社会,但仍以家庭为交易单位,由此所生债务普遍存在夫债妻还、父债子还等观念,亦即个人债务与家庭债务混同,高利放贷下出现诸如杨白劳逼债等几代致贫难以翻身的现象。新中国成立后,相应的制度机制未能及时建立健全,夫妻共同债务纠纷的审判实践出现阶段性倾向。

1950年《婚姻法》第24条规定:“离婚时原为夫妻共同生活所负的债务,以共同生活时所得财产偿还”,确立了夫妻共同债务的认定标准,明确夫妻共同债务的偿还机制即以共同生活所得财产偿还。1980年《婚姻法》采取婚后共同财产所有制,充实夫妻约定财产制,排除第三方与夫妻一方的交易顾虑。随着市场经济体制的逐步建立,市场交易引发的债务纠纷不断增多,其中一部分与家庭有关,涉及夫妻共同债务认定的案件也日趋增加,不少与离婚纠纷相伴。1993 年《关于人民法院审理离婚案件处理财产分割问题的若干具体意见》第 7 条、第 17 条分别规定:“对个人财产还是夫妻共同财产难以确定的,主张权利的一方有责任举证。当事人举不出有力证据,人民法院又无法查实的,按夫妻共同财产处理。”“夫妻为共同生活或为履行抚养、赡养义务等所负债务,应认定为夫妻共同债务,离婚时应当以夫妻共同财产清偿。”由此可见,夫妻共同债务应为连带债务,但对夫妻债务的范围、证明责任等问题未作出明确规定。2001 年《婚姻法》第 19 条第 3 款规定:“夫妻对婚姻关系存续期间所得的财产约定归各自所有的,夫或妻一方对外所负的债务,第三人知道该约定的,以夫或妻一方所有的财产清偿。”第 41 条重申 1950 年《婚姻法》的“夫妻共同生活所负债务”实质认定标准及夫妻共同债务的共同偿还制度,但在夫妻共同财产不足清偿全部共同债务时,法院判决的依据和标准是什么,没有作进一步规定。2001 年《婚姻法司法解释(一)》第 18 条规定:“婚姻法第十九条所称‘第三人知道该约定的’,夫妻一方对此负有举证责任。”[①]随着社会进一步发展,经济活动更加频繁、复杂,出现不少以夫妻一方举债夫妻双方恶意损害债权人利益的现象,亦即夫妻“假离婚、真逃债”问题高发,给法院工作提出了新挑战、新要求。

2003 年,最高人民法院从保护债权人利益和交易安全角度出发,颁布 2003 年《婚姻法司法解释(二)》,该解释第 24 条确立了新的夫妻共同债务认定规则:只要婚姻关系存续期间所负的债务,应为夫妻共同债务;夫妻一方主张不属于共同债务的应举证证明,但债权人与举债方明确约定该债务为个人债务的及债权人知道夫妻双方实行约定财产制的除外。[②] 然而,随着我国城乡居民家庭财产结构、类型、数量、形态以及理财模式等发生巨大变化,社会公众的婚姻家庭观念和家庭投资渠道也日趋多元,许多家庭财富快速增长后因投资而产生的债务风险也在不断放大,当非举债夫妻一方无法举证证明上述两种除外情形时,需要承担举证不能的不利后果,又出现夫妻一方与债权人恶意串通造成夫妻一方“被负债”等极端案例,引起社会广泛关注。

其实,问题根源不在法律条文的修订,而在于相关制度群的缺失。一方面,部

---

① 现为《民法典婚姻家庭编解释(一)》第 37 条规定,即“民法典第一千零六十五条第三款所称‘相对人知道该约定的’,夫妻一方对此负有举证责任”。

② 该规则现已删除。

分家庭将共同财产用于投资，导致家庭财产与经营资产混为一体，相应的制度措施并未跟进，没有构筑起风险防火墙；另一方面，当时的金融市场投资途径不畅，非正规的民间借贷却爆炸式增长，造成民众创业投资难、中小企业融资难的"两难"难题。为此，最高人民法院2017年《婚姻法司法解释(二)补充规定》，增加"夫妻一方与第三人串通，虚构债务"及"夫妻一方在从事赌博、吸毒等违法犯罪活动中所负债务"的认定处理，[①]但并未对2003年《婚姻法司法解释(二)》第24条进行本质性修改。最高人民法院于2018年2月公布《夫妻债务纠纷解释》，对夫妻共同债务的认定以及举证责任分配前进一大步，可以说是颠覆性改变。其中，第1条根据合同相对性原则确立了"共债共签原则"，引导债权人在日常生活中争取夫妻债务共同签署；第2条、第3条则是关于没有夫妻双方共同签署情形下的债务性质认定。

对债权人和未举债夫妻一方举证责任的重新分配，使未举债夫妻一方的利益得到有力保护，同时，对打击虚假诉讼起了很大作用。《民法典》第1064条沿袭了《夫妻债务纠纷解释》的立法要旨及相关内容，但夫妻共同债务制度还是不全面，并不等于围绕司法解释的适用以及理论学说、审判实践中的相关争议就此平息。因为一方面，生活之债和营利之债之间仍存在交叉，共同债务和个人债务存在分歧，理论争议和实务盲区依然存在；另一方面，夫妻共同债务制度是夫妻权利、义务的结合体，内含着权利义务相对等的原则，还与第三人的权利义务相碰撞，简单的法律条文难以有效解决现实生活中的矛盾纷争。如何在立法层面构建完善的夫妻债务制度，特别是在《民法典》编纂的背景下，将夫妻财产共有制、夫妻财产分别制以及夫妻共同债务制度完整地楔入亲属法框架中，仍需要制度化的梳理和整合。法律应当与经济社会发展同频共振。夫妻共同债务涉及债权人的债权和夫妻一方的财产所有权之双重法律关系的考量，不仅与夫妻双方的财产权利息息相关，也影响债权人利益和交易安全。在审判实践中，既要依法保护善意债权人的合法权益，又要依法保护夫妻特别是未具名举债一方的合法权益，防范夫妻双方串通损害债权人利益、夫妻一方与债权人串通损害夫妻另一方利益这两个风险朝极端化发展；既不能让夫妻一方承担不应该承担的债务，也不能让本该承担债务的夫妻一方逃避责任，而是要通过举证证明责任的合理分配等方式，取得二者之间的"最大公约数"，真正依法平等保护各方当事人利益。

在现实生活中，夫妻债务纠纷较多。例如，赵某与乔某于2008年5月6日登记结婚，后于2014年5月产生矛盾，赵某起诉要求离婚并判令乔某承担夫妻共同债务

---

① 现为《民法典婚姻家庭编解释(一)》第34条。

2258 万元。[①] 该案是认定夫妻共债的标准和判断规则的典型应用。(1)夫妻共同债务要有共同举债的合意。共同意思表示要求在形成夫妻共同债务时,夫妻双方共同签字或者夫妻一方事后追认等。该意思表示的作出需要当事人具有民事行为能力,意思表示真实,且合意内容不得违反法律法规的强制性规定。(2)没有夫妻合意的债务,夫妻实际"共享"是关键。夫妻之间因家庭日常生活需要所负债务属于夫妻共同债务,原因在于该类债务往往具有日常性和合理性,是为了满足家庭基本生活所需。超出合理性和日常性的大额举债,一般不认为是夫妻共同债务,但如果夫妻双方实际享有该债务利益,即《民法典》第 1064 条所规定的用于夫妻共同生活、共同生产经营,那么该债务因夫妻实际"共享",就应认定为夫妻共同债务。本案中的赵某向案外人借款所签订的三份借款合同均没有乔某签字,也未能提交充分有效证据证明借款用于日常家庭生活或共同生产经营,案涉债务不符合《民法典》第 1064 条的规定,故不属于夫妻共同债务。

二、夫妻共同债务如何认定

(一)夫妻共同意思表示所负共同债务的认定

夫妻双方共同签字或者夫妻一方事后追认等共同意思表示所负的债务属于夫妻共同债务,这是按照合同相对性原则和订立合同的基本要求制定的。从夫妻共同债务的形成角度,明确和强调了夫妻双方共同签字或者夫妻一方事后追认以及其他共同意思表示形式(如电话、短信、微信、邮件等)所负的债务,应认定为夫妻共同债务的基本原则。这既充分尊重了民商事法律确定的一般交易规则,又对夫妻之间特殊的身份关系给予了充分关注。夫妻虽然存在紧密的身份联系,以及由于共同生活而在法律规定的家庭日常生活范围内享有互相代理的权限,但双方作为独立的民事主体地位,并不因婚姻的缔结而丧失。《民法典》第 1064 条第 1 款的规定,进一步完善了 2003 年《婚姻法司法解释(二)》第 24 条规定的夫妻共同债务认定标准,以强调夫妻共同债务形成时的"共债共签"原则,具有大力引导民事商事主体主动规范交易行为,自觉加强风险防范的深刻用意。这种制度安排,既可以从债务形成源头上尽可能杜绝夫妻一方"被负债"现象发生,也可以有效避免债权人因事后无法举证证明债务属于夫妻共同债务而遭受不必要的损失,对于保障交易安全和夫妻一方合法权益都具有积极意义。

---

① 参见北京市第一中级人民法院民事判决书,(2018)京 01 民终 9610 号。

尤其是债权人在交易过程中处于相对优势地位，完全有可能也有条件要求夫妻双方作出共同负债的意思表示，以避免日后产生纠纷时的举证风险。《民法典》第 1064 条第 1 款前半部分仅列举了"夫妻双方共同签字"和"夫妻一方事后追认"作为夫妻共同意思表示的两种情形。此外，诸如夫妻双方共同作出口头承诺、共同作出某种行为等也是夫妻共同意思表示的表现形式。若有证据证明夫妻一方对负债知晓且未提出异议的，如存在出具借条时在场、所借款项汇入夫妻掌握的银行账户、归还借款本息等情形的，可以推定夫妻具有共同举债的合意。另外，该条款规定的"所负的债务"应当作广义理解为合同之债，不应作狭义理解为借贷之债。只要基于夫妻共同意思表示所负的合同之债，均应由作出意思表示的各主体按照约定负担。对于夫妻双方没有共同签字或者夫妻一方事后没有追认的，应当结合借款金额、款项去向与用途等综合予以认定。即使没有签字、不予认可，只要夫妻双方具有共同意思表示的证据链确凿，事实清楚，也可以认定为夫妻共同债务，判令其共同承担偿还责任。

（二）家庭日常生活所负共同债务的认定

在夫妻双方对婚姻关系存续期间所得财产未约定归各自所有，或者虽有约定但债权人不知道该约定的情况下，夫妻一方以个人名义为家庭日常生活需要所负的债务，都应认定为夫妻共同债务。如果未具名举债的夫妻另一方认为该债务不属于夫妻共同债务，应当承担相应的举证证明责任。《民法典》虽然明确规定了"家庭日常生活需要"，但未就其内涵予以明确。负债是否超出"家庭日常生活需要"是判断是否构成夫妻共同债务的重要标准，通常指夫妻双方及其共同生活的未成年子女在日常生活中的必要开支事项，如正常的衣食住行消费、日用品购买、医疗保健、子女教育、老人赡养、文化消费等。在审判实践中，要审查债务的合法性、合理性以及非举债夫妻一方是否因借款享受利益，结合负债金额大小、家庭富裕程度、夫妻关系是否安宁、当地经济水平及交易习惯、借贷双方的熟识程度、借款名义、资金流向等因素进行综合判断。

1. 认定"为家庭日常生活需要所负债务"的考量因素：（1）单笔举债或对同一债权人举债金额在 20 万元以下的（金额为浙江省高级人民法院所确定，最高人民法院目前没有作出统一规定，由各高级人民法院审慎确定更具有灵活性与可行性）；[1]

---

[1] 参见江苏省泰兴市人民法院民事判决书，（2017）苏 1283 民初 5366 号。该案所涉金额 19.5 万元虽没有超过 20 万元，但法院经审理后认为不属于夫妻共同债务，在一定程度上体现出各地法院综合经济社会及个案情况合理决定更可行，不宜"一刀切"地认定处理。

(2)举债金额与举债时家庭收入状况、消费形态基本合理匹配的;(3)交易时,债权人已尽谨慎注意义务,经审查举债人及其家庭支出需求、借款用途等,有充分理由相信债务确系为家庭日常生活需要所负的。

2. 认定"超出家庭日常生活需要所负债务"的考量因素:(1)单笔举债或对同一债权人举债金额在20万元以上的(同上);(2)债务发生于夫妻分居、离婚诉讼等夫妻关系不安宁期间,债权人知道或应当知道的;(3)出借人明知借款人负债累累、信用不佳,或在前债未还情况下仍继续出借款项的;(4)借贷双方约定高额利息,与正常生活所需明显不符的。在具体案件审理过程中,应注意引导各方当事人积极举证。举债发生于父母子女、兄弟姐妹等密切关系主体之间的,债权人理应对举债人的生活状况、夫妻关系较常人更了解,在这种情形下对债务是否为家庭日常生活需要所负的审查应严于一般主体,在举证责任分配上也可依职权适当加重债权人的举证责任。

(三)债权人能够证明的夫妻共同债务认定

相对于家庭日常生活需要所负的债务,在实践中还存在大量夫妻一方以个人名义超出家庭日常生活需要所负的债务。这类债务是否属于夫妻共同债务,审判实践中的认定难度和争议都比较大。《民法典》第1064条第2款的规定分两个层次,前半部分明确非夫妻共同债务,后半部分明确债权人能举证证明即例外情形下属夫妻共同债务。也就是说,当夫妻一方以个人名义对外所负的债务,尤其是数额较大的债务,超出家庭日常生活所需范畴时,认定该债务是否属于夫妻共同债务的标准,是债权人能否证明债务用于夫妻共同生活或者共同生产经营,或者债务的负担系基于夫妻双方共同的意思表示。如果债权人不能举证证明的,则不能认定为夫妻共同债务。该举证证明责任的分配符合《民事诉讼法》第67条第1款"当事人对自己提出的主张,有责任提供证据"之规定,也与《民诉法司法解释》第90条"当事人对自己提出的诉讼请求所依据的事实或者反驳对方诉讼请求所依据的事实,应当提供证据加以证明"之规定相一致,实际上是通过分配举证证明责任来平衡债权人和债务人夫妻一方的利益保护。该条款其实与《民法典》第1064条第1款规定相呼应,按照合同相对性原则强调在夫妻一方具名举债的情况下,当债务超出家庭日常生活需要尤其是大额债务时,债权人主张该债务属于夫妻共同债务的,应当承担举证证明责任,以此引导处于优势地位的债权人在债务形成过程中尽到充分的谨慎注意义务。

(四)夫妻共同生活、共同生产经营的认定

对超出家庭日常生活需要所负的债务,债权人能够证明债务用于夫妻共同生活、共同生产经营或基于夫妻共同意思表示的，应当认定为夫妻共同债务。

1. 夫妻共同生活的范围。其指男女双方结婚后相互扶持，共担生活压力，共创美好生活的持续、稳定的状态。男女双方主观上具有长期共同生活在一起的愿望，客观上能相互扶持，共同履行夫妻义务和家庭义务，共同承担生活的压力和风险，共同创造并享受美好生活。其主要包括：(1)共同的住所；(2)夫妻共同的精神生活，主要是指基于配偶身份的相互理解和慰藉；(3)夫妻相互扶助的义务；(4)夫妻共同承担的其他家庭义务。这在概念外延上大于"家庭日常生活"，只要是夫妻双方共同消费支配或者用于形成夫妻共同财产的支出，都属于"夫妻共同生活"的范围。

2. 夫妻共同生产经营的范围。此种情况则更复杂，其虽强调"共同性"，但并非指夫妻双方实际共同处理经营事务，而是指夫妻双方将经营活动纳入其家庭意志范围，经营收益也作为其家庭收入的来源，满足此种条件也属于共同生产经营，较常见的有夫妻双方共同决定生产经营事项、一方授权另一方决定生产经营事项等情形。如果夫妻一方隐瞒另一方对外经营，经营所获得利益未用于夫妻家庭生活，原则上不属于夫妻双方"共同生产经营"，所产生的债务一般由举债方自己承担。在审判实践中，判断经营活动是否属于夫妻共同生产经营，要根据经营活动的性质以及夫妻双方在其中的地位作用等综合认定。

3. 夫妻共同债务的认定。有证据证明存在以下情形的，可以考虑认定为夫妻共同债务：(1)负债期间购置大宗资产等形成夫妻共同财产的；(2)举债用于夫妻双方共同从事的工商业或共同投资；(3)举债用于举债人单方从事的生产经营活动，但夫妻一方分享经营收益的。

4. 夫妻个人债务的认定。有证据证明存在以下情形的，可以考虑认定为个人债务：(1)婚姻持续短暂且夫妻关系存续期间无大宗开支，负债用于家庭共用共益的可能性较低的；(2)债务发生于夫妻分居、离婚诉讼等婚姻关系不安宁期间，夫妻一方有固定工作或稳定收入来源的；(3)债务用途存在指向举债人从事赌博、吸毒等违法犯罪活动的高度可能性；(4)债务用途与举债人无直接关联，而是举债人单方自愿负担且用途与家庭共同生活、共同生产经营无关的，如与家庭共同生活、共同生产经营无关的担保、债务加入等；(5)债务用途无益于家庭甚至有损于家庭安宁生活的，如用于婚外同居生活等。

另外，我国幅员辽阔，各地经济发展水平不一，民间资金活跃程度及经商文化、投资氛围程度不同，对一些案件中负债用于夫妻一方以单方名义经商办企业，或进行股票、期货、基金、私募等高风险投资的,不宜一律以“不能排除收益用于共同生活”为由,“一刀切”地认定为夫妻共同债务。尤其在夫妻长期分居、矛盾激烈等情况下,如果有独立收入来源的夫妻一方抗辩对举债人的经营或投资行为完全不知情,且未分享经营或投资所得的,应谨慎认定为夫妻共同债务。

(五)举证证明责任分配

在案件审理过程中,要充分注意不同负债情形下举证证明责任的分配。该举证证明责任是指结果意义上的证明责任,亦即事实真伪不明时应由承担证明责任的一方承担不利后果,法院对其构成或不构成夫妻共同债务的诉讼主张不予支持。

1. 对夫妻存在举债合意的证明责任分配。对于《民法典》第 1064 条第 1 款前半部分规定的夫妻共同意思表示,应由债权人承担证明责任。夫妻双方共同签字的借款合同、借条以及短信、微信、QQ 聊天记录、电子邮件等其他能够体现夫妻共同举债意思表示或事后追认的有关证据,都是债权人用以证明债务系夫妻共同债务的有力证据。

2. 为家庭日常生活需要负债情形下的证明责任分配。对于《民法典》第 1064 条第 1 款后半部分规定的夫妻一方为家庭日常生活所负的债务,原则上应当推定为夫妻共同债务,债权人无须举证证明该债务是否实际用于家庭日常生活。若夫妻一方抗辩债务不属于夫妻共同债务的,应当由其举证证明所负债务并非用于夫妻共同生活。

例如,2015 年 5 月,邵某与昆山某银行签订了一份个人消费借款合同,向银行借款 10 万元,贷款用途为“家庭装修”。2016 年 10 月,邵某死亡。银行认为邵某当初的贷款用途为“家庭装修”,贷款资金用于夫妻共同日常生活属夫妻共同债务,遂将邵某妻子王某、儿子小邵诉至法院,要求王某承担这笔“夫妻共同债务”,小邵在继承遗产范围内承担责任。[①] 小邵提供两份残疾证,证明邵某手掌残疾,王某智力残疾三级,银行将贷款发放给没有偿还能力的邵某时未尽到审核义务。此外,小邵还当庭提交邵某生前微信记录,证明邵某生前一直从事赌博、放贷,甚至开立虚假工资证明去银行和小贷公司贷款,催款数额高达近百万元;微信留有一份电子遗书,证明所有债务均系邵某个人行为。法院经审理认为,银行与邵某的借款合同合法有效,银行有权依据合同约定,要求邵某归还所欠全部借款本息。王某系智力残障人士,实际无法得知邵某的借款情况,也无证据证明案涉款项实际用于夫妻共同

① 参见《丈夫生前贷款用于“家装”,能否认定夫妻共同债务?》,载民主与法制网:http://js.mzyfz.com/detail.asp?cid=242&dfid=18&id=389720,最后访问日期:2020 年 5 月 3 日。

生活，结合小邵的当庭陈述及其提供的相关微信记录，对于邵某的10万元债务，不宜认定为夫妻共同债务，判决因债务人邵某死亡，其法定继承人王某、小邵在继承的遗产范围内对上述债务承担还款责任。《民法典》第1064条第1款后半部分规定虽然将为家庭日常生活需要所负债务原则上认定为夫妻共同债务，但如果债务人夫妻一方能像本案小邵、王某举证证明债务确非基于夫妻合意，且未用于夫妻共同生活或共同生产经营，仍应将其排除在夫妻共同债务之外。

3. 超出家庭日常生活需要负债情形下的证明责任分配。对于债务超出家庭日常生活范围，不属于夫妻共同债务的证明责任，《民法典》第1064条第2款分配给夫或者妻一方承担；将属于夫妻共同债务的证明责任，则分配给了债权人，亦即此时应由债权人举证证明该债务用于夫妻共同生活、共同生产经营或基于共同意思表示。

例如，李某于2014年起诉要求王某归还借款800万元及利息，法院经审理判决王某归还借款800万元及利息，但执行未果。2018年李某再次起诉要求王某妻子徐某归还上述借款，理由为王某结欠借款及法院判决时间均在王某、徐某婚姻关系存续期间，属夫妻共同债务。徐某辩称，其与王某自20世纪90年代后期以来一直分居，且已提起离婚诉讼，其未在借条上签字，亦未参与公司经营，对王某借款及开办公司并担任法定代表人的事情不知情，李某出借给王某的借款均直接支付给了王某、公司及公司财务人员；且其有稳定工作和收入，王某的借款并未用于购房或有其他添置，也未用于家庭日常生活。法院经审理认为，本案争议焦点在于案涉借款是否属于夫妻共同债务。(1)夫妻一方在婚姻关系存续期间以个人名义为家庭日常生活需要所负的债务，属于夫妻共同债务，但李某主张的借款800万元及利息显然高于家庭日常生活需要所负债务的正常水平。(2)债权人能够证明夫妻一方所负债务用于夫妻共同生活、共同生产经营或者基于夫妻双方共同意思表示的，亦属于夫妻共同债务，但李某并未举证证明。(3)徐某曾提起离婚诉讼，可见其和王某夫妻关系确有不睦。结合法院审核的徐某的房产、车辆、银行存款等基本经济情况，判决驳回李某的诉讼请求。本案涉及夫妻一方在婚姻关系存续期间以个人名义超出家庭日常生活需要举债的情形下，债权人主张为夫妻共同债务的，应当举证证明该债务用于夫妻共同生活、共同生产经营或者基于夫妻双方共同意思表示，否则将承担举证不能的法律后果。①

---

① 参见《个人大额借款如何认定是否属夫妻共同债务?》，载太仓市人民法院网：http://www.jstcfy.gov.cn/site_newscenter/001002/20180827/53ebe2fb-6717-4d6b-b38b-b6ac40e44e73.html，最后访问日期：2020年5月3日。

总之,法官既要依法适用对于举证证明责任的分配,也要强化法院职权探知,确有必要的,可依当事人申请或依职权主动调查案件事实。同时,要充分认识债权人对夫妻内部关系举证的客观难度,在案件审理过程中要注意运用法官心证,如果凭借日常生活经验或逻辑推理,能够对“债务用于夫妻共同生活、共同生产经营或基于共同意思表示”形成高度盖然性判断的,则不存在对债权人适用结果责任的余地,以避免对举债人夫妻过度救济,致显失公平。

(六)夫妻一方对外担保之债应区别对待

1. 原则上不属于夫妻共同债务。例如,李某于2012年7~9月三次向王某借款150万元,并出具三张欠条约定月利1.8%,宋某在三张欠条上签字提供担保。借款后李某未按照约定还款,王某起诉请求判令:李某、陈某(李某之妻)共同归还借款本金100万元及利息,宋某及其妻子叶某对上述债务承担连带责任。宋某、叶某均辩称叶某对于担保不知情,不属于夫妻共同债务,叶某不承担责任。担保之债不同于婚姻法规定的夫妻共同债务,夫妻一方对外担保之债不能适用2003年《婚姻法司法解释(二)》第24条规定认定为夫妻共同债务。夫妻担保之债可从以下两种方法予以考量加以认定:(1)如果夫妻一方对外担保并收取了经济利益,这种利益往往用于家庭生活,则属于夫妻共同债务的范畴,应由夫妻双方对该担保之债承担连带清偿责任;(2)对于夫妻一方无偿保证所生之债务,则应认定为个人债务,因为保证人既没有从债权人也没有从债务人处获得对价给付,无法给保证人带来任何利益,对于夫妻共同生活目的的实现没有任何帮助,因此,该保证债务的设定并没有基于夫妻共同生活的可能,属于2003年《婚姻法司法解释(二)》第24条规定的明确约定为个人债务的情形,不属于夫妻共同债务的范畴,应认定为夫或妻一方的个人债务。①

2. 与夫妻共同生活或共同生产经营密切相关宜认定为夫妻共同债务。例如,杨某与张某1996年登记结婚,作为海南某公司的股东分别持有60%、40%的股份。2006年,北京某物业公司与海南某公司达成《合作开发房产合同》,约定北京某物业公司投入建房资金1500万元。2013年、2015年,北京某物业公司与海南某公司又签订两份借款协议,杨某出具个人担保书,自愿对上述款项承担连带保证责任。后海南某公司仅偿还250万元,北京某物业公司将海南某公司、杨某诉至法院。经法院调解确认海南某公司给付北京某物业公司借款本金及利息共计4290.25万元;杨

① 参见刘德权总主编,王松卷主编:《最高人民法院司法观点集成》(民事卷),中国法制出版社2017年版,第3138页。

某对上述债务承担连带保证责任。到期后,海南某公司、杨某亦未按时还款。[①] 本案是否构成夫妻共同债务,核心要件是债务发生时间以及借款去向用途。一般而言,如果债务发生于夫妻关系存续期间且该借款用于夫妻共同生活或者夫妻共同生产经营活动,应当认定为夫妻共同债务。对于夫妻一方对外担保之债的定性,应当依据上述标准进行审查。(1)夫妻一方对外担保之债应与夫妻共同生活或共同生产经营密切相关。担保之债作为一种债务,同样适用《民法典》第1064条相关认定标准。同时,夫妻一方对外担保之债也要考虑担保的性质和法律意义。担保是指为保证特定的债权人实现债权,以第三人或债务人的特定财产或信用来督促债务人履行债务的制度,而夫妻一方在法律上具有独立人格,夫或妻的信用并不存在必然连带关系,故对于夫妻一方对外担保之债的定性不能一概而论,需要根据个案具体分析,要具体结合债务金额大小、借款名义、资金流向、家庭情况、夫妻经营状况等因素来认定。当夫妻一方对外担保之债与夫妻共同生活或共同生产经营密切相关,或因担保产生的利益用于家庭生活或夫妻共同生产经营,则该担保之债属于夫妻共同债务。[②] (2)认定共同生产经营需具备"共同性"。因夫妻双方在家庭生活和经营中可能存在分工不同的事实,该"共同性"并不要求双方实际共同经营,而是指生活经营活动属于夫妻共同的意志范围。本案属于典型的双方共同参与情形,在实践中表现为共同决策、共同投资、分工合作、共同经营管理等,该担保之债款项的具体应用宜认定为属于夫妻共同债务。

(七)主张亲属借款尤其应证明债务真实性及其用途

在夫妻共同债务中,夫妻一方时常以向亲属借款为由主张夫妻另一方共同偿还,在审判实践中要注重审查债务的真实性及实际用途。例如,李某与綦某2006年登记结婚,2019年綦某起诉离婚。双方均同意离婚。对于债务,綦某主张其自2015年5月至2019年4月信用卡消费2万余元及取暖费、物业费1万余元尚未偿还,此笔费用为夫妻共同债务;李某称为其父看病向妹妹李小某借款10万元,双方应共同负担该10万元。[③] 对此,要查明以下两点:(1)诉争债务合法且真实发生。离婚纠纷中举债的夫妻一方常主张为家庭购房、购车、子女抚养等借父母或其他亲属钱款,根据《民诉法司法解释》第90条的规定,当事人未能提供证据或者证据不足以证明其事实主张的,由负有举证证明责任的当事人承担不利的后果。此时,主张举

① 参见北京市第一中级人民法院民事判决书,(2018)京01民终8017号。

② 参见最高人民法院民事裁定书,(2015)民申字第752号。

③ 参见北京市第一中级人民法院民事判决书,(2019)京01民终8137号。

债的夫妻一方应承担证明债务真实发生的责任,包括证明双方确有借款行为、举债一方与债权人有借贷的意思表示、债务系因合法用途发生等,同时可以向法院提交举债一方与债权人之间的转账凭证、借款或收款凭证等予以佐证。为此,审查债务真实性要重点把握两个方面:一是债权人与债务人之间存在资金往来、借条等佐证债务真实性的证据,要求出借人向人民法院起诉时,应当提供借据、收据、欠条等债权凭证以及其他能够证明借贷法律关系存在的证据;二是债权人与债务人之间具有借贷意思表示,双方之间资金往来并非为其他用途。(2)诉争债务用于家庭日常生活需要。根据《民法典》第1064条的规定,对于家庭日常生活需要范围的衡量侧重于夫妻家庭生活需求"日常性"与"合理性"的审查。对"日常性"行为的解释一般应结合普通人的观念加以衡量,包括日常生活消费、日常精神消费、日常投资性消费以及为赡养老人、教育抚育子女的合理花费等;对"合理性"的衡量亦应根据"日常性"判断,同时,结合夫妻共同财产收入、当地消费水平等情况认定。

(八)虚构夫妻共同债务之虚假诉讼的认定处理

虚构夫妻共同债务之虚假诉讼的原因多种,有的为了解除婚姻关系,从中谋求利益;有的为了夫妻另一方"被负债";等等。例如,赵某起诉其朋友项某2007年为装修房屋借款20万元并约定5%年利息,其交付现金后项某出具借条。项某2009年向赵某支付利息两万元,并延长借款期限两年。赵某2011年起诉时对赵某的妻子何某是否承担还款责任不予表态。项某对赵某所称事实无异议,并称10万元用于装修夫妻名下房屋,10万元用于提前偿还购房时的银行贷款,故借款为夫妻共同债务应共同偿还。法院依法追加何某为第三人参加诉讼,赵某及项某一再反对何某参加本案诉讼。何某辩称其与项某在2007年自有资金不需借款,赵某当时也不具备出借20万元的经济能力;且何某对案涉债务不知情,项某、何某2009年约定对外债务双方中任一方不确认即不成立;项某、何某自2010年7月开始分居,何某分别于2010年8月、2011年5月提起离婚诉讼。[①] 本案可谓疑点重重:(1)赵某及项某反对法院追加何某参加诉讼,缺乏法律依据,也有违常理;(2)基于项某、何某的婚姻状况以及利益冲突,项某对系争借款的认可不能当然产生项某、何某自认债务的法律效果;(3)项某借款提前偿还银行贷款与其银行购房贷款享有利率七折优惠,再以5%的年利率向他人借款偿贷缺乏必要性与合理性;(4)项某经法院合法传唤明确表示拒绝到庭,赵某与项某应就其借贷关系成立并生效的事实承担举证责

① 参见《最高人民法院公报》2014年第12期。

任;(5)赵某以其名下有多套房产并从事经营活动为由主张借款能力,但也表示当时其因购房负担着巨额银行贷款,且未在合理举证期限提供证据证明其资产状况和现金出借能力。

又如,李某和刘某因感情不和离婚。离婚后,李某对离婚时的财产分割不满,在向刘某索要无果的情况下找到好友孙某和赵某协商,李某向孙某、赵某出具了虚假的拖欠劳务费的欠条,还分别与孙某、赵某伪造了劳务协议,又指使孙某、赵某起草民事起诉状,以李某、刘某共同拖欠孙某劳务费16.7万元、赵某劳务费9.2万元为由分别向法院提起诉讼。[①] 面对孙某、赵某出具的劳务协议,以及拖欠近26万元的劳务费欠条,刘某坚称欠条是假的,李某却企图通过这种方式向刘某进行要挟,试图诈取已经依法分割过的夫妻共同财产。其间,公安局在刘某报案后传唤了李某、孙某和赵某,孙某和赵某见事情闹大便如实讲出原委。法院经审理以虚假诉讼罪给李某、孙某和赵某定罪量刑。

对此,在审判实践中需要做好以下几个方面:首先,在举债夫妻另一方未参加诉讼,而系争债务可能使其承担债务份额的,依法应当追加其为第三人参加诉讼,以在诉讼中形成实质性对抗;其次,准确理解《民法典》第1064条规定的具体情形,依法合理分配相应的举证责任,防止举证责任分配不当影响案件处理结果;再次,发现恶意串通的当事人提供的证据表面上合理,但部分证据有违常理的情况下,法官可依职权调查借贷合意的真实性,综合出借人的经济状况、资金来源、交付方式、见证人、款项去向等因素判断当事人陈述的可信度;最后,必要时,可移送公安机关进行侦查处理,待侦查后区别情形处理。对于触犯刑事法律的,要依法追究其刑事责任。

专题四　亲子关系确认

一、制度设立

亲子关系,即父母子女关系,指父母与子女之间法律上的权利、义务关系。其

---

① 参见《离婚男子虚构夫妻共同债务涉嫌虚假诉讼被判刑》,载金龙律师事务所网:http://www.zhangjinlong.com/view.asp?nid=2766,最后访问日期:2020年5月12日。

作为确定亲子间一切权利义务的前提和基础,主要包括自然血亲的亲子关系和拟制血亲的亲子关系,前者指父母双方都是子女生父生母时所认定的亲子关系,不能变更或解除;后者基于收养或再婚的法律行为而形成的继父母与继子女关系以及收养关系,可随父母离婚或者收养关系解除而解除。其中,母子关系的确认,根据医院的分娩事实、住院记录等即可证明;父子关系本不应成为问题,但由于夫妻双方对忠实义务的履行和对性自由与婚姻自由的混淆,从而产生亲子关系确认的需要。各国法律对此均作出了相应的规定,如《法国民法典》第312条规定:"夫妻婚姻期间生育的子女,夫为其父";第314条规定:"夫妻结婚后满180天出生的子女为婚生子女,并且视其自受孕起即为婚生子女"。《瑞士民法典》第255条第1款规定:"在婚姻存续期间或婚姻解除后的三百日内出生的子女,推定夫为父。"《日本民法典》第772条第1款规定:"妻于婚姻中怀胎的子女,推定为夫的子女。"综观域外亲子关系立法,亲子关系确认制度包含两个方面,即亲子关系的推定与亲子关系的否认:前者是在法律上确立夫或妻与孩子之间成立亲子关系;后者则是对亲子关系成立的反驳,主要证明夫或妻与孩子之间不存在亲子关系。

我国《婚姻法》未明确规定亲子关系确认制度,零散地体现在最高人民法院的相关批复、复函中。如1956年最高人民法院《关于徐秀梅所生的小孩应如何断定生父问题的复函》,提出确认婚生子女推定的法律原则,即在婚姻关系存续期间所生子女应认为是夫妻双方共同的子女,夫否认子女非其所生应负证明责任。1991年最高人民法院《关于夫妻关系存续期间以人工授精所生子女的法律地位的复函》,明确"在婚姻关系存续期间,双方一致同意进行人工授精的,所生子女应视为夫妻双方的婚生子女,父母子女之间的权利义务关系适用《婚姻法》的有关规定",这是对人工生育技术的父母认定作出的规范。1992年最高人民法院《关于夫妻关系存续期间男方受骗抚养非亲生子女离婚后可否向女方追索抚养费的复函》,这给亲子关系受到否认后的法律效果、生母对于丈夫的赔偿问题提供审判参考。1998年最高人民法院《关于确认非婚生子女生父案件中男方拒作亲子鉴定时如何处理的答复》指出:"在确认非婚生子女的案件中,应由原告承担举证责任,被告如果否认原告的证明结论,应当提供相应的证据。若男方不能证明自己不是该子女的生父,法庭认为有必要时,可以要求进行亲子鉴定。如果被告拒做亲子鉴定,法庭可根据查证属实,并且排除第三人为子女生父的证据,推定原告诉讼请求成立。"2011年《婚姻法司法解释(三)》第2条,①被认为是我国对亲子关系确认制度的首次规定。

---

① 现《民法典婚姻家庭编解释(一)》第39条。

法院受理的亲子关系确认案件相比过去要多,因父子之间不存在亲子关系而引发的离婚纠纷更常见。如同代疑似血亲不适用亲子关系推定规则案中,[①]黄某与季某于1982年登记结婚,婚后育有一女黄甲。黄某于2017年11月病故,张乙的母亲张某作为张乙的法定代理人,以张乙的名义诉至法院称张乙系黄某的亲生儿子且与黄某以父子名义共同生活,张乙应继承黄某40%的遗产。张某提供了DNA检验报告书,该报告书载明送检的标记为“大”的毛发供者的基因型符合作为标记为“小”的毛发供者亲生父亲的遗传基因条件,张某称“大”和“小”毛发供者分别为黄某和张乙。张某另提供其与黄某的照片及黄某亲友等人的谈话录音等证据,以证明黄某与张乙系父子关系。为了进一步确认其与黄某的亲子关系,张乙向法院申请就其与黄甲之间是否具有血缘关系进行鉴定。黄甲明确表示不同意进行DNA比对检验。法院经审理认为,张某无法证明标记为“大”的送检毛发来源于黄某,其提供的录音、微信聊天记录等证据亦非确定黄某与张乙存在亲子关系的确切证据,法院不宜强制黄甲与张乙进行DNA比对,同辈疑似血亲并不适用亲子关系不利推定原则,故在无法确定张乙与黄某存在亲子关系的情况下,张乙无权继承黄某的遗产。其实,2011年《婚姻法司法解释(三)》第2条规定所确立的亲子关系推定规则,系建立在主张方提供初步必要证据的前提下,且存在严格的适用边界,即限定在父母子女之间,并不适用于兄弟姐妹之间。身份关系具有鲜明的道德性和伦理性,又与财产关系紧密相连,随意扩大亲子关系推定规则适用主体的范围不符合法律及司法解释的精神。婚生子女并无配合非婚生子女进行亲子鉴定的义务,同代疑似血亲不适用亲子关系推定规则。

在《民法典》起草过程中,曾有建议扩大至利害关系人享有确认或否认亲子关系的权利,但最终未被采纳。《民法典》第1073条规定:“对亲子关系有异议且有正当理由的,父或者母可以向人民法院提起诉讼,请求确认或者否认亲子关系。对亲子关系有异议且有正当理由的,成年子女可以向人民法院提起诉讼,请求确认亲子关系。”学理上认为,该条文真正确立了亲子关系确认(异议)制度。该条文前后两款区别主要有两个方面:一是请求权主体,第1款为父亲或者母亲,第2款为成年子女,两者区分的标准夹杂着两种不同视角,既有父母与子女视角,又有子女成年与否的考量。明确赋予子女以亲子关系确认的请求权,且不再区分婚生子女与非婚

---

① 参见《省法院、省妇联联合发布2019年度江苏法院婚姻家庭十大典型案例》,载北大法宝网:https://www.pkulaw.cn/case_es/pal_a3ecfd5d734f711d36cb04159d865714e39ec36f96b1646ebdfb.html?match=Exact,最后访问日期:2020年5月3日。

生子女。二是权利范围,第 1 款为请求确认或者否认亲子关系,第 2 款为请求确认亲子关系。具体而言,主张存在或不存在亲子关系需要符合以下两个条件:(1)持有异议,即对夫妻另一方主张的是否存在亲子关系不予认可;(2)正当理由,有相应的证据来证明其提出的诉讼请求。

二、亲子关系认定处理

亲子关系诉讼属于身份关系诉讼,相关直接证据的缺乏和亲子关系证明责任的高标准,使亲子鉴定成为认定或否定亲子关系的关键性证据。现代生物医学技术的发展,使 DNA 鉴定技术被广泛用于子女与父母尤其是与父亲的血缘关系的证明,确认亲子关系的比率达 99% 左右。但若当事人拒绝做亲子鉴定,能否进行强制?亲子关系该如何确认?这在审判实践中往往很难定夺。

(一)亲子关系的推定

根据《民法典》第 1073 条的规定,仅父亲、母亲或成年子女有权提起否认亲子关系之诉,其他民事主体无权起诉。尽管该条文没有规定亲子关系的认定标准,但婚姻关系存续期间出生的子女一般应当确认为法律上的父母与子女的关系是审判实践中的一项不成文规则。对于其他有争议的亲子关系,不能简单地认为当事人提供了必要的证据、对方当事人没有证据亦拒绝做亲子鉴定,就一概适用《民法典婚姻家庭编解释(三)》第 39 条第 2 款推定主张确认亲子关系一方的请求成立,而应当根据案件具体情况决定是否需要推定亲子关系成立:(1)对于有迫切抚育需要的未成年人,应当果断决定确认亲子关系,以保护未成年子女的合法权益;(2)对于请求认领已经跟随母亲另组家庭生活的未成年人为其子女的当事人,法院在具备前述条款条件的情况下,还应权衡支持其诉讼请求对未成年子女的影响;(3)对于成年子女请求确认亲子关系,由于不涉及其父或者母的抚养义务,对于亲子鉴定应当严格掌握。如果其提供的证据不足以令法官相信可能确有其事,而对方当事人没有证据或证据不够充分但拒绝亲子鉴定,法院则应当在真实血缘联系与当事人身份关系及家庭的和谐、稳定以及自然人的名誉权之间进行衡量,以决定是否通过推定确认亲子关系。

在被告拒绝做亲子鉴定且具备下述条件时,方可推定亲子关系成立:男女双方有接触交往的机会;男女双方有性生活的时间、空间;有相关的证据,如人证、物证、视听资料等。为此,审判实践要认定原告所举证据是否已经达到"正当理由"的证明程度甚为关键,可从两个方面把握:(1)原告所举证据形成合理的证据链条,法官遵循职业道德及现代自由心证原则,全面、客观地审核证据,运用逻辑推理和日常生活经验对证据进行综合判断,使法官内心确信可能确实存在这样的事实;(2)原告举证所要达到的证明程度是必要条件而非充分和必要条件,这种证明标准低于正常的证明标准,但只要具有高度盖然性即可。被告举证不能且拒绝做亲子鉴定的,法官应当对其进行释明,告之其配合做亲子鉴定与拒绝做亲子鉴定的法律后果,使其认识到一旦适用推定,对婚姻家庭及亲子关系都可能带来重大变化。经法官释明后被告仍拒绝做亲子鉴定的,法院可以依照《民事证据规定》第 95 条"一方当事人控制证据无正当理由拒不提交,对待证事实负有举证责任的当事人主张该证据的内容不利于控制人的,人民法院可以认定该主张成立"之规定,推定原告主张成立。

在审判实践中,亲子关系的推定可以区分为以下四种情况。

1. 如果子女是在母亲婚姻关系存续期间受胎(该受胎时间应在子女出生日之前的第 300 日到第 180 日之间)出生的,则推定母亲的丈夫为其生父。如果子女是在母亲婚姻解除 10 个月内出生的,则推定母亲在未解除婚姻关系的丈夫为其生父;如果母亲的丈夫被判决宣告失踪或宣告死亡的情况下,子女于该人失踪 300 日之后出生,则不能将该母亲的丈夫推定为该子女的父亲。

2. 如果子女是在母亲与他人同居期间受胎的或出生的子女,则推定与该子女的母亲同居的男子为其父亲。

3. 如果母亲再婚或因母亲先后与不同男子同居而致使数名男子均可被推定为子女的父亲时,则依照下列规则处理:在母亲的丈夫和与母亲非婚同居的男子之间,应优先推定母亲的丈夫为子女的生父;在子女出生时母亲的丈夫和与受胎时母亲的丈夫之间,应优先推定子女出生时母亲的丈夫为子女的父亲;在子女出生时与母亲同居的男子和受胎时与母亲非婚同居的男子之间,应优先推定子女出生时与母亲非婚同居的男子为其父亲。

4. 通过人工授精方式生育的子女,则以书面同意采用该方式生育的男女为其父母。

(二)亲子关系的否认

根据《民法典》第 1073 条第 1 款的规定,仅父亲或母亲有权提起否认亲子关系之诉,其他主体无权提起诉讼。一方拒绝做亲子鉴定的,具备下述条件之一的,可以否认亲子关系:在女方受孕期间,男方无接触女性的机会,如公差、生病等,无法从事性生活;男方在性功能上存在缺陷,如性无能、无精子或者死精等。另在特殊情形下,即使男方与子女进行了亲子鉴定,根据医学上可能存在10%的不确定状态存在,而女方拒绝鉴定的,也可否认亲子关系。

审判实践中,否认亲子关系应当从以下几个方面综合考量。

1. 否认亲子关系的具体理由。在可能的受胎期间,双方未发生性关系或者通过其他科学方法能够排除子女亲生性。其主要有以下情况:(1)否认权人在子女出生前的第300日到第180日之间不可能与子女的母亲发生性关系。配偶因一方提出离婚请求实际地与该方分居的期间,或根据他们之间达成的书面协议分居的期间,被视为彼此之间没有发生性关系,对此不得提出相反的证据。(2)在特定情形下否认权人绝对不可能是子女的父亲,也就是说,通过可靠的医学方法证明被推定的父亲不可能是子女的父亲,如亲子鉴定、经过医学认定明确夫存在生育不能的情况等。(3)有其他事实证明被推定的父亲不是子女的父亲,如血型、种族特征等与遗传信息不符的情况。

2. 有权提起否认亲子关系的权利主体范围。有权提起否认之诉的权利人,只能是通过适用立法规范被赋予父亲或母亲身份的人,其他人(包括子女)无权提起否认之诉。如否认权人明确表示要行使否认权,但在时效期间届满前丧失行为能力的,其监护人在该时效期间届满前可代为行使。如否认权人已经提起亲子关系否认之诉而在诉讼期间死亡的,其法定继承人可以继续参与诉讼,其他继承人或代理人不得代为提起。

3. 提起亲子关系否认之诉的限制。如果能证明子女是经母亲的丈夫书面同意以人工授精怀孕时,该丈夫无权提起否认之诉(此限制也适用于同居关系男女通过人工授精方式生育子女的情形)。如果被推定的父亲在知道或应当知道可以行使否认权理由的情形后明确表示放弃否认权的,其无权提起否认之诉。

4. 行使亲子关系否认权的时效期间和程序。根据《民法典》第152条第1款的规定,撤销权的行使期间为1年,亲子关系否认权也应当据此行使。此期间应为当事人提供调查取证并提起诉讼的时间,既足以让当事人有充裕的时间准备提起诉讼,又不会使亲子身份长期处于不稳定之中,切实维护当事人的合法权益,保障婚姻家庭和社会关系的稳定,维护立法统一性与法律严肃性。

(三)人工授精技术下的亲子关系如何认定

在李某、郭某阳诉郭某和、童某某继承纠纷中,[①]1998年3月3日,李某与郭某

① 参见最高人民法院指导案例50号。

顺登记结婚。2004 年 1 月 30 日，李某、郭某顺与医院签订人工授精协议书，对李某实施了人工授精，后李某怀孕。2004 年 4 月，郭某顺得知患了癌症后表示不要这个孩子，但李某坚持要生下孩子。5 月 20 日，郭某顺自书遗嘱声明他不要这个孩子，并将 306 室房屋赠与其父母郭某和、童某某，后于 5 月 23 日病故。10 月 22 日，李某产子取名郭某阳。后因继承引发诉讼。法院经审理认为，本案争议焦点之一是郭某阳是否为郭某顺和李某的婚生子女。最高人民法院《关于夫妻离婚后人工授精所生子女的法律地位如何确定的复函》指出："在夫妻关系存续期间，双方一致同意进行人工授精，所生子女应视为夫妻双方的婚生子女，父母子女之间权利义务关系适用《婚姻法》的有关规定。"郭某顺因无生育能力，签字同意医院为其妻子即李某施行人工授精手术，该行为表明郭某顺具有通过人工授精方法获得其与李某共同子女的意思表示。只要在夫妻关系存续期间，夫妻双方同意通过人工授精生育子女，所生子女均应视为双方的婚生子女。《民法典》第 136 条规定："民事法律行为自成立时生效，但是法律另有规定或者当事人另有约定的除外。行为人非依法律规定或者未经对方同意，不得擅自变更或者解除民事法律行为。"因此，郭某顺在遗嘱中否认其与李某所怀胎儿的亲子关系是无效民事行为，应当认定郭某阳是郭某顺和李某的婚生子女。

上述争议关键在于人工授精亲子关系如何认定。人工授精有同质与异质之区分，前者中的父母双方与子女都具有生物学关系，即存在血缘关系，可定性为自然血亲亲子关系；后者中的子女仅与母亲一方有血缘关系，可将有血缘关系的子女与生母认定为自然血亲亲子关系，问题在于没有血缘关系的男方该如何定性？（1）可依是否同意人工授精进行区别对待：一是仅有一方同意人工授精时，没有血缘关系的一方与子女无任何法律上的关系；二是双方都同意人工授精时，没有血缘关系的一方与子女虽不属于自然血亲亲子关系，但是仍然有法律上的亲子关系，这种亲子关系在法律适用效果上应与自然血亲亲子关系的法律效果相类似，不能被解除。本案属于后一情况，此时，李某、郭某顺与郭某阳所产生的亲子关系是不能被解除的。（2）不同于拟制血亲亲子关系。拟制血亲亲子关系包括因收养关系形成的拟制血亲以及因再婚形成的继父母与继子女之间的拟制血亲，而人工授精是由于生育技术发展所产生的新事物，属于非自然受孕所形成的亲子关系，与拟制血亲存在本质区别，故应推定其与自然血亲亲子关系具有相同的法律效果。

(四)亲子关系与监护制度如何衔接

在冷冻胚胎继承案中,[①]沈某与刘某婚后因“原发性不孕症、外院反复促排卵及人工授精失败”,要求在鼓楼医院施行体外受精—胚胎移植助孕手术。其间,鼓楼医院与沈某、刘某签订《配子、胚胎去向知情同意书》《胚胎和囊胚冷冻、解冻及移植知情同意书》,明确胚胎不能无限期保存。目前,该中心冷冻保存期限为 1 年,首次费用为 3 个月,如需继续冷冻,需补交费用,逾期不予保存;如果超过保存期,沈某、刘某选择同意将胚胎丢弃。刘某、沈某因交通事故先后死亡,但二人的 4 枚受精胚胎仍在鼓楼医院冷冻保存,后沈某的父母诉请法院判令由其行使胚胎的监管权和处置权。一审法院判决驳回诉讼请求。二审法院经审理认为,我国现行法律对胚胎的法律属性没有明确规定,并从伦理、情感、特殊利益保护及卫生部行政管理规定等方面综合考虑涉案胚胎的相关权利归属,判令 4 枚冷冻胚胎由沈某的父母和刘某的父母共同监管和处置。

1. 体外受精术后亲子关系如何认定。本案案由为继承纠纷,实际上涉及亲子关系的认定处理。关于冷冻胚胎的归属,不仅是国内的难题,在国外也没有一致标准,因其既不是“人”,也不是“财产”,只是由于它们有变成人类的可能性而暂时给予特殊的尊重,故其归属不仅要看生理关系或者血缘关系,更要注重伦理关系或者道德关系。(1)冷冻胚胎的法律地位。《民法典》继承编主要为人身关系的法律,但从其第 1122 条“遗产是自然人死亡时遗留的个人合法财产”的规定来看,遗产是一种财产,涉及财产法的内容,但不能与《民法典》合同编所涉财产同日而语。而人工授精是不孕不育多发后形成的新生事物,卫生部《人类辅助生殖技术管理办法》也没有就冷冻胚胎的法律身份作出规定。从生物学遗传等学科的角度看,冷冻胚胎应属于人的生命部分,可参考《民法典》第 13 条、第 1155 条的规定确认为母体中未出生婴儿的法律身份。(2)冷冻胚胎的权利享有主体。《人类辅助生殖技术管理办法》明令禁止非法代孕,鼓楼医院作为人工授精手术的实施者,对冷冻胚胎的合法使用享有监管权,但并非权利行使主体。冷冻胚胎从沈某、刘某身体中获得,参照《民法典》第 1074 条的规定,结合我国的传统风俗习惯,由沈某与刘某的父母依法享有对该冷冻胚胎的保管和照顾权,也应当最符合沈某、刘某的意愿。该案在一定程度上体现出法律空白时技术与伦理的冲突,通过顺天意、存人伦、敬法律的综合考虑,达到了法、情、理的有机融合。

---

① 参见江苏省无锡市中级人民法院民事判决书,(2014)锡民终字第 01235 号。

2. 亲子关系与监护制度如何衔接。沈某与刘某的父母在本案胜诉的同时，也带来沉甸甸的监护义务。因为沈某、刘某的意外死亡，冷冻胚胎未来出生后必然涉及监护问题，其作为权利与义务的综合体，才能保障冷冻胚胎婴儿出生后的成长。《民法典》第27条规定："父母是未成年子女的监护人。未成年人的父母已经死亡或者没有监护能力的，由下列有监护能力的人按顺序担任监护人：（一）祖父母、外祖父母；（二）兄、姐；（三）其他愿意担任监护人的个人或者组织，但是须经未成年人住所地的居民委员会、村民委员会或者民政部门同意。"由此可见，沈某与刘某的父母作为第一顺序的监护人，在具有监护能力的情形下必须承担起监护义务，具体包括对冷冻胚胎婴儿的抚养（抚养费数额、给付方式等）、教育（婴儿享有受教育的权利）和保护（对婴儿自身的保护及婴儿致第三人损害的责任承担）的义务，这需要在沈某与刘某的父母之间协商处理；在沈某与刘某的父母由于年龄、身体等原因不具备监护能力时，依法应当变更监护人。在审判实践中，可以参照普通监护案件处理模式予以考量裁判。

（五）不具有亲子关系的抚养费追索与精神损害赔偿

在王某起诉董某返还抚养费并赔偿精神损失案中，[①]王某与董某结婚生子后离婚，王某做亲子鉴定发现其并非孩子的亲生父亲，遂起诉要求董某返还抚养费并赔偿精神损害抚慰金25万元。对此，审判实践中看法不一，有的仅支持返还抚养费，有的抚养费和精神损害抚慰金均予支持。其实，抚养未成年子女是父母的法定义务，男方受欺骗抚养了非亲生子女，代替孩子的亲生父亲履行了法定的抚养义务，男方得知事实真相后当然有权追索以前所支付的抚养费。同时，女方在婚姻关系存续期间与他人通奸并生育子女，对男方精神上造成了巨大的伤害，尤其是在男方错过生育年龄情形下更显著，故其有权要求侵权者赔偿精神损害抚慰金。不过，该精神损害抚慰金的赔偿有别于《民法典》第1091条规定的离婚损害赔偿，婚姻关系存续期间与他人通奸生育子女不一定构成"与他人同居"的赔偿要件，即通奸生育子女与"持续稳定地共同居住"不能等同，而判决女方赔偿精神损失的依据应当是《民法典》第一编总则及《精神损害司法解释》中的有关规定。

在蒋某起诉韩某变更抚养权、返还抚养费、医药费及赔偿精神损害抚慰金案中，[②]2015年8月，蒋某和韩某相识，恋爱数月后分手。2016年年初，韩某称自己怀

① 参见刘德权总主编，王松卷主编：《最高人民法院司法观点集成》（民事卷），中国法制出版社2017年版，第2943页。

② 参见《孩子患白血病"单亲父亲"一纸诉状告上狠心母亲》，载 http://www.yzfy.gov.cn/K/KInfo/507.html，最后访问日期：2020年5月3日。

了蒋某的孩子小朵,并于当年6月在蒋某家乡生下女儿小朵,小朵的出生医学证明载明父亲为蒋某。小朵满月后,蒋某和韩某分手,小朵以蒋某女儿身份一直跟随蒋某生活并抚养至今,韩某未支付过抚养费。2018年8月,小朵被确诊为白血病。其间,蒋某为确认其与小朵的亲子关系以便给小朵办理户籍和医保做亲子鉴定,经鉴定明确排除蒋某为小朵的生物学父亲。2018年9月,小朵一期治疗完毕,蒋某带小朵到韩某家协商此事,但韩某拒不会见。2018年11月,蒋某起诉要求将小朵的监护权变更为韩某,并索赔抚养费10万元、医药费10万元、精神损害抚慰金5万元。(1)在变更抚养权方面,蒋某并非小朵的生父,也没有建立养父女关系,其本就不享有监护权,故对蒋某要求变更监护权的诉讼请求,不予支持。(2)在返还抚养费等方面,韩某与他人生育了小朵,并对蒋某隐瞒真实情况,蒋某受韩某欺骗抚养至今,韩某的行为违反诚实和公序良俗原则,严重侵犯了蒋某的合法权益,并给蒋某造成一定的财产和精神损失,应当向蒋某承担一定的侵权赔偿责任。根据《民法典》第1091条及2001年《婚姻法司法解释(一)》第28条①的规定,损害赔偿包括物质损害赔偿和精神损害赔偿。本案蒋某和韩某虽非夫妻关系,但可按照该规定确定赔偿范围:小朵并非蒋某亲生女,蒋某对小朵并无抚养的责任和义务,故蒋某支付的全部抚养费用和医疗费用均应由韩某承担,即物质损害赔偿;韩某的不道德行为侵害了蒋某的人格利益和人格尊严,伤害了蒋某的情感,给蒋某造成精神损害,应向蒋某承担一定的精神损害赔偿责任。综上,判决韩某赔偿蒋某抚养费42,000元、医药费10万元、精神损害赔偿金3万元,合计172,000元。

---

① 现为《民法典婚姻家庭编解释(一)》第86条。

第五章　离　婚

专题一　离婚冷静期

一、离婚冷静期制度内涵及适用

(一)制度规定

目前,我国离婚率呈逐年上升趋势,其中登记离婚和诉讼离婚数量均逐渐提高,很多离婚当事人的婚龄短至3～5年,冲动型、草率型离婚的数量近年大幅增加。我国《民法典》第1077条新增设了离婚冷静期的规定。条文如下:“自婚姻登记机关收到离婚登记申请之日起三十日内,任何一方不愿意离婚的,可以向婚姻登记机关撤回离婚登记申请。前款规定期限届满后三十日内,双方应当亲自到婚姻登记机关申请发给离婚证;未申请的,视为撤回离婚登记申请。”由于该条文在《民法典》颁布实施后可能影响公众对离婚事宜处理方式的选择,在对离婚的规制上更具体,该规定也成为《民法典》众多新规中受到全社会瞩目的焦点之一。在前述新增条款中,最受社会关注的焦点之一即离婚冷静期的设立。

《民法典》第五编婚姻家庭中为协议离婚设置了30日的离婚冷静期,目的主要是预防在协议离婚中出现的冲动型离婚给婚姻家庭带来的影响。离婚冷静期的设置其本质并没有违背离婚自由的原则。因为它只适用于协议离婚的情况,对于诉讼离婚并没有冷静期的规定,在遭遇家庭暴力、遗弃等双方达不成离婚一致意见情形下,可以选择诉讼离婚。

(二)制度要素

就其内涵而言,主要包括以下几点要素:

第一,适用主体。此即选择协议离婚方式来解除婚姻关系的双方。

第二,适用期限。具体包括:一为冷静期限,即自婚姻登记机关收到离婚登记申请之日起30日内;二为撤回期限,即自前述30日冷静期届满后的30日内,任何一方如不愿离婚均可向婚姻登记机关撤回离婚登记申请。

第三,适用效果。如在30日冷静期届满后的30日内当事人未到婚姻登记机构申请离婚证,则视为撤回离婚登记之申请,即不发生离婚之法律后果。此时,如双方亲自到场申请颁发离婚证,则相关机构应当发给双方离婚证,双方的婚姻关系自此解除。

(三)适用规则

在适用离婚冷静期制度中,主要遵循如下规则。

1. 两愿离婚。这包括男女双方自愿申请离婚、自愿登记离婚。

2. 单方阻却。此即任何一方均可自愿撤回离婚登记申请,从而使登记机构不能颁发离婚证,该过程中亦不能以此途径解除婚姻关系。

3. 默示放弃。此即在30日离婚冷静期完成后,在其后的30日内不申请离婚证的,视为撤回离婚登记申请,放弃了此次登记离婚的机会。

4. 程序独立。此即该次申请登记离婚如撤回或因默示而被视为放弃,婚姻双方仍然可以再次主张登记离婚,同时,需要再次提出登记离婚之申请。

(四)适用提示

第一,在适用该制度中,要注意区别协议离婚与诉讼离婚两种解除婚姻关系方式所赋予当事人行使权利的不同方式。离婚冷静期的设立并非要取代诉讼离婚,该制度系对婚姻加强保护,但其规定中并未限制当事人起诉离婚的权利,亦不可能代替司法机关作出具有强制执行效力的裁判的诉讼程序。

第二,离婚冷静期制度的规定并未就当事人申请登记离婚的次数予以限制。此即如当事人愿意选择协议离婚,则在撤回或被视为撤回申请后仍可继续申请。它更趋于提示婚姻双方离婚申请提出的慎重与离婚方案的完整等。

第三,作为新制度的执行者,婚姻登记机构应当进一步做好解释说明工作。对于冷静期内出现伤害、威胁一方当事人或其他家庭成员人身安全等情形的,受害方可立即报警及寻求人身安全保护令等司法保护,亦可向相关单位、亲属或有帮助义务和监护职责的单位或个人等求助。起诉离婚无间隔30日的要求。

虽然该条文并非司法机关而是行政机关处理离婚登记事务的规定,但其在对其法律效果的判断则要依据上述规定内容解析。

二、我国离婚冷静期制度立法背景

关于协议离婚,很多国家出于维护婚姻关系稳定、防止草率离婚、保护婚姻关系中的弱势一方等考虑,在实践中增加了一些特有的限制条件。而在我国,传统的婚姻模式也在社会经济快速发展、人口大量流动和人际交往日趋频繁的大背景中发生着变化,有些地区“闪婚”“闪离”等现象不断涌现,传统模式呈现不可逆转的异化,成为动摇婚姻家庭关系基础的新问题。

在《民法典》第1077条新增设的规定中,“自婚姻登记机关收到离婚登记申请之日起三十日内,任何一方不愿意离婚的,可以向婚姻登记机关撤回离婚登记申请”。该30日的期间被称为“离婚冷静期”。

为什么要增设此项制度呢?从公开渠道看我国民政部公布的数据,自2003年起,我国离婚率连续15年上涨,由1987年的0.55‰,上升为2017年的3.2‰。其中,2017年依法办理离婚手续的共有437.4万对,比上年增长5.2%,其中民政部门登记离婚370.4万对。这说明登记离婚比诉讼离婚多得多。我们可以看到,取消审查期之后,导致离婚更容易,甚至非常草率,产生了不良的后果。此外,我国现阶段的买房、买车、贷款等政策都和家庭密不可分。为了获得不当的利益,很多人通过虚假离婚的方式来规避法律,导致离婚变得非常随意,这与离婚成本过低有关,可能影响一部分领域的社会诚实信用的价值观趋向。

1994年民政部发布的《婚姻登记管理条例》第16条规定,“婚姻登记管理机关对当事人的离婚申请进行审查,自受理申请之日起一个月内,对符合离婚条件的,应当予以登记,发给离婚证,注销结婚证。当事人从取得离婚证起,解除夫妻关系”。

但是,2003年《婚姻登记条例》修改后取消了审查期,而是在第13条中规定“婚姻登记机关应当对离婚登记当事人出具的证件、证明材料进行审查并询问相关情况。对当事人确属自愿离婚,并已对子女抚养、财产、债务等问题达成一致处理意见的,应当当场予以登记,发给离婚证”。

2003年取消了“审查期”是有特殊的时代背景。2000年随着我国加入WTO、改革开放日渐深入,要求逐渐减少公权力机关对私人生活的介入。此外,这个条例的变更和2001年修改《婚姻法》的精神是相匹配的,即强调结婚自由、离婚自由以及简化离婚程序。在此之前,离婚当事人需要提交所在单位、村民委员会或者居民委员会出具的介绍信,后来也不需要了,甚至取消了婚检制度,因此协议离婚的审查期限也顺应趋势被取消了。《民法典》第五编婚姻家庭中重新规定了30日的“离婚冷静期”,立法的目的与现实意义非常明显。离婚冷静期在某种程度上是对过去婚姻登记机关审查制度的一种回归,以适度地限制离婚自由,追求家庭与社会稳定。此次《民法典》第五编婚姻家庭新增了一条规范,“家庭应当树立优良家风,弘扬家庭美德,重视家庭文明建设”。在我国这样一个特别重视家庭文化的国度,通常认为家庭是社会的细胞,如果家庭不稳定,则会影响社会稳定。离婚冷静期制度的立法初衷是希望通过设立离婚冷静期的方式减少随意性、冲动型离婚,以及规避法律的离婚,适当增加离婚成本,维护家庭的稳定,保护未成年子女和弱势一方(特别是妇女)的利益。

离婚冷静期的立法目的是值得肯定的。设置“离婚冷静期”的目的不仅是避免草率、冲动型离婚,还有保护婚姻中的弱势群体、实现离婚协议实质意义上的公平和正义。

积极意义可从三个层面来看:从第一个层面上来讲,其体现的是对家庭关系稳定的维护和对婚姻的拯救,也是对婚姻中的个体的理性引导。冷静是针对大多数冲动离婚、草率分手的配偶而言的。从第二个层面来讲,其体现的是国家对社会组成单元的进一步重视与保护。该冷静期仅限于登记离婚时,并非诉讼的前置程序。后者仍然能对急于寻求保护的离婚主体提供救济。从第三个层面来讲,社会发展与治理的现代化表征即应包括对家庭秩序、伦理秩序的有别于公权扩张的保护。这是深远意义的国家保护,也是从秩序规则意义上的婚姻保护。

同时,作为新设制度与弹性措施,其争鸣观点与顾虑亦相应存在。第一,来自公众的担心主要集中于,如果家庭矛盾的不可弥合与婚姻关系破裂的不可避免已经成为现实,那么离婚冷静期可能会成为不具实际意义的关系冷冻期。而从技术层面分析,离婚的主体将面对的时间跨度包括,在协议离婚时有彼此的矛盾上升期、关系破裂期、争议协商期等,消耗的时间已经较长,多数人身心俱疲。再加上 1 个月,甚至几次 1 个月,无疑是更大的消耗。在诉讼离婚时,可能还有其他期间要计入时间成本,如诉前调解、简易程序、普通程序、一审程序、二审程序等,甚至还有不符合离婚法定情形而再等待起诉的时间。第二,家庭暴力成为离婚冷静期反对者的主要担忧因素之一。家暴多是发生在家庭成员特别是配偶之间。而作为婚姻中的一方,除了报警、申请人身保护令等,维护权益的有效途径之一,即是解除婚姻关系,彻底切断与暴力源的联系。家暴受害者担忧不易结束的婚姻附加一个空窗期。第三,个人婚姻自由的权利保障,当然包括结婚自由,亦包括离婚自由。有人认为冷静期的规定赋予了相应机构“拒绝权”,改变了形式审查及当场办理的旧有制度,易造成公权干涉私权。

三、离婚冷静期的制度沿革

《民法典》中设立的离婚冷静期制度其他国家,已有规定,如英国、韩国等。其中,英国法的离婚缺席专门规定了限制离婚条款其内容包括离婚考虑期等。英国1973年《婚姻诉讼法》第3条第1款规定,自结婚之日起1年内,不得向法院起诉离婚。第2款同时规定,结婚第一年禁止离婚的规定并不妨碍当事人以第一年一方配偶的通奸或其他法定事由为由在结婚满1年之后提出离婚。对于有特殊情况要求分开的,可以向法院请求司法分居。①

专题二 离婚法定情形

《民法典》第1076条规定,夫妻双方自愿离婚的,应当签订书面离婚协议,并亲自到婚姻登记机关申请离婚登记。离婚协议应当载明双方自愿离婚的意思表示和对子女抚养、财产以及债务处理等事项协商一致的意见。第1078条规定,婚姻登记机关查明双方确实是自愿离婚,并已经对子女抚养、财产以及债务处理等事项协商一致的,予以登记,发给离婚证。第1079条规定,夫妻一方要求离婚的,可以由有关组织进行调解或者直接向人民法院提起离婚诉讼。人民法院审理离婚案件,应当进行调解;如果感情确已破裂,调解无效的,应当准予离婚。有下列情形之一,调解无效的,应当准予离婚:(1)重婚或者与他人同居;(2)实施家庭暴力或者虐待、遗弃家庭成员;(3)有赌博、吸毒等恶习屡教不改;(4)因感情不和分居满2年;(5)其他导致夫妻感情破裂的情形。一方被宣告失踪,另一方提起离婚诉讼的,应当准予离婚。经人民法院判决不准离婚后,双方又分居满1年,一方再次提起离婚诉讼的,应当准予离婚。

以上法律条文规定了我国实行的两种离婚制度。《民法典》第1076条至第1078条规定了协议离婚制度,而第1079条则对诉讼离婚作出了规定。

一、协议离婚

协议离婚,又称登记离婚,即在婚姻双方就离婚各项争议达成一致意见后可持包含前述内容的书面离婚协议到登记机构办理离婚登记,在履行必要程序后取得

---

① 参见石雷:《英国现代离婚制度研究》,群众出版社2015年版,第298~299页。

离婚证明从而解除婚姻关系并处理相关争议的程序。《民法典》的规定中新增了关于离婚协议系“书面”的明确形式要求。且在条文中明确指出了离婚协议的主要内容应当包括“子女扶养、财产以及债务处理等事项”。这是对法定形式的完善,也是对当事人慎重离婚、慎重行使权利的提示。

二、诉讼离婚

(一)诉讼特点

1. 裁判生效为婚姻解除的基本确认方式。

2. 离婚诉讼为典型的合并之诉。

3. 离婚诉讼实行调解先置程序。

(二)适用范围

1. 主体应为符合法律规定的结婚要件的夫妻,且关于是否离婚等问题存有争议。

2. 双方对离婚无争议但对子女抚养、财产分割等存在分歧。

3. 双方就前述问题存在一致意见,但系属法律承认的事实婚姻情形,请求解除事实婚姻关系的。

(三)一般程序

起诉、答辩、调解、判决。

(四)离婚事由

关于离婚的判断标准,理论界一直有破裂主义与过错主义之争。近代以来,过错离婚主义(又称有责离婚主义)和破裂离婚主义(又称无责离婚主义或自由离婚主义)作为两大阵营,一直处于离婚制度改革的中心。前者旨在制裁有过错配偶的过错行为,对法定离婚理由采取列举式的立法模式。凡是符合理由之一的,无过错方配偶始得向法院起诉并获准离婚。后者则从婚姻生活的目的出发。在法律是否准予离婚的立场上,不要求当事人是否存在婚姻过错,只要无可挽回地破裂,无法共同生活,依双方或一方的请求,即可准予离婚。[①] 许多国家在离婚法定理由上大多实行相对破裂离婚主义的原则。而折中主义认为,不应毫不例外地否定或支持有过错配偶的离婚请求,应避免“一刀切”。[②]

---

① 参见陈苇主编:《婚姻家庭继承法学》(第2版),群众出版社2012年版,第237页;蒋月:《婚姻家庭法前沿导论》,科学出版社2007年版,第130页。

② 参见林秀雄:《婚姻家庭法之研究》,中国政法大学出版社2001年版,第73~78页。

根据我国《民法典》的规定,我国所采的是二者结合的混同式判断模式或标准。根据上述立法模式和精神,在判断是否应当判决离婚的法定事由中,本书认为,可分为基本事由、具体事由与行权事由。

1. 基本事由

基本事由即规范事由或一般事由,也就是法律明确规定的一般可作为判决离婚直接依据的情形。我国采混合主义立法例,故基本事由应为夫妻感情是否破裂。即配偶之间的夫妻感情是否已经不复存在,亦无和好之可能,婚姻已经死亡。

2. 具体事由

依照《民法典》第 1079 条的规定,离婚的具体事由主要包括如下情形:

(1)重婚或有配偶者与他人同居。

对重婚的规定,刑法方面主要来自《刑法》第 258 条和最高人民法院 1994 年《关于〈婚姻登记管理条例〉施行后发生的以夫妻名义非法同居的重婚案件是否以重婚罪定罪处罚的批复》的规定。关于重婚罪的认定,通常包括两种情形:一是具有前后两个法定婚的;二是先有法定婚而后有以夫妻名义同居生活的事实婚的。

有配偶者与他人同居,这一规定延续了《婚姻法》及相关司法解释的规定内容,仍指有配偶者与婚外异性不以夫妻名义持续稳定地共同居住。

无论是在婚姻法立法过程中还是本次《民法典》编纂进程中,关于此条规定的有配偶者与他人同居情形应如何认定都是社会较关注的热点问题之一。而重婚与有配偶者与他人同居二者之间一个重要区别,即是否以夫妻名义共同生活。多数行为人为规避刑法规定的重婚罪及婚姻法中重婚的法律责任和后果之规定,并不以夫妻名义同居生活。

(2)实施家庭暴力或虐待、遗弃家庭成员。

家庭暴力,是指行为人以殴打、捆绑、残害、强行限制人身自由以及以其他手段,给配偶以及其他家庭成员的身体、精神等方面造成损害后果的行为。虐待则包括打骂、冻饿、禁闭、患病不就医、过度劳动、限制自由和其他侮辱甚至凌辱人格的方式对共同生活的家庭成员进行肉体、精神上的摧残折磨的行为。《民法典婚姻家庭编解释(一)》第 1 条就明确规定了维护婚姻家庭成员的人格尊严,禁止虐待和家庭暴力的司法认定标准。该条规定:持续性、经常性的家庭暴力,可以认定为《民法典》第 1042 条、第 1079 条、第 1091 条所称的"虐待"。遗弃则指具有扶养义务的家庭成员拒不履行扶养义务的行为。在适用法律时还应当考虑虽然在空间上未共同居住在一起,但负有生活上照顾义务,或具有对家庭成员及其他共居生活存在人身依附关系、监护义务的人员的侵害行为的认定。家庭暴力也包括冷暴力、性暴力和精神暴力等。而虐待方式也包括性虐待、强迫卖淫、引诱自杀等。以上侵害他人人身权或人格权构成犯罪的,还应追究刑事责任。

(3)存在赌博、吸毒等恶习而屡教不改的。

(4)配偶间因感情不和分居满 2 年。

此处的分居,是指配偶双方因一方或双方原因拒绝在一起继续共同生活,互不履行夫妻义务的情形。包括主观上有分居之愿望和拒绝之意愿,客观上有分居生活之实。

(5)其他导致感情破裂的情形。

在离婚事由中所新增设的其他事由,与其后的离婚损害赔偿的过错情形相对应。以兜底条款的形式把因法律滞后性而未涵盖其中的可能导致夫妻感情破裂或产生不可调和的矛盾的若干情形纳入其中,体现了立法的科学进步,这也是《婚姻法》及相关司法解释实施多年一直未能解决的一个技术问题,可以说弥补了一项法律漏洞。

增加离婚法定事由的兜底条款可以说是本部分内容中最突出的修法要点。为使大家对此处“其他”情形的理解更加深入和具体,现以以下列举的几种典型事由为例作一说明:

一是生育权的冲突与侵害。包括配偶一方对对方生育权的侵害,也包括双方就生育权问题存在根本对立的冲突矛盾。如有的案件中一方当事人在婚姻关系存续期间和与自己存在不正当关系的婚外异性签订代孕协议进行辅助生殖,在是否生育方面夫妻间存在不同观念或因客观因素导致无法统一意见,等等。

生育权是自然人依法应当享有的人格权。虽然民法典此次未直接规定生育权制度,但《中华人民共和国妇女权益保障法》早在 1992 年即已经规定妇女有生育的权利和不生育的自由。为了填补民法典关于生育权的立法空白,针对自然人因行使生育权而发生纠纷的情形,《民法典婚姻家庭编解释(一)》第 23 条规定:“夫以妻擅自中止妊娠侵犯其生育权为由请求损害赔偿的,人民法院不予支持;夫妻双方因是否生育发生纠纷,致使感情确已破裂,一方请求离婚的,人民法院经调解无效,应依照民法典第一千零七十九条第三款第五项的规定处理。”这一规定既填补了民法典立法中的空白,亦体现了现代社会进步中婚姻家庭民事权益的扩充与延展。此外,针对夫妻采用人类辅助生殖技术生育子女的法律地位问题,《民法典婚姻家庭编解释(一)》第 40 条作出明确规定:“婚姻关系存续期间,夫妻双方一致同意进行人工授精,所生子女应视为婚生子女,父母子女间的权利义务关系适用民法典的有关规定。”该规定体现了对于存在相应合理需求的自然人权益的关注和保护,也是中国社会治理现代化的重要体现。

二是性权利和性文化的冲突与矛盾。如在司法实践中有的离婚诉讼女方起诉离婚的主要原因是婚后发现男方存在同性恋的性取向而无法接受,亦无法继续共同生活。虽然世界发展至今,某些多元化的价值理念和文化冲突已不可避免,但对于朝夕相对的配偶来说,则极易形成根本性的冲突对立,从而影响婚姻维系的基础。

三是忠实义务的违反。如一方出轨,与婚外异性甚或同性发生性行为,违反了夫妻的忠实义务,严重影响夫妻感情的情形。或者一方存在嫖娼、卖淫等违法情形导致夫妻感情破裂的情形。此外,还有严重的精神出轨、长期与他人或多人保持不正当的暧昧关系等情形。这些均应作为影响婚姻继续存在、导致夫妻感情破裂以及动摇婚姻基础的重要情形。

四是危害未成年子女的切身权益。对于未成年子女利益最大化原则的倡导应当及于婚姻关系中问题与矛盾的解决。而在有些案件中,一方当事人存在酗酒、狂躁、抑郁及家庭暴力等情形,不仅严重影响夫妻感情,更可能甚或实际危害未成年子女的身心健康。故此类情形亦应作为裁判离婚的适当事由。

五是存在严重品格瑕疵,或对家庭生活拒绝负担相应义务,对家庭成员缺乏关心而不履行监护职责和扶养义务等。如在司法实践中,有的离婚案件一方当事人曾提出导致双方夫妻感情破裂并且无法修复的是对方存在偷盗行径等。有的当事人指称对方婚前婚后表现不一,婚后严重缺乏责任感、对家庭不尽任何义务等。有的当事人提出,对方在经济困难之时离家逃债,或在配偶患重大疾病时不顾而去,缺乏基本的伦理道义。众所周知,前述情形很难为家庭成员所接受和容忍,故应成为法院裁判离婚的考量因素。

六是财产处分方面不当扩张家事代理权限或恶意、故意造成经济困难、债务负担,擅自赠与他人特别是存在不正当关系的婚外异性大额财产等,影响正常的家庭生活甚至侵害配偶、子女权益。

3. 行权事由

行权事由即当事人可以行使起诉离婚权利的法定事由。依照《民法典》的规定,主要包括以下两种情形:

(1)一方被宣告失踪,另一方提起离婚诉讼的,应当准予离婚。

(2)经人民法院判决不准离婚后,双方又分居满1年,一方再次提起离婚诉讼的,应当准予离婚。

需要说明的是,第二种情形是《民法典》首次规定的离婚事由。在第五编婚姻家庭立法过程中,很多理论界的专家学者和司法实务界的法官、律师代表均谈及初次起诉是否应当判决离婚的问题。对此问题各界观点不一,立场各异。最终,《民法典》编纂中新增设了关于判决不准离婚后的特殊期限规制。此条规定从一定程度上回应和解决了上述问题。同时,也依然体现了对于草率离婚和冲动离婚的反对。

以上问题的裁判所适用的法律条文包括最高人民法院《关于人民法院审理离婚案件如何认定夫妻感情确已破裂的若干具体意见》,2001年《婚姻法司法解释(一)》第1条、第2条、第22条,2011年《婚姻法司法解释(三)》第8条、第9条等。此外,还有《妇女权益保障法》《反家庭暴力法》等。

在适用上述法律规定处理离婚诉讼时,亦要注意其他几方面问题:

一是行为能力受限的自然人离婚自由的权利应得到充分保障。特别是在该权利的行使与配偶监护职责的履行存在冲突时,应予以更多的关注和救济。如果配偶一方存在引诱离婚、欺诈离婚或违背前述当事人意志甚至损害其利益、逃避扶养照顾义务等情况,应考虑监护人选是否应当变更,由适当的监护人代为行使权利,或裁定驳回起诉。

二是人民法院认定夫妻双方分居的事实依据及判断标准应当包括的因素。特别是婚姻生活的私密性和隐私性使分居时间的查明往往主要依靠当事人自己的陈述。而双方陈述难免存在差异。法院认定上述事实之时除应考察当事人陈述的真实性外,亦应结合其他客观证据予以审度。如一方搬出共居房屋后的租赁合同、物业公司的证明、双方签订的协议、缴纳生活费用证明、同住家庭成员的证明等。鉴于《民法典》此条规定在满足又分居满1年的条件下用语为"应当"准予离婚,故对分居的查明和界定显得尤为重要。就未来法律适用和实践探索、立法完善的意义来讲,本书更倾向对我国目前立法中缺乏明确规定的分居制度予以进一步确立和完善。

三是家庭暴力的判断标准应当与反家庭暴力法相一致。在审理案件时如有需要法官应当向受害人释明相应的救济途径。并根据当事人的请求及时作出人身安全保护令。公安机关亦应及时采取措施,执行完整的接处警程序,及时验伤,制作笔录,并根据需要出具告诫令或作出行政处罚等。

专题三　离婚经济补偿

一、离婚经济补偿制度确立

《民法典》第 1088 条规定，夫妻一方因抚育子女、照料老年人、协助另一方工作等负担较多义务的，离婚时有权向另一方请求补偿，另一方应当给予补偿。具体办法由双方协议；协议不成的，由人民法院判决。第 1090 条规定，离婚时，如果一方生活困难，有负担能力的另一方应当给予适当帮助。具体办法由双方协议；协议不成的，由人民法院判决。

《民法典》在综合此前法律表述的基础上，重申了经济补偿的目的，并界定了离婚经济补偿的条件和标准。这就意味着离婚家务劳动经济补偿请求权不再以夫妻约定适用分别财产制为前提条件，而是更加独立。反映了我国婚姻家庭法律对于无酬家务劳动价值的进一步确认，和我国离婚经济补偿制度的正式确立。从全局视角来看，更体现了《民法典》公平原则的精神。当然，必须看到，目前我国离婚救济制度还不够完善，离婚救济制度的适用范围较小，救济功效较低，法律规定欠完善。可以说是应当改善的问题。

二、离婚经济补偿制度构成

《婚姻法》第 40 条规定的离婚财产补偿请求权，系仅限于“夫妻书面约定婚姻关系存续期间所得的财产归各自所有”的情形。《民法典》第 1088 条规定删除了前述限制条件。这一变化体现了《民法典》将离婚财产补偿请求权扩展为一般性规则，使其适用范围更加扩大，更为科学，更趋合理。根据《民法典》的规定，我国离婚经济补偿制度主要由两部分构成，即家务劳动补偿和经济困难补偿。

（一）家务劳动补偿

适用《民法典》第 1088 条规定时，应当注意以下几点：第一，离婚为前提。依照前述法律规定，离婚时，一方对他方享有财产补偿请求权适用范围及于所有离婚当事人，而是否实行夫妻约定财产制则在所不问。第二，是合法婚姻。即夫妻离婚时，一方对对方的财产补偿，或称经济补偿。对于婚姻之外的第三人，以及不存在合法婚姻关系的同居伴侣之间,法律没有直接赋予他们获得此项补偿的权利。第三,尽义务较多。一方因在婚姻生活中承担了抚育子女、照顾老年人、协助另一方工作等方面的家庭义务较多,对家庭建设贡献更大的情况下,尽义务较多一方享有此项请求权。未尽较多义务一方不能依据此条规定主张补偿。第四,补偿应适当。按照权利义务相一致的原则,承担义务较多的一方享有要求对方给予经济补偿的权利,补偿的范围和标准虽由法官酌情确定,但应与其贡献相当,并应结合补偿方的经济条件和给付能力等实际情况予以审度。

需要指出的是,从举证责任的角度来看,在现实生活中,家务劳动难以量化,举证存在一定难度。而由于《民法典》第 1088 条没有规定具体的补偿方法和计算标准,故意味着人民法院在裁判时具有一定的自由裁量权。而根据"谁主张,谁举证"的基本原则,作为提出主张并需提供家事劳务价值的一方,应更注重收集婚姻存续期间家事劳务的具体内容、常态事项、需要照顾的孩子和老人状况、投入时间与精力的说明等方面的证据。另外,还应注意收集另一方因提出主张的一方的家事劳务价值而获取的利益或增加的收入等,如学历、职业、社会身份、薪酬水平等方面的证据。当然,提出主张并需提供家事劳务价值的一方亦可同时提供自己曾从事的社会工作、曾经的职业与职务、社会身份、收入水平、社会影响与地位等。以上均可成为判断经济补偿的重要考量因素。

(二)经济困难补偿

对于家庭里"生活困难"应如何界定,2001 年《婚姻法司法解释(一)》第 27 条中采用了绝对困难的标准,即离婚后依靠分得的共同财产和个人财产无法维持当地基本生活水平的才视为生活困难。《民法典》颁布于 2020 年,与 2001 年相比,我国人均收入和生活水平已经有了很大提高,故经济帮助适用率低也体现在了具体案件诉讼中。

法律条文中规定了以对困难方提供适当帮助的方式实现对离婚后存在特殊困难一方的保障与扶助。其性质仍可视为婚姻关系解除后的一种补偿。在适用时应当注意的是,针对司法实践中经济帮助适用条件苛刻的情况,《民法典》第五编婚姻家庭实际上将"生活困难"的衡量标准由绝对困难改为相对困难,并且不再强调以往注重的住房帮助等形式。从施助者一方来看,适当的程度也更加公平和具有可操作性。具体补偿的程度,可以参考夫妻双方的收入水平的差距、婚姻关系解除时一方困难程度和主张的补偿标准以及社会保障程度等因素。

三、离婚经济补偿制度的意义

第一，将家务劳动补偿制度延展适用于夫妻共同财产制。

总的来说，《民法典》设立的经济补偿制度应当给予积极评价和肯定。一方面，要适当肯定以往分别财产制下的家务劳动补偿机制；另一方面，要看到家务劳动补偿制度有条件地延展至共同财产制，在夫妻未书面约定婚姻关系存续期间所得的财产归各自所有，离婚时通过分割夫妻共同财产亦不能得到适当补偿的一方的贡献得到了肯定与回报，更加符合《民法典》第五编婚姻家庭所倡导的家庭文明与伦理道德。

第二，降低离婚时经济帮助的生活困难适用标准。对生活困难的界定，不仅应包括一方离婚后不能维持自己生活，也应包括其生活水平比婚姻关系存续期间显著下降的情形。相对困难标准能够最大限度地照顾离婚后生活处于困顿或生活水平明显下降的一方以及未成年子女的权益，对于失婚或失独的老年人亦有帮助，更加符合实质公平的原则，也与国际社会对需要扶养者普遍采用的原有生活主义或合理生活主义的判断标准相接近。对生活困难的界定，应当以动态和静态指标参照相结合的方式予以判断。即不仅应包括一方离婚后不能维持自己生活的窘困情形，亦应包括其生活水平因正常消耗支出较之婚姻关系存续期间显著下降的情形。这样可以适当扩大受助者的范围，保证其基本维持原有的生活标准或避免在离婚后陷于严重的生活困顿。

专题四　离婚损害赔偿

一、离婚损害赔偿制度

《民法典》第1087条规定了照顾无过错方原则。第1091条规定，有下列情形之一，导致离婚的，无过错方有权请求损害赔偿：(1)重婚；(2)与他人同居；(3)实施家庭暴力；(4)虐待、遗弃家庭成员；(5)有其他重大过错。

离婚过错损害赔偿，是指夫妻一方因为过错实施法律规定的违法行为，妨害婚姻关系和家庭关系，导致夫妻离婚，过错方应当承担的损害赔偿责任。离婚损害赔偿制度也是构成我国离婚救济制度的重要组成部分。第1091条规定最大的亮点即在列举式的各种情形后明确增加了离婚损害赔偿的兜底性条款。从技术层面看,通过增加概括性的兜底条款规定,采取了列举性规定与概括性规定相结合的方式,在现有列举性规定之后增加一个概括性规定,实际扩大了离婚损害赔偿请求的事由,“列举+概括”的方式促进了离婚损害认定前提的延伸适用;从效果层面看,具体何种行为构成重大过错可由法官根据过错情节与伤害后果确定,亦切实保护无过错方的利益,明显提升了离婚损害赔偿制度的适用效度和标准维度;从现实意义看,增加无过错方的损害赔偿请求权,则有利于对司法实践和对全社会婚姻中的个体形成最有力、最清晰的指引。

二、离婚损害赔偿制度发展过程

离婚损害赔偿制度相关内容主要见于《婚姻法》第46条的规定。而第46条规定虽为界定婚姻过错、惩罚婚姻主体侵权行为、保护无过错方合法权益提供了依据,但在多年司法实践中,该条规定因其内容限制较窄、过错标准认定严苛,适用情形非常有限。且在诉讼中很多当事人面临举证困难、赔偿数额偏低等问题。部分学者和法官均认为此条规定有欠商榷,没能涵盖社会发展中遇到了对家庭生活和婚姻关系造成新的冲击的特殊现象和社会问题,对于普通公众维护合法权益、惩戒过错、弥补损失、修复伤害的现实需求不能予以充分满足。例如,对于与重婚、有配偶者与他人同居有一定差别的出轨行为,应当如何界定其性质,是否应置于法官裁判的考量范围,其程度和危害与损害之间的关系等。在司法的认识和裁判的标准方面均难以统一。

三、离婚损害赔偿制度适用

应当指出的是,在适用本制度中应当注意以下几点:

第一,诉讼主体。承担前述法律规定的损害赔偿责任的主体,应为离婚诉讼当事人中的过错方;而提出该损害赔偿主张的当事人则应为无过错方。

第二,主张范围。离婚损害赔偿主张既应包括物质损害亦应包括精神损害之主张。《民法典》的规定对于未明确列举的其他情形的“留白”实际上扩大了离婚损害赔偿的过错范围。在以往的司法实践中,适用此制度容易陷入的一个误区就是离婚损害赔偿仅指精神损害赔偿,这可能与多数婚姻过错的受害方所提出的诉讼主张有关。在很多案件中,受害方当事人仅仅提出精神损害赔偿,而较少提出物质损害赔偿。在部分司法者看来，婚姻过错侵害的是配偶的人格权，造成的是精神损失，而物质多系夫妻共同财产。在缺乏夫妻财产约定的情况下处于共同共有状态，在离婚损害出现之际尚难以厘清其权属，故在裁判中缺乏实际意义。上述观点混淆了离婚损害的后果与当事人请求权基础，其对离婚损害赔偿制度的立法本义和适用标准的认识均存在偏差。离婚损害赔偿应包括物质损害和精神损害，并应适当提高精神损害赔偿的金额，以真正体现损害赔偿的惩罚和抚慰功能，方能达到实现法律公平与正义的最终目的。

在物质损害赔偿方面，以例释之。《民法典婚姻家庭编解释（一）》第 28 条规定："一方未经另一方同意出售夫妻共同所有的房屋，第三人善意购买、支付合理对价并已办理不动产登记，另一方主张追回该房屋的，人民法院不予支持。夫妻一方擅自处分共同所有的房屋造成另一方损失，离婚时另一方请求赔偿损失的，人民法院应予支持。"该条司法解释即针对当前社会生活中屡屡出现的夫妻一方擅自出卖夫妻共同所有房屋所引发的争议就适当处理该类纠纷提供了准确的裁判标准和适法依据。可以说，以上内容正是将《民法典》物权编的共有制度、不动产无权处分与善意取得规则与婚姻家庭编的夫妻共同财产规则进行体系化整合与科学化应用的典型范例。

第三，离婚前提。即第 1091 条规定的适用系以夫妻双方离婚为前提方可适用。对于人民法院判决不准离婚的案件，对于当事人基于该条规定提出损害赔偿之请求，则应不予支持。

第四，时效规定。根据法律规定，符合第 1091 条规定的无过错方作为原告基于该规定向法院提起损害赔偿请求的，必须在离婚诉讼的同时提出。而符合上述情况的无过错方作为被告的离婚诉讼案件，如果被告不同意离婚也不基于此规定提起损害赔偿请求的，则可以在离婚后 1 年内就此单独提起诉讼。同样，无过错方作为被告的离婚诉讼案件，一审时被告未基于该条规定提出损害赔偿请求，二审期间提出的，法院应当进行调解，调解不成的，告知当事人在离婚后 1 年内另行起诉。注意，此时解决的方式不能由二审以此为由发回重审。《民法典婚姻家庭编解释（一）》第 88 条规定，在适用《民法典》第 1091 条时，应当区分以下不同情况：（1）符合《民法典》第 1091 条规定的无过错方作为原告基于该条规定向人民法院提起损害赔偿请求的，必须在离婚诉讼的同时提出。（2）符合《民法典》第 1091 条规定的无过错方作为被告的离婚诉讼案件，如果被告不同意离婚也不基于该条规定提起损害赔偿请求的，可以就此单独提起诉讼。（3）无过错方作为被告的离婚诉讼案件,一审时被告未基于《民法典》第 1091 条规定提出损害赔偿请求,二审期间提出的,人民法院应当进行调解;调解不成的,告知当事人另行起诉。双方当事人同意由第二审人民法院一并审理的,第二审人民法院可以一并裁判。该条系在 2001 年《婚姻法司法解释(一)》第 30 条规定的基础上作了两点修改,一是删掉了原规定中须在离婚后一年内提起诉讼的限制规定——但要注意的是,虽然这里删掉了一年期限规定,但也要适用《民法典》中 3 年普通诉讼时效的规定;二是该条第 3 项突破了我国民事诉讼中关于审级利益的一般性规定,即充分赋予当事人处分的权利,二审中可以单独提出离婚损害赔偿请求并直接请求法院作出判决。

下面,仅以家庭暴力为视角,对离婚损害赔偿的具体情形作概括说明。

《民法典》第 1042 条、《反家庭暴力法》等均对家庭暴力予以禁止性规定。《反家庭暴力法》第 2 条规定,本法所称家庭暴力,是指家庭成员之间以殴打、捆绑、残害、限制人身自由以及经常性谩骂、恐吓等方式实施的身体、精神等侵害行为。

根据全国妇联以往的抽样调查结果,家庭暴力现象在我国具有相当的普遍性,它不仅发生在夫妻之间,还多发于父母与未成年子女、成年子女与年迈父母之间。据统计,全国 2.7 亿个家庭中,遭受过家庭暴力的妇女已高达 30%,其中,施暴者九成是男性。每年有近 10 万个家庭因家庭暴力而解体。在这一背景下,将家庭暴力纳入有效的法律干预之下,确已刻不容缓。

在家庭暴力的认定方面,最高人民法院于 2015 年 12 月 4 日公布的 49 起婚姻家庭纠纷典型案例中,周某诉张某离婚后损害责任纠纷案即为无过错方在离婚后发现被告的婚姻存续期间的出轨行为,请求精神损害赔偿,法院依法予以支持。另一典型案例为张某诉程某身体权纠纷案。该案为家庭暴力的受害者在离婚后如何请求保护指明了规则。在该案中,张某在婚姻关系存续期间对程某的家庭暴力行为提起过刑事附带民事诉讼,获得了部分赔偿。在离婚后,其对家暴造成自己的人身损害再次起诉,赔偿请求终审得到法院的支持。即当刑事附带民事判决不能囊括受害人全部人身损害之赔偿,对于没有受偿部分,受害人有权另行提起民事诉讼。

在具体把握认定家庭暴力的标准之时,近年来,对家庭成员范围的理解不再限于配偶两人之间,而是进一步扩充到同住家庭成员甚至同居伴侣等。家庭暴力行为的类型,从最初的着重于对殴打、攻击等人身侵害行为的重视,扩展到对精神暴力、冷暴力、性暴力等的关注。在反家庭暴力制度建设完善中,不仅规定了人民法院作出人身安全保护令的条件和性质等具体规定,也提出了公安机关出具告诫令的规定,并使包括妇联组织、村居委会、单位等社会组织与机构等在内的广大社会力量形成了反对家庭暴力的重要合力。在相关制度改革探索中,局部地区还出台了离婚重要事实披露制度。最高人民法院、最高人民检察院、公安部、司法部《家庭暴力犯罪案件司法政策理解适用与案例指导》的出台,形成了对家庭暴力行为的合围禁止与共同打击。我国的反家暴制度在全社会共同努力下不断完善发展。

特别值得一提的是,前文已谈到司法解释中对家庭暴力向虐待的演变与认定的关注,在反家庭暴力法明确规定家庭暴力的基础上,将持续性、经常性的家庭暴力认定为虐待,可以说确实体现了最高人民法院对家庭暴力坚决说“不”的鲜明价值导向。

专题五　离婚财产分割

一、离婚财产分割原则

《民法典》第1087条规定,离婚时,夫妻的共同财产由双方协议处理;协议不成的,由人民法院根据财产的具体情况,按照照顾子女、女方和无过错方权益的原则判决。对夫或者妻在家庭土地承包经营中享有的权益等,应当依法予以保护。

在婚姻家庭类纠纷中,财产问题往往是一大焦点。如何更好地维护家庭成员合法权益?如何让无过错方的经济损失降到最低?根据现行法律,同居期间所得的财产,由当事人协议处理,协议不成的,由人民法院根据照顾无过错方的原则判决。婚姻家庭编则明确赋予了婚姻无效或者被撤销的无过错方的索赔权。“照顾无过错方”几个字虽略显抽象,但却赋予法官一定的自由裁量权。

简单地说,我国夫妻财产分割主要适用以下原则:一是均等分割原则,体现为夫妻性别平等,作为民事主体和家庭成员的权利平等,以及份额均等;二是公平分割原则,对弱势妇女予以帮助,体现夫妻扶助义务,实行权利义务对等;三是照顾无过错方原则,坚持婚姻正义,实现国家保护。

二、对妨碍分割夫妻共同财产行为的处置

《民法典》第1092条规定,夫妻一方隐藏、转移、变卖、毁损、挥霍夫妻共同财

产,或者伪造夫妻共同债务企图侵占另一方财产的,在离婚分割夫妻共同财产时,对该方可以少分或者不分。离婚后,另一方发现有上述行为的,可以向人民法院提起诉讼,请求再次分割夫妻共同财产。该条规定系对分割夫妻共同财产的规定之一。与《婚姻法》第 47 条规定相比,其重大变化即删除了对上述行为认定为妨碍民事诉讼行为、可以予以民事制裁的规定。主要原因在于,该规定与 2017 年《民事诉讼法》第 111 条[①]规定的内容不一致。对于妨碍分割夫妻共同财产行为的认定并未作出重大调整。在对共同财产权利寻求救济的路径中,当事人仍可以离婚后财产纠纷为由提起新的诉讼,对相关财产予以分割。

① 2021 年 12 月修改后为第 114 条。

第六章　收　养

专题一　收养关系的成立

收养是使原本没有血缘关系的人之间产生法律拟制的父母子女关系的一种民事法律行为。制定和完善收养制度，对于保护合法收养关系，充分发挥家庭养老育幼功能，维护社会和谐稳定有着重要意义。我国1992年实施的《收养法》首次以立法的形式对于收养制度进行了体系化规定，并于1998年进行了修订。在收养法律关系中，一般涉及送养人、养子女、收养人三方主体。作为一种要式法律行为，收养关系的成立需要符合法律规定的条件，其中重要的一点就是收养法律关系中的各主体要满足一定的资格要求。法律之所以对收养人、送养人、被收养人明确资格限制，既是民法公序良俗原则在收养法律领域的具体体现，也是为了维护未成年的利益不受侵害。[①]《民法典》第1044条明确规定，收养应当遵循最有利于被收养人的原则，并以此原则作为统领，在具体制度设计中修订完善了《收养法》中的相关内容。在收养法律制定实施之后，收养关系的成立、解除以法律规定的要件为准。但如前所述，我国收养法是在20世纪90年代才制定实施，在此之前，我国民间有大量的事实收养关系长期存在，因此引发的争议在当前审判实践中占有相当大的比重。为便于讨论，以收养法实施时间为界，我们分别就法定收养关系和事实收养关系予以分析。

一、法定收养关系的成立

1. 被收养人

《民法典》第1093条规定，下列未成年人，可以被收养：(1)丧失父母的孤儿；

---

① 参见靳羽：《要件欠缺收养关系的法律规制》，载《人民司法》2010年第3期。

(2)查找不到生父母的未成年人;(3)生父母有特殊困难无力抚养的子女。与《收养法》相比,《民法典》取消了被收养人需不满 14 周岁的年龄限制,统一修改为未成年人;这一规定扩大了被收养人的范围,即只要是未满 18 周岁的未成年人均可以被收养。一方面,为有能力、有意愿收养子女的公众提供了收养可能;另一方面,也为更多渴望回归家庭得到父母关爱的未成年人提供了机会,有积极的意义。当然,从该条规定看,目前我国立法并不承认成年收养,即不认可将成年人作为被收养的对象。

2. 收养人

《民法典》第 1098 条规定,收养人应当同时具备下列条件:(1)无子女或者只有一名子女;(2)有抚养、教育和保护被收养人的能力;(3)未患有在医学上认为不应当收养子女的疾病;(4)无不利于被收养人健康成长的违法犯罪记录;(5)年满 30 周岁。此外,《民法典》第 1102 条规定,无配偶者收养异性子女的,收养人与被收养人的年龄应当相差 40 周岁以上。与《收养法》相比,《民法典》规定的收养人的范围适当予以了扩大,不再局限于必须是无子女的收养人,对于本身有一名子女的收养人也可以收养一名子女,而无子女的收养人最多可以收养两名子女。同时,《民法典》中增加了"无不利于被收养人健康成长的违法犯罪记录"这一内容,此规定具有重要的现实意义。近些年,暴露出来的很多针对未成年人的犯罪,包括家庭暴力、性侵害等性质恶劣的事件,部分就是打着收养的名义与被害者建立了关系,进而实施了侵害。通过对于收养人过往有无不利于被收养人健康成长记录的审查,有利于全面评估收养人是否适宜收养子女,从而更好地保护被收养人的合法权益。

3. 送养人

《民法典》第 1094 条规定,下列个人、组织可以作送养人:(1)孤儿的监护人;(2)儿童福利机构;(3)有特殊困难无力抚养子女的生父母。相对于《收养法》而言,《民法典》对于送养人的规定,并无实质上的调整。从法条规定的内容来看,立法重点还是贯彻了保护被收养人利益的原则,在此前提下,对于送养的条件予以明确。如对于未成年人的父母均不具备完全民事行为能力且可能严重危害该未成年人的,规定该未成年人的监护人可以将其送养。生父母一方不明或者查找不到的,单方可以送养。

在送养人和收养人自愿达成一致意见的基础上,对于 8 周岁以上的未成年人的收养,法律规定还需要征得被收养人的同意。因为 8 周岁以上未成年人属于限制行为能力人,对于收养这一涉及自己个人重大利益的问题,已经具有一定的认知和判断能力，有权利作出自己的选择，这也是贯彻最有利被收养人利益原则的体现。

上述对于收养人、送养人、被收养人资格的规定，属于法定收养关系成立的实质要件，在满足上述条件后，《民法典》第1105条第1款规定，收养应当向县级以上人民政府民政部门登记。收养关系自登记之日起成立。也就是说，在我国，法定收养关系的成立需经过登记，这是收养关系成立的形式要件。在符合实质要件和形式要件双重条件后，法定收养关系成立生效。否则，按照《民法典》第1113条的规定，收养行为无效，且自始没有法律约束力。

二、事实收养关系的成立

如前所述，目前在审判实践中，对于主张确认收养关系成立的案件中，涉及收养法实施之前的案件比重相当大。在此类案件中，当事人之间并没有办理收养登记手续，很多收养人、被收养人之间的资格条件也不符合现行法律规定。能否认定收养人、被收养人的收养关系成立，不仅涉及双方身份关系的关系确认，更多时候还涉及巨大的利益关系，如遗产继承、财产分割等。法院在审理此类案件时，如何根据在案证据认定事实、适用法律对于统一裁判尺度有重要影响。

如在谭某与戴某乙法定继承纠纷一案①中，案件焦点问题即谭某是否与被继承人戴某乙之间成立事实收养关系，是否可以作为法定继承人继承遗产。对此，一审法院认为，认定事实收养关系存在需考虑如下因素：(1)公开称呼。收养人与被收养人应以父母子女称呼，但谭某自始称呼戴某乙为姑爹。(2)个人档案。收养人如在其个人档案涉及亲属关系栏目内填写收养子女情况，可明确表明其收养之意思表示。但戴某乙个人档案中涉及亲属关系的栏目内均未填写子女情况。(3)当事人达成收养协议或因收养事实而共同生活。戴某乙夫妇与谭某未签订书面收养协议，且谭某在赴宁夏前一直与亲生母亲生活，自宁夏回京后亦未与戴某乙父母共同生活。则谭某虽提交戴某乙请调其到京工作的相关资料并实际完成户籍登记手续，但基于当时特定历史背景，以收养名义将亲友请调入京或安置工作的做法属于落实政策，不能必然代表双方成立收养关系。而谭某作为戴某乙夫妇亲属，对此二人生前照料、处理后事的行为亦不足以证明双方已然发生收养关系。依据现有证据，法院无法认定谭某与戴某乙之间成立收养关系，进而判决驳回谭某的诉讼请

---

① 参见北京市第一中级人民法院民事判决书，(2011)一中民终字第5485号。

求。谭某不服一审法院判决,提起上诉。二审中,谭某坚持称由于戴某乙夫妇没有子女,其自幼年(1950年左右)以传统的方式过继给他们,并提交有关部门请调谭某夫妇到京工作的函件及相关复函,其中写道:戴某乙同志是相关领域专家,现因年迈多病,生活自理有困难,夫妇二人没有亲生子女,将侄女谭某从小带在身边,作为养女扶养,1965年高中毕业后从北京到宁夏生产建设兵团锻炼,为了解决生活上的困难,戴某乙同志要求调其养女谭某到北京工作。此外,以戴某乙为户主的户口簿一份,显示谭某"与户主关系"为"之女"。二审法院审理后认为,人民法院就数个证据对同一事实的证明力大小的认定,可以依照国家机关、社会团体依职权制作的公文书证的证明力一般大于其他书证的原则。居民户口簿具有证明公民身份状况以及家庭成员间相互关系的法律效力。根据以上就数个证据对同一事实的证明力大小的判断原则,户口簿在证明公民身份状况及家庭成员间相互关系的作用,以及现无证据表明戴某乙夫妇在世时曾否认与谭某之间存在收养关系的事实,应当可以认定谭某与戴某乙之间成立收养关系,一审法院对此认定不当,故二审撤销一审判决并予以改判。

从上述案例可以看出,针对同一案件,一审、二审法院对于事实收养关系是否成立的判断标准并不一致。主要原因在于在没有明确法律标准的情形下,如何在当事人所述的纷繁复杂的事实中把握有价值的信息,进而形成认定事实的证据链是一大难点。判断事实收养关系是否成立,应当重点把握以下两个方面内容:

1. 法律依据

事实收养关系,是指收养法实施之前形成的收养关系,并不完全适用收养法规定。对此,1992年最高人民法院《关于学习、宣传、贯彻执行〈中华人民共和国收养法〉的通知》第2条规定:"收养法施行后,各级人民法院必须严格执行。收养法施行后发生的收养关系,审理时适用收养法。收养法施行前受理,施行时尚未审结的收养案件,或者收养法施行前发生的收养关系,收养法施行后当事人诉请确认收养关系的,审理时应适用当时的有关规定;当时没有规定的,可比照收养法处理……"也就是说,对于《收养法》实施前的收养关系是否成立,适用当事人主张成立时的规定。鉴于当时我国没有关于收养的法律规定或专门司法解释,在实务中需要根据案件当事人主张的时间等案件具体情况,援引《收养法》实施之前最高人民法院的相关意见作为裁判的依据。其中,1951年1月1日最高人民法院《关于收养关系诸问题的几点意见》中指出,收养契约虽为养父母与养子女间的契约,但幼年子女的生父母亦可与收养的父母成立契约,将子女交其收养。只不妨碍子女利益，在习惯上（如近亲辈分）又无妨碍，即应认为是合法的契约。收养契约，无论写成书面或口头订立皆可，只要确能证明，均为有效。1953 年 8 月 22 日最高人民法院《关于收养关系诸问题的解答》中指出，我们新中国现在还没有制定关于收养子女的法律，实际上也只需有收养者与被收养者的父母或监护人的同意（如被收养者已达一定年龄或已能了解收养的意义并须经其本人同意），就能成立收养关系，而别无其他必需的手续。1984 年 8 月 30 日最高人民法院《关于贯彻执行民事政策法律若干问题的意见》中指出，亲友、群众公认，或有关组织证明确以养父母与养子女关系长期共同生活的，虽未办理合法手续，也应按收养关系对待。

从上述收养法实施之前的规定来看，对于收养关系的成立采取了较宽松的认定标准，并没有设定严格的形式和实质要件，这与当时的时代背景是有密切关系，也符合当时的实际情况。

2. 事实查明

在当时法律规定没有严格标准限定的情况下，在当前审判实践中，依据“谁主张，谁举证”的原则，法院对于一方当事人主张收养关系成立的，根据其对于相关事实的举证情况予以认定。如果一方当事人举证证明双方关系符合一般公众认知的养父母关系，形成了较完整的证据链，在另外一方没有相反证据的情况下，可以认定双方收养关系的成立。在实践中，法院需要审查的内容主要包括户口簿、档案材料、双方共同生活经历、单位证明、来往书信、家谱、家族墓碑、过往诉讼案件中的陈述等。需要注意的是，对于上述内容，当事人双方均可能提供证据，证据之间亦可能相互冲突，此时法官需要根据证据的形式、证据形成时间等情况，按照《民事诉讼法》《民诉法司法解释》《民事证据规定》的规定，综合运用逻辑推理和日常生活经验，对证据有无证明力和证明力大小进行判断。必要时，还需要对共同生活地区的村委会、居委会、邻居走访调查，从而固定补强相关证据，尽最大可能还原案件事实。

专题二　收养关系的解除

收养关系得依一定条件成就而成立，亦可以在符合条件情况下予以解除。从现行法律规定来看，主要区分未成年养子女、成年养子女与养父母解除收养关系的情形,并设定了不同的条件。

一、未成年养子女与养父母解除收养关系

《民法典》第1114条第1款规定,收养人在被收养人成年以前,不得解除收养关系,但是收养人、送养人双方协议解除的除外。养子女8周岁以上的,应当征得本人同意。

收养人不履行抚养义务,有虐待、遗弃等侵害未成年养子女合法权益行为的,送养人有权要求解除养父母与养子女间的收养关系。送养人、收养人不能达成解除收养关系协议的,可以向人民法院提起诉讼。

从上述规定来看,未成年养子女与养父母解除收养关系是有严格条件限制的,除收养人、送养人达成解除协议外,收养人不得在被收养人成年之前单独提出解决收养关系。这一规定主要是为了保护被收养人的利益,最大限度地保证养子女能够在一个稳定的家庭生活环境成长,而不必承担随时可能被解除收养关系的风险。当然,如果收养人不履行抚养义务,对未成年养子女有虐待、遗弃等现实侵害行为的,则维持收养关系对未成年子女更加不利,此时赋予送养人解除收养关系的权利是十分必要的。此外,《民法典》规定,县级以上人民政府民政部门应当依法进行收养评估。在实践中,民政部门还应当对收养关系成立后的收养家庭进行追踪随访,了解被收养人在收养家庭中的生活状态,特别是对于送养人已经去世或者不具备实际监督了解能力时,切实承担起责任,从而保证被收养人健康成长。

二、成年养子女与养父母收养关系的解除

《民法典》第1115条规定,养父母与成年养子女关系恶化、无法共同生活的,可以协议解除收养关系。不能达成协议的,可以向人民法院提起诉讼。

在审判实践中,此类案件的难点在于如何理解"关系恶化、无法共同生活"。在诉讼中,双方当事人对此往往各执一词,一方称双方关系已经恶化,另一方称双方没有根本性矛盾,关系可以很快得以修复,这就需要法院根据案件事实准确予以认定。

在李某艳与李某芳解除收养关系纠纷[①]一案中,李某艳于20世纪70年代出生,出生后不久即被李某芳与前妻成某抱回家中抚养,共同生活。2000年9月23

---

① 参见北京市第一中级人民法院民事判决书,(2017)京01民终第7669号。

日成某因病去世,2012 年李某芳再婚;李某艳婚后一年半与李某芳共同居住于海淀区,后李某艳搬至别处居住至今;李某芳主张李某艳搬走后未尽到日常照顾义务,对其再婚及再婚妻子落户有意见,双方关系恶化,向法院提起诉讼,请求解除其与李某艳的收养关系。李某艳主张搬走后每年均看望李某芳,给李某芳钱,送李某芳去医院看病,没有阻止过李某芳再婚,亦同意配合落户,不同意解除双方的收养关系。一审法院经审理认为,李某艳已成年,李某芳以双方关系不好为由要求解除收养关系,李某艳不同意解除。养父女之间虽不存在血缘关系,但双方结缘源于养父母的慈念,养父女情义在长达近20 年的养育中建立和稳固,现已到李某艳尽赡养义务之时。双方近年因家庭生活琐事产生矛盾,但远未到关系恶化需解除养父女关系之程度,故对李某芳要求解除养父女关系的诉求不予支持,判决驳回李某芳的诉讼请求。李某芳不服该判决,提起上诉。二审审理过程中,二审法院就李某芳、李某艳之间的关系问题前往李某芳居住地进行了调查。经二审法院多次询问并做调解工作,李某芳称因自己再婚事宜与李某艳产生矛盾,坚决要求解除收养关系,自己今后的生活有保障。李某艳不同意解除收养关系,称没有不同意李某芳再婚,但李某芳再婚没有经过自己的同意。二者无法达成一致意见。

二审法院经审理认为,该案的争议焦点在于李某芳、李某艳之间的收养关系是否应当解除。根据法律规定,养父母与成年养子女关系恶化、无法共同生活的,可以协议解除收养关系,不能达成协议的,可以向人民法院起诉。在该案中,李某芳与前妻收养李某艳后,进行了照顾、教育,尽到了作为养父母的抚养义务。现李某艳已经成年,理应对李某芳进行赡养。但根据查明的事实,李某芳、李某艳已经多年未在一起共同生活,双方因李某芳再婚事宜确实发生过矛盾,关系较紧张。现李某芳坚决要求解除收养关系,考虑李某芳年事已高,需要平和的心态和安定的生活环境,勉强维持双方的收养关系不利于李某芳安度晚年,对于双方的生活亦无益处。综合考虑上述因素,二审法院认定,李某芳、李某艳的收养关系应当解除,对于李某芳上诉主张解除李某芳与李某艳养父女关系的请求予以支持。最终二审法院撤销一审判决,改判解除李某芳与李某艳的收养关系。

通过该案的审理,可以发现,对于"关系恶化、无法共同生活"并没有一个确切标准,法律之所以如此规定,也主要受限于立法技术无法就此予以准确一一描述,但是法院在审理具体案件时,必须严格查明案件事实,在事实确实充分的基础上作出合理认定。审理此类案件,应当重点把握以下三个方面:

一是要查明案件基础事实。主要包括双方收养关系的形成过程、共同生活情况、产生矛盾的原因、矛盾持续的时间、矛盾能否消除化解等。其中,对于养父母与成年养子女之间矛盾的审查应当是重中之重。在审判实践中,导致养父母与成年养子女关系恶化的原因可能有多种,如养父母与成年养子女生活习惯差异较大、儿媳与公婆无法和睦相处、成年养子女不赡养养父母、对养父母有遗弃、虐待的情形、双方因房产等财产分割问题引发冲突等。对于双方矛盾的细致审查有助于辨别主张解除收养关系一方是一时冲动还是已经过深思熟虑,进而有助于判断双方关系能否修复,为做调和工作打下基础。

二是要区分情形确定标准。具体来说,应当区分主张解除的主体是成年养子女还是养父母,进而适用有差异的审查标准。对于成年养子女主张解除的,审查予以解除的标准应当非常严格,因为此时一般是成年养子女应当尽赡养义务的时候,如果随意解除收养关系,可能导致老年人利益受到损害,易发生成年养子女借此逃避赡养义务等有悖道德与法律规定的事情发生。当然,此时也应当注意成年养子女对养父母是否有虐待、遗弃等情形,准确判断维持双方的收养关系是否对养父母权益保护反而更加不利,如果确实不利,则也应当判决解除收养关系;而如果是养父母主张解除与成年养子女的收养关系的,审查解除的标准则应相对宽松,如果确认是养父母真实意思表示,养父母与成年养子女确实存在矛盾且不可调和,养父母并非一时冲动作出解除决定,之后的生活亦有相应保障,继续维持收养关系会直接影响养父母的合法权益,实无益处,则可以予以解除。

三是要注重老年人权益保护。与在未成年养子女与养父母解除收养关系时要保护未成年养子女权益一致,法院在审理成年养子女与养父母解除收养关系案件过程中,在保护双方当事人的合法权利基础上应更加注重老年人的权益保护,从而使作出的裁决更加符合立法本意,亦为社会公众提供正确的行为指引。因在此类案件中,养父母多数都已经是老年人,《民法典》在一般规定中明确了保护老年人合法权益的原则,在具体制度条文中也规定了成年养子女在解除收养关系后还应当对没有劳动能力和收入来源的养父母进行补偿、支付生活费等内容,可以说,在处理此类时,保护老年人权益原则是应有之义,也符合我国《老年人权益保障法》的精神。因此,在此类案件审查标准及案件处理结果确定过程中,都应当将老年人权益保护原则贯穿始终。

继　承　编

第一章　概　述

一、主要内容

1985年第六届全国人民代表大会第三次会议通过了《继承法》。随着人民群众生活水平的不断提高，个人和家庭拥有的财产日益增多，因继承引发的纠纷也越来越多。根据我国社会家庭结构、继承观念等方面的发展变化，第六编"继承"在现行继承法的基础上，修改完善了继承制度，以满足人民群众处理遗产的现实需要。第六编共4章45条，第一章是一般规定，第二章是法定继承，第三章是遗嘱继承和遗赠，第四章是遗产的处理。主要内容如下所示。

1. 一般规定。第六编第一章规定了继承制度的基本规则，重申了国家保护自然人的继承权，规定了继承的基本制度。并在现行继承法的基础上，作了进一步完善：一是增加规定相互有继承关系的数人在同一事件中死亡，且难以确定死亡时间的继承规则（第1121条第2款）。二是增加规定对继承人的宽恕制度，对继承权法定丧失制度予以完善（第1125条第2款）。

2. 法定继承。法定继承是在被继承人没有对其遗产的处理立有遗嘱的情况下，继承人的范围、继承顺序等均按照法律规定确定的继承方式。第六编第二章规定了法定继承制度，明确了继承权男女平等原则，规定了法定继承人的顺序和范围，以及遗产分配的基本制度。同时，在现行继承法的基础上，完善代位继承制度，增加规定被继承人的兄弟姐妹先于被继承人死亡的，由被继承人的兄弟姐妹的子女代位继承（第1128条第2款）。

3. 遗嘱继承和遗赠。遗嘱继承是根据被继承人生前所立遗嘱处理遗产的继承方式。第六编第三章规定了遗嘱继承和遗赠制度，并在现行继承法的基础上，进一步修改完善了遗嘱继承制度：一是增加了打印、录像等新的遗嘱形式（第1136条、第1137条）。二是修改了遗嘱效力规则，删除了现行继承法关于公证遗嘱效力优先的规定，切实尊重遗嘱人的真实意愿。

4. 遗产的处理。第六编第四章规定了遗产处理的程序和规则，并在现行继承法的基础上，进一步完善了有关遗产处理的制度：一是增加遗产管理人制度。为确保遗产得到妥善管理、顺利分割,更好地维护继承人、债权人利益,增加规定了遗产管理人制度,明确了遗产管理人的产生方式、职责和权利等内容(第 1145 条至第 1149 条)。二是完善遗赠扶养协议制度,适当扩大扶养人的范围,明确继承人以外的组织或者个人均可以成为扶养人,以满足养老形式多样化需求(第 1158 条)。三是完善无人继承遗产的归属制度,明确归国家所有的无人继承遗产应当用于公益事业(第 1160 条)。

二、编纂过程

《民法典》继承编基本内容源于《继承法》,《继承法》由第六届全国人民代表大会第三次会议通过,共分 5 章,自 1985 年 10 月 1 日起施行。该编将原第一章总则改为第一章一般规定,避免与《民法典》总则编重复,删除原第 1 条立法根据,统一各编体例增加调整范围(第 119 条),文字修改立法目的(第 120 条);第二章、第三章名称未变,第五章附则关于民族自治地方民族财产继承立法、涉外继承法律适用和法律施行等 3 条内容被删除。第六编在吸收 1985 年《继承法意见》等司法解释的基础上,从遗产范围到遗产管理人制度,民法典完善了这些继承制度。[①]

继承权是与人身关系密切、具有财产内容的民事权利,继承制度涉及老百姓切身的利益。《继承法》自 1985 年施行以来,由于立法质量比较高,法律实施效果比较好,继承法律秩序比较稳定,因而法律一直未作修改,直至本次民法典编纂,仍然坚持了原有的基本框架和基本制度。

在立法过程中,第六编的部分条文几经易稿,在分析比较博采各观点合理部分的基础上,立法机关坚持以下 4 项原则:(1)坚持以人民为中心,以保护民事权利为出发点和落脚点,切实回应人民的法治需求,更好地满足人民日益增长的美好生活需要,努力让民法典成为新时代保护人民民事权利的权利法典。(2)坚持立足国情和实际,坚持问题导向,适应中国特色社会主义步入新时代和我国社会主要矛盾变化的需要,总结 40 年来民事立法和实践经验,以法典化方式巩固、确认和发展民事法治建设成果,提高民事法律制度的针对性、有效性、适应性,努力发挥引领、推动、保障改革的积极作用。(3)坚持依法治国和以德治国相结合,将社会主义核心价值观融入民事法律规范,大力弘扬社会公德、家庭美德,贯彻和体现新发展理念。(4)增强民事法律规范的系统性,既保持民事法律制度的连续性,又保持适度的前瞻性、

---

① 参见《从亲子关系诉讼到遗产管理人制度,民法典草案完善这些婚姻继承重要规定!》,载新华网:www. xinhuanet. com/legal/2019 - 06/25/c. 1124670178. htm,最后访问日期:2020 年 11 月 2 日。

开放性,同时处理好、衔接好法典化民事法律制度体系下各类规范之间的关系。在此基础上,立法机关修订继承法形成了本编的内容。

2018 年 8 月 27 日《民法典》继承编草案与其他各分编草案合体由全国人大常委会第一次审议。与《继承法》比较,为确保遗产得到妥善管理、顺利分割,更好地维护继承人、债权人利益,避免和减少纠纷,草案一审稿增加了遗产管理人制度。这是编纂民法典继承编的最大亮点。考虑到改革开放以来人民群众私有财产大幅增加,为妥善管理、顺利分割遗产,更好保护相关当事人利益,《民法典》继承编草案一审稿借鉴破产管理人制度,增设遗产管理人制度。犹如企业法人破产清算是企业法人退出市场的终止一样,自然人的死亡则是自然人生命的终结,事殊理同,皆需料理后事及时清理遗产。《民法典》继承编草案一审稿同时完善了遗赠扶养制度以及税款和债务清偿规则,还增加了打印、录像等遗嘱形式。

2019 年 6 月 25 日《民法典》继承编草案二审稿提交第十三届全国人大常委会第十一次会议审议,全国人大宪法和法律委员会作关于《民法典》继承编草案修改情况的汇报。草案二审稿进一步完善了继承人宽恕制度、亲属的定义、危急情况下口头遗嘱、遗产管理人制度等规定。这些规定有利于保护自然人的继承权,对满足人民群众处理遗产的现实需要,促进家庭和睦,在我国进入老年人社会的情况下推进老龄事业和产业发展,具有积极的意义。

具体来说,《民法典》继承编草案二审稿,主要完善了如下内容:

一是规定村委会可担任特定遗产管理人。草案二审稿规定,没有继承人或者继承人均放弃继承的,由被继承人生前住所地的民政部门或者村民委员会担任遗产管理人。

二是对遗产管理人的职责予以完善,增加规定遗产管理人应当向继承人报告遗产情况,采取必要措施防止遗产毁损,以及实施与管理遗产有关的其他必要行为等。村委会作为基层群众性自治组织,根据《民法典》的规定具有特别法人资格,因此可以担任遗产管理人,发挥应有作用。遗产管理人必须履行义务、受到监督,其因故意或者重大过失造成继承人、受遗赠人、债权人损失的,应当承担民事责任。

三是严格限定宽恕条件。草案一审稿规定,对继承人遗弃被继承人、伪造或者篡改遗嘱等行为,被继承人表示宽恕或者事后在遗嘱中明确将其列为继承人的,该继承人不丧失继承权。立法过程中有人提出,应当进一步严格限定条件,与最高人民法院有关遗嘱继承司法解释相衔接,强调对确有悔改表现的继承人,才能予以宽恕。宪法和法律委员会采纳了这一建议,将草案二审稿修改为:继承人有遗弃被继承人、伪造或者篡改遗嘱等行为,确有悔改表现的,才能予以宽恕,不丧失继承权。

四是明晰法定继承人的概念。为了明确界定属于法定继承人范围的父母、子女和兄弟姐妹的概念,《民法典》继承编草案二审稿对《继承法》中的相关规定予以保留,对相关概念进行了明确界定,相比一审稿增加了 3 款规定:“本编所称子女,包括婚生子女、非婚生子女、养子女和有扶养关系的继子女。”“本编所称父母,包括生父母、养父母和有扶养关系的继父母。”“本编所称兄弟姐妹,包括同父母的兄弟姐妹、同父异母或者同母异父的兄弟姐妹、养兄弟姐妹、有扶养关系的继兄弟姐妹。”将原来法律的规定吸收进来,体现立法的整体性、稳定性和连续性。无论婚生子女、非婚生子女、养子女、继子女,法律都一视同仁,其享有的权利与承担的义务相一致。

五是在口头遗嘱方面,草案二审稿规定,遗嘱人危急情况下可以立口头遗嘱。危急情况解除后,遗嘱人能够用书面或者录音录像形式立遗嘱的,所立的口头遗嘱无效。相比一审稿,删除了“所立的口头遗嘱经过三个月无效”的期限规定。一审稿中关于 3 个月期限的起算点不明确,且口头遗嘱仅在危急情况下才适用,危急情况消除后,遗嘱人已能够用其他形式立遗嘱,所立口头遗嘱即应无效,不必规定 3 个月的期限。①

在立法过程中,还有人建议扩大法定继承人的范围,调整法定继承人两个顺序为 3 个顺序等,因其理由不足未被采纳,立法机关维持了《继承法》的规定。

继承制度是关于自然人死亡后财富传承的基本制度。随着我国经济社会迅速发展、人口平均寿命不断提高、个人财产和可继承遗产显著增加,不仅体现在财产数量和价值上,还表现为财产形式的多样化、民事主体诉求的多元化,人民法院受理的继承纠纷案件数量和标的额大幅上升,《继承法》的有些规定已不能完全满足社会现实需要和司法实践需要。《民法典》继承编的修改坚持解放思想、与时俱进,坚持科学立法、问题导向,以宪法为根据,充分尊重个人合法财产权益,保护自然人的继承权,总结司法实践经验,建立起了与中国特色社会主义市场经济和社会发展相匹配的、更加细致完备的继承法律制度,必将为相关民事主体的继承权提供更全面有力的法律保护,为各级人民法院审理继承纠纷案件提供更明确充分的法律依据。

---

① 参见《村委会可以担任遗产管理人》,载《人民日报》2019 年 6 月 26 日。

第二章　一般规定

专题一　遗产范围如何确定

《民法典》继承编对于遗产范围采用总括式规定，即自然人死亡时遗留的个人合法财产。依照法律规定或者根据其性质不得继承的遗产，不得继承。法律规定的个人合法财产包括财产权益，有种误解认为，所有财产权益都要转换成现金，这显然是错误的。基于国家经济发展快速，财产权益类型多种多样，法律条文无法全面覆盖，故遗产范围的确定成为继承纠纷案件的审理难点。

一、没有权属证明的房产能否列入遗产范围予以继承

没有取得产权证的城市平房和农村住宅能否作为遗产，一种观点认为，作为遗产的城市平房未经审批翻建、改建、扩建，没有取得产权证或者无法办理新产权证的，继承人要求继承该房屋及分割使用的，人民法院应予支持。但人民法院应在判决中明确，该判决不作为拆迁补偿依据；并明确对于该房屋是否属于违章建筑、能否取得房产证，应由相关行政主管部门依相关规定确定。[①] 另一种观点认为，遗产是公民死亡时遗留的个人合法财产，房产无产权证，无法依据权属登记确认被继承人享有所有权，不应列入遗产范围，不能继承。

本书认为，这部分房屋是不具有完全合法性的财产，应当从有利于财产管理，有利于维护当事人合法权益，有利于定分止争的角度进行处理。虽然房产没有经过行政管理部门的权属确认并颁发产权证，但房产毕竟存在且有一定价值，房产上也附有相应权利义务，所以可以分配给继承人管理并严格控制使用功能和范围；同时，继承人应严格依据法律规定行使权利或承担相应义务，特别是禁止对房屋行使

---

① 参见北京市高级人民法院《关于审理继承纠纷案件若干疑难问题的解答》第11条。

处分权。当然,参照继承的规则分配房产给继承人管理并严格控制使用,并不是超越行政管理部门赋予合法所有权,仅是对现有房屋的管理责任进行分配,符合物尽其用原则,不具有确权性质。

二、非营利法人的财产权益应否列入遗产范围予以继承

《民法典》第87条规定,"为公益目的或者其他非营利目的成立,不向出资人、设立人或者会员分配所取得利润的法人,为非营利法人。非营利法人包括事业单位、社会团体、基金会、社会服务机构等"。第95条规定,"为公益目的成立的非营利法人终止时,不得向出资人、设立人或者会员分配剩余财产。剩余财产应当按照法人章程的规定或者权力机构的决议用于公益目的;无法按照法人章程的规定或者权力机构的决议处理的,由主管机关主持转给宗旨相同或者相近的法人,并向社会公告"。根据以上规定,非营利法人存续期间不得分配利润,但非营利法人终止时的剩余财产并非一律不得分配,应区别对待。

(一)非营利法人设立宗旨分为公益目的、其他非营利目的两类

以公益为目的非营利法人的剩余财产必须用于公益,不能分配给出资人、设立人或者会员,所以出资人、设立人或会员对于以公益为目的设立的法人没有财产权益,无法列入个人遗产范围继承分配。

(二)《民法典》没有禁止以其他非营利目的设立法人的剩余财产向出资人、设立人及会员进行分配

法人清算后的剩余财产,应根据法人章程或法人权力机构决议处理,如果法人章程或决议未禁止分配剩余财产的,则可以列入出资人、设立人或会员的个人遗产进行分配。

三、农村宅基地使用权拆迁补偿能否列入遗产范围予以继承

农村宅基地使用权拆迁补偿的继承问题,在实践中处理方式多种。一种观点认为,不应列入遗产范围,依据《土地管理法》第62条规定,农村村民一户只能拥有一处宅基地。可见,宅基地使用权具有人身依附性,宅基地使用权不能继承,决定了宅基地使用权拆迁所得补偿利益也不能继承,只有宅基地上的房屋及房屋的拆迁补偿属于合法遗产,可以继承;①另一种观点认为,应列入遗产范围,宅基地使用

① 参见河北省高级人民法院民事判决书,(2017)冀民再225号。

权人对集体所有的宅基地依法享有占有和使用的权利,有权利用该土地建造住宅及其附属设施。法律肯定了农民宅基地及其房屋的财产利益,虽然宅基地使用权不能作为遗产继承,但宅基地使用权的征收补偿属于自然人合法财产,可以作为遗产继承。[①]

《民法典》第362条规定:"宅基地使用权人依法对集体所有的土地享有占有和使用的权利,有权依法利用该土地建造住宅及其附属设施。"该规定肯定了农村宅基地使用权及房屋的所有权具有福利性和无期限性。虽然宅基地所有权主体为农村集体经济组织,但是使用权主体为农户,所以因宅基地被征收而获得的补偿款应适当补偿给宅基地使用权人,所以该补偿款属于合法财产,可以作为遗产进行继承。

四、土地承包经营权及相应补偿收益能否列入遗产范围

一种观点认为,不应列入遗产范围,[②]最高人民法院《关于审理涉及农村土地承包纠纷案件适用法律问题的解释》第22条规定,农村集体经济组织或者村民委员会、村民小组,可以依照法律规定的民主议定程序,决定在本集体经济组织内部分配已经收到的土地补偿费。征地补偿安置方案确定时已经具有本集体经济组织成员资格的人,请求支付相应份额的,应予支持。但已报全国人大常委会、国务院备案的地方性法规、自治条例和单行条例、地方政府规章对土地补偿费在农村集体经济组织内部的分配办法另有规定的除外。据此,土地补偿费是国家征用集体所有的土地而对集体经济组织丧失土地所有权的补偿,属于集体经济组织的财产而不是承包人的承包收益,集体经济组织分配土地补偿费及其他收益的对象是农户而不是个人,所以不能作为遗产继承。

另一种观点认为,应列入遗产范围,国家实行农村土地承包经营制度,采取农村集体经济组织内部的家庭承包方式,故承包经营土地补偿收益应归相应的农户所有,即农户家庭财产,可以分割出相应份额作为遗产进行继承。

《农村土地承包法》第16条、第17条规定,家庭承包的承包方是本集体经济组织的农户,承包方权利包含承包地被依法征收、征用、占用的,有权依法获得相应的补偿。土地补偿费是国家征用集体所有的土地而对集体经济组织丧失土地所有权的补偿,应由集体经济组织按照法律规定进行内部分配给承包户,家庭承包户有权

---

① 参见山东省青岛市中级人民法院民事判决书,(2020)鲁02民终572号。

② 参见云南省高级人民法院民事判决书,(2016)云民再15号。

获得相应补偿,家庭内部的家庭成员均有权获得分配补偿,家庭成员获利的土地补偿费可以作为遗产继承分配。

农村土地承包经营权不发生继承的问题。家庭承包是以农户为单位而不是以个人为单位,承包经营权不属于个人财产,承包户成员之一死亡,由其他承包经营户成员继续享有承包经营权,不能因此发生继承问题。如果承包户成员之一死亡后,其他成员均为集体经济组织以外的成员,属于《农村土地承包法》第 26 条规定的承包方全家迁入设区的市,转为非农业户口的,发包方集体经济组织可以收回承包地,承包经营权消灭,当然不能作为被继承人的个人财产进行继承分配。但是,依照《农村土地承包法》第 16 条、第 32 条和第 54 条的规定,农村承包土地的财产权益、土地承包经营收益可以作为遗产继承。最高人民法院《关于审理涉及农村土地承包纠纷案件适用法律问题的解释》第 23 条规定,林地家庭承包中,承包方的继承人请求在承包期内继续承包的,应予支持。其他方式承包中,承包方的继承人或者权利义务承受者请求在承包期内继续承包的,应予支持。

第三章　法定继承

专题一　继承主体的确定

《民法典》规定，继承权男女平等，同时规定了继承人的范围，但在审判实践中如何认定继承人身份及范围是继承纠纷案件的审理难点。

一、人民法院应主动审查继承人范围

继承人作为原告提起诉讼，经常有意无意漏列其他继承人，尤其是女性继承人，忽略女性继承人的继承权利，被继承人户口簿上又通常不记载已婚子女信息。在案件审理过程中，有初步证据表明可能有其他未参加诉讼的继承人存在，人民法院应依职权调查核实，可以确认有其他继承人的，人民法院应依法追加为当事人。虽然增加了法院审理难度，但减轻当事人诉累，能够彻底解决纠纷。

二、人民法院应综合认定有扶养关系的继子女

有扶养关系的继子女应理解为继父母抚养的未成年继子女和赡养继父母的成年继子女，在审判实践中对于是否存在抚养关系、赡养关系难以界定，当事人举证多为证人证言，且证言内容经常反复或自相矛盾，其他继承人通常也不认可证言的证明效力，人民法院在判断是否存在抚养关系或赡养关系时，应依抚养或赡养时间的长期性、经济与精神扶助的客观存在、家庭身份融合性等因素综合判断。

继子女继承了继父母遗产的，不影响其继承生父母的遗产，养子女不能继承生父母的遗产，对生父母扶养较多的，可以作为法定继承人以外的人适当分得生父母的遗产份额。

三、人民法院依法认定夫妻关系

假离婚后的配偶不能作为法定继承人。双方办理离婚登记后仍然共同居住生活,双方从办理离婚之日起,已经不存在夫妻关系,因未按《民法典》第1049条规定办理结婚登记,不能以配偶身份继承遗产。

第四章 遗嘱继承和遗赠

专题一 打印遗嘱

一、打印遗嘱的确立

遗嘱是遗嘱人生前在法律允许的范围内,按照法律规定的方式处分其个人财产或者处理其他事务,并在其死亡时发生效力的单方法律行为。基于遗嘱的死因性质及其所涉内容的重大等方面的考虑,遗嘱乃要式法律行为,未能符合法定形式者,无效。[①] 我国1985年颁布实施的《继承法》第17条规定:"公证遗嘱由遗嘱人经公证机关办理。自书遗嘱由遗嘱人亲笔书写,签名,注明年、月、日。代书遗嘱应当有两个以上见证人在场见证,由其中一人代书,注明年、月、日,并由代书人、其他见证人和遗嘱人签名。以录音形式立的遗嘱,应当有两个以上见证人在场见证。遗嘱人在危急情况下,可以立口头遗嘱。口头遗嘱应当有两个以上见证人在场见证。危急情况解除后,遗嘱人能够用书面或者录音形式立遗嘱的,所立的口头遗嘱无效。"通过明确列举的方式,《继承法》确定了5种法定形式的遗嘱,即公证遗嘱、自书遗嘱、代书遗嘱、录音遗嘱、口头遗嘱,并对不同形式遗嘱的形式要件作了具体规定。1985年《继承法意见》第35条(现已删除)规定:"继承法实施前订立的,形式上稍有欠缺的遗嘱,如内容合法,又有充分证据证明确为遗嘱人真实意思表示的,可以认定遗嘱有效。"由此反面解释,《继承法》实施之后,不符合5种法定形式的遗嘱,即属无效,不能发生遗嘱效力。

《继承法》出台时,用笔书写是普通民众制作文书的主要方式,计算机和打印机尚未普及,对以文字作成的遗嘱仅规定了自书遗嘱和代书遗嘱,与当时社会发展的实际情况相适应。随着科学技术的进步和经济社会的发展,电脑、手机、打印机等

---

① 参见江平主编:《民法学》,中国政法大学出版社2011年版,第747页。

电子设备越来越普及,电子打印系统逐渐成为大多数人生活中重要的文书制作工具,在实践中出现了许多以打印方式形成的遗嘱,遗嘱人通过自己或他人在电子设备中录入遗嘱内容,并用打印机打印出来作成遗嘱的现象屡见不鲜。近年来,因打印遗嘱产生的纠纷逐渐增多,在实践中对打印遗嘱的性质效力也存在不同的看法。概括而言,大致有以下几种观点:第一种观点认为,根据《民法典继承编解释(一)》第27条的规定,自然人在遗书中涉及死后个人财产处分的内容,确为死者真实意思表示,有本人的签名并注明了年、月、日,又无相反证据的,可按自书遗嘱对待。参照这一规定,打印遗嘱也可以按照自书遗嘱对待。① 第二种观点认为,打印遗嘱与自书遗嘱的最大区别是其主文内容由机器打印而成,难以直接判断遗嘱为被继承人亲自书写还是他人代书,如果打印遗嘱是遗嘱人亲自操作电脑打印、签名并注明年、月、日的,则应当按照自书遗嘱予以认定;如果遗嘱人请他人打印制作遗嘱,遗嘱人在打印遗嘱上签名,注明年、月、日,并由打印人、见证人和遗嘱人共同签名的,则应当按照代书遗嘱进行认定。② 第三种观点认为,打印遗嘱既不是自书遗嘱,也不是代书遗嘱,应作无效认定,因为打印遗嘱既不符合"亲笔书写"的自书遗嘱要求,也不符合代书遗嘱的要求,不属于其中任何一种形式。第四种观点认为,打印遗嘱应作为一种独立的遗嘱类型而有效,电脑打印也是一种书写、记载方式,既然打印遗嘱不属于《继承法》规定的5种遗嘱类型中的任何一种,但《继承法》并未规定打印遗嘱应确认无效,故只要打印遗嘱是遗嘱人的真实意思表示,理当有效。

从上述不同观点可以看出,多数意见倾向缓和打印遗嘱大量出现的事实与《继承法》并未将打印遗嘱作为法定形式的遗嘱之间的矛盾,在有充分证据证明的情况下,采取扩张解释的方法,尝试突破《继承法》关于遗嘱形式的严格规定,有条件地将打印遗嘱解释为自书遗嘱或者代书遗嘱,进而认定遗嘱成立并认可其法律效力,以充分尊重遗嘱人的遗嘱自由。但是,尽管从理论上来说承认打印遗嘱的效力有利于尊重遗嘱人的遗嘱自由,但对成文法国家来说,在立法有限列举遗嘱的法定形式且并未将打印遗嘱纳入法定遗嘱形式范畴的情形下,在实践中,对打印遗嘱的法律效力予以确认在一定程度上会影响立法权威,且由于各地法院对打印遗嘱效力性质的认定标准不一,出现"同案不同判"的问题在一定程度上损害了司法公信力。因此,如何对实践中存在的这一矛盾进行回应成为现实而紧迫的问题之一。

在民法典编纂过程中,注意到打印遗嘱大量出现及在实践中对打印遗嘱性质

---

① 参见梁芬、刘文革:《打印遗嘱效力探究》,载《人民司法》2010年第11期。

② 参见张萱、陶海荣:《打印遗嘱的法律性质和效力》,载《法学》2007年第9期。

效力争论激烈的现实。经过研究论证,《民法典》第1136条规定:“打印遗嘱应当有两个以上见证人在场见证。遗嘱人和见证人应当在遗嘱每一页签名,注明年、月、日。”自此,关于打印遗嘱性质效力的争论将会告一段落,民法典将打印遗嘱作为一种新类型的遗嘱吸收为法定形式的遗嘱之一,使遗嘱形式的立法与当今社会生活的现实状况和科技发展的实际水平相适应,具有创新性和先进性。

二、打印遗嘱的形式要件

根据《民法典》第1136条的规定,打印遗嘱应当有两个以上见证人在场见证,遗嘱人和见证人应当在遗嘱每一页签名,注明年、月、日。从上述规定可以看出,有效打印遗嘱在形式上至少应具备以下两个要件:第一,有两个以上的现场见证人。第二,遗嘱人和见证人在遗嘱的每一页签名,注明年、月、日。与自书遗嘱和代书遗嘱相比,打印遗嘱有其自身特点。一般而言,每个人的书写笔迹并不相同,且不易被轻易模仿或伪造,通过笔迹鉴定即可在最大限度内判断遗嘱是否为遗嘱人或代书人所写,进而判断遗嘱内容的真实性,且通过手书形成的遗嘱不容易被篡改,而打印遗嘱是通过电脑排版、机器打印形成,非常易于被伪造和篡改。因此,《民法典》对打印遗嘱的形式作出了比自书遗嘱、代书遗嘱更严格的规定,自书遗嘱不需要见证人在场见证,只需由遗嘱人亲笔书写,签名,并注明年、月、日即可;代书遗嘱需要两个以上见证人在场见证,由其中一人代书,并由遗嘱人、代书人和其他见证人签名,注明年、月、日;打印遗嘱需要两名以上见证人在场见证,并由遗嘱人和见证人在遗嘱每一页都签名并注明年、月、日。《民法典》对打印遗嘱的形式要件作出更严格的规定,除要求有两名以上见证人在场见证外,还要求遗嘱人和见证人在打印遗嘱的每一页都签名并注明年、月、日,其目的是保证打印遗嘱的内容为遗嘱人详细知悉,打印遗嘱的内容是遗嘱人的真实意思表示,同时防止打印遗嘱被伪造或篡改,从而确保遗嘱人的财产按照其自由意志得以处分。

三、实践中应当注意的问题

遗嘱的核心要件是遗嘱人自由处分权行使的合法性与遗嘱内容的真实性,形式要件的功能是确保遗嘱人意思表示真实的一种重要方法手段,对遗嘱形式予以明确规定的立法本意在于充分保证遗嘱真实,以维护遗嘱自由原则。最高人民法院研究室在《关于代书遗嘱虽不符合法定形式要件但确系遗嘱人真实意思表示能否认定有效问题的答复》中曾明确指出:“根据《中华人民共和国继承法》以及《最高人民法院关于贯彻执行〈中华人民共和国继承法〉若干问题的意见》的有关规定，不符合法定形式要件的代书遗嘱不宜认定为有效。”参照这一观点，在《民法典》已经将打印遗嘱吸收为一种法定遗嘱形式的情形下，有必要对《民法典》关于打印遗嘱法定形式要件的要求从严掌握，对不符合法定形式要件的打印遗嘱，也不宜认定为有效。

第一，关于打印遗嘱的编写打印。在实践中，打印遗嘱的打印可能有以下几种情形：一是由遗嘱人自己亲自操作电子设备编写遗嘱内容形成打印遗嘱；二是由见证人使用电子设备编写遗嘱内容形成打印遗嘱；三是由遗嘱人、见证人以外的他人使用电子设备编写遗嘱内容形成打印遗嘱。在上述 3 种情形中，操作电子设备编写遗嘱的人与操作电子设备打印遗嘱的人可能是同一人，也可能是不同的人。从《民法典》第 1136 条的规定来看，并未对打印遗嘱的编写打印主体进行特别的限定，与自书遗嘱要求由遗嘱人亲笔书写，代书遗嘱由同时作为见证人之一的代书人代为书写的规定有所不同。但毫无疑问的是，虽然《民法典》对打印遗嘱的编写打印主体没有进行明确限定，在编写打印遗嘱的过程中，无论编写打印遗嘱的主体是谁，都应当是根据遗嘱人的真实意思表示对遗嘱内容进行编写打印，而不是根据任何其他人的意思表示对遗嘱内容进行编写打印。

第二，关于打印遗嘱的见证。《民法典》第 1135 条的规定沿袭了继承法关于代书遗嘱的规定，要求“代书遗嘱应当有两个以上见证人在场见证”。相应地，《民法典》第 1136 条规定，“打印遗嘱应当有两个以上见证人在场见证”。从上述两个条文的规定来看，《民法典》对代书遗嘱和打印遗嘱的见证要件采取了相同的表达方式，没有任何区别，即“应当有两个以上见证人在场见证”。因此，打印遗嘱“应当有两名以上见证人在场见证”的含义应当与代书遗嘱“应当有两名见证人在场见证”的含义一致。无论是代书遗嘱还是打印遗嘱，遗嘱人在订立遗嘱的过程中，见证人必须自始至终在现场见证整个遗嘱订立的过程，其标准应当是时间、空间的高度一致性。见证人在遗嘱订立的过程中中途加入见证，或者在订立过程中临时走开，并未见证整个过程，事后回到现场签字，又或者见证人自身并未见证，仅是事后听闻后在遗嘱上签字以凑齐法定人数等情形，都可能导致见证人无法了解遗嘱内容是否被继承人的真实意思表示，进而导致遗嘱无效。因此，打印遗嘱的见证人必须亲自在场见证打印遗嘱的编写、打印、签字过程，且见证人的人数为两人以上。此外，根据《民法典》第 1140 条的规定，有三类人员不能作为遗嘱的见证人：一是无民事行为能力人、限制民事行为能力人以及其他不具有见证能力的人；二是继承人、受遗赠人;三是与继承人、受遗赠人有利害关系的人。

第三,关于打印遗嘱的签名。与自书遗嘱和代书遗嘱的签名不同,《民法典》第1136条对打印遗嘱的签名作了更严格的规定,不是简单要求遗嘱人、见证人在遗嘱上签名,并注明年、月、日,而是要求遗嘱人、见证人在遗嘱的每一页都签名、并注明年、月、日。因为打印遗嘱通过电子设备编辑打印形成,易于复制,在不留痕迹的情况下对其中部分页面的内容进行篡改也较容易,要求遗嘱人、见证人在每一页都签上名字,并注明年、月、日可以有效防止遗嘱部分页面内容被篡改。同时,区别打印遗嘱与自书遗嘱的最大难度在于笔迹鉴定,遗嘱人立遗嘱时是否受到胁迫、是否神志清楚,其死后很难确认,由于遗嘱人、见证人要在打印遗嘱的每一页都签名,并注明年、月、日,有利于通过多次签字的情况来鉴别遗嘱人在订立打印遗嘱时是否处于受胁迫状态,神志是否清醒,也有利于保证遗嘱人、见证人认真核对打印遗嘱每一页的内容,确保打印出来的每一页内容都是遗嘱人真实的意思表示,进而将订立遗嘱是遗嘱人的真实意思表示固定下来。因此,对于打印遗嘱中遗嘱人、见证人签字不符合法定形式要求的部分,不宜认定其法律效力。

此外,在司法实践中,除严格审查法律规定的形式要件外,还要将法律规定的形式要件和证据的证明效力相结合,对打印遗嘱的真实性及其效力进行综合判断,注意以下几个问题:第一,来源审查。证据的来源不是独立的证据种类,但是证据的来源可以借助当事人陈述、证人证言、勘验笔录等形式转化为证据。对打印遗嘱来说,证据的来源显得尤为重要。一般来说,从遗嘱人身边或居住地发现的打印遗嘱在证据效力上要高于非遗嘱人所持有的遗嘱,无利害关系人持有的打印遗嘱在效力上要高于继承人持有的遗嘱。打印遗嘱的来源存在越多的疑问,其证明效力就越低。第二,形式审查。虽然打印遗嘱的主要内容是采用电脑打字的方式书写,遗嘱人、见证人都要在打印好的遗嘱上每一页亲笔签上自己的姓名和日期。因此,对打印遗嘱的形式审查同样是必不可少的环节。只有形式完整、意思表示明确、具有立嘱人和见证人真实落款签名的打印遗嘱才能具有遗嘱的效力。第三,内容审查。在通常情况下,遗嘱包含了遗嘱人对重大财产的处分意思。由于打印遗嘱更容易被变造和伪造,如果有证据证明打印遗嘱所记载的意思表示与遗嘱人生前的意思表示或者具体行为存在明显出入,打印遗嘱的证明效力就会因为出现相反事实而降低。第四,辅助证据审查。对于自书遗嘱来说,由于当事人可以对遗嘱的行文、笔迹等方面进行鉴别,可以最大限度地降低遗嘱被伪造和篡改的可能性。打印遗嘱因遗嘱人亲笔书写的痕迹较少,在技术高度发达的今天,不能完全排除利害关系人利用遗嘱人在其他文件中的签名伪造遗嘱的可能性。因此,凡是可以印证或否定打印遗嘱的内容为遗嘱人真实意思表示的信件、邮件、手稿、录音以及证人证言等证据,均可以作为辅助证据予以使用。

专题二 录像遗嘱

一、录像遗嘱的确立

与打印遗嘱的情形类似,在《继承法》制定之时,以录像方式作成遗嘱的情况十分少见。因此,我国《继承法》并未规定录像遗嘱作为一种法定形式的遗嘱,而是仅在《继承法》第 17 条规定,以录音形式立的遗嘱,应当有两个以上见证人在场见证。但是,尽管我国在实体法上并未将录像遗嘱作为法定遗嘱形式予以确定,理论上一般认为,录音遗嘱不过是将遗嘱人的声音予以记录,其可伪造性理应高于既记录声音又记录图像的录像遗嘱,"举重以明轻",《继承法》虽未明确许可录像遗嘱的适格性,但当以肯定为宜。①

随着科学技术的进步和经济社会的发展,录像设备越来越普及,使用越来越方便,通过录像的方式作成遗嘱的情况也越来越常见,因此引发的矛盾纠纷也逐渐增多,在司法实践中也采取了比较灵活的方式进行处理。例如,在严某与李某遗嘱继承纠纷案中,法院认为,我国《继承法》规定的遗嘱形式中没有录像遗嘱,只规定了录音遗嘱。因录像是视听资料,属于法定证据范畴,除声音外还有画面,对订立遗嘱的环境、场面、被继承人的精神状态、身体状况等记录得更全面客观,故应当认定录像遗嘱的效力。对于录像遗嘱的认定,录像遗嘱除在声音方面能够完整反映遗嘱内容外,其他方面虽优于录音遗嘱,但考虑录像遗嘱作为视听资料易于被复制、剪接、伪造等不利因素,故应当比照录音遗嘱的规定,制作录像遗嘱时还应当有两个以上见证人在场见证,以保证录像遗嘱的真实客观性。② 在王某甲、王某乙与王某丙等继承纠纷案中,法院认为,《继承法》中并未规定视频录像遗嘱,在该案中视频录像遗嘱能否认定为遗嘱应当比照录音遗嘱的形式要件进行审查,录音遗嘱必

---

① 参见江平主编:《民法学》,中国政法大学出版社 2011 年版,第 748 页。

② 参见北京市第一中级人民法院民事判决书,(2016)京 01 民终 6269 号。

须有两个以上见证人在场见证,见证人应当具有完全民事行为能力,并且与遗嘱没有利害关系。遗嘱见证人应当把自己的姓名、年龄、职业工作单位等事项一并录制,询问该遗嘱是否是立遗嘱人真实意思表示,须得到肯定回答,并对录制情况作出说明。[①] 在陈某与陈某甲、陈某乙等遗嘱继承纠纷案中,法院认为,我国《继承法》第 17 条规定了 5 种遗嘱类型,并对其生效要件有明确规定。鉴于立法时代背景所限,继承法并未规定录像遗嘱,但相较 5 类遗嘱之一的录音遗嘱,录像遗嘱更能体现出订立遗嘱时的场景、遗嘱人的身体及精神状况、见证人具体情况等影响遗嘱效力的主客观因素,故录像遗嘱可适用继承法关于录音遗嘱的规定。依法定程序订立,且是遗嘱人真实意思表示的录像遗嘱,应认定为合法有效的遗嘱,并可作为处分被继承人遗产的依据。[②] 实践中诸如此类的案件有很多,在绝大多数案件中,法院都认为我国法律虽然未规定录像遗嘱的形式,但与最类似的录音遗嘱相比,录像遗嘱在具有声音的同时还拥有画面,更有利于还原订立遗嘱之时的真实情况。因此,可以比照录音遗嘱的相关规定进行审查认定录像遗嘱的效力,进一步作为处分遗嘱人遗产的依据。因此,《民法典》在沿袭《继承法》关于录音遗嘱的规定基础上,将录音录像遗嘱作为法定形式的遗嘱之一。

二、录像遗嘱的形式要件

《民法典》第 1137 条规定:“以录音录像形式立的遗嘱,应当有两个以上见证人在场见证。遗嘱人和见证人应当在录音录像中记录其姓名或者肖像,以及年、月、日。”从中可以推出有效的录音录像遗嘱至少需要满足以下两个条件:第一,在订立录音录像遗嘱的过程中,应当有两个以上见证人在场见证;第二,遗嘱人和见证人应当在录音录像遗嘱中记录其姓名或肖像,以及年、月、日。与《继承法》第 17 条相比,《民法典》第 1137 条对录音录像遗嘱的形式要件规定得更加详细,不仅要求录音录像遗嘱要有两个以上见证人在场见证,还要求遗嘱人和见证人应当在录音录像遗嘱中记录其姓名或肖像,以及年、月、日。这样规定有利于进一步规范遗嘱人、见证人在订立录音录像遗嘱时的行为,以确保录音录像遗嘱的真实性。

三、实践中应当注意的问题

随着录像设备越来越常见,使用也越来越方便,可以预见在民法典将录像遗嘱

---

① 参见大连市金州区人民法院民事判决书,(2019)辽 0213 民初 1982 号。
② 参见上海市高级人民法院民事判决书,(2016)沪民终 7448 号。

明确规定为一种法定形式的遗嘱之后,采取录像形式订立遗嘱的情形会越来越多。在司法实践中对有关录像遗嘱的继承纠纷,应当注意以下几个问题。

第一,关于录像遗嘱的真实性。如今录像设备越来越丰富,使用也越来越方便,通过录像可以全面记录遗嘱人订立遗嘱时的声音及画面,以还原订立遗嘱时的真实情况。但同样不容忽视的是,各种电脑软件、手机软件也可以轻易实现对音视频的编辑、剪接,录像遗嘱存在易于被剪接、拼接的缺点。因此,在因录像遗嘱引起的继承纠纷中,应当注重审查录像遗嘱中录像是否连续稳定,声音与画面是否同步等细节。如果录像遗嘱存在被剪接、剪辑、画面前后连接不紧密、内容被篡改等情况,则应当被认定为无效遗嘱。

第二,关于录像遗嘱的形式。遗嘱是遗嘱人对其财产的终意处分,且在其死后才得以执行,因此,为了确保其真实性和严肃性,法律有必要对遗嘱设以严格的形式要求,以最大限度防止他人伪造、篡改遗嘱内容。在录音录像遗嘱中,必须要有两个以上见证人在场见证,遗嘱人单独录制,没有见证人见证的录音录像遗嘱应当无效;虽有见证人在场见证,但未记录见证人姓名或者肖像,以及年、月、日的录音录像遗嘱应当无效。《民法典》对录音录像遗嘱形式要件的要求,对遗嘱人来说要求并不算苛刻,必须严格执行。如果在录音录像遗嘱中缺少这一必要的形式要件,那么录音录像遗嘱能否反映遗嘱人的真实意图就值得怀疑,遗嘱的真实性和客观性就不容易得到保证,因此,有必要对录音录像遗嘱的形式要件予以严格审查,以保证其真实性。此外,实践中还必须注意审查几类特殊主体不能作为遗嘱见证人。《民法典》第1140条规定:"下列人员不能作为遗嘱见证人:(一)无行为能力人、限制行为能力人以及其他不具有见证能力的人;(二)继承人、受遗赠人;(三)与继承人、受遗赠人有利害关系的人。"这一规定,对于保证遗嘱能够顺利实施,有重要意义,无行为能力人和限制行为能力人及其他不具有见证能力的人,因为没有正常的、健全的认识能力和判断能力,有的甚至神志不清,不能区分真伪,明辨是非,不能领会遗嘱人的真实意思,根本不能起到见证作用,因此不能作为遗嘱见证人。继承人、受遗赠人本身是遗嘱的当事人,遗嘱关系他们的切身利益,为了避免发生直接的利害冲突,影响当事人之间的团结,扰乱遗嘱的正常进行,所以也规定不让他们做见证人。同样,与继承人、受遗赠人有利害关系的人,做遗嘱见证人也很不合适,对遗嘱的保密、执行都是很不利的,因此他们也不能作为遗嘱见证人。

第三,关于录像遗嘱的内容。一般而言,在录像遗嘱中应当由遗嘱人亲自口述遗嘱内容。在对录像遗嘱进行审查时,应当注意通过录像遗嘱所记载的声音、画面等来判断遗嘱人立遗嘱时的年龄、精神状态、身体状况以及录像中遗嘱人表达的意思是否清楚等情况,进而确定录像遗嘱是否表达了遗嘱人处分自己财产的真实意思表示。

专题三　遗嘱的撤回、变更

一、遗嘱的撤回、变更概述

遗嘱是遗嘱人处分其个人财产的行为,遗嘱只有在遗嘱人死亡后才会发生效力。因此,订立遗嘱后,遗嘱人认为遗嘱不当或有错误,或者改变主意的,遗嘱人在死亡之前均可以撤回或变更原来订立的遗嘱,这也是遗嘱自由原则的具体体现。《民法典》第1142条规定:“遗嘱人可以撤回、变更自己所立的遗嘱。立遗嘱后,遗嘱人实施与遗嘱内容相反的民事法律行为的,视为对遗嘱相关内容的撤回。立有数份遗嘱,内容相抵触的,以最后的遗嘱为准。”相较于《继承法》,《民法典》继承编对遗嘱的撤回或变更的相关规定作了较大改变。

一是《民法典》将《继承法》中“遗嘱人可以撤销、变更自己所立的遗嘱”修改为“遗嘱人可以撤回、变更自己所立的遗嘱”。“撤销”与“撤回”虽仅有一字之差,但意思截然不同。严格来说,“撤销”一般针对已生效的法律行为,使已经生效的法律行为自始失去效力;“撤回”一般针对尚未生效的意思表示,使其不再发生法律效力。遗嘱是遗嘱人生前对其财产进行处分的意思表示,在遗嘱人死亡之后才生效。因此,遗嘱生效即意味着遗嘱人已经死亡,在遗嘱生效之后也就不存在遗嘱人撤销遗嘱的可能,仅在遗嘱生效之前,遗嘱人得随时撤回遗嘱。《民法典》继承编中将《继承法》中的“撤销”修改为“撤回”,含义表达更准确。

二是《民法典》继承编吸收了1985年《继承法意见》第39条的规定,在立法中明确“立遗嘱后,遗嘱人实施与遗嘱内容相反的民事法律行为的,视为对遗嘱相关内容的撤回”。与订立遗嘱一样,变更或撤回遗嘱也是遗嘱人自由处分自己财产的一种权利。遗嘱虽然是由遗嘱人生前设立的,但在死亡时才能发生效力。在遗嘱人去世之前,遗嘱人并不受尚未生效遗嘱的拘束,其意思表示可能随时发生变化,可以随时按照自己的想法处分自己的财产。如果遗嘱人在事实上实施了处分所立遗嘱中涉及的财产等与遗嘱内容相反的民事法律行为,这部分财产在发生遗嘱继承时就不可能再被当作遗产进行处分。因此,遗嘱人实施与遗嘱内容相反的民事法律行为的,应当视为对遗嘱相关内容的撤回。

三是《民法典》继承编中删去了《继承法》关于公证遗嘱效力优先的规定。根据《继承法》第 20 条的规定,自书、代书、录音、口头遗嘱不得撤销、变更公证遗嘱。但是,经过多年实践,普遍认为规定将公证遗嘱定为效力绝对高于其他所有形式的遗嘱存在一定的缺陷,不仅给一些年事已高、行动不变的老年人造成了更改遗嘱的不便,也增加了公证遗嘱的撤回与变更的成本,甚至在有些情况下与遗嘱人的遗嘱自由、真实意愿相冲突。因此,为切实尊重遗嘱人的真实意愿,满足人民群众处理遗产的现实需要,《民法典》不再规定公证遗嘱效力优先,而是将"时间在后"作为唯一标准,规定立有数份遗嘱,内容相抵触的,以最后的遗嘱为准。

遗嘱的撤回和变更具有如下特征:第一,遗嘱的撤回或变更,是遗嘱人本人意志的改变。遗嘱是单方法律行为,遗嘱人不仅可以自由地订立遗嘱处分自己死后的财产,而且还可以随时撤回或变更自己订立的遗嘱。也就是说,遗嘱人撤回或变更自己所立的遗嘱,完全取决于他自己的意志,无论他思想上出于什么考虑,法律不予过问。遗嘱的变更或撤销所具有的这一特征与一般的民事法律行为的撤回或变更要有法定或约定的原因不同。第二,遗嘱的撤回或变更,必须是合法成立的遗嘱。违反社会主义公共利益和社会主义道德的遗嘱,未按法定方式订立的遗嘱、无行为能力或行为能力受限制的人所立的遗嘱、违背遗嘱人本人真实意思而订立的遗嘱等,由于其本身不具备遗嘱成立的条件,应当视为自始没有成立。因此,不合法的遗嘱,其本身是无效的,不存在遗嘱的撤回或变更的问题。第三,遗嘱的撤回或变更,必须由遗嘱人本人行使。遗嘱的撤回或变更与遗嘱的订立一样,必须由遗嘱人亲自进行,不得由他人代理。这一特征与一般法律行为也不同。第四,遗嘱的撤回或变更,使尚未发生法律效力而于遗嘱人死亡时才发生法律效力的遗嘱失去效力。对于原来所立遗嘱内容进行部分改变的,被改变的遗嘱内容于遗嘱人死亡后即失去效力。对于原来订立的遗嘱内容进行全部修改的,原来订立的整个遗嘱于遗嘱人死亡后即失去效力。

二、遗嘱的撤回和变更的方式

遗嘱是一种要式民事法律行为,撤回或变更遗嘱也必须采用一定的方式。《民法典》对遗嘱的撤回和变更的方法没有作出具体规定,但依据立法精神和司法实

践,遗嘱的撤回和变更的方法通常有以下几种:

第一,遗嘱人重新订立遗嘱,并在重新订立的遗嘱中明示撤回或变更原来所立的遗嘱。这种方式简单明了,遗嘱人为撤回或变更原来所立遗嘱,可按照关于法定遗嘱形式的要求,重新订立公证遗嘱、自书遗嘱、代书遗嘱、打印遗嘱、录音录像遗嘱或口头遗嘱,明示撤回之前订立的遗嘱。

第二,遗嘱人可订立与原来所立遗嘱内容相抵触的新立遗嘱,撤回或变更以前所立的遗嘱。遗嘱人为撤回或变更原来所立的遗嘱,可以设立前后内容相抵触的遗嘱。《民法典》第1142条第3款规定:"立有数份遗嘱,内容相抵触的,以最后的遗嘱为准。"如果遗嘱人所立的前后遗嘱内容全部相抵触的,则应当以最后所立的遗嘱为准,前面的遗嘱视为被撤回。如果遗嘱人所立的前后遗嘱内容部分相抵触的,则视为遗嘱的变更。

第三,遗嘱人将遗嘱涂改、损毁,或者在遗嘱上注明废弃的意思表示。这也是撤回、变更遗嘱的一种常见方式。遗嘱人损毁、涂销遗嘱,或者在遗嘱上写明废弃的意思表示,法律应尊重遗嘱人的意思,此遗嘱应当视为撤回。如果涂毁遗嘱的部分内容,则其涂毁的部分应当视为变更。如果遗嘱因损毁,使人辨别不清遗嘱的内容,该遗嘱应当被视为全部撤回。凡在遗嘱书上记明废弃遗嘱的意思表示的,应当由遗嘱人亲笔记明。如系他人代笔,必须要有遗嘱人签名及两个以上无利害关系的证人作证。否则,不能认为遗嘱已经撤回。遗嘱的损毁、涂改或注明废弃的意思表示不是出于遗嘱人的本意,而是不可抗力或第三人造成的,且有证据予以证明,则不应当视为遗嘱的撤回和变更,该遗嘱仍然有效。由于不可抗力,遗嘱人的过失或第三人的行为,致使遗嘱损毁或涂销而又无法证明遗嘱的内容的,则该遗嘱不生效。

第四,遗嘱人可以通过与遗嘱内容相抵触的自己的行为,撤回或变更原来所立的遗嘱。例如,遗嘱人订立了一份遗嘱,将登记于其名下的一套房屋指定由其儿子继承。之后,遗嘱人又将这套房屋出卖给他人,且已实际交付并办理转移登记。在这种情况下,由于遗嘱人的行为直接与其所订立的遗嘱内容相抵触,其行为本身就否定了原来所立的遗嘱。因此,原来所立的遗嘱应当视为被撤回。即使遗嘱人在订立遗嘱以后,因忘记了自己已经订立了遗嘱,而作出与遗嘱相抵触的行为,也应视为原订立的遗嘱被撤回。需要注意的是,这种与遗嘱相抵触的行为必须是遗嘱人本人亲自所为的行为,否则,不能视为对遗嘱的撤回。例如,遗嘱人立有一份遗嘱,指定自己存于某银行账户中的50,000元存款由其女儿继承。不久,遗嘱人患上精神疾病生活不能自理,需要请人照看和治疗。为此,遗嘱人的配偶将其存款取出用来治疗其精神疾病。这种行为虽然与遗嘱相抵触,但不是遗嘱人本人所为,而是遗嘱人的法定代理人所为。因此,这种情况不能视为遗嘱的撤回,只能视为遗嘱无法执行或遗嘱内容无法实现。

遗嘱人采用立遗嘱后的行为撤回或变更原来所立的遗嘱,且与遗嘱内容相抵触的,还有以下几个问题应当注意:一是所谓遗嘱人的行为与遗嘱相抵触,指的是遗嘱人在立遗嘱以后的行为。如遗嘱人在立遗嘱前所为的行为与遗嘱相抵触的,则不属于撤回或变更原来所立遗嘱的问题,其行为属于其他性质的行为。例如,某遗嘱人在立遗嘱前已将其名下所有的一套房屋卖给他人,房屋已实际交付并办理转移登记。此后,他又订立遗嘱,指定这套房屋由其儿子继承。在此种情形下,遗嘱人出卖房屋的行为是立遗嘱前所为的行为,且该行为已经发生了法律效力。遗嘱人立遗嘱时,房屋已不属于他的财产,故属无权处分。此种遗嘱是属于无效遗嘱。可见,遗嘱人在立遗嘱前的行为与遗嘱人在立遗嘱以后的行为是两种不同性质的法律行为。二是遗嘱人在立遗嘱后所为的行为,如仅是对其财产所有权的限制,其遗嘱不得视为撤回。例如,遗嘱人在遗嘱中确定将价值50万元的房产由其儿子继承,后因遗嘱人急需用钱,以此房产作为抵押物向银行办理贷款。此时遗嘱不应视为被撤销,因为房产的所有并未因此而丧失。三是遗嘱人在立遗嘱后的行为与遗嘱相抵触的,其相抵触部分的遗嘱视为被撤销,其余部分仍然有效。例如,遗嘱人在遗嘱中指定将自己名下所有两套房产由其子继承,在订立遗嘱后,又将两套房产中的一套卖给了乙。在此情况下,对已经出卖的这套房产的继承部分视为被撤回,对尚未出卖的另一套房产的继承部分仍然有效,仍由其儿子继承。

第五章　遗产的处理

专题一　遗产管理人

《民法典》继承编较之《继承法》，在第四章"遗产的处理"中对遗产处理的规则作了丰富和完善。最突出和最大的改变是新增了遗产管理人制度，通过第 1145 条至第 1149 条共采用 5 个条款规定了遗产管理人的产生、指定、职责以及遗产管理人未尽职责的民事责任、遗产管理人的报酬请求权，由此对遗产管理人制度的主要内容作出了详细规定，填补了原立法上对于遗产管理人制度的欠缺。

一、设立遗产管理人制度的原因

这次新增加的遗产管理人制度，是继承编的一大亮点。这次《民法典》编纂为什么要新增遗产管理人制度？其出发点是什么？

第一，有利于遗产的保管、保值增值和公平分配。确保继承人、受遗赠人以及债权人等利害关系人的合法权益得到实现，减少遗产继承纠纷，是继承制度设立的目的。应当看到，被继承人死亡后，遗产的管理、处理状况是遗产分割的前提，也是继承人、被继承人的债权人等相关主体利益实现的关键。《继承法》缺失遗产分割前的遗产管理与处理规则，导致遗产难以有效清理，难以规范遗产保管人的行为，难以规范继承人清偿遗产债务等行为，出现了不少隐匿、私分、变卖遗产，侵害了其他继承人、受遗赠人、被继承人之债权人合法权益，这显然不利于家庭关系和相关经济关系的和谐稳定。特别值得注意的是，随着社会经济的快速发展，自然人死亡时遗留的个人合法财产价值越来越高，财产的形式和内容也越来越复杂、多样，亟须建立健全遗产分割前的遗产管理、处理机制以适应日益复杂的遗产保障、处置、分割问题。遗产管理人就是在这样的背景下产生的。

第二，有利于实现被继承人的意愿。尊重被继承人的意愿，是《民法典》继承编的重要立法理念,这一理念体现在新增录音录像遗嘱、取消公证遗嘱的优先效力上,也体现在遗产管理人的设置上。在被继承人设立遗嘱的情况下,遗产管理人通过其管理、处理行为,可以有效实现被继承人的遗嘱。在被继承人未设立遗嘱的情况下,遗产管理人的参与同样有利于被继承人的遗产得到依法顺利的处置和分配,减少围绕遗产发生的各类纠纷。

依照《民法典》第1147条的规定,我国遗产管理人应当履行下列职责:(1)清理遗产并制作遗产清单;(2)向继承人报告遗产情况;(3)采取必要措施防止遗产毁损;(4)处理被继承人的债权债务;(5)按照遗嘱或者依照法律规定分割遗产;(6)实施与管理遗产有关的其他必要行为。这无疑有利于遗产与继承人财产分割,实现遗产的有效管理与处理,也无疑符合被继承人关于其遗产处置的意愿。

二、遗产管理人选任和确定

这是遗产管理人制度实施的首要问题。遗产管理人的合理选任对于继承人和遗产债权人等相关主体的意义重大,一旦遗产管理人选任不当,则可能会给继承人和遗产债权人造成难以弥补的损失。关于遗产管理人的资格,《民法典》未作明确规定,但依其基本精神,应认为具有完全民事行为能力的自然人可以充当遗产管理人。依照《民法典》第1145条、第1146条的规定,遗产管理人应按如下顺序确定:其一,有遗嘱执行人的,遗嘱执行人为遗产管理人;其二,没有遗嘱执行人的,继承人应当及时推选遗产管理人;其三,继承人未推选的,由继承人共同担任遗产管理人;其四,没有继承人或者继承人均放弃继承的,由被继承人生前住所地的民政部门或者村民委员会担任遗产管理人;其五,对遗产管理人的确定有争议的,利害关系人可以向人民法院申请指定遗产管理人。概言之,选任遗产管理人可以分为被继承人生前指定、继承人推选、继承人共同担任、民政部门或村委会担任以及人民法院指定5种情况,其间的逻辑顺序是被继承人意愿优先,继承人意愿次之,在出现特殊情况时由有管理权的部门或组织担任,在发生争议的情况下由人民法院指定。

《民法典》第1133条规定:“自然人可以依照本法规定立遗嘱处分个人财产,并可以指定遗嘱执行人。”第1145条明确,“继承开始后,遗嘱执行人为遗产管理人”。这将遗产管理人与我国当前实际情况进行了很好的结合。在《民法典》实施后,立遗嘱人可以直接确定遗嘱执行人为遗嘱管理人。在没有遗嘱执行人的情况下,应当由继承人推选遗产管理人,未推选或推选不出的,由全体继承人共同担任。本书认为,为了充分实现遗产管理人制度目的,这里的继承人,包括遗嘱继承人、法定继承人和受遗赠人;这里的遗产管理人,既可以是继承人中的一人或数人,也可以是继承人以外的人。如果没有继承人或者继承人均放弃继承的,为便于处理被继承人殡葬产生的费用以及被继承人生前的债务、应当缴纳的税款等,亦应设立遗产管理人。在这种情况下,根据《民法典》第1160条的规定,遗产归国家所有,用于公益事业;如死者生前是集体所有制组织成员的,则归所在集体所有制组织所有。此时由被继承人生前住所地的民政部门或者村民委员会担任遗产管理人,以便于对此类遗产的处理。在农村地区,村民委员会作为基层自治组织,其对所属村民的家庭关系及相关亲属情况、财产状况较熟悉了解,由其作为遗产管理人,能够有效地完成各项遗产管理人应尽的职责。

如前所述,遗产管理人的选任以被继承人意愿和继承人共同意思为一般原则。但在缺乏上述意愿和共同意思表示的情况下,可能会发生确定遗产管理人的争议。解决争议的具体办法是:首先,由人民法院指定遗产管理人。由人民法院指定遗产管理人,其适用情形与由被继承人生前住所地的民政部门或者村民委员会担任遗产管理人的情形显然不同。应当明确,法院指定遗产管理人的前提是遗嘱未指定遗嘱执行人,继承人对选任遗产管理人有争议,被继承人的债权人或相关主体证实其合法权益已遭受继承人的损害或将要受到损害等。其次,法院指定须经利害关系人申请,法院不得擅自指定。此处的利害关系人既包括相关继承人,也包括被继承人的债权人。最后,法院应妥当指定遗产管理人。所谓妥当,就是在最大限度上有利于遗产的保管和处理。法院指定的遗产管理人,既可以是继承人中的一人或数人,也可以是继承人以外的人。

还需要研究的是,法院指定遗产管理人应采用何种程序?是通常民事诉讼程序,还是特别程序?对此有不同的观点。有人认为,法院指定遗产管理人基于存在确定遗产管理人的争议,且《民事诉讼法》在特别程序中并未规定法院指定遗产管理人的情形,因此应适用通常诉讼程序。有人则认为,法院指定遗产管理人基于利害关系人的申请而提出,应当适用特别程序。本书认为,按照《民法典》第1146条关于"对遗产管理人的确定有争议的,利害关系人可以向人民法院申请指定遗产管理人"的规定,对遗产管理人的确定有争议时,当事人向人民法院提出解决问题的权利是非诉性质的申请权,不是对抗性质的诉讼权利。因此,其程序只能适用《民事诉讼法》规定的特别程序,不能适用诉讼程序。当然,应当看到,遗产管理人是《民法典》确定的一项新制度,目前的《民诉法司法解释》还未规定。在《民法典》实施后,作为遗产管理人确定的争议申请制度,最高人民法院应当作出相应规定。在未作出规定之前,参照特别程序执行,与民事诉讼法的精神是不相违背的。

三、遗产管理人的报酬和责任

从各国立法例来看,多数国家规定遗产管理人有权取得报酬,但也有少数国家和地区规定遗产管理人一职具有无偿性,不能索取报酬。依照我国《民法典》第1149条的规定,遗产管理人可以依照法律规定或者按照约定获得报酬。我国的上述规定符合权利与义务相一致的原则,既然遗产管理人承担了相应的法定义务与责任,有必要赋予其取得报酬的权利,这不仅是对遗产管理劳动价值的承认,也有利于促使遗产管理人积极、妥善地管理遗产事务。当然,若遗产管理人就是继承人时,考虑到继承人在某种程度上是为自己管理遗产,故一般无须取得报酬,但是如其他继承人或者受遗赠人愿意支付给其酬劳的则不受限制。对于遗产管理人报酬金额的确定,如被继承人遗嘱中已确定给予其报酬金额,或者继承人与遗产管理人之间有约定的,应按照约定金额计算;没有约定的,可以依据遗产管理人的工作量、管理的难易程度以及遗产的数额等诸多方面的因素,综合予以考量。在劳务付出量的计算上,则可参考最高人民法院《关于审理企业破产案件确定管理人报酬的规定》第9条关于我国破产管理人报酬的相关规定,主要是综合考量遗产的数额、管理工作的复杂性、勤勉程度、实际贡献、风险和责任、当地的收入与物价水平等。

关于遗产管理人未尽职责的民事责任。《民法典》第1148条规定:"遗产管理人应当依法履行职责,因故意或者重大过失造成继承人、受遗赠人、债权人损害的,应当承担民事责任。"不难看出,《民法典》就此采用了过错赔偿的原则。在具体的过错认定上,应以遗产管理人是否尽到善良管理人义务为标准进行判断,并以故意或重大过失为限。故意即明知或应知其后果而积极追求或放纵,重大过失即行为人欠缺一般人具有的基本注意,行为人只要稍加注意,损失本不会发生。之所以以故意或重大过失为限,是因为遗产管理人系为继承人及其他相关主体的利益进行遗产管理,若责任过重,会导致无人敢担任遗产管理人一职,导致该制度便形同虚设,不利于遗产管理人制度目的的实现。据此,如遗产管理人只是一般过失,则无须担责。至于遗产管理人与部分利害主体合谋而损害其他利害主体利益的,则应适用《民法典》的共同侵权规则,由遗产管理人与同其合谋的部分利害主体共同向其他受损利害主体承担连带责任。

四、遗产管理人的诉讼地位

遗产管理人是我国民法的新生制度,《民事诉讼法》及其司法解释并无对遗产管理人诉讼地位的相关规定,但这一问题关系遗产管理人制度的实施,有很强的实践意义。结合遗产管理人的职责角色,本书认为,遗产管理人的诉讼地位主要涉及以下情况:

第一,以法定代表人的身份,代表被继承人的生前意愿和继承人、受遗赠人的利益参加诉讼。依照《民法典》第1147条的规定,遗产管理人需要履行一系列职责,如采取必要措施防止遗产毁损、灭失,处理被继承人的债权债务,实施与管理遗产有关的其他必要行为等。遗产管理人履行上述职责,在对内关系上,其身份是受托人,即受被继承人生前之托处理遗产事务;对外关系上,其身份应当是法定代表人,即代表被继承人生前之托,又代表继承人和受遗赠人利益开展民事活动。在履行职责过程中,如果发生诉讼,遗产管理人应当是以法定代表人的身份参加诉讼。它既是被继承人生前意愿的代表,又是继承人和受遗赠人合法权益的代表。但作为原告或者被告的民事主体,仍然应当是继承人和受遗赠人。

第二,在涉及遗产继承纠纷诉讼中作为证人。在实践中,遗产管理人在遗产管理、清理、析产等方面无疑会发挥积极作用,能够减少很多纠纷,但仍不能排除继承人之间因继承争议而发生诉讼。在此种情况下,遗产管理人因参与遗产保管、整理、处理的过程,对相关争议事实了解和知情,在相关诉讼中可以成为证人,经当事人申请和法院同意后可以出庭作证。

第三,在涉及向继承人、受遗赠人追索报酬时,遗产管理人应当作为案件的原告。这也是不难理解的。在经遗产管理人努力后,相关主体之间就继承问题最终不能达成一致而提起诉讼的情况下,遗产管理人就其已付出劳动有权要求相应报酬。就此问题涉及的法理是,遗产管理人的报酬在属性上可否是遗产的一部分。笔者认为,为保障遗产管理人的利益,可参照破产管理人报酬从破产财产中优先支付的法理,将遗产管理人的报酬确定为遗产中优先给付的部分。遗产管理人可以主张在遗产中优先给付其报酬,此时其在相关诉讼中是有独立请求权的第三人。遗产管理人如放弃此优先权,也完全可基于报酬请求权,起诉要求继承关系受益人连带承担给付报酬的义务,此时其在单独起诉的案件中系作为原告。

此外,按照《民法典》第1148条的规定,遗产管理人应当依法履行职责,因故意或者重大过失造成继承人、受遗赠人、债权人损害时,则可能因继承人、受遗赠人、债权人提起诉讼而成为被告。此问题因前面已有论述,这里不再详述。

侵权责任编

第一章　概　述

2009年第十一届全国人大常委会第十二次会议通过了《侵权责任法》。《侵权责任法》实施以来,在保护民事主体的合法权益、预防和制裁侵权行为方面发挥了重要作用。《民法典》侵权责任编是在《侵权责任法》基础上编纂而成的。

《民法典》第七编侵权责任编,在总结《侵权责任法》实施以来实践经验的基础上,针对侵权领域出现的新情况,吸收借鉴司法解释的有关规定,对侵权责任制度作了必要的补充和完善。结构上仍然采用总分结构,前三章为总,之后为分。第一章保留了《侵权责任法》第一章章名"一般规定"。解构《侵权责任法》第二章"责任构成和责任方式"和第三章"不承担责任和减轻责任的情形"的规定,将其中保留的部分条文分别编入第一章"一般规定"和第二章"损害赔偿"。第二章"损害赔偿",规定损害赔偿侵权责任方式的具体适用,大部分条文承继了《侵权责任法》第二章。第三章"责任主体的特殊规定"基本承继了《侵权责任法》第四章,结合司法实践经验作了较多补充和完善。第四章"产品责任"大致承继了《侵权责任法》第五章的规定,个别条文进行了补充完善。第五章"机动车交通事故责任"大致承继了《侵权责任法》第六章的规定,同时吸收司法解释的一些成果,增设了"好意同乘"条款。第六章"医疗损害责任"承继了《侵权责任法》第七章,没有增减条文,个别条文补充完善。第七章"环境污染和生态破坏责任"修改了章名,承继了《侵权责任法》第八章的主要规定,系统增加了生态破坏责任的相关内容,重点增加了惩罚性赔偿责任、环境生态修复和损害赔偿的规定。第八章"高度危险责任"较《侵权责任法》第九章而言,增加了加强生物安全管理、完善高度危险责任的规定,明确占有或者使用高致病性危险物造成他人损害的,应当承担侵权责任。第九章"饲养动物损害责任"承继了《侵权责任法》第十章的规定,第1246条增加了"但书"规定。第十章"建筑物和物件损害责任"大致承继了《侵权责任法》第十一章的主要规定,最大修改是建筑物抛(坠)物品损害赔偿规则。

《民法典》侵权责任编共10章95条。第一章是一般规定,相当于该编的小总则;第二章损害赔偿主要是解决损害赔偿的基本问题,主要包括侵害人身权益造成的损失类型及其赔偿内容、同一侵权多人死亡时死亡赔偿金的相同数额、被侵权人死亡后的请求权主体、侵害财产权的赔偿损失标准、侵害知识产权可适用惩罚性赔偿、受害人和行为人无过错时的损失分担以及赔偿损失的支付方式;第三章是责任主体的特殊规定。之后第四章至第七章是产品责任、机动车交通事故责任、医疗损害责任、环境生态损害责任等7种具体责任。主要内容有:

1. 一般规定。第一章规定了侵权责任的归责原则、多数人侵权的责任承担、侵权责任的减轻或者免除等一般规则。并在现行侵权责任法的基础上作了进一步完善:一是确立"自甘风险"规则,规定自愿参加具有一定风险的文体活动,因其他参加者的行为受到损害的,受害人不得请求没有故意或者重大过失的其他参加者承担侵权责任(第1176条第1款)。二是规定"自助行为"制度,明确合法权益受到侵害,情况紧迫且不能及时获得国家机关保护,不立即采取措施将使其合法权益受到难以弥补的损害的,受害人可以在保护自己合法权益的必要范围内采取扣留侵权人的财物等合理措施,但是应当立即请求有关国家机关处理。受害人采取的措施不当造成他人损害的,应当承担侵权责任(第1177条)。

2. 损害赔偿。第二章规定了侵害人身权益和财产权益的赔偿规则、精神损害赔偿规则等。同时,在现行侵权责任法的基础上,对有关规定作了进一步完善:一是完善精神损害赔偿制度,规定因故意或者重大过失侵害自然人具有人身意义的特定物造成严重精神损害的,被侵权人有权请求精神损害赔偿(第1183条第2款)。二是为加强对知识产权的保护,提高侵权违法成本,增加规定,故意侵害他人知识产权,情节严重的,被侵权人有权请求相应的惩罚性赔偿(第1185条)。

3. 责任主体的特殊规定。第三章规定了无民事行为能力人、限制民事行为能力人及其监护人的侵权责任,用人单位的侵权责任,网络侵权责任,以及公共场所的安全保障义务等。同时,在现行侵权责任法的基础上作了进一步完善:一是增加规定委托监护的侵权责任(第1189条);二是完善网络侵权责任制度。为了更好地保护权利人的利益,平衡好网络用户和网络服务提供者之间的利益,细化了网络侵权责任的具体规定,完善了权利人通知规则和网络服务提供者的转通知规则(第1195条、第1196条)。

4. 各种具体侵权责任。第七编的其他各章是类型化的侵权,分别对产品生产销售、机动车交通事故、医疗、环境污染和生态破坏、高度危险、饲养动物、建筑物和物件等领域的侵权责任作出了具体规定。并在现行侵权责任法的基础上,对有关内容作了进一步完善:一是完善生产者、销售者召回缺陷产品的责任,增加规定,依照相关规定采取召回措施的,生产者、销售者应当负担被侵权人因此支出的必要费用(第 1206 条第 2 款)。二是明确交通事故损害赔偿的顺序,即先由机动车强制保险理赔,不足部分由机动车商业保险理赔,仍不足的由侵权人赔偿(第 1213 条)。三是进一步保障患者的知情同意权,明确医务人员的相关说明义务,加强医疗机构及其医务人员对患者隐私和个人信息的保护(第 1219 条、第 1226 条)。四是贯彻落实习近平生态文明思想,增加规定生态环境损害的惩罚性赔偿制度,并明确规定了生态环境损害的修复和赔偿规则(第 1232 条、第 1234 条、第 1235 条)。五是加强生物安全管理,完善高度危险责任,明确占有或者使用高致病性危险物造成他人损害的,应当承担侵权责任(第 1239 条)。六是完善高空抛物坠物治理规则。为保障好人民群众的生命财产安全,对高空抛物坠物治理规则作了进一步完善,规定禁止从建筑物中抛掷物品,同时针对此类事件处理的主要困难即侵权行为人难以确定的问题,强调公安等机关应当依法及时调查,查清责任人,并规定物业服务企业等建筑物管理人应当采取必要的安全保障措施防止此类行为的发生(第 1254 条)。

5. 实施。"附则"明确了《民法典》侵权责任编与侵权责任法的关系。《民法典》施行后,《侵权责任法》将被替代。因此,规定在《民法典》施行之时,同步废止《侵权责任法》等民事单行法律(第 1260 条)。

侵权责任编实施应当注意的主要问题有:

一、侵权责任编与《民法典》第一编规定的民事责任的关系

民法典编纂的重要价值,在于体系化梳理民法规范,并通过合理结构和严密逻辑使民法的规范与规范之间的关系融贯自洽,实现立法的科学化和司法的规范化。

民事责任是民事主体违反民事义务的法律后果,是保障和维护民事权利的重要制度。《民法典》第一编第八章规定的民事责任:规定了民事责任的承担方式,并对不可抗力、正当防卫、紧急避险、自愿实施紧急救助等特殊的民事责任承担问题作了规定。侵权责任编在《民法典》中的地位与作为单行法的《侵权责任法》在民法中的地位有较大区别,《民法典》中的侵权责任编可以理解为主要是损害赔偿责任的承担,而不是原来单行法中 7 种民事责任的承担。因为侵权责任编第二章把单行法中的"责任构成和责任方式"改成了"损害赔偿",避免与第一编第八章规定的民事责任重复,同时第 1165 条、第 1166 条补充完善了关于侵权行为的构成要件,增加"造成损害的"这一表述,间接明确了本编涉及损害赔偿的范围。侵权责任编主要规定损害赔偿责任承担的同时,第 1167 条、第 1205 条仍然保留规定了"停止侵

害、排除妨碍、消除危险”等损害赔偿以外的民事责任形态作为侵权责任的承担方式。“侵权责任”具体包括的具体类型,已经被包含在第一编中,侵权责任编不再论述。《民法典》第一编总则第179条规定了民事责任的11种承担方式,涵盖了《侵权责任法》第15条规定的侵权责任承担的7种方式和《民法典》第三编合同第577条和第578条规定的违约责任具体类型。在《民法典》民事责任体系中,第三编合同第八章“违约责任”与第七编“侵权责任”在法律适用上实际上处于同等位阶,在与第一编第八章“民事责任”不相矛盾和冲突的情况下可以优先适用。侵权责任编“侵权责任”具体类型是被提取公因式后的不完全规范,与第三编合同第577条和第578条对违约责任具体类型的单独规定在民法典中处于同等位阶。

二、请求权竞合和聚合

这里所谓请求权竞合,是指违约与侵权请求权竞合选用。《民法典》总则编第186条沿袭《合同法》第122条的内容规定:“因当事人一方的违约行为,损害对方人身权益、财产权益的,受损害方有权选择请求其承担违约责任或者侵权责任。”根据《合同法》第122条的规定,1999年《合同法司法解释(一)》第30条作出赋予当事人选择权的解释:“债权人依照合同法第一百二十二条的规定向人民法院起诉时作出选择后,在一审开庭以前又变更诉讼请求的,人民法院应当准许。对方当事人提出管辖权异议,经审查异议成立的,人民法院应当驳回起诉。”

所谓请求权聚合,一是指违约与严重精神损害请求权重合并用。《民法典》第996条关于违约行为损害相对方人格权并造成严重精神损害的,损害方应承担精神损害赔偿的规定。这里的精神损害赔偿也是金钱赔偿,而且精神损害赔偿请求权在《民法典》实施以后,不因当事人首先选择违约责任请求权而丧失。换言之,违约行为损害相对方人格权并造成严重精神损害的,受害人有权单独请求精神损害赔偿,也可以与违约之诉一并提出赔偿请求。二是指公法请求权与民法侵权请求权重合并用。《民法典》第187条规定:“民事主体因同一行为应当承担民事责任、行政责任和刑事责任的,承担行政责任或者刑事责任不影响承担民事责任;民事主体的财产不足以支付的,优先用于承担民事责任。”欠付税金、行政罚款、刑事罚金等都可以成为公法请求权的内容。《民法通则》虽然没有民事责任优先的规定,但是其第110条最早规定了法律责任重合问题,及刑行民并用不可相互取代原则。《公司法》第214条、《刑法》第36条、《个人独资企业法》第43条、《合伙企业法》第106条、《物权法》第38条、《证券投资基金法》第150条、《产品质量法》第64条、《食品安全法》第 147 条、《证券法》第 220 条、《侵权责任法》第 4 条对民事责任优先承担原则作了明确规定。《侵权责任法》第 4 条规定："侵权人因同一行为应当承担行政责任或者刑事责任的，不影响依法承担侵权责任。因同一行为应当承担侵权责任和行政责任、刑事责任，侵权人的财产不足以支付的，先承担侵权责任。"这样规定对于保护受害人利益具有重要作用，取得了良好的法律效果和社会效果。《民法典》总则编将民事责任优先原则在其第 187 条予以规定："民事主体因同一行为应当承担民事责任、行政责任和刑事责任的，承担行政责任或者刑事责任不影响承担民事责任；民事主体的财产不足以支付的，优先用于承担民事责任。"

《民法典》第 187 条与《刑诉法解释》第 138 条第 2 款的关系问题。《刑诉法解释》第 138 条第 2 款规定："被害人因人身权利受到犯罪侵犯或者财物被犯罪分子毁坏而遭受物质损失的，有权在刑事诉讼过程中提起附带民事诉讼；被害人死亡或者丧失行为能力的，其法定代理人、近亲属有权提起附带民事诉讼。因受到犯罪侵犯，提起附带民事诉讼或者单独提起民事诉讼要求赔偿精神损失的，人民法院不予受理。"《刑诉法解释》中规定的是刑事附带民事诉讼中精神损害赔偿的立案问题，《民法典》第 187 条规定的在依法判决当事人承担的法律责任中，既有刑事责任，又有民事责任的情形，优先承担民事责任。这里规定的责任承担的先后顺序。根据《刑法》所作《刑诉法解释》第 138 条的规定，主要考虑的是在刑事附带民事诉讼中，让被告承担的刑事处罚相当于已经对受害人进行了精神上的抚慰，因此在刑事附带民事诉讼中受害人提出赔偿请求只能限于物质损失，不能再提出精神损害补偿。即从国家角度作出的刑事处罚和对受害人的赔偿是两个层面的问题，刑事处罚是对犯罪者从法律关系上看，对犯罪行为人的惩罚、对社会危害性的制裁及对社会秩序的维护，不能否定是对受害人的精神抚慰，但也不可完全等同，特别是造成严重精神损害的时候。从比较法来看，德国、日本、美国等都可以另行要求主张精神损害赔偿。德国法认为，对于被告刑事制裁是对社会危害性的惩罚，与对受害人的精神抚慰是两个问题。我国各地司法实践有支持也有不支持的，支持的，从法律适用的角度来看，我国《刑诉法解释》第 155 条对于交通肇事中的赔偿有专门的规定，是依据《道路交通安全法》确定赔偿责任，而根据《道路交通安全法司法解释》的规定，其损害赔偿范围包括精神损害赔偿。不支持的往往以刑法为依据。然而刑法是否修改还有待观察。在我国刑法修改以前，我们倾向认为刑事附带民事诉讼一般应赔偿直接物质损失。但是，自 2021 年 1 月 1 日起《民法典》实施，违约行为损害相对方人格权并造成严重精神损害的，应当支持受害方提出的承担精神损害赔偿请求,至于不属于违约行为的犯罪行为损害相对方人格权并造成严重精神损害的,是否支持精神损害赔偿请求,则是急需刑事立法认真对待的一个问题。

三、公平责任

《民法典》第1186条规定,受害人和行为人对损害的发生都没有过错的,依照法律的规定由双方分担损失。这一规定对《侵权责任法》第24条中的"可以根据实际情况,由双方分担损失"作出了修改。《民法典》第1186条所规定的实际是损失分担规则,在我国之前的民事立法及理论中被称为公平责任。《民法通则》第132条规定,当事人对造成损害都没有过错的,可以根据实际情况,由当事人分担民事责任。显然,这既不是过错责任,也不是无过错责任,故学界称之为公平责任。在《民法典》之前,最高人民法院亦曾试图对《侵权责任法》第24条作类型化分析(如体育活动中受到损害),将公平责任限于法律和司法解释明确规定的范围内,并通过总结既有案件类型概括其构成要件,在参与《民法典》编纂过程中,也提出了限制公平责任范围的意见。

《民法典》中规定的公平责任的条文,如第53条死亡宣告撤销、第117条征收征用补偿、第182条紧急避险、第183条见义勇为、第322条添附问题、第336条承包地调整、第979条无因管理、第1118条收养关系解除、第1190条完全民事行为能力人丧失意识下导致他人伤害赔偿、第1192条第2款提供劳务期间损害补偿、第1254条高空抛物坠物的损害补偿等,并没有具体量化补偿或者赔偿的数额,单行法大多也没有具体量化。因此,立法机关删除"可以根据实际情况",并不意味着在无法可依的情况下法官不可以根据案件的实际情况和立法精神具体裁量损失的分担或者承担了。

四、自甘冒险免责规则

《民法典》第1176条规定:"自愿参加具有一定风险的文体活动,因其他参加者的行为受到损害的,受害人不得请求其他参加者承担侵权责任,但是,其他参加者对损害的发生有故意或者重大过失的除外。活动组织者的责任适用本法第一千一百九十八条至第一千二百零一条的规定。"该条明确限定了自甘冒险的适用范围为"自愿参加具有一定风险的文体活动",排除了其他社会活动;活动组织者承担的责任既包括安全保障义务人的责任,还包括学校、幼儿园及其他教育机构承担未尽到教育、管理职责的侵权责任。自甘冒险免责是一项新规则,在《民法典》编纂过程中,是否规定自甘冒险规则,是侵权责任编起草过程中的一个重要问题。最高人民法院《民法典》编纂研究工作小组在总结以往民事审判经验的基础上,建议规定自甘冒险规则,全国人大常委会法工委在综合各方意见的基础上,在二次审议稿中第954条之一规定了自甘冒险规则,即"自愿参加具有危险性的活动受到损害的,受害人不得请求他人承担侵权责任,但是他人对损害的发生有故意或者重大过失的除外。活动组织者的责任适用本法第九百七十三条的规定"。①

五、自助行为免责规则

《民法典》第1177条规定:"合法权益受到侵害,情况紧迫且不能及时获得国家机关保护,不立即采取措施将使其合法权益受到难以弥补的损害的,受害人可以在保护自己合法权益的必要范围内采取扣留侵权人的财物等合理措施;但是,应当立即请求有关国家机关处理。受害人采取的措施不当造成他人损害的,应当承担侵权责任。"有学者认为,构成自助行为,指权利人为保护自己的权利,在情事紧迫而又不能及时获得国家机关救助保护的情形下,对他人的财产或人身施加扣押、约束或其他形式的措施,而为法律或社会公德所认可的行为。②

自助行为的性质,属于私力救济的范畴。确立自助行为、引导依法维权、规范私力救济行为,是市场经济发展的需要,是保护人民财产权、人身权和人格权的需要。在符合法定条件下适用私力救济,是对公力救济的拾遗补阙和必要补充,调动当事人维权积极性制止侵权抑恶扬善,成本低、效率高、效果好。毋庸置疑,私力救济的存在具有合理性,对于防止损害扩大,及时救济民事权利,弥补公力救济的不足和不及时,乃至促进社会发展具有积极作用。不少国家的法律和判例承认自助行为,如德国、法国、日本、英国等。我国《合同法》第264条就有规定:"定作人未向承揽人支付报酬或者材料费等价款的,承揽人对完成的工作成果享有留置权,但当事人另有约定的除外。"

在《民法典》编纂过程中,立法机关在综合各方意见的基础上,在第二次审议稿第954条之二明确规定:"合法权益受到侵害,情况紧迫且不能及时获得国家机关

① 二审稿第973条沿用了《侵权责任法》第37条的规定,系关于安全保障义务的规定。该条规定:"宾馆、商场、银行、车站、娱乐场所等经营场所、公共场所的经营者、管理者或者群众性活动的组织者,未尽到安全保障义务,造成他人损害的,应当承担侵权责任。因第三人的行为造成他人损害的,由第三人承担侵权责任;经营者、管理者或者组织者未尽到安全保障义务的,承担相应的补充责任。经营者、管理者或者组织者承担补充责任后,可以向第三人追偿。"

② 参见王利明、杨立新编著:《侵权行为法》,法律出版社1996年版,第85页。

保护的,受害人可以在必要范围内采取扣留侵权人的财物等合理措施。受害人实施前款行为后,应当立即请求有关国家机关处理。受害人采取的措施不当造成他人损害的,应当承担侵权责任。”此后,立法机关根据常委会审议意见和实务部门建议,对该条内容作了进一步完善:一是增加了“不立即采取措施将会使其权益受到难以弥补损害的”这一限定条件加以规范;二是将原来第 2 款规定的“受害人实施前款行为后,应当立即请求有关国家机关处理”修改为“但是,应当立即请求有关国家机关处理”,并入第 1 款,严格规范了自助行为适用的后续条件。

六、民事惩罚性赔偿

民事惩罚性赔偿,是指民事主体违反民事法律规定,人民法院依照法律的规定判处侵害人向受害人支付超过实际损失数额的一种民事责任。其主要目的在于除填补损失以外惩罚有主观故意、危害严重的侵权行为,并遏制这种侵权行为的发生。我国法律(《消费者权益保护法》第 55 条、《侵权责任法》第 47 条、《合同法》第 113 条第 2 款、《食品安全法》第 148 条第 2 款以及《商品房买卖合同解释》第 8 条和第 9 条)规定的惩罚性赔偿,均以行为人的主观故意、明知或者欺诈为前提,体现其惩罚性和威慑目的。惩罚性赔偿具有法定性,必须有立法的规定才可以适用,否则不允许适用。

生态环境损害赔偿是环境侵权的法律后果,生态环境损害,是指环境权利、环境法益因侵权破坏遭受损害的一种状态。生态环境损害赔偿诉讼中“赔偿损失”的范围包括被侵权人因污染行为而造成的财产损失以及消除污染、修复生态环境费用和防止损害的发生和扩大所支出的合理费用。具体而言,民法规定了造成生态环境损害应当赔偿 5 项基本费用:(1)生态环境修复期间服务功能丧失导致的损失;(2)生态环境功能永久性损害造成的损失;(3)生态环境损害调查、鉴定评估等费用;(4)清除污染、修复生态环境费用;(5)防止损害的发生和扩大所支出的合理费用。增加生态环境损害赔偿,是《民法典》侵权责任编编纂中的一大亮点。

《民法典》第 1185 条规定侵害知识产权惩罚性赔偿的内容,要件包括:一是侵权人的故意;二是情节严重;三是数量上是相应的惩罚性赔偿。该条规定作为基本法的一项制度与我国单行的专利、商标、著作权等知识产权法有机衔接,体现了科学立法,便于规范司法。

七、高空抛物侵权责任

《民法典》第 1254 条规定:“禁止从建筑物中抛掷物品。从建筑物中抛掷物品或者从建筑物上坠落的物品造成他人损害的,由侵权人依法承担侵权责任;经调查难以确定具体侵权人的,除能够证明自己不是侵权人的外,由可能加害的建筑物使用人给予补偿。可能加害的建筑物使用人补偿后,有权向侵权人追偿。物业服务企业等建筑物管理人应当采取必要的安全保障措施防止前款规定情形的发生;未采取必要的安全保障措施的,应当依法承担未履行安全保障义务的侵权责任。发生本条第一款规定的情形的,公安等机关应当依法及时调查,查清责任人。"高空抛物侵权责任如何承担,规则如何修改,是《民法典》侵权责任编编纂中的一个争议点。《侵权责任法》第 87 条规定:"从建筑物中抛掷物品或者从建筑物上坠落的物品造成他人损害,难以确定具体侵权人的,除能够证明自己不是侵权人的外,由可能加害的建筑物使用人给予补偿。"新旧比较,主要变化有 4 点:一是明确了"禁止从建筑物中抛掷物品"的态度;二是明确了从建筑物中抛坠的物品造成他人损害的,由侵权人依法承担侵权责任为一般规则,由可能加害的建筑物使用人给予补偿为例外;三是明确了物业服务企业等建筑物管理人的安全保障义务和未履行安全保障义务的侵权责任;四是明确了公安等机关的调查义务和查清侵权人职责。

新冠肺炎疫情发生以来,全国人大常委会高度关注,结合民法典编纂工作,对与疫情相关的合同制度(第 494 条)、侵权责任编生物安全管理和高度危险责任(第 1239 条)等内容进一步作出有针对性的修改完善。

《民法典》侵权责任编对侵权责任制度的修改和完善,有利于妥善处理民事侵权纠纷、维护广大人民群众的合法权益,促进社会公平正义,弘扬社会主义核心价值观,促进社会和谐稳定,对于整体民法典的切实有效施行具有重大意义。

第二章　一般规定

专题一　共同侵权行为

一、共同侵权行为的界定

共同侵权，是指数人共同不法侵害他人权益造成损害的行为。《民法典》第1168条规定："二人以上共同实施侵权行为，造成他人损害的，应当承担连带责任。"

近年来，学界和实务界对于共同侵权行为的适用范围作了进一步的研究和检讨，主要观点有：一是意思联络说，认为共同加害人之间必须有意思联络始能构成。意思联络即共同故意，它使主体的意志统一为共同意志，使主体的行为统一为共同的行为。反之，如无主体间的意思联络，则各人的行为就无法在实质上统一起来，因而也不构成共同侵权行为。[①] 二是共同过错说，认为共同侵权行为的本质特征在于数个行为人对损害结果具有共同过错，既包括共同故意，也包括共同过失。[②] 三是共同行为说，认为共同行为是共同加害人承担连带责任的基础，共同加害结果的发生，总是与共同加害行为紧密联系，不可分割。[③] 四是关联共同说，认为共同侵权行为以各个侵权行为所引起的结果，有客观的关联共同为已足，各行为人间不必有意思的联络。数人为侵权行为的时间或地点，虽无须为统一，但损害则必须不可分离，始成立关联共同。[④] 2003年《人身损害赔偿解释》第3条第1款规定："二人以上共同故意或者共同过失致人损害，或者虽无共同故意、共同过失，但其侵害行为直接结合发生同一损害后果的，构成共同侵权，应当依照民法通则第一百三十条规定承担连带责任。"[⑤]这一规定在坚持共同侵权行为的共同过错的同时，还部分承认

---

① 参见伍再阳：《意思联络是共同侵权行为人的必备要件》，载《现代法学》1984年第2期。

② 参见王利明主编：《民法·侵权行为法》，中国人民大学出版社1993年版，第354页。

③ 参见邓大榜：《共同侵权行为人的民事责任初探》，载《现代法学》1982年第3期。

④ 参见欧阳宇经：《民法债编通则实用》，台北，汉林出版社1977年版，第78页。

⑤ 该解释于2020年修正后删除了该内容。

共同侵权行为的客观标准,认为数人虽无共同故意、共同过失,但其侵害行为直接结合发生同一损害后果的,构成共同侵权。这一条规定在民法典中被吸收,并被规定在第 1168 条和其他条款中。

二、共同侵权行为的构成要件

《民法典》第 1168 条对共同侵权行为的规定,是民事共同侵权的请求权基础。如要行使请求权,应当首先了解构成共同侵权行为需要满足以下几个要件:

一是侵权主体的复数性。共同侵权行为的主体必须是两个以上的主体。行为主体既可以是自然人,也可以是法人。这是共同侵权行为所应具备的基本特征。

二是共同实施侵权行为。这一要件中的"共同"主要包括 3 层含义:其一,共同故意实施的行为。基于共同故意侵害他人合法权益的,属于典型的共同侵权行为。其二,共同过失实施的行为。"共同过失"主要是数个行为人共同从事某种行为,基于共同的疏忽大意或者过于自信的过失,而造成他人的损害。其三,数个侵权行为相结合而实施的行为造成他人的损害。换言之,在数个行为人之间尽管没有意思联络,但他们的行为结合在一起,造成了同一个损害结果,形成了客观的关联共同,也构成共同侵权行为。①

三是侵权行为与损害后果之间具有因果关系。在共同侵权行为中,有时各个侵权行为对造成损害后果的比例有所不同,但必须存在法律上的因果关系,如果某个行为人的行为与损害后果之间没有因果关系,不应与其他行为人构成共同侵权。②

四是受害人具有损害,且损害具有不可分割性。这是受害人请求共同侵权人承担连带责任的一个基本要件。

三、共同侵权行为的责任承担规则

在数人侵权情形下,如果构成第 1168 条规定的共同侵权,数个行为人对受害人承担连带责任,受害人可以要求任何一行为人承担全部侵权责任。连带责任的制度价值就在于通过增加承担全部责任的主体数量,加强对受害人请求权的保护,以确保受害人获得充分的救济。连带责任的承担,实际上对于某个先行承担责任而

---

① 参见杨立新:《侵权法论》(第 5 版),人民法院出版社 2013 年版,第 908 页。

② 参见王胜明主编:《〈中华人民共和国侵权责任法〉条文解释与立法背景》,人民法院出版社 2010 年版,第 47 页。

后再行追偿的主体来说,是一种责任的加重。就外部责任而言,该条明确规定共同侵权人承担连带责任。至于如何具体适用连带责任,则要适用《民法典》第 178 条关于连带责任的一般规则。连带责任的特征主要表现在:(1)连带责任对于侵权人来说是一种比较严重的责任方式。连带责任对外是一个整体责任。连带责任中的每个人都需要对被侵权人承担全部责任。被请求承担全部责任的连带责任人,不得以自己的过错程度等为理由只承担自己的责任。(2)连带责任对于被侵权人保护得更充分。连带责任给了被侵权人更多的选择权,被侵权人可以请求一个或者数个连带责任人承担全部或者部分的赔偿责任。(3)连带责任是法定责任,连带责任人不能约定改变责任的性质,对于内部责任份额的约定不发生对外效力。①

至于内部责任,应当按照《民法典》第 178 条的规定予以确定。在共同侵权行为中,共同加害人就内部责任而言,各个加害人的过错和行为的原因力可能不一样。各加害人必须根据各自的过错和行为的法律原因力分担其内部责任份额。依据第 178 条第 2 款的规定,连带责任人的责任份额根据各自责任大小确定;难以确定责任大小的,平均承担责任。实际承担责任超过自己责任份额的连带责任人,有权向其他连带责任人追偿。具体而言,可以分为 4 种情形来确定共同侵权人的内部责任份额:

其一,各行为人的过错与法律原因力都能确定的,确定共同加害人责任份额的基本要求,是各共同行为人过错程度和行为的原因力,将这两个因素综合判断,确定各共同加害人各自的份额。具体方法是:第一,确定整体责任是 100% 。第二,确定各行为人主观过错在整体过错中的百分比,按照故意重于重大过失,重大过失重于一般过失的标准,分别确定各行为人各自所占过错比例的百分比。第三,确定各行为人的行为对损害发生的原因力,亦用百分比表示,即全体行为人的行为总和为 100% ,各行为人的行为所占百分比。第四,某一行为人的过错百分比与行为原因力百分比相加除以 2,即为该行为人的责任份额。例如,某一行为人的过错程度为 30% ,行为的原因力为 50% ,其责任份额即为 40% 。②

其二,全部或部分行为人的过错难以确定但各行为人的法律原因力能确定的,则根据各自法律原因力的大小确定各行为人的责任份额。

其三,全部或部分行为人的法律原因力难以确定,但各行为人的过错能确定

---

① 参见王胜明主编:《〈中华人民共和国侵权责任法〉条文解释与立法背景》,人民法院出版社 2010 年版,第 60 页。

② 参见杨立新:《侵权法论》(第 5 版),人民法院出版社 2013 年版,第 942 ~ 943 页。

的,应根据各自过错的大小分配各行为人的责任份额。

其四,各个共同侵权行为人的过错与法律原因力都无法确定的,应当以各行为人平均分担责任为原则,并适当考虑加害人的非法获利、经济负担能力等情况来确定。

四、与民事诉讼程序中共同被告确定问题的衔接

对于第 1168 条的适用,要注意与民事诉讼中确定共同被告特别是追加被告的规则衔接问题。依据《民诉法司法解释》第 73 条的规定:“必须共同进行诉讼的当事人没有参加诉讼的,人民法院应当依照民事诉讼法第一百三十五条的规定,通知其参加;当事人也可以向人民法院申请追加。人民法院对当事人提出的申请,应当进行审查,申请理由不成立的,裁定驳回;申请理由成立的,书面通知被追加的当事人参加诉讼。”具体而言,人民法院通过审核诉讼材料和审前调查,如果发现必须共同进行诉讼的当事人没有参加诉讼,应当通知其参加诉讼。依法追加当事人参加诉讼,这样才可以使人民法院实现全面彻底解决争议。对于必须共同进行诉讼的当事人,因属于不可分之诉,人民法院应当依照《民事诉讼法》第 135 条的规定,依职权追加其参加诉讼。必须共同进行诉讼的当事人没有参加诉讼的,已经参加诉讼的当事人也可以申请人民法院追加共同诉讼当事人。人民法院对当事人提出的申请,应当进行审查,申请没有理由的,裁定驳回;申请有理由的,书面通知应被追加的当事人。人民法院依法追加共同诉讼的当事人时,应当通知其他当事人。人民法院依法追加原告时,如果应当追加的原告已经明确表示放弃实体权利的,可不予追加;既不愿意参加诉讼,又不放弃实体权利的,仍应追加为共同原告,其不参加诉讼,不影响人民法院对案件的审理和判决。人民法院依法追加被告时,不以其本人和案内所有其他诉讼当事人的主观意愿为转移,均应通知追加,即便其不参加诉讼,也不影响人民法院对案件的审理与判决,且判决生效以后,对其同样具有约束力。但是,如果应当追加的被告属于依法必须到庭的被告,在其经人民法院通知追加后拒不到庭参加诉讼的,经两次传票传唤,无正当理由拒不到庭的,可以对其实行拘传。另外,如果发现原告或被告不符合当事人条件的,应当通知符合条件的原告或被告参加诉讼,更换不合格的当事人。①

此外,关于教唆和帮助侵权的责任承担,《民法典》第 1169 条规定:“教唆、帮

---

①　参见全国人大常委会法制工作委员会民法室编著:《〈中华人民共和国民事诉讼法〉释解与适用》,人民法院出版社 2012 年版,第 215 页。

助他人实施侵权行为的,应当与行为人承担连带责任。教唆、帮助无民事行为能力人、限制民事行为能力人实施侵权行为的,应当承担侵权责任;该无民事行为能力人、限制民事行为能力人的监护人未尽到监护职责的,应当承担相应的责任。”

专题二　共同危险行为

一、共同危险行为的界定

“共同危险行为”,又称“准共同侵权”,属于广义的共同侵权类型之一,是指数人的危险行为对他人的合法权益造成了某种危险,但对于实际造成的损害又无法查明是危险行为中的何人所为,法律为保护被侵权人的利益,数个行为人视为侵权行为人。共同危险行为制度为世界大多数国家和地区的民法典所规定。

2003 年《人身损害赔偿解释》则根据审判实践经验,对共同危险行为的构成要件和免责事由予以明确规定。其第 4 条规定:“二人以上共同实施危及他人人身安全的行为并造成损害后果,不能确定实际侵害行为人的,应当依照民法通则第一百三十条规定承担连带责任。共同危险行为人能够证明损害后果不是由其行为造成的,不承担赔偿责任。”[①]《民法典》在总结以往经验的基础上,在第 1170 条中对共同危险行为作出规定,“二人以上实施危及他人人身、财产安全的行为,其中一人或者数人的行为造成他人损害,能够确定具体侵权人的,由侵权人承担责任;不能确定具体侵权人的,行为人承担连带责任”,进一步明确了共同危险的法律制度。

二、共同危险行为的构成要件

根据《民法典》第 1170 条的规定,共同危险行为即为二人以上实施危及他人人身、财产安全的行为,仅有其中一人或者部分人的行为造成他人损害,但无法确定具体侵权人的侵权行为类型。具体而言,共同侵权行为的构成要件如下:

---

① 该解释于 2020 年修正后删除了该内容。

第一,二人以上实施危及他人人身、财产安全的行为。行为主体是复数性,这是构成共同危险行为最基本的条件。关于行为的要求:(1)各行为人均有作为行为,该作为行为虽相互独立,但却并列发生,即是一种行为并列的"共同",但非"并发的侵权行为"。并发的侵权行为,是指每一行为均构成独立的侵权行为,并与损害结果具有明确具体的因果关系,各行为人均应对全部损害结果独立负责。如甲、乙各自从不同方向射击猎物,两弹均误中丙,一弹致死,一弹致伤,或两弹均射中要害,均足以致丙死亡。(2)危险行为的性质或者种类相同,例如,甲、乙同时向丙所在方向射击猎物,丙中一弹身亡;几名小学生在放学路上同时向河面打水漂,一石从水面飞起击中对岸河边洗手的小学生的眼睛,造成失明。(3)相同性质或者相同种类的危险行为在同一辐射范围内偶然并列发生。即数人实施的危险行为在时间和空间上存在联系。

第二,行为主体之间没有意思联络。共同危险行为主体具有复数性,即二人以上,这与共同加害行为同一特征;但与共同加害行为的区别在于,各行为主体之间对加害行为没有共同的意思联络,也缺乏共同的认识。

第三,其中一人或者部分人的行为造成他人损害。这里包含两个层次的要求,一方面,要造成损害后果;另一方面,明确此损害行为系其中一人或数人的行为,而非全部人的行为。另外,这里也包括行为与后果的因果关系的要件,即某一或者数个行为造成了相应的损害后果。

第四,不能确定具体加害人。在共同危险行为制度中,数个行为人实施的危及行为在时间上、空间上存在偶然性,事实上只有部分行为人的行为造成了损害后果。但是,由于受害人无法掌握各个行为人的行为动机、行为方式等证据,无法确定具体哪个行为才是真正的加害行为,为了保护受害人的合法权益,避免其因不能指认真正加害人而无法行使请求权,同时由于每个行为人都实施了危及他人人身财产安全的行为,在道德上具有可谴责性,所以规定由所有实施危及行为的人承担连带责任。如果受害人能够指认或者法院能够查明具体加害人,就不能适用第1170条规定,只能要求具体加害人承担侵权责任。

三、共同危险行为的免责事由

根据《民法典》第1170条的规定,适用共同危险行为制度的法律后果,是数个行为对受害人承担连带责任。从侵权人的角度,其免责事由的问题有必要予以明确。侵权责任法中的免责事由,是指被告针对原告的诉讼请求而提出的,证明原告的诉讼请求不成立或不完全成立的事实。在侵权责任法中,免责事由是针对承担民事责任的请求而提出来的,所以,又称免责或减轻责任的事由,也叫作抗辩事由。[①] 一般而言,免责事由有效成立必须具备两个条件:其一,对抗性要素。必须是对抗侵权责任构成的具体要件,阻断整个侵权责任构成,使原告诉请的侵权责任不能成立。抗辩事由虽然是对抗对方当事人的侵权诉讼请求,但它具体对抗的是侵权责任构成,破坏对方当事人的请求权的成立,导致对方的侵权诉讼请求在法律上不成立。这就是侵权责任免责事由对抗性的要求。侵权责任纠纷的被告提出的主张如果不具有对抗性,而仅能证明自己具有可以谅解,但不足以对抗对方当事人请求的情况,不能成为抗辩事由。[②] 其二,客观性要素。免责事由必须是客观存在的、已经发生的事实,而不能是主观臆断的情况或者尚未发生的事实。

从理论上讲,侵权责任的免责事由主要是正当防卫、紧急避险、受害人的同意、第三人过错、不可抗力等。通常而言,这些免责事由对于适用过错责任原则的侵权行为类型都可以适用,以及法律、行政法规没有排除这些免责事由适用的其他侵权行为类型都可以适用。也就是说,《民法典》规定的免责事由,如不可抗力、紧急避险、受害人故意等,对于共同危险行为来说,都可以适用。

在共同危险行为的免责问题上,如何确定部分行为人免责的问题存在两条路径:因果关系排除说或因果关系证明说。

一是"因果关系排除说"。该说认为,既然共同危险行为人中仅一人或者数人的行为造成损害结果,并非全体共同危险行为人的行为均参与造成损害结果,则共同危险行为人只要能证明其行为与损害结果没有因果关系,根本不可能导致损害结果的发生,即可免责。其理由在于:共同危险制度实际上就是因果关系推定制度。法律为了保护受害者的利益,已经减轻了受害人的举证责任,直接推定各个参与共同危险的行为人共同对损害承担连带责任。既然如此,就应当允许共同危险行为人通过反证证明因果关系不存在,从而免于承担责任,以使参与危险行为人与受害人之间的利益平衡,这也是共同危险行为中因果关系推定制度的应有之义。[③] 二是"因果关系确证说"。该说认为,仅证明自己的行为与损害结果之间没有因果关系尚不足以免责,必须进一步证明数行为人中谁是真正的加害人,即证明损害结

---

① 参见王利明、杨立新编著:《侵权行为法》,法律出版社 1996 年版,第 76 页。

② 参见佟柔主编:《中国民法》,法律出版社 1995 年版,第 571 页。

③ 参见周友军:《论我国侵权法上共同侵权制度的重构》,载中国人民大学法学院"侵权责任法立法建议研讨会"论文集。

果与何人的行为具有因果关系，才能免除证明者的责任。

从第1170条规定的文义看，《民法典》系采取"因果关系确证说"。因为依照"因果关系排除说"，其内容应当体现"共同危险行为人能够证明损害后果不是由其行为造成的，不承担赔偿责任"的表述，而该条规定，"能够确定具体侵权人的，由侵权人承担责任；不能确定具体侵权人的，行为人承担连带责任"。显然，该条是要求在明确证明谁是具体造成损害后果的侵权行为人时，其他人才可以免责。从逻辑上讲，共同危险行为应当存在一个基于充分救济受害人考虑的构成共同危险行为时的数人连带责任规则，这应属于外部责任；而共同危险人之间如何免责的问题，则可以类似于他们之间的内部责任。从该条规定加强对受害人保护的初衷以及公平原则的考虑，"确定具体侵权人"的举证证明责任也不能分配给受害人一方，而只能分配给主张自己免责的实施危险行为的人。其实，从常理上看，这也符合"谁主张，谁举证"的一般规则。在此需要说明的是，也有观点主张该条并未明确规定免责抗辩。理由在于：第一，"能够确定具体侵权人的，由侵权人承担责任；不能确定具体侵权人的，行为人承担连带责任"。依其文义，应当是对共同危险行为与独立侵权行为的要件构成进行区别的规定，即强调只有加害人不明的情形才构成共同危险行为，承担连带责任；加害人能够确定的，即非共同危险行为，而系独立侵权行为，应由成立该独立侵权的行为人承担侵权责任。第二，具体侵权人能否确定，系事实证明问题，而非免责抗辩问题。不能证明的，该条为保护受害人，乃采取法定的因果关系推定，使共同危险行为人负连带责任。依照法理，凡属事实推定，受不利推定的当事人均可以事实反证推翻该项推定。此项事实反证，即系因果关系不存在；而指证具体侵权人，虽亦可以排除其他共同危险行为人与损害结果之间的因果关系，达到事实反证的效果，但其不能排斥共同危险行为人采用其他事实反证的方法和路径，即指证具体侵权人不能成为免责抗辩的强制性义务和唯一路径。[①] 这一见解颇有道理，也符合形式逻辑的要求，对于完善有关共同危险行为理论体系以及加强实务指导具有积极意义。

---

① 参见最高人民法院侵权责任法研究小组编著：《〈中华人民共和国侵权责任法〉条文理解与适用》，人民法院出版社2010年版，第87页。

专题三　自甘冒险

一、自甘冒险制度的确立

所谓甘冒风险,是指“被害人原可以预见损害至发生而又自愿冒损害发生之危险,而损害结果真不幸发生”[①]的情形。换言之,即受害人事先了解为某项行为可能伴随风险、损失或事故,但仍自愿为此行为,并同意自行承担可能的后果。在现代民法上,自甘冒险作为一项抗辩事由,通常也会产生减轻或免除加害人赔偿责任的后果。

《侵权责任法》没有专门规定自甘冒险制度,但在该法第76条规定:“未经许可进入高度危险活动区域或者高度危险物存放区域受到损害,管理人已经采取安全措施并尽到警示义务的,可以减轻或者不承担责任。”学理上一般认为这是在高度危险责任领域确立了自甘冒险的规则。

在审判实践中,应当适用自甘冒险的情形大量存在,已经具有丰富的经验。最典型的是体育比赛中发生人身伤害,即应当适用自甘冒险规则,减轻或者免除加害人的责任。当然,加害人故意或者重大过失的,属于除外情形。又如,明知他人醉酒,仍然搭乘其驾驶的车辆,发生翻车等事故时,受害人的行为即属自甘冒险行为,应当减轻或者免除加害人的赔偿责任。比如,在梁某等二人诉覃某夺等五人侵权责任案中,乘车人韦某周明知驾驶人覃某夺饮酒驾车而乘坐,如何确定驾驶人覃某夺对于乘车人韦某周因交通事故受到损害的赔偿责任问题上,法院判决认为,《道路交通安全法》第22条规定,饮酒、服用国家管制的精神药品或者麻醉药品,或者患有妨碍安全驾驶机动车的疾病,或者过度疲劳影响安全驾驶的,不得驾驶机动车。受害人在明知他人酒后驾驶,仍搭乘其车辆的情况下,受害人的行为构成自甘冒险,应由其对酒后驾驶行为引发的损害后果适当承担责任,减轻赔偿义务人的责任。[②] 在其他领域中,如在户外活动中,特别是一些类似探险的活动中,也有适用自甘冒险的实践。在这里需要专门说一下近来发生的一起典型案例,吴某近亲属诉

---

① 曾世雄:《损害赔偿法原理》,中国政法大学出版社2001年版,第261页。

② 参见广西柳州市柳江县人民法院民事判决书,(2011)江民初字第1301号。

广州市花都区某村违反安全保障义务责任纠纷案，即“擅自上树摘杨梅坠亡案”，在该案中，广州市花都区某村是国家3A级旅游景区，村委会在河道旁种植了杨梅树。2017年5月19日该村村民吴某私自上树采摘杨梅，不慎跌落受伤，经抢救无效死亡。其近亲属以村委会未采取安全风险防范措施、未及时救助为由，将村委会诉至花都区人民法院。一审、二审认为，吴某与村委会均有过错，酌定村委会承担5%的赔偿责任，判令向吴某的亲属赔偿4.5万余元。广州市中级人民法院经审查，依法裁定对该案进行再审。再审认为，村委会作为该村景区的管理人，虽负有保障游客免遭损害的义务，但义务的确定应限于景区管理人的管理和控制能力范围之内。村委会并未向村民或游客提供免费采摘杨梅的活动，杨梅树本身并无安全隐患，不能要求村委会对景区内的所有树木加以围蔽、设置警示标志。吴某作为具有完全民事行为能力的成年人，应当充分预见攀爬杨梅树采摘杨梅的危险性。该村村规民约明文规定，村民要自觉维护村集体的各项财产利益，包括公共设施和绿化树木等，吴某私自上树采摘杨梅的行为，违反了村规民约，损害了集体利益，导致了损害后果的发生。吴某跌落受伤后，村委会主任及时拨打了急救电话，另有村民在救护车抵达前已将吴某送往医院救治，村委会不存在过错。再审法院认为，吴某因私自爬树采摘杨梅跌落坠亡，后果令人痛惜，但行为有违村规民约和公序良俗，且村委会并未违反安全保障义务，不应承担赔偿责任。原审判决认定事实清楚，但适用法律错误，处理结果不当，应予以撤销。2020年1月20日广州市中级人民法院对该案再审宣判，撤销原审判决，驳回吴某近亲属要求村委会承担赔偿责任的请求。

从上述案例中可以看出，在审判实践中对于自甘冒险制度在体育活动、户外探险以及其他有一定危险性的活动中都有适用。在这里要注意的是，自甘冒险的适用，确实更多地在体育活动中存在。换言之，“具有一定风险的文体活动”在实践中有其典型适用的领域，但也有进一步具体解释甚至扩大适用的空间。比如，在最后一个案件中，就体现了法律应是公序良俗的“兜底条款”，司法绝不允许守法者为“小恶”买单，法律和司法维护社会道德、守护社会底线的立场。这就是一种基于维护公序良俗，倡导法治精神，弘扬社会主义核心价值观的法政策判断而得出的结论。

在《民法典》起草过程中，是否规定自甘冒险的规则是侵权责任编起草过程中的一个重要问题，最高人民法院作为重要参与单位，就这一问题积极展开论证，在总结以往审判经验的基础上提出了规定自甘冒险的主张。在综合各方意见的基础上，第1176条作了进一步完善，即“自愿参加具有一定风险的文体活动，因其他参加者的行为受到损害的,受害人不得请求其他参加者承担侵权责任,但是其他参加者对损害的发生有故意或者重大过失的除外。”“活动组织者的责任适用本法第一千一百九十八条至第一千二百零一条的规定。”在这里,该条明确限定了自甘冒险的适用范围为“自愿参加具有一定风险的文体活动”,而非一切社会活动,这就需要对“文体活动”作出法律上的合理解释。本书认为,“文体活动”应当作广义解释,除去通常理解的文化体育活动外,旅行、户外探险、登山、季节旅游、民俗竞技等都应在此范围。活动组织者承担的责任不仅限于安全保障义务人的责任,还包括学校、幼儿园及其他教育机构未尽到教育、管理职责的侵权责任。

二、自甘冒险适用的条件

(一)自甘冒险的构成要件

自甘冒险的构成,一般应当具备基础关系要件和冒险行为要件。所谓基础关系要件,是指自甘冒险行为人与相对人之间存在某种法律关系,使行为人得以从事自甘冒险的危险行为。这种基础法律关系可以表现为合同关系,也可以是单方法律行为。而行为人与相对人也都遵守这种法律关系所衍生的义务。如体育比赛,运动员根据规则即处于身体碰撞的危险之中。所谓冒险行为要件,则包括:(1)所从事的行为具有不确定的危险,即从事的行为具有导致冒险行为人遭受损害的可能性。(2)冒险行为人对于危险和可能的损害有预见或认知。这种认知既包括对于其行为的性质、条件的认知,也包括对其行为所面临的危险和可能发生的损害的认知。这种危险应当是一种具体的、现实的危险,而损害则是一种非必然发生的、可以避免的损害。(3)行为人默示同意,即行为人对于可能发生但不确定发生之损害,表示有意一赌其不发生,并于损害不幸发生时,愿意承受其不利。(4)行为人自甘冒险行为,并非出于尽法律或者道德上的义务。(5)行为人自甘冒险是为了获得如无偿、重赏或特殊期待等非常规利益。[①] 在这里要注意的是,自甘冒险的适用范围应当限定在活动的参与者当中,这时也要依相应的社会日常生活经验法则来判断,如在体育活动中,发生在运动员、裁判员等参加者之间的损害可以不承担侵权责任,但对观众造成的损害不宜包括在内。在此,要注意与第1176条但书内容“其他参加者对损害的发生有故意或者重大过失的除外”的衔接。

首先,这一内容无疑是有关其他参加者承担责任的规定,也就是其他参加者以

① 参见曾世雄:《损害赔偿法原理》,中国政法大学出版社2001年版,第90~91页。

对损害的发生有“故意”或者“重大过失”为限,方可承担责任。从文义上讲,其他参加者的责任仅限于此,不包括一般的过错行为造成损害发生的情形。其次,这里的因重大过失或者故意而承担责任的人仅限于活动的参加者,而不包括组织者、管理者。组织者、管理者承担责任应当适用第1176条第2款的规定。也就是说,不能限定在他们只有故意或者重大过失时才承担侵权责任,其具有一般过错时也要承担侵权责任,而且这仅是限于直接责任而言,至于承担补充责任的情形,都不再强调其是否有过错的问题。最后,这里的受害人“自愿参加”在主观过错上应当属于“明知”而为的故意情形,如果此时在主观过错上为过失,则不能适用该款规定。

(二)安全保障义务的适用

《民法典》第1176条第2款采取指引性规定的做法,明确了“活动组织者的责任适用本法第一千一百九十八条至第一千二百零一条的规定”。至于本编第1198～1201条的具体适用问题,在这里不作过多论述,符合相应情形的,直接适用上述规定即可。在这里专门强调以下3点:

一是关于直接责任的适用。从法理上讲,活动组织者、管理者承担责任的规则适用安全保障义务及学校责任的规则与自甘风险规则并不矛盾。理由在于,自甘冒险应属于免责事由,而活动组织者的有关安全保障义务可以并行。如果活动组织者已经尽到安全保障义务,则活动参加者应当对活动风险自我承担责任;但如果活动组织者对于可以预见的风险不采取任何措施,那他们就应当对未尽安全保障义务承担相应责任。可见,活动组织者、管理者、经营者以及有关学校、幼儿园及其他教育机构这类主体承担的责任应属于过错责任,在没有相应过错的情况下当然不承担责任。在判断有关有无过错及过错大小时,要结合案件的具体情况来判断,尤其是其管理、保护措施是否符合相应的法律、法规规定或者行业自律要求以及有关习惯规则等。如果符合相应要求,则即时出现受害人遭受损害的情形也不应承担责任。在这里要采取适当从严认定上述主体过错的态度,从法律适用的角度要切忌“和稀泥”,以有利于推动上述主体积极组织相应活动,这也符合自甘冒险制度的初衷。

二是关于补充责任的适用问题。自甘冒险导致的损害后果是第三人原因造成的,有关学校、幼儿园及其他教育机构要承担补充责任。若无第三人的情形,如就是自然原因造成的,则不存在适用补充责任的可能。而且这里补充责任的适用仅限于活动组织者、管理者、经营者以及有关学校、幼儿园及其他教育机构这类主体。这里涉及第三人的范围问题,本书认为,这也要结合具体案件来分析。原则上,该第三人应当属于活动参与者以外的人,如果是活动参与者当中的人,本书认为,在符合第1176条第1款规定的情形下,即在其对损害的造成有故意或者重大过失符合侵权责任构成的情况下,其行为构成侵权行为,这时活动组织者、管理者有过错的,也应当承担补充责任。如果某参与者对于损害的发生仅有一般过错,这时其行为不构成侵权,即其并非侵权行为人,这时应不存在活动组织者、管理者代其承担"补充责任"的可能。在这种情况下,活动组织者、管理者是否承担责任,应当从其自身是否尽到相应的安全保障义务或者是否尽到教育、管理职责来判断,即仍应回到其自身是否有过错来判断是否应当承担直接责任的问题。

三是有关举证证明责任问题。关于自甘冒险的举证证明责任,应当遵循举证责任分配的一般规则,即《民诉法司法解释》第91条的规定。通常而言,应遵循"谁主张,谁举证"的规则,比如,受害人一方主张活动组织者、管理者承担相应责任,则要对他们未尽到安全保障义务承担举证责任;主张其他参与者承担相应责任,则要对其存在故意或者重大过失承担举证责任。

专题四 自助行为

一、自助行为的界定

自助行为,是指权利人为保护自己的权利,在情事紧迫而又不能及时请求国家机关予以救助的情形下,对他人的财产或人身施加扣押、约束或其他形式的措施,而为法律或社会公德所认可的行为。[①] 自助行为的性质,属于私力救济的范畴。从近现代法治发展的轨迹看,应该是越来越重视公力救济,私力救济处于例外状态,即能够通过公力救济解决的,就不宜适用私力救济的方式,只有在符合特定条件下才可以例外地适用私力救济,这应该是适用私力救济的一般规则。

不可否认,私力救济的存在具有合理性,对于防止损害扩大,及时救济权利,以及弥补公力救济的不足,乃至促进社会发展具有积极作用。在《民法典》编纂过程中,立法机关在综合各方意见的基础上,注重对审判实践经验的总结和吸收,最终

---

① 参见王利明、杨立新编著:《侵权行为法》,法律出版社1996年版,第85页。

在《民法典》第 1177 条中明确规定了自助行为,即“合法权益受到侵害,情况紧迫且不能及时获得国家机关保护,不立即采取措施将使其合法权益受到难以弥补的损害的,受害人可以在必要范围内采取扣留侵权人的财物等合理措施;但是,应当立即请求有关国家机关处理。”“受害人采取的措施不当造成他人损害的,应当承担侵权责任。”在这里,一是规定了“不立即采取措施将会使其权益受到难以弥补损害的”这一限定条件,更加科学合理。二是明确规定了“但书”内容,即“但是,应当立即请求有关国家机关处理”,更加严格了自助行为的适用条件,使自助法律制度更加科学。

二、自助行为的构成要件

依据《民法典》第 1177 条的规定,构成自助行为须具备:

其一,须有不法侵害状态存在。侵害,是指对某种权利的侵袭和损害,或者说是对某种权利的攻击。没有侵害,无须进行救济行为。只有在侵害发生后,才有可能实施自助行为。

其二,须为保护自己的合法权利。自助行为旨在保护自己的权利,而非他人权利,这也是自助行为与正当防卫、紧急避险的一个显著区别。

其三,须为情况紧迫来不及请求有关国家机关的援助。这是指权利人在客观上来不及请求有关国家机关的保护,如果不实施自助行为,请求权就无法实现,或者实现的难度显著增加。第 1177 条规定的“不立即采取措施将使其合法权益受到难以弥补的损害的”,即为明确要求,也体现了比例原则的理念。

其四,不得超过必要限度。所谓必要的自助行为,是为了保全其请求权而需要的行为。这里“必要限度”的要件,也要包括采取的措施必须合理,且原则上应当限制在对侵权人财物予以扣留等的范畴,在解释上应当严格依据该条规定进行,不可随意扩大。

其五,须为法律或公共道德所许可。一方面要求实施自助行为不得违反法律的强制性规定;另一方面也是不能违反社会公序良俗。比如,雇用他人以暴力方法讨债,将债务人囚禁于笼子里来讨债等形式皆为法律或者公序良俗所禁止。

三、自助行为与正当防卫的区别

作为保护民事权利的两种私力救济方法,正当防卫与自助行为颇为相似,如两者都可以针对正在发生的侵害民事权利的行为而实施。此前在实务中也有将自助行为类推适用正当防卫的做法。比如,在崔某菊、邓某平诉黄某朋、王某炯等其他侵权责任纠纷案中,法院裁判认为,民事主体在紧迫情势下为了保护或者实现其合法权益可以实施民事自助行为。民事自助行为未超过合理限度的,自助行为人不承担民事责任。其实,自助行为与正当防卫之间存在明显区别:首先,正当防卫针对正在进行的侵害,而自助行为针对的是侵害行为已经发生,具有一定的事后性。权利正在受到侵害时所实施的保护权利的行为是正当防卫而不是自助行为。其次,正当防卫可以是为了保护自己、他人的合法权益以及公共利益,而自助行为只能是为了保护自己的权利。再次,自助行为限于情事紧迫而又不能及时请求国家机关予以救助的情形,而正当防卫则不以此为要件。最后,正当防卫采取的措施在本质上要求是制止侵权行为,在紧迫性上更加紧急,而自助行为则是以救济自身损害为要求,紧迫性上要缓于正当防卫,且在程序上要求必须是及时请求有关国家机关处理。

第三章　损害赔偿

本章规定的主旨是损害赔偿的基本问题，主要包括侵害人身权益造成的损失类型及其赔偿内容、同一侵权行为导致多人死亡时死亡赔偿金的数额应相同、被侵权人死亡后的请求权主体、侵害财产权的损失赔偿标准、侵害知识产权可适用惩罚性赔偿、受害人和行为人无过错时的损失分担以及赔偿损失的支付方式。

本章规定除第1185条关于侵害知识产权可适用惩罚性损害赔偿的规定为新增条款外，其他条款均继承了《侵权责任法》第二章责任方式部分的规定，其中第16条至第22条以及第24条至第25条的规定被保留，而《侵权责任法》第15条被《民法典》第179条所替代，《侵权责任法》第23条被放置在《民法典》第183条。由于总则编中关于民事责任的规定亦应根据具体情况适用于侵权责任编，侵权责任编仅就侵权责任中需要专门规定的损害赔偿部分作出专章规定。

作为一种责任方式，《民法典》中的损害赔偿，通常表述为赔偿损失或者损害赔偿。在责任性质上或者是缔约过失责任，如《民法典》第157条、第500条、第501条；或者是法定责任，如《民法典》第171条第3款；或者是违约责任，如第577条；以及侵权责任和其他债务不履行的责任。本章仅讨论作为责任方式的损害赔偿的相关问题。

专题一　损害赔偿的基本原则及其类型

一、《民法典》侵权损害赔偿的基本原则

损害赔偿，是指应依法赔偿他人权益受侵害而发生的不利益。损害赔偿的首要功能在于填补受害人所受的损害，即“损害填补”，其最高指导原则是使受害人的

利益状态能够恢复到如同损害未发生时的应有状态。① 《民法典》的首要功能是填补受害人损失,应无疑义。对于损害赔偿我国在司法实践中采取的是完全赔偿原则和禁止得利原则。②

完全赔偿原则作为《民法典》侵权责任损害赔偿中的指导原则,将在如下方面发挥功能:一是对于相关条文的解释适用具有一定的指导作用。例如,第1179条所列举的侵害人身权益所应赔偿的医疗费、护理费、交通费、营养费、住院伙食补助费等具体项目显然是不完全列举,在发生新的项目时,判断应否赔偿就应以完全赔偿原则作为衡量标准或指导原则。在判断某种财产损失的计算方法是否属于第1184条所规定的"其他合理方式"时,完全赔偿原则显然也是解释的逻辑起点。二是有利于准确适用《民法典》的相关制度。因果关系在责任成立和责任范围上均有其作用;损益相抵制度则是完全赔偿原则与禁止得利原则协力的产物,体现的是损害赔偿的填补功能;受害人过错是责任减轻或者免除事由等。三是在出现新的损失类型时,完全赔偿原则有利于判断、识别其可赔偿性。③

需要注意的是,《民法典》在损害赔偿的方法上,并未采取恢复原状优先的原则,而是将恢复原状和赔偿损失并列。由此,在理解损害赔偿时,涉及如何理解《民法典》所规定的恢复原状、赔偿损失与损害赔偿的关系问题。

损害赔偿作为上位概念,涵盖了恢复原状和金钱赔偿(赔偿损失)两种具体方法。但是,尽管有学者建议,应将损害赔偿作为恢复原状和金钱赔偿(赔偿损失)的上位概念规定在《民法典》中,④但《民法典》的最终条文却将损害赔偿与金钱赔偿(赔偿损失)在同一个含义上使用,主要表现在:(1)第191条关于未成年人遭受性侵害的损害赔偿请求权诉讼时效期间的规定,这里的损害赔偿显然不包括恢复原状。(2)第238条关于侵害物权的权利人可以依法请求损害赔偿的规定,与第237条对比来看,可知这里的损害赔偿显然不包括恢复原状。(3)第311条关于受让人善意取得所有权的,原所有权人有权向无处分权人请求损害赔偿的规定,第312条遗失物的权利人有权向无处分权人请求损害赔偿的规定,因这些条文规定情形下的原物不能返还,也无法恢复原状,所以损害赔偿显然是指金钱赔偿。(4)第389

---

① 参见曾世雄:《损害赔偿法原理》,中国政法大学出版社2001年版,第16页。

② 参见程啸:《侵权责任法》(第2版),法律出版社2015年版,第664页。

③ 参见李昊:《损害概念的变迁及类型建构——以民法典侵权责任编的编纂为视角》,载《法学》2019年第2期。

④ 参见张新宝:《侵权责任编起草的主要问题探讨》,载《中国法律评论》2019年第1期;程啸、王丹:《损害赔偿的方法》,载《法学研究》2013年第3期。

条和第691条关于担保物权和保证的担保范围包括损害赔偿金的规定，也是指金钱赔偿。(5)第996条关于违约行为损害相对方人格权并造成严重精神损害的，损害方应承担精神损害赔偿的规定，这里的精神损害赔偿也是金钱赔偿。(6)第1054条、第1091条关于婚姻无效或被撤销后或者特定情形导致离婚的，无过错方有权请求损害赔偿，显然不可能包括恢复原状。(7)本章规定的损害赔偿，从文义及体系观察，也均指金钱赔偿(赔偿损失)。另外，从《民法典》第179条将赔偿损失和恢复原状均规定为责任方式，以及根据《民法典》其他出现赔偿损失的条文可知，赔偿损失就是金钱赔偿。所以，结论就是《民法典》的赔偿损失与损害赔偿是同一含义，损害赔偿与恢复原状是同一层次的概念，而非种属关系。在此意义上，恢复原状优先还是金钱赔偿优先自然就不成为问题，而是根据损害的类型，确定恢复原状还是赔偿损失，或者两者并用。

二、损害的分类

根据不同的标准，对损害可以区分为不同的类型，在《民法典》中，最重要的为以下两类：

(1)所受损害与所失利益。所受损害，是指现存利益积极减少。所失利益，是指消极妨害新财产的取得，即因损害事故之发生权利人财产应增加未增加。①

(2)财产损害与非财产损害。财产损害，是指具有财产价值，以金钱计算的损害。非财产损害，是指精神、肉体痛苦等不具有财产价值、难以用金钱计算的损害，又称精神损害。②

专题二　人身损害侵权的财产损害赔偿

依据完全赔偿原则，侵权行为造成人身损害，亦应赔偿被侵权人所受损害和所

---

① 参见王泽鉴：《损害赔偿》，北京大学出版社2017年版，第70页；曾世雄：《损害赔偿法原理》，中国政法大学出版社2001年版，第136页。

② 参见王泽鉴：《损害赔偿》，北京大学出版社2017年版，第75页；曾世雄：《损害赔偿法原理》，中国政法大学出版社2001年版，第132页。

失利益。人身损害,是指侵权行为造成的自然人的生命、健康、身体遭受侵害,造成受伤、致残或者致死的后果。

对于人身损害所导致的财产损害赔偿,2003 年《人身损害赔偿解释》作出了更进一步的规定。其第 17 条更全面地规定了人身损害赔偿范围,除《民法通则》的规定外,关于就医治疗支出的各项费用和因误工减少的收入,包括医疗费、护理费、交通费、住宿费、住院伙食补助费、必要的营养费;被侵权人因伤致残的,则应赔偿因增加生活上需要所支出的必要费用以及因丧失劳动能力导致的收入损失,包括残疾赔偿金、残疾辅助器具费、被扶养人生活费以及因康复护理、继续治疗实际发生的必要的康复费、护理费、后续治疗费;被侵权人死亡的,则还应当赔偿丧葬费、被扶养人生活费、死亡赔偿金及受害人亲属办理丧葬事宜支出的交通费、住宿费和误工损失等其他合理费用。该司法解释第 18 条以下更具体规定了各个项目的计算标准。《侵权责任法》则概括性地规定了医疗费、护理费、交通费等为治疗和康复支出的合理费用,以及因误工减少的收入等相关费用。与前述司法解释相比,主要变化在于:一是在具体的项目上并未像司法解释那么详细,如交通费、住宿费、住院伙食补助费、营养费等。对此,从《侵权责任法》的立法目的来看,并非对前述司法解释的限制,而只是因为采取了不完全列举的立法技术所致。因此,《侵权责任法》实施后,这些赔偿,司法实践仍然适用前述司法解释的规定。二是《侵权责任法》未再规定被扶养人生活费。这是《侵权责任法》有意为之。主要理由是,残疾赔偿金和死亡赔偿金应当涵盖被扶养人生活费,因此被扶养人生活费不应单独规定。鉴于此,最高人民法院《关于适用〈中华人民共和国侵权责任法〉若干问题的通知》(法发〔2010〕23 号)规定,在《侵权责任法》实施后,关于被扶养人生活费,应当按照前述司法解释的规定计算后,计入残疾赔偿金和死亡赔偿金。

《民法典》在被扶养人生活费问题上与《侵权责任法》保持了一致,但在其他具体项目增加列举了营养费、住院伙食补助费。总体来看,《民法典》的人身伤亡的财产损害赔偿的范围也贯彻了完全赔偿原则。其中,医疗费、护理费、交通费、营养费、住院伙食补助费、辅助器具费、丧葬费等为治疗和康复支出的合理费用为所受损害(积极损失)。但需要强调的是,这些为治疗和康复支出的合理费用,是不完全列举,因此在实践中就有根据具体情况作扩展的可能和必要。这种扩展的规范依据即为第 1179 条中的"为治疗和康复支出的合理费用"。因误工减少的收入、残疾赔偿金和死亡赔偿金则为被侵权人因人身伤亡而丧失的预期收入的损失,即所失利益(消极损害)。[①] 由此,《民法典》所列举的项目已经与2003年《人身损害赔偿解释》并无区别。鉴于此,2020年修正的《人身损害赔偿解释》删除了原解释第17条,但因《民法典》未就各个项目规定具体计算标准,因此,该司法解释仍然保留了各个项目具体计算标准或计算方法的规定。

一、所受损害

1. 医疗费,是指被侵权人因人身损害接受医疗检查、治疗与康复所已经支出和必须支出的费用。关于医疗费的认定标准,原则上以诊疗人身损害而实际发生的为准。《人身损害赔偿解释》第6条规定,医疗费根据医疗机构出具的医药费、住院费等收款凭证,结合病例和诊断证明等相关证据确定。赔偿义务人对治疗的必要性和合理性有异议,应当承担相应的举证责任。医疗费的赔偿数额,按照一审法庭辩论终结前实际发生的数额确定。器官功能恢复训练所必要的康复费、适当的整容费以及其他后续治疗费,赔偿权利人可以待实际发生后另行起诉。但根据医疗证明或者鉴定结论确定必然发生的费用,可以与已经发生的医疗费一并予以赔偿。

2. 护理费,是指被侵权人在遭受人身伤害(包括死者生前的抢救期间)期间,生活无法自理需要他人护理而付出的费用。从产生的时间来看,护理费也可区分为已经发生的护理费和未来确定要发生的护理费。两者都属于现存既有利益的减少。

《人身损害赔偿解释》第8条作出了明确规定,护理费根据护理人员的收入状况和护理人数、护理期限确定。护理人员有收入的,参照误工费的规定计算;护理人员没有收入或者雇佣护工的,参照当地护工从事同等级别护理的劳务报酬标准计算。护理人员原则上为一人,但医疗机构或者鉴定机构有明确意见的,可以参照确定护理人员人数。护理期限应计算至受害人恢复生活自理能力时止。受害人因残疾不能恢复生活自理能力的,可以根据其年龄、健康状况等因素确定合理的护理期限,但最长不超过20年。受害人定残后的护理,应当根据其护理依赖程度并结合配制残疾辅助器具的情况确定护理级别。

由上述规定可知,如果护理人员是被侵权人雇用的专职护工,则按照被侵权人实际支付的护理费用计算。如果护理人员是受害人的亲属、朋友等非专业护理人

---

① 参见最高人民法院审判第一庭编著:《最高人民法院人身损害赔偿司法解释的理解与适用》,人民法院出版社2004年版,第247~248页。

员,则护理费的计算标准分为两类:有收入的,则按照其误工费计算;没有收入的,则按照同等级别护理人员的劳务报酬标准计算。

3. 交通费,是指为治疗和康复而支出的用于交通方面的合理费用。《人身损害赔偿解释》第 9 条规定,交通费根据受害人及其必要的陪护人员因就医或者转院治疗实际发生的费用计算。交通费应当以正式票据为凭;有关凭据应当与就医地点、时间、人数、次数相符合。当然,贯彻完全赔偿原则,因治疗和康复而使用私家车所产生的费用,亦在交通费的范围之内。①

4. 住院伙食补助费,是指被侵权人在住院治疗期间补助伙食所需要的费用。《人身损害赔偿解释》第 10 条规定,住院伙食补助费可以参照当地国家机关一般工作人员的出差伙食补助标准予以确定。受害人确有必要到外地治疗,因客观原因不能住院,受害人本人及其陪护人员实际发生的住宿费和伙食费,其合理部分应予赔偿。

5. 营养费,是指受害人遭受人身伤害为康复所需要的额外营养而产生的费用。《人身损害赔偿解释》第 11 条规定,营养费根据受害人伤残情况参照医疗机构的意见确定。

6. 辅助器具费,是指因受害人残疾而造成身体部分功能丧失需要配置补偿功能的残疾辅助器具的费用。关于其认定标准,《人身损害赔偿解释》第 13 条规定,残疾辅助器具费按照普通适用器具的合理费用标准计算。伤情有特殊需要的,可以参照辅助器具配制机构的意见确定相应的合理费用标准。辅助器具的更换周期和赔偿期限参照配制机构的意见确定。

7. 其他为治疗和康复支出的合理费用。人身受损害而产生的合理的治疗和康复费用,会随着诊疗手段和技术的发展而不断变化,贯彻完全赔偿原则,就需要根据这些发展变化将这些合理费用纳入赔偿范围。

8. 丧葬费。丧葬费是因侵权行为导致被侵权人死亡办理丧事所产生的财产损失。对于丧葬费,《人身损害赔偿解释》采取了客观计算方法,其第 14 条规定,丧葬费按照受诉法院所在地上一年度职工月平均工资标准,以 6 个月总额计算。

《民法典》第 1181 条规定,被侵权人死亡的,支付被侵权人医疗费、丧葬费等医疗费用的人有权请求侵权人赔偿费用,但侵权人已支付该费用的除外。该规定旨在解决非侵权人支付医疗费、丧葬费的情形下,实际支付费用的人向侵权人的请求权基础问题。无此规定,则实际支付前述费用之人的请求权基础,要么通过无因管

---

① 参见程啸:《侵权责任法》(第 2 版),法律出版社 2015 年版,第 683 页。

理、要么侵权责任等请求权，请求侵权人承担此责任。[①] 在《侵权责任法》之后请求权基础就较明确，被侵权人死亡的，则支付上述合理费用的人对侵权人有直接请求权；被侵权人未死亡的，则被侵权人对侵权人有侵权责任请求权，被侵权人与支付上述费用之人的法律关系，另行判断。这一规定不仅涉及对侵权人请求权，还涉及支付费用之人对强制责任保险的保险人的请求权问题。对此，《道路交通事故解释》第23条第3款规定，被侵权人因道路交通事故死亡，无近亲属或者近亲属不明，支付被侵权人医疗费、丧葬费等合理费用的单位或者个人，请求保险公司在交强险责任限额范围内予以赔偿的，人民法院应予支持。

《人身损害赔偿解释》所规定的上述所受损害（积极损失）的具体认定标准和计算规则，均采用了主观标准为主、客观标准为辅的方法加以确定。所谓主观标准，是指以被侵权人这一特定主体的实际情况为衡量标准，并因此呈现因人而异的状态。客观标准则是指不因被害人不同而发生变化。[②] 例如，在护理费的计算上，如果护理费根据护理人员的收入状况和护理人数、护理期限确定。护理人员有收入的，参照误工费的规定计算，此即为主观标准。护理人员没有收入或者雇用护工的，参照当地护工从事同等级别护理的劳务报酬标准计算，此即为客观标准。这种主观标准为主客观标准为辅的计算方法，具有完全填补损失和防止被侵权人恣意提升相应标准，给侵权人造成不合理赔偿负担及防止被侵权人得利的双重功能，从实践来看，目前仍然是较妥当的规则，在《民法典》实施后，仍应继续适用。

二、所失利益

1. 因误工减少的收入

因误工减少的收入，是指如果没有侵权行为时被侵权人本应获得的收入。[③] 误工费的可赔偿性是自《民法通则》以来均予以确认的规则，也凸显了完全赔偿原则以使被侵权人恢复到侵权行为未发生时的应有状态这一目标。

误工费赔偿的特点在于，个体性差异大、计算标准无法固定统一且具有一定的推测性。[④] 因此，其计算标准就应当根据被侵权人的收入状况加以确定，在无固定收入时，则应采取某种客观标准计算。对此，《人身损害赔偿解释》第7条规定，误工费根据受害人的误工时间和收入状况确定。误工时间根据受害人接受治疗的医

---

① 参见程啸：《侵权责任法》（第2版），法律出版社2015年版，第683～684页。
② 参见曾世雄：《损害赔偿法原理》，中国政法大学出版社2001年版，第162页。
③ 参见程啸：《侵权责任法》（第2版），法律出版社2015年版，第684页。
④ 同上书，第684～685页。

疗机构出具的证明确定。受害人因伤致残持续误工的,误工时间可以计算至定残日前一天。受害人有固定收入的,误工费按照实际减少的收入计算。受害人无固定收入的,按照其最近3年的平均收入计算;受害人不能举证证明其最近3年的平均收入状况的,可以参照受诉法院所在地相同或者相近行业上一年度职工的平均工资计算。

2. 残疾赔偿金

残疾赔偿金的概念取决于其弥补的损失,以下文所阐述的《民法典》采纳残疾赔偿金的劳动能力丧失说为基础,残疾赔偿金就是用来赔偿被侵权人因残疾导致劳动能力丧失或者部分丧失所遭受的财产损失。

关于残疾赔偿金的性质,学说上主要有收入丧失说、劳动能力丧失说和生活来源丧失说。收入丧失说又称所得丧失说,该说认为损害赔偿的目的在于填补受害人实际所受损害,所以受害人纵然丧失或者减少劳动能力,但如未发生实际损害,或受伤前后的收入并无差别,则不得请求赔偿。计算时,以受害人受伤前后收入的差额为损害额,以此差额予以赔偿。收入丧失说的问题在于,对于无业人员、未成年人等在受伤致残前后的收入均未发生变化的,即不能获得赔偿。劳动能力丧失说认为,受害人因身体或者健康受损害,以致丧失或者减少劳动能力本身即为损害,并不限于实际所得的损失。所以,劳动能力丧失即应予以赔偿,而不是赔偿实际收入的差额。只是劳动能力并不像一般的财物那样具有交换价格,但是通过雇佣合同或者劳动合同的方式,劳动能力也是完全可以买卖的,工资就是其对价。因此,劳动能力有一定的收益行情,部分或者完全丧失劳动能力本身就构成了一种损害。至于个人实际所得额不过是对劳动能力损害程度进行评价时的一种参考因素而已。因此,在未成年人、失业人员以及家庭主妇遭受侵害以致部分或者完全丧失劳动能力时,也有权请求侵权人承担赔偿责任。生活来源丧失说认为,受害人劳动能力丧失与减少,必致其生活来源丧失,因而应当赔偿受害人的生活补助费,使其生活来源能够恢复。赔偿所救济的,既不是劳动能力丧失的本身,也不是受害人致残前后的收入差距,而是受害人致残前后生活来源的差额。[①]

修正前后的《人身损害赔偿解释》规定的残疾赔偿金在功能和性质上,以劳动能力丧失说为原则,同时吸收"收入丧失说"的合理成分,考虑受害人收入丧失与否的实际情况,作为决定残疾赔偿金的加权因素,以平衡当事人双方的利益。《人身

① 参见最高人民法院审判第一庭编著:《最高人民法院人身损害赔偿司法解释的理解与适用》,人民法院出版社2004年版,第253~254页;程啸:《侵权责任法》(第2版),法律出版社2015年版,第686页。

损害赔偿解释》第12条规定,残疾赔偿金根据受害人丧失劳动能力程度或者伤残等级,按照受诉法院所在地上一年度城镇居民人均可支配收入或者农村居民人均纯收入标准,自定残之日起按20年计算。但60周岁以上的,年龄每增加1岁减少1年;75周岁以上的,按5年计算。受害人因伤致残但实际收入没有减少,或者伤残等级较轻但造成职业妨害严重影响其劳动就业的,可以对残疾赔偿金作相应调整。其中,该条第1款显然是采用劳动能力丧失说,第2款将受害人的实际收入是否减少作为衡量因素,吸收了收入丧失说的合理成分。①

需要注意的是,《人身损害赔偿解释》的框架下,除残疾赔偿金外,还有被扶养人生活费,依据劳动能力丧失说,残疾赔偿金赔偿的是劳动能力丧失的损失,但在计算上,则采取抽象的计算标准即定型化赔偿的方式,并由此可以理解为抽象意义上的未来收入损失。但因其并非按照实际的差额加以计算,所以也并非完全的收入丧失说。换言之,无论未来是否有收入的丧失,均加以赔偿,这是劳动能力丧失说的体现,但采取客观计算的方式。在此意义上,被侵权人的残疾赔偿金按照平均收入计算更符合该目的。由此,被扶养人生活费因为最终都从被侵权人的"未来收入"中支出,所以就无单独计算的必要。但是该司法解释在两个项目的计算标准上加以区分,即残疾赔偿金按照城镇居民人均可支配收入或者农村居民人均纯收入计算,而被扶养人生活费则按照城镇居民人均消费性支出和农村居民人均年生活消费支出计算。如此,则两项合计基本构成被侵权人因劳动能力丧失或者部分丧失所导致的未来收入损失。② 对此,《人身损害赔偿解释》专门增加第16条,明确规定,被扶养人生活费计入残疾赔偿金或者死亡赔偿金。

《民法典》施行后,关于残疾赔偿金的计算,可能会面临如下问题:一是前述司法解释根据受害人户籍所在地、经常居住地等因素采用城乡二元标准的合理性问题;二是被扶养人生活费纳入残疾赔偿金,是以有被侵权人有法定的被扶养人为前提。在其他条件相同的情况下,有被扶养人的被侵权人所获得的残疾赔偿金与无被扶养人的被侵权人所获得的残疾赔偿金之间存在明显差距,在采取抽象计算标准确定残疾赔偿金的背景下,就难谓妥当。

解决上述问题,有如下方案:一是关于城乡二元标准,其根源是我国城乡二元化的现实问题,采取抽象(客观)计算标准,就不得不照顾此种现实。从现状来看,

---

① 参见最高人民法院审判第一庭编著:《最高人民法院人身损害赔偿司法解释的理解与适用》,人民法院出版社2004年版,第254~255页。

② 同上书,第322页。

在不少省市,城乡一体化已经到相当程度,城乡二元标准自然随之消灭。或者说,采取统一标准的时机已经成熟。随着经济的进一步发展,采取同一标准的范围会越来越广。依据我国现实,逐步实现城乡标准统一化是未来的总体趋势,法律或者司法解释只能顺应这种趋势而不能人为改变这种趋势。或者说,不宜硬性地统一规定采用同一标准。二是关于被扶养人生活费的问题,将来可能的方案是采取职工平均工资或者其他的能够涵盖被侵权人未来收入的统一标准,以避免因被扶养人的有无而导致残疾赔偿金的数额差别。

3. 死亡赔偿金

死亡赔偿金是侵权行为导致被侵权人死亡所产生的财产损失。关于死亡赔偿金的性质,理论上主要有扶养丧失说和继承丧失说。

扶养丧失说认为,因侵害他人生命导致受害人死亡,受害人生前扶养的未成年人或者没有劳动能力又没有其他生活来源的成年近亲属,因此丧失了生活资源的供给来源,受有财产损害,侵权人应当对该项损害予以赔偿。依据这一理论,如果受害人没有受其供养的被扶养人,则侵权人就无须赔偿该项被扶养人生活费;因为损害不存在,当然救济亦无从发生。此时,侵权人仅需就有关丧葬事宜支出的费用予以赔偿。在财产损失外,由于被侵权人因侵权行为身亡,死亡受害人的近亲属因此受有反射性精神利益损害,侵权人对此精神损害应当予以赔偿。

继承丧失说认为,因侵害他人生命导致被侵权人死亡,不仅生命利益本身受侵害,而且造成被侵权人余命年岁内的收入丧失,给予受害人共同生活的家庭共同体造成财产损失。因为近亲属被认为与受害人是经济性同一体或“钱包共同”关系,因婚姻或者继承能够合法取得被侵权人在正常生存情况下个人消费部分以外的全部收入。如果不发生侵权事故,可以预期被侵权人在以当地人口平均寿命为基准计算的余命年岁内,将会继续获得正常的劳动收入,除去其中个人消费部分,其余应为其家庭成员或者其他合法继承人继承。因此,侵权事故事实上导致受害人提前死亡,而使这部分应得财产丧失,对此“逸失利益”,侵权人应当予以赔偿。[①]

继承丧失说与扶养丧失说在立法上的区别,表现为继承丧失说与扶养丧失说互相排斥,采取继承丧失说的立法例均不再规定被扶养人生活费,因该项费用已包含在继承丧失说的死者收入损失之中,再作规定就是重复赔偿。从比较法上看,德国、英国、俄罗斯采取的是扶养丧失说,日本采取的是继承丧失说。

---

① 参见最高人民法院审判第一庭编著:《最高人民法院人身损害赔偿司法解释的理解与适用》,人民法院出版社2004年版,第357~358页。

《民法通则》并未规定死亡赔偿金，而是以丧葬费及死者生前扶养的人必要的生活费涵盖因侵权造成死亡所产生的所有财产损失。直至2003年《人身损害赔偿解释》出台，我国司法实践才采取了继承丧失说，死亡赔偿金的内容是对收入损失赔偿，其性质是财产损害赔偿，而不是精神损害赔偿。[①] 对此，《人身损害赔偿解释》继承了修正前的规定，其第15条规定，死亡赔偿金按照受诉法院所在地上一年度城镇居民人均可支配收入或者农村居民人均纯收入标准，按20年计算。但60周岁以上的，年龄每增加1岁减少1年；75周岁以上的，按5年计算。

分析上述司法解释的规定，之所以认为其采取了继承丧失说，主要原因是，按照继承丧失说，受害人死亡导致的财产损失，应当以家庭整体收入的减少为标准进行计算，即按照代表死者生前综合收入水平的年收入标准计算。但是鉴于《民法典》虽然删除了被扶养人生活费但并未规定统一的死亡赔偿金的标准，所以《人身损害赔偿解释》将死者的未来收入在技术上分为两部分，一部分为人均可支配收入，另一部分为被扶养人生活费。人均可支配收入的按人均工资除以平均负担系数计算，代表的是人均工资的2/3，另外1/3则以“被扶养人生活费”的方式体现，按“平均生活费”指标计算。“平均生活费”，是指“城镇居民人均消费性支出”或者“农村居民人均年生活消费支出”。[②]

基于死亡赔偿金的上述性质可知，死亡赔偿金不是对死者生命本身的赔偿，而是对生命权受侵害所导致的受害人近亲属的财产损失的赔偿。逻辑上，采取个别化的具体计算标准最符合完全赔偿原则。但是，在理念及技术上，个别化的具体计算方法存在如下问题：(1)不同被侵权人的死亡赔偿金数额差别过大，使本来应该是平等的对侵害人的生命、身体的赔偿额产生极端的个人之间的差别，从法的理想来看不是理想状况；(2)以极其暧昧的盖然性掩盖其不正确性：个别化的具体计算实际上是假定受害人将来一定从事其死亡时的工作，这一假定同样是高度不确定的；对于个体工商户、自营业主等的收入的预测也是高度不确定的；对于现在没有收入的家庭主妇、幼儿等的未来收入同样不具有合理性。[③] 基于这些理由，虽然抽象的定额赔偿计算方法不考虑具体受害人个人财产损失的算术差额，未能个别化地计算受害人未来收入损失，但因个别化的具体计算方法同样存在盖然性较低的问题，同时抽象的定额化赔偿更兼具社会妥当性和社会公正性的优点，因此仍然是

---

① 参见最高人民法院审判第一庭编著：《最高人民法院人身损害赔偿司法解释的理解与适用》，人民法院出版社2004年版，第363页。

② 同上书，第364～367页。

③ 参见于敏：《日本侵权行为法》（第2版），法律出版社2006年版，第382～383页。

死亡赔偿金的妥当计算方法。

从立法来看,《侵权责任法》和《民法典》未改变死亡赔偿金的继承丧失说性质。因此,《人身损害赔偿解释》第 16 条吸收了最高人民法院《关于适用〈中华人民共和国侵权责任法〉若干问题的通知》(法发〔2010〕23 号)关于将被扶养人生活费纳入死亡赔偿金的规定。

采取《人身损害赔偿解释》所规定的死亡赔偿金的计算方法,与残疾赔偿金类似。《民法典》实施后亦将面临城乡二元标准和被扶养人生活费单独计算并计入死亡赔偿金导致死亡赔偿金标准不一的问题。对于城乡二元标准,《民法典》第 1180 条和《侵权责任法》第 17 条一样,规定了因同一侵权行为导致多人死亡的,死亡赔偿金按照相同数额计算,部分解决了死亡赔偿金的二元标准问题。从长期来看,采取定额化的赔偿方式,必须兼顾经济社会发展水平、受害人损失填补和侵权人赔偿负担的平衡。所以,根本上解决城乡二元标准,应当依靠城乡一体化进程。目前,已经有部分省市不再区分城乡标准,统一采用城镇标准。关于赔偿标准,则按照《民法典》的立法精神,将来可能的方案是采取职工平均工资或者其他的能够涵盖被侵权人未来收入的统一标准,以避免因被扶养人的有无而导致死亡赔偿金的数额差别。

三、同一侵权行为造成多人死亡时死亡赔偿金的计算

如前所述,按照前述司法解释关于死亡赔偿金的计算方法,两个因素可能导致同一侵权行为造成多人死亡的,其死亡赔偿金却存在较大差异的情况:一是死亡赔偿金按照受诉法院所在地城镇标准或农村标准的二元标准;二是被扶养人生活费单独计入残疾赔偿金,会造成有被扶养人的受害人的死亡赔偿金远高于无被扶养人的受害人的死亡赔偿金。

《民法典》第 1180 条规定,因同一侵权行为造成多人死亡的,可以相同数额确定死亡赔偿金。这主要基于如下原因:(1)避免多个原告举证困难,防止诉讼迟延;(2)节省司法资源;(3)维护众多原告之间团结,防止原告之间相互攀比,避免同一事故的众多原告之间赔偿数额差距过大引发社会争论。①

适用《民法典》第 1180 条,需要注意以下几点:(1)第 1180 条是一个任意性规范或者授权性规范,即授予人民法院根据具体情况在同一侵权行为造成多人死亡

① 参见全国人大常委会法制工作委员会编:《中华人民共和国侵权责任法条文说明、立法理由及相关规定》,北京大学出版社 2010 年版,第 66 页。

的案件中,按照相同数额认定死亡赔偿金的自由裁量权,而非必须采取相同数额;(2)必须是因同一侵权行为或者事故造成的多人死亡;(3)以相同数额确定死亡赔偿金,原则上不考虑受害人的年龄,有无被扶养人等因素,即以现行司法解释的赔偿标准所产生的差别均不再考虑;(4)在实践中,以相同数额确定死亡赔偿金,通常有两种方式,采取"就高不就低"的原则或者确定某个固定的数额。采取"就高不就低"的原则,通常在死亡人数较少的案件中,一是有利于最大化地赔偿受害人;二是有利于迅速解决纠纷。采取固定数额的做法,通常在大规模侵权导致死亡人数较多的案件中。

四、人身损害赔偿的计算方法

损害赔偿计算方法分为主观计算方法和客观计算方法。主观计算方法即具体计算方法,是指计算损害赔偿数额时应根据被侵权人的具体情况加以判断,被侵权人的收入、职业、教育背景等因素因人而异,损害赔偿数额也就有所不同。客观计算方法即抽象计算方法或类型化的计算方法,则不考虑被侵权人的具体情况,而是根据相同的标准计算损害赔偿数额,被侵权人的个别因素不影响该数额的计算。

《民法典》未规定人身损害赔偿项目的计算方法。而《人身损害赔偿解释》继承了之前司法解释的精神,即区分损失类型,对所受损害,以主观计算方法为主,以客观计算方法为辅;对所失利益,以客观计算方法为主,以主观计算方法为辅。这种做法符合我国现实,也符合完全赔偿原则的计算方法。

五、人身损害赔偿的计算时点

《民法典》第六编第二章并未规定人身损害赔偿的计算时点。损害赔偿的计算时点或准据时点,实体法上需要解决的问题是侵权人在法律上应履行损害赔偿债务的时点。在此时点之后所发生的价额变动,对赔偿数额不产生影响。依据完全赔偿原则,因损害赔偿是为填补被侵权人的现实财产状况与假设财产状况的差额。因此,损害发生后实际赔偿前的所有因素均应考虑在内,反映在诉讼法上,就是以事实审最后言词辩论日为准。①

根据《人身损害赔偿解释》的规定,医疗费、护理费、交通费、营养费、住院伙食

---

① 参见曾世雄:《损害赔偿法原理》,中国法政法大学出版社 2001 年版,第 25 页。

补助费、辅助器具费、误工费等,均以实际发生的或者以医疗机构的意见为准,计算时点本身不影响其数额。在实体法上的计算时点,就是实际发生时、合理期间内侵权人即应履行。诉讼法上的计算时点就是事实审言词辩论终结日。对此,《人身损害赔偿解释》第 6 条第 2 款规定,医疗费的赔偿数额,按照一审法庭辩论终结前实际发生的数额确定,即反映了这一思想。只是就虽未实际发生但必然发生的费用,例如,根据医疗证明或者鉴定结论确定必然发生的医疗费用、营养费、护理费、营养费等,为诉讼经济考虑,可以在同一诉讼中直接请求,无须等到实际发生之后另行起诉。

对于丧葬费、残疾赔偿金和死亡赔偿金,丧葬费以受诉法院所在地上一年度职工月平均工资为准,以 6 个月总额计算。残疾赔偿金和死亡赔偿金以受诉法院所在地上一年度城镇居民人均可支配收入或者农村居民人均纯收入为标准,而计入残疾赔偿金和死亡赔偿金的被扶养人生活费,以受诉法院所在地上一年度城镇居民人均消费性支出和农村居民人均年生活消费支出为标准。这里的上一年度,《人身损害赔偿解释》第 22 条规定,是指一审法庭辩论终结时的上一统计年度,而非损害结果发生时的上一年度。因此,在损害后果发生后至一审庭审辩论终结前,如果“上一年度”的标准提高了,则丧葬费、残疾赔偿金和死亡赔偿金的数额会增加。这就是诉讼法上的计算时点规则。

六、损害赔偿的计算基准地

采取客观计算方法及定型化的计算方法,客观上所采取的标准就只能是某个地区的标准。在我国地方发展不均衡的情况下,产生了采取客观计算的损害赔偿项目,以何地标准作为标准的问题。对此,《人身损害赔偿解释》采取“受诉法院所在地”标准计算丧葬费、残疾赔偿金和死亡赔偿金(含被扶养人生活费)。“受诉法院所在地”也可以说是客观计算方法中的客观因素。

但是,如果受诉法院与原告即被侵权人的住所地或者经常居住地不一致,原告住所地经济发展水平较高,以受诉法院所在地的标准确定被侵权人相应的损害赔偿项目,就难以弥补受害人的所失利益。因此,《人身损害赔偿解释》第 18 条就计算基准地,也采取了“客观标准为主”“主观标准为辅”的方法,原则上以受诉法院所在地为基准地,但赔偿权利人举证证明其住所地或者经常居住地城镇居民人均可支配收入或者农村居民人均纯收入高于受诉法院所在地标准的,残疾赔偿金或者死亡赔偿金可以按照其住所地或者经常居住地的相关标准计算。也可以说,客观计算方法中体现了主观因素。

专题三　损害赔偿请求权人的范围

因侵权行为而产生的损害赔偿关系,其内容为侵权行为所产生的损害赔偿之债,其主体为债权人和债务人,债权人通常为被侵权人、债务人通常为侵权人。《民法典》第 120 条规定,民事权益受到侵害的,被侵权人有权请求侵权人承担侵权责任。但是,请求权人与债务人并不总是与被侵权人和侵权人一一对应。主要体现在:实施侵权行为的人并非承担侵权责任的人,而在受害人死亡的场合,请求权人也显然不可能是因侵权而死亡的受害人。

在《民法典》之下,损害赔偿请求权的主体除被侵权人外,还有如下特殊情形:

1. 被侵权人的近亲属。被侵权人死亡的,被侵权人的权利能力消灭,作为主体不存在,也不存在针对生命的死亡赔偿。此时需要填补的利益损失,乃是受害人近亲属因受害人死亡导致的财产损失。因此,被侵权人的近亲属为请求权主体。《民法典》第 1181 条规定,被侵权人死亡的,其近亲属有权请求侵权人承担侵权责任。第 1045 条规定,配偶、父母、子女、兄弟姐妹、祖父母、外祖父母、孙子女、外孙子女为近亲属。关于请求权主体的顺位,因死亡赔偿金采取继承丧失说,是对与受害人共同生活的家庭共同体造成的财产损失的赔偿,根据《民法典》第 1045 条第 3 款的规定,配偶、父母、子女和其他共同生活的近亲属为家庭成员,同时类推适用《民法典》第 1127 条的规定,将配偶、子女、父母和其他共同生活的近亲属作为是第一顺位的请求权主体;兄弟姐妹、祖父母、外祖父母、孙子女、外孙子女是第二顺位的请求权主体。有第一顺位的近亲属的,第二顺位的近亲属不得请求。关于死亡赔偿金的分割,因死亡赔偿金不是遗产,根据规范目的,不宜类推《民法典》第 1130 条同一顺序继承人一般应当均等的规定,而应该按照共同生活的紧密程度决定。①

被侵权人的近亲属同时也是精神损害赔偿金的请求权主体,其法律构成将在精神损害赔偿部分予以说明。

需要说明的是,《民法典》之后,被扶养人生活费不是一个单独计算的赔偿项

---

①　参见最高人民法院审判第一庭编著:《最高人民法院人身损害赔偿司法解释的理解与适用》,人民法院出版社 2004 年版,第 21 页。

目,也不构成独立的请求权内容。因此,被侵权人的被扶养人不是独立的请求权主体。

2. 胎儿。尚未出生的胎儿能否作为损害赔偿的权利主体,涉及的问题是胎儿的权利能力的问题。《民法典》第 16 条规定,涉及遗产继承、接受赠与等胎儿利益保护的,胎儿视为具有民事权利能力。但是,胎儿娩出时为死体的,其民事权利能力自始不存在。这一规定,弥补了《民法典》之前我国法律关于胎儿权利能力一般规定尚付阙如的空白。

根据前述规定,胎儿出生前如其父遭受不幸,则应享有独立的损害赔偿请求权,由其母作为法定代理人代理行使。如胎儿娩出后为死体的,则发生不当得利返还。

3. 分立、合并后的组织。作为组织的被侵权人分立、合并的,则承继其权利义务的组织享有损害赔偿请求权。《民法典》第 67 条规定,法人合并的,其权利和义务由合并后的法人享有和承担的;法人分立的,其权利和义务由分立后的法人享有连带债权,承担连带债务,但是债权人和债务人另有约定的除外。

4. 支付人身损害中的医疗费、丧葬费的人。被侵权人死亡的,所产生的医疗费、丧葬费未必是侵权人或者被侵权人支付,经常会由被侵权人的亲属、朋友等支付。由于医疗费、丧葬费的损失是死者的所受损害,应由侵权人予以赔偿。但在前述场合,则通常通过无因管理或者不当得利制度予以解决。《民法典》第 1181 条第 2 款明确规定了实际支付医疗费、丧葬费等合理费用的人对侵权人有请求权,无须再转至无因管理或者不当得利请求权。这里的人,不仅是自然人,也包括其他实际支付或者垫付的医疗机构或者其他组织。

另外,在涉及交强险的场合,实际支付医疗费、丧葬费等合理费用的人,因这些费用在交强险的赔偿范围内,在被侵权人无近亲属或者近亲属不明时,应当赋予实际支付费用的人有向保险公司直接请求支付保险金的请求权。对此,《道路交通事故解释》第 23 条第 3 款规定,被侵权人因道路交通事故死亡,无近亲属或者近亲属不明,支付被侵权人医疗费、丧葬费等合理费用的单位或者个人,请求保险公司在交强险责任限额范围内予以赔偿的,人民法院应予支持。

5. 未经法律授权的组织无损害赔偿请求权。实践中经常发生的一种情形是,被侵权人因侵权行为死亡,但无近亲属或者近亲属不明,民政部门等有关部门起诉侵权人或者强制责任保险请求赔偿死亡赔偿金的,是否应当支持的问题。对此,应当以法律授权为前提,法律未授权的组织请求的,不应支持。《道路交通事故解释》

第23条第1款规定,被侵权人因道路交通事故死亡,无近亲属或者近亲属不明,未经法律授权的机关或者有关组织向人民法院起诉主张死亡赔偿金的,人民法院不予受理。其主要理由在于:死亡赔偿金的实体法性质决定了未经法律授权的组织不享有请求权,公法的特征决定了未经法律授权的有关组织无权代替死者近亲属主张死亡赔偿金,程序法的要求决定了未经授权的组织不能成为适格原告,以及民事诉讼法关于公益诉讼的规定决定了此类案件不能纳入公益诉讼。

专题四　侵害其他人身权益的财产损害赔偿

人身权益除生命权、身体权、健康权外,还有姓名权、名誉权、荣誉权、肖像权、隐私权、婚姻自主权等其他人身权益。后者与前者最重要的区别在于,前者为物质性人身权益,后者则主要为精神性人身权益。侵害精神性人身权益所造成的财产损失,显然与人身损害赔偿中的医疗费等所受损害及所失利益那样可通过具体计算方法和抽象计算方法计算不同。

关于侵害他人人身权益造成的损失,《民法典》第1182条规定:"侵害他人人身权益造成财产损失的,按照被侵权人因此受到的损失赔偿或者侵权人因此获得的利益赔偿;被侵权人因此受到的损失以及侵权人因此获得的利益难以确定的,被侵权人和侵权人就赔偿数额协商不一致,向人民法院提起诉讼的,由人民法院根据实际情况确定赔偿数额。"上述规定,将被侵权人的损失标准和侵权人的获益标准确定为并列关系,改变了《侵权责任法》的实际损失标准优先、侵权人的获益标准劣后的规则,两者再无优先与劣后之分。

侵害其他人身权益所造成的财产损害赔偿,主要是指侵害了可以商品化的姓名权、名称权、肖像权等精神性人格权益上。对于此类损害赔偿,有如下赔偿标准。

一、以实际损失为标准

侵害其他人身权益所造成的财产损失,按照完全赔偿原则,包括所受损害(积极损失)和所失利益(消极损失),转化为《民法典》第1182条的表述就是"按照被侵权人因此受到的损失"赔偿。

在侵害人身权益的财产损害赔偿中,以实际损失作为赔偿标准,会出现损失难以计算的问题。一是对精神性人格权益的侵害,主要表现在未经许可的使用等方面,被侵权人的损失既不体现在特定利益的支出,也不体现在特定收益的减少。在有的案件中,即使没有侵权人的使用,被侵权人也不可能以与侵权人同样的方式利用这些人格权益。或者说,没有将这些人格权益商业化利用的意愿和能力时,按照"差额说"的理念,这里就不存在损失。二是侵害精神性人格权益所造成的损失,以具体方法计算,难以确定其数额;按照抽象方法计算,难以确定其标准。

财产损失的有无或者计算上的难题,说明"差额说"于此场合下的不敷使用。从评价上来看,无论权利人是否会利用或者如何利用精神性人格权益,未经同意使用他人肖像、姓名、名誉等人格权益本身,就是侵权人所获得的利益。这种利益不能归属于侵权人而应归属于权利人,这是至为明显之理。由此,产生了第1182条所规定的以侵权人获得的利益作为赔偿的所谓"获利返还"型的损害赔偿的计算方法。

二、以侵权人获得的利益为标准

以侵权人获得的利益作为赔偿损失的标准,是《侵权责任法》第20条的规定,《民法典》予以继承并将其与被侵权人的损失标准并列,作为并行的损害赔偿计算方法。学理上,称之为"获利返还"。对此,需要注意以下几点。

(一)获利返还作为损害赔偿方法的正当性

对获利返还作为损害赔偿方法最重要的质疑,就是这种以侵权人的得利而非被侵权人的损失作为损害赔偿方法,违反了损害赔偿法的完全赔偿原则和禁止得利原则,破坏了损害赔偿法与不当得利法乃至无因管理法之间的关系。但是,这种质疑并不成立。

第一,按照损害的"差额说"及其计算方式,在若干场合,会出现被侵权人总的财产状况与假设的应然状态之间并无差额的情形。由此认定被侵权人无损失,但侵权人却享有利益,不符合任何人不得通过自己的违法行为获利的公平理念。也正是"差额说"在诸如物的使用可能性损失、交易性贬值、亲属看护费用、假设因果关系等情形下不敷使用,"组织说"及"规范损害说"才将法律上的评价因素用于损害的认定上,进而扩展了损害的范围。[1] 由此,通过对损害作出规范性的评价进而

---

① 参见王泽鉴:《损害赔偿》,北京大学出版社2017年版,第68~69页。

判断损害赔偿的方法,是全面认定损害,实现损害赔偿法目的的应有之义。依据规范目的,人身权益等绝对权被侵害本身即应当被评价为损害,而不拘泥于被侵权人总体财产状况与假设状况是否存在差额,有利于被侵权人人身权益的侵权法保护。另外,从利益衡量上看,在自身法益遭受侵害的情况下,受害人较之于加害人应当获得更好的救济。①

第二,获利返还作为侵权法上的损害赔偿方法,有利于实现侵权法的预防功能。在侵权人获得的利益大于被侵权人损害的情况下,如果允许侵权人保有这种利益,则损害赔偿法的预防功能将会落空。

第三,以不当得利返还作为获利返还的请求权基础不能完全实现对被侵权人的保护。从不当得利所返还的"利益"看,通常不包括利润。《民法典》第985条至第988条关于返还不当得利中的"利益",并未给出确定的范围。在审判实际中,返还的不当利益包括原物和原物所生的孳息。因所获得的利益而取得的利润,不在不当得利的返还范围之内;利润原则上不属于原物的用益,企业通过经营活动取得的利润原则上不属于物之孳息也不属于使用利益。从根源上来说,利润返还之所以不属于不当得利的返还范围,是因为它完全剥夺了受益人通过权益侵害获得的收益,具有浓厚的制裁性和预防性。所以,超过客观价额的获利(包括利润)究竟应归属于谁,实非不当得利所能决定。②

第四,关于不法无因管理能否构成获利返还的请求权基础问题。从《民法典》第980条的规定来看,因"管理人管理事务不属于前条规定的情形",可以解释为包括了不符合第979条的适法无因管理构成要件的不法无因管理。因此,第980条后段规定的"受益人享有管理利益的",就是指受益人选择主张获利返还,并因此在获利范围内有费用偿还义务。但是,尽管第980条并未明确不法无因管理以明知系他人事务为构成要件,但在理论上亦只能作此解释。由此,不法无因管理的故意要件就难以涵盖侵权责任中的过失。这就意味着,在有些构成侵权责任但不构成不法无因管理的案型中,就难以将获利赔偿作为损害赔偿的计算方法。这也说明,在侵权损害赔偿中单独承认获利返还作为损害赔偿方法的必要性。

第五,需要注意的是,侵害精神型人身权益造成的财产损失,在证明及计算上通常较困难,获利返还作为损害赔偿的方法,具有减轻被侵权人证明负担的作用。

---

① 参见[奥地利]海尔姆特·库奇奥:《侵权责任法的基本问题(第一卷):德语国家的视角》,朱岩译,北京大学出版社2017年版,第43页。

② 参见王泽鉴:《不当得利》,北京大学出版社2015年版,第254页。

(二)获利返还的具体计算

获利返还,显然是以侵权人获得的利益作为衡量标准,这里的利益就不仅体现在积极利益的增加,而且包括应支付费用的减少。前者如利用他人姓名、肖像做广告所获得利润的增加;后者如节省的许可使用费等。两者的共同特征是它们均未必构成"差额说"下的受害人损失。

侵权人获得的利益,通常由被侵权人的权益与侵权人投入的生产要素相结合而产生。这里的生产要素包括简单的劳动或交易行为、经营行为等。在观念上,可以区分为被侵权人权益所对应的价值和侵权人投入生产要素所贡献的增量价值。[①]在计算侵权人取得的利益时,需要区分侵权人投入的生产要素与被侵权人的权益对最终获利的不同影响,在计算时将侵权人的成本予以扣除,从而计算出侵权人因侵权而获得的净利润。但是,需要注意的是,不是所有的成本都能从侵权人获得的利益中扣除,而是需要同时考虑因果关系,可以扣除的是那些在权益侵害中发挥作用的成本,应当将获利返还中的获利限定为行为人因侵害受害人人格权益而获得的利益,因为行为人的经营模式、商业秘密等获得的利润,则应当予以扣除。[②]

获利返还同样会存在证明困难的问题。可以采用拟制的许可使用费或者同类的市场标准予以确定,这实际上是按照侵权人应支付费用的减少标准计算侵权人的获利。

(三)两种赔偿标准由被侵权人选择

《民法典》第1182条将获利返还与实际损失赔偿规定为并列的计算方法,而非有先后次序。如此规定就意味着被侵权人可以选择行使:在实际损失高于侵权人获利时,选择按照实际损失赔偿;如实际损失低于侵权人获利时,则选择获利返还。如此规定,有利于发挥法律的损害预防功能,有利于降低受害人的举证负担,[③]有利于实现违法之人不应从其违法行为中获利的价值判断。

(四)法院根据实际情况确定赔偿数额

在被侵权人的损失和侵权人的获利均难以确定时,《民法典》第1182条规定,由人民法院根据实际情况确定赔偿数额。需要考虑的实际情况包括侵权人的主观过错、侵权行为的方式、损害后果的严重程度等因素。

---

① 参见和育东:《非法获利赔偿制度的正当性及适用范围》,载《法学》2018年第8期。

② 参见王利明:《侵权获利返还若干问题探讨——兼评民法典分编草案二审稿第959条》,载《广东社会科学》2019年第4期。

③ 同上。

专题五　侵害财产权益的损害赔偿

《民法典》第1184条规定,侵害他人财产的,财产损失按照损失发生时的市场价格或者其他合理方式计算。该条规定,继承了《侵权责任法》第19条的规定,在表述上将“其他方式”修改为“其他合理方式”。

第1184条规定“侵害他人财产”,实质是指侵害他人财产权益。不仅是动产和不动产,具有财产权益权利类型均应包括,如所有权、用益物权、担保物权、著作权、专利权、商标专用权、股权、继承权等。侵害财产权益,表现形态多种多样,但适用损害赔偿,则通常表现为侵权行为导致动产、不动产的毁损、灭失;或者虽未毁损、灭失,但侵权人侵害动产、不动产的占有导致权利人无法使用的损失;对其他财产权益,如知识产权,则表现为未经许可使用。财产权益的形态不同,损害赔偿适用的侵权行为的形态也会有不同。

侵犯财产权益的损害赔偿,贯彻完全赔偿原则,同样包括所受损害即积极财产的减少,和所失利益即应增加的利益未增加。无论是何种损失,在损害赔偿的计算上,均以客观计算方法为主,而非以主观计算方法为主。

一、所受损害

由财产权益这一侵权行为的客体所决定,侵害财产权益导致被侵权人的所受损害,包括财产本身的毁损灭失而直接减少的价值,被侵权人因侵权而支出的费用以及财产毁损后的贬值损失。财产毁损灭失直接减少的价值,可以看作财产本身的使用收益价值的减少,财产毁损后的贬值损失,则往往是财产的交换价值的降低。

对于财产的毁损灭失所减少的价值,计算方法就是原有价值减去现存的价值。如果财产是可替代物,则应区分新物和旧物。[①] 新物灭失,则其减少的价值就是该物的市场价格。新物毁损,则其减少的价值就是市场价格与该物现在价格的差额。

---

① 参见程啸:《侵权责任法》(第2版),法律出版社2015年版,第699页。

当然,如果毁损能够修复的,则采取修理的方式能够达到赔偿财产使用收益价值的目的,则可以赔偿修复费用或者由侵权人修理或者委托他人修复。如果毁损不能修复的,则应按照市场价与现物残值之间的差额赔偿,或者按照市场价赔偿,由侵权人取得残值部分。旧物毁损灭失,所赔偿的则是旧物的市场价格与残存价值的差额。同样,因该赔偿是使用收益价值的赔偿,因而物虽未灭失但已因侵权丧失功用的,同样应当采取前述赔偿规则。对此,《道路交通事故解释》第 12 条就道路交通事故造成机动车的损失,规定了如下内容:(1)维修被损坏车辆的所支出的费用、车辆所载物品的损失、车辆施救费用;(2)因车辆灭失或者无法修复,为购买交通事故发生时与被损坏车辆价值相当的车辆重置费用。因此,机动车的修复费用或者重置费用,都是对机动车毁损灭失所减少的价值的赔偿;车辆施救费用,就是因被侵权人因侵权而支出的费用。

对于交换价值降低的赔偿,即通常所说的贬值损失应否赔偿,仍有争议。贬值损失包括技术性贬值和交易性贬值。技术性贬值,是指的被毁损的物通过修理之后不能完全恢复原状,仍然存在瑕疵,致使其价值与被毁损之前依旧存在差异。交易性贬值,是指被毁损的物经过完全修复,但是因曾经发生过损害事故而导致交易价格的降低。[①] 多数观点认为,贬值损失是一种客观损失,应予赔偿。但司法实践并不统一,《道路交通事故解释》并未明确规定机动车因发生交通事故而产生的贬值损失应予赔偿,并且认为我国尚不具备完全支持贬值损失的客观条件,其主要理由是:(1)虽然理论上多数观点认为贬值损失具有可赔偿性,但仍有较多争议,如因维修导致零部件以旧换新是否存在溢价,从而产生损益相抵等问题等。(2)贬值损失的可赔偿性要兼顾一国的道路交通实际状况。在事故率比较高、道路安全意识尚需提高的我国,普遍性地赔偿贬值损失会加重道路交通参与人的负担,不利于社会经济发展。(3)我国目前鉴定市场尚不规范,贬值损失的认定具有较大任意性,贬值损失数额确定的不科学将导致案件实质上的不公平。(4)贬值损失几乎在每辆发生事故的机动车上都会存在,规定贬值损失可能导致本不会成诉的交通事故案件大量涌入法院,不利于减少纠纷。因此,现阶段原则上对贬值损失持保守态度。但在少数极端情形下,也可以考虑赔偿,但必须慎重,严格把握。[②] 如果说交通事故因其数量较大,影响广泛,且存在较大的社会效应而应采取慎重态度对待机动

---

① 参见王泽鉴:《损害赔偿》,北京大学出版社 2017 年版,第 180 ~ 182 页;程啸:《侵权责任法》(第 2 版),法律出版社 2015 年版,第 700 页。

② 参见最高人民法院民事审判第一庭编著:《最高人民法院关于道路损害赔偿司法解释理解与适用》,人民法院出版社 2012 年版,第 200 页。

车贬值损失是合理的,则在其他不具备这些特征的侵害财产的案型中,则应承认贬值损失的可赔偿性。这也说明,损失的可赔偿性问题,不仅是计算问题,也隐含了价值判断和利益衡量。

二、所失利益

侵害财产导致的所失利益,是指该财产本应获得的利益因侵权行为而未获得的利益。基于该概念即可知,所谓本应获得的利益就具有一定的推测性。由此,强调所失利益在发生上要具备较高的可能性就是其应予赔偿的要件之一。

按照完全赔偿原则,所失利益应当予以赔偿,但是被侵权人因该财产应取得的利益,要么是对该财产本身的自然产出,要么是该财产通过法律关系的产出,这就需要被侵权人投入一定的人力或者其他资源。例如,通过驾驶机动车运输货物,要么是需要被侵权人与他人产生某种法律关系;房屋所有权人将房屋出租给他人。在这里,侵权行为与损失的因果关系上,就不像所受损害那样显而易见,但仍应一般性地肯定。对此,《道路交通事故解释》第 12 条第 3 项、第 4 项规定,依法从事货物运输、旅客运输等经营性活动的车辆,因无法从事相应经营活动所产生的合理停运损失以及非经营性车辆因无法继续使用,所产生的通常替代性交通工具的合理费用,均属于应赔偿的财产损失。在这里,该司法解释对所失利益规定了一定的条件,即依据被侵权人对该财产的通常使用目的和方法判断所失利益的范围。在判断营运损失时,应当考虑受害人的运营成本、运营能力、近期平均利润等因素,在判断非营运车辆的使用中断损失时,也有一定限制,即通常替代性交通工具的合理费用而非任何替代性交通工具的费用。① 另外,"合理费用"的表述也说明,所失利益并非完全因财产本身而产生,而是需要结合人的劳动或者法律关系的缔结才能发生,因此应当考虑物对所失利益的贡献度以及其他因素,从而实现禁止得利原则。

另外,在即使没有侵权行为,被侵权人也不会使用该财产或者以该财产谋取利益的场合下,这里的所失利益就可能是一种抽象的使用可能性利益,是否具有可赔偿性,在比较法上有不同观点。但是,需要注意的是,完全抽象的使用利益实质上是非财产上损害,不能将之财产化。②

---

① 参见最高人民法院民事审判第一庭编著:《最高人民法院关于道路损害赔偿司法解释理解与适用》,人民法院出版社 2012 年版,第 198 页。

② 参见王泽鉴:《损害赔偿》,北京大学出版社 2017 年版,第 186 页。

三、财产损失的计算时点:损失发生时或其他合理时点

被侵权人因财产权益被侵害所产生的施救费用等损失,以其实际发生为准。而财产被毁损灭失导致的自身价值损失的计算时点在实践中会发生争议,主要原因是,财产的价值通常通过其市场价格确定,而市场价格却是变动不居的。由此,财产损失的计算时点与如下问题就存在紧密关系:损失发生后实际赔偿前,以价格反映的财产价值有可能上涨或者下跌,是否应考虑在内?由此,计算时点的问题就影响被侵权人获得损害赔偿的数额。

贯彻完全赔偿原则,以侵权人实际赔偿之时的价格确定财产损害赔偿额在大多数情形下是最接近完全赔偿原则的计算时点。但同样也会面临问题,如果受害人在没有发生侵权行为时,可能会于财产价格较高之时出售。如股票,因盗卖股票行为的发生导致这种溢价收益不可能实现,而实际赔偿之时股票价格已经下跌,此时以实际赔偿之时确定损害赔偿数额,是否与完全赔偿原则相符合?如果通过诉讼确定赔偿损失的数额,法院必须判决具体的数额,这一价格显然也可能与侵权人实际履行的价格不同等。

既然我国损害赔偿法坚持完全赔偿原则,判断上述问题就应以此为标准。《民法典》第1184条关于"财产损失按照损失发生时的市场价格或者其他合理方式计算"的规定,就可得出如下结论:一是这里的损失发生时是指损害后果确定时,损害后果不确定,即难以确定损失是否发生。二是"其他合理方式"包括计算时点和市场价格两种因素。换言之,这里的"其他合理方式"既包括以其他时点的市场价格,也包括不以市场价格而以其他标准。三是损失发生时或者其他计算时点并无先后之分,两者统一于完全赔偿原则,如果损害发生时的市场价格不足以实现完全赔偿原则,就应采取其他方法;反之,损害发生时就是计算时点。相应地,就应当区分具体情形确定计算时点:

1. 在财产为即时消耗物时。如日常用品,因价格相对稳定,损失发生时的市场价格,能够使受害人的财产状态恢复到应有状态,符合完全赔偿原则。

2. 非即时消耗物。在损害后果发生后价格上涨的,以损失发生时作为损失计算的时点就难以实现完全赔偿原则,当事人在诉讼中能够举证证明价格上涨以及其通常会持有该财产至诉讼时,或者被侵权人会在损害后果发生后诉讼前价格上涨时的时点转让的,则应当以一审庭审辩论终结前的市场价格或者价格上涨时的市场价格确定损害赔偿额。

3. 非即时消耗物。在损害后果发生后价格下跌的，以损失发生时作为损失计算时点可能会发生过度填补的后果，进而违反禁止得利原则。因此，则当事人举证证明价格下跌以及被侵权人通常会持有该财产至诉讼之时的，则应当按照一审庭审辩论终结前的市场价格确定损害赔偿额。

4. 股票、大宗商品等价格波动型的财产。因受害人持有财产的目的通常就是交易，因此损害后果发生后至诉讼之时的价格波动对损害赔偿额的影响，还受到被侵权人交易行为的影响。但是，基于这种交易行为的不可预见性，在判断是否应当按照当时的市场价格确定损害赔偿额时，应当考虑被侵权人通常的交易习惯等因素。例如，在盗卖他人股票的案型中，最高人民法院就认为，"与其他财产权不同的是，股票所代表的股权价值会随着公司经营状况，市场行情等因素的变化而增长或降低。同时，股票价值的实际实现也与投资者的投资习惯密切相关。因此，在侵权人盗卖投资者股票获取价金的情况下，判断被侵权人所遭受损失的范围应当综合考虑受害人的投资习惯、市场行情的变化等因素……如果受害人的投资行为表现为短线操作、通过股票涨跌变化，以频繁买入、卖出方式获取投资收益，则其股票被盗卖的损失，未必包含股票被盗卖后的股票本身升值部分以及相应的股利；如果该受害人的投资行为表现为长线操作、主要通过对股票的长期持有、获取股票增值以及相应的股利等收益，则其股票被盗卖的损失，通常应当包括股票被盗卖后的升值部分以及相应的股利。具体到本案……（被侵权人）张某英进行短线交易的可能性很小。因此，张某英的损失应当包括股票被盗卖后的股利损失和升值损失"。[①]

四、财产损失的计算标准：市场价格及其他合理方式

如前所述，其他合理方式既包括其他合理计算时点的市场价格，也包括不采用市场价格而采用其他标准。市场价格通过一定的方法加以确定，并无异议。需要注意的是，市场价格能够特定化的，即应采用该特定化的价格而不宜采用平均价格。例如，一套商品房的价格，同小区同户型的市场价格足以参照。

但是，如果财产无市场价格或者无法确定市场价格的，则可以采用其他方式，如通过鉴定、评估等方式，具体包括文物、古董、旧物等。需要注意的是，被侵权人对旧物等有个人感情为由主张较高赔偿的，则不属于财产赔偿应当考虑的因素，而应是精神损害赔偿的考量因素。

---

① 《中华人民共和国最高人民法院公报》2013 年第 2 期。

专题六　公平分担损失

《民法典》第1186条规定,“受害人和行为人对损害的发生都没有过错的,依照法律的规定由双方分担损失”。这一规定,与《侵权责任法》第24条的“可以根据实际情况,由双方分担损失”相比较,发生了重大变化。《民法典》规定损失分担以法律规定为限,限制了法官的自由裁量权。

一、公平分担损失不是一项归责原则

《民法典》第1186条所规定的损失分担规则,在我国之前的民事立法及理论中被称为公平责任。其根源为《民法通则》第132条。其内容为,当事人对造成损害都没有过错的,可以根据实际情况,由当事人分担民事责任。随着实践及理论的发展,对该条的性质、功能及其适用范围也逐步清晰。

《民法典》第1186条不是与《民法典》第1165条、第1166条并列的一项归责原则。其原因在于,该条规定是基于特殊的法政策而设立的,是在双方均无可归责原因不成立侵权责任的前提下的一种损失分担。它显然不具有与过错责任和无过错责任在侵权责任编中的体系位置和功能。

事实上,在《民法典》之前,最高人民法院亦曾试图对《侵权责任法》第24条作类型化分析。其基本的思路是,应当将公平责任或者公平分担损失的责任限制在当时法律和司法解释明确规定的范围内,并通过总结既有的公平责任的类型归纳其构成要件。①

最高人民法院民一庭认为,应当从消极方面和积极方面共同确定公平责任的适用范围。所谓消极方面,即运用排除法将一些类型从公平责任的适用范围中排除出去。如体育运动伤害案件,由于《侵权责任法》的立法目的在于权衡行为自由与权益保护,在利益衡量和价值判断上,如果承认体育运动中致人损害适用公平责任,显然会大大限制行为人的行为自由。再如,在校园伤害案件中,不少法院为了

① 参见最高人民法院民一庭:《体育活动中受到损害是否适用公平责任?》,载最高人民法院民一庭编:《民事审判指导与参考》(总第41集),法律出版社2010年版,第235页以下。

解决纠纷,过分加重学校的责任,从而导致学校不愿组织集体活动或课外活动,甚至主动拆除学校中必要的体育设施等,说明此类判决在效果上难谓妥当。所谓积极方面,即从正面解释公平责任的构成要件,归纳适用公平责任的具体类型。立法者无使公平责任成为不具有独立裁判功能的一般条款的目的。但从审判实践来看,效果并不理想。正因如此,民法典编纂时,将公平原则实施的法官自由裁量,修改成法定原则。

二、《民法典》中的公平分担损失类型:法定原则

在《民法典》中,在不成立侵权责任的场合下,行为人和受害人分担损失的规定,主要体现在如下几点:(1)第182条规定的由自然原因引起的危险,紧急避险人对受害人适当补偿;(2)第183条规定的受益人对因保护其权益而受第三人侵权的受害人的适当补偿;(3)第1190条规定的完全民事行为能力人对自己的行为暂时没有意识或者失去控制造成他人损害没有过错的,根据行为人的经济状况对受害人适当补偿;(4)第1192条第2款规定的提供劳务一方被第三人侵权,接受劳务一方对提供劳务一方的适当补偿;(5)第1254条规定抛掷物或坠落物致人损害的,难以确定具体侵权人的,由可能的加害人对受害人补偿。

从上述规定可以看出,公平分担损失的具体类型可以归纳为两类:第一类是受害人为了受益人的利益而受损害,例如,(1)、(2)、(4)类型可以称为"受益人分担损失型";第二类则主要是基于虽不成立侵权责任,但受害人的损失应予补偿的公共政策考虑,可以称为"受害人损失补偿型"。

应当看到,无论何种公平分担损失的类型,都构成了对侵权责任归责基础的重大挑战。这种价值判断,由立法者作出,就更为妥当和周全。因此,《民法典》将公平分担损失确定为由法律规定,值得肯定。

第四章　责任主体的特殊规定

专题一　委托监护责任

一、委托监护概述

所谓委托监护，是指监护人有正当理由不能亲自履行监护职责时，将自己的监护职责部分或全部委托给他人代为履行监护权的情形。委托监护须有监护人委托与受委托人接受委托的意思表示才能成立。因此，委托监护实际上是一种合同关系。委托监护根据委托职责范围的不同可以是全权委任，也可以是限权委任；但法定或指定监护人对被监护人应承担的民事责任，不因委托监护而移转，监护人转移的仅是监护职责。

委托监护责任在这次《民法典》中得到体现。第1189条规定，“无民事行为能力人、限制民事行为能力人造成他人损害，监护人将监护职责委托给他人的，由监护人承担侵权责任；受托人有过错的，承担相应的责任”，又进一步明确了委托监护成立的条件及受托人在被监护人侵权行为发生时如何承担责任。

二、委托监护责任的构成要件

委托监护的主体包括：委托人（监护人）、受托人、无民事行为能力人、限制民事行为能力人。构成要件为：形成委托监护关系；无民事行为能力人、限制民事行为能力人造成他人损害。

委托监护基于监护人与受托人的合意设立。一般而言，委托监护的设立并非要式行为，监护人可以通过书面协议或事实行为等多种方式实现监护委托。故在现实生活中，绝大部分将未成年人交由他人代为监护的情形均属于委托监护，如父母出差时将孩子交由长辈、托管机构看管，均属于委托监护的范畴。

对委托监护的成立是否必须要有明确的合同约定还是可以通过事实行为实

现,此次《民法典》并未作出规定。在理论上存在一定争议,在司法实践中,法院在侵权案件中认定“委托监护”关系时,多采用较宽松的认定标准。如王某某与任某某、刘某某等生命权、健康权、身体权纠纷一案,[①]法院认定“潘某作为任某某的外婆照管任某某,属协助监护人履行监护职责”,肯定了其委托监护关系;傅甲与张某某生命权、健康权、身体权纠纷一案,[②]法院认定“张某某夫妇在接受其女儿女婿委托照顾其外孙时,一并承担了对其外孙的监督保护的职责”。再如,罗某甲诉刘某某、第三人徐某某、杨某生命权纠纷一案[③]中,法院根据在案证据、日常生活经验分析,亦认定“监护人将未成年人临时委托商铺老板代管时,委托监护的事实存在”。

从上述案例中可以看出,法院多认为委托监护不需要书面协议,如采用口头形式,有其他证据证明的,同样可以认定监护人将监护职责转移给第三人,委托监护关系成立。

三、委托监护的归责原则及责任认定

关于责任承担,在委托监护中委托人和受托人适用不同的归责原则。委托人作为监护人,其所监护的主体行为产生的一切法律后果由其监护人来承担,其承担的是无过错责任。受托人虽然接受了转移的短暂的监护权,但其并不是法定的监护权而是意定的,受托人责任的承担原则上根据过错原则予以认定。

在司法实践中会综合考虑受托人系有偿受托还是无偿受托,也会考虑受托人在履行监护职责过程中的过错程度,并区分受托人系故意、重大过失还是一般过失,来据此判定受托人承担的责任比重。

(一)受托人系有偿还是无偿对责任承担的影响

受托是有偿还是无偿会影响受托人承担的责任比例。如曹某某等与曾某、王某某等生命权、健康权、身体权纠纷一案中,[④]法院认为,“被告王某某招收寄宿制学生,并收取食宿费,依此足以说明寄宿期间寄宿学生的部分监护职责已部分委托给王某某。王某受害发生在王某某家住宅二楼学生宿舍内,从事件发生时间、地点看,王某与曾某发生纠纷时应是王某某监护的时段,其应有保护被监护人的身体健康,照顾监护人的生活,对被监护人进行管理和教育的职责,被告王某某没有及时

---

① 参见上海市闵行区人民法院民事判决书,(2017)沪0112民初11720号。
② 参见上海市第二中级人民法院民事判决书,(2015)沪二中少民终第32号。
③ 参见漾濞彝族自治县人民法院民事判决书,(2014)漾民初字第91号。
④ 参见贵州省水城县人民法院民事判决书,(2017)黔0221民初1038号。

制止王某与曾某的打斗,未充分履行管理和保护的义务,主观上有一定过错,导致了本次事故的发生,应当对伤害后果承担责任。被告曾某是限制民事行为能力人,从其智力发育情况看,其应知道持刀杀人的后果,其对王某的加害行为与其法定监护人的平时教育有一定的关系。法定监护人将监护职责委托给王某某,虽没有过错责任也应承担相应的民事赔偿责任。故法院最终认定被告王某某没有履行好管理和保护被告监护人的责任与限制民事行为能力人曾某的责任相比,王某某的责任要相对大一些,应酌情由被告曾某的法定监护人承担45%的赔偿责任,被告王某某承担55%的责任"。而在韩某与郭某、郭某某、韩某某等生命权、健康权、身体权纠纷一案[①]中,韩某某系韩某的祖父,对韩某系无偿监护。法院认为,"韩某某接走原告韩某和被告郭某后,原告韩某与被告郭某午饭后在无成人在场看护下自行玩耍。玩耍期间,被告郭某手持的一根竹棍脱手打在原告左上腹部,造成原告损伤。被告郭某某、吴某某作为其法定监护人,其赔偿责任法定。韩某某明知无民事行为能力人对自身的行为缺乏辨识和控制能力,监管人员负有高度的注意和保护义务,而其放任两儿童自行玩耍,未尽到足够的教育、监管责任,未能防止和避免损害发生,其对原告的损伤有间接责任,故负担30%损失"。以上案例,均显示法院认定有偿受托人应承担更高的责任。

(二)受托人过错程度对责任的影响

前述傅甲与张某某生命权、健康权、身体权纠纷一案中,法院认为,"因张某某违法行为造成事故,其存在重大过失,故根据张某某夫妇与傅甲父母之间存在的基础法律关系、张某某的重大过失行为、张某某的赔偿能力等多重因素,酌情确定由张某某承担30%的赔偿责任"。而曾某某、冉某等与冉某某生命权、健康权、身体权纠纷一案[②]中,一审法院认为,"谢某某在受到马蜂攻击的时候,未尽到合理的照顾义务,其存在过错,综合考虑善良风俗及谢某某的过错程度,判令谢某某承担5%的赔偿责任"。二审法院则认为,"谢某某系无偿代理,作为代理人,其在突然遭遇马蜂威胁时对应的处理并无明显过当之处,其不应承担赔偿责任"。另在原告云某某诉被告王某甲、王某乙、孙某某健康权纠纷一案[③]中,法院认为,"被告孙某某在被告王某甲母亲去世后代被告王某乙照顾被告王某甲,被告王某乙、孙某某之间形成了委托监护的关系。但被告孙某某对被告王某甲推原告的行为不存在过错,不应承

① 参见孝感市中级人民法院民事判决书,(2016)鄂09民终274号。
② 参见重庆市第四中级人民法院民事判决书,(2016)渝04民终362号。
③ 参见虎林市人民法院民事判决书,(2015)虎民初字第889号。

担本案的赔偿责任”，以上案例，体现法院针对受托人是否存在过错以及过错程度，作出的不同判决。

故在委托监护关系中，受托人如何承担责任依据过错原则为基础，法院会综合考虑受托人是有偿受托还是无偿受托，受托人是否存在过错、过失以及过错程度，合理确定受托人是否应承担责任以及应予承担责任的大小，确保在充分保护受害人合法权益的同时，衡平社会诚信，体现法律应是公序良俗的“兜底条款”等原则，以更好地推进社会和谐发展。

四、实践中需要注意的问题

（一）未成年学生家长与包括学校在内的教育、托管机构是否成立委托监护关系

对该类案件，司法实践中大体上经历了从学校对在校未成年学生“具有监护职责”或“具有部分监护职责”，到“不具有监护职责”的转变，关于学校职责的法律规定正不断回归教育之本位。

目前，我国法院普遍认定学校对未成年学生承担的是教育管理责任，而非委托监护责任。如田某某与上海市某幼儿园人身损害赔偿纠纷一案①中，法院认定，“田某某在被告幼儿园接受学前教育，幼儿园的基本职能是对学生进行教育，发展其智力、培养其能力，其履行的是教育和管理两种职责，而不是由学校和未成年人的监护人自行约定的委托监护关系”。覃某与岑甲、岑乙教育机构责任纠纷一案②中，法院认为，“有被告认为家长与学校之间形成了委托监护关系，但是，委托合同的成立必须以当事人双方意思表示一致为前提，它必须在当事人双方之间自愿达成一致意见。本案被告某小学并未与学生家长达成任何委托监护合同，故某小学不承担对在校学生的监护责任。另强调法律对担任监护人的范围有明确的规定，监护责任不因未成年人到学校接受教育而当然的发生转移”。另杨某某与贵某某等教育机构责任纠纷一案③中，法院认为，“被告某小学与学生之间是教育管理关系，不是委托监护关系，无监护职责。其因未及时发现并制止该侵权行为，未尽到相应管理职责；也对受害人伤情估计不足，未送其到正规医院就治，延误了受害人的治疗，存在一定的过错，应承担一定的责任”。以上案例，均认可学校对未成年学生不具有

① 参见上海市浦东新区人民法院民事判决书，(2010)浦少民初字第422号。

② 参见广东省珠海市中级人民法院民事判决书，(2015)珠中法民一终字第664号。

③ 参见襄阳市樊城区人民法院民事判决书，(2015)鄂樊城民二初字第00460号。

监护职责。

然而,仍有部分法院认定在特定条件下,教育、托管机构对学生承担监护职责。如在前述陈甲与福州市某小学、潘某某、第三人陈乙侵权责任纠纷中,法院认定,“被告某小学收取原告及被告潘某某等无民事行为能力的学生监护人支付的全托费用,可以认定双方形成委托监护及有偿托管合同关系,被告某小学自收受全托费用之日起接受寄宿学生监护人之委托,为无民事行为能力的寄宿学生的监护人提供有偿托管服务,承担对无民事行为能力的寄宿学生在校寄宿期间的监护人之职责”。故教育、托管机构对未成年学生的责任如何界定,在司法实践中应充分考虑机构特点,审慎认定双方关系;同时应注意不要混淆委托监护责任与机构的安全保障义务。对于未成年人在教育机构生活、学习期间受到人身损害的,应当依照《民法典》第1199条、第1200条、第1201条的规定处理。

(二)精神病人法定监护人与医院是否成立委托监护关系

部分法院认为,精神病人法定监护人与医院存在委托监护关系。如李甲、某精神卫生中心生命权、健康权、身体权纠纷一案中,[①]法院认为,“李甲经某精神卫生中心诊断确实患有精神分裂症,符合‘严重精神障碍’的诊断,具有危害他人的危险,需要按照非自愿住院流程处置,于2016年9月5日,李甲的法定代理人李乙与某精神卫生中心签署《非自愿住院治疗同意书》办理入院手续。根据李甲的特殊病情以及其监护人李乙与某精神卫生中心签署《非自愿住院治疗同意书》分析,一审法院认定,李乙将其对于李甲的监护权委托给某精神卫生中心,李甲与某精神卫生中心之间形成事实上的监护法律关系并无不当。某精神卫生中心应承担委托监护人合理的看管、照顾、保护被监护人李甲的责任”。成都市武侯区某医院与梁某某医疗服务合同纠纷一案[②]中,一审法院认为,“精神病患者因患精神疾病进入医院住院治疗,其法定监护人对其监护权不发生转移,只是与医院存在事实上非规范的委托监护关系。但是,医院虽不是监护人,但其负有监护的职责,应对患者的生活料理、人身安全等方面予以保障。由于精神病人入院后实行封闭式管理,除了医院方面,其他单位和个人,包括其监护人均无法接触病人,不具备对该病人实际监护的条件,医院既然同意接收精神病人入院,就意味着它同意承担必要的、原由监护人承担但因病人入院后无法承担的监护责任”。以上案例,均认可医院委托监护责任的事实存在。

---

① 参见重庆市第一中级人民法院民事判决书,(2018)渝01民终1513号。

② 参见成都市武侯区人民法院民事判决书,(2010)武侯民初字第4738号。

亦有部分法院认为，精神病人法定监护人与医院不存在委托监护关系。如在胡甲、胡乙等与黄石市某医院医疗服务合同纠纷一案①中，法院认为，“监护责任系法定责任，既是权利又是义务，一般归属于法定监护人。医院对患者承担监护责任必须有法律依据。而现有法律只规定了医院的医护、管理责任，并没有规定医院的监护责任，并且医患双方也没有就委托监护达成一致，故原告、被告之间不存在委托监护关系，医院只承担医护及相关的管理责任”。在安岳县某医院与杨某某、李某某、明甲、明乙医疗损害责任纠纷一案②中，法院认为，“监护关系的成立须法律规定或经法定程序确定，患者与医疗机构能否形成委托监护关系，因为委托合同的成立必须以当事人双方意思表示一致为前提，必须在当事人双方之间自愿达成一致意见，故不予认定委托监护关系的存在”。

故医院与精神病人法定监护人是否存在委托监护关系在司法实践中仍存在较大分歧，仍需根据具体案情具体分析，妥善处理该类案件。

专题二　用人者责任

一、用人者责任概述

用人者责任又称“雇主责任”“辅助人责任”“使用人责任”“使用者责任”。③ 用人者责任有广义、狭义之分，狭义的用人者责任，是指被使用人在执行工作任务中对用工关系以外的第三人造成的损害，用人者承担的责任。广义的用人者责任除上述责任外，还包括用人者对被使用者因工作原因受到损害承担的责任，是对被使用人所承担的责任。

《民法通则》第 121 条规定用人者责任为：“国家机关或者国家机关工作人员在执行职务中，侵害公民、法人的合法权益造成损害的，应当承担民事责任。”2020 年修改后《人身损害赔偿解释》第 3 条，对用人者责任作了相应的规定，同时还对用人者以外的第三人侵权与用人者的关系不同作了区分。《侵权责任法》并未完全吸收

---

① 参见黄石市黄石港区人民法院民事判决书，(2016)鄂 0202 民初 2216 号。
② 参见资阳市中级人民法院民事判决书，(2017)川 20 民终 875 号。
③ 张新宝：《侵权责任法》(第 3 版)，中国人民大学出版社 2017 年版，第 168 页。

2003年《人身损害赔偿解释》的规定,仅以第34条、第35条,对不同用人主体作了分别的规定。通常认为,第34条规范的是劳动关系中的用人单位责任以及劳务派遣关系中的用人单位、用工单位责任。第35条规范的是个人之间的劳务关系中接受劳务一方的责任。此次《民法典》基本秉承了《侵权责任法》的规定。仅有3处变动:一是在第1191条和第1192条中均增加了用人者在承担对外赔偿责任后可以向有故意或者重大过失的被使用者行使追偿权。二是在第1191条第2款劳务派遣关系中,规定了劳务派遣单位即用人单位有过错的,承担相应的责任。改变了侵权责任法规定的补充责任。三是在第1192条中吸收了2003年《人身损害赔偿解释》的规定,增加了个人劳务关系中因第三人侵权所致损害的责任承担。

二、用人者责任类型及归责原则

(一)劳动关系中的用人单位责任

《民法典》第1191条第1款规定了用人单位的工作人员因执行工作任务造成他人损害的,由用人单位承担侵权责任。用人单位承担侵权责任后,可以向有故意或者重大过失的工作人员追偿。此处用人单位承担的对外赔偿责任系替代责任,是与自己责任相对立的一种责任形态。

无论是《侵权责任法》还是《民法典》,均对劳动关系中用人者责任采用了无过错责任归责原则,但无过错责任不是绝对责任。在实务中,用人者通常会提出两方面的抗辩意见:一是不具备用人者责任的构成要件,比如,用人者和直接侵权人之间不是用工关系,或侵权行为并非在执行工作任务中发生的;二是侵权法上的法定免责事由,包括受害人故意、第三人过错、不可抗力、正当防卫和紧急避险,尤其前者是审判工作中的重点和难点。例如,在孙某等与缑某等机动车交通事故责任纠纷一案中,[①]缑某系铁卫公司派遣到鸿绅廷公司的保安,鸿绅廷公司经营一家歌舞厅,歌舞厅指派缑某给客人代驾,缑某在代驾途中发生了交通事故,致使客人孙某受伤。该事故责任经交管部门认定,缑某负全部责任。鸿绅廷公司在法庭上辩称,《劳务派遣合同》中的工作内容并无代驾这一项,公司也没有安排他代驾,代驾是他个人行为。法院通过对工作时间、地点以及是否充分举证等角度,认为缑某的代驾行为发生于工作时间,且客人是通过歌舞厅服务员联系上的缑某,缑某提供的代驾服务是其所在单位经营范围的延伸和扩展,缑某的行为即使超出了职权范围也仍

① 参见北京市第一中级人民法院民事判决书,(2015)一中民终字第03612号。

构成职务行为。

综上可知，判断用人者是否承担侵权责任不能一概而论，首先需要厘清用人者与被使用者之间的关系，并针对个案中存在不同的情况，从侵权行为发生的时间、地点、因果关系等因素对案件事实作出综合判断。

（二）劳务派遣中单位责任

劳务派遣，是指劳务派遣单位招聘员工，并与之签订劳动或劳务合同，将员工派遣到用工单位工作，其劳动过程由用工单位管理，其工资、福利、社会保险费等由用工单位提供给派遣单位，再由派遣单位支付给员工的一种特殊用工形式。劳务派遣单位作为用人单位，负责对人员的选任、监督、管理职责；接受劳务的单位是用工单位，享有对劳动者的指挥监督权，双方实际上存在隶属关系与人身关系的结合。

《民法典》第 1191 条第 2 款规定，“劳务派遣单位有过错的，承担相应的责任”。这意味着劳务派遣单位承担的不再是补充责任，而是与过错相匹配的自己责任。补充责任承担的前提是直接行为人赔偿不足或者赔偿不能，因此补充责任人享有抗辩权，在直接侵权人没有穷尽其责任承担能力之前，可以拒绝承担补充责任。因此，先前的法律规定劳务派遣单位仅承担补充责任实际上弱化了劳务派遣单位的责任，用人单位可能会想尽办法规避承担责任，这亦可能导致权利与责任不相称的后果。因此，将该条款修改为用人单位不再承担补充责任是一种进步，这也将更好地约束用人单位，提高其选任、管理人员的水平。

但此次《民法典》对用人单位应承担“过错责任”没有作出改动。在实践中，这种过错通常体现在用人选任方面的错误。在前述孙某某等与缑某等机动车交通事故责任纠纷一案中：法院根据《侵权责任法》第 34 条第 2 款的规定，认为铁卫公司与鸿绅廷公司签订的保安服务合同书中约定，派遣的保安所提供的保安服务不包括为客人代驾，铁卫公司将缑某作为保安派遣至鸿绅廷公司工作在选任上并无过错。故根据上述法律规定，鸿绅廷公司作为用工单位应对缑某代驾行为造成的损害后果承担赔偿责任，而铁卫公司作为劳务派遣单位不应承担赔偿责任。

可以得知，从归责原则上看，劳务派遣中的用工单位承担的是无过错责任，而劳务派遣单位承担的则是过错责任。由于劳务派遣“用人”和“用工”分离的先天属性，导致劳务派遣单位对被派遣的员工失去了实际指挥、控制和监督权，但劳务派遣单位作为“用人”方在招聘、录用被派遣员工时应当对员工的能力、资质以及所任职务是否胜任进行必要的考察，即劳务派遣单位负有对被派遣员工的选任责任，故劳务派遣单位的过错主要也是指其选任方面的过错。

(三)个人劳务关系中接受劳务一方的责任

劳务关系侵权责任的相关规定最早出现于2003年《人身损害赔偿解释》,该解释规定了雇佣关系中雇员造成他人伤害及雇员受到伤害的责任承担和无偿帮工情形下的责任承担。至《侵权责任法》,第35条规定了个人之间形成劳务关系,提供劳务一方因劳务造成他人损害的,由接受劳务一方承担侵权责任。提供劳务一方因劳务自己受到损害的,根据双方各自的过错承担相应的责任。与2003年《人身损害赔偿解释》相比,一是在表述上作了调整,以"提供劳务一方""接受劳务一方""劳务""劳务关系"等术语分别取代了"雇员""雇主""雇佣""雇佣关系"等术语,在我国立法及司法实践中,二者的含义其实是相通的。[①] 二是删除了接受劳务一方向有故意或者重大过失的提供劳务一方的追偿权及第三人侵权情形下的责任承担问题。三是将个人劳务关系中提供劳务者因劳务受到伤害的归责原则从无过错原则改为过错原则。此次,《民法典》第1192条与《侵权责任法》相比,增加了追偿权以及因第三人行为造成损害的责任承担的相关内容。

个人劳务关系最为典型的就是家政服务员,例如,在唐某某诉育某提供劳务者受害责任纠纷一案[②]中,唐某某自2006年起在育某家提供家政服务。2017年某日,唐某某在房屋院内种菜,发现由其搭建的黄瓜架有些松动,在把竹竿拔起重插的过程中摔倒受伤。因赔偿事宜无法达成一致,唐某某遂诉至法院。一审法院认为,唐某某作为完全民事行为能力人,未尽到小心谨慎的义务,对受伤存在一定的过错,育某作为雇主未为劳动者提供必要的安全保障,存在主要过错,最终确定唐某某自担20%的责任,雇主育某承担80%的赔偿责任。育某不服上诉,二审法院经审理后认为,"唐某某在从事家政服务工作之前在家务农,且到事发时唐某某在育某家中从事家政工作亦有十余年,其作为具有丰富经验的家政服务从业人员,应具备较高的职业素养和自我保护意识,对于自己在家政服务中的活动能力应有足够的认知,故唐某某对其在搭建黄瓜架过程中因未尽到安全注意义务不慎摔伤的后果具有明显过错。育某作为接受劳务一方,年事已高,行动不便,庭审中,双方均认可唐某某摔伤系早晨,故育某对唐某某的摔伤无法预见或提供相应保护措施,其在唐某某摔伤一案中并不存在过错。且在事发后育某亲属及时将唐某某送医救治,并垫付了

① 参见最高人民法院侵权责任法研究小组:《〈中华人民共和国侵权责任法〉条文理解与适用》(第2版),人民法院出版社2016年版,第258页。

② 参见北京市第二中级人民法院民事判决书,(2018)京02民终5888号。

相关费用,对唐某某的损害已尽到积极救治的义务”。最终二审法院改判,驳回了唐某某的诉讼请求。此案即是十分典型的个人劳务关系中,提供劳务一方在工作过程中受伤,应当如何确定责任。一审法院从雇主应当为雇员提供相应的生产设备或者采取相应的安全保护措施出发,从而认定雇主承担主要责任。二审法院认为,作为个体雇主的安全保障义务不是无限的,而应当是与之能力相匹配,包括是否可以预见,是否可以采取措施避免。在该案中,虽然种菜是唐某某应育某要求所做,但是种菜并未超出作为有丰富务农、家政服务经验的唐某某的能力范围,同时唐某某系在育某并不知情的情况下自行开展了搭建工作,所以育某对此并没有过错。根据个人劳务提供劳务一方自身受伤系过错归责原则,没有过错即不承担责任。

三、用人者的追偿权

追偿权,是指追偿权人在承担法定或者约定的义务以后,再根据法定或约定向追偿权义务人求偿。《民法典》第 1191 条、第 1192 条分别增加了“追偿权”的规定,即“用人单位承担侵权责任后,可以向有故意或者重大过失的工作人员追偿”,“接受劳务一方承担侵权责任后,可以向有故意或者重大过失的提供劳务一方追偿”,“接受劳务一方补偿后,可以向第三人追偿”。

实际上,虽然《侵权责任法》中并未规定用人者的追偿权,在审判实践中,不乏引述 2003 年《人身损害赔偿解释》第 9 条的规定,判决用人者可以行使追偿权的案例。例如,在刘某诉上海天坊食品制造有限公司追偿权纠纷一案,[①]法院陈述如下:“本院认为,尽管《侵权责任法》未对用人单位对外承担了赔偿责任后,是否可以向劳动者追偿进行规定,但并非排除适用。用人单位确实应当有一定的用人风险,但是此类风险的承担应以一个普通用人单位在用人时可以预见的风险为限。如果将此风险无限扩大,则不利于构建善良、诚实、信用的用人关系。因此,对于用人单位追偿权的行使应区分情况,对于一般过失,应由用人单位承担终局责任;但对于有重大过失、故意甚至恶意的,则应赋予用人单位追偿权,否则有失公允,且与立法本意有冲突。”

此次《民法典》明确了“追偿权”是在充分了解用人者与实际侵权人的矛盾并认真吸收了审判实践的精华后对原有的法条作出的改进,具有较大的现实意义。不

① 参见上海市第一中级人民法院民事判决书,(2018)沪 01 民终 1519 号。

仅保护了用人者的合法权益,促进了社会的公平正义,同样也督促工作人员在履行职务中能够谨慎行事、认真严格约束自己以避免侵权行为的发生。并且对于审判工作大有裨益,解决了很多争议性问题,让司法审判实现了有法可依。

但是同样也需要注意对用人者的追偿权加以限制,防止用人单位滥用追偿权,如何把握追偿权的条件和程度是实践中应当把握的要点。在谢某与新疆中基红色番茄产业有限公司追偿权纠纷一案①中:谢某系中基公司的员工,在执行工作任务时发生交通事故,造成案外人赵某受伤。该事故经交管部门认定,谢某负事故全部责任。中基公司对外承担责任之后请求法院向谢某追偿。法院认为,在该案中,因谢某在履行职务行为过程中存在重大过失,中基公司虽享有追偿权,但不能以此将风险全部转移给有过错的实际侵权人被告,故中基公司主张由谢某承担全部侵权赔偿责任不符合法律规定也有违公平原则。谢某作为车辆驾驶人负有谨慎驾驶的义务,而其由于操作不当导致事故发生,应当承担一定责任。综合该案事实及双方承担责任的能力,酌定中基公司追偿比例为中基公司已付赔偿款的30%。

综上可知,"追偿权"的适用应具体情况具体分析:对于一般过失,应由用人单位承担终局责任;但对于有重大过失、故意甚至恶意的,则应赋予用人单位追偿权。裁判时还需考量公平原则,用人单位应当对员工的职务行为承担一定的经营风险,故用人单位虽享有追偿权,但不能以此将风险全部转移给有过错的员工。

四、实践中需要注意的问题

此次《民法典》关于用人者责任的规定作出了较大改动,但仍然不可避免还存在一些问题,需要从整体上把握民法典的适用,依法作出裁判。

(一)如何判定直接侵权人存在故意或重大过失

"故意"所体现的是提供劳务者明知道自己在执行职务过程中的行为会造成他人损害,仍积极促成或放任这种损害结果的发生。"重大过失"主要体现对注意义务的违背。提供劳务者即使不通过专业判断,只需达到普通善意之人的基本认识程度并稍加注意,就能避免损害的发生,而提供劳务者未予以注意致损害发生,则构成重大过失。酒后驾驶,不但以普通人的认知即可预料可能造成他人损害,而且违反了法律的禁止性规定。依照一般的举证证明责任的规定,用人者应对故意或重大过失承担举证证明责任。对于直接侵权人在履行职务过程中因一般过失致人

① 参见新疆生产建设兵团第六师中级人民法院民事判决书,(2019)兵06民终355号。

损害的,用人者承担替代责任后请求行使追偿权的不应支持。

(二)个人与非个人之间的劳务关系应当如何处理

《民法典》第1192条的规定,规范的是个人与个人之间的劳务关系。与之对应的第1191条的用人单位责任,规范的是具有劳动关系的双方的对外责任。因为在构成劳动关系的情形下,劳动者在工作过程中受伤,应当通过工伤路径进行救济,属于劳动法范畴,《民法典》未作出相应规定。这与2003年《人身损害赔偿解释》第12条规定的精神是一致的。在实践中,除上述劳动关系、个人之间的劳务关系以外,还存在个人与非个人之间形成劳务关系。在《侵权责任法》出台之时,此问题并不突出。但随着享受退休待遇的人员再就业人数不断增多,最高人民法院《关于审理劳动争议案件适用法律若干问题的解释(三)》第7条规定,用人单位与其招用的已经依法享受养老保险待遇或领取退休金的人员发生用工争议,向人民法院提起诉讼的,人民法院应当按劳务关系处理。但是对于提供劳务的一方在工作过程中自身受到伤害的归责原则,有人认为应当参照个人之间劳务关系,适用过错原则。有人认为应当参照劳动关系,适用无过错原则。本书认为,《民法典》沿用《侵权责任法》的过错原则,是从接受劳务一方的责任能力来考虑的。接受劳务一方为个人的,其个人偿付能力相对较弱,无法通过工伤保险分散风险;且接受劳务一方享用提供劳务一方的劳动成果,并非通过劳动成果牟利,如课以过重责任,将会导致利益和风险失衡。所以,民法典对个人之间的劳务关系采过错原则。但是,个人与非个人之间的劳务关系则不一样。接受劳务一方为法人组织或者非法人组织,就应当按照通常的雇主原则处理双方的权利义务关系。具体来说,如果个人在履行职务的过程中受到损害,应当由法人或者非法人组织承担无过错责任,如果个人对损害存在故意或者重大过失,依法可以减轻或者免除的,按照法律的规定处理。

专题三　网络侵权责任

一、网络侵权责任概述

网络侵权行为,是指在互联网上,网络用户、网络服务提供者以及他人故意或者过失借助电脑网络和电信网络侵害他人民事权益的特殊侵权行为。[①] 由此产生的民事责任即是网络侵权责任。

网络侵权责任最早出现在2009年《侵权责任法》中,其第36条规定了网络用户、网络服务提供者利用网络侵害他人民事权益的,应当承担侵权责任。网络用户利用网络服务实施侵权行为的,被侵权人有权通知网络服务提供者采取删除、屏蔽、断开链接等必要措施。网络服务提供者接到通知后未及时采取必要措施的,对损害的扩大部分与该网络用户承担连带责任。网络服务提供者知道网络用户利用其网络服务侵害他人民事权益,未采取必要措施的,与该网络用户承担连带责任。到2013年《信息网络传播权保护条例》、最高人民法院《关于审理侵害信息网络传播权民事纠纷案件适用法律若干问题的规定》(已于2020年修改),着重对网络侵权中信息网络传播权作了规范。再到2014年最高人民法院《关于审理利用信息网络侵害人身权益民事纠纷案件适用法律若干问题的规定》(已于2020年修改),这部司法解释是对《侵权责任法》第36条的解释。该规定共计19条,对利用网络侵害人身权益案件的管辖、诉讼程序、《侵权责任法》第36条的适用、转载的过错认定、个人信息的保护、权威来源作为免责事由及其例外、删帖协议的效力、网络水军的连带责任以及损害赔偿计算方法等问题作出了规定。[②] 此次《民法典》在吸收最高人民法院司法解释条文的基础上制定了4个条文,即第1194条至第1197条,对网络侵权责任作了规范,使制度设计得更完整。

二、网络侵权责任的构成要件

(一)网络用户或网络服务提供者

网络用户,是指实际接受网络服务的法人、自然人及其他社会组织。网络服务提供者则是指面向网络用户进行搭建网上服务平台的法人、自然人及其他社会组织。根据最高人民法院、最高人民检察院《关于办理非法利用信息网络帮助信息网络犯罪活动等刑事案件的司法解释》第1条的规定,网络服务提供者包括:一是提供网络接入、域名注册解析等信息网络接入、计算、存储、传输服务的单位和个人;二是提供信息发布、搜索引擎、即时通信、网络支付、网络预约、网络购物、网络游戏、网络直播、网站建设、安全防护、广告推广、应用商店等信息网络应用服务的单

① 参见杨立新:《侵权责任法》(第3版),法律出版社2018年版,第200页。

② 参见杨临萍、姚辉、姜强:《〈最高人民法院关于审理利用信息网络侵害人身权益民事纠纷案件适用法律若干问题的规定〉的理解与适用》,载《法律适用》2014年第12期。

位和个人;三是利用信息网络提供电子政务、通信、能源、交通、水利、金融、教育、医疗等公共服务的单位和个人。由上可见,网络侵权覆盖生活的方方面面。

(二)利用网络实施侵权行为

侵权行为可以分为单独侵权与共同侵权,直接侵权与间接侵权。常见的情况是网络用户直接侵权,网络服务提供者间接侵权,并且构成对权利人的共同侵权。

不同主体其行为模式是不相同的。首先,网络用户的侵权行为往往是直接的、积极的侵权行为,比如,某网络用户破解网站技术保护措施获取他人版权作品的行为,这种行为侵犯了著作权人的作品使用权和获得报酬权,是一种积极的故意侵权行为,属于直接侵权。又如,某网络用户未经本人同意,使用他人肖像在网上传播、以侮辱、诽谤等形式对他人名誉权进行侵害、非法利用他人的个人信息,或擅自在网上公布他人的隐私等侵害他人人格权的行为。

而网络服务提供者的行为既可以是积极作为,也可以是消极不作为。其积极侵权行为,表现在网络服务提供者未经权利人的同意或授权,将权利人的作品非法登载或提供下载链接在自己的网站上。此时,若网络用户选择下载该作品,可能会与网络服务提供者构成共同侵权。网络服务提供者的间接侵权行为体现在我国《民法典》第 1195 条第 2 款和第 3 款,其体现了网络服务提供者在得知网络用户实施的侵权行为之后,其拥有通知网络服务提供者采取必要措施止损的权利,而网络服务提供者在接到权利人的通知后,应当采取必要的措施,如删除、屏蔽、断开链接等;反之,如果网络服务提供者在接到权利人的通知后没有作为,则网络用户实施的行为可被认定为侵权行为,实质即为消极意义上的侵权行为。

(三)过错

根据《民法典》第 1165 条第 1 款的规定,"行为人因过错侵害他人民事权益造成损害的,应当承担侵权责任",表明我国采用以过错原则为主,以无过错原则为辅的二元归责体系。在法律没有特别规定的情况下,都适用过错责任原则,网络侵权责任也不例外。

过错分为故意和过失。在网络环境下,对行为人直接侵权的过错相对较容易认定,但是对于网络服务提供者的间接侵权的过错认定,实践中容易引起争议。其中,对于《民法典》第 1197 条网络服务提供者"知道"网络用户侵权的认定,因与《侵权责任法》第 36 条第 3 款的表述一致,可以参照《关于审理利用信息网络侵害人身权益民事纠纷案件适用法律若干问题的规定》第 6 条的规定予以认定:(1)网络服务提供者是否以人工或者自动方式对侵权网络信息以推荐、排名、选择、编辑、整理、修改等方式作出处理;(2)网络服务提供者应当具备的管理信息的能力,以及所提供服务的性质、方式及其引发侵权的可能性大小;(3)该网络信息侵害人身权益的类型及明显程度;(4)该网络信息的社会影响程度或者一定时间内的浏览量;(5)网络服务提供者采取预防侵权措施的技术可能性及其是否采取了相应的合理措施;(6)网络服务提供者是否针对同一网络用户的重复侵权行为或者同一侵权信息采取了相应的合理措施;(7)与本案相关的其他因素。

如在广州市千钧网络科技有限公司与上海激动影业有限公司等侵犯著作财产权纠纷一案[①]中,激动公司为电影《神探》在 2007 年 11 月 30 日至 2009 年 11 月 29 日享有独家信息网络传播权的权利人。某网络用户在 56 网上传《神探》视频,侵犯了激动公司的信息网络传播权。故激动公司起诉 56 网的经营者千钧公司及我乐公司。而被告辩称自己只提供信息存储空间服务,根据我国《信息网络传播权保护条例》的有关规定,提供信息存储空间服务的网络服务提供者免除赔偿责任。但法院认为,被告对涉案作品进行了详细的整理、分类,并按受欢迎程度设置榜单,说明网站对作品进行了编辑,对侵权作品的存在应当知晓,故应视千钧网络公司和我乐信息公司具有明知上传涉案电影的服务对象并非涉案电影的权利人而提供存储和在线播放的主观故意,应承担赔偿责任。在该案中,法官运用了 2014 年《关于审理利用信息网络侵害人身权益民事纠纷案件适用法律若干问题的规定》第 9 条第 1 项[②],根据网站是否对侵权产品有编辑,判断出网站是否有明知的故意。

三、实践中需要注意的问题

(一)网络服务提供者过错的认定

《民法典》第 1195 条增加了权利人通知的具体内容,同时第 2 款还规定了错误通知造成网络用户或者网络服务提供者损害的,应当承担责任。这一条规定在学界也被称为“通知规则”。具体而言,对于网络用户的直接侵权,网络服务提供者在不知道侵权行为存在时不承担侵权责任,但是在被“通知”知道侵权行为存在时,没有采取作为的方式进行“删除”,对于其这样的不作为则存在过错;此处体现的正是不作为的过错。

在新传在线(北京)信息技术有限公司与上海全土豆网络科技有限公司一案[③]

① 参见北京市第二中级人民法院民事判决书,(2010)二中民终字第 03086 号。
② 2020 年修改后为第 6 条第 1 项。
③ 参见上海市高级人民法院民事判决书,(2008)沪高民三(知)终字第 62 号。

中,源创公司、华纳横店公司、映艺公司为《疯狂的石头》电影的著作权人,将该电影在中国的信息网络传播权以独占许可的方式授权被上诉人新传公司使用。土豆网为网络服务提供者,某网络用户将整部电影拆分成数个长度为 20～30 分钟的部分进行上传。虽然经土豆网删除链接之后,还是有新的视频上传到平台上,故新传公司诉至法院。土豆网抗辩说,其免费为用户提供信息存储空间且未从用户向公众发布的网络信息内容中直接获得经济利益,并且在收到起诉状后及时删除了涉嫌侵权的作品,不应承担侵权责任。但法院认为,土豆网作为一家专门从事包含影视、音乐等在内的多媒体娱乐视频共享平台的专业网站,在日常网站维护中,应当知晓当时在中国热播的电影作品之一的《疯狂的石头》的上传是未经许可的。且土豆网实行的是上传视频的事前审查机制,用户提供的视频的信息只有经过"审片组"审核后才会在 12 小时后得以向公众发布。这说明土豆网在具备合理理由知晓侵权行为存在的情况下,不仅不采取合理措施防止侵权行为的发生,还采取了视而不见、予以放任的态度,其主观上具有过错,应当承担相应的侵权民事法律责任。

《民法典》第 1197 条将《侵权责任法》规定的"知道"改为"知道或者应当知道"。其中"应当知道"至少包括 3 层意思:一是它表明网络服务提供者没有知道;二是网络服务提供者本来可以知道;三是造成网络服务提供者本来可以知道,却未能知道这一后果,是基于网络服务提供者自己的原因。在未来审判实践中,关于网络服务提供者是否具有过错不仅需要考察行为人是否存在明知的故意,而且需要考察行为人是否有应知而未知的过失。

(二)"通知—删除"规则

"通知—删除"规则即《民法典》第 1195 条第 2 款的规定,这也被称为"避风港规则",是指在发生著作权侵权案件时,当 ISP(互联网服务提供商)只提供空间服务,并不制作网页内容,如果 ISP 被告知侵权,则有删除的义务,否则就被视为侵权。如果侵权内容既不在 ISP 的服务器上存储,又没有被告知哪些内容应该删除,则 ISP 不承担侵权责任。后来"避风港原则"也被应用在搜索引擎、网络存储、在线图书馆等方面。

对于这个机制来说,早期引发了许多围绕通知内容所展开的诉讼。比如,在翰德森公司诉易贝公司(Hendrickson v. EBay)案中,由于原告发送的要求停止侵权的信件没有说明哪些复制件是侵权的,也没有充分阐明原告的版权权利,因此被法院认定通知未达到标准。在优胜风林(北京)音乐文化有限公司诉北京我乐信息科技有限公司案①中,法院认为原告的删除通知未写明作品名称、作品所处网络地址,不符合法律规定。

对此,2013 年出台的《信息网络传播权保护条例》第 14 条针对权利人的通知的内容作出了详细规定。2014 年出台的《利用信息网络侵害人身权益民事纠纷案件适用法律若干问题的规定》第 5 条规定的通知内容已经被《民法典》吸收,此次《民法典》针对“通知义务”的内容也作出更明确具体的规定,如《民法典》第 1195 条第 1 款将“被侵权人”改为“权利人”,并且增加了“关于通知的内容应当包括构成侵权的初步证据及权利人的真实身份信息”。《民法典》实质上是在吸收了以往审判实践中的经验并结合了司法解释的相关规定后作出的修改。以简练的语言诠释了“通知”所包含的要件,即主体适格、形式适格、内容完整。

主体适格表现在只有权利人作出通知时,网络服务提供者才需对其通知进行审查,否则网络服务提供者承担的成本将过重,造成权利与义务不匹配的结果。形式适格,是指需以书面的形式发出通知,这是因为书证能被更好地保存为证据,在日后可能产生的诉讼中起到重要作用。内容完整,是指通知需要包括侵权对象、相应的网址以及初步证明材料,完整的材料能够帮助网络服务提供者了解侵权的事实并作出合理的审查,否则网络服务提供者可以通知内容不完整为由提出抗辩。

网络服务提供者的转通知义务体现在《民法典》第 1195 条第 2 款,即“网络服务提供者接到通知后,应当及时将该通知转送相关网络用户,并根据构成侵权的初步证据和服务类型采取必要措施;未及时采取必要措施的,对损害的扩大部分与该网络用户承担连带责任”。在“通知—删除”规则下,“转通知”是“通知—删除”环节中的一个程序性环节,并非独立措施。在“通知—删除”规则体系下,其价值和意义是法律对删除、断开链接措施的一种平衡,即网络服务提供者在删除、断开链接后,应及时告知服务对象,保护其知情权,也有利于服务对象针对权利人通知采取应对措施。但“转通知”自身也具有存在的价值,在网络服务提供者不适合直接采取删除措施的情况下,“转通知”体现了网络服务提供者“警示”侵权人的意图,从而在一定程度上有利于防止损害后果扩大,可以成为“必要措施”从而使网络服务提供者达到免责条件。

比如,在阿里云计算有限公司与北京乐动卓越科技有限公司一案②中,阿里云公司作为云服务器提供商,不直接提供信息存储服务,但也属于《侵权责任法》定义

---

① 参见北京市朝阳区人民法院民事判决书,(2009)朝民初字第 22280 号。

② 参见北京知识产权法院民事判决书,(2017)京 73 民终 1194 号。

的广义的网络服务提供者。其收到权利人的通知后不能直接将运行在他人租赁服务器上的具体作品断开，退而求其次，其将权利人的通知转送给服务器租赁人也尽到了义务。反例可见浙江天猫网络有限公司与福建省南安市帮登鞋业有限公司、深圳市千悦环保科技有限公司商标权权属、侵权纠纷一案①，网络服务提供者因未将网络用户的反通知转送给侵权公司，没有尽到事前或事后的相关义务，没有起到避免侵权继续发生的义务，应承担连带责任。

（三）反通知规则

《民法典》第1196条新增了侵权者的反通知权利，是指网络服务提供者应权利人的要求，在采取相应的删除、断开链接等措施之后，侵权人认为其所发布的信息并不构成侵权，网络服务提供者应当予以恢复的要求。

为网络用户设置反通知权利是十分必要的，如果法律不设置反通知规则，则仅凭借法条本身过于简单的规则会造成对合法行使权利的网络用户十分不公平，造成对未侵权网络用户不利，也为司法机关增加了负担。在网络侵权责任的法律规定中设置了“通知—删除”规则，就必须配置“反通知—恢复”规则，否则就会造成网络关系中各方当事人的利益不平衡。若网络服务提供者仅凭被侵权人一面之词就将侵权网络用户发布的信息删去或阻止访问，后“侵权人”提起诉讼并向网络服务提供者索赔，那网络服务提供者则将承担错误删除内容的责任。当被侵权人滥用权利作出不实通知时，仅有“通知—删除”规则极有可能损害网络侵权用户以及其他网络用户的合法权益。没有“反通知—恢复”规则，就难以克服上述网络侵权责任确认中的困境。因此，网络服务提供者在接到网络用户的书面反通知后，应当及时恢复被删除的内容，或者取消屏蔽，或者恢复与被断开的内容的链接，同时将网络用户的反通知转送通知的发送人。反通知的目的就是将通知的效果打回原形，使通知失效。反通知一旦生效，对通知的打击将是毁灭性的，但是被侵权人主张自己合法民事权益不受侵害的权利并没有受到限制，只是不享有再通知的权利。

确立了网络侵权中的反通知规则将使我国的网络侵权责任规则形成完善的规范体系。《民法典》所规定的网络侵权责任，将与电子商务知识产权侵权责任、网络交易产品或者服务侵权责任一道，构成我国侵权责任法与网络有关的侵权责任的类型体系。

但《民法典》并没有明确规定网络服务提供者在收到反通知之后应对删除内容

---

① 参见深圳市中级人民法院判决书，(2017)粤03民终12785号。

予以回复的合理期限是多久,在审判实践中需要法官的自由裁量权发挥作用,根据案件的具体情况予以确定,7～10 日都是一个比较适中的时间。目前,我国关于反通知的网络侵权案件数量较少,《民法典》实施后,对反通知规则的考察必将成为审判中面临的一个新的重点。

专题四　违反安全保障义务责任

一、安全保障义务概述

安全保障义务,是指宾馆、商场、银行、车站、娱乐场所等公共场所的管理人或者群众性活动的组织者,应尽到在合理限度范围内使他人免受损害的义务。[①] 安全保障义务是一种作为义务,即保障义务人应当在合理限度内通过采取一定的积极行为,防止或者制止他人受到损害。而承担违反安全保障义务的责任,系因为保障义务人不作为致使他人受到损害而承担的责任。

2003 年《人身损害赔偿解释》第 6 条最早对安全保障义务作出了规定,2009 年《侵权责任法》出台后,其中第 37 条吸收了上述规定,并作了一定的调整。

《民法典》第 1198 条延续了《侵权责任法》的规定,并在其基础上作了完善和补充。一是扩大了安全保障义务的主体范围,将高频发生安全保障义务纠纷的机场、体育场馆列举出来。二是主体除管理者,还增加了经营者,使表述上更严谨。三是参照 2003 年《人身损害赔偿解释》的规定,增加了第三人侵权前提下经营者、管理者、组织者的追偿权。《民法典》的编纂吸收了 2010 年最高人民法院《关于审理旅游纠纷案件适用法律若干问题的规定》第 7 条的相关规定。修改后的《关于审理旅游纠纷案件适用法律若干问题的规定》第 7 条仍规定:"旅游经营者、旅游辅助服务者未尽到安全保障义务,造成旅游者人身损害、财产损失,旅游者请求旅游经营者、旅游辅助服务者承担责任的,人民法院应予支持。因第三人的行为造成旅游者人身损害、财产损失,由第三人承担责任;旅游经营者、旅游辅助服务者未尽安全保障义务,旅游者请求其承担相应的补充责任的,人民法院应予支持。"

---

① 参见王成:《侵权责任法》(第 2 版),北京大学出版社 2014 年版,第 248 页。

二、安全保障义务的性质

对于安全保障义务的性质,存在不同观点,有认为是法定义务,有认为是合同义务(可能是合同主义务也可能是合同附随义务),还有认为是法定义务与约定义务的竞合。从实践角度来分析,第三种观点更完整。固然安全保障义务可以通过合同约定,尤其是在一些消费领域,例如,旅游行业,保障游客的人身、财产安全往往都作为主要条款被写进合同。但是,如果将安全保障义务的性质限定为合同义务,那与保障义务人没有交易关系的相对人就无法获得保障了。所以将安全保障义务定性为法定义务与合同义务竞合是相对合理的。

对公共场所的经营者、管理者以及群众性活动的组织者课以法定的安全保障义务,是基于上述经营者、管理者、活动者对于公共场所以及群众性活动场所均具有绝对的控制力。这种控制力表现为可以防止或者制止危险的发生,在危险发生后,能够帮助受害人及时进行救治等。并且上述主体往往能从经营、管理活动中获得利益,由其对进入该公共区域的不特定的人群承担安全保障义务,与之得利相较,并未超出合理范围,符合收益和风险相一致的原则。鉴于安全保障义务的法定义务、合同义务的双重性质,当受害人与保障义务人有交易关系时,就会出现责任竞合的情形。受害人既可以违约为由主张权利,也可以通过侵权诉讼来获得救济。

三、违反安全保障义务责任的种类

违反安全保障义务责任,是指依照法律规定或者约定,对他人负有安全保障义务的人,违反该义务,造成他人人身或者财产权益损害,应当承担的损害赔偿责任。[①] 根据损害的发生是否因第三人侵权所致,又可以将违反安全保障义务责任分为两类。

(一)直接责任

直接责任,顾名思义,即安全保障义务人未尽保障义务直接导致受害人受到伤害的。比如,在原告黄某某诉被告上海中医药大学附属曙光医院健康权纠纷一案中,原告黄某某就医过程中于医院门诊大厅内摔倒,在确定曙光医院是否尽到了安全保障义务时,法院认为"曙光医院虽然辩称事发当日其已经在医院门诊大厅内铺设了地毯,但由于事发当日为雨天,且上午九时许恰为就诊高峰期,人员流动量较

---

① 参见杨立新:《论违反安全保障义务侵权行为及其责任》,载《河南省政法管理干部学院院报》2006 年第 1 期(总第 94 期)。

大,作为医院门诊大楼的主要进出通道,应当设置醒目的警示标志,并采取更为人性化的举措,如设置专人引导或协助进出人员包裹雨具、分流人群等,以防止雨水滴落造成地面湿滑。但从在案证据来看,曙光医院作为一家三级甲等医院,并未尽到合理限度内的安全保障义务,故黄某某的摔倒受伤与曙光医院未尽安全保障义务之间存在一定的因果关系”。[①] 最终二审法院改判医院承担 20% 的赔偿责任。在该案中,法院即依据曙光医院未设置警示标志,未采取更合理措施以防止损害的发生,认定曙光医院没有尽到完全的安全保障义务,所以应当承担一定的赔偿责任。此处承担的责任即为直接责任,也是终局责任。

(二)补充责任

补充责任,系因第三人侵权的原因直接导致了受害人受到伤害,安全保障义务人并非实施侵权行为人,而是因为其疏于管理,客观上为侵权人实施行为创造了条件,所以应当对于危险发生的防控能力相适应的范围内承担责任。这种责任比例是在第三人的侵权责任范围内与之未尽义务之大小相当。并且这种责任具有后顺位性,即只有在实际侵权人下落不明或者实际侵权人不能偿付时,才由安全保障义务人承担与之过错相对应的责任。最典型的就是“银河宾馆案”,此案也是推动了安全保障义务立法的经典案例。1998 年受害人王某在银河宾馆客房里遭抢劫遇害。警方事后从监控资料中发现,凶手在入室作案前尾随王某,并在不到 2 小时内,7 次上下电梯,而宾馆安保人员无一人上前盘问。王某近亲属遂诉至法院,要求宾馆赔偿。此案最终法院认定王某与宾馆之间系合同关系,宾馆承诺 24 小时保安巡视,所以应当承担违约责任。王某系因他人行凶死亡,与宾馆不作为之间不具有因果关系,不构成侵权责任。最终酌情判决宾馆赔偿 8 万元。此案是典型的第三人侵权情形下的违反安全保障义务人责任。当然,现在看来,此案的论述存在瑕疵。但在当时,尚未有安全保障义务相关的法律规定,法院智慧地通过引述合同义务从而最终作出公平和正义的判决,这也大大推进了将安全保障义务纳入法律的进程。

四、违反安全保障义务责任的构成要件

根据“四要件说”,安全保障义务人直接责任的构成要件为:安全保障义务人不作为、安全保障义务人有过错、受害人民事权益受到损害、安全保障义务人的不作

① 参见上海市第一中级人民法院民事判决书,(2019)沪 01 民终 14359 号。

为与受害人民事权益之间有因果关系。

需要强调的是,此处的安全保障义务人的过错应当表现为主观上的过失,即应当注意而没有注意,而非故意。例如,在前案中,曙光医院应当注意到下雨天可能会导致地面湿滑,但是没有注意到,所以没有采取警示措施以提醒公众,也没有采取必要的措施,以防止伤害的发生。

安全保障义务人补充责任的构成要件总体上与直接责任情形下并无区别。但在因果关系中,补充责任情形下,因受害人权益受损系因第三人的违法行为直接导致,所以与直接责任情形相比,因果关系具有间接性。安全保障义务人的不作为只是未能防止或者制止损害的发生。应当说,该不作为是导致最终的损害结果的一个必要条件,而非原因。①

五、违反安全保障义务责任的归责原则

违反安全保障义务责任的归责原则是过错原则,并无争议。但是理论界对于是过错推定原则还是一般过错原则有不同观点。持过错推定原则的认为,推定的事实基础,就是被侵权人已经证明了被告的行为违反了安全保障义务,在此基础上推定被告具有过错。经营者如果否认自己的过错,则过错的举证责任由自己承担,证明自己没有过错的事实。如果其能够证明自己没有过错,则推翻过错推定,免除侵权责任。② 持一般过错原则的认为,安全保障义务人承担责任是由于其有过错,即未尽到安全保障义务,只有在有过错的情况下才承担责任,没有过错不承担责任。并且,对于过错的举证责任,原则上应当由受害人一方承担。③

归责原则的确定,直接影响举证责任的分配,进而会影响司法裁判结果。理论上过错推定原则并非独立的归责原则,其归属于过错原则,属于过错原则的特定形式。在适用过错推定的纠纷类型中,侵权责任构成要件仍然是行为人有过错,只是无须受害人举证,而由法律规定直接推定其有过错。行为人只有在举证证明自己没有过错的情况下,才可以推翻推定,不承担责任。上述两种观点虽然结论上存在差异,但究其实质,并无区别。适用过错推定原则的观点系将侵权构成要件之一违法行为确定为违反安全保障义务的行为,所以受害人就该要件举证中就应当包含保障义务人不作为且不作为的是其应当承担的保障义务两方面的内容,而后者即

---

① 参见张新宝:《侵权责任法》(第 4 版),中国人民大学出版社 2016 年版,第 180 页。

② 参见杨立新:《侵权责任法》(第 4 版),法律出版社 2018 年版,第 207 页。

③ 参见张新宝:《侵权责任法》(第 4 版),中国人民大学出版社 2016 年版,第 175 ~176 页。

体现了保障义务人的过错。也就是说,既然证明了是属于法定义务,不作为当然就是过错。而适用一般过错原则的观点则是将违法行为确定为不作为,该不作为是否有过错,应当举证证明。从前述黄某某诉曙光医院一案来看,曙光医院的责任系因为没有采取合理的措施消除地面湿滑的危险,也没有设置一定标识警示不特定的公众。这是曙光医院有不作为的情形,并且这种不作为没有超出合理范畴,属于同行业其他主体普遍能履行的行为,这就是证明属于应当尽到的法定义务。

从立法技术角度看,《民法典》第1198条[①]的表述与典型的过错推定原则,例如,第1199条[②]的表述存在一定的差异,前者承担责任的前提为未尽到安全保障义务,后者并没有相应的表述。后者规定了只有在义务人证明了其尽到职责的,才不承担责任。由此可见,违反安全保障义务责任应当是一般过错原则。这也是与保障义务仅是一个基本义务,不能课以过高的标准的基本理念保持一致。

六、实践中需要注意的问题

(一)安全保障义务人的追偿权

2009年《侵权责任法》没有规定在第三人侵权的情形下,安全保障义务人承担了补充责任后,是否有向第三人追偿的权利。有学者认为,我国《侵权责任法》规定的相应的补充责任,是补充责任人对自己的过错和原因造成的损害负责,本质上是一种自负责任,因为补充责任人在承担责任后不能再向实际侵权行为人追偿。[③] 此次《民法典》回应了这个问题,吸收了2003年《人身损害赔偿解释》第6条第2款的规定,明确了安全保障义务人的追偿权。追偿权的行使,以安全保障义务人承担了补充责任为前提,向实际侵权人就其承担部分全额追偿。

在审判实践中,受害人仅起诉安全保障义务人的,是否要追加实际侵权人?2003年《人身损害赔偿解释》中规定,赔偿权利人起诉安全保障义务人的,应当将第三人作为共同被告,但第三人不能确定的除外。2020年修改后《人身损害赔偿解释》第2条规定:赔偿权利人起诉部分共同侵权人的,人民法院应当追加其他共同

---

① 《民法典》第1198条规定,宾馆、商场、银行、车站、机场、体育场馆、娱乐场所等经营场所、公共场所的经营者、管理者或者群众性活动的组织者,未尽到安全保障义务,造成他人损害的,应当承担侵权责任。因第三人的行为造成他人损害的,由第三人承担侵权责任;经营者、管理者或者组织者未尽到安全保障义务的,承担相应的补充责任。经营者、管理者或者组织者承担补充责任后,可以向第三人追偿。

② 《民法典》第1199条规定,无民事行为能力人在幼儿园、学校或者其他教育机构学习、生活期间受到人身损害的,幼儿园、学校或者其他教育机构应当承担侵权责任;但是,能够证明尽到教育、管理职责的,不承担侵权责任。

③ 参见王利明、周友军、高圣平:《中国侵权责任法教程》,人民法院出版社2010年版,第37页。

侵权人作为共同被告。实际侵权人与安全保障义务人之间是否是共同侵权存在争议,新的司法解释删除了单独列明的原解释将安全保障义务人的第三人作为共同被告的规定,司法实践中,在实际侵权人能确定的情况下,应按新司法解释精神以共同侵权人身份列为共同被告。但是因为安全保障义务人承担的是补充责任,具有后顺位性,所以在能确定第三人的情况下,应当先由实际侵权人承担侵权责任,在其不能承担的范围内,安全保障义务人才承担相应的补充责任,所以应当追加实际侵权人参加诉讼。特别需要说明的是,追加实际侵权人后经法院释明受害人仍不变更诉讼请求,即对实际侵权人没有诉讼请求,法院不能径行判决实际侵权人承担责任,而是应当视为在诉讼中放弃对部分共同侵权人的诉讼请求,将放弃诉讼请求的情况在法律文书中叙明,其他共同侵权人对被放弃诉讼请求的被告应当承担的赔偿份额不承担连带责任。只有在第三人不能确定的情况下,才可以直接起诉安全保障义务人,并且直接判决安全保障义务人承担相应的补充责任。

(二)安全保障义务人服务有偿与否对应不同的义务标准

安全保障义务人与受害人之间可能存在交易关系或者存在潜在的交易机会,也可能与受害人之间不存在任何交易关系。其所提供的服务或者组织的活动可能是有偿的,也可能是无偿的。例如,一些公益活动的组织者,其并不从活动中获利,参加者也无须支付对价。根据风险和收益相一致的理论,对于提供无偿服务或者组织无偿活动的安全保障义务人,与有偿者相较,义务标准应当略低一些。

专题五　第三人在教育机构造成人身损害的侵权责任和补充责任

一、第三人造成学生损害时学校补充责任制度的确立

校园安全特别是学生的人身安全,是社会安全最重要、最能牵动人心的一个方面。《民法典》用了 3 条规定,即第 1199 条、第 1200 条、第 1201 条,专门规定了无民事行为能力人或者限制民事行为能力人在幼儿园、学校或者其他教育机构学习、生活期间发生的人身损害事故责任。为了便于表述,本专题论述中将“无民事行为能力人或者限制民事行为能力人”简称为“非完全民事行为能力人”或“学生”,将“幼

儿园、学校或者其他教育机构"简称为"教育机构"或"学校"。在司法实践中,经常遇到的情况是,一旦学生在学校里遭受人身损害时,学生家长总先想到的是要求学校承担责任。即便是社会上的第三人行为造成学生损害的,学生家长仍然要求学校予以处理并承担责任;而学校往往认为,责任是第三人造成的,学校完全不应当承担责任,学生家长应当去找第三人承担责任。学校承担责任是有条件的,并非凡是学生在学校里受到伤害,学校都应当一律承担赔偿责任。学校最主要的功能是教育,《民法典》在规制第三人侵害学生人身安全保护上,加强了对学生、学校的保护力度。

在 2003 年《人身损害赔偿解释》出台之前,教育部于 2002 年 8 月 21 日先行制定了《学生伤害事故处理办法》,但该办法体现在行政管理规范上,在法律层级上属于教育部的部门规章,在处理学生人身损害赔偿事故过程中,仅具有参照的效力。2003 年《人身损害赔偿解释》规定了第三人侵权致未成年人遭受人身损害的,应当承担赔偿责任;学校、幼儿园等教育机构有过错的,应当承担相应的补充赔偿责任。司法解释作为国家最高审判机关对法律适用作出的解释,对人民法院审理案件具有约束力。该解释以第三人承担侵权责任为主,存在过错的教育机构承担补充责任为辅。至此,我国关于第三人造成学生损害的,由第三人承担侵权责任、学校承担补充责任制度以司法解释的形式作出了明确规定。《侵权责任法》在吸收司法解释规定的基础上,作出了相应规定。《民法典》出台后,该法第 1201 条规定:"无民事行为能力人或者限制民事行为能力人在幼儿园、学校或者其他教育机构学习、生活期间,受到幼儿园、学校或者其他教育机构以外的第三人人身损害的,由第三人承担侵权责任;幼儿园、学校或者其他教育机构未尽到管理职责的,承担相应的补充责任。幼儿园、学校或者其他教育机构承担补充责任后,可以向第三人追偿。"《民法典》延续了《侵权责任法》的既有规定,将幼儿园、学校或者其他教育机构以外的人员实施侵权行为时,在法律责任主体上,明确规定为"第三人"。同时,在《侵权责任法》规定的基础上,新增并明确规定了学校承担补充责任后的追偿权。

二、第三人承担侵权责任构成要件分析

根据一般情形下的侵权责任构成理论,学校发生的第三人侵权责任的构成要件为:第一,第三人在教育机构内实施了侵权行为;第二,学生受到了人身损害;第三,第三人的侵权行为与学生受到的伤害具有因果关系;第四,第三人行为违法,有过错或法律规定的无过错。在司法实践中,第三人的侵权行为认定需要注重以下

几个方面：

（一）主体要件：第三人为教育机构以外的人员

《民法典》第1201条将幼儿园、学校或者其他教育机构以外的人员侵权时的侵权人身份在法律表述上进行了修改，明确表述为"第三人"，该处的"第三人"是指相对于学生和学校教育管理法律关系之外的其他第三方人员。与教育机构存在劳动关系、劳务雇佣关系的教职员工，不属于本条规定的第三人；与教育机构存在辅助关系、安保关系而形成的相对稳定的后勤保障人员、保安服务人员，不属于本条规定的第三人；在校的学生发生对其他学生侵权时，该学生不属于本条规定的第三人。该条规定的第三人，举例来说，"来学校接送学生的家长，经许可或未经许可进入到学校等教育机构的其他人员等。"①

（二）客体要件：第三人实施的特定侵害行为

1. 有学生受损害的客观事实

第三人的行为从法条的表述来看，"……受到幼儿园、学校或者其他教育机构以外的第三人人身损害的"。这里的第三人实施侵害行为只要让学生受到了人身损害，都应当承担相应的侵权责任。第三人的侵权行为既有可能是过错侵权行为，也可能是无过错侵权行为。过错责任比较好理解，无过错责任的情况也是可能发生的。比如，学校从外部购入高度危险的化学实验用品，在外部人员经学校允许后运送到学校，在校园里发生了学生伤害事件，这里就应当结合其他法律条款综合适用法律，这时第三人承担的责任适用无过错责任归责原则。

2. 应当发生在教学期间

第三人的侵权行为应当发生在正常的学校负有教育、管理、保护职责的期间。一般来说，上课时间、课间休息、学校组织的自由活动和课外活动时间应当包括在内。实践中比较容易发生争议的是在放学前、放学后或放假期间。这些时间点应结合学校负有教育、管理、保护职责来综合认定。如家长还没将学生送进学校，或放学后已经接到学生，管理保护责任应由法定监护人承担，此种情形不符合该条的适用条件。放假期间，应当看是否经学校允许并在学校内参加假期活动。

3. 应当发生在学校内

第三人的侵权行为应当发生在学校内或学校控制、管理的范围内。实践中比较容易发生争议的地方是学校大门口，学校大门口人员比较容易聚集，学生受到伤

---

① 最高人民法院侵权责任法研究小组编著：《〈中华人民共和国侵权责任法〉条文理解与适用》，人民法院出版社2016年版，第292页。

害概率较大。学校大门口是学校应当加强管理的重要地点,即在学校大门口边上一定距离内,学校能实施有效管理职责的范围内,从保护未成年人利益的角度出发,可以延伸理解为学校控制、管理的范围内。

三、教育机构承担补充责任的责任承担规则

(一)教育机构承担补充责任的条件

1. 教育机构未尽到管理职责

教育机构承担责任的条件是管理上的不作为。有必要明确的是,要准确把握教育机构管理职责的具体内容,其管理职责应结合《教育法》、《未成年人保护法》(第三章)、《学生伤害事故处理办法》等有关规定来确定。“着重看学校是否真正履行了相关职责,只有学校确实履行了对未成年人的教育、管理、保护职责,自身没有过错的情况下,才可以免除学校的民事责任。”①

2. 教育机构存在的管理过失与第三人侵权行为发生存在直接或间接的牵连关系

教育机构管理职责上的过失,应当结合教育机构在第三人侵权行为发生的原因、过程、事后处置等方面的所作所为来进行综合判断,而不应仅去分析教育机构的管理职责存在哪些缺失。教育机构管理过失与第三人侵权行为发生的这种牵连关系体现为:当发生第三人侵权时,教育机构在避免、制止第三人侵权损害发生,或者减轻、防止第三人侵权损害扩大等方面的行为,是否在履行适当的管理职责;如果应当履行而未履行,教育机构在主观上存在过错,就应当根据自己的过错程度,承担相应的补充责任份额。

(二)教育机构承担补充责任的特点

补充责任是“责任人在行为人自己不足以赔偿某行为所致损害时,就其不足部分承担的赔偿责任”。② 这里将补充责任认定为一种特殊的赔偿责任。本书认为,补充责任是基于某一特定债务,在主责任人应承担清偿责任的范围内不足额给付时,次责任人基于法律规定承担的补充清偿的民事责任。只有先产生了主责任,才有补充责任的依存所在,其性质类似于一般保证责任,承担的是一定清偿范围内的

---

① 最高人民法院民事审判第一庭编著:《最高人民法院人身损害赔偿司法解释的理解与适用》,人民法院出版社 2015 年版,第 125 页。

② 北京大学法学百科全书编委会编著:《北京大学法学百科全书:民法学 · 商法学》,北京大学出版社 2004 年版。

担保类的代为清偿责任。不能将补充责任理解为连带责任,补充责任是基于法律规定的一种特殊的责任形态,在层级上与按份责任、连带责任属于同一层次。

1. 教育机构承担补充责任应与过错程度相适应

就《民法典》中的规定而言,补充责任可以分为完全的补充责任和相应的补充责任。比如,监护人责任中的补充责任问题,《民法典》第 1188 条第 2 款规定:“有财产的无民事行为能力人、限制民事行为能力人造成他人损害的,从本人财产中支付赔偿费用;不足部分,由监护人赔偿。”即属于一种完全的补充责任。而教育机构的补充责任则为相应的补充责任,其补充赔偿的额度不是以直接侵权的第三人应当承担的赔偿责任的总额为限,而是根据教育机构的过错程度判定应当承担清偿责任的额度为限,应当在其未尽到管理责任而失职程度与可能防止、制止、减轻损害范围内承担相适应的补充责任。

2. 第三人在全额承担赔偿责任后,教育机构无须额外再承担补充责任

补充责任具有次位性,是后一顺位的责任。当第三人在学校实施侵权行为后,未全部赔偿是教育机构承担补充责任成立的前提。一般情况下,受害学生不能直接单独要求教育机构承担补充责任,而应该先要求第三人承担责任,在主责任人的财产不足给付时,才能要求补充责任人承担补充责任;或者在诉讼过程中同时要求第三人和教育机构承担责任。当发生第三人不明确的情况下,为了保护学生的利益,学生家长才能单独要求补充责任人承担补充责任。

3. 教育机构承担的补充责任以责任限额为准

教育机构在确定责任划分后,其承担相应比例的补充责任份额应当仅局限于所划分的范围之内,超出份额之外的部分,不应当由教育机构承担责任。例如,第三人侵权造成的损害为 100 万元,假如教育机构作为补充责任人应承担相应的补充责任确定为 10% ,那么,第三人应对全部损害承担赔偿 100 万元的赔偿责任,教育机构承担相应的补充责任限额为 10 万元,即使第三人只有能力支付几万元的赔偿,教育机构也只承担 10 万元的责任。

四、教育机构的追偿权

在《民法典》出台前,教育机构作为补充责任人承担责任后是否享有追偿权,一直存在不同的观点。《民法典》公布实施后,教育机构依法取得了追偿权。该法第 1201 条规定:“幼儿园、学校或者其他教育机构承担补充责任后,可以向第三人追偿。”需要特别注意的问题是追偿权的实施条件。

(一)被追偿的责任主体是在教育机构内侵害学生的第三人

《民法典》第 1199 条、第 1200 条规定的其他类型的侵权案件,明确规定教育机构承担侵权责任,不是补充责任,不享有追偿权。因此,在这种情况下,即使教育机构承担了赔偿责任,也不能当然地认为享有追偿权。第三人针对学生的侵权案件发生在教育机构内,符合《民法典》第 1201 条规定条件的情况,教育机构才能享有追偿权。例如,2010 年 9 月 13 日中午休息期间,某初中二年级学生王某的哥哥因事到学校找王某。同学张某见王某哥哥的头较大,便说“猪头来了”,王某哥哥闻言,怒将身旁课桌上的三角尺朝张某扔去,致伤张某的眼睛。张某由其家人送至医院救治,花去医疗费 3 万余元。但张某的左眼仍不幸失明,经鉴定为伤残 5 级。某中学因之承担了补充赔偿责任,付给学生张某医疗费、残疾赔偿金、精神损害抚慰金等 5 万余元。2011 年 9 月,某中学诉至法院要求王某哥哥偿还学校付给学生张某的补充赔偿款 5 万余元。

就某中学承担补充赔偿责任后能否向王某哥哥追偿,存在两种意见:第一种意见认为,某中学承担补充赔偿责任后不能向王某哥哥追偿。其理由为:第一,2003 年《人身损害赔偿解释》与《侵权责任法》均未规定教育机构承担补充赔偿责任后可以向伤害学生的第三人追偿;第二,某中学是因为未尽教育管理职责而承担补充赔偿责任,即系为自己的过错承担责任,因此不存在追偿。第二种意见认为,某中学承担补充赔偿责任后可以向王某哥哥追偿。其理由为:某中学虽未尽到教育管理职责,但仅为补充责任人;而加害人王某哥哥实施侵权行为,为终局责任人,故某中学可以向其进行追偿。本书认为,某中学对受害学生张某承担补充赔偿责任后,可以向加害人即第三人王某哥哥进行追偿。

《民法典》施行后,涉及校园伤害案件,法律明确规定了第三人侵权案件教育机构享有追偿权。因此,本案中法院判决教育机构胜诉并享有追偿权,符合新法的规定。

需要注意的问题是,假如将本案的案情作一个小小的调整:“王某哥哥因事到学校找王某。同学张某见王某哥哥的头较大,便说‘猪头来了’,王某(这时的侵权人不是王某哥哥而变成在校的王某)闻言,怒将身旁课桌上的三角尺朝张某扔去,致伤张某的眼睛。”在这种情况下,教育机构是否享有追偿权呢?本书认为,此时,侵权人从王某哥哥(校外第三人)变成了校内未成年学生,教育机构不应当享有追偿权。理由如下:第一,新法就其他情况发生的教育机构承担责任后的追偿权未作规定,视为新法没有采信“其他情况下学校承担责任后享有追偿权”的意见,不适用追偿权的规定。第二,本案情经修改后的情况是在校园内部未成年人之间发生的侵权案件,不属于《民法典》第1201条第三人侵权案件规定的情况,未成年在校学生作为侵权人,应当适用《民法典》第1188条第1款关于法定监护责任条款,由未成年人法定监护人承担侵权责任,教育机构的民事责任适用《民法典》第1199条、第1200条规定进行处理,而第1199条、第1200条规定的教育机构承担的责任类型都明确表述为侵权责任,不是补充责任。因此,在这种情况下教育机构不享有追偿权。

(二)教育机构享有追偿权的前提是已经承担了补充责任

教育机构只有在已经履行了补充责任确定的清偿义务之后,才能具有追偿的事实依据。这类似于保证人承担了保证责任之后才能向主债务人追偿;未承担保证清偿的支付责任,就没有请求权的基础。

五、第三人侵权与教育机构侵权责任在程序法上的适用

(一)诉讼主体地位

2020年《人身损害赔偿解释》第2条规定:“赔偿权利人起诉部分共同侵权人的,人民法院应当追加其他共同侵权人作为共同被告。赔偿权利人在诉讼中放弃对部分共同侵权人的诉讼请求的,其他共同侵权人对被放弃诉讼请求的被告应当承担的赔偿份额不承担连带责任。责任范围难以确定的,推定各共同侵权人承担同等责任。”人民法院应当将放弃诉讼请求的法律后果告知赔偿权利人,并将放弃诉讼请求的情况在法律文书中叙明。参照该条共同侵权责任承担中关于诉讼程序的规定,本书认为,在学校发生的第三人侵权诉讼案件中,如果受害人仅起诉第三人,人民法院应当依职权追加教育机构参加诉讼,受害人申请将教育机构追加为诉讼案件中的共同被告时,人民法院应当准许;如果受害人仅起诉教育机构,在侵权第三人能确定的情况下,人民法院应当依职权追加侵权第三人参加诉讼,列为诉讼案件中的共同被告;在无法确定侵权第三人的情况下,受害人以教育机构为单独被告的,人民法院应予受理。

(二)举证证明责任分配

在学校发生的第三人侵权案件中,对于教育机构未尽到管理职责情况下的举证,教育机构仍然是以过错责任为承担责任的基础。应当看到,《民法典》对教育机构的过错归责规定是不同的。第1199条规定的无民事行为能力人所在的教育机构承担的是过错推定责任;第1200条规定的限制民事行为能力人所在的教育机构承

担的是过错责任;第 1201 条规定的第三人侵权时教育机构承担的也是过错责任。因此,在举证证明责任的分配上,应当按照《民法典》的规定进行。当然,如果教育机构掌握相关证据,能够证明自己已经履行教育管理职责,应当积极主动提供相关证据,以保证人民法院案件的及时、合法、公正审理,也有利于教育机构自身合法权益的维护。

第五章　产品责任

专题一　产品责任的构成要件及责任承担规则

一、产品责任概述

产品责任是近现代以来重要的侵权责任领域。我国有关产品责任的法律规范此前在《民法通则》《消费者权益保护法》《产品质量法》等法律中均有规定。《侵权责任法》在总结以往经验做法的基础上专章规定了产品责任，其中第 41 条明确规定："因产品存在缺陷造成他人损害的，生产者应当承担侵权责任。"《民法典》侵权责任编第 1202 条规定："因产品存在缺陷造成他人损害的，生产者应当承担侵权责任。"很明显，《民法典》保留了这一规定，明确规定了生产者关于产品责任承担的规则。

概言之，产品责任，又称为产品侵权责任，是指产品制造商、销售者因生产、销售缺陷产品致使他人遭受人身伤害、财产损失或有致使他人遭受人身、财产损害之虞而应当承担的赔偿损失、消除危险、停止侵害等责任。[①]

二、产品责任的构成要件

要解决产品责任的法律问题，首先要对产品在法律上作出准确界定。

（一）产品的界定

我国《产品质量法》第 2 条第 2 款第一次对"产品"作了概括性的界定，产品侵权责任中的"产品"概念，是指"经过加工、制作，用于销售的产品"。

首先，关于"加工、制作"，我国法律法规以及司法解释都缺乏明确的界定，本书认为，仅将"加工、制作"理解为"机械化的、工业生产的加工、制作"不利于消费者权

---

① 参见杨立新主编：《类型侵权行为法研究》，人民法院出版社 2006 年版，第 732 页。

益的保护,有悖于产品责任法的立法宗旨。[1] 应将"加工、制作"界定为包括机械化的,也包括手工业的加工、制作,乃至任何对产品质量实施的影响和控制行为都属于加工、制作。凡是改变原材料、毛坯或半成品的形状、性质或者表面形态,使之达到一定规定要求的各类工作都构成加工、制作。[2] 生产者、销售者通过上述行为对产品质量实施了实际影响或控制,就应该是这类产品导致侵权责任的承担者。

其次,对于"用于销售",有学者很早就主张,使用"销售"不如使用"流通"更为准确。[3] 本书认为,于现今法律框架下,我们应当将赠送、试用买卖等行为视为销售行为,并可以进一步考虑通过法律解释的方法将产品出租等行为准用"销售"的规定,来达到充分保护消费者的目的。

(二)产品责任的构成要件

在我国,产品责任实行的是严格责任,即产品责任之构成不必考察过错因素,只要产品存在缺陷,即可构成侵权责任。通常而言,产品责任的构成,必须具备3个要件:

第一,产品具有缺陷,通常包括制造缺陷、设计缺陷和跟踪观察缺陷。依据《产品质量法》第46条的规定,产品缺陷是指产品存在危及人身、他人财产安全的不合理的危险或产品不符合产品本身之保障人体健康和人身、财产安全的国家标准、行业标准。

第二,缺陷产品造成了受害人的损害,即产品的使用人或者第三人的人身损害或者财产损害、精神损害。

第三,缺陷产品与造成的损害事实之间具有因果关系,即产品缺陷与受害人的损害事实之间存在的引起与被引起的关系。

简言之,产品缺陷导致他人损害,生产者应当承担相应的侵权责任,至于产品的生产者是否具有主观过错,在所不问。在上述3个构成要件中,产品缺陷是认定产品侵权责任的最关键要素。

(三)产品责任的抗辩事由

《民法典》第1202条并没有规定产品责任的抗辩事由,因此有关产品责任的抗辩事由,适用侵权责任的一般抗辩事由和《产品质量法》所规定的特殊抗辩事由。

---

① 参见季义流:《论产品的范围》,载《当代法学》2002年第11期。

② 参见周新军:《关于中外产品责任法中农产品问题的思考》,载《国际经贸探索》2007年第8期。

③ 参见朱克鹏、田卫红:《论我国产品责任的构成要件及其完善》,载《深圳大学学报(人文社会科学版)》1995年第14期。

前者主要包括不可抗力、受害人自身原因或第三人过错行为等。至于不可抗力,自然不必多言,而受害人自身原因则是指受害人在使用产品的时候,没有按照产品所标示的使用说明加以使用,因而造成自己的人身或者财产损害。第三人过错行为则是指如果产品造成的使用者或者第三人的损害,是由于第三人的原因而引起的,则应当由该第三人承担责任,不能由产品的生产者或者销售者承担责任。对于受害人的自身原因或第三人过错引起的损害,产品的销售者或者生产者不承担损害赔偿责任。

后者则主要是指《产品质量法》第 41 条第 2 款的规定。产品生产者能够证明有下列情形之一的,不承担赔偿责任:其一,未将产品投入流通的;其二,产品投入流通时,引起损害的缺陷尚不存在的;其三,将产品投入流通时的科学技术水平尚不能发现缺陷的存在的。凡是具有这些情形之一的,提供产品的一方能够证明属实的,都可以免除责任。

三、产品责任的责任承担规则

关于生产者、销售者承担的产品责任,《民法典》侵权责任编第 1203 条规定:"因产品存在缺陷造成他人损害的,被侵权人可以向产品的生产者请求赔偿,也可以向产品的销售者请求赔偿。产品缺陷由生产者造成的,销售者赔偿后,有权向生产者追偿。因销售者的过错使产品存在缺陷的,生产者赔偿后,有权向销售者追偿。"

(一)生产者与销售者外部责任的承担

基于对因产品缺陷导致损害的被侵权人利益保护的需要,各国产品责任法大都确立了生产者与销售者对外承担全部责任的规则。而具体由谁承担责任,根据受害人的主张来确定。流通过程中所有的产品提供者,包括销售者都要对缺陷产品导致损害的被侵权人承担责任。此时销售者承担的责任和生产者承担的责任一样,都是严格责任。"在他们和缺陷产品的无辜受害者之间,产品的销售者作为商业机构比个人使用者和消费者更有能力针对此类损害采取保险措施。在大多数情形下,批发商和零售商能够将产品责任的所有损失追及产品派售链的源头——制造商。当参与侵权诉讼的制造商对于原告来说存在法律程序方面的诉讼困难时,本地零售商可以先将损害赔偿金支付给受害人,然后从制造商那里获得补偿。最后,让零售商和批发商承担严格责任,能够激励他们仅和有商业声望的、财务状况良好的制造和分销商打交道,从而有利于保护产品的使用者和消费者。”[①]在满足产品责任构成要件的前提下,只要产品在离开经销链之时存在缺陷,受害人选择要求销售者承担责任,该销售者就要承担全部责任;若选择主张生产者承担责任时,生产者就要承担全部责任。

(二)生产者与销售者内部责任的划分

生产者与销售者内部责任关系的确定规则是产品缺陷的造成者应为产品侵权赔偿责任的最终承担者,这也是确定销售者与生产者之间追偿权的依据。

产品缺陷形成的原因,尤其是销售者的过错及其对产品缺陷形成的原因即为划定销售者与生产者之间有关责任范围的基本依据。至于销售者与生产者之间的追偿权法律关系,包括以下两种情形:其一,销售者向生产者追偿。这时必须满足的条件是:(1)销售者已经向被侵权人承担赔偿责任;(2)该产品缺陷之形成原因在于生产者,而非销售者自己过错行为。在此举证责任分配上,本书认为,考虑到“谁主张,谁举证”这一举证责任的基本规则和生产者对产品制造、设计等的实质控制,有关产品缺陷形成原因的举证责任,生产者和销售者应该予以分担。比如,生产者可以通过举证证明该缺陷是由销售者过错造成来免除自己的责任,对于其生产流程、产品设计方案等内容承担举证责任;销售者也要对该缺陷之形成是由于生产者的原因承担一定的举证责任。而且这时,产品缺陷形成的原因,通常会在销售者向产品缺陷受害人承担赔偿责任的诉讼中确认,从某种意义上讲,并不会加重销售者的举证责任负担。其二,生产者向销售者追偿。这时必须满足的条件是:(1)生产者已经向被侵权人承担赔偿责任;(2)该产品缺陷之形成是销售者的过错行为所致。如上所述,在这种情况下,基于销售者与生产者之间的经济实力并不悬殊,而且生产者往往处于优势地位。因此,这时销售者的责任应该是过错责任,即由生产者对销售者的过错以及因果关系的成立承担举证责任。对于销售者之间,比如批发商与零售商之间的追偿关系,也要遵循上述规则确定,在举证责任上采用“谁主张,谁举证”的规则,由主张追偿权的销售者承担举证责任。

(三)销售者承担最终责任的构成要件

由于销售者的过错使产品存在缺陷,造成人身、财产损害的,销售者应当承担赔偿责任。当然,这仅是销售者承担最终责任的依据,而非销售者承担外部责任的依据。具体而言,其构成要件如下:

---

① [美]肯尼斯·S.亚伯拉罕、阿尔伯特·C.泰特选编:《侵权法重述——纲要》,许传玺、石宏等译,法律出版社2006年版,第285页。

第一,产品存在缺陷。在产品责任中,销售者承担责任仍然要以产品存在缺陷为基础;产品不存在缺陷,则销售者无须承担责任。这也充分说明产品缺陷在产品侵权责任构成中极其重要的地位。

第二,受害人遭受损害,即产品的使用人或者第三人遭受人身损害或者财产损害、精神损害。此内容与生产者承担产品责任的构成要件相同。

第三,销售者对于产品存在缺陷具有过错。此种过错既可以是故意,也可以是过失,以过失为常态。如果是故意,则要涉及惩罚性赔偿的适用问题。在此需要注意的是,此过错条件仅影响其内部责任的承担,并不影响其对外向被侵权人承担责任的构成。

第四,缺陷产品与造成的损害事实之间具有因果关系。在产品责任中,销售者责任的构成,须有双重的因果关系的要求:一是产品责任自身的因果关系要件,即产品的缺陷与受害人的损害事实之间存在的引起与被引起的关系。二是产品缺陷与销售者过错行为的因果关系。此二者缺一不可。销售者的过错行为对某种产品缺陷的造成具有因果关系,该产品缺陷可能完全是销售者的过错行为导致,也可能是销售者的过错行为仅是使该产品缺陷更为严重。销售者应该在其过错行为导致产品缺陷并最终导致损害的原因力范围内承担责任。

在满足上述构成要件后,该条规定可以直接作为因产品缺陷致损的受害人向该产品销售者主张权利的实体法依据。只要满足上述构成要件,销售者就应该向受害人承担相应的侵权责任。

此外,就运输者、仓储者等第三人的责任,《民法典》第 1204 条规定:“因运输者、仓储者等第三人的过错使产品存在缺陷,造成他人损害的,产品的生产者、销售者赔偿后,有权向第三人追偿。”产品的运输和仓储等行为通常会增加产品的附加值,但如果运输或仓储等行为不当,也会造成产品缺陷。根据自己责任原则,行为人必须对自己的过错行为造成的损害负责。因此,运输者、仓储者等第三人的行为导致的产品缺陷导致的他人人身、财产损失,该损害赔偿的责任最终就应该由运输者或者仓储者自己承担。在此应当注意的是,这一规定既是运输者或者仓储者承担最终责任的规则,也是他们与生产者、销售者之间划定内部责任、确定相应的追偿权大小的基础,并不涉及运输者、仓储者等第三人对被侵权人承担责任的问题。

专题二　产品责任中预防型民事责任的承担

一、预防型民事责任概述

关于预防损害发生的民事责任承担方式,《民法典》第 1167 条规定:“侵权行为危及他人人身、财产安全的,被侵权人有权请求侵权人承担停止侵害、排除妨碍、消除危险等侵权责任。”这应属于预防型民事责任的一般规定。所谓预防型民事责任,是指权利相对人违反其义务,对权利人的权利已经造成损害而且还在继续侵害时,或者虽然没有造成现实损害却存在造成侵害的危险时承担的一种民事责任。预防型民事责任在对某些权利和利益的保护方面,尤其是对绝对权的保护,有着补偿性民事责任形式所无法比拟的优点和长处。因为损害赔偿仅仅是在损害发生后的一种亡羊补牢的做法,而停止侵害则是防患于未然的做法,防患于未然胜于亡羊补牢。① 现代侵权法不仅注重损害的填补和救济,更应该在具体的侵权责任制度设计时注重损害预防功能的实现。而损害预防功能的实现,不仅要依赖侵权责任的惩戒性措施的警示威慑作用来实现,更要依赖诸如消除危险、停止侵害等积极的或具有事先性的救济措施来实现。②

关于产品责任的承担方式,《产品质量法》第 44 条规定了产品责任的损害赔偿的责任承担方式。在传统民事救济方式中,损害赔偿居于最为重要的地位,在产品责任中也不例外。具体而言,在产品责任中所涉及的损害赔偿有以下几种类型:(1)人身损害赔偿,即对身体、健康乃至生命所致损害的赔偿。《产品质量法》第 44 条规定:“因产品存在缺陷造成受害人人身伤害的,侵害人应当赔偿医疗费、治疗期间的护理费、因误工减少的收入等费用;造成残疾的,还应当支付残疾者生活自助具费、生活补助费、残疾赔偿金以及由其扶养的人所必需的生活费等费用;造成受害人死亡的,并应当支付丧葬费、死亡赔偿金以及由死者生前扶养的人所必需的生活费等费用。因产品存在缺陷造成受害人财产损失的,侵害人应当恢复原状或者折价赔偿。受害人因此遭受其他重大损失的,侵害人应当赔偿损失。”另外,在具体

① 参见丁海俊:《预防型民事责任》,载《政法论坛》2005 年第 4 期。

② 参见王利明、杨立新编著:《侵权行为法》,法律出版社 1996 年版,第 100 ~ 101 页。

案件中,对损害赔偿具体数额,还应依据《人身损害赔偿解释》的规定进行确定;(2)财产损失赔偿。通常而言,此种损害赔偿并不包括对受损产品本身的赔偿。产品自身的损害属纯经济上的损失,不包括在损害赔偿范围之内。因此,产品缺陷所导致的财产损失是指产品之外固有财产的直接损失和可得利益的丧失;(3)精神损害赔偿。此可依照《精神损害司法解释》的规定进行确定。

二、承担预防型民事责任的基本构成要件

停止侵害,实际上是要求侵害人不实施某种侵害行为,即不作为。行为人实施的侵害行为仍在继续进行,受害人可以依法请求法院责令侵害人停止其侵害行为,这样可以及时制止侵害行为,防止侵害后果扩大。消除危险,则是在行为人的行为对他人人身和财产安全造成威胁,或存在侵害他人人身和财产的可能的时候,他人有权要求行为人采取有效措施来消除此种危险。[①] 排除妨碍,则是指权利人行使其权利受到不法阻碍或妨害时,加害人负有排除该阻碍以保障权利正常行使的责任形式。停止侵害、消除危险和排除妨碍的责任形式,是对民事权利积极的保护,都体现了对损害或者未来损害的预防。

随着经济科技的进步,现代工业社会也同样充斥着风险。环境污染、责任事故、产品致害等所造成的损害越来越触目惊心,发挥侵权法的预防功能就显得愈加重要。由此自然就要求在产品责任的具体制度设计上体现侵权法预防功能的要求,《民法典》第 1205 条的规定正是回应这一需求,明确规定消除危险、排除妨碍等预防型民事责任的承担方式。同时在下一条又明确规定了缺陷产品售后警告以及产品召回制度,对停止侵害和消除危险等预防型民事责任方式进一步具体化。

生产者、销售者承担预防型民事责任,须满足以下条件:

第一,产品缺陷已经客观存在,这是生产者、销售者承担预防型民事责任的前提条件。也就是说,产品本身必须已经存在危及人身、财产的不合理危险,至于该缺陷为制造缺陷、设计缺陷还是警示缺陷,在所不问。

第二,产品缺陷会危及他人人身、财产安全。这包括两种情形:其一,产品缺陷并未导致实际损害,但具有危及他人人身、财产安全的高度盖然性;其二,产品缺陷已经导致实际损害的发生,且其有进一步加大他人人身、财产损害的高度盖然性。

第三,被产品缺陷危及人身、财产安全的人是权利主体,其可选择要求生产者

---

① 参见王利明、杨立新编著:《侵权行为法》,法律出版社 1996 年版,第 100～101 页。

承担预防型责任,也可以选择销售者为责任主体,也可以同时要求生产者和销售者来承担责任。

三、产品责任中有关预防型民事责任的具体承担方式

生产者或销售者承担的责任形式除了传统意义上的消除危险、排除妨碍、停止侵害外,还有产品责任中特有的跟踪观察、售后警示、产品召回等。对此,《民法典》第1206条规定:"产品投入流通后发现存在缺陷的,生产者、销售者应当及时采取停止销售、警示、召回等补救措施;未及时采取补救措施或者补救措施不力造成损害扩大的,对扩大的损害也应当承担侵权责任。"

如上所述,现代侵权法不仅注重损害的救济,更重视损害的预防,以防患于未然。售后警示、跟踪监视、产品召回在消费者保护法上的法理基础是生产者、销售者的安全保障义务。但是我国《民法通则》以及《产品质量法》对于上述制度等都没有规定。《上海市消费者保护条例》第一次将产品召回制度列入了地方性法规,《缺陷汽车产品召回管理规定》则第一次真正意义上确立了缺陷汽车召回制度。2009年通过的《食品安全法》第一次以法律的形式规定了缺陷食品的召回制度。在总结以往立法经验的基础上,《侵权责任法》才正式确立了生产者、销售者对缺陷产品采取售后警示、召回等补救措施即跟踪观察义务这一私法义务,以在产品责任领域充分发挥侵权责任的预防损害的功能。《民法典》在总结以往立法经验的基础上,在该条对产品跟踪观察义务作了明确规定,相较于《侵权责任法》第46条的规定,该条在第1款增加了"停止销售"这一补救措施,将原来的"造成损害"修改为"造成损害扩大",另在文字上"承担侵权责任"之前增加了"也"。尤其是新增第2款内容,明确规定了"依据前款规定采取召回措施的,生产者、销售者应当负担被侵权人因此支出的必要费用。"

《民法典》第1206条确立了生产者、销售者对缺陷产品采取警示和召回等补救措施义务,但不限于警示和召回,从而明确产品使用人要求生产者、销售者对缺陷产品进行警示和召回等补救措施的请求权基础。具体内容如下:

第一,售后警示。售后警告义务的成立,要求具备以下4个要件:其一,生产者知道或应当知道该产品会对人身或财产造成损害的危险;其二,生产者能够认识到应当予以警告的对象,并可以合理地推断他们不知晓该损害的危险;其三,警告应当能够有效到达应予以警告的人,并且他们能够采取有效行动减低风险;其四,实际损害发生的危险大大超过实施售后警告的费用。

第二,产品召回。产品召回制度是现代民法中的一项新制度,具有预防和消除

缺陷产品对公民人身和财产的危害的独特功能。产品召回义务,是指因投放市场的产品存在缺陷,可能或已经对消费者的生命、健康造成严重损害,生产者依特定程序收回、退换缺陷产品并承担与此相关费用的义务。产品召回义务的特点主要表现在以下几个方面:其一,已经投放市场的产品存在缺陷,可能或已经导致人身重大损害是召回义务的成立要件;其二,生产者是召回义务的主体,中间经销商是召回义务的履行辅助人;其三,产品召回义务履行程序包括指令召回和自主召回,有严格的法定步骤和效果评估机制;[①]其四,义务履行方式包括缺陷产品的回收、更换、退货以及相应的损害赔偿。

第三,追踪观察。生产者、销售者对投入流通的产品,负有跟踪监视的义务:于消极方面,生产者须建立完备的客户投诉和信息反馈机制,明确消费者投诉渠道,保存并报告消费者所反映的产品质量问题;于积极方面,生产者应该完备产品质量回访机制,在提取有效信息的基础上,对产品的设计、制造以及警示说明方面进行相应的改进。尤其是在科技水平进步后,更应该对原来投入流通的产品,进行安全性能方面的回访。

另外,第1206条第2款新增了有关采取补救措施费用承担的规则,即由生产者、销售者承担的规则,这符合国际通例,既体现了对消费者权益的保护,也属于公平合理的做法。

专题三　产品责任中的惩罚性赔偿

一、惩罚性赔偿概述

惩罚性赔偿,是指侵权人所要承担的损害赔偿数额超过其造成被侵权人实际损害数额,在填平被侵权人损害的基础上提高赔偿数额,以彰显对侵权人侵权行为进行惩罚的制度。惩罚性赔偿,是指法院作出决定的赔偿数额超出实际损害数额的赔偿。[②] 通常赔偿是为了弥补受害者的损害,不具有惩罚性,其数额不能超出受害者的实际损失。各国对应否支持惩罚性赔偿存在较大差异,但是惩罚性赔偿制度所特有的功能逐渐获得重视和认可。惩罚性赔偿不局限于补偿功能,具有惩罚、

---

① 参见杨立新、陈璐:《论药品召回义务的性质及其在药品责任体系中的地位》,载《法学》2007年第3期。

② 参见王利明:《侵权责任法研究》(下卷),中国人民大学出版社2016年版,第276页。

震慑、激励等功能。

第一,惩罚和震慑不法行为人。惩罚性赔偿与补偿性赔偿相对而言。补偿性赔偿仅弥补受害人的实际损失,受司法制度、受害人的诉讼能力、诉讼意愿等多方面的限制,在实践中,不法行为人并不会对所有受害人以及受害人的所有损失承担赔偿责任,违法成本较低。在产品责任领域,补偿性赔偿不利于促使不法行为人尽足够注意义务防止缺陷产品进入流通市场。惩罚性赔偿则使不法行为人承担更重的责任,一方面惩罚不法行为,另一方面通过提高违法成本,产生示范效应,震慑其他潜在的不法行为人。惩罚着眼于事后补救,震慑着眼于事前预防。①

第二,抚慰受害人并促进受害人提起诉讼。在补偿性赔偿制度下,受害人会因诉讼耗费精力金钱而不提起诉讼,姑息不法行为。给予受害人惩罚性赔偿,不仅使受害人心理获得安抚,弥补法院通常不予支持的律师费等支出,使其获得完全赔偿,还能获得超出实际损失的奖励。惩罚性赔偿能够激励受害人维护自己合法权益,制止违法行为,有益于维护社会整体利益。

第三,弥补国家机关执法能力之不足。制裁不法行为属于政府职责,但是政府部门囿于编制、经费,不能及时掌控违法信息和证据惩治不法行为。惩罚性赔偿利用私人力量,使责任人的行为受到惩罚,起到协助公权力的作用,有效弥补了公权力执法不足。②

我国的惩罚性赔偿制度起初主要规定在消费者权益保护领域。比如,原《消费者权益保护法》第 49 条(修订后的第 55 条)明确规定了商品或者服务欺诈的 3 倍赔偿规则,此后《食品安全法》也在第 148 条规定了惩罚性赔偿。《侵权责任法》第 47 条则对产品责任中的故意行为,规定了惩罚性赔偿,使我国的惩罚性赔偿制度更为完善。《民法典》在这一规定的基础上对惩罚性赔偿的适用情形作了进一步细化,其第 1207 条规定:“明知产品存在缺陷仍然生产、销售,或者没有依据前条规定采取、补救措施,造成他人死亡或者健康严重损害的,被侵权人有权请求相应的惩罚性赔偿。”相较《侵权责任法》第 47 条的规定,该条增加了第 1206 条规定的“没有依据前条规定采取、补救措施”这一适用惩罚性赔偿的情形。

二、惩罚性赔偿的适用条件

惩罚性赔偿的具体要件如下:

---

① 参见陈年冰:《中国惩罚性赔偿制度研究》,北京大学出版社 2016 年版,第 28 页。

② 参见张晓梅:《中国惩罚性赔偿制度的反思与重构》,上海交通大学出版社 2015 年版,第 128 页。

第一,产品存在缺陷。依据《产品质量法》第46条的规定,缺陷,是指产品存在危及人身、他人财产安全的不合理的危险;产品有保障人体健康和人身、财产安全的国家标准、行业标准的,是指不符合该标准。产品如果不符合国家标准或者行业标准,应认定存在缺陷。

第二,主观故意。惩罚性赔偿对生产者、销售者的主观要件有严格要求。产品责任是严格责任,被侵权人无须证明生产者、销售者是否存在故意还是过失,即可请求其承担补偿性赔偿(先行赔偿人有追偿权)。但是被侵权人要求生产者、销售者承担惩罚性赔偿责任,则应证明生产者、销售者存在故意。比如,就医疗产品惩罚性赔偿责任而言,患者应证明"医疗产品的生产者、销售者明知医疗产品存在缺陷仍然生产、销售"。明知是指意识到某种事物,是一种意志活动。故意是指意识到某种事物,还积极去做。[①]

第三,后果上须造成受害人死亡、健康严重损害。惩罚性赔偿的适用排除了被侵权人仅遭受财产损害后果的情况。死亡的结果容易判断,但是如何认定健康严重损害,民事法律规范对此未进行界定,可以参考相关刑事规范。最高人民法院、最高人民检察院《关于办理危害药品安全刑事案件适用法律若干问题的解释》第2条规定:"生产、销售、提供假药,具有下列情形之一的,应当认定为刑法第一百四十一条规定的'对人体健康造成严重危害':(一)造成轻伤或者重伤的;(二)造成轻度残疾或者中度残疾的;(三)造成器官组织损伤导致一般功能障碍或者严重功能障碍的;(四)其他对人体健康造成严重危害的情形。"

在受害人未受到严重损害情况下,如果经营者生产、销售产品的行为构成欺诈,可依据《消费者权益保护法》第55条第1款的规定,"经营者提供商品或者服务有欺诈行为的,应当按照消费者的要求增加赔偿其受到的损失,增加赔偿的金额为消费者购买商品的价款或者接受服务的费用的三倍;增加赔偿的金额不足五百元的,为五百元。法律另有规定的,依照其规定"。请求惩罚性赔偿。此外,生产者、销售者应承担行政责任,情节严重的承担刑事责任,并不能逃脱法律的制裁。

第四,产品缺陷与损害后果具有因果关系。因果关系是损害赔偿的归责要件之一。如果生产者、销售者虽然明知产品存在缺陷,但是产品缺陷并非被侵权人遭受损害的原因,被侵权人亦不能主张惩罚性赔偿。

---

① 参见朱广新:《惩罚性赔偿制度的演进与适用》,载《中国社会科学》2014年第3期。

第六章　机动车交通事故责任

本章是关于机动车交通事故责任的规定,与《侵权责任法》相比,主要有如下变化:一是条文数量增加,由《侵权责任法》的 6 个条文增加到 10 个条文;二是吸收了 2012 年施行的《道路交通事故解释》第 2 条、第 3 条、第 6 条和第 16 条的规定;三是在内容上增加了保险公司所承担保险责任与侵权人承担侵权责任的顺序的规定,增加了以挂靠形式从事经营道路运输情形下、未经允许驾驶他人机动车发生交通事故的责任主体的规定,以及好意同乘情形下的责任减轻规则;四是吸收前述司法解释的规定,将机动车管理人纳入责任主体范围,主要体现在第 1209 条、第 1212 条。整体来看,本章规定基本上承继了《侵权责任法》及其司法解释的理念、原则和具体规定,无实质性修订。

准确适用本章规定,应重点把握如下几个问题:一是强制责任保险、商业保险与侵权责任的关系问题。这是机动车交通事故责任的特殊之处,无论是责任主体的确定还是责任份额的确定,均与该问题直接相关,也是理解本章规定的基础性问题。二是机动车交通事故责任主体的认定规则及其例外。三是机动车交通事故责任与其他类型的侵权责任并存时如何处理的问题。四是在机动车交通事故责任中常出现的好意同乘的责任主体、责任性质及其减责规则的适用问题,这主要涉及本章规定与侵权责任编以及《民法典》其他编的协调问题。

专题一　机动车交通事故责任与交强险的关系

一、交强险的简要发展过程

2004 年 5 月 1 日实施的《道路交通安全法》首次建立了我国的机动车第三者责

任强制保险(以下简称交强险)制度,并将该项制度的制定授权给了国务院。该法第76条对机动车交通事故责任的归责原则和责任分担作出了明确规定,根据交通事故在机动车之间以及在机动车与非机动车驾驶人、行人之间发生而规定了不同的归责原则。2006年3月1日,国务院通过《交强险条例》,交强险制度于2006年7月1日正式实施。2010年7月1日实施的《侵权责任法》关于机动车交通事故责任,设专章予以规定,但其第48条将机动车交通事故责任的承担仍然指向了《道路交通安全法》的规定。2012年颁布实施的《道路交通事故解释》在《侵权责任法》规定的基础上,对相关问题作出了回应。《民法典》第七编第五章规定的精神与《道路交通安全法》《侵权责任法》及前述司法解释的规定一脉相承。在《民法典》颁布后,最高人民法院于2020年对《道路交通事故解释》作出了修正,主要是删除了《民法典》已经吸收的条文。因此,2020年《道路交通事故解释》在内容及体系上并无实质的变化。

二、我国交强险的功能定位

交强险制度从世界范围来看,可以区分为两种:一种可以将其归纳为责任保险模式;另一种则可以将其归纳为基本保障模式。

第一种模式的主要特点是,以侵权责任为基础,强调机动车强制责任保险仍然是一种责任保险,即对被保险人依法应当向第三人承担的侵权责任为保险标的的保险,强调强制责任保险分担被保险人损失的功能。相应地,在法律关系上,以一个保险合同关系、一个侵权责任关系为基本的规范模型;在保险金给付请求权的主体上,强调原则上被保险人为请求权人,例外情况下为受害人;在请求权的成立上,主张先成立侵权人与受害人之间的侵权责任,侵权人(被保险人)再依据保险合同成立保险金给付请求权;在诉讼程序上,原则上保险人并非道路交通事故责任的当事人,而是保险合同诉讼的当事人;等等。

第二种模式更加重视强制责任保险的基本社会保障功能,在不同程度上,使之与侵权责任相互分离,亦即强制责任保险不再以侵权责任为出发点,在理念上,更强调强制责任保险对受害人的损害填补功能。为实现此种目标,主要有两种方式。第一种方式虽然在逻辑上、形式上仍然以侵权责任为基础,但通过将机动车交通事故责任的归责原则定位为无过错责任或严格责任,间接地使保险人的保险金给付责任不再附加条件。[①] 第二种方式则更为直接,即在机动车强制责任保险限额内,侵权责任与责任保险相互“脱钩”,不讨论侵权责任的问题,只要发生损害,保险人即须向交通事故的受害人承担赔偿责任。其特点是将机动车发生交通事故造成的损害,区分为两部分,一部分为由第三者责任强制保险所赔偿的损失,此范围内的损失填补与侵权责任无关。另一部分在责任限额之外,根据侵权法的规则认定侵权责任。

现行法更为强调交强险的基本保障功能,更为重视交强险对受害人损失的填补功能,因此,我国采纳的是基本保障模式。进言之,交强险限额内,保险公司的赔偿责任与被保险人的侵权责任相互脱钩,保险公司在此范围内的责任更接近于一种法定责任。

首先,《道路交通安全法》第 76 条第 1 款前半段规定保险公司在交强险责任限额范围内对受害人予以赔偿。立法者在这里并没有明确说明保险公司的赔偿义务是以被保险人的责任为前提。对比该条第 1 款前半段和后半段可知,如果立法者欲采纳责任保险的模式,则合理的做法应当是,先规定机动车交通事故侵权责任的归责问题,再规定保险公司的责任承担,而非相反。

其次,《道路交通安全法》设置交强险制度的重要目的之一,是缓解城市道路交通拥堵。《道路交通安全法》制定出台的背景之一,是为了缓解城市道路交通拥堵问题,而交强险正是解决该问题的重要制度设计。所以,交强险与侵权责任相互脱钩、在责任限额内不涉及侵权责任的模式才更有利于该规范目的的实现。[②]

再次,从《交强险条例》第 1 条规定的内容来看,《交强险条例》[③]将交强险的首要功能定位于“保障机动车道路交通事故受害人依法得到赔偿”,该条甚至并未提及交强险对被保险人的风险分散功能。可以说,使受害人的损失得到及时赔偿是交强险制度的首要目的。在两种模式的选择中,显然与侵权责任脱钩的基本保障模式更有利于该目的的实现。

最后,我国目前的机动车强制责任保险的理赔实务也能反证这一结论。在目

---

① 参见[德]克雷斯蒂安·冯·巴尔:《欧洲比较侵权行为法》(下卷),焦美华译,法律出版社 2004 年版,第 460 页、第 466 ~ 467 页;本书编写组编:《机动车强制责任保险制度比较研究》,中国财政经济出版社 2008 年版,第 42 ~ 46 页、第 60 页、第 75 页、第 76 页、第 81 页、第 94 ~ 95 页、第 123 页、第 193 页、第 203 页;王泽鉴:《侵权行为》,北京大学出版社 2009 年版,第 506 页。

② 参见公安部部长 2001 年 12 月 24 日在第九届全国人民代表大会常务委员会第二十五次会议上《关于〈中华人民共和国道路交通安全法(草案)〉的说明》。

③ 参见《交强险条例》第 1 条规定:为了保障机动车道路交通事故受害人依法得到赔偿,促进道路交通安全,根据《中华人民共和国道路交通安全法》《中华人民共和国保险法》,制定本条例。

前的理赔实务中,发生交通事故后,如果机动车一方是有责的,则该车交强险的保险公司在责任限额范围内对受害人的全部损失进行赔付。如果机动车一方是无责的,则保险公司也仍然要承担赔付责任,只不过该赔付责任的限额与机动车有责情况下的限额不同。[①] 这就说明,无论机动车一方是否承担侵权责任,保险公司都在相应的责任限额内进行赔付。这一赔付规则也遵循了责任限额内保险赔付与侵权责任脱钩的原则。

综上可知,我国交强险采纳的是基本保障模式。而《民法典》第 1208 条所规定的"机动车发生交通事故造成损害的,依照道路交通安全法律和本法的有关规定承担赔偿责任"指向的核心内容之一就是,在前述交强险基本保障模式的前提下,确定交强险保险公司的保险责任和侵权人的责任。结论就是,交强险的基本保障模式决定了,交强险的赔偿在一定范围内与侵权责任脱钩。

专题二 基本保障模式下的交强险制度与机动车交通事故责任相关问题的处理

一、交强险保险公司的赔付责任不以被保险人(机动车一方)侵权责任为前提

依据前述对交强险的功能定位及其模式的分析结论,我国的交强险制度定位于基本保障功能,在责任限额范围内与侵权责任相互脱钩,如此既能实现对受害人的损失填补、安定社会的功能,也能达到快速处理交通事故、维护交通秩序的行政管理目的。这既是解释《道路交通安全法》第 76 条的基础,也是《民法典》第 1208 条的解释结论,同时也是《民法典》第 1213 条前半段的内容,即"机动车发生交通事故造成损害,属于该机动车一方责任的,先由承保机动车强制保险的保险人在强制保险责任限额范围内予以赔偿"。这里"属于该机动车一方责任的",基于前述我国交强险的基本保障功能,交强险保险公司承担保险责任并不以机动车一方承担侵权责任为前提,只不过,在机动车一方无责时,是在交强险的"无责限额"中予以赔偿。

---

① 关于目前机动车强制责任保险分项限额的合理性问题,下文将有论述。

二、“强制保险责任限额”在目前交强险制度下包括分项限额

《民法典》第1213条所规定的“强制保险责任限额”,按照《交强险条例》的规定,区分为有责限额和无责限额,“有责”和“无责”是指被保险人(机动车一方)在交通事故中是否有责任。同时,在这两个限额之下,根据交通事故所造成的损失类型的不同,又将限额区分为死亡伤残赔偿限额、医疗费用赔偿限额以及财产损失赔偿限额。实践中将这些限额分类称为“分项限额”。由此,保险公司在实践中理赔时,如被保险人无责任,则在无责限额内的相应分项限额内赔付;如被保险人有责任,则在有责限额内的相应分项限额内赔付。

在目前交强险制度下,上述分项限额有其合理性,不宜以较强的基本保障功能否定这种分项限额。因为,在基本保障模式下,交强险的保障范围更多地取决于费率水平、事故率、道路交通状况、保险业的经营管理水平、再保险市场的发展程度乃至人们的道路交通安全意识。进言之,保障范围的大小与一国所欲投入的损失填补成本息息相关,而并不取决于法律上的逻辑。保险限额范围内与侵权责任相互脱钩的做法,在逻辑上也并不会必然产生限额范围内的所有损失都应当由保险予以赔付的结论。事实上,正如多数国家或地区的立法及实践所彰显的那样,在更为重视交强险的基本保障功能、损失填补功能的理念下,保险限额内的赔偿范围也是逐步扩大但始终有限的。在费率水平确定的情况下,采取基本保障模式的交强险的赔偿范围更多取决于事故率等因素。我国《交强险条例》中将责任限额区分为有责限额、无责限额以及各自限额下的细分限额,其合理性就只有从整个制度所涉及的纷繁复杂的多个因素综合考虑,而不应当仅仅是受害人的保护或法律逻辑。

从我国交强险制度的发展来看,几乎可以断定,随着前述多个因素的变化,未来交强险的保障范围也会相应地发生变化,总的趋势应该是保障范围的扩大。

三、机动车未投保交强险时的责任承担问题

与交强险的基本保障功能相联系的是,在机动车未投保时,机动车发生交通事故的侵权责任如何处理?对此,《民法典》第1216条后半段仅规定在机动车驾驶人发生交通事故后逃逸且机动车未参加交强险的,由道路交通事故社会救助基金垫付,垫付后,其管理机构有权向交通事故责任人追偿。显然,这里并未就机动车未投保交强险发生交通事故时侵权人应如何承担责任作出规定。

对此,2020年《道路交通事故解释》第16条明确规定,未依法投保交强险的机

动车发生交通事故造成损害,当事人请求投保义务人在交强险责任限额范围内予以赔偿的,人民法院应予以支持。投保义务人和侵权人不是同一人,当事人请求投保义务人和侵权人在交强险责任限额范围内承担连带责任的,人民法院应予支持。

司法解释的这一规定,在本章规定之下,仍应适用,即应当由机动车一方先在第三者责任强制保险责任限额内承担赔偿责任,超出责任限额外的损失,则按照《道路交通安全法》第 76 条第 1 款后半段规定的侵权责任承担。这是因为:

第一,虽然机动车所有人或管理人未投保交强险并非受害人权利受损的原因,但是机动车所有人或管理人未投保交强险导致受害人不能从保险公司获得赔偿这一损失,因机动车所有人或管理人违反了投保交强险的法律义务而具有了可赔偿性。

第二,根据交强险的赔偿实务,单纯地依据侵权责任规则所作出的赔偿和将交强险综合考虑的赔偿,受害人所获得的赔偿是不同的。如果机动车一方购买交强险,则在发生交通事故后,只要机动车一方有责任,无论责任大小,其第三者责任强制保险的保险公司都在第三者责任强制保险责任限额内给予赔偿。如此,在机动车一方未购买交强险的情形下,如果单纯依照侵权责任进行赔偿,则即使机动车一方有赔付能力,受害人所获得赔偿也要少很多。[①]

第三,虽然《道路交通安全法》、《交强险条例》以及《道路交通事故社会救助基金管理试行办法》等法律、行政法规规定,对于未投保交强险的机动车所造成的损害,受害人可以请求道路交通事故社会救助基金垫付其人身伤亡的丧葬费用、部分或者全部抢救费用。

另外,根据《道路交通安全法》《交强险条例》《道路交通事故社会救助基金管理试行办法》以及第 1216 条等规定,道路交通事故救助基金在垫付以后仍然可以向侵权人追偿。换言之,侵权人仍然要最终承担这部分责任。因此,让未投保机动车一方的投保义务人在第三者责任强制保险的责任限额范围内先承担责任,与法律、行政法规所规定的最终责任归属是一致的,能够充分保护受害人的损失。

还有,在机动车交通事故中,如果投保义务人和行为人不一致时,根据 2020 年《道路交通事故解释》的规定,应由投保义务人和机动车使用人在保险限额内承担

---

① 例如,某机动车发生交通事故,造成 A 各项损失 20 万元,该机动车承担 40% 的责任。如果该机动车已投保,则保险公司在交强险限额内先赔偿(如 12.2 万元),剩余部门由机动车一方承担 40%;如果该机动车未投保,则仅就 20 万元的 40% 承担责任,显然受害人获得的赔偿要少很多。

连带责任。原因在于,对于责任限额范围内的赔偿责任应当放在何人违反法定义务的判断上。根据《道路交通安全法》的规定,未投保交强险的机动车不能上路行驶。在未投保机动车发生交通事故时,是投保义务人的未投保行为和实际使用人的使用行为两种违反保护他人之法律的行为相互结合,导致了受害人损失,所以,应承担连带责任。

四、多辆车导致一起交通事故的赔偿问题

关于多辆车相撞的交通事故,需要解决几个问题:多辆车的侵权责任如何承担?保险公司的责任如何承担?其中部分车辆未投保的,交强险保险公司的赔付责任如何分配?

《民法典》延续了《侵权责任法》的立法政策,整体上限制了《侵权责任法》之前立法和司法解释共同侵权的范围,缩小了连带责任的适用。《人身损害赔偿解释》关于共同侵权的规定主要包括主观的共同侵权、拟制的共同侵权、共同危险行为以及客观的共同侵权中的直接结合。《侵权责任法》显然限制了共同侵权的类型,将客观的共同侵权中的替代性因果关系作为连带责任处理,而在其他情形下则按照按份责任处理。

虽然在交通事故中,多方主体构成主观共同侵权的可能性几乎不存在,但也不能完全排除连带责任的适用。对此,2020 年《道路交通事故解释》第 10 条规定,多辆机动车发生交通事故造成第三人损害,当事人请求多个侵权人承担赔偿责任的,人民法院应当区分不同情况,依照《民法典》第 1170 条、第 1171 条或者第 1172 条的规定,确定侵权人承担连带责任或者按份责任。

多辆车发生交通事故时,交强险的保险公司的责任如何承担,需要分情况讨论:第一种情况,各个机动车承担连带责任的情形,对受害人来说,可以请求每一辆机动车承担全部责任。因此,已经投保的机动车的保险公司也应当在责任限额内对受害人承担赔偿责任。当然,这里不能认为保险公司与其他机动车在交强险限额内承担连带责任。这是其一。其二,超出限额的部分,再由未投保机动车一方在交强险限额内承担责任。其三,仍有损害的,由多个机动车承担连带责任。同时,如果损害未超出各自交强险限额的总和的,保险公司承担了超出被保险机动车应承担的赔偿份额的,有权就超出份额部分向未投保机动车一方追偿。已投保的机动车一方放弃了对未投保机动车一方的追偿权的,对保险公司不发生效力。

关于第二种即多个责任人承担按份责任的情形，2020年《道路交通事故解释》第18条考虑到将交强险定位于基本保障功能、在责任限额内与侵权责任脱钩的模式，采取了如下方案：不区分各个责任人的责任份额，先由已投保的一方的保险公司在其责任限额内承担赔付责任，不足部分，由未投保的投保义务人在责任限额内赔付，仍有不足的，按照侵权责任的规则分配各自的份额。上述规定具有在现行交强险制度下补充《民法典》规定不足的功能。

五、关于几种违法情形下的责任承担问题

《交强险条例》第22条规定："有下列情形之一的，保险公司在机动车交通事故责任强制保险责任限额范围内垫付抢救费用，并有权向致害人追偿：(一)驾驶人未取得驾驶资格或者醉酒的；(二)被保险机动车被盗抢期间肇事的；(三)被保险人故意制造道路交通事故的。有前款所列情形之一，发生道路交通事故的，造成受害人的财产损失，保险公司不承担赔偿责任。"

对于上述规定中的问题，《民法典》第1215条仅规定了被盗抢车辆发生交通事故，交强险的保险人垫付抢救费用后有权向交通事故责任人追偿，但对于交强险应否就受害人的人身损害在交强险限额内赔付等问题，未作规定。对此，2020年《道路交通事故解释》第15条明确规定，在无证驾驶、醉酒驾驶、吸毒后驾驶以及驾驶人故意制造交通事故导致第三人人身损害的，保险公司应在交强险责任限额范围内予以赔偿，保险公司赔偿范围内对侵权人有追偿权。上述规定仍应适用，原因在于：一是交强险的基本保障功能，决定了保险责任限额内的赔偿责任与侵权责任脱钩，在无证驾驶、醉酒驾驶等情形下，解释上应首先考虑受害人的损失填补问题，而非侵权责任的预防功能。二是在一般情形下甚至致害人无过失的情形下，保险公司都应当赔偿受害人的人身伤亡、财产损失。而在无证驾驶、醉酒驾驶等重大过失的情形下亦即被保险人的侵权责任明显成立的情况下，保险公司反倒承担如此小的赔偿责任，显然与其责任保险的功能定位不相符合。三是《交强险条例》第22条的功能在于区分保险公司与投保人谁是责任的最终承担者这样一个责任划分问题，而非对第三人免责问题。

专题三　机动车交通事故责任与商业三者险的关系

《民法典》第1213条吸收了《道路交通事故解释》第16条的规定,明确了机动车交通事故责任的承担顺序:先由承保机动车强制保险的保险人在强制保险责任限额范围内予以赔偿,不足部分,由承保机动车商业保险的保险人按照保险合同的约定予以赔偿,仍然不足或者没有投保机动车商业保险的,由侵权人赔偿。

上述责任承担顺序,一是准确区分了交强险和商业险的不同功能;二是明确了承保交强险和商业险的保险公司承担责任的不同性质;三是划分了交强险和商业险赔偿的不同范围。由此决定了,机动车第三者责任险(商业三者险)与机动车交通事故责任的关系,就与交强险不同。

商业三者险系投保人与保险人订立的以被保险人对第三者依法应负的赔偿责任为保险标的的保险合同。虽然在性质上,商业三者险和交强险都是责任保险,但两者在是否强制购买、保险的定价权、赔偿限额、免责事由等方面均存在不同。这些不同决定了交强险和商业三者险的功能定位相异,交强险具有一定的社会保障功能,商业三者险则主要是分担被保险人的损失。在性质上,交强险保险人承担的是法定责任,而商业三者险保险人承担的是合同责任。在赔偿范围上,交强险的赔偿范围以法律、行政法规确定的范围为主,而商业三者险的赔偿范围则主要根据保险合同的约定来确定。

由此,在发生交通事故损害后,在法律适用上应遵循如下逻辑:

第一,首先确定机动车一方是有责还是无责。如果为有责,则在交强险有责限额范围内,由交强险保险人向受害人赔偿;如果为无责,则在交强险无责限额范围内,由交强险保险人向受害人赔偿。

第二,根据《道路交通安全法》第76条的规定,确定机动车一方的侵权责任的大小。交通事故是在机动车之间发生的,则由有过错一方承担侵权责任;交通事故发生在机动车与非机动车驾驶人或者行人之间的,则机动车一方即使没有过错的,也应承担不超过10%的责任。由此,机动车一方的责任按照《道路交通安全法》的前述规定确定后,则由商业三者险的保险公司按照保险合同的约定予以赔偿。

第三,《民法典》第 1213 条强调"按照保险合同的约定予以赔偿",实践中意味着如下内容值得重视:

一是不能以交强险的思考逻辑和方法对待商业三者险。在商业三者险的赔偿中,原则上都应以合同约定为出发点。

二是在商业险的保险标的是交强险赔偿范围之外的部分,这一保险标的的范围应予遵守。在被保险机动车没有依法投保交强险时,商业三者险的赔付范围应当是扣除交强险依法应予赔付的部分。

三是在免责条款的问题上,应按照格式条款和免责条款的相关规则判断其效力。在免责条款认定标准上,根据 2020 年《保险法司法解释(二)》第 9 条的规定,责任免除条款、免赔率条款、免赔额条款、比例赔付等条款应认定为免责条款。但在免责条款的效力问题上,先根据提示和说明规则解决该条款是否成立的问题,履行提示和说明规则的,意味着双方当事人均明确知晓该条款的内容以及该条款已经达成一致,所以该条款成为双方的合意。否则,则意味着该条款并不构成双方合意的一部分,该条款不成立。此即《保险法》第 17 条所规定的"未作提示或者明确说明的,该条款不产生效力"的含义。在认定该免责条款成为合同内容的一部分之后,则应根据《保险法》第 19 条、《民法典》第 497 条等规范确定该条款的效力问题。违反这些规定,免责条款无效;反之,则有效。

第四,商业险保险公司的赔偿是在侵权人的侵权责任范围内的赔偿,因此,商业三者险赔付之后的剩余部分就是侵权人应实际承担的赔偿责任。

专题四　《民法典》第 1213 条的诉讼程序问题

《民法典》第 1213 条的规定涉及诉讼程序的相关问题,主要有:在交通事故损害赔偿案件中,交强险保险公司和商业三者险保险公司的责任能否在同一个案件中一并审理?如果一并审理,则诉讼结构应如何设计?

2020 年《道路交通事故解释》第 22 条规定,人民法院审理道路交通事故损害赔偿案件,应当将承保交强险的保险公司列为共同被告。但该保险公司已经在交强险责任限额范围内予以赔偿且当事人无异议的除外。人民法院审理道路交通事故损害赔偿案件,当事人请求将承保商业三者险的保险公司列为共同被告的,人民法院应予准许。该规定实质上是将交强险保险公司作为共同被告,将商业三者险的保险公司作为经当事人申请的共同被告,在同一个诉讼中一并处理。这种程序设计的合理性如下。

一、交强险保险公司应作为共同被告的原因

在我国,应当根据我国民事诉讼法和实体法的框架安排道路交通事故损害赔偿案件的诉讼程序,这种安排应当追求解决纠纷的实效性,维持私法上的秩序,为权利人提供充分、便捷和公平的保护,并且要为当事人提供程序参加机会的程序保障。①

第一,第三人(受害人)对保险公司享有直接请求权决定了保险公司可以作为被告。从实体法的规定来看,《道路交通安全法》第76条和《民法典》第1213条均直接规定,机动车发生交通事故后,由保险公司在交强险责任限额范围内予以赔偿。这些规定,确立了在交强险限额范围内交强险的赔付与侵权责任在一定范围内脱钩的模式,也赋予了第三人(受害人)对保险公司的直接请求权。

第二,道路交通事故损害赔偿案件的实体法律关系决定了应当将保险公司作为共同被告。尽管侵权责任与保险公司的赔付义务相互脱钩,但并非一旦发生交通事故,保险公司就负有赔偿义务,至少需要机动车是交通事故发生的参与方或原因之一这一条件,而该条件同时也是侵权损害赔偿的要件事实。换言之,虽然两者诉讼标的不是单一的,但是两个请求权存在事实上的牵连关系。在诉讼中,保险公司就机动车一方是否是交通事故的参与方或原因之一就具有共同的诉讼利益,法院判决就该要件事实的认定,就存在合一确定的必要。如果保险公司不作为共同被告,则一方面在受害人(第三人)向侵权人提起的前诉中,保险公司不能对该要件事实进行攻击防御,难以保障其诉讼权利;另一方面,在之后受害人或被保险人向保险公司提起的诉讼中,有可能出现与前诉相互矛盾的判决;反之亦然。

根据《道路交通安全法》第76条的规定,道路交通事故中侵权人的赔偿范围是在超出交强险赔偿之外的部分中确定的。如果不追加保险公司作为共同被告,在受害人(第三人)仅起诉侵权人的前诉中,因保险公司不是当事人,所以侵权人侵权责任的范围即无法准确确定。如果该判决仅按照侵权责任的规定判令侵权人承担

---

① 参见[日]新堂幸司:《新民事诉讼法》,林剑锋译,法律出版社2008年版,第8页。

相应责任,则侵权人(被保险人)另行起诉保险人的后诉中,由于保险公司未参与前诉程序,所以可能会发生保险公司与侵权人的赔偿责任计算与《道路交通安全法》及《交强险条例》规定不一致的地方。此其一。其二,在侵权人(被保险人)另行起诉保险人的后诉中,被保险机动车是否为交通事故的参与方或原因之一仍然是重要的争点之一。由于保险公司未参与前诉的诉讼程序,而前诉认定的责任范围实际上要拘束后诉,如果不将保险公司列为共同被告,其诉讼权利也难以得到保障。其三,在受害人仅对保险公司提起的前诉中,侵权人也无法就机动车是否是交通事故的参与方或原因之一进行有效的攻击防御,无论法院作出何种判决,对该事实的评价均是在侵权人未参与诉讼的基础上作出的,显然对侵权人而言,在该诉讼以及之后可能发生的诉讼中都将不能为其提供充分的程序保障。

所以,交强险保险公司与侵权人的责任在实体法上恰恰是需要合一确定的。

第三,道路交通事故损害赔偿案件中,虽然实体法上可以说,被侵权人(第三人)就其请求权可以分别向保险公司和侵权人主张。但是,允许适用个别诉讼时,那些没有成为某一诉讼当事人的人,虽然在法律上不会受到该判决效力的约束,也获得了相应的程序保障,但事实上会受到该判决的影响;这也就意味着事实上剥夺了其程序保障权利。[①] 道路交通事故损害赔偿案件中,由于保险公司与侵权人的赔偿责任在事实上和法律上都存在较为密切的牵连性,如果不将保险公司和侵权人作为共同被告从而达到实体上合一确定的效果,就会导致未参加诉讼的某一方当事人在事实上被剥夺了其程序保障权利,矛盾判决的风险也会大大增加。

第四,将交强险保险公司作为共同被告不会造成诉讼过分迟延。在道路交通事故损害赔偿案件中,法院依职权追加交强险保险公司作为共同被告不会造成诉讼的过分迟延,原因在于,首先,从目前交强险的实务来看,查明事故参与方机动车的投保及承保公司的情况在技术上不存在障碍;在通知参加诉讼、送达等程序上不会过分迟延。其次,从审理的角度看,将交强险保险公司作为共同被告有利于推进诉讼的迅速进行。因为,交强险保险公司的赔付义务与侵权责任在一定范围内脱钩,在有责限额范围内也不区分责任大小,尤其是保险公司加入诉讼后,可利用其较为成熟的计算方法迅速计算出其赔偿数额。并且,在保险公司作出赔偿后,侵权人的侵权责任在客观上被保险公司分担,因诉讼引发的抵触情绪、因赔偿数额较大的畏难情绪会在一定程度上降低,也有利于诉讼的推进。最后,如果被侵权人或侵权人上诉,该上诉并非因保险公司作为共同被告而引发的诉讼拖延。如果保险公

---

① 参见[日]高桥宏志:《重点讲义民事诉讼法》,张卫平、许可译,法律出版社 2007 年版,第 203 页。

司上诉,则该上诉与分别诉讼情形下的上诉并无明显不同,同时,在同一个诉讼中一并解决保险公司和侵权人的侵权责任,其裁判矛盾所引发的纠纷也会降低,不会造成诉讼的过分迟延。

第五,在道路交通事故损害赔偿案件中,不宜将交强险保险公司作为无独立请求权第三人,原因在于交强险保险公司与侵权人之间并非责任的转移,而是各负其责,两者的责任是同时存在的。所以,道路交通事故损害赔偿案件中,交强险保险公司作为无独立请求权第三人的法律地位并不妥当。

第六,将交强险保险公司作为共同被告有利于纠纷的一次性解决。

二、商业三者险保险公司可以作为共同被告

在《民法典》第1213条之下,当事人请求将承保商业三者险的保险公司作为共同被告的,按照前述司法解释的规定,人民法院应予准许。该规定的实质是,只要被侵权人或者侵权人请求,人民法院就应当将被侵权人与商业三者险保险公司或者侵权人(被保险人)与商业三者险保险公司之间的纠纷与交强险纠纷和侵权责任合并处理,即在一个程序中处理多个纠纷。其合理性在于:

第一,实体法的规定为当事人与商业三者险保险公司之间的纠纷合并处理提供了条件。《保险法》第65条第2款规定,责任保险的被保险人给第三者造成损害,被保险人对第三者应负的赔偿责任确定的,根据被保险人的请求,保险人应当直接向该第三者赔偿保险金。被保险人怠于请求的,第三者有权就其应获赔偿部分直接向保险人请求赔偿保险金。如果被侵权人(第三人)已经对侵权人(被保险人)提起诉讼的情况下,被保险人还未向保险公司提出理赔请求或者保险公司尚未赔偿,即可认定被保险人怠于请求。当然,依据侵权人(被保险人)的请求将商业三者险保险公司作为共同被告,其实体法上的依据更为明确。

第二,将商业三者险合并处理有利于减少讼累。根据《民法典》第1213条的规定,机动车交通事故发生后,赔偿顺序是,先由交强险保险公司在责任限额内予以赔偿,再确定侵权人的侵权责任,然后由商业三者险的保险公司在侵权人的责任范围内根据保险合同予以赔偿。商业三者险保险公司承担赔偿责任后,如果还有剩余的侵权责任,即为侵权人实际承担的部分。这就意味着,只有先确定了交强险的赔付范围和被保险人应承担的侵权责任的范围,商业三者险保险公司的赔付义务才能具体确定。所以,在机动车一方投保商业三者险的情况下,经当事人请求将商业三者险保险公司作为共同被告,有利于减少多次诉讼的讼累。

第三,将商业三者险合并处理不会造成诉讼过于复杂。根据《民法典》第1213条的规定,由于商业三者险是以交强险之外被保险人依法应当承担的赔偿责任为保险标的,那么,在同一个诉讼中,先确定交强险保险公司的赔偿责任,再确定侵权人的侵权责任,最后由商业三者险的保险公司根据合同约定和法律规定就被保险人的侵权责任对第三人直接赔付,法律关系上比较清晰,并不存在难以厘清的问题。

第四,允许当事人追加商业三者险保险公司为被告,有利于商业三者险保险公司行使诉讼权利,提高诉讼效率,避免矛盾判决。

允许商业三者险保险公司进入诉讼,商业三者险保险公司便有机会在诉讼中对被侵权人提出的侵权事实进行辩论,能够协助侵权人(被保险人)对该事实进行攻击防御并减轻自己的赔偿责任,也有利于商业三者险保险公司对交强险保险公司的赔偿范围问题进行辩论,更有利于商业三者险保险公司行使相应的诉讼权利和实体权利。同时,也可以避免因为前诉判决关于侵权责任的判决主文已经发生了既判力而后诉又作出与之不同的判决。

在实践中,由于多数机动车在投保时,都是在一家保险公司投保交强险和商业三者险,合并处理就更具有合理性。

综上所述,在侵权人或被侵权人申请的条件下,人民法院应当将商业三者险保险公司作为被告,在同一诉讼程序中合并处理多个纠纷。

专题五　机动车交通事故侵权责任主体的认定

《民法典》第1209条至第1212条以及第1214条、第1215条等条文均是关于机动车交通事故责任主体的规定。与《侵权责任法》相比,增加了挂靠、未经允许驾驶他人机动车两种情形下的责任主体认定的规定;由此形成了《民法典》中机动车交通事故责任主体如何认定的体系:以行为人为责任主体的基本原则,其他主体则以存在过错或者违法为要件承担相应的赔偿责任。

一、机动车使用人为责任主体的理由及其例外

一个人对自己的行为造成的损害承担赔偿责任,即自己责任原则,是侵权法上

的基本规则。机动车交通事故责任作为行为责任,发生交通事故时驾驶机动车的使用人是该损害赔偿责任的责任主体,系这一逻辑的自然结论。

机动车使用人是交通事故损害赔偿责任的责任主体,但遵循《民法典》的体系,在适用责任主体的特别规定时,会有如下例外:一是根据《民法典》第 1188 条的规定,无民事行为能力人、限制民事行为能力人驾驶机动车造成他人损害的,则由监护人承担侵权责任。这是监护人责任在机动车交通事故责任中的体现。二是根据《民法典》第 1191 条第 1 款的规定,用人单位的工作人员因执行工作任务驾驶机动车造成他人损害的,由用人单位承担侵权责任。用人单位承担侵权责任后,可以向有故意或者重大过失的工作人员追偿。三是根据《民法典》第 1191 条第 2 款的规定,被派遣的工作人员因执行工作任务驾驶机动车造成他人损害的,由接受劳务派遣的用工单位承担侵权责任;劳务派遣单位有过错的,承担相应的责任。四是如果机动车使用人系与其他自然人形成劳务关系而驾驶机动车,造成他人损害的,则由接受劳务一方承担侵权责任。接受劳务一方承担侵权责任后,可以向有故意或者重大过失的驾驶人追偿。

二、机动车使用人之外的其他主体根据过错承担相应的责任

《民法典》第 1165 条所规定的过错责任是侵权责任的基本归责原则,这就意味着,在没有特别价值判断、利益衡量或者法政策考虑时,使某个主体承担侵权责任必须以其存在过错为前提。如果说《民法典》人格权编是人之为人、享有各种人格权的积极表达的话,过错责任则在避免人动辄得咎而畏首畏尾、丧失自由,进而影响人格发展的意义上,更是个人人格发展的坚强保护。所以,在机动车交通事故责任中,其他主体如果要承担责任,就应以过错为前提,在个别情况下,还要有基于价值判断或者法政策的考量。

(一)租赁、借用情形下机动车所有人、管理人的过错责任

《民法典》第 1209 条规定,租赁、借用情形下,机动车的使用人驾驶机动车发生交通事故造成损害,机动车所有人、管理人应当承担过错责任。与《侵权责任法》第 49 条相比并无实质性变化,仅是删除了其中关于保险公司责任的规定,因保险公司的责任已经由《民法典》第 1208 条指向的《道路交通安全法》第 76 条及《民法典》第 1213 条统一规定,但吸收了 2012 年《道路交通事故解释》的精神,将该规则扩展至机动车的管理人。

所有人、管理人承担过错责任的主要原因在于,机动车所有人、管理人虽然不

是机动车的实际控制人,但是其仍然具有一般的注意义务。首先,在基于其意思移转机动车的占有、使用场合,所有人、管理人应当预见到机动车由他人驾驶会产生危险,在此情况下,所有人、管理人应当尽到必要的审查义务。例如,机动车的车况、使用人是否具备必要的驾驶能力等。如果所有人、管理人未尽上述义务,则显然在一定程度上构成损害发生的原因。其次,从危险责任的角度看,不能科以所有人、管理人此种场合下危险责任。因为,无论是借用还是租赁,都是现代社会中的必要交流方式,如果科以所有人、管理人危险责任,对所有人的行为自由、现代社会的社会关系和相关行业的发展都会造成过于严格的限制和阻碍。最后,从受害人获得赔偿的角度看,科以所有人、管理人过错责任,既能够一定程度上加强对受害人的赔偿,也能够最大限度地保障行为人的行为自由。

所有人、管理人的过错主要体现在未对借用人、承租人是否具有相应的行为能力、驾驶能力等影响机动车驾驶安全驾驶因素的合理审查,或者体现为未对机动车适于运行状态进行合理维护等方面。对此,2020 年《道路交通事故解释》第 1 条作出了解释,主要是指:(1)知道或者应当知道机动车存在缺陷,且该缺陷是交通事故发生原因之一的;(2)知道或者应当知道驾驶人无驾驶资格或者未取得相应驾驶资格的;(3)知道或者应当知道驾驶人因饮酒、服用国家管制的精神药品或者麻醉药品,或者患有妨碍安全驾驶机动车的疾病等依法不能驾驶机动车的;(4)其他应当认定机动车所有人或者管理人有过错的。由此可见,上述过错的认定标准强调的是机动车所有人、管理人对于机动车本身及驾驶人应当负有的必要审查和注意义务。

需要注意的是,除了上述司法解释列举的情形外,在其他场合判断所有人、管理人的过错时,原则上所有人、管理人的注意义务在出租场合应当高于借用场合。换言之,在判断出租人的过错时应比出借人更严格。主要理由在于:第一,因租赁为有偿,由出租人收取租金,而出借人一般为无偿。因此,根据法律对无偿受益人的保护高于对有偿受益人的保护的一般原则,也应当对出租人科以更高的注意义务。第二,出租人可以通过定价机制等转移风险,而出借人往往并无相应的风险转嫁机制。因此,出租人也应当承担比出借人更多的责任。[①] 第三,出租人往往是专业的经营者,其专业知识、危险防范能力也往往高于出借人。

另外,所有人、管理人承担的是按份责任而非连带责任。首先,所有人承担的责任大小,应当考虑所有人的过错以及原因力与损害后果的关系综合判断。因此,

---

① 参见张新宝、解娜娜:《"机动车一方":道路交通事故赔偿义务人解析》,载《法学家》2008 年第 6 期。

在有些情况下,所有人可能承担全部责任。例如,所有人为了加害使用人,故意将制动装置失灵的机动车出借给使用人且未告知,造成与其他机动车相撞的后果。在此情形下,根据第1175条和第1209条的规定,所有人即应承担全部责任。其次,所有人承担的是与其过错相适应的责任,而非连带责任。从连带责任的法定性来看,《民法典》第468条规定,非因合同产生的债权债务关系,先适用该债权债务关系的法律规定,没有规定的,则适用合同编通则的规定。《民法典》第518条规定,连带债权或者连带债务,由法律规定或者当事人约定。这就意味着,在侵权责任中成立连带责任,必须法律明确规定。从侵权责任编的规定来看,立法者显然是在需要承担连带责任的地方均明确规定了连带责任。所以,从文义和体系解释上看,所有人、管理人承担的是按份责任而非连带责任。最后,在出借、出租场合,所有人、管理人与使用人并不构成共同侵权,也无其他连带因素,因此,即使由于所有人、管理人的过错和使用人的驾驶行为结合造成第三人损害,所有人、管理人也承担按份责任而非连带责任。

在出借、租赁场合,尤其是租赁场合,机动车的所有人、管理人往往与使用人有关于交通责任如何承担的约定,从合同相对性原理来看,该约定不能对抗交通事故中的受害人,受害人仍可根据本条规定请求所有人、管理人和使用人承担相应的责任。但是,这并不妨碍所有人、管理人和使用人按照其有效合同的约定向对方行使请求权。

(二)未经允许驾驶他人机动车情形下,所有人、管理人的过错责任

《民法典》第1212条规定,未经允许驾驶他人机动车造成交通事故的,由使用人承担赔偿责任,机动车所有人、管理人承担过错责任。本条是新增条款,吸收了《道路交通事故解释》第2条的规定。

未经允许驾驶他人机动车发生交通事故造成损害的,驾驶人承担责任,是自己责任,所有人、管理人承担过错责任。主要理由是机动车的所有人、管理人对于机动车负有妥当保管和管理以防被他人不当使用的义务。如果未尽该义务致使被他人擅自使用并造成交通事故,则应承担相应的赔偿责任。某种意义上,这种责任类似于对具有一定危险程度的物的监管责任。

未经允许驾驶他人机动车的情形在实践中可以区分为两类:一类是具有特定关系的当事人(如家人、亲戚、朋友、关系很好的同事)。此种情形下,行为人驾驶他人机动车虽未被允许,但并不违背所有人或管理人可得推知的意思。此种情形下,与借用更为接近,应适用第1209条的规定。另一类是违背所有人、管理人意思,未经允许驾驶他人机动车。基于此,则应当适用该条规定。

未经允许驾驶他人机动车,所有人、管理人的过错认定标准应与借用、租赁情形下的所有人、管理人的过错认定标准区别开来。首先,在借用、租赁场合下,所有人是基于自己的意思将机动车交付他人使用,其过错主要体现在未对使用人的驾驶能力进行审查、未对机动车适于运行的状态进行合理的维护等方面。但未经允许驾驶他人机动车的,因违背所有人、管理人的意思且所有人、管理人并不知晓,所以所有人、管理人就不应当负有前述注意义务,而应当负有是否妥善保管或管理的注意义务。其次,从过错行为与损害后果的因果关系上看,未尽妥善保管或管理的义务的过错行为在造成损害的原因力上,也明显小于借用、租赁情形下所有人、管理人的过错行为的原因力。

(三)盗抢情形下所有人、管理人不承担责任,实际使用人与盗抢人承担连带责任

《民法典》第1215条规定,盗窃、抢劫或者抢夺的机动车发生交通事故造成损害的,由盗窃人、抢劫人或者抢夺人承担赔偿责任。盗窃人、抢劫人或者抢夺人与机动车使用人不是同一人,属于该机动车一方责任的,则由盗窃人、抢劫人或抢夺人与机动车使用人承担连带责任。这一规定与《侵权责任法》第52条相比,增加了连带责任的规定。

机动车被盗抢,也属于未经允许驾驶他人机动车。逻辑上,本条规定构成了第1212条的特别条款。但特殊性在于,盗抢他人机动车是机动车所有人、管理人无法控制占有的情形,所有人、管理人是盗抢犯罪的受害人,自然无承担侵权责任的基础。

《民法典》第1215条第1款后半段是盗抢人与机动车使用人不一致时承担连带责任的规定,主要是指盗抢人将盗抢的机动车转让、赠与或者出借给他人使用的情形。对此,无论机动车使用人是否明知或应知该机动车是盗抢的赃物,机动车使用人的侵权责任均不受影响,但对于盗抢人而言,其承担连带责任的基础均在于其在先行为的违法性。

需要注意的是,本条规定还涉及交强险的赔付责任问题,对此,2020年《道路交通事故解释》第15条仅规定了无证驾驶、醉酒驾驶、吸毒后驾驶以及故意制造交通事故4种情形下交强险保险公司应承担人身损害的赔付责任,而未将盗抢情形纳入此条规定之中。这说明,在盗抢情形下,交强险保险公司仅垫付抢救费用而不应赔偿人身损害。①

---

① 参见最高人民法院民事审判第一庭编著:《最高人民法院关于道路交通损害赔偿司法解释理解与适用》,人民法院出版社2011年版,第236页。

(四)机动车转让未办理登记的,转让人不承担赔偿责任

《民法典》第1210条规定,当事人以买卖或者其他方式转让并交付机动车但未办理登记,发生交通事故造成损害,属于该机动车一方责任的,由受让人承担赔偿责任。该规定的意思就是转让人不承担责任。该条规定与《侵权责任法》第50条实质内容一致,仅是删除了保险公司的责任规定,因保险公司的责任已经由《民法典》第1208条指向的《道路交通安全法》第76条及《民法典》第1213条统一。

机动车转让且交付但未办理登记的,转让人不承担赔偿责任,其原因在于:首先,发生交通事故时的行为人是受让人而非转让人,行为人承担行为责任。其次,《民法典》第225条规定,机动车物权的设立、变更、转让和消灭,登记仅为对抗要件而非物权变动的生效要件。所以,在转让且已经交付的场合,受让人是所有人。此时第1209条关于所有人承担过错责任的规定就无适用余地。最后,之所以规定由受让人承担责任,意指在该规定情形下,转让人不会单纯因未办理过户登记,仍以机动车所有人名义承担侵权责任。换言之,未办理过户登记不构成侵权责任上的过错。

但是,需要注意的是,转让人不因未办理变更登记而承担侵权责任,但并不意味着排除了转让人承担侵权责任的可能性。例如,在买卖合同、互易合同、赠与合同等场合,转让人故意隐瞒机动车缺陷,交付机动车后受让人驾驶机动车发生交通事故,且该缺陷是交通事故的发生原因的,则构成加害给付,转让人可能同时成立违约责任和侵权责任。

(五)转让拼装车或报废车,转让人和受让人的连带责任

《民法典》第1214条规定,转让拼装车和报废车,转让人和受让人就交通事故所造成的损害承担连带责任。这一规定与《侵权责任法》第51条一致。

《道路交通安全法》第14条规定,国家实行机动车强制报废制度。第16条规定,任何主体均不得拼装机动车。国务院《报废汽车回收管理办法》第15条亦明确规定禁止以任何形式转让报废机动车和使用报废汽车"五大总成"以及其他零配件组装的机动车。以报废机动车为规范对象,相关部门先后出台了《汽车报废标准》《摩托车报废标准暂行规定》以及《农用运输车报废标准》。由此可见,现行法关于报废机动车和拼装车,明确禁止转让和交易。

在此背景下,转让拼装车和报废车发生交通事故的,转让人和受让人承担连带责任就具有合理性:一是转让人和受让人均违反了现行法的注意义务,使不具有安全运行状态的机动车上路行驶,应对这一危险物造成的损失承担责任。二是从受

害人的损失赔偿角度看,连带责任扩大了责任主体,有利于受害人的损失填补。三是从强制性规范的目的实现角度看,有利于促进禁止转让报废车和拼装车,减少事故隐患,保障公众安全。依据这些理由,得出如下结论就自然而然:在多次转让拼装车、报废车或其他依法禁止上路行驶的机动车的场合下,所有的转让人和受让人均应依据本条规定承担连带责任。对此,2020 年《道路交通事故解释》第 4 条也予以明确规定。

(六)被挂靠人的连带责任

《民法典》第 1211 条规定,以挂靠形式从事道路运输经营活动的机动车发生交通事故造成损害的,由挂靠人和被挂靠人连带承担机动车一方的责任。这一规定是新增条款,但吸收了 2012 年《道路交通事故解释》第 3 条的规定,也正因如此,2020 年《道路交通事故解释》删除了这一条款。

以挂靠形式从事道路运输经营活动,是指具有道路运输经营许可证的被挂靠人向不具备道路运输经营资格的挂靠人非法转让、出租道路运输经营许可证的行为。于此情形下,发生交通事故造成损害,挂靠人与被挂靠人承担连带责任的主要原因是:首先,挂靠是违背行政许可、规避国家有关行业准入制度的行为。对此,《道路运输条例》(2019 年修正)第 63 条、第 66 条规定,对未取得道路运输经营许可擅自从事道路运输经营的以及客运经营者、货运经营者、道路运输相关业务经营者非法转让、出租道路运输许可证件的,可以给予相应行政处罚。从其规范目的来看,道路运输采用经营许可证的方式是为了保证道路运输经营者具有相应的安全保障能力、危险防范能力以及安全运输能力。但将经营许可证出租、出借,显然使行政法规的这一规范目的落空,使不具有相应能力资质的主体进入道路运输经营行业,放大了交通事故的风险。其次,从受害人角度看,被挂靠人作为具有道路运输经营资质的主体,应当是侵权责任的承担主体。被挂靠人与挂靠人之间的关系,受害人无从知晓,如果被挂靠人不承担责任,显然赋予了挂靠人与被挂靠人的内部约定以外部效力,在挂靠人的赔偿能力通常远远小于被挂靠人的现实条件下,对受害人的损失填补显然不利。最后,从侵权责任的分配应有利于实现公法目的的角度看,让被挂靠人承担连带责任,也有利于增加其违法成本,减少不具备经营资格的主体从事道路运输经营,使被挂靠人切实履行安全运输义务,减少交通事故,保障公共安全。

(七)机动车使用人对无偿搭乘人的过错责任

《民法典》第 1217 条规定,非营运机动车发生交通事故造成无偿搭乘人损害的,属于该机动车一方责任的,应当减轻其赔偿责任,但是机动车使用人有故意或者重大过失的除外。本条规定系新增规定。

《民法典》第1217条解决的是机动车使用人对无偿搭乘人的侵权责任问题,适用的主体范围限于非营运机动车,通常发生在同事之间、朋友之间甚至陌生人之间好意同乘的情形。于此场合,发生交通事故造成搭乘人损害的,因《道路交通安全法》第76条将交通事故中的机动车一方评价为物理上的强者,机动车一方对于非机动车一方、行人所承担的责任要比机动车之间的责任更为严格。而机动车一方内的驾驶人和乘车人之间,《道路交通安全法》和《民法典》并无特别规定,理应适用一般侵权规则,即过错责任。

但是,需要注意的是,民法上的以下规则对于好意同乘情形下机动车使用人的过错责任有影响:一是对有偿受益人的保护高于对无偿受益人的保护原则。这主要体现在赠与合同中赠与人的撤销权、无偿保管人一般过失免除因保管不善造成的保管物毁损灭失的赔偿责任等。二是鼓励相互帮助、好意施惠等体现社会主义核心价值观的价值判断。例如,因自愿实施紧急救助行为造成受助人损害的,救助人不承担民事责任。反映在《侵权责任法》中,则主要是行为人为一般过失时免除其责任或者减轻其责任的规则上。

侵权法上的过失分为重大过失、一般过失和具体过失。重大过失,是指行为人未尽到普通人的注意义务,"连所有人都知道的事都不知道",①又被称为加重的过失。一般过失,则是指行为人未尽善良管理人的注意义务,也被称为抽象轻过失。一般过失即满足侵权责任的构成要件。具体过失则是指以行为人未尽通常在自己事务上应尽的注意义务,也被称为具体轻过失。② 在逻辑上,第1217条所规定的减轻机动车使用人的赔偿责任,以机动车使用人存在抽象轻过失或者具体轻过失为限。

但是,需要注意的是,《民法典》第1217条减轻责任条款的适用前提是"属于该机动车一方责任的",这意味着机动车使用人需先成立侵权责任。这里显然不是指按照《道路交通安全法》第76条的规定机动车使用人对机动车外第三人的侵权责任,因为《道路交通安全法》第76条区分了机动车与机动车、机动车与非机动车驾驶人、行人的归责原则,至少于此不能适用机动车与行人之间的归责原则认定机动

---

① [德]埃尔温·多伊奇、汉斯-于尔根·阿伦斯:《德国侵权法——侵权行为、损害赔偿及痛苦抚慰金》(第5版),叶明怡、温大军译,刘志阳校,中国人民大学出版社2016年版,第63页。

② 参见程啸:《侵权责任法》(第2版),法律出版社2015年版,第269~270页;郑玉波:《民法债编总论》(第2版),陈荣隆修订,中国政法大学出版社2004年版,第80页。

车与无偿搭乘人的责任,而仍然应当适用过错责任。只不过,在交通事故中,机动车一方对第三人应当承担侵权责任的,通常存在违规驾驶等情形。对此,也满足了抽象轻过失的标准,对无偿搭乘人应承担侵权责任。具象来说,在交通事故责任认定中被认定为次要责任的,通常是满足了抽象轻过失的标准;被认定为主要责任或者全部责任的,通常就满足了重大过失的标准。

另外,无偿搭乘非营运机动车还可能涉及酒店、大型超市促进经营提供的免费班车,房地产开发公司的免费看房车等情形,此类情形应被评价为系以营利为目的,造成乘客损害,无适当减轻的理由。换言之,这里的非营运机动车并不应作目的限缩,不仅是指非用于道路运输经营的机动车,而且包括其他用于经营的机动车。

需要注意的是,第 1217 条减轻责任的事由与侵权责任编一般规定中的减责事由和免责事由是并存而非替代关系,无偿搭乘人对损害的发生或者扩大有过错的,也可以减轻机动车使用人的责任,无偿搭乘人故意造成损害的,免除机动车使用人的责任。之所以如此,是因为该条规定的减责事由与一般规定中的减责事由的基础不同。

三、责任主体的规定与保险责任规定之间的关系

《民法典》第 1209 条、第 1210 条、第 1211 条、第 1212 条、第 1216 条以及第 1217 条所规定的情形下,造成第三人损害的,应当根据第 1213 条的规定,首先由交强险保险公司在交强险范围内予以赔偿;再由商业三者险保险公司根据保险合同的约定予以赔偿,最后由前述各条规定的相应主体承担责任。换言之,上述各条关于责任主体的规定,仅解决第 1213 条后段中的“仍然不足或者没有投保机动车商业保险的,由侵权人赔偿”中的“侵权人”的认定问题。

专题六　网约车交通事故的侵权责任认定

一、网约车法律地位的确立

网络预约出租车(以下简称网约车)是以“互联网＋”“共享经济”为基础,通过互联网信息传递将司机与乘客连接起来的一种新型用车模式。近年来,网约车服

务发展十分快速,已经成为城镇居民出行中一种十分常见的出行方式,现在市场上较为常见的“滴滴出行”“神州专车”“曹操专车”等即为典型的网约车。为了适应新形势下的多样化、差异化出行服务需求,2016 年 7 月 28 日,国务院办公厅颁布了《关于深化改革推进出租汽车行业健康发展的指导意见》(国办发〔2016〕58 号)。2016 年 7 月 27 日,交通运输部、公安部、商务部等七部门联合颁布了《网络预约出租汽车经营服务管理暂行办法》(交通运输部等令 2016 年第 60 号,以下简称《网约车暂行办法》)。上述指导意见和《网约车暂行办法》的出台,表明我国已经将网约车营运合法化,网约车的法律地位得到了确立,规范化的网约车运营模式得到了国家的鼓励、支持和保护。

司法实践中,网约车引发的侵权纠纷究竟应当如何承担责任成为这一类案件的热点。如何处理好因网约车发生交通事故的侵权责任主体及责任认定,需要不断通过各种具体案例在审判实践中予以逐步完善。

二、网约车发生交通事故的侵权责任主体

考虑到网约车主体性质的复杂性,有着各种各样的不同运营模式,本书主要针对司法实践中的一些典型情况进行分析。网约车发生交通事故造成损害,属于机动车一方责任的,可能存在的侵权责任主体有:网约车平台公司,车辆所有人、使用人,车上乘客等。

(一)网约车平台公司

网约车平台公司,是指通过 app 等构建网络服务平台,从事网约车经营服务的企业法人。“网约车平台公司的法律地位不能仅仅依据其提供的格式合同,要通过整个网约车运行过程的真实运行情况来反映。因为处于缔约优势地位的网络平台出于自身责任最小化的考量,总是会选择拟定最符合其利益的合同文本而不顾该合同是否反映了交易运行的实质。”①网约车平台公司是依法取得《网络预约出租汽车经营许可证》的网约车平台经营主体,从事经营网络预约出租汽车业务的公司,负责开发、经营、管理在网约车平台下的汽车运输服务。网约车平台公司在法律地位上属于运输合同的承运人,网约车发生交通事故造成损害,属于机动车一方责任的,网约车平台公司构成承担侵权责任的法律主体。

(二)网约车主、网约车使用人

网约车辆涉及的法律主体主要有网约车主(车辆所有权人或者管理人)、网约

---

① 张新宝:《顺风车网络平台的安全保障义务与侵权责任》,载《法律适用》2018 年第 12 期。

车使用人(驾驶人),在分析网约车辆与网约车平台公司的关系上,结合网约车不同的经营情况,主要有以下模式:

1. 网约车平台公司自营模式

网约车平台公司自有车辆直接聘用,其运营采用的都是公司自己购置的车辆,网约车辆的所有权和经营权都属于网约车平台公司所有。网约车平台公司直接从市场上招募驾驶人并直接与其签订了劳动合同,是用人单位,驾驶人是网约车平台公司的工作人员。驾驶人根据平台公司的网约车平台指派进行接单,根据获得的收益按劳动合同约定的方式结算工资收入。此种情况下,网约车平台公司与网约车使用人之间的法律关系是劳动合同关系,由网约车平台公司缴纳社会保险和发放工资待遇,而网约车的所有权和经营权也都属于网约车平台公司。

2. 网约车平台公司与外部车辆合作模式

这些合作模式的种类很多,较为复杂,实践中还可能存在不断的创新。当前网络约车的外部合作模式主要分为以下 4 种:一是网约专车模式,即由网络约车平台、租车公司、劳务公司与乘客分别签订专车服务协议、租车服务协议、驾驶服务协议,以四方协议的模式开展业务,典型的是滴滴专职专车、神州专车、易到专车。二是网约私家车模式,即私家车主注册网络约车平台,通过网络约车平台开展乘客接送业务,典型的是优步、滴滴兼职专车、快车。三是网约顺风车模式,即私家车主注册网络约车平台,上下班期间通过网络约车平台开展乘客接送业务,典型的是滴滴顺风车。四是网约出租车模式,即网络约车平台连接出租车,出租车通过网络约车平台开展业务,典型的是滴滴出租车。[①] 不管何种模式,主要表现形式均是驾驶人在网约车平台公司的平台指令下进行接单,运营获得的收益由网约车平台公司收取,网约车平台公司扣除一定比例的平台管理费后将主要收益返归给驾驶人。网约车平台公司通过与外部车辆的合作,使网约车平台公司与网约车使用人之间的法律关系复杂多样,直接增加了网约车交通事故赔偿问题的难度。归纳现有观点主要有:

第一,劳务合同关系。网约车司机是提供劳务的一方,而网约车平台则是接受劳务的一方,两者之间是普通的临时的劳务关系,而非稳定的劳动关系。[②]

第二,中介合同关系。有观点认为网约车主与网约车平台公司达成中介合同

---

① 参见李后龙、俞灌南、潘军锋:《分享经济背景下网络约车民事案件的疑难问题》,载《人民司法》2016 年第 22 期。

② 参见张玉婷:《网约车平台与司机的民事责任研究及裁判策略应对——从一则乘客起诉网约车司机、平台公司及保险公司案说起》,载《法律适用》2018 年第 21 期。

关系。理由如下:由于乘客与网约车主之间的信息不对称,两者不能就直接的交易进行磋商,网约车平台公司作为促成乘客与网约车主交易的中介人,网约车平台公司通过收集乘客的乘车需求、路线、乘客人数,收集网约车的数量、地理位置、车型、司机个人信息等,促成乘客与网约车主之间达成客运合同关系。同时,网约车主也可以自由选择是否接受网约车平台公司提供的乘车订单。在这过程中,网约车平台公司收取一定的费用,符合《民法典》第961条有关中介合同的规定。①

第三,挂靠关系。网约车主与网约车平台公司成立挂靠关系,网约车主是挂靠人,网约车平台公司是被挂靠人。在"私家车辆+私家车主"与"汽车租赁公司车辆+劳务公司驾驶员"的快车、专车业务模式下,网约车主与网约车平台公司成立挂靠法律关系,发生交通事故侵权时,就应当由网约车主与网约车平台公司共同承担连带责任。②

第四,偶然合伙关系。有学者认为,网约车平台公司与私家车车主之间,具有明显的不成立组织的偶然合伙性质。就一单网约车业务而言,网约车平台公司与私家车车主是共同出资、共同经营、共享收益,故而对外应当承担连带责任,即共担风险。③

本书认为,网约车平台公司与外部车辆合作模式下,不管网约车平台与网约车使用人之间的内部法律关系如何认定,网约车发生交通事故造成损害,属于机动车一方责任的,对外部的被侵权人来说,车辆所有人、使用人构成承担侵权责任的法律主体,在特定的条件下,网约车平台公司构成共同的侵权责任法律主体。

(三)乘客

乘坐网约车的乘客,在特殊情况下也可能构成网约车交通事故中机动车一方的责任主体。比如,乘客不按规定要求下车,在开门的过程中,造成其他第三方的人身、财产损害的。

三、网约车发生交通事故的归责原则

虽然《民法典》最终未构建单独的"网约车侵权条款",但本书认为,网约车发生交通事故完全可以适用现有法律规范予以处理。网约车道路交通责任的归责原则仍适用过错责任原则,在审查各类主体是否应当承担侵权责任时,首先,应分析各

---

① 参见杨涛:《网约车侵权责任主体的认定》,载《西昌学院学报(社会科学版)》2018年第1期。

② 同上。

③ 参见梁分:《网约私家车交通事故责任之认定与承担》,载《法律适用》2017年第19期。

类主体是否存在过错。这种过错与交通事故的发生是否存在因果关系。由于网约车运营模式多样,网约车司机与平台之间难以类型化为单一的执行工作任务关系,亦不能简单地认定为"网络服务提供者"或"承运人"。因此,网约车交通事故纠纷在过错责任原则的基础上,根据侵权责任编的相关规定,结合《道路交通安全法》《公路法》《保险法》《道路交通事故解释》《人身损害赔偿解释》等相关法律法规综合分析各主体的法律责任。

四、网约车发生交通事故的损害责任认定

传统巡游出租汽车与网约车最大的区别就在于网约车通过网络预约平台接单,而不是在街道巡游。《网约车暂行办法》第 2 条规定"从事网络预约出租汽车(以下简称网约车)经营服务,应当遵守本办法。"《网约车暂行办法》第 16 条规定:"网约车平台公司承担承运人责任,应当保证运营安全,保障乘客合法权益。"依据此条规定,网约车平台公司承担的是承运人责任,但这只是从客运合同角度对网约车侵犯车内乘客权利的情形作了规定,在网约车发生交通事故等其他侵权形式的认定上无法适用。网约车作为数字经济和共享经济的典型代表,无疑为广大市民提供了出行方便,造就了一批网约车互联网企业,但也带来了侵权责任等法律难题。网约车发生交通事故的损害责任如何认定,本书认为:网约车发生交通事故造成损害,属于该机动车一方责任的,首先由保险公司在机动车强制保险或商业险责任限额范围内予以赔偿。不足部分,可以从这几个方面来分析认定赔偿责任:

(一)网约车平台公司提供机动车、驾驶人的,由网约车平台公司承担赔偿责任

网约车平台公司在自营模式下,网络预约平台提供机动车、驾驶人的,是《道路交通安全法》及《民法典》侵权责任编中规定的机动车一方的实际营运主体,应当作为承运人自己承担机动车交通事故侵权责任。平台公司提供了机动车、驾驶人,网约车驾驶人与网约车平台公司形成了劳动合同关系,当发生交通事故时,属于机动车一方的责任应由平台公司承担。其依据为《民法典》第 1191 条的规定:"用人单位的工作人员因执行工作任务造成他人损害的,由用人单位承担侵权责任。用人单位承担侵权责任后,可以向有故意或者重大过失的工作人员追偿。"需要说明的是,平台提供机动车、驾驶人的情况包括三种:同时提供机动车和驾驶人、仅提供驾驶人和仅提供机动车。无论是哪一种情形,平台公司在承担赔偿后,依据驾驶人的过错情况来判断,在驾驶人故意或者重大过失的情况下,平台公司享有追偿的

权利。

(二)网约车平台公司与外部车辆共同提供营运服务的,造成乘客受到损害的,由机动车驾驶人承担赔偿责任;网约车平台公司承担连带赔偿责任

网约车平台公司与外部车辆合作模式下,网约车平台公司是否对外承担机动车交通事故侵权责任,其关键在于网约车平台本身是否符合《道路交通安全法》及《民法典》中机动车一方的界定,即是否符合"运行利益 + 运行支配"的标准。[①] 对乘客而言,无论是哪种运营模式,驾驶人在网上预约出租车运营期间的行为均属于履行承运义务的行为,而网约车平台公司是承运义务的组织方和参与方,应视为驾驶人和网约车平台公司作为共同承运人实施了承运义务,由驾驶人承担直接侵权责任,平台公司承担机动车交通事故连带责任。从"运行利益 + 运行支配"的标准来看:其一,网约车平台对于交易活动的介入程度较深,服务内容、价格等合同条款都是由平台确定的,在网约车交易行为中,驾驶人只能通过网约车平台指派或抢单与乘客达成交易;乘客基于对平台服务内容、质量的信赖选择该平台预约出行;其二,网约车平台公司在经营活动中获益是直接以从乘客收取的承运费中按比例抽成的方式得到的;其三,网约车平台公司也承担着《网约车暂行办法》规定的对驾驶人的经营资格进行资质审查和日常管理的职责。因此,网络预约出租车运营中平台公司对乘客承担的不是简单的"交易撮合",而是"承运服务",网约车平台公司应承担共同侵权责任。当驾驶人与车辆所有人不一致时,未尽到管理职责的机动车所有人与驾驶人共同承担责任。

(三)网约车平台公司与外部车辆共同提供营运服务的,造成乘客之外的第三人受到损害的,由机动车驾驶人承担赔偿责任;网约车平台公司有过错的,承担相应的连带赔偿责任

网约车平台公司与外部车辆合作模式下,各种合同模式十分复杂多样。《民法典》第1170条规定:"二人以上实施危及他人人身、财产安全的行为,其中一人或者数人的行为造成他人损害,能够确定具体侵权人的,由侵权人承担责任;不能确定具体侵权人的,行为人承担连带责任。"网约车平台公司是否与驾驶人共同对外承担第三人的侵权责任,应当分析机动车一方责任中,平台公司对第三人受到的损害是否存在过错,网约车平台公司对事故发生存在过错的,应当承担相应的连带责任,第三人受到的损害与网约车平台公司无关的,平台公司不应承担责任。

---

① 参见夏利民、王运鹏:《论网约车平台的侵权责任》,载《河南财经政法大学学报》2017年第6期。

本书认为,判断网约车平台公司是否存在过错,可以从以下方面进行考虑:第一,网约车平台公司对驾驶人的管理是否有过错。网约车平台公司疏于对司机的管理,对司机准入条件仅局限于形式审查,不作实质审查。比如,司机缺乏基本驾驶证件,司机缺乏平台和国家法律法规及地方规章要求的资质,平台未对司机进行犯罪风险调查,司机驾驶记录存在不宜营运的情形等;平台对司机动态监督跟踪管理不到位,平台未对司机开展服务培训、安全生产培训等;平台允许未取得相应资质的人员驾驶网约车并接单营运等。第二,网约车平台公司对网约机动车的管理是否有过错。平台疏于对车辆的监督检查,对于从事网络约车的车辆安全性能负有定期核查义务,未尽核查职责的,车辆未进行年检的,车辆里程数造假或者车辆里程数超出平台要求的,车辆未进行定期检修等,这些情况的存在应视为网约车平台公司在对车辆管理过程中存在过错。第三,网约车平台公司在网约车保险投保事项上是否存在过错。如平台允许未购买车辆交强险、营运商业三者责任险的车辆接单营运;平台负有审查督促参与网络约车的主体投保情况的义务,未依法投保的,平台应在未投保的范围内承担赔偿责任。

(四)网约车平台公司与外部车辆共同提供营运服务的,造成机动车驾驶人受到损害的,根据机动车主与网约车平台公司的合作合同约定划分责任

在网约车平台公司自营业务模式下,驾驶人与网约车平台公司建立了劳动关系,可以结合《劳动法》有关的法律规定予以处理。容易发生争议的是,网约车平台公司与外部车辆共同营运的情况,如前所述,关于网约车平台公司与驾驶员之间关系存在各种不同的观点,本书认为,网约车平台公司与驾驶员之间不存在劳动关系,除非合同另有约定。理由是:第一,驾驶员加入网约车,并不是想要与网约车平台公司建立劳动关系,也不受网络车平台公司的劳动用工管理。第二,认定驾驶员与平台应建立劳动关系不符合网约车平台公司轻资产化的特点,不应当对这种新型商业模式强加干预。因此,当网约车平台公司与外部车辆共同提供营运服务中机动车驾驶人受到损害时,应当根据机动车主与平台公司的合作合同约定来划分内部责任。如果网约车平台公司在其提供的格式合同中,不当地规避或减轻网约车平台公司本应当承担的法律责任,人民法院可依法对相关条款效力作否定性评判。

(五)网约车平台公司仅提供媒介服务的,由机动车驾驶人承担赔偿责任,网约车平台公司对损害发生有过错的,承担相应的补充责任

此种情况有网约车平台连接出租车的“网约出租车模式”,即传统出租车通过

网约车平台开展业务,典型的是滴滴出租车。还有一个比较常见的是网上预约顺风车,在顺风车模式下的承运人是车辆使用人,如将顺风车与网约车一样来要求网约车平台公司承担责任,则从侵权行为因果关系来讲,理由是不够充足的。主要有两点理由:第一,平台为顺风车司机和乘客提供信息服务,其法律关系的本质是中介合同关系,如果在提供信息服务的过程中平台没有过错,平台不仅不需要承担违约责任,而且无须承担顺风车司机侵权行为所产生的侵权责任或补充责任;第二,顺风车司机与平台之间关系松散,平台不对顺风车司机进行管理,司机的行为不属于共同履行承运义务的职务行为。因此,平台不应当对顺风车司机的侵权行为承担连带责任。司法实践中,在顺风车模式的情况下,要求对网约车平台公司承担连带赔偿责任的案例亦不多见。

如果网约车平台公司违反安全保障义务,就需要承担相应的补充责任,这种相应的补充责任是一种不真正补充责任,与租借机动车所有人和使用人分离情形下所有人有过错时承担的责任是一样的。具体来说,首先由机动车使用人承担第一顺位的赔偿责任。如果机动车使用人全部赔偿,那么由其向有过错的网约车平台公司追偿,具体追偿数额依据网约车平台公司的过错程度来定;如果机动车使用人没有赔偿能力或者赔偿能力不足,由网约车平台公司承担第二顺位的赔偿责任,网约车平台公司赔偿超过自己应当承担的份额,可以向机动车使用人追偿,如果赔偿范围不足自己承担的份额,机动车使用人还可以向其追偿。

五、网约车发生交通事故的保险责任

在网约车发生交通事故后,如果属于网约车一方的责任,理当由保险公司首先予以赔偿,即先由机动车购买的交强险赔付,不足再由第三者责任商业保险赔付。网约车发生交通事故后,保险责任的救济至关重要,机动车交通事故的解决离不开保险责任制度。网约车保险制度的构建对于风险管控、社会稳定起到不可替代的作用,网约车车主应当购买运营车辆类商业三者险。

目前,涉及网约车侵权纠纷中争议较大的是非营运车辆的商业三者险的赔付问题,即保险公司在网约车运营中发生事故造成车外人员损害时是否应当赔偿的问题。《保险法》第52条规定:“在合同有效期内,保险标的的危险程度显著增加的,被保险人应当按照合同约定及时通知保险人,保险人可以按照合同约定增加保险费或者解除合同。……被保险人未履行前款规定的通知义务的,因保险标的的危险程度显著增加而发生的保险事故,保险人不承担赔偿保险金的责任。”依据上

述条文规定，如果私家车车主专门利用私家车从事网约车经营活动，势必显著提高投保机动车的危险程度。对此，私家车车主未明确告知保险公司发生交通事故后，保险公司有权拒绝赔偿。较为典型案例为最高人民法院在2017年第4期公报中发布的程某颖诉张某、中国人民财产保险股份有限公司南京市分公司机动车交通事故责任纠纷案。该案江苏省南京市江宁区人民法院认为，在当前车辆保险领域中，保险公司根据被保险车辆的用途，将其分为家庭自用和营运车辆两种，并设置了不同的保险费率，家庭自用车辆的运行里程少、风险小，支付的保费低，相较于家庭自用车辆，营运车辆的运行里程多、使用频率高、发生交通事故的概率大，支付的保费自然就高。如以家庭自用名义投保的车辆，从事营运活动，车辆的风险显著增加，投保人应当及时通知保险公司，保险公司可以增加保费或者解除合同并返还剩余保费，投保人未通知保险公司而要求保险公司赔偿营运造成的事故损失，显失公平。网约车平台公司与外部车辆合作模式下私家车从事网约车运营改变了车辆用途导致风险增加，因此网约车运营过程中发生交通事故的，保险公司不应就商业三者险承担理赔责任。该案作为最高人民法院公报案例，具有一定的参考价值。人民法院普遍认为，保险公司不应当对私家车擅自开展的网约车运营侵权责任承担商业三者险责任。

对于这种专门用于网约车运营的私家车，本书认为应当由网约车平台统一管理，要么要求私家车车主购买额外的保险，要么由网约车平台来统一购买，以便商业险能够继续发挥及时救济受害人的作用。需要探讨的是，如滴滴顺风车这类网约车的情形，私家车车主只是偶尔接单，如果发生交通事故，保险公司是否有权拒绝赔付？用于跑顺风车的私家车通常只是偶尔接单，确实与以跑网约出租车为主业的私家车有所不同。对此，本书认为保险公司是否有权拒绝赔付，关键在于保险标的的风险是否显著增加。私家车车主将机动车偶尔用于网约车运营是否显著增加保险标的的危险性？对此，可以对私家车投入网约车运营的情况进行技术统计，包括运营的里程和次数；运营里程和次数极少的，不应视为显著增加保险标的的风险。因此，在这种情况下，应当慎重适用《保险法》第52条的规定，不宜简单直接认定商业保险公司完全不承担商业三者险责任。

第七章　医疗损害责任

专题一　诊疗过错责任

一、诊疗损害责任的归责原则

我国《侵权责任法》充分考虑诊疗行为本身特点，本着既要保护患者合法权益，也要保护医院和医务人员合法权益，有利于医学科学进步以及医药卫生事业发展的考虑，在第54条明确规定了医疗损害责任适用过错责任的一般规则。此条规定："患者在诊疗活动中受到损害，医疗机构及其医务人员有过错的，由医疗机构承担赔偿责任。"《民法典》侵权责任编保留了这一规定，在第1218条对诊疗过错责任的归责原则、构成要件作了规定。

根据该条规定，诊疗过错责任适用过错责任归责原则，改变了审判实践中较长时间内采取的过错推定原则。自《侵权责任法》以后，对于医疗损害赔偿责任的法律适用，不再区分是否构成医疗事故而应当统一适用《侵权责任法》有关责任构成、损害赔偿等规定。《侵权责任法》和《医疗事故处理条例》之间就属于上位法和下位法的关系，按照上位法优于下位法的基本原理，《医疗事故处理条例》与《侵权责任法》冲突规定的不能再适用，其中最根本的就是医疗损害赔偿责任的承担问题，《医疗事故处理条例》不能再适用，而应统一适用《侵权责任法》第15条的规定。据此，《民法典》在上述问题上的规定当然也要予以统一适用。

二、诊疗过错责任的责任形态

诊疗损害责任属于替代责任。替代责任，是指责任人为他人的行为和行为人之行为以外的自己管领下的物件所致损害负有的侵权赔偿责任。替代责任与一般责任相对应，其典型特点就在于行为人与责任人的不同。构成替代责任赔偿法律关系的要件是：(1)替代责任人与致害人或致害物之间须有特定关系。这种特定关系,在责任人与致害人之间,表现为隶属、雇用、监护、代理等身份关系。在医疗损害案件中,直接加害人往往是医务人员。(2)替代责任人应处于特定的地位。这种特定的地位,表现为替代责任人在其与致害人或致害物的特定关系中所处的带有支配性质的地位。考察为致害人的损害后果负责的责任人的地位,主要是看:双方有无确定特定关系的事实或合同;致害人是否受有责任人的报酬或抚育;致害人的活动是否受责任人的指示、监督或监护等约束;致害人是否向责任人提供劳务或公务。在医疗损害案件中,医务人员处于"雇员"的地位,医疗机构对其负有指示和监督之责。(3)致害人应处于特定状态。在特殊侵权责任的赔偿法律关系中,责任人与致害人和致害物之间具有特定关系,责任人处于特定的地位,而且致害人和致害物必须处于特定的状态。[①] 在医疗损害责任纠纷案件中,其行为主体是医疗机构及医务人员。如因医务人员的过错造成患者损害的,不是按照一般侵权行为"为自己行为负责"的规则,由医务人员对受害人承担民事责任,而是由医务人员所在的医疗机构承担赔偿责任。在此需要注意的是,替代责任是与自己责任相对应的责任形态概念,即为他人的行为负责和为自己管领下的物件造成的损害负责的侵权责任形态,并不与过错责任原则相对应,《侵权责任法》第 6 条和第 7 条也没有规定替代责任这种归责原则。替代责任包含归责原则问题,即在替代责任的侵权责任形态的各种侵权责任类型中都存在归责原则的适用问题,但它本身不是归责原则。

按照替代责任的基本规则,应该由替代责任人对行为人的行为后果负责,即在起诉时该替代责任人为适格被告。在医疗损害责任纠纷中,则应当以该医疗机构为被告提起诉讼,如在叶某某等与三明市某医院、游某某医疗损害责任纠纷案[②]中,游某某是三明市某医院的医务人员,叶某某等将三明市某医院、游某某作为共同被告提起诉讼,法院在查明案件事实后认为,游某某作为三明市某医院的医务人员,其实施的诊疗行为属职务行为,不应由其个人向原告承担赔偿责任,故原告要求游某某承担赔偿责任无法律依据,依法驳回了原告对游某某的诉讼请求。但在此应当注意的是,这里的医疗损害责任属于替代责任形态,在法律适用形成了与第 1191 条第 1 款关于用人单位责任规定的法条竞合。对此,本书认为,关于医疗损害责任的替代责任规定应当属于用人单位责任在医疗损害责任领域的具体化规定,即上述两条规定应属于特别规定与一般规定的关系。因此,在法律适用上,应当坚持优先适用特别规定的基本规则,直接适用侵权责任编第 1218 条规定即可。

---

① 参见王利明主编:《侵权责任法新制度理解与适用》,人民法院出版社 2010 年版,第 330 页。

② 参见福建省三明市梅列区人民法院民事判决书,(2015)梅民初字第 1892 号。

三、诊疗活动的认定

诊疗过错责任的构成要件,依据相应的归责原则而确定,是在满足医疗损害责任纠纷基本属性前提下,具体判断医疗机构能否承担责任的基本要件,包括患者损害、违法诊疗行为、损害与诊疗行为具有因果关系和诊疗过错 4 个要件。其中,较为重要的问题是诊疗活动的认定问题。

诊疗行为是医疗损害侵权责任产生的前提,《民法典》第 1218 条表述为诊疗活动。关于诊疗活动的概念,学界并无统一概念,有的意见认为,诊疗行为是指临床医务人员为了诊断、治疗疾病,或者对患者的健康状况进行评价,使病人尽快康复和延长其寿命而进行的临床实践活动。[①] 此为较为狭义的界定。另有意见认为,诊疗行为是指医疗机构及其医务人员通过各种检查,使用药物、器械及手术等方法,对疾病作出判断和消除疾病、缓解病情、减轻痛苦、改善功能、延长生命,帮助患者恢复健康的临床医学实践行为。简言之,诊疗行为就是医疗机构及其医务人员在诊疗活动中的临床实践行为。[②] 此为广义范围的界定。

一般而言,诊疗活动的基本特征是:第一,诊疗行为是以治疗、矫正或预防人体疾病、伤害残缺或保健为直接目的的行为,直接表现为使患者尽快恢复健康、延长寿命;第二,诊疗行为是借助于医学的方法和手段的行为,包括检查、药品、器械、手术等方法进行预防、判断和治疗;第三,诊疗行为是医疗机构组织并由医务人员实施的行为。[③]

当然,患者在医疗机构受到的损害肯定也不能与医疗损害责任完全画等号,从法律适用范围的基本构成要件上看,关键区别点在于其损害发生是“在诊疗活动中受到”。有意见认为,在司法实践中,一般可以运用排除法来明确哪些情形不属于诊疗行为。以下四种情形可以认定为非医疗行为:一是医院设施有瑕疵导致患者摔伤或在医院自残、自杀。二是医院管理有瑕疵导致损害,如抱错婴儿。三是医生故意伤害患者,如拿患者做试验。四是非法行医致人伤害。[④] 上述用排除法的方法界定诊疗行为具有积极意义,但所列举的行为类型似乎值得商榷,而更具有法律适用意义的是否属于医疗损害责任纠纷的情况则更值得探讨。比如,单纯地在医院

---

① 参见杨志寅等:《论规范化诊疗行为模式的建立》,载《中国行为医学科学》2004 年第 6 期。

② 参见杨立新:《医疗损害责任构成要件的具体判断》,载《法律适用》2012 年第 4 期。

③ 同上。

④ 参见最高人民法院侵权责任法研究小组编著:《〈中华人民共和国侵权责任法〉条文理解与适用》,人民法院出版社 2010 年版,第 386 页。

自残、自杀行为显然不是医疗损害责任，因为这与诊疗活动毫无关系。而医院设施有瑕疵导致患者摔伤的情形，则需要根据不同案件情况作具体分析。比如，存在医务人员违反护理规范的情形，也应属于医疗损害责任纠纷；在接受医学影像诊疗过程中由于医疗器械本身的缺陷或者安装、维护不及时等导致患者摔伤或者砸伤等情形，也应属于在诊疗活动中受到的损害，应当属于医疗损害责任纠纷。至于单纯发生在医院内的物件致人损害，如高空坠物等，并不存在医疗机构违反诊疗规范或者与诊疗活动密切相关的情形，这与一般的物件致人损害无异，则不宜界定为医疗损害责任纠纷。

四、诊疗过错的认定

《民法典》第1221条规定："医务人员在诊疗活动中未尽到与当时的医疗水平相应的诊疗义务，造成患者损害的，医疗机构应当承担赔偿责任。"诊疗过错，是指医疗机构在医疗活动中，医务人员未能按照当时的医疗水平提供通常应当提供的医疗服务，或者按照医疗良知、医疗伦理，以及医政管理规范和管理职责，应当给予诚信、合理的医疗服务，而没有尽到高度注意义务的主观心理状态，以及医疗机构存在的对医务人员疏于选任、管理、教育的主观心理状态。确定医疗过错，应以实施诊疗行为当时的医疗水平为标准，同时适当参考地区、医疗机构资质和医务人员资质，确定医疗机构和医务人员应当达到的注意义务，违反之，即为存在医疗过错。[①] 概言之，认定诊疗过错，要以"当时的医疗水平"作为判断标准。判断"当时的医疗水平"，应当依据法律、行政法规、规章以及其他有关诊疗规范的规定，但要综合考虑诊疗当时当地的医疗水平、医疗机构与医务人员资质、患者病情的紧急程度、患者个体差异等因素。此在2017年《医疗损害责任解释》第16条已有明确规定。对标《民法典》，该解释于2020年进行了修改，将第16条中的"对医疗机构及其医务人员的过错"修改为"对医疗机构或者其医务人员的过错"。

此外，关于推定医疗机构过错的问题，《民法典》第1222条规定："患者在诊疗活动中受到损害，有下列情形之一的，推定医疗机构有过错：（一）违反法律、行政法规、规章以及其他有关诊疗规范的规定；（二）隐匿或者拒绝提供与纠纷有关的病历资料；（三）遗失、伪造、篡改或者违法销毁病历资料。"简言之，法律、行政法规、规章以及诊疗规范是医疗机构和医务人员的工作依据。医疗机构和医务人员在自己的

---

① 参见杨立新：《医疗损害责任构成要件的具体判断》，载《法律适用》2012年第4期。

有关业务活动中应当掌握,并遵循规定,以确保其行为的合法性。这是利用违法推定过失的法理直接证明医疗机构及医务人员具有过错。[①] 从实践看,违反了法律、行政法规、规章以及有关诊疗规范的规定,是判断医疗机构和医务人员存在过错的最直接的标准。医疗机构隐匿或者拒绝提供与纠纷有关的病历资料和伪造、篡改或者销毁病历资料这两项情形,一方面反映了医疗机构的恶意,另一方面使患者难于取得与医疗纠纷有关的证据资料,这时再让患者举证已不合理,[②]故可以直接规定医疗机构有过错。

五、举证证明责任的分配

在患者与医疗机构之间如何分配举证证明责任,是医疗损害责任纠纷案件中争议较大、受到广泛关注的重要问题。2017 年《医疗损害责任司法解释》在第 4 条[③]对诊疗过错责任纠纷的举证责任作了系统规定,以构建和维护和谐医患关系为出发点,在大量实证调研和借鉴域外经验做法的基础上,为避免因举证责任分配不当而导致双方实体权利义务显著失衡而激化医患矛盾的问题,充分考虑患者存在医学专业性不足等客观障碍,对患者进行了适当的举证责任缓和。《医疗损害责任司法解释》2020 年修正后,条文修改为:"患者依据民法典第一千二百一十八条规定主张医疗机构承担赔偿责任的,应当提交到该医疗机构就诊、受到损害的证据。患者无法提交医疗机构或者其医务人员有过错、诊疗行为与损害之间具有因果关系的证据,依法提出医疗损害鉴定申请的,人民法院应予准许。医疗机构主张不承担责任的,应当就民法典第一千二百二十四条第一款规定情形等抗辩事由承担举证证明责任。"

---

① 参见王利明主编:《中国民法典学者建议稿及立法理由(侵权行为编)》,法律出版社 2005 年版,第 266 页。

② 参见王胜明主编:《中华人民共和国侵权责任法释义》,法律出版社 2010 年版,第 290 页。

③ 该条规定:"患者依据侵权责任法第五十四条规定主张医疗机构承担赔偿责任的,应当提交到该医疗机构就诊、受到损害的证据。患者无法提交医疗机构及其医务人员有过错、诊疗活动与损害之间具有因果关系的证据,依法提出医疗损害鉴定申请的,人民法院应予准许。医疗机构主张不承担责任的,应当就侵权责任法第六十条第一款规定情形等抗辩事由承担举证证明责任。"

专题二 医疗产品责任

一、医疗产品责任概述

关于医疗产品责任,《民法典》第 1223 条规定:“因药品、消毒产品、医疗器械的缺陷,或者输入不合格的血液造成患者损害的,患者可以向药品上市许可持有人、生产者、血液提供机构请求赔偿,也可以向医疗机构请求赔偿。患者向医疗机构请求赔偿的,医疗机构赔偿后,有权向负有责任的药品上市许可持有人、生产者、血液提供机构追偿。”对这一问题,与此前的《侵权责任法》第 59 条相比较,增加了“药品上市许可持有人”作为医疗产品责任主体的规定。另外,将“消毒药剂”修改为“消毒产品”,以与现行有关规定衔接。

《民法典》第 1223 条新增的药品上市许可持有人,通常是指拥有药品技术的药品研发机构、科研人员、药品生产企业等主体,其通过提出药品上市许可申请并获得药品上市许可批件,并对药品质量在其整个生命周期内承担主要责任。在药品上市许可制度下,上市许可持有人和生产许可持有人可以是同一主体,也可以是两个相互独立的主体。上市许可持有人可以自行生产,也可以为其他生产企业进行生产。如果采取委托生产的形式,上市许可持有人要对要求的安全性、有效性以及质量可控性承担责任。

二、医疗产品责任在责任形态上的定性

《民法典》上的不真正连带责任,是指多数行为人违反法定义务,对一个受害人实施加害行为,或者不同的行为人基于不同的行为而致使受害人的权利受到损害,各个行为人产生同一内容的侵权责任,各负全部赔偿责任,并因行为人之一的履行而使全体责任人的责任归于消灭的侵权责任形态。

药品、消毒产品、医疗器械属于产品,应当适用产品责任的规定。依据《民法典》第 1203 条的规定,因产品存在缺陷造成他人人身、财产损害的,受害人可以向产品的生产者要求赔偿,也可以向产品的销售者要求赔偿。属于产品的生产者的责任,产品的销售者赔偿的,产品的销售者有权向产品的生产者追偿。属于产品的

销售者的责任,产品的生产者赔偿的,产品的生产者有权向产品的销售者追偿。对于医疗产品损害责任的责任形态,《民法典》第1223条规定为"患者可以向药品上市许可持有人、生产者、血液提供机构请求赔偿,也可以向医疗机构请求赔偿",这与上述规定在本质上是一样的。对医疗产品责任的形态,主流意见认为,这同产品责任的责任形态一样,医疗产品损害责任是不真正连带责任。

三、《民法典》第1223条适用的责任承担规则

医疗产品责任采用不真正连带责任,在当事人选择其中一个责任主体主张权利的情形,人民法院认定其责任大小及承担方式并无争议。但对于当事人将医疗机构和生产者同时起诉或被追加的情形,如何确定他们责任的大小及承担方式,则有不同看法。本书认为,在产品责任的外部责任形态上,其更具有连带责任的特征。侵权法确立不真正连带责任的立法目的在于方便受害人诉讼、减轻其举证责任,通过将赔偿不能的风险分配给责任人的方式来保护受害人。① 因此,不真正连带责任与连带责任在对外效力上不应有所不同,都是为充分保护受害人而设立。在医疗产品责任案件中,应当允许患者同时起诉数个责任主体。如果直接确定由承担最终责任的主体(通常为生产者)承担责任,则需要驳回患者对其他责任主体(如医疗机构)的诉讼请求,这等于限制患者的选择权。而且,在生产者无清偿能力的情况下,会直接导致患者丧失向医疗机构主张权利的机会,这不符合充分救济患者损害的立法精神。

对于第1223条的适用,还要注意关于医疗产品销售者的责任承担问题。2017年《医疗损害责任司法解释》第21条就依据有关产品责任的规定,明确规定了缺陷医疗产品的生产者、销售者或者血液提供机构应当承担的赔偿责任。当然,基于医疗的公益性考虑,《民法典》并没有规定医疗机构是医疗产品的销售者,而是或多或少基于当前以药补医等情况的考虑,医疗机构实际上处于销售者的地位,②在责任承担上确定了医疗机构承担与医疗产品销售者相类似的法律责任。2020年修正后的《医疗损害责任司法解释》与《民法典》规定保持一致,在赔偿责任主体上增加了药品上市许可持有人。实践中需要注意的问题是,如果患者从医疗机构诊断后并未在该医疗机构购买相应的医疗产品,比如药品,而是到相关医疗产品经营者处按

---

① 参见姜强:《〈侵权责任法〉中的连带责任、不真正连带责任及其诉讼程序》,载《法律适用》2010年第7期。

② 参见最高人民法院侵权责任法研究小组编著:《〈中华人民共和国侵权责任法〉条文理解与适用》,人民法院出版社2010年版,第419页。

照医疗机构的处方购买了该医疗产品,后因该医疗产品缺陷导致患者损害的情形,这时由于医疗机构并不具备类似于该医疗产品销售者之地位,其并未从该医疗产品的销售中获益,也无法控制该医疗产品之风险,当然也就无法转嫁该风险,因此按照严格责任的基本法理,该医疗机构不应当是该缺陷医疗产品导致损害的责任承担主体,即不能适用《民法典》第1223条规定,而应适用编关于产品责任的一般性规定确定该医疗产品生产者和销售者的责任。如果医疗机构对患者损害存在诊疗过错,且其诊疗行为与患者损害有因果关系的,这时应当对医疗机构适用医疗过错侵权的一般性规定,按照多因一果侵权行为的规则(如原因力规则)确定医疗机构的责任。

四、关于输入不合格血液的责任承担问题

近年来,因输血而导致患者受到损害的事例时有发生,因此而引发的医疗纠纷也越来越受到社会关注。从司法实践看,近年来各地因输血感染疾病而引发的侵权损害赔偿案件不断出现。对于血站和医疗机构在输入不合格血液导致患者损失的责任,依据该条的规定,输入不合格的血液与提供有缺陷的药品、消毒产品、医疗器械产生同样的法律后果。医疗机构和血液提供机构对输血者因输入不合格的血液感染引起的损害承担严格责任,这样就最大限度地保护了输血者这一相对弱者的身体健康权。① 有关血站是否应当承担赔偿责任的争议,主要存在于采供血过程中无过错的情况。例如,造成不合格血液产生的原因是供血者处于病毒感染的“窗口期”,限于目前的医学检测水平无法发现。在这种情况下,对于血站依法是否应当承担无过错责任,有不同意见。依照《产品质量法》第41条的规定,缺陷产品的生产者应当承担无过错责任。因此,对血站责任问题的不同意见就主要反映在血液是否属于“产品”的争议上,大体有3种意见:(1)认为血液不是产品,不应适用《产品质量法》。(2)认为血液是产品,无过错输血感染疾病案件应适用《产品质量法》,由血液提供者向受害人承担无过错责任。(3)认为应当将血液视为“产品”,使血液提供者承担与血液制品生产者相同的责任。相对于输血用血液,普遍认为血液经过提取分离而形成的血液制品,如冻干血浆、白蛋白、丙种球蛋白和凝血因子等属于产品。血液与血液制品的来源相同,都是献血者体内自然流动的血液(或血浆),只是输血用血液由血液提供者以较为简单的工艺流程加工而成,而血液制

① 参见最高人民法院侵权责任法研究小组编著:《〈中华人民共和国侵权责任法〉条文理解与适用》,人民法院出版社2010年版,第416页。

品由企业以较为复杂的工艺流程加工制作。如果因“窗口期”等原因造成的输血感染事件按照不同规则处理,即对血站适用过错责任原则,对血液制品生产企业则适用无过错责任原则,不符合法律公平公正的理念。因此,在无过错输血感染疾病案件中,对于血液是否为产品不宜机械考虑,即使血液不是产品,亦应将其视为产品,适用《产品质量法》,由血液提供机构承担无过错责任。最终《民法典》第 1223 条采纳了上述第三种意见。

对于输入不合格血液时医疗机构与血液提供机构之间的责任问题,第 1223 条明确规定应当承担医疗产品责任。同样,对于追偿权问题,依据该条规定,输入不合格血液的医疗机构或者血液提供机构承担责任后,可以适用与医疗产品责任相同的规则向最终责任人主张追偿权。

专题三　违反告知义务的侵权责任

一、诊疗损害责任的归责原则

关于医疗机构告知义务及相应法律后果的问题,《民法典》第 1219 条规定:“医务人员在诊疗活动中应当向患者说明病情和医疗措施。需要实施手术、特殊检查、特殊治疗的,医务人员应当及时向患者具体说明医疗风险、替代医疗方案等情况,并取得其明确同意;不能或者不宜向患者说明的,应当向患者的近亲属说明,并取得其明确同意。医务人员未尽到前款义务,造成患者损害的,医疗机构应当承担赔偿责任。”

从法律法规规定上讲,有关医事法律法规也对医务人员的告知义务作了规定。比如,《执业医师法》第 26 条规定,医师应当如实向患者或者其家属介绍病情,但应注意避免对患者产生不利后果。医师进行实验性临床医疗,应当经医院批准并征得患者本人或者其家属同意。《医疗机构管理条例》第 33 条规定,医疗机构施行手术、特殊检查或者特殊治疗时,必须征得患者同意,并应当取得其家属或者关系人同意并签字;无法取得患者意见时,应当取得家属或者关系人同意并签字。《侵权责任法》第 55 条规定:“医务人员在诊疗活动中应当向患者说明病情和医疗措施。需要实施手术、特殊检查、特殊治疗的,医务人员应当及时向患者说明医疗风险、替代医疗方案等情况，并取得其书面同意；不宜向患者说明的，应当向患者近亲属说明，并取得其书面同意。”“医务人员未尽到前款义务，造成患者损害的，医疗机构应当承担赔偿责任。”《民法典》基本沿用了这一规定，但在有关细节上作了突出强调：一是有关告知义务的履行，必须是“具体说明”，这是新增的内容，要求相关告知内容要针对病情，事项要具体，不宜采取含糊的告知。二是取得患者一方同意不再硬性要求是书面形式，但应当取得其“明确”同意，也就是此“同意”的意思表示应该是清楚明确的，有关证据的证明也要达到此要求。

二、医务人员告知义务的内容

依据上述规定的内容，医务人员的告知义务主要包括：

其一，纯粹的告知义务。具体的告知义务内容：一是医疗机构的医疗水平、设备、技术状况等；二是患者的病情以及医疗机构的检查、诊断方案；三是检查、诊断结果的告知义务；四是转医或转诊的告知义务。

其二，取得患者或者其近亲属明确同意的义务。在这种情况下，医务人员除了履行向患者告知病情和医疗措施的义务以外，还应当及时向患者告知医疗风险、替代医疗方案等情况。所谓医疗风险，是指医疗措施可能出现的并发症、后遗症、不良反应等风险；代替医疗方案信息包括可选择的几种手术方案及其利弊等信息。这种特殊说明义务适用的条件是患者需要实施手术、特殊检查、特殊治疗。[①] 对于特殊检查、特殊治疗，依据《医疗机构管理条例实施细则》第 88 条的规定，包括：(1)有一定危险性，可能产生不良后果的检查和治疗；(2)由于患者体质特殊或者病情危笃，可能对患者产生不良后果和危险的检查和治疗；(3)临床试验性检查和治疗；(4)收费可能对患者造成较大经济负担的检查和治疗。

在此需要注意的是，上述医事法规所规定的医务人员取得明确同意的对象与该条规定不尽一致。本书认为，如果上述规定与该条规定在文本含义相冲突的，则不能再予以适用；但如果有关医事法规规定的内容更加具体细化，则不能认定为是冲突规定，可以按照特别法优于一般法的规则适用。

三、医务人员的告知义务和患者知情同意权之间关系的法理分析

研究医务人员的告知义务和患者的知情同意权的辩证统一关系，不仅涉及医

① 参见最高人民法院侵权责任法研究小组编著：《〈中华人民共和国侵权责任法〉条文理解与适用》，人民法院出版社 2010 年版，第 396 页。

学伦理的命题,涉及医学进步问题,在法律意义上讲,还涉及违反告知义务的侵害对象以及侵权损害赔偿责任的确定问题。对于医务人员的告知义务与患者的知情同意权的关系,需要把握以下几点:

其一,要准确把握二者之间的辩证统一关系。一般认为,医务人员的告知义务与患者的知情同意权系一体两面的关系。医务人员的告知义务与患者的知情同意权相对应,该项义务主要是指医方为取得患者对医疗行为的同意,而对该医疗行为的有关事项进行告知的义务。《民法典》基于对患者自主决定权之尊重,在第1219条明确规定医务人员的"告知义务"和患者的"同意权"。医疗机构告知义务的来源,是患者享有的知情权和自我决定权。患者的知情同意权具有如下内容:一是充分知情权,二是自我决定权。医疗机构不履行告知义务,侵害的就是充分知情权和自我决定权。[①] 医疗机构基于患者及其家属的高度信赖和委托,处分事关患者生命、身体、健康等重大人格利益的事项,不应单凭医疗机构一方的裁量,而应当充分尊重患者的自主决定权。而患者自主决定权的正确行使,又有赖于医务人员履行告知义务。患者自主决定权是产生医务人员告知义务的法理根据;医务人员履行告知义务,就是为了保障患者一方在对病情、诊疗方案及其可能风险等有充分了解的前提下行使自主决定权。[②] 正是由于患者享有知情权和自我决定权,医疗机构才应当对患者履行告知义务。此种告知义务的对象主要是医疗过程中具有严重损伤后果的医疗行为,该行为可能影响身体机能甚至危及生命,因此需要患者在知晓自己病情并了解该医疗行为风险的基础上,作出是否同意该医疗措施的决定。医务人员的告知义务是保障患者自主决定权的保障,前者为手段,后者为目的。也正因如此,《民法典》第1219条作出患者知情同意权的规定。进言之,医疗机构违反告知义务,首先侵犯的是患者的知情同意权。

其二,医务人员告知义务的履行是其实施侵袭性医疗行为合法性的基础。如果医务人员未履行告知义务而实施侵袭性医疗行为,就使该诊疗行为具备了违法性要件。通常而言,诊疗行为的对象为患者的身体,该行为本身即具有侵袭性特点。医务人员在实施诊疗行为之前应当正确履行告知义务,在患者完全知情的情况下取得患者的同意,这不仅体现了对患者自主决定权的尊重,也构成了侵袭性医疗行为违法的阻却事由。"在医疗领域,创设告知义务是因为具有侵袭性的医疗行为必须获得正当性基础,而患者的知情同意权就是阻却侵袭性医疗行为违法性的

---

① 参见杨立新:《医疗侵权法律与适用》,法律出版社2008年版,第93页。

② 参见梁慧星:《论〈侵权责任法〉中的医疗损害责任》,载《法商研究》2010年第6期。

法定事由。”[①]手术签字制度体现的是对患方自由的尊重，维护了患方的知情权和最终决定权。同时，它还体现了对每个成年非精神病患者的认可和尊重，即推定在涉及手术治疗风险以及成本收益评估问题上，每个知情人都会作出对自己最有利、同时不损害他人的理性选择。[②] 正因如此，自主决定权的行使，可以使医疗机构侵袭患者人身的行为具有阻却违法的性质。但如果未经患者决定或者同意，医生擅自决定接触并且侵袭患者身体，该行为即为违法行为，即具备了侵权责任构成的违法性要件。这是履行告知义务、保证患者知情权的重要原因。

四、违反告知义务的侵权责任构成

违反告知义务的医疗损害责任属于典型的医疗伦理责任，其构成要件要适用医疗伦理责任的通用规则。具体而言，违反告知义务的医疗伦理责任的构成要件有：

第一，违法行为。构成医疗伦理损害责任的违法行为，表现为违反法定义务。医疗机构和医务人员的告知或保密等义务是一种法定义务。行为人违反这些法定义务，其行为就具有了违法性。本书认为，判断医疗机构是否尽到告知义务的标准分为如下3个层次：其一，当患者没有提出医疗期待时，医疗机构应该履行当前医疗水平告知义务。医疗机构应该首先向患者告知当前临床医疗实践中有效性和安全性[③]都得到认可的治疗方案。同时，医疗机构应该告知患者自己医院的类别(专科医院/综合医院)、所准备采用的医疗方案和实施能力以及本院是否达到当前专科医院的一般医疗水平等。其二，在医疗过程中，医生应告知所患病名，告知可以选择的治疗方案，告知治疗方法和结果，告知药品的使用方法、治疗费用的情况以及继续治疗和转医转诊方案，并应告知愈后、康复的注意事项。其三，当患者提出其他医疗期待时，医疗机构应该履行其有效性和安全性尚处于被验证的医疗方案的告知义务。结合医院所处的环境等因素，某些医院还应该履行国际上有效性和安全性得到认可或正在被验证的疗法的告知义务。

第二，损害事实。医疗伦理损害责任构成要件的损害事实主要表现为侵害了患者的知情权、自我决定权、隐私权和身份权等，具体表现为人身损害、精神损害和

---

① 杨立新、袁雪石：《论医疗机构违反告知义务的医疗侵权责任》，载《河北法学》2006年第12期。

② 参见苏力：《医疗的知情同意与个人自由和责任——从肖志军拒签事件切入》，载《中国法学》2008年第2期。

③ 有关医疗水准的讨论，参见[日]新美育文：《医师的过失》，夏芸译，载张新宝主编：《侵权法评论》(第2辑)，人民法院出版社2003年版，第164～174页。

财产损害。

在医疗伦理损害责任中,违反保密义务的损害事实是患者的隐私权。抱错孩子的医疗伦理损害,其损害事实则是违反医疗管理规范而使亲权关系受到损害。能够证明医疗机构及医务人员违反了保密义务或者其他义务,使患者的隐私利益、亲权利益等受到损害,隐私权受到侵害的,就是没有尽到保密等绝对义务,就具有违法性。

第三,因果关系。医疗伦理损害责任构成中的因果关系要件,仍然是医疗违法行为与损害事实之间的引起与被引起的关系。这种因果关系主要表现为未尽告知义务的行为与知情权、自我决定权、隐私权、身份权以及相关利益受到损害之间的关系。前者为因,后者为果。这种因果关系的证明,受害患者一方应当承担举证责任;同时,实行举证责任缓和,受害患者一方承担表现证据证明后,由医疗机构承担举证责任,推翻因果关系的推定。

第四,医疗伦理过失。医疗伦理损害责任构成的过失要件,如果存在未尽告知义务,即可推定医疗机构和医务人员具有过失。

通常而言,医疗机构未对病患充分告知或者告知其病情,未对病患提供及时有用的医疗建议的医疗损害责任,造成了受害患者自我决定权的损害。这种损害包括在第1219条第2款的“损害”之中。这种医疗损害责任属于违反医疗良知和医疗伦理,没有善尽对患者所负的告知义务、建议义务等积极提供医疗资讯义务的过失,从而侵害患者知情权的侵权行为。

专题四　紧急救助的法律适用

一、紧急救治法律适用概述

关于紧急救治,《民法典》第1220条规定:“因抢救生命垂危的患者等紧急情况,不能取得患者或者其近亲属意见的,经医疗机构负责人或者授权的负责人批准,可以立即实施相应的医疗措施。”

对生命垂危等紧急情况下的患者实施紧急救治是医疗机构及其医务人员履行救死扶伤职责的基本要求,也是医疗机构公益性特征的鲜明体现。《执业医师法》

第 24 条规定："对急危患者，医师应当采取紧急措施及时进行诊治；不得拒绝急救处置。"《医疗机构管理条例》第 31 条规定："医疗机构对危重病人应当立即抢救。对限于设备或者技术条件不能诊治的病人，应当及时转诊。"《侵权责任法》在总结以往医事法律法规规定和医疗法律实务的基础上，在第 56 条规定了医疗机构的紧急救治的规则，并在第 60 条医疗机构免责事由中再次作了规定。《侵权责任法》第 56 条规定："因抢救生命垂危的患者等紧急情况，不能取得患者或者其近亲属意见的，经医疗机构负责人或者授权的负责人批准，可以立即实施相应的医疗措施。"《民法典》第 1220 条保留了这一规定，对于医疗机构实施紧急救助措施作了规定。

依据《民法典》第 1220 条的规定，医疗机构履行紧急救治义务必须符合特定条件，并遵循一定的程序。医疗机构实施紧急救治行为的前提条件是抢救生命垂危的患者等紧急情况。所谓紧急情况，系指患者的疾病或病情存在迫在眉睫的重大风险，根本来不及告知患者相关信息并征求其意见，如不立即采取相应抢救措施将危及其生命或对其身体健康造成重大不利后果。如某患者因交通事故腿大动脉破裂大出血应立即手术止血；某患者因坠楼头部严重受伤急需开颅清除瘀血，否则会丧失生命或造成瘫痪、植物人等严重后果的情况等。[①]

另外，从《民法典》第 1220 条规定的文义上看，紧急情况不限于抢救生命垂危的患者的情况，还应当包括虽然患者的生命没有严重危险，但患者不能行使自我决定权，如果不采取紧急救治行为，患者的健康利益将严重受损的情况。具体实施紧急救治行为的是医疗机构的医务人员，但由于紧急救治是对患者自主决定权的一种限制和补充，关涉患者重大的生命健康利益，因而实施紧急救治行为应当严谨、慎重，为充分保障患者的利益，实施紧急救治行为应当经过一定的程序，即经过医疗机构负责人或者授权的负责人批准，医疗人员才能实施紧急救治行为。[②]

二、"紧急救治，医院免责"的具体情形

《民法典》第 1220 条规定了紧急情况下医疗机构实施紧急医疗措施的内容。但该条中"难以取得患者或者其近亲属同意"的表述易被理解为包括了患者或者其近亲属明确表示不同意的情况，对于如何处理认识上不一致，分歧较大，需要进一步明确。对于患者不能表达意志的紧急情况下如何施救涉及患者一方自主决定权

---

① 参见胡雪梅：《论我国危急救治制度之合理构建——兼析〈侵权责任法〉第 56 条》，载《社会科学》2013 年第 1 期。

② 参见最高人民法院侵权责任法研究小组编著：《〈中华人民共和国侵权责任法〉条文理解与适用》，人民法院出版社 2010 年版，第 404 页。

和医院救治义务的协调问题。由于该条规定并未规定紧急救治的具体情形,尤其是没有规定责任承担规则,2017年《医疗损害责任司法解释》在依据当时《侵权责任法》第56条规定的基础上,结合《侵权责任法》第54条、第55条、第60条的规定,对于紧急救治具体情形作了细化。其第18条第1款规定:"因抢救生命垂危的患者等紧急情况且不能取得患者意见时,下列情形可以认定为侵权责任法第五十六条规定的不能取得患者近亲属意见:(一)近亲属不明的;(二)不能及时联系到近亲属的;(三)近亲属拒绝发表意见的;(四)近亲属达不成一致意见的;(五)法律、法规规定的其他情形。"①

其一,本款规定仅是对"不能取得患者近亲属意见"的情形作出的解释,并不能包括所有需要紧急救治的情形,且不涉及对生命垂危的患者等紧急情况的判断问题。对此仍应适用《民法典》第1220条的规定以及有关医疗法律法规、诊疗规范等进行处理,这往往需要专业判断,通过启动鉴定程序来解决。

其二,关于近亲属不明及不能及时联系到近亲属的情形。这两种情况相对容易判断,多为近亲属不在现场,在当时紧急情况下也无法查明近亲属或者联系不到近亲属的情况。对此需要注意的是:一是必须与患者本身病情的紧急情况相结合,如果病情紧急到来不及联系或者查明近亲属的情形,这时不能苛求医疗机构去联系近亲属,同时医疗机构也不能以联系近亲属为由耽误对患者紧急病情的救助。二是对于近亲属不明或者联系不到近亲属的判断除了要与上述紧急情况相结合进行判断外,不能对医疗机构严苛要求。比如,不能要求医疗机构详细查明患者所有的近亲属甚至要与所有的近亲属联系,而只能按照当时患者处在紧急情况下的特定场景,按照一般的日常经验法则判断医疗机构运用力所能及的方式查不到近亲属或者联系不到近亲属的情形。三是对于联系不到近亲属的情形,虽然在患者身处紧急情况下不能要求医疗机构联系到每一个近亲属,但也是或多或少施加给医院一定的义务,即要联系近亲属。当然,在当时情形下根本来不及联系近亲属的情形应该排除在外,因为这时抢救患者生命等人身重大利益无疑应是排在第一位的。

其三,关于近亲属拒绝发表意见的情形。这里的"拒绝"发表意见暗含着对医疗机构要向患者近亲属说明并征询其意见的义务性要求,有对患者近亲属知情同意权予以尊重的考虑。

---

① 该解释2020年修正后,第18条第1款修改为:"因抢救生命垂危的患者等紧急情况且不能取得患者意见时,下列情形可以认定为民法典第一千二百二十条规定的不能取得患者近亲属意见:(一)近亲属不明的;(二)不能及时联系到近亲属的;(三)近亲属拒绝发表意见的;(四)近亲属达不成一致意见的;(五)法律、法规规定的其他情形。"

其四，近亲属意见不一致的情形。对此，仍应与患者本身病情的紧急情况相结合，原则上应以在场的近亲属达不成一致意见为限，不能硬性要求医疗机构通知到没到场的其他近亲属。当然，在患者病情允许的情况下，医疗机构应当进一步说明和督促患者近亲属形成一致意见，以免出现不必要的纠纷。

其五，关于兜底条款。考虑到社会生活的复杂性，“法律、法规规定的其他情形”有保留的必要。这不仅能保持司法解释本身适用的开放性，更能针对患者病情紧急程度，将来不及征求患者近亲属意见的情形包含在其中。当然，对于来不及征求患者近亲属意见的情形如何认定，这也是一个专业判断问题，对此既要尊重诊治过程中医务人员的专业判断，又要在事后纠纷处理中尊重有关的专业意见。

三、紧急救治情形下的责任承担规则

在紧急情况下，由于时间和治疗措施的紧迫性，取得患者或其近亲属的同意往往不现实，如患者重度昏迷而其近亲属又不在现场，但救治急危患者又是医疗机构及其医务人员的职责之一，无正当理由拖延救治时间导致不良后果的，还要承担相应的法律责任。[①] 虽然依据《医疗事故处理条例》第 33 条第 1 项规定，在紧急情况下为抢救垂危患者生命而采取紧急医学措施造成不良后果的，不属于医疗事故，医疗机构不承担责任。但这主要侧重于有关行政责任承担问题，对于就患者进行救济的侵权责任构成而言，则仍应看该医疗机构是否尽到合理诊疗义务。

正是基于上述考虑，本书认为，在价值导向上要鼓励和维护医疗机构在患者处于紧急情况下积极施救，对于医疗机构的积极施救行为造成不良后果应当持适当从宽的态度，对于医务人员经医疗机构负责人或者授权的负责人批准立即实施相应的医疗措施，患者因此请求医疗机构承担赔偿责任的，人民法院不予支持。同时对于医疗机构怠于立即实施相应的医疗措施，导致患者生命权、健康权等人身权益及财产权益受到损害的，也明确规定医疗机构应当承担相应的侵权责任。这样不仅有利于指导实务操作，有利于规范医疗机构行为，更有利于保障生命垂危等紧急情况下患者得到及时救治，维护其生命、健康权益。对于这一问题，《医疗损害责任司法解释》第 18 条第 2 款规定：“医疗机构及其医务人员怠于实施相应医疗措施造成损害，患者请求医疗机构承担赔偿责任的，应予支持。”

此外，依据《民法典》第 1224 条第 1 款第 2 项的规定，医务人员在抢救生命垂

---

① 参见王胜明主编：《〈中华人民共和国侵权责任法〉条文解释与立法背景》，人民法院出版社 2010 年版，第 239 ~ 240 页。

危的患者等紧急情况下已经尽到合理诊疗义务,患者即使在诊疗活动中受到损害,医疗机构也不承担赔偿责任。至于如何判断何为“合理诊疗义务”。本书认为,考虑到在紧急情况下,患者生命危在旦夕,抢救时间紧迫,医务人员对患者的病情及病状无法作详细的检查、观察、诊断,难以要求医生具有与平常时一样的思考时间、判断能力和预见能力。对于这种情况,法律对医生在注意程度上的要求相对低于一般医疗时的情形。但是,由于医疗行为直接关系患者的生命健康权,在紧急情况下实施的紧急救治措施,医务人员仍应尽到合理诊疗的注意义务。具体而言,根据现行的诊疗规范,紧急情况下合理的诊疗义务包括如下四个方面:一是对患者伤病的准确诊断。这是正确实施治疗措施的前提。如情况紧急,应当在采取控制患者伤病恶化的紧急措施后,再作进一步诊断和治疗。二是治疗措施的合理、适当,包括治疗措施和治疗用药的适当、合理。三是谨慎履行说明告知义务。紧急情况下,如果事前告知不可行,那么采取紧急救治措施后仍应履行该项义务。四是将紧急救治措施对患者造成的损害控制在合理限度之内。结合上述情况,如果医务人员已经尽到在紧急救治情况下医务人员通常应尽到的诊疗义务,即合理诊疗义务的,医疗机构不承担赔偿责任;否则,即便是为抢救生命垂危的患者,但医务人员未尽到紧急救治情况下医务人员应尽到的合理诊疗义务,医疗机构仍难以免除其赔偿责任。① 上述意见十分有道理。从审判实务的角度讲,如何认定紧急情况下医务人员已经尽到合理诊疗义务,这涉及专业判断问题,需要通过申请鉴定来解决。同样,法律对医务人员采取的诊疗行为是否存在过错的判断,只能基于当时的医学本身的发展,即是否尽到与当时的医疗水平相应的诊疗义务,尽到该项义务的,就视为医疗机构及其医务人员没有过错,对于患者的损害不承担赔偿责任。

专题五　过度诊疗禁止及相应责任

一、过度诊疗的内涵及外延

过度诊疗是医学领域共同面临的问题。近年来,一部分医疗机构及其医务人

① 参见王胜明主编:《〈中华人民共和国侵权责任法〉条文解释与立法背景》,人民法院出版社 2010 年版,第 240 页。

员以经济利益为目的，对就诊病人实施不必要的检查，小病大治，开具大处方，形成过高价格的医疗费用，造成患者不必要的人身损害和财产损失。《侵权责任法》第63条作出了“医疗机构及其医务人员不得违反诊疗规范实施不必要的检查”的规定，《民法典》第1227条延续了这一既有规定。该条款的出台，扩大了对就诊患者的保护力度和范围，加强了对医疗机构的规范和约束，对于控制和降低人民群众反映强烈的医疗费用过高的问题，具有十分重要的意义。但是，由于该条规定是原则性规定，没有对过度检查的侵权责任作出具体的规定，故有必要对过度诊疗的概念、过度诊疗侵权责任的构成要件及适用等问题作一探讨，以期对司法实践中的具体适用有所裨益。

（一）过度诊疗的内涵及构成要件

过度诊疗，又称过度医疗，是指医疗机构及其医务人员在诊疗活动中，违反诊疗规范实施不必要的检查；或者违反说明同意义务、注意义务实施超越治疗疾病所需常规医疗措施的不必要治疗，造成患者人身损害或财产损失的医疗侵权行为。过度诊疗主要包括过度检查和过度治疗两个方面。过度诊疗行为往往以获得过度经济利益为目的，但获得过度经济利益的主观因素并非其构成要件的必备条件。

1. 过度检查侵权行为的构成要件

《民法典》第1227条没有具体规定过度检查的责任构成，根据医疗损害侵权责任构成要件及责任主体的规定，过度检查侵权行为的成立须满足下列要件：

第一，过度检查侵权行为的责任主体是医疗机构或具有行医执照的个体诊所。依据国务院《医疗机构管理条例》的规定，医疗机构是经登记取得《医疗机构执业许可证》的机构。医务人员包括医师和其他医务人员，依照《执业医师法》的规定，医师是指依法取得执业医师资格或者执业助理医师资格，经注册在医疗、预防、保健机构中执业的专业医务人员。尚未取得执业医师资格或者执业助理医师资格，经注册在村医疗卫生机构从事预防、保健和一般医疗服务的乡村医生，也视为医务人员。医务人员是医疗机构的从属人员，其行为后果应由其所服务的医疗机构承担，不应作为单独的侵权责任主体。如果是未取得合法手续的非法行医主体产生的侵权纠纷，不属于医疗损害侵权行为，应另行适用其他侵权责任条款。

第二，医疗机构及其医务人员在诊疗活动中违反诊疗规范实施了不必要的检查。

首先，过度检查发生在患者生病期间前往医疗机构就诊，医疗机构实施诊疗的活动中；不包含体检行为，即去体检的人主动要求并申请针对特定项目进行检查的情况,不属于过度诊疗。

其次,医疗机构及其医务人员违反诊疗规范。诊疗规范顾名思义就是诊疗活动中应当遵守的各种诊疗标准、规程等。诊疗规范不应仅局限于卫生部门制定的诊疗规范,还应考虑在卫生部门制定的诊疗规范之外,由医学会制定的指南、医学界形成共识的规范等,这些也应纳入诊疗规范的范畴。违反诊疗规范是判断过度检查的重要标准,但对于没有规定的诊疗规范,或出现新医疗技术需要运用时,就无法运用现有诊疗规范判断是否属于过度检查。因此,判断是否存在过度检查,可以引入医疗鉴定机构出具鉴定意见来确认。

最后,实施了诊疗规范之外的不必要的检查。尽管违反诊疗规范是一个相对客观的标准,检查是否必要还应当结合患者的病情本身的具体情况以及患者或者近亲属的意见来综合考虑。在患者或者近亲属主动要求检查某些项目,医务人员认为有必要时,可以进行相应的检查。现实中,也确实存在某些患者盲目求全求贵,即使医务人员履行了说明义务,患者或患者的近亲属仍然坚持要求医务人员进行一些不必要的检查,致使医疗过度。对此,医疗机构不承担过度检查的侵权责任,事后患者亦不得以过度检查为由主张医疗机构承担责任。考虑到医学本身具有非常复杂的情况,患者存在个体差异,同样的疾病在不同人身上、不同阶段都可能有不同的表现,并且患者病情在检查前处于不确定状态,医务人员对疾病的治疗应当享有一定范围的自由裁量权。因此,必要的检查项目还应当结合主观目的来判断。换言之,必要的检查项目是紧紧围绕着诊断治疗疾病,以查明病情、病因为目的而展开的,超出此目的而实施的检查项目,就可以结合诊疗规范认定为不必要的检查。

第三,须有患者损害的事实。过度检查侵权责任成立的前提是造成患者损害。患者损害包括财产损害、人身伤害和精神损害。财产损害,是指因过度检查给患者财产造成的损害。比如,过度检查增加的患者费用;或者给患者人身造成伤害而引发的患者财产上的损害。人身伤害,是指过度检查侵害患者的生命权、健康权与身体权,致使患者一般伤害、残疾或死亡。精神损害,是指患者因过度检查而造成的精神痛苦,比如因过度检查导致身体残疾而形成的精神上的伤害。

第四,过度医疗检查行为与患者损害之间有因果关系。过度检查侵权责任中,过度检查行为与患者损害之间存在引起与被引起的关系,前者为因,后者为果。如果过度检查行为与患者损害之间不存在前因后果关系,医疗机构不承担责任。在过度检查侵权责任中,往往存在多因一果的情形。比如,患者的损害可能既与过度检查有关,也与患者特殊病情或患者特异体质等有关。因此,对于患者损害存在多种原因时应适用原因力规则,医疗机构仅对过度检查行为所引起的那一部分损害承担责任,对于非因过度检查行为引起的损害不承担责任。

第五,医疗机构及其医务人员有过错,即有故意或过失。其一,具备主观上的故意。过度检查侵权责任中,无论医疗机构及其医务人员的动因是规避医疗损害责任,还是为了追求经济利益,对过度检查造成患者损害的后果,即明知或预见到自己过度检查行为会给患者造成损害,仍然希望它发生或放任它发生。对于纯属增加患者医疗费用,追求获利性的过度检查项目,医疗机构及其医务人员多持希望它发生的主观心理状态,即直接故意。其二,存在过失。对于过度检查致使患者人身伤害或者财产损害的后果,医疗机构及其医务人员因为疏忽大意没有预见或已经预见却轻信能够避免危害结果发生。正因为医疗机构及其医务人员违反法律、行政法规、规章、诊疗规范、常规及合理诊疗应尽到的注意义务,实施不必要的检查项目,法律才要求其承担侵权责任,表示对其行为在法律上持否定性评价的态度。

2. 过度诊疗侵权行为的构成要件

医疗机构为了获取更大利益,在过度检查的基础上,对患者实施过度治疗现象主要体现在:故意延长不必要的治疗时间,增加不必要的治疗项目,开具不必要的用药处方,实施不必要的手术项目等。《民法典》第 1227 条没有规定过度诊疗的侵权责任,但是第 1219 条、第 1221 条规定了医务人员的说明义务和注意义务。由于医疗行为的专业性,患者自身在绝大多数情况下并不能分辨医疗机构所作的治疗行为是否过度,过度诊疗应结合医疗损害责任的其他规定综合分析。在前面所分析的过度检查侵权行为的基础上,本书认为,过度诊疗侵权责任的成立须满足下列要件:

第一,过度诊疗侵权行为的责任主体是医疗机构或具有行医执照的个体诊所。

第二,医疗机构及其医务人员在诊疗活动中违反说明义务、注意义务,实施了超越治疗疾病所需要的常规医疗措施之外的不必要治疗措施。其一,《民法典》第 1219 条第 1 款规定了医务人员的说明义务:"医务人员在诊疗活动中应当向患者说明病情和医疗措施。需要实施手术、特殊检查、特殊治疗的,医务人员应当及时向患者说明医疗风险、替代医疗方案等情况,并取得其明确同意;不能或者不宜向患者说明的,应当向患者的近亲属说明,并取得其明确同意。"简言之,医务人员对于患者疾病的诊疗方法,必须向患者提供充分的真实信息,所需要的必要医疗措施,以供患者对是否接受治疗作出判断。医务人员在为患者治疗的过程中,应当履行说明义务,采取恰当的医治手段和适度的诊疗方法。由于过度治疗侵害了患者权益。因此,医疗机构在实施过度治疗的情况下,医务人员要么不履行,要么不恰当履行说明义务,而直接采取过度治疗措施,侵害患者的知情同意权,应构成过度治疗的侵权责任。这里的不恰当履行说明义务表现为:向患者作出不充分说明,向患者作出不真实的说明,采用诱导、误导甚至欺骗的方法加以说明。这些情况必然违反说明义务,患者可据此向医疗机构主张赔偿。其二,《民法典》第1221条规定了医务人员的注意义务:"医务人员在诊疗活动中未尽到与当时的医疗水平相应的诊疗义务,造成患者损害的,医疗机构应当承担赔偿责任。"这里的注意义务即医务人员的诊疗水平要达到"当时的医疗水平",而"当时的医疗水平"应当包括合理的手术、合理的用药、合理的费用等内涵。而过度治疗往往主要表现为放宽住院及治疗标准、选择高档药物、扩大手术范围、医疗材料过度浪费及过度医疗保健等,不是属于"当时的医疗水平"情况下应实施的合理医疗措施,而是与"当时的医疗水平"不一致的额外手段和不必要的治疗措施。因此,过度诊疗行为必然构成医务人员注意义务的违反,患者可依此向医疗机构主张赔偿。

第三,须有患者受到损害的事实。患者在治疗过程中,发生了物质上或者精神上的损害,具体表现在患者人格权利、身份权利、财产权利及相应的利益受到侵害的客观事实。患者的受损害要件事实是否包含精神损害,多数的学者是持肯定态度的。精神上的损害,包括两个方面:一是侵害物质型人格权造成的精神痛苦的精神损害;二是侵害隐私权等精神型人格权造成的精神利益的损害。

第四,过度诊疗行为与患者损害之间有因果关系。过度诊疗行为作为原因,患者所受损害事实作为结果,在它们之间存在前者引起后者,后者被前者所引起的客观联系。在过度诊疗损害责任中,医疗机构只在有因果关系存在的情况下,才就医疗机构及其医务人员的过度诊疗行为负损害赔偿责任。主要表现为:其一,过度诊疗行为与患者损害结果之间具有直接因果关系的,无须再适用其他因果关系理论判断,直接确认其具有因果关系。其二,在过度诊疗行为与患者损害结果之间有其他介入的条件,无法确定直接原因的,应当适用相当因果关系理论判断。该种过度诊疗行为是该种患者损害事实发生的适当条件,因而二者之间具有相当因果关系。其三,要给医疗机构以举证机会,使其能够举出证据证明自己的诊疗行为与损害后果之间不存在因果关系,以保护自己不受推定的限制。如果医疗机构无因果关系的证明成立,则推翻因果关系推定,不构成侵权责任。在因果关系构成多因一果的情况下,多种原因对于患者损害的发生产生不同作用,因而应当适用原因力规则,确定医疗机构及其医务人员的过度治疗行为对于患者损害结果发生的原因力大小,准确确定赔偿责任。

第五,医疗机构及其医务人员有过错,包括故意和过失。医务人员在诊疗活动中未尽到与当时的医疗水平相应的诊疗义务进行过度诊疗,造成患者损害,医疗机构及其医务人员在此过程中存在主观上的过错。对于过失的认定,鉴于医疗技术的复杂性、医疗活动的专业性等特性,医疗纠纷中医疗单位有无过失,往往需借助专业、权威的机构进行鉴定,将鉴定意见作为认定过度诊疗纠纷中医疗机构及其医务人员存在过错的证据。

(二)过度诊疗行为的外延

过度诊疗行为其性质为发生在医疗过程中的特殊民事侵权行为。过度诊疗行为是相对于适当诊疗行为而言的概念,有学者认为过度诊疗行为具体是指一种医疗机构及其医务人员对患者疾病诊疗所实施的诊疗措施或手段明显超过疾病诊疗实际需要,致使患者的医疗费用明显超过疾病诊疗实际需求的医疗行为或医疗过程。[①] 我国的过度诊疗是随着我国医疗体制改革的进程而产生的,其危害不仅体现在对患者造成直接的人身财产损失,而且还造成了医疗资源极大浪费以及医疗行业信誉的严重受损。《民法典》规定中的"不必要",与"必要"是相对的,在诊疗常规内实施的治疗一般情况下都是必要的,或者当时认为不应该,但过后可能就是必要的,因此有必要划分适当的边界和外延。过度诊疗是相对于适度诊疗而言的,在把握过度诊疗的边界和外延时,应充分理解适度诊疗的因素。

适度诊疗应考虑以下几个方面的因素:(1)符合患者实际需求的。实际需求因人而异、因地而异,诊疗应考虑患者病情、承受能力等方面。(2)疗效是最好的,既非"过",亦非"不及"。(3)经济耗费是最小的。(4)对患者的侵害是最小的,无伤害,或伤害最小,无痛苦或痛苦最小。能药物治疗的,尽量不要动手术;肢体、器官能保留的,要尽量保留。(5)便捷的。如果双方有约定,那么适度诊疗就是约定诊疗,但约定不能违反法律强制性规定,也不能违反公序良俗。[②] 比如,两个同样病症的患者,对经济困难的患者,医生仅仅采用了传统的望闻问切诊断,然后开了一些很便宜的药物,建议患者回家吃药、静养并加以观察;而对富裕患者,富裕患者明确表示要去最好的医院看最好的医生,医生建议留院观察,做心电图、彩超,同时给其

---

① 参见王安富:《论过度医疗侵权行为及其法律规则》,载《法学论坛》2012 年第 4 期。

② 参见最高人民法院侵权责任法研究小组编著:《〈中华人民共和国侵权责任法〉条文理解与适用》,人民法院出版社 2016 年版,第 447 页。

使用了一些昂贵的进口药。富裕患者是否被过度诊疗了？仅仅根据医生让富裕患者消费更多的医疗服务这一点并不能断定过度诊疗的存在。因为患者支付能力不同,医生根据患者的支付能力和诉求提供不同的诊疗方案,形成了不同的诊疗过程,符合富裕患者实际需求,不宜因此认定为过度诊疗。

不适当的防御性医疗也可能构成过度诊疗行为。防御性医疗,是指医生在诊疗疾病的过程中为避免医疗风险和医疗诉讼而采取的防范性医疗措施。它作为一种诊疗过程,并非医学疾病本身的需要,而是为构造一个完整的防御体系,以应付可能的医疗诉讼。① 防御性医疗包括积极防御性医疗和消极防御性医疗。积极防御性医疗主要表现为医生为患者积极地做各种检查与治疗;消极防御性医疗表现为医生对具有较大风险的危重病人,为回避手术和其他治疗措施所带来的高风险,拒绝为他们治疗。虽然防御性医疗的主要目的是应对可能发生的医疗诉讼,具有自我保护性,但在积极防御性医疗中,为了保全证据对患者进行不必要的检查和治疗,其结果就是对患者的过度诊疗,若从主观恶性程度上区分过度诊疗和防御性治疗,只会加大辨别两者的难度,于理论和实践并无益处。为避免概念界定上的混乱,有必要将积极防御性医疗纳入过度诊疗之中。至于消极防御性医疗,可纳入医务人员在诊疗活动中未尽到与当时的医疗水平相应的诊疗义务,致使患者损害的责任之中。②

二、过度诊疗的相应侵权责任

(一)强化过度诊疗的侵权责任,切实保护患者权利

对于过度诊疗的法律后果,学界有合同责任说与侵权责任说两说。我国立法采侵权责任说。现行条文将不必要检查作为禁止的行为加以规制,加强适用过度诊疗等相关规定,强化过度诊疗的民事责任,遏制过度诊疗的蔓延,对违反上述义务的具体法律后果,应当在司法实践中不断完善,以达到充分保护患者合法权益的目的。

(二)过度诊疗的法律后果

过度诊疗导致人身和财产权益损害的,相关的医疗机构和人员应当承担相应法律责任。具体来说,受害者可以依据《民法典》《产品质量法》《消费者权益保护

---

① 参见刘琮、杨秀群、胡正路:《防御性医疗行为研究进展及启示》,载《医学与哲学(临床决策论坛版)》2006 年第 8 期。

② 参见杨丽珍:《论过度医疗侵权责任》,载《人文杂志》2011 年第 1 期。

法》《人身损害赔偿解释》《医疗损害责任司法解释》等法律法规以及司法解释为请求权依据，要求医疗机构承担赔偿责任。行为是否造成新的人身伤害将过度医疗的赔偿范围分为两种情况：存在人身伤害且与原过度诊疗行为有因果关系，应承担损害赔偿责任；不存在新的人身伤害，也应承担不必要费用的退回义务。[①]

1. 造成患者新的损害的，承担赔偿责任

存在新的人身伤害，且原过度诊疗行为与新的人身伤害间存在因果关系，则患者有权要求医疗机构承担赔偿责任。此赔偿范围应包括因新的人身伤害产生的一切费用。在具体的实践中，过度诊疗引发患者新的损害，往往与其他医疗损害责任事故交织在一起，或者在其他的医疗损害案件中，患者在相关案件中专门提出并能证明存在过度诊疗侵权行为的，在责任划分时，能够作出区分的，分别认定相应的侵权责任；无法或难以作出责任区分的，综合认定相应的侵权责任。

2. 没有造成新的损害的，退回不必要的医疗费用

存在过度诊疗行为，但过度诊疗没有造成新的人身伤害或者医疗行为与人身伤害后果之间没有因果关系时，这里只是医疗费用的不合理增加，患者有权主张退回不必要费用。

三、过度诊疗的举证证明责任

经济学中将医生比患者拥有更多的知识和信息这种现象称为“信息不对称”。在过度诊疗中，医务人员很可能利用信息不对称诱导患者过多消费医疗服务，以谋取更多经济利益，而这种不对称导致了患者在过度诊疗纠纷中的举证困难。《医疗损害责任司法解释》对医疗纠纷的举证责任、鉴定制度进行了细化规定，这些规定同样可以适用于过度诊疗侵权的举证责任分配。正因为要患者去证明医疗机构及其医务人员作出的检查和治疗不符合规范存在很大的困难，有学者就提出，过度诊疗侵权可以适用过错推定原则。主要基于以下理由：首先，过度诊疗侵权较一般的医疗技术侵权更具隐蔽性，往往难以被发现，要求患方证明医方的过错将会给患方带来过重的负担。其次，过度诊疗行为是一种典型的违反医疗伦理的行为，一旦医方存在过度诊疗的行为，主观上往往存在过错并有非法获利的目的，因此通过过错推定原则的适用进行法律上的推定，符合实际情况，较为合理。最后，过度诊疗行为较医疗技术侵权、医疗管理侵权，主观恶性更大，医务人员的职业决定了他们负

---

① 参见最高人民法院侵权责任法研究小组编著：《〈中华人民共和国侵权责任法〉条文理解与适用》，人民法院出版社 2016 年版，第 448 页。

担较其他行业更高的注意义务和更高尚的道德要求,但过度诊疗是一种利益驱使下的主动违法行为,对于这种行为规定更为严厉的归责原则并无不妥。[①]

本书认为,过度诊疗侵权责任仍应适用一般的过错责任归责原则。由于医疗机构对于患者拥有绝对的专业性优势,从举证能力上讲,可以要求医疗机构在何为"符合诊疗规范"的检查,何为符合"当时医疗水平"的必要治疗措施等方面提供更多的材料,作出更多的明确合理的解释,提供相应的证据证明其检查、治疗措施符合"诊疗规范"和"当时的医疗水平"是合理的。但是,从举证责任分配上来讲,医疗机构有更强的举证能力并不能要求其承担举证不能的不利后果。适用过错推定原则,将举证不能的责任和后果划归给医疗机构是不合适的。首先,目前法律并未有这样的明确规定;其次,过度诊疗虽本身是基于医疗机构的过错发生的,但举证证明责任还是应当坚持平衡原则。如果采取举证责任倒置的过错推定原则,将举证不能的后果都划归医疗机构,那么任何一个医疗行为,都可能因患者单方面提出存在过度诊疗而无须举证,医疗机构将会陷入大量诉讼之中。这不但不能缓和医患矛盾,反而让医患双方产生十分繁重的讼累。因此,考虑到患方承担的证明责任困难,在其对于医疗机构的因果关系和过错这两项的证明难以做到或者无法进行举证时,可以依照2020年《医疗损害责任司法解释》第4条"患者无法提交医疗机构或者其医务人员有过错、诊疗行为与损害之间具有因果关系的证据,依法提出医疗损害鉴定申请的,人民法院应予准许"的规定,准许患者依法提出医疗损害鉴定申请,通过法院委托鉴定的方式确定过度医疗的过错和因果关系。实践证明,这一做法对于医疗鉴定等相关配套制度的完善、过度诊疗侵权行为的遏制、和谐医患关系的建立,都能发挥很好的作用。

---

① 参见李雨旋、张凌竹:《论过度医疗侵权责任》,载《长春理工大学学报(社会科学版)》2018年第4期。

第八章 环境污染和生态破坏责任

专题一 因果关系证明责任

一、环境侵权因果关系举证证明责任倒置

环境侵权责任，即污染者违反法律规定的义务，以作为或者不作为的方式，污染生活环境、生态环境造成损害，依法不问过错，应当承担损害赔偿等法律责任的特殊侵权责任。[①] 环境侵权责任是特殊侵权责任，突出特点是适用无过错责任归责原则和因果关系推定原则。构成环境侵权责任，一方面，不问污染者主观方面是否存在过错，无论污染者在主观上有无过错，只要实施污染行为造成损害，都应当承担赔偿责任。另一方面，只要行为人实施了环境污染或生态破坏行为，受害人因此遭受了损害，行为与结果之间存在基本的关联关系，即推定因果关系存在。但不是说最基本的过错责任归责原则在环境侵权中不适用，特别是在适用惩罚性赔偿的情况下，行为人的主观过错是要考虑的。

因果关系的证明与认定是个世界性难题，这在环境侵权案件中表现得尤其明显，因果关系理论就经历了复杂的发展历程。《民法典》第 1230 条(《侵权责任法》第 66 条)以因果关系举证倒置的方式规定侵权人需就侵权行为与损害后果不存在因果关系承担举证责任。环境侵权因果关系证明采举证责任倒置的法理基础，学界意见历来不一。有人认为，因环境污染发生纠纷，污染者应当就法律规定的不承担责任或者减轻责任的情形及其行为与损害之间不存在因果关系承担举证责任。法律规定了环境污染侵权因果关系的举证责任倒置，则应由污染者就行为与损害之间的因果关系承担举证义务。换言之，污染者必须提出反证，证明其行为与损害之间没有因果关系，才能免于承担侵权责任。[②] 质言之，《侵权责任法》第 66 条的法

---

① 参见杨立新:《侵权法论》(第 5 版)，人民法院出版社 2013 年版，第 731 页。

② 参见王胜明主编:《中华人民共和国侵权责任法释义》，法律出版社 2010 年版，第 336 页。

意是被侵权人无须就环境侵权的因果关系承担举证责任。相反,另有人认为《侵权责任法》第66条属于提示性规定,只是对因果关系证明的后半部分内容作出了规定。需要注意的是,在因果关系推定成立的情况下,允许污染者通过反证的方式推翻推定,而对前半部分即“原告负因果关系之举证责任”未作出规定。按照这种解释路径,则《侵权责任法》第66条规定的意旨还是由受害人承担因果关系的证明责任,只是在解释论上证明程度有所减弱,在此基础上污染者可以反证因果关系不成立。[①] 另有学者结合最新司法解释认为,《侵权责任法》第66条规定的是环境侵权责任因果关系推定,《环境侵权责任司法解释》第6条对其进行补充性的规定。这种因果关系的推定是法律上的推论推定,受害人需证明基础事实的存在(污染行为和损害之间的初步关联性),基础事实证实之后,法官则根据推定的规则推定因果关系存在,此时因果关系的证明责任移转给加害人,其需证明因果关系不存在。受害人对因果关系证明的标准是一般盖然性,法官在内心确认可能存在关联性即可。为了减轻受害人对因果关系的证明责任,对因果关系的认定采取类型化的处理,在侵害人身权益的案件类型中采取四要件来认定因果关系,在侵害财产权益案件类型中采一般盖然性的因果关系认定方式。

令人证明“无”乃“魔鬼证明”。立法为何持举证责任倒置立场,主要是基于环境侵权的特殊性。(1)环境污染损害一般具有长期性、潜伏性、持续性、广泛性的特点,有的环境损害地域广泛,污染源与损害结果地距离很远,有的损害结果往往不是即时完成的,而是日积月累慢慢形成的,所以即使产生损害,往往证据也容易灭失。(2)环境污染造成损害的过程具有复杂性,损害并非总是由污染物直接作用于人身和财产造成的,往往是污染物与各环境要素或者其他要素相互之间发生物理、化学、生物反应形成最终结果。(3)有的环境污染侵权涉及一系列物理、化学、生物、地理、医学等专业知识甚至一些高科技知识,要证明行为与损害事实之间的因果关系,必须具备相关的专门科学技术知识和仪器设备。(4)在确定因果关系时,多因一果的现象经常出现,被侵权人单人难以完成举证。由是,根据立法政策,法律确定环境侵权采因果关系举证倒置规则。

但是,环境侵权中因果关系的举证责任倒置并不意味着原告不承担任何举证责任。环境侵权责任纠纷案件中,原告应就侵权行为、损害事实、赔偿损失数额等承担一定的举证责任。在被侵权人履行了初步证明责任之后,行为人应当就法律

---

① 参见张挺:《环境污染侵权因果关系证明责任之再构成——基于619份相关民事判决书的实证分析》,载《法学》2016年第7期。

规定的不承担责任或者减轻责任的情形及其行为与损害之间不存在因果关系承担举证责任,此时举证责任转移到了被诉侵权人一方,也就是我们常说的举证责任倒置。需要指出的是,这一规则也适用于环境公益诉讼和生态环境损害赔偿诉讼。

二、因果关系证明标准

侵权法上因果关系的样态因行为人作为与否、损害形成的过程、责任人的主观意志状态以及原因和结果的数量等多方面因素,呈现多样性和复杂性。比如,我们常说的一因一果、一因多果、多因一果、多因多果等样态。由此,环境侵权中因果关系的证明是极为复杂的,同时还要求达到一定的证明标准,才能被人民法院采纳。所谓证明标准,也称证明尺度、证明度、证明力、证据力、证明程度等,是指裁判者对当事人所主张事实的信任度,也可以说是裁判者在何种程度上对事实产生确信才具有法律效力。

(一)原告的初步证明责任

《民法典》第1230条就污染行为与损害之间的因果关系实行举证责任倒置,由被告就因果关系不存在承担举证责任。但为了防止滥诉,弥补事实认定过程中举证责任倒置规则内在的逻辑结构缺陷,根据《环境侵权责任司法解释》第6条的规定,被侵权人应当提供证明污染者排放了污染物、其所受损害,以及前述污染物或其次生污染物与损害之间具有关联性的证据材料。根据《环境侵权责任司法解释》第6条的规定,被侵权人请求环境损害赔偿时,应当提供证明以下事实的证据材料:第一,污染者排放了污染物,即污染者实施了排污行为;第二,被侵权人的损害结果,即被侵权人有损害事实;第三,污染者排放的污染物或者其次生污染物与损害结果之间具有关联性。需要注意的是,人民法院对原告(被侵权人)就污染行为与损害结果之间存在因果关系的举证责任要求非常低,只需证明两者之间存在关联性即可。《生态环境损害赔偿司法解释(试行)》第6条至第10条就生态环境损害赔偿诉讼的证据规则予以了规定。其中,第6条明确了原告的举证责任,即原告应就"被告实施了污染环境、破坏生态行为或者具有其他应当依法承担责任的情形;生态环境受到损害以及所需修复费用、损害赔偿等具体数额;被告污染环境、破坏生态行为与生态环境损害之间具有关联性"承担相应举证责任。虽然从文义上看,《环境侵权责任司法解释》第6条仅规定了原告就特定事实的证明提出证据,但在理解和适用上,一般均认为该条规定了原告的举证责任。

司法实践中需要原告(被侵权人)就因果关系承担初步证明责任,只是"关联性”达到何种程度方为完成了初步证明责任值得进一步深入探究。归根结底,现代侵权法需要通过某些实现公平合理的法律政策确立行为人的责任,以实现社会生活中个人自由、个人安宁和社会效用的平衡。在认定是否完成了因果关系的初步证明责任,下面 3 个案例作出了不同的判决,其中对“关联性”的判断是关键。比如,最高人民法院 2015 年度发布 10 起环境侵权典型案例之五——沈某某与机械工业第一设计研究院噪声污染责任纠纷案,法院认为,“沈某某主张其心电图异常是机械工业第一设计研究院在其住宅东墙外侧安装的增压泵产生的噪声所致,但未提供证据证明涉案增压泵产生的噪声与其认为自己受到的损害之间具有关联性”。又如,在葛洲坝荆门水泥有限公司与武汉金桥水产养殖有限公司、胡某某、中国葛洲坝集团股份有限公司环境污染责任纠纷案,法院认为,水泥厂在生产水泥的过程中必然会产生粉尘、噪声、震动等,本案金桥公司的大鲵养殖基地距荆门水泥公司仅 300 米,长期在粉尘、噪声、震动的环境中生活,势必对大鲵的生长、发育、繁殖等产生一定影响,金桥公司提供上述证明,可以证实荆门水泥公司污染事实成立,金桥公司损害事实存在,且初步证明了二者之间存在因果关系。再如,在陈某某与岳阳市福寿山庄殡仪有限公司等水污染损害赔偿纠纷案,法院认为,“虽然本案是因环境污染引起的特殊侵权纠纷,适用举证责任的倒置,但举证责任的倒置并不能免除原告初步的、有一定盖然性(鱼死于被告排污的可能性)的举证责任,否则不符合立法的本意。”

(二)被告否定因果关系的证明责任

罗森贝克早已指出,要求当事人就“无”的事实予以证明实为“魔鬼证明”。令被侵权人就侵权行为与损害事实的关联性承担举证责任,有益于对行为人的保护。司法实践中,在哪些情形下,人民法院可以认定被告完成了关于因果关系不存在的举证责任,法律没有明确规定,实践中做法多种多样。《环境侵权责任司法解释》规定了可以认定被告完成了因果关系不成立的举证责任的三种情形:

1. 排放的污染物没有造成该损害可能的情形

在原告证明了被告排放污染物及损害结果的基本事实后,被告也会提出反证,试图推翻上述基本事实。法官需要抉择是否适用因果关系举证责任倒置规则。一般而言,原告需要对被告排放污染物和损害结果的基本事实的证明达到使法官确信的证明程度。如果不能达到使法官确信的证明标准,则因果关系举证责任倒置的前提则不成立,法官不能适用因果关系举证责任倒置。当原告对因果关系达到了初步证明,举证责任转移到被告后,被告可以通过举证证明其排放的污染物不会导致原告的损害来完成举证责任，比如被告采取了合理的防治措施处理其排放的污染物，排放的物质已不具有致害性。

2. 排放的可造成该损害的污染物未到达该损害发生地的情形

如果被告排放可造成损害的污染物与原告的损害在空间上距离过远，再结合案件的具体情形，如气候特征、风向、水流流向、地理环境等因素，若推定因果关系的存在违反科学上的常理，则被告主张因果关系不成立可以得到认可。例如，渤海湾受到船舶油污污染，海南岛的渔民主张溢油行为造成其损害，若被告能够举证证明油污的范围尚未到达海南海域，则视为被告完成了因果关系不存在的举证责任。排放的可造成损害的污染物到达损害发生地，才使因果关系的推定具有可靠性和科学性。被告排放可造成损害的污染物未到达损害发生地，说明被告排放的污染物不是导致该损害的原因，被告排放污染物的行为与原告主张的损害不具有关联性，法院应当认定被告排放的污染物与原告的损害之间因果关系不成立。

3. 该损害于排放污染物之前已发生的情形

按照因果关系的链条和逻辑顺序，一般是原因在前，结果在后。在时间顺序上，只有被告排放污染物在前，造成原告的损害在后，才有可能建立被告排放污染物与原告损害之间的因果关系。若被告举证证明原告的损害在被告排放污染物之前已经发生，则从反面说明了被告排放污染物的行为与原告损害之间不具有因果关系。原告的损害不是被告排放污染物的行为所导致的，而是其他原因造成的。同时，被告需要证明其排放污染物并未加重原告的损害。否则，被告仍须对其造成原告损害加重的部分承担赔偿责任。因此，若被告主张其对原告的损害不承担赔偿责任，则不仅需要证明其排放的污染物是在原告的损害发生之后，还要证明其排放的污染物没有加重原告既有的损害。

专题二　惩罚性赔偿制度

一、惩罚性赔偿制度

我国于 1993 年颁布的《消费者权益保护法》，首次以特别法的形式确定了惩罚性赔偿制度，这是我国民事责任立法的重大突破。《食品安全法》第 148 条对惩罚性赔偿制度作出规定,目的是惩罚生产不符合食品安全标准的食品或者经营明知是不符合食品安全标准的食品这一性质严重的违法行为。惩罚性赔偿实质上是公法私法二分体制下以私法机制执行由公法担当的惩罚与威慑功能的特殊惩罚制度。① 由于"侵权法与刑法的分离,从而产生了一个中间地带,对于那些虽然不构成犯罪,但是又具有一定程度的社会危害性的行为应当适用惩罚性赔偿。由于民法的方法和刑法的方法的二元分割,使一些不法行为不能受到法律应有的调整。惩罚性赔偿制度补充了民法、刑法二元分割造成的法律调整'相对空白',使得各种不法行为人都承担其应负的法律责任,从而实现法律对社会的妥善调整"。② 为此,肯定环境侵权责任适用惩罚性赔偿,不仅可以避免"同质赔偿对受害者的救济严重不足,并造成环境侵权案件泛滥"的悲剧的出现,而且采取惩罚性赔偿,可以使环境民事责任真正起到抑制环境侵权的作用。③

目前,我国法律、司法解释关于惩罚性赔偿已经有不少规定。例如,《消费者权益保护法》第 55 条规定:"经营者提供商品或者服务有欺诈行为的,应当按照消费者的要求增加赔偿其受到的损失,增加赔偿的金额为消费者购买商品的价款或者接受服务的费用的三倍;增加赔偿的金额不足五百元的,为五百元。法律另有规定的,依照其规定。经营者明知商品或者服务存在缺陷,仍然向消费者提供,造成消费者或者其他受害人死亡或者健康严重损害的,受害人有权要求经营者依照本法第四十九条、第五十一条等法律规定赔偿损失,并有权要求所受损失二倍以下的惩罚性赔偿。"《食品安全法》第 148 条第 2 款规定:"生产不符合食品安全标准的食品或者经营明知是不符合食品安全标准的食品,消费者除要求赔偿损失外,还可以向生产者或者经营者要求支付价款十倍或者损失三倍的赔偿金。"从上述规定可以看出,我国法律规定的惩罚性赔偿均以行为人的主观故意、明知或者欺诈为前提,体现其惩罚性和威慑目的。

惩罚性赔偿,是指民事主体违反民事法律规定,通过法院判处的由侵害人向被侵害人支付超过实际损失的金额的一种损害赔偿。因此,从惩罚性赔偿制度的功能定位和司法的价值导向上讲,惩罚性赔偿的主要目的在于惩罚有主观故意的侵权行为,并遏制这种侵权行为的发生。④ 具体包括以下几层含义:其一,它是民事主体在承担补偿性赔偿的前提下承担的责任;其二,它是由法院判处,也就是某个具

---

① 参见朱广新:《惩罚性赔偿制度的演进与适用》,载《中国社会科学》2014 年第 3 期。
② 王利明:《美国惩罚性赔偿制度研究》,载《比较法研究》2003 年第 5 期。
③ 参见高利红、余耀军:《环境民事侵权适用惩罚性赔偿原则之探究》,载《法学》2003 年第 3 期。
④ 参见王胜明主编:《中华人民共和国侵权责任法释义》,法律出版社 2010 年版,第 236 页。

体案件是否适用惩罚性赔偿必须由人民法院以判决的形式作出,当事人不能预先约定;其三,判处的惩罚性赔偿金是由民事主体向另一平等民事主体支付,而非交给国家。惩罚性赔偿相较于补偿性赔偿,有其特点:第一,惩罚性。补偿性赔偿金的主要目的和功能在于弥补受侵害人所遭受的损失,惩罚性赔偿的功能不在于填补受侵害人的损失,而在于惩罚和制裁加害人的严重过错行为。第二,附加性。惩罚性赔偿是一种附加的民事责任形式,只有当补偿性赔偿金不足以惩罚侵害人的恶意侵权行为,或者不足以表明法律对这种行为的充分否定,并以此来阻止其再次发生时,才能加以适用。第三,法定性。惩罚性赔偿金是民事责任的例外和补充,必须有立法的规定和判例性质的裁决,否则应视为不允许适用惩罚性赔偿,以免可能导致法官滥用权力进行不正当的惩罚,侵害被告的合法权益,进而对整个民事责任的基础和内部的和谐造成冲击。

二、惩罚性赔偿在环境侵权中的适用条件

需要注意的问题是,此前法律对环境侵权并未规定惩罚性赔偿,人民法院在审理环境侵权案件中采取带有一定惩罚性质的赔偿不是严格意义上的惩罚性赔偿。《民法典》实施后,适用惩罚性应当符合下列条件:

第一,侵权人故意违反国家规定。关于“故意”的规定,是指行为人故意违反环境法的相关规定,还是指行为人明知其行为会造成严重的损害后果,抑或二者兼而有之?此外,“重大过失”是否应和“故意”一并作为环境侵权惩罚性赔偿的适用情形?各种疑问,均需澄清。根据故意的语义可知,故意是指行为人明知其行为会发生侵害他人民事权益的后果,仍有意为之的一种主观心理状态。故意并不要求行为人对损害有所认识,但无论如何,行为人应认识到其行为会给他人权益造成损害。[①] 因此,本书认为在环境侵权案件中,不需要同时满足侵权人既知道违反环境法的相关规定又需要满足明知其行为会造成严重的损害后果。只要行为人违反保护生态环境的相关法律规定,即可推定其为故意,不需要明知道其行为会造成严重的损害后果。侵权人违反国家规定主要是指行为违反了环境行政法律法规以及部门规章,譬如污染物排放标准。为避免环境侵权惩罚性赔偿制度的滥用,违法性要件必不可少。从惩罚性赔偿的功能来看,其主要功能为预防和威慑功能;遵守环境法律法规、部门规章的污染环境的行为,若造成严重的损害后果,也应该适用惩罚

---

① 参见程啸:《侵权责任法》,法律出版社 2015 年版,第 264 页。

性赔偿。如《环境保护法》第65条和《环境侵权责任司法解释》第16条规定的“弄虚作假”的情形。关于“国家规定”,应当作比较宽泛的理解,包括法律、行政法规和部门规章。环境资源案件涉及很多国家标准、行业标准,这些能否全部作为国家规定来看待,有不同的理解。本书认为,如国家标准属于强制性的,应当视为国家规定。反之,有些指引性的国家标准不一定全部视为国家规定。同理,如没有国家标准或者国家标准未对此作出规定的,也可以参照适用一些行业标准。有的学者认为,“国家规定”应作更广义的理解,因为有些地方法规、地方标准等对环境的要求更严,当然要适用。违反国家规定作为违法要件,本书认为不宜严苛,实务中还要结合各种因素综合衡量。

第二,污染环境、破坏生态造成严重后果。惩罚性赔偿责任的承担应以造成严重的损害后果为必要条件。惩罚性赔偿需要根据损害结果确定“合理”的比例,即在补偿性赔偿与惩罚性赔偿之间有一个合理的比例,方可判决行为人承担惩罚性赔偿,而不是根据主观臆断随意判决。损害结果的轻重程度在惩罚性赔偿的判定中是一个重要的构成要件,它以客观事实为依据,而非以主观臆断为标准。[①] 对于损害后果的严重情况应该结合环境侵权的不同种类区别对待,由法官进行相对的自由裁量。本书认为严重损害后果的司法认定,可对司法实践中已成共识的情形予以类型化规定,具体通过“列举+兜底”的立法技术,如《生态环境损害赔偿司法解释(试行)》第1条规定的“发生较大、重大、特别重大突发环境事件的”“在国家和省级主体功能区规划中划定的重点生态功能区、禁止开发区发生环境污染、生态破坏事件的”“发生其他严重影响生态环境后果的”。这里的严重后果既包括污染环境、生态破坏造成的环境损害,也包括人身权、财产权的损害。例如,在最高人民检察院发布检察公益诉讼十大典型案例之九“江西省赣州市人民检察院诉郭某某等人生产、销售硫磺熏制辣椒民事公益诉讼案”中,法院认为,“侵权行为对社会公共利益造成严重侵害或侵害危险的,检察机关可以在履行公告程序后,依法向人民法院提起民事公益诉讼,要求侵权人承担侵权责任,同时可主张惩罚性赔偿”。又如,在最高人民法院发布的十起环境公益诉讼典型案例之八“江苏省徐州市人民检察院诉徐州市鸿顺造纸有限公司水污染民事公益诉讼案”中,最高人民法院认为,“该案尝试根据被告违法排污的主观过错程度、排污行为的隐蔽性以及环境损害后果等因素,合理确定带有一定惩罚性质的生态环境修复费用,加大污染企业违法成本,有助于从源头上遏制企业违法排污。”由此可见,对侵权人要承担的环境侵权责

① 参见黄婷:《我国惩罚性赔偿构成要件规范化论纲》,载《湘江法律评论》2017年第1期。

任,在司法实践中已经考虑要体现一定的惩罚性。

第三,惩罚性赔偿数额要有一定的限度。《民法典》明确规定,因环境侵权造成被侵权人的人身、财产损害,造成严重后果的可以适用惩罚性赔偿。人民法院在审理涉及产品质量、消费者权益保护、食品药品、商品房买卖等案件中,依法适用惩罚性赔偿时均有一定的标准,或者以产品价格,或者以人身损害、财产损害数额为基数,采用1倍或者数倍的方法确定惩罚性赔偿数额。对于环境侵权案件,虽有其特殊性,但是仍然可以参考上述做法。

实践中,人民法院在审理环境侵权案件中,探索出两类确定惩罚性赔偿数额的方法。这两种办法虽然是在公益诉讼中确立的,但是可以借鉴到一般环境侵权案件中来。

第一类,在损害数额区间按照最高数额予以赔偿。比如,在江苏省徐州市人民检察院诉徐州市鸿顺造纸有限公司水污染民事公益诉讼案中,鸿顺公司多次被环境保护主管机关查获以私设暗管方式向连通京杭运河的苏北堤河排放生产废水,废水的化学需氧量、氨氮、总磷等污染物指标均超标,并受到两次环境行政处罚,徐州市人民检察院作为公益诉讼人向徐州市中级人民法院提起环境民事公益诉讼,请求判令鸿顺公司将被污染损害的苏北堤河环境恢复原状,并赔偿生态环境受到损害至恢复原状期间的服务功能损失;如鸿顺公司无法恢复原状,请求判令其以2600吨废水的生态环境修复费用26.91万元为基准,以该基准的3倍至5倍承担赔偿责任。法院判决鸿顺公司赔偿生态环境修复费用及服务功能损失共计105.82万元。又如,在广东省环境保护基金会与焦云水污染责任纠纷案中,评估机构对涉案环境损害进行量化后确定了损害数额为185,068.8～416,404.8元,但同时该评估机构亦表明由于环境污染的不可逆性,且无论对受污染生态环境进行修复还是通过人工干预将污染引发的风险降低至可接受水平,其费用均远远超过污染物直接处理的费用。一审法院认为,为维护社会公共利益和修复生态环境,原告主张被告赔偿损害数额区间内最大值416,404.8元,有事实和法律依据,予以支持。

第二类,以生态环境修复费用的数倍进行赔偿。比如,在徐州市鸿顺造纸有限公司环境污染责任纠纷一案中,根据鉴定报告,鸿顺公司应承担26.91万元的生态修复费用,但法院并不仅仅直接以鉴定报告为裁判依据。法院根据《环境民事公益诉讼司法解释》第23条规定,将鉴定报告作为参考,并综合考虑已查明的环境污染情节、违法程度及主观过错程度、防治污染设备的运行成本、鸿顺公司生产经营情况及因侵害行为所获得的利益、污染环境的范围和程度、生态环境恢复的难易程度、生态环境的服务功能等因素,酌情确定鸿顺公司所应当承担的生态环境修复费用以26.91万元为基数的4倍承担赔偿责任。又如,在许某某一案,法院参考有合法洗桶资质单位的环境影响报告书,认定被告对外排放废水至少有500吨,而对被告的洗桶行为造成损害进行恢复所需的成本远大于其收益并缺乏环境损害评价指标体系,应采用虚拟治理成本方法计算赔偿数额,合议庭考虑到本案污染者的过错程度、污染物性质、周边环境敏感度等因素,酌情确定本案以虚拟治理成本5倍计算赔偿数额。在以上这些案件中,法院没有直接适用惩罚性赔偿,但是客观地说,裁判结果对于加大污染行为违法成本、从源头上遏制环境侵权和生态破坏行为是具有实益的,也比较符合惩罚性赔偿的价值和功能。

参考上述两类计算方法,在环境侵权责任中需要明确惩罚性赔偿的标准,即以被侵权人人身、财产损害数额的数倍予以惩罚性赔偿。因故意违反国家规定污染环境、破坏生态给被侵权人造成人身、财产损害,且造成严重后果的,当补偿性赔偿金不足以惩罚侵害人的恶意侵权行为,或者不足以表明法律对这种行为的充分否定性评价的,可以适用惩罚性赔偿。至于"数倍"到底是多少倍,法律并没有明确作出规定。这需要人民法院在审理具体案件中,结合侵权人的主观恶意大小、造成损害后果的严重程度、赔偿能力等因素,科学地确定赔偿数额和支付方式。

专题三　生态环境损害赔偿的范围

一、生态环境损害赔偿范围的特殊性

法谚有云:"无损害即无救济。"由是,法律应否"干预",首要前提是明定"损害"之有无,也就是要明确生态环境损害的客体。《民法典》第1229条虽未规定"损害"的范畴,但从体系解读角度,环境侵权责任救济的"损害"为人身权和财产权等权益损害。2014年《环境保护法》第64条实则应对"损害"的具体范畴予以明晰,即"因污染环境和破坏生态造成人身权、财产权和环境权益损害的"。

同理,有损害就有救济。侵权责任方式或侵权责任的承担方式,是国家公权力为维护受侵害的民事权利,根据侵权责任人对其应负责任的侵权行为对他人民事权利造成的侵害后果,强制侵权责任人对受其侵害的权利人负担相应的给付义务,

以消除其侵害后果的方法或手段。侵权责任人对被侵害的权利人所负担的给付义务具有债务的性质。根据《民法典》第179条的规定,承担侵权责任的方式有:停止侵害;排除妨碍;消除危险;返还财产;恢复原状;赔偿损失;赔礼道歉;消除影响、恢复名誉。生态环境具有整体性和公益性,基于此,环境侵权责任相较于其他侵权责任类型而言,不仅运用赔偿性责任方式保护受害人利益,而且更加注重运用预防性责任方式和恢复性责任方式,以使环境司法保护从末端救济推向事前预防,从而提高司法治理环境的能力。其中,"返还财产"属于典型的物上请求权,"消除影响、恢复名誉"属于典型的人格权范畴。根据环境损害行为的特点,返还财产、消除影响、恢复名誉一般不适用于环境侵权责任纠纷案件。为此,《环境侵权责任司法解释》规定,人民法院应当根据被侵权人的诉讼请求以及具体案情,合理判定污染者承担停止侵害、排除妨碍、消除危险、恢复原状、赔礼道歉、赔偿损失等民事责任。其中,"恢复原状"主要是要求损害者承担治理污染和修复生态环境的责任,包括原地恢复与异地恢复。如果损害者不治理、修复或者没有能力治理、修复的,人民法院可以委托有关单位代履行,费用由污染者承担。

环境公益诉讼制度、生态损害赔偿制度是以运用法律手段为核心,并综合运用各种社会途径调整利益关系的一种制度安排,是通过对各方利益的协调从而保护生态环境的一项法律制度。根据《生态环境损害赔偿制度改革方案》,赔偿权利人和义务人可以就损害事实和程度、修复启动时间和期限、赔偿的责任承担方式和期限等具体问题进行磋商,统筹考虑修复方案技术可行性、成本效益最大化、赔偿义务人赔偿能力、第三方治理可行性等情况,达成赔偿协议。根据上述文件精神和相关司法解释,有必要考量侵权人的主观恶意大小、造成生态环境损害后果的严重性、赔偿能力等因素,科学地确定赔偿数额和支付方式。

因此,生态环境损害赔偿的范围,应与权利人的所有法益相对应。一般而言,生态环境损害赔偿是环境侵权的法律后果,生态环境损害赔偿制度中的生态环境损害,应指环境权利和环境法益受损而产生的一种不利益状态。[①]《生态环境损害赔偿司法解释(试行)》第1条规定:"具有下列情形之一,省级、市地级人民政府及其指定的相关部门、机构,或者受国务院委托行使全民所有自然资源资产所有权的部门,因与造成生态环境损害的自然人、法人或者其他组织经磋商未达成一致或者无法进行磋商的,可以作为原告提起生态环境损害赔偿诉讼。"同时,第2条规定了两种不适用的情形,因污染环境、破坏生态造成人身损害、个人和集体财产损失要

---

① 参见吕忠梅:《"生态环境损害赔偿"的法律辨析》,载《法学论坛》2017年第3期。

求赔偿的,适用《侵权责任法》等法律规定;因海洋生态环境损害要求赔偿的,适用《海洋环境保护法》等法律及相关规定。生态环境损害赔偿诉讼中“赔偿损失”的范围,包括被侵权人因污染行为而造成的财产损失以及消除污染、修复生态环境的费用和防止损害的发生和扩大所支出的合理费用。具体而言,该法第1235条规定了造成生态环境损害应当赔偿的5项基本费用:(1)生态环境修复期间服务功能丧失导致的损失;(2)生态环境功能永久性损害造成的损失;(3)生态环境损害的调查、鉴定评估等费用;(4)清除污染、修复生态环境的费用;(5)防止损害的发生和扩大所支出的合理费用。

二、生态环境损害赔偿费用计算

(一)关于第(1)项和第(2)项,生态环境修复期间服务功能丧失导致的损失和生态环境功能永久性损害造成的损失

保护生态环境的重要原因是其有用性,即具有服务功能。就环境法的角度而言,生态环境服务功能包括供给服务(如提供食物和水)、调节服务(如调节气候、控制洪水和疾病)、文化服务(如精神、娱乐和文化收益)以及支持服务(如维持地球生命生存环境的养分循环)。除了以上服务功能外,生态环境资源还具有非使用价值,也称作存在价值,即指人们仅仅从知道这个资产存在的满意中获得价值,尽管并没有要使用它的意愿。《环境损害鉴定评估推荐方法》(第Ⅱ版)第4.8条明确生态系统服务是指:“人类或其他生态系统直接或间接地从生态系统获取的收益。生态系统的物理、化学或生物特性是生态系统服务的基础。”生态环境遭到污染或者破坏的,其服务功能降低乃至丧失导致收益减少,是为服务功能损失。《环境损害鉴定评估推荐方法》(第Ⅱ版)第4.12条规定,期间损害是指“生态环境损害发生至生态环境恢复到基线状态期间,生态环境因其物理、化学或生物特性改变而导致向公众或其他生态系统提供服务的丧失或减少,即受损生态环境从损害发生到其恢复至基线状态期间提供生态系统服务的损失量”。第4.13条规定,永久性损害指“受损生态环境及其服务难以恢复,其向公众或其他生态系统提供服务能力的完全丧失。”比如,对于严重的铅污染场地,目前尚未发现真正可以恢复生态环境状态的治理技术,许多国家都是采取封闭场地、搬迁居民、阻断污染物经由植物或者呼吸进入人体等方式控制损害后果,而不是直接采取生态恢复措施。

生态环境修复期间服务功能的损失、生态环境功能永久性损害造成的损失应当由赔偿义务人承担,以货币量化后由赔偿义务人支付。生态环境损害评估鉴定

中,虚拟治理成本法和环境恢复成本法应用较为广泛,原环境保护部《关于虚拟治理成本法适用情形与计算方法的说明》对适用和不适用虚拟治理成本法的情形作出了规定。

(二)关于第(3)项,生态环境损害的调查、鉴定评估等费用

生态环境损害比侵权法上处理的其他损害更加复杂、更加难以计量,其中因果关系判断、损失计量等都需要专业的调查或者鉴定、评估,而且费用可能较高,但又为实现生态环境损害赔偿所必需,因此,如果认定赔偿义务人须承担生态环境损害赔偿责任,那么相关的生态环境损害赔偿调查、鉴定评估等费用也应由其承担。同时,也应当避免在生态环境损害调查或者鉴定评估中支出不合理的费用,赔偿义务人仅承担合理费用。例如,实践中出现过生态环境损害鉴定费用超过生态环境损害数额的案例,其鉴定费用的合理性存疑。因此,有必要对生态环境损害司法鉴定进一步规范。

(三)关于第(4)项,清除污染、修复生态环境的费用

污染环境、破坏生态事件发生后,一般情况下,需要立即清除污染,特别是对水、土壤、海洋等造成的污染,然后制定修复方案,评估修复生态环境的费用。清除污染可能先行,也可能延续到生态环境修复过程中。

《生态环境损害赔偿司法解释(试行)》创新了生态环境损害赔偿诉讼责任体系,根据生态环境是否能够修复对损害赔偿责任范围分类规定,在受损生态环境能够修复的情况下,被告应承担修复责任,人民法院可以同时确定被告不履行修复义务时应承担的生态环境修复费用。实务中,一般有以下 4 种情形:(1)被告自行组织修复。自行组织修复,包括被告自己直接修复,也包括被告邀请第三方修复。修复费用由被告支付。(2)被告不组织修复,而判决中确定有生态环境修复费用的,人民法院可以委托第三方修复,修复费用从执行款中支付。依据是国务院办公厅于 2014 年年底发布的《关于推行环境污染第三方治理的意见》(国办发〔2014〕69 号)。该意见指出:第三方治理是推进环保设施建设和运营专业化、产业化的重要途径,是促进环境服务业发展的有效措施。因此,要充分发挥第三方治理在市场配置资源中的作用,更多地利用第三方治理来修复生态环境。(3)被告不组织修复,判决中未确定生态环境修复费用的,人民法院可以在执行过程中委托第三方进行修复,所需费用由被告承担。(4)法院直接判决被告承担生态环境修复费用的,可以直接委托第三方进行修复,修复费用从执行款中支付。

《环境损害鉴定评估推荐方法》(第Ⅱ版)对修复的标准作了两方面具体设置,

即第4.10条和第4.14条的“可接受风险水平”和第4.11条的“基线状态”。在实践中,涉及水污染、大气污染等难以准确计算生态修复费用的情况,较多适用的是虚拟治理方法,即按照现行的治理技术和水平治理排放到环境中的污染物所需要的支出。[①] 另外,在一些专门领域,相关机构会根据该领域的特质颁行专门的计算标准。被告应将生态环境修复到损害发生之前的状态和功能,无法完全修复的,可以准许采用替代性修复方式。例如,昆明市中级人民法院在安宁市的水源保护地车木河水库旁建成“环境公益诉讼林”,在其审理的安宁市国土资源局起诉戴某等六被告环境民事公益诉讼一案中,被破坏的矿产资源已不能恢复原状,但通过采取“异地补植”“替代性修复”的方式,将44万元赔偿款用于在“环境公益诉讼林”进行异地补植林木,同样实现了修复生态环境的目的,达到生态环境的总量平衡。在泰州环境民事公益诉讼案件中,江苏省高级人民法院判令责任企业赔付1.6亿元的环境修复费用,但同时允许责任企业申请延期一年缴付40%的赔付资金。在环境修复费用的使用上,更注重实效。如该案判项的第四项:本判决生效之日起一年内,如常隆公司、锦汇公司、施美康公司、申龙公司、富安公司、臻庆公司能够通过技术改造对副产酸进行循环利用,明显降低环境风险,且一年内没有因环境违法行为受到处罚的,其已支付的技术改造费用可以凭环保行政主管部门出具的企业环境守法情况证明、项目竣工环保验收意见和具有法定资质的中介机构出具的技术改造投入资金审计报告,向泰州市中级人民法院申请在延期支付的40%额度内抵扣。该判决在实地踏勘和可行论证的基础上,引导企业通过自行实施技术改造,对产生的副产品和废物循环利用,降低环境风险,如果技术改造产生实际效果,可以凭环保部门的守法证明、技改验收意见、技改投入财务报告,在40%额度内抵扣赔付金额。这样的设计实乃法官的神来之笔,其司法效果、社会效果和环境效果令人赞赏。[②]

(四)关于第(5)项,防止损害的发生和扩大所支出的合理费用

因污染环境、破坏生态事件的突发性和紧急性,如不及时采取预防和补救措施,将使损失进一步扩大。因此,环境保护应当贯彻预防为主原则,也称预防为主、防治结合、综合治理的原则,采取各种有效措施,有效防止新的环境污染和生态破坏产生,并采用多种手段综合治理已经产生的环境污染和生态破坏,防止进一步恶

① 参见吕忠梅:《环境司法理性不能止于“天价”赔偿:泰州环境公益诉讼案评析》,载《中国法学》2016年第3期。

② 参见别涛:《环境公益诉讼的成功探索——泰州“天价环境公益诉讼案”始末及评析》,载《中国环境报》2015年1月14日,第8版。

化,有效地保护和改善环境质量。权利人、管理人或者第三人,为防止损害的发生和扩大,采取恰当的行为或者投入一定的人力、物力,只要是合理的,侵权人应当予以赔偿。比如,城市地下水被污染,政府部门采取紧急措施暂停供水,从其他地方运输饮用水供居民使用而产生的费用,应当认定为合理的应急处置费,可以在此主张。

实务中,还应当注意相关费用和生态环境损害赔偿资金的判决执行方式。根据《环境保护法》第58条第3款的规定,提起诉讼的社会组织不得通过诉讼牟取经济利益。因此,对于前述第(1)项、第(2)项、第(4)项中的修复生态环境费用,不能判归原告所有,只能专项用于修复生态环境以及支持其他环境民事公益诉讼活动。《生态环境损害赔偿司法解释(试行)》第15条规定:"人民法院判决被告承担的生态环境服务功能损失赔偿资金、生态环境功能永久性损害造成的损失赔偿资金,以及被告不履行生态环境修复义务时所应承担的修复费用,应当依照法律、法规、规章予以缴纳、管理和使用。"在已经建立专门账户的地方,法院应当判决将赔偿资金支付到该账户,并按照规定管理和使用。尚未建立专门账户的地方,由法院或者相关部门负责管理和使用赔偿资金的,应当制定完善具体的管理办法。此外,注意加强对生态环境修复以及修复费用资金的管理和监督。最高人民法院、民政部、原环境保护部《关于贯彻实施环境民事公益诉讼制度的通知》(法〔2014〕352号)第6条规定:"人民法院可以判决被告自行组织修复生态环境,可以委托第三方修复生态环境,必要时也可以商请负有监督管理职责的环境保护主管部门共同组织修复生态环境。对生态环境损害修复结果,人民法院可以委托具有环境损害评估等相关资质的鉴定机构进行鉴定,必要时可以商请负有监督管理职责的环境保护主管部门协助审查。"根据该通知要求,为了保障生态环境修复的质量和实效,人民法院要加强对修复工作的监督。对于修复方案的确定、修复方案的实施,涉及有关技术问题的,人民法院应当请负有监督管理职责的环境保护主管部门共同协商确定并组织实施。对于生态环境修复结果,人民法院可以委托具有环境损害评估等相关资质的鉴定机构进行鉴定,必要时可以商请负有监督管理职责的环境保护主管部门协助审查。财政部会同有关部门印发的《生态环境损害赔偿资金管理办法(试行)》(财资环〔2020〕6号)第6条规定:"赔偿权利人负责生态环境损害赔偿资金使用和管理。赔偿权利人指定的相关部门、机构负责执收生态环境损害赔偿协议确定的生态环境损害赔偿资金;人民法院负责执收由人民法院生效判决确定的生态环境损害赔偿资金。生态环境损害赔偿资金作为政府非税收入,实行国库集中收缴,全额上缴赔偿权利人指定部门、机构的本级国库,纳入一般公共预算管理。”同时指出,环境民事公益诉讼损害赔偿资金可以参照执行。如第 15 条规定:“环境民事公益诉讼中,经人民法院生效法律文书确定的生态环境无法修复或者无法完全修复的损害赔偿资金,以及赔偿义务人未履行义务或者未完全履行义务时应当支付的生态环境修复费用,可参照本办法规定管理;需要修复生态环境的,人民法院应当及时移送省级、市地级人民政府及其指定的相关部门、机构组织实施。”

第九章　高度危险责任

专题一　高度危险责任的一般条款

一、高度危险责任概述

高度危险责任是随着现代工业革命的进程，随着人类科学技术发展进步而不断发展的。科技进步带给人类巨大方便和福祉的同时，也给人们的生存和发展带来无时不在的危险。[①] 如何处理这类高度危险作业给人们的人身和财产造成的损害，是继续沿用过去的过错责任原则，还是提出新的责任归责原则以迎接新的挑战？如果固守传统的过错责任，从事危险活动者往往会以没有过失为借口，使受害人难以甚至无法获得财产上的赔偿。

我国自《民法通则》施行以来，也明确规定了高度危险作业致害责任。《民法通则》第 123 条规定："从事高空、高压、易燃、易爆、剧毒、放射性、高速运输工具等对周围环境有高度危险的作业造成他人损害的，应当承担民事责任；如果能够证明损害是由受害人故意造成的，不承担民事责任。"此后，在《民用航空法》《铁路法》《民用爆炸物品管理条例》《化学危险物品安全管理条例》《放射性同位素与射线装置放射防护条例》《国内航空运输旅客身体损害赔偿暂行规定》等许多法律法规中都具体规定了不同类型的高度危险作业致害责任。《民法典》在总结以往立法和实践经验的基础上，在第 1236 条确立了高度危险责任规则的一般条款，明确了高度危险责任为无过错责任。

二、高度危险责任的构成要件

《民法典》第 1236 条规定："从事高度危险作业造成他人损害的，应当承担侵权

---

① 参见最高人民法院侵权责任法研究小组编著：《〈中华人民共和国侵权责任法〉条文理解与适用》，人民法院出版社 2010 年版，第 473 页。

责任。”据此,高度危险作业致害责任的构成要件包括加害行为、损害后果及二者之间的因果关系三个要件。

第一,须有高度危险作业。高度危险作业,即是对“周围环境”具有较高危险性的活动。

第二,发生了损害事实。损害后果是构成高度危险责任的结果条件,如果没有损害产生,不会构成高度危险责任的承担;对有无损害发生,受害人负举证责任。这里的损害后果与其他侵权行为类型造成的损害后果并无区别。

第三,高度危险作业与损害后果之间具有因果关系。受害人的损害须是高度危险作业的行为所造成的,才能成立高度危险作业致害责任。有关举证责任的问题,为切实保护受害人的利益,对于因果关系有必要采用推定的方法,即由高度危险作业人证明作业活动与损害后果没有因果关系。如果作业人不能证明,则要推定该因果关系成立。

三、高度危险责任的免责事由

高度危险责任的免责事由,《民法典》第 1236 条并未规定,对这一问题要结合本章内容作体系化解读。概言之,高度危险作业的免责事由主要包括不可抗力以及受害人故意两种情形。

(一)不可抗力

在高度危险责任中,不可抗力通常是作为完全的免责事由的,但例外情况下,不可抗力的抗辩或免责效果仍然要受到限制,如《民法典》第 1238 条关于民用航空器致害责任的规定中,仅规定受害人故意可以免责,并未规定不可抗力可以免责。另外,不可抗力的范围受到限制。虽然允许被告以不可抗力作为抗辩事由主张减责或免责,但对不可抗力的范围严加限制,比如《民法典》第 1237 条规定的民用核设施致害责任仅将不可抗力限于战争等情形,则战争以外的其他不可抗力不能作为免责事由。

(二)受害人故意

受害人对损害的发生具有故意,足以表明受害人的行为是损害发生的唯一原因,因而与加害人的行为无关,从而免除行为人的责任。在高度危险责任中,受害人故意具有普适性的免责事由。

关于受害人重大过失能否作为免除或减轻加害人责任的事由的问题,在高度危险责任的规定中,对于重大过失的情形与故意还是作了明确区别,比如前述第

1238 条规定的仅有受害人故意作为免责事由。《民法典》第 1239 条规定:“占有或者使用易燃、易爆、剧毒、高放射性、强腐蚀性、高致病性等高度危险物造成他人损害的,占有人或者使用人应当承担侵权责任;但是,能够证明损害是因受害人故意或者不可抗力造成的,不承担责任。被侵权人对损害的发生有重大过失的,可以减轻占有人或者使用人的责任。”即在重大过失情形下,被侵权人的重大过失仅是减责事由。

关于受害人一般过失的情形,原则上不能作为免责事由,但该章或者有关法律另有规定的除外。在此需要注意的是,《民法典》第 1240 条则将《侵权责任法》第 73 条“被侵权人对损害的发生有过失的,可以减轻经营者的责任”修改为:“被侵权人对损害的发生有重大过失的,可以减轻经营者的责任。”据此,受害人的一般过失在该条中已不能再予以适用。

此外,《民法典》第 1243 条规定:“未经许可进入高度危险活动区域或者高度危险物存放区域受到损害,管理人能够证明已经采取足够安全措施并尽到充分警示义务的,可以减轻或者不承担责任。”该条是关于高度危险责任抗辩事由的规定,但从责任承担角度讲,也是管理人符合相应构成要件时承担责任的规定,属于过错推定责任的范畴。《民法典》第 1236 条规定了高度危险责任的一般条款,并未规定免责事由。在具体高度危险责任类型中分别规定了相应的抗辩事由,现行单行法中对高度危险责任的抗辩事由也有规定,但是涉及其他种类的高度危险责任时,就欠缺必要的抗辩事由,不利于正确处理非典型的高度危险责任案件。从这个角度讲,《民法典》第 1243 条实际上是对第 1236 条关于高度危险责任一般条款的有益补充,是基于过失相抵原理而设定的。受害人未经许可进入高度危险区域,同时管理人又已经采取了足够安全措施并尽到了充分警示义务,则表明受害人明知是危险区域或者因其自身重大过失而进入,对因此而受到的损害有重大过错。这一重大过错包括故意和重大过失。比如,受害人明知是高度危险区域而进入,对于相应的损害结果是积极追求或者放任的态度,则为受害人故意的情形,这时管理人应当免责。如果是受害人因为重大过失没有注意到警示误入高度危险区域的,一般只能减轻管理人的责任。在举证责任上,该条明确了采取举证责任倒置的规则,即由侵权人一方对其尽到相应注意义务,即采取足够安全措施并且充分警示的义务承担举证责任。

四、高度危险责任的赔偿限额

《民法典》第 1244 条规定:“承担高度危险责任,法律规定赔偿限额的,依照其规定,但是行为人有故意或者重大过失的除外。”相较《侵权责任法》第 77 条规定,增加了可进行免责抗辩的情形。

对于适用无过错责任的情形,现行法律关于责任限额的规定主要集中在航空运输、核设施等领域。《民用航空法》第 128 条规定:“国内航空运输承运人的赔偿责任限额由国务院民用航空主管部门制定,报国务院批准后公布执行。旅客或者托运人在交运托运行李或者货物时,特别声明在目的地点交付时的利益,并在必要时支付附加费的,除承运人证明旅客或者托运人声明的金额高于托运行李或者货物在目的地点交付时的实际利益外,承运人应当在声明金额范围内承担责任;本法第一百二十九条的其他规定,除赔偿责任限额外,适用于国内航空运输。”第 129 条对此又作了具体规定:“国际航空运输承运人的赔偿责任限额按照下列规定执行:(一)对每名旅客的赔偿责任限额为 16600 计算单位;但是,旅客可以同承运人书面约定高于本项规定的赔偿责任限额。(二)对托运行李或者货物的赔偿责任限额,每公斤为 17 计算单位。旅客或者托运人在交运托运行李或者货物时,特别声明在目的地点交付时的利益,并在必要时支付附加费的,除承运人证明旅客或者托运人声明的金额高于托运行李或者货物在目的地点交付时的实际利益外,承运人应当在声明金额范围内承担责任。托运行李或者货物的一部分或者托运行李、货物中的任何物件毁灭、遗失、损坏或者延误的,用以确定承运人赔偿责任限额的重量,仅为该一包件或者数包件的总重量;但是,因托运行李或者货物的一部分或者托运行李、货物中的任何物件的毁灭、遗失、损坏或者延误,影响同一份行李票或者同一份航空货运单所列其他包件的价值的,确定承运人的赔偿责任限额时,此种包件的总重量也应当考虑在内。(三)对每名旅客随身携带的物品的赔偿责任限额为 332 计算单位。”关于民用核设施发生核事故致人损害的赔偿限额。国务院《关于核事故损害赔偿责任问题的批复》第 7 项规定,核电站的营运者和乏燃料贮存、运输、后处理的营运者,对一次核事故所造成的核事故损害的最高赔偿额为 3 亿元人民币;其他营运者对一次核事故所造成的核事故损害的最高赔偿额为 1 亿元人民币。核事故损害的应赔总额超过规定的最高赔偿额的,国家提供最高限额为 8 亿元人民币的财政补偿。对非常核事故造成的核事故损害赔偿,需要国家增加财政补偿金额的由国务院评估后决定。

在学理上通常认为,高度危险责任一般条款在适用过程中,会发生无过错责任与过错责任的竞合。《民法典》第 1224 条但书条款明确规定“行为人有故意或者重大过失”的除外,即在此情形下可以不适用限额赔偿责任。对于当事人而言,其可以选择适用过错责任或者高度危险责任的无过错责任。从二者的对比看，在适用高度危险责任时，并不需要证明责任主体的过错。对受害人而言，在危险责任中，举证责任较轻，更容易获得赔偿，而适用过错责任，受害人就要对行为人的过错进行举证。在赔偿的范围上，在高度危险责任中，法律有时设立了最高赔偿限额。而适用过错责任，则采取完全赔偿原则，在符合责任构成的情况下，受害人所遭受的全部损害都要给予赔偿。基于该条的规定，应由受害人根据具体情况作出对自己有利的判断，选择其中之一作为请求权基础来救济其损害，如果选择了适用过错责任的规则，就不存在上述赔偿限额的限制。此与该条规定内容有密切联系，但实际上该条的但书条款与受害人选择适用过错责任或者无过错责任又存在不同。此但书内容的实质是，如果行为人有故意或者重大过失，即可排除前面的限额赔偿的规则。这时，受害人应当对行为人的故意或者重大过失承担举证责任。

专题二　高度危险物致人损害责任

高度危险物致害责任是高度危险责任的典型形式。《民法典》侵权责任编第八章对此作了细化规定。具体而言，《民法典》第 1237 条规定了民用核设施致害责任，第 1238 条规定了民用航空器致害责任，第 1239 条规定了占有或者使用高度危险物的致害责任，第 1241 条规定了遗失、抛弃高度危险物的致害责任，第 1242 条规定了非法占有高度危险物的致害责任。这些规定与第 1236 条的规定、第 1244 条的规定，共同构成了高度危险物致害责任的完备体系。现将有关高度危险物致害责任的具体类型解读如下：

一、民用核设施、核材料致害责任的承担

《民法典》第 1237 条规定："民用核设施或者运入运出核设施的核材料发生核事故造成他人损害的，民用核设施的营运单位应当承担侵权责任；但是，能够证明损害是因战争、武装冲突、暴乱等情形或者受害人故意造成的，不承担责任。"

依据该条规定，核事故责任这类高度危险作业造成的损害应适用无过错责任原则。由此，核事故责任的构成要件为：一是民用核设施或者运入运出核设施的核

材料发生核事故;二是发生了损害后果;三是核事故与损害后果之间具有因果关系。

关于免责事由,依据《民法典》第 1237 条的规定,民用核设施的营运单位能够证明损害是因战争、武装冲突、暴乱等情形或者受害人故意造成的,不承担责任。对此要注意的问题是:一是《民法典》第 1237 条规定限缩了不可抗力的适用范围。并非所有的不可抗力都可以作为核事故责任的免责事由,而是仅限于"战争、武装冲突、暴乱等情形",这与国际上通行做法也是一致的。二是与其他法律规定的衔接适用问题。《核安全法》第 90 条规定:"因核事故造成他人人身伤亡、财产损失或者环境损害的,核设施营运单位应当按照国家核损害责任制度承担赔偿责任,但能够证明损害是因战争、武装冲突、暴乱等情形造成的除外。为核设施营运单位提供设备、工程以及服务等的单位不承担核损害赔偿责任。核设施营运单位与其有约定的,在承担赔偿责任后,可以按照约定追偿。核设施营运单位应当通过投保责任保险、参加互助机制等方式,作出适当的财务保证安排,确保能够及时、有效履行核损害赔偿责任。"本书认为,这一规定与《民法典》第 1237 条规定属于有关核事故赔偿责任的特别法与一般法的关系。这一规定与第 1237 条规定相比较,细化了一些内容,如有关约定追偿的问题,《民法典》第 1237 条并没有规定,应该适用《核安全法》规定。但在免责事由方面,《民法典》第 1237 条规定增加了"受害人故意"这一情形。对此,由于《核安全法》是 2018 年实行的,《民法典》的这一规定在后,且又增加了适用情形,这时应当遵循"后法"优于"前法"的规则,适用《民法典》第 1237 条规定,即"受害人故意"属于核事故责任的法定免责事由。

《民法典》第 1237 条规定的承担责任的主体是民用核设施的经营者,也就是所谓民用核设施的营运者。按照 2007 年国务院《关于核事故损害赔偿责任问题的批复》的规定,民用核设施的营运者应当对核事故造成的人身伤亡、财产损失或者环境受到的损害承担赔偿责任。营运者以外的其他人不承担赔偿责任。我国境内依法取得法人资格,营运核电站、民用研究堆、民用工程实验反应堆的单位或者从事民用核燃料生产、运输和乏燃料贮存、运输、后处理且拥有核设施的单位,为该核电站或者核设施的营运者。因民用核设施的设计人、建筑人的过错,导致该民用核设施发生核事故造成他人人身、财产损害的,按照上述批复的规定,也应当由该民用核设施的经营者向受害人承担责任,然后由经营者依照合同的约定,向设计人或者施工人等责任人追偿。核事故损害涉及 2 个以上营运者,且不能明确区分各营运者所应承担的责任的,相关营运者应当承担连带责任。

关于责任承担方式,由于核事故对周围环境带来很大的危害,往往会带来次生危害,在发生核事故后,民用核设施的运营者不仅要进行损害赔偿,更要在事发时积极采取停止侵害、消除危险等措施。就损害赔偿而言,国际通行做法是通过立法规定民用核设施的赔偿限额。如上述批复中规定:"核电站的营运者和乏燃料贮存、运输、后处理的营运者,对一次核事故所造成的核事故损害的最高赔偿额为3亿元人民币;其他营运者对一次核事故所造成的核事故损害的最高赔偿额为1亿元人民币。核事故损害的应赔总额超过规定的最高赔偿额的,国家提供最高限额为8亿元人民币的财政补偿。对非常核事故造成的核事故损害赔偿,需要国家增加财政补偿金额的由国务院评估后决定。"

二、民用航空器致害责任的承担

关于民用航空器致害责任,《民法典》第1238条规定:"民用航空器造成他人损害的,民用航空器的经营者应当承担侵权责任;但是,能够证明损害是因受害人故意造成的,不承担责任。"发生该条规定的民用航空器造成他人损害情形时,民用航空器经营者应当承担无过错责任,这与国际公约和世界上通行做法是一致的。具体而言,民用航空器造成他人损害的,民用航空器的经营者应当承担侵权责任。关于不承担责任的情形,根据本条规定,能够证明损害是因受害人故意造成的,民用航空器经营者不承担责任;即使是因为自然原因引起的不可抗力事件,造成他人损害的,民用航空器的经营者也要承担责任。① 据此,适用本条规定的构成要件包括民用航空器在使用中,发生损害后果,此损害后果的发生与民用航空器的使用有因果关系。此因果关系采取推定的形式,要由民用航空器的经营者承担证明责任。

关于免责事由,《民法典》第1238条仅规定了"受害人故意"这一种情形。据此,加害人主张该免责事由的,应举证证明受害人的故意,其故意的行为与损害后果之间的关系。由于第三人的过错不能成为加害人的免责条件。如果受害人某甲的故意导致损害结果发生,某甲和第三人某乙均受到损害,加害人得证明某甲的故意及其行为与损害结果之间存在因果关系,而免除对某甲的赔偿责任,但不得因此而免除对某乙的赔偿责任,尽管加害人有权向第三人承担赔偿责任之后向故意造成损害的受害人追偿。② 但有关免责事由,《民用航空法》还作了其他规定。《民用

---

① 参见王胜明主编:《中华人民共和国侵权责任法释义》,法律出版社2010年版,第361页。

② 参见最高人民法院侵权责任法研究小组编著:《中华人民共和国侵权责任法条文理解与适用》,人民法院出版社2010年版,第492页。

航空法》第160条规定:“损害是武装冲突或者骚乱的直接后果,依照本章规定应当承担责任的人不承担责任。依照本章规定应当承担责任的人对民用航空器的使用权业经国家机关依法剥夺的,不承担责任。”第161条又对过失相抵规则作了规定:“依照本章规定应当承担责任的人证明损害是完全由于受害人或者其受雇人、代理人的过错造成的,免除其赔偿责任;应当承担责任的人证明损害是部分由于受害人或者其受雇人、代理人的过错造成的,相应减轻其赔偿责任。但是,损害是由于受害人的受雇人、代理人的过错造成时,受害人证明其受雇人、代理人的行为超出其所授权的范围的,不免除或者不减轻应当承担责任的人的赔偿责任。一人对另一人的死亡或者伤害提起诉讼,请求赔偿时,损害是该另一人或者其受雇人、代理人的过错造成的,适用前款规定。”本书认为,《民法典》第1238条与《民用航空法》有关第三人责任的规定属于一般法与特别法的关系,根据特别法优先于一般法的法律适用规则,应优先适用特别法的规定。但该条规定较之于《民用航空法》又属于新法,在新的一般法与旧的特别法出现不一致时,如何适用法律应作具体分析。《民用航空法》的规定与该条相冲突的应当予以废止,但其规定与该条规定不冲突,属于细化或者新增规定情形的,则应继续适用。从立法者角度考虑,《民法典》第1238条没有如《民用航空法》一样,把不承担责任情形都写明,是因为《民法典》侵权责任编作为处理侵权纠纷的基本法,应对民用航空器致害责任的基本原则作出规定,对《民用航空法》中关于不承担责任情形的具体规定,仍然适用。[①] 除此之外,《民用航空法》第十二章关于对地面第三人损害的赔偿责任中的一系列规定,都可以继续适用。比如,《民用航空法》第157条第1款规定:“因飞行中的民用航空器或者从飞行中的民用航空器上落下的人或者物,造成地面(包括水面,下同)上的人身伤亡或者财产损害的,受害人有权获得赔偿;但是,所受损害并非造成损害的事故的直接后果,或者所受损害仅是民用航空器依照国家有关的空中交通规则在空中通过造成的,受害人无权要求赔偿。”第159条规定:“未经对民用航空器有航行控制权的人同意而使用民用航空器,对地面第三人造成损害的,有航行控制权的人除证明本人已经适当注意防止此种使用外,应当与该非法使用人承担连带责任。”

三、占有或者使用高度危险物致害责任的承担

关于占有或者使用高度危险物的致害责任,《民法典》第1239条规定:“占有或

---

① 参见王胜明主编:《中华人民共和国侵权责任法释义》,法律出版社2010年版,第361页。

者使用易燃、易爆、剧毒、高放射性、强腐蚀性、高致病性等高度危险物造成他人损害的,占有人或者使用人应当承担侵权责任;但是,能够证明损害是因受害人故意或者不可抗力造成的,不承担责任。被侵权人对损害的发生有重大过失的,可以减轻占有人或者使用人的责任。"该条的规定也是源于《民法通则》第 123 条的规定。《侵权责任法》第 72 条规定:"占有或者使用易燃、易爆、剧毒、放射性等高度危险物造成他人损害的,占有人或者使用人应当承担侵权责任,但能够证明损害是因受害人故意或者不可抗力造成的,不承担责任。被侵权人对损害的发生有重大过失的,可以减轻占有人或者使用人的责任。"《民法典》第 1239 条基本沿用了这一规定,二者相较,该条的修改主要有:一是将"放射性"修改为"高放射性";二是新增"强腐蚀性"的形态。

如上所述,高度危险责任适用无过错责任原则,《民法典》第 1239 条规定情形也不例外。高度危险物品导致他人损害的,应当由控制或者应当控制该危险的人承担侵权责任,这也契合无过错责任原则的基本法理。依据该条规定,高度危险物致害责任的构成要件包括占有和使用高度危险物,发生损害后果,损害后果的发生与高度危险物的影响或者危害有因果关系,即该损害后果是由高度危险物造成的。从举证责任的角度讲,被侵权人要对损害后果和侵权人占有、使用高度危险物承担举证责任。有关因果关系的问题,应当适用推定的规则,即由被侵权人证明不存在因果关系,而且必须完成对法定的免责事由的举证,才可以阻却因果关系的成立。此外,从诉讼的角度讲,被侵权人证明其非高度危险物的占有人或者使用人,即其并非高度危险物致害责任的侵权责任主体,当然也可以免责。至于侵权责任方式,也不应限于赔偿损失,还包括停止侵害,采取其他补救措施等。比如,在事故发生后,占有人或者使用人应当迅速采取有效补救措施,防止事故扩大,减少人员伤亡和财产损失。

关于免责事由,依据《民法典》第 1239 条规定,高度危险物的占有人或者使用人能够证明损害是因受害人故意或者不可抗力造成的,占有人或者使用人不承担责任。高度危险物虽然本身具有危险属性,但危险程度要低于民用核设施和民用航空器。因此,在免责事由上增加了不可抗力免责的一般规则,而且根据《环境保护法》《水污染防治法》等法律规定,因不可抗力造成高度危险物污染损害的,也是不承担侵权责任。依据《民法典》第 1239 条规定,关于受害人故意和不可抗力免责的举证责任应由高度危险物的占有人或者使用人承担,其只有证明损害是因为受害人故意或者不可抗力引起的,才能依法不承担责任。

四、遗失、抛弃高度危险物致害责任的承担

关于遗失、抛弃高度危险物造成他人损害的侵权责任,《民法典》第1241条规定:"遗失、抛弃高度危险物造成他人损害的,由所有人承担侵权责任。所有人将高度危险物交由他人管理的,由管理人承担侵权责任;所有人有过错的,与管理人承担连带责任。"该条规定的高度危险物侵权责任主体主要集中在所有人以及管理人。对于物的损害责任,由所有人以及管理人承担赔偿责任。危险物被遗失的,所有人对遗失物虽然丧失了占有,但是对该物并没有丧失所有权,仍然是自己的财产。这种遗失物的危险造成受害人的损害,应当由物的实际权利人承担责任。危险物被抛弃,所有人就丧失了该危险物的所有权,如果被抛弃之后,该危险物由于其自身的危险性而致害他人,仍然产生侵权责任,虽然抛弃危险物的人已经丧失对该物的所有权,但是造成损害的原因还是抛弃者的责任,对自己抛弃的危险物所造成的损害,只要这个危险物没有被别人所占有或者别人没有对此物产生所有权,还要由抛弃物的所有人承担责任。[①]

遗失高度危险物,是指高度危险物的所有权人(管理人)非基于自己的意愿对高度危险物丧失占有,高度危险物又无他人占有且非为无主的动产的情形。抛弃高度危险物,是指所有人基于明确放弃对该危险物所有权的意思表示,丧失对高度危险物的占有。依据物权法原理,构成抛弃须满足两个条件:一是放弃对物的占有;二是所有人作出放弃所有权的意思表示。原则上,在遗失物与抛弃物难于区分的情况下,应推定为遗失物。

依据《民法典》第1241条规定,遗失或者抛弃高度危险物的侵权责任,作为高度危险责任的具体情形,其归责基础仍在于高度危险物本身的危险特性,因此这里的侵权责任也是要适用无过错责任原则。据此,抛弃或者遗失高度危险物侵权责任的构成要件为:(1)所有人或管理人遗失或者抛弃了高度危险物。(2)被侵权人受到损害。(3)该损害后果与高度危险物的危险性具有因果关系,即由于所有人或者管理人遗失、抛弃高度危险物,被侵权人因为高度危险物自身的危险性质遭受损害。从因果关系判断上,首先要强调的是,被侵权人的损害是由该高度危险物造成的,这一举证责任应采取倒置的方法。至于所有人或者管理人抛弃或者遗失高度危险物,就被侵权人而言,其只需证明侵权人是该高度危险物的所有人或者管理人

---

① 参见杨立新:《中华人民共和国侵权责任法草案建议稿及说明》,法律出版社2007年版,第239页。

即可,该所有人或者管理人应该对其妥善保管高度危险物或者未遗失、抛弃高度危险物承担举证责任;而损害后果,当然要由被侵权人举证。

依据《民法典》第1241条的规定,遗失或者抛弃高度危险物致害责任的承担规则如下:

其一,遗失、抛弃高度危险物造成他人损害的,以该高度危险物的所有人承担侵权责任为原则。按照有关高度危险物的生产、储存和处置的安全规范,所有人应当采取必要的安全措施保管或者处置其所有的高度危险物。其抛弃或者遗失高度危险物的,该高度危险物造成他人损害的,应当承担侵权责任。第1241条规定的"侵权责任"不仅包括对受害人的损害赔偿责任,也包括停止侵害、及时采取补救措施等。如发生事故后,应立即将抛弃的高度危险物妥善回收,防止损害扩大。

其二,所有人将高度危险物交由他人管理的,应由管理人承担侵权责任。在此情形下,如果因为管理不善,遗失、抛弃高度危险物的,管理人应当承担侵权责任。①

其三,所有人有过错的,与管理人承担连带责任。所有人将高度危险物交由他人管理的,应当选择有相应资质的管理单位。如果所有人未选择符合资质的管理人,或者未如实说明有关情况,应当认定所有人存在过错。依据第1241条规定,在所有人有过错的情形下,管理人抛弃、遗失高度危险物造成他人损害的,所有人与管理人承担连带责任。

五、非法占有高度危险物致害责任

《民法典》第1242条规定:"非法占有高度危险物造成他人损害的,由非法占有人承担侵权责任。所有人、管理人不能证明对防止非法占有尽到高度注意义务的,与非法占有人承担连带责任。"该条基本沿用了《侵权责任法》第75条的规定,只作了个别文字修改。高度危险物品的所有人和管理人应当严格按照有关安全生产规范,对其占有、使用的高度危险物进行保管。但在实践中由于有些储存、使用高度危险物的所有人或者管理人的安全措施不到位或者其他原因,导致高度危险物遗失、被盗甚至被抢,对周围的人民群众的生命健康和财产产生巨大威胁,并造成人员伤亡事故。因此,有必要对被非法占有的高度危险物造成损害的侵权责任作出明确规定。

依据《民法典》第1242条规定,危险物被他人非法占有期间,危险物致人损害

① 参见王胜明主编:《中华人民共和国侵权责任法释义》,法律出版社2010年版,第375页。

的,无论是人身损害还是财产损害,都由该非法占有人承担民事责任。非法占有人承担侵权责任的归责原则是无过错责任原则。非法占有高度危险物侵权责任构成要件包括:(1)侵权人非法占有高度危险物;(2)发生了损害后果;(3)受害人的损害是由于非法占有人非法占有的高度危险物所造成的。如果涉及所有人和管理人承担责任的,还需增加一个要件,即所有人、管理人不能证明对防止非法占有尽到高度注意义务。

就举证责任而言,被告应承担较重的举证责任。从救济损害的角度讲,原告方仅需对其受到损害的情形以及被告方占有高度危险物的事实承担举证责任,因为无论被告方是非法占有还是合法占有,只要是高度危险物导致损害后果发生,被告方就要依法承担侵权责任。被告方要对高度危险物与损害后果的发生无因果关系承担举证责任。涉及所有人和管理人承担责任的,所有人、管理人要就其对防止非法占有尽到高度注意义务承担举证责任。通常而言,是否尽到高度注意义务属于过错责任的判断范畴,从《民法典》第1242条表述看,所有人、管理人承担责任的归责原则属于过错推定责任的范畴。按照该条规定的文义,即使涉及所有人、管理人与非法占有人内部责任的承担问题或者追偿权的问题,该所有人、管理人仍应就其对防止非法占有尽到高度注意义务承担举证责任。

所有人、管理人不能证明对防止非法占有尽到高度注意义务的,要与非法占有人承担连带责任。如果是所有人自己占有保管高度危险物的情形下发生了他人对高度危险物的非法占有的,由所有人与非法占有人承担连带责任。如果所有人依法将高度危险物交由他人管理的,则由管理人与非法占有人承担连带责任。如果所有人和管理人都有过错的,这时所有人、管理人和非法占有人一起承担连带责任。

专题三　高度危险作业致人损害责任

一、高度危险作业致害责任概述

《民法典》第1240条规定:"从事高空、高压、地下挖掘活动或者使用高速轨道运输工具造成他人损害的,经营者应当承担侵权责任;但是,能够证明损害是因受害人故意或者不可抗力造成的,不承担责任。被侵权人对损害的发生有重大过失的,可以减轻经营者的责任。”相较《侵权责任法》第73条规定,该条将“过失”修改成了“重大过失”,限缩了经营者减轻责任的条件。

该条将承担法律责任的主体明确为经营者,是指对从事高压、高空、地下挖掘活动,或者高速轨道运输工具享有运行支配和运行利益的人,即对高度危险作业的设备拥有支配权并享受运行利益的人为经营者。经营者是向消费者提供其生产、销售的商品或者提供服务的自然人、法人或者其他经济组织,它是以营利为目的从事生产经营活动并与消费者相对应的另一方当事人。之所以规定经营者承担赔偿责任,是因为在我国绝大多数从事高度危险作业的公司为国有企业,如铁路、航空、油气、核电等,即所有者为国家,经营者为国有公司。对于这种情形,对高度危险作业的致人损害承担民事责任的责任人应当是作业的经营者(国有公司)而不是任何国家机关(包括其主管机关)。这既符合高度危险作业适用无过错责任的理论基础,也反映了我国公有制为主导地位的条件下国有企业作为法人独立承担民事责任的现状。[①] 比如,从事高压活动造成他人损害的,经营者应当承担侵权责任。如果是使用高压容器造成损害的,经营者就是高压容器的使用者。如果是高压电造成损害的,作为责任主体的经营者则依具体情况而定。因为电必须有一定的载体才能存在,高电压对周围环境的危害是以电的载体衡量的。高电压的载体应当包括高电压变压器、高电压电力线路、高电压电力设备等。从过程上看,发电、输电、配电、用电等环节必须以一个网络联系起来,并且同时进行。而发电、输电、配电和用电一般情况下分属不同主体。如果是在发电企业内的高压设备造成损害的,作为责任主体的“经营者”就是发电企业。如果是高压输电线路造成损害的,责任主体就是输电企业,在我国主要是电网公司。如果是在工厂内高压电力生产设备造成损害的,责任主体就是该工厂的经营者。[②] 具体到高速轨道运输工具而言,经营者就是从事高速轨道运输的运输企业。

二、高度危险作业致害责任的构成要件

依据《民法典》第1240条的规定,高度危险作业致人损害的侵权责任适用无过错责任原则,即不以侵权人是否有过错作为该条规定承担责任的要件。据此,高度危险作业侵权责任的构成要件包括:(1)加害人实施了高度危险作业的行为:一是

---

① 参见最高人民法院侵权责任法研究小组编著:《中华人民共和国侵权责任法条文理解与适用》,人民法院出版社2010年版,第504页。

② 参见王胜明主编:《中华人民共和国侵权责任法释义》,法律出版社2010年版,第369页。

从事高空、高压或地下挖掘活动;二是使用高速轨道运输工具。从事以上两类活动给他人造成人身或财产方面的损害的,经营者应当承担赔偿责任。高度危险作业只是对他人人身、财产构成严重危险,损害事实尚未发生,则不能根据第1240条要求行为人承担赔偿责任。(2)发生了损害后果。损害后果的要件属于第1240条规定情形与其他侵权行为的共性要件,在此不再赘述。(3)高度危险作业和损害后果之间有因果关系,即受害人的损害是因为行为人从事的高空、高压、地下挖掘活动,或是因为高速轨道运输工具造成的。

关于举证责任的问题,被侵权人应当对受到损害的事实以及高度危险作业的事实承担举证责任,至于因果关系,则应采取推定的方式,由侵权人就高度危险作业与损害后果的发生没有因果关系承担举证责任。诉讼中侵权人举证证明其并非高度危险作业的经营者的,即不是该侵权责任的适格主体,当然也就无须承担相应侵权责任。

三、免责事由

依据《民法典》第1240条规定,高度危险作业侵权责任中的免责事由包括受害人故意和不可抗力两种情形。

受害人的故意包括直接故意和间接故意两种情形:直接故意,即受害人明知其行为会导致损害后果,而追求或希望损害结果的发生;间接故意,受害人明知其行为可能导致损害后果,而放任这种后果的发生。在实践中,受害人的故意有:(1)自杀或自伤,行为人利用高度危险作业实施自杀或自伤行为,这是直接故意,经营者不承担赔偿责任;(2)从事与高度危险作业有关的犯罪活动。盗窃或破坏高度危险作业的设施;受害人的故意作为免除侵权人责任的法定条件,应由侵权人一方证明受害人的故意,证明其故意的行为与损害结果之间的因果关系。在此要注意的是,第三人的过错并非本条规定的免责条件,作业人因高空作业导致他人损害后应对无辜的受害者直接承担赔偿责任。在作业人向受害人承担赔偿责任后,有权向因过错造成此损害的第三人追偿。

"不可抗力"通常包括:第一,指自然灾害,即因自然原因引起的不可抗力,如地震、台风、海啸等,一般性自然灾害不应当认为是不可抗力。第二,指社会事件,即因社会原因引起的不可抗力,如战争、武装冲突、社会暴乱等。不可抗力作为高度危险作业致人损害责任的免责条件,已在《民法典》明确,此处不再叙述,就举证责任而言,侵权人应当就该损害是由不可抗力造成承担举证责任。

此外,《民法典》第1240条还对高度危险作业的减责事由作了规定,即被侵权人对损害的发生有重大过失的,可以减轻侵权人的责任。这一规定体现了高度危险作业侵权责任与高度危险物致害责任的一致性,也体现了它们与民用核设施发生核事故致害责任的不同,民用核设施导致损害的后果通常更为严重,其责任承担更为严格。不论受害人有无过失,过失程度如何,民用核设施的经营者都不能减轻责任。该条将减轻责任的情形,严格限定在受害人的“重大过失”;受害人有一般过失的,不能减轻占有人或者使用人的赔偿责任。同时,这里的“重大过失”也仅是本条规定情形的减责事由,并非免责事由。

第十章 饲养动物损害责任

专题一 饲养动物损害责任

一、饲养动物损害责任概述

饲养动物损害侵权行为,是指因饲养的动物造成他人人身或者财产损害而依法由动物饲养人或者管理人承担损害赔偿责任的行为。[①] 饲养动物损害侵权责任最早出现在《民法通则》第127条中。《侵权责任法》对饲养动物损害责任单列一章,对饲养动物损害责任作了详细的规定。尤其是对动物种类作了区分,包括一般饲养的动物、禁止饲养的危险动物、动物园的动物、遗弃逃逸的动物等。《民法典》,仍将饲养动物损害责任单列一章,其中第1245条至第1251条的规定与《侵权责任法》基本一致。

二、一般的饲养动物损害责任的构成要件及归责原则

《民法典》第1245条规定:"饲养的动物造成他人损害的,动物饲养人或者管理人应当承担侵权责任;但是,能够证明损害是因侵权人故意或者重大过失造成的,可以不承担或者减轻责任。"该条规定即明确了动物饲养人、管理人承担侵权责任,适用无过错责任原则。其构成要件包括:被饲养或被管理的动物实施了伤害行为、受害人有损害结果及伤害行为与损害结果之间存在因果关系。

(一)被饲养或被管理的动物

饲养,是指人工喂养和管理,包括两层含义:第一,由人有意识地供给食物生存,既包括纯粹的家养动物,也包括在人力支配下以天然的东西觅食的动物,如草原上放牧之马群,虽以天然牧草为食,但处于人的照料管理之下。第二,动物是能

---

① 参见王成:《侵权责任法》,北京大学出版社2014年版,第227页。

为人力所控制的。[①] 在实务中,动物侵权责任案件主要体现在猫狗伤人、猴子咬人、蜜蜂蜇人、牛踩踏庄稼等纠纷。

(二)饲养动物损害的结果

损害结果是侵权责任存在的前提,《民法典》并未限制损害的类型。从司法实践中看,"造成他人损害"包括对生命权、健康权的损害,也包括对财产及其实际使用价值的损害。

(三)饲养动物损害的因果关系

因果关系是实践中认定饲养动物损害责任的难点。对于损害是由动物直接的伤害行为造成的,如被撕咬致害,认定因果关系并无争议。而对于与动物之间没有直接接触,动物造成受害人受到惊吓而导致受损的情形,在认定因果关系时就有一定的难度。例如,2019 年《最高人民法院公报》刊载的案例欧某诉高某饲养动物损害责任纠纷案[②]中,原告欧某某途经被告高某经营的信息咨询服务中心门前时,突然遭到高某饲养的狗攻击,欧某某躲避不及,摔倒在地,当晚即被送至医院住院治疗。后欧某某诉至法院请求高某对其损失作出赔偿。高某辩称欧某某摔倒与宠物狗并无关联性,因为宠物狗自始至终与欧某某并无接触,对欧某某并无追赶、绊倒或吼叫,在事发当时对欧某某不存在现实的危险,并不足以使欧某某产生恐慌的心理。二审法院认为,涉案的狗虽未对人实施如"抓伤、扑倒、撕咬"等直接接触人体的动作,但一般人在陌生狗尤其是未被约束的狗进入自身安全界线内的时候,本能会产生恐惧的心理,故欧某某在看到未被采取任何约束措施的涉案狗突然起立并向其逼近的时候,因本能的恐惧而避让进而摔倒,并致受伤。虽然狗与人体不存在实际接触,但该伤害与狗之间具备了引起与被引起的关系,故二者具备因果关系,动物饲养人或者管理人对此应当承担侵权责任。此案确定了非接触式的因果关系成立。

由上可知,认定存在因果关系并不必须以动物追赶、抓伤、扑倒、撕咬等与人体接触的行为为前提,因受到饲养动物惊吓后避让而致人损害的间接侵权,同样适用《民法典》第 1245 条的规定。当然,此类无接触式的饲养动物损害责任,在具体判断因果关系成立与否时,也要注意不能无限度地扩张责任;还要结合事件发生的时间、动物体型的大小、是否拴绳子、受害人的年龄、对动物的行为是否能够预见等因

① 参见叶锋:《动物致害责任研究——以〈侵权责任法〉第 78 条的解释适用为中心》,载《华东政法大学学报》2014 年第 6 期。

② 参见《最高人民法院公报》2019 年第 10 期(总第 276 期)。

素综合考量。

三、饲养动物损害责任的其他类型

(一)动物饲养人或管理人的责任

《民法典》第 1246 条在《侵权责任法》第 79 条规定的基础上,增加了但书规定,即违反管理规定,未对动物采取安全措施造成他人损害的,动物饲养人或者管理人应当承担侵权责任。但是,能够证明损害是因被侵权人故意造成的,可以减轻责任。在既往判例中,《侵权责任法》第 79 条通常不被作为单独请求权的基础,法院判决往往同时引用《侵权责任法》第 78 条、第 79 条进行裁判。从外观上看,第 79 条更像是对第 78 条的补充,指出了动物饲养人、管理人的过错,以及正当化责任的分配。

然而,《民法典》仍然保留此条,其意义在于完善动物损害侵权责任分配。第 1245 条确定了动物饲养人、管理人承担无过错责任,但其本质是归责原则,无过错责任并非绝对责任。当动物饲养人、管理人本身不存在任何过错,且具备抗辩事由诸如受害人故意时,法院可认定动物饲养人、管理人不承担侵权责任。但若动物饲养人、管理人本身存在一定过错,却仍以受害人故意为由抗辩排除侵权责任,则有违公平原则。因此《民法典》第 1246 条排除了上述可能性,要求动物饲养人、管理人在本身存在过错的情况下,无论是否存在任何抗辩理由,都应当承担绝对的侵权责任。虽有但书规定,但需注意的是责任仅能减轻而不能免除。此条的增添完善了责任划分,在审判实践中应当不仅考量到受害人的主观过错,也应兼顾到动物饲养人、管理人的过错。

(二)动物园动物侵权损害责任

随着社会的发展,人民生活水平的提高,动物园已经成为城市规划的必设场所,其具有大众休闲娱乐、科研、生态保护等独特社会功能。《民法典》第 1248 条明确规定了动物园承担侵权责任,为过错推定责任,即动物园能够证明尽到管理职责的,不承担责任。

动物园是收集饲养各种动物,进行科学研究和迁地保护,供公众观赏并进行科学普及和宣传保护教育的场所。动物园有两个基本特点:一是饲养管理着野生动物,二是向公众开放。符合这两个基本特点的场所即是广义上的动物园,包括水族馆、专类动物园等类型;狭义上的动物园指城市动物园和野生动物园。依据我国原建设部颁布的《城市动物园管理规定》第 2 条的规定,动物园包括“综合性动物园

(水族馆)、专类性动物园、野生动物园、城市公园的动物展区、珍稀濒危动物饲养繁殖研究场所”,因此《民法典》第1248条规定的“动物园”应包含水族馆、鸵鸟园等广义上的动物园。

一般认为,动物园作为公共场所,应发挥特殊的社会功能,而不应该只是承担善良管理人的注意义务,应该承担更高的符合其专业管理动物的注意义务。在谢某与某动物园侵权损害纠纷一案①中,原告谢某为年仅4岁的儿童,与其父母至上海某动物园游玩,当行至猴子展区,原告给猴子喂食时,右手中指被猴子咬伤。出事前和出事时,动物园工作人员均未出现,后谢某父母自行报警,并前往医院进行医治,谢某诉至法院要求动物园承担侵权责任。动物园认为其已尽到安全保障义务,理由是其已设置铁质网状笼舍与高1.2米左右、隔离区域达1.5米的金属栏杆;并且张贴告示要求家长监管好孩子,不得戏弄、喂养动物、不得跨越栏杆等图文并茂的安全警示牌;且工作人员正常巡视。而法院认为动物园虽通过张贴警示牌、巡视等工作尽到一部分的安全保障义务,但是动物园加装的防护栏之间间距在15厘米左右,仅仅能避免成年人钻入,并不能防止幼童钻入,现谢某穿过防护栏,用手喂食猴子导致右手中指受伤。动物园是一所对公众开放的公共场所,每年要接待成千上万的学龄前儿童,根据其专业能力应能预见此危险发生的可能性,而未采取必要补救措施,因此动物园有过错,未尽到管理职责。

综上可知,审判实践中应从以下几个角度考虑动物园是否尽到管理职责:(1)动物园的设施设备是否符合安全标准,是否根据不同的动物设置不同程度的笼舍和围栏,动物笼舍是否具备抗击动物破坏的能力,围栏是否能够阻拦游客随意进入(尤其是未成年人);(2)是否有充分的图文警示标语、警示牌以及警示广播;(3)是否有监控设施及安排巡逻人对园内游客游览情况、动物活动情况进行排查;(4)是否配备有医疗设施和医护人员等。根据法律规定,动物园承担已经尽到管理职责的举证责任,否则应对动物园作不利推定。

(三)禁止饲养的危险动物的损害责任

《民法典》第1247条规定了禁止饲养的烈性犬等危险动物造成他人损害的,动物饲养人或者管理人应当承担侵权责任。明确了禁止饲养的危险动物损害责任的归责原则是无过错原则,且没有减责、免责事由。因此类动物本就属于禁止饲养的范围,擅自饲养此类危险动物,具有违法性,对社会不特定公众的人身、财产增加了

① 参见上海市长宁区人民法院民事判决书,(2011)长少民初字第72号。

一定的危险性。因此,动物饲养人或者管理人承担无过错责任具有一定的合理性和正当性。

(四)遗弃、逃逸的动物的损害责任

《民法典》第1249条规定了遗弃、逃逸的动物在遗弃、逃逸期间造成他人损害的,由动物原饲养人或者管理人承担侵权责任,即无过错侵权责任。这是为了督促动物饲养人或者管理人要尽到对动物的管理义务,决定养了,就不能"养而不管、随意丢弃"。

四、实践中需要注意的问题

(一)自甘风险与饲养动物侵权

自甘风险原则,是指受害人明知可能遭受来自特定危险源的风险,仍愿意主动介入该风险当中冒险行事。如果最终风险成真而使自身遭受损失,加害人可以免除或减轻民事责任。自甘风险原则可以广泛地适用于日常生活的各个方面,对于体育活动意义更为重大。

在殷甲、杨某诉吉某某、北京克来务养殖有限责任公司侵权责任纠纷案[①]中,殷甲、杨某为8岁的女儿殷乙购买了北京克来务养殖有限责任公司(以下简称克来务公司)的马术训练课程,并购买了一匹马。在一次训练过程中,殷乙从马背上摔下,并被马踩踏,后经医院抢救无效死亡。法院认为:本案应当考虑殷乙从事骑马运动的特殊因素,以及自甘风险原则在体育运动人身损害中的适用。体育活动中伤害事件难以避免,所有理性的体育活动参与者对此都有所预料。在无行为能力人参与风险性体育活动的过程中,如果未成年人参与该项体育活动经过了法定监护人的同意,且其法定监护人对体育活动的风险有所预见,应当认为无行为能力人与其法定监护人构成自甘风险。本案涉及项目是骑马活动,骑马活动涉及人与动物的密切配合,需要一定的胆量和技术,具有较强的专业性,骑马中有高处跌落、动物踩踏等风险,这些风险应当认为是众所周知的事实。本案中,殷乙经父母允许进行骑乘学习活动,应当认为殷乙及其父母殷甲、杨某的行为构成自甘风险。因此酌定自甘风险免责比例为20%,克来务公司和吉某某连带承担80%的民事责任。

自甘风险是饲养动物人减免自身责任的抗辩事由之一。除此之外,其他的抗辩事由有:受害人故意;受害人重大过失;不可抗力。

---

① 参见北京市第三中级人民法院民事判决书,(2016)京03民终3265号。

（二）受害人过错与饲养动物损害责任减免

受害人过错在我国被称为“过失相抵”，是指受害人于损害之发生或者扩大具有过失的心理状态。《民法典》第1245条“能够证明损害是因被侵权人故意或者重大过失造成的，可以不承担或者减轻责任。”这实质上是受害人过错原则的体现，是动物饲养人、管理人主张减免侵权责任的法定抗辩事由。

在黄某某与瞿某某饲养动物损害责任纠纷一案①中，原告黄某某路过被告翟某某经营的店铺，店铺前的广场上有一条雪橇犬，没有拴绳。原告在知道被告系雪橇犬的主人后，看被告没有表示不得摸狗，于是上前去摸狗，但该狗突然扑倒原告，将原告的额头、嘴唇拉伤，将原告的左手掌咬伤，并留下了两条明显的疤痕。法院认为原告系具有完全民事行为能力的成年人，知道或者应当知道该体形较大的狗具有伤人的危险性，且原告与被告以及该狗毫不相熟，知道或者应当知道他人摸狗而该狗没有不良反应、狗的饲养人即被告在旁边观看、被告未阻止摸狗等情形的存在，并不足以彻底消除或者有效控制该狗伤人的危险性，但原告仍然主动实施摸狗行为，在持续摸狗过程中导致该狗兽性发作，造成自身损害。原告的上述行为属于自愿承担危险，与损害的发生具有直接因果关系，具有重大过失，由此可以减轻被告的责任。故基于被告在对其狗管理上的重大过错、原告在主动摸狗行为上的重大过失，本案纠纷可以进行过失相抵，酌情由被告承担30%的赔偿责任，其余责任应由原告自负。

综上可见，受害人故意与重大过失，可以减免动物饲养人、管理人的侵权责任，具体的减免幅度由法院根据受害人过错之大小自行裁量，其举证责任由动物饲养人、管理人承担。

专题二　饲养动物损害责任的适用规则

一、饲养动物损害有关规定的发展演变

在研究饲养动物损害有关规定时我们注意到，国家为了更好地规范饲养动物

---

① 参见上海市浦东新区人民法院民事判决书，(2016)沪0115民初237号。

的行为,从司法经验积累到明确的法律规定,再到相关法律规定的不断修改完善,动物损害法律条款的发展经历了以下 3 个阶段:

一是司法政策及《民法通则》阶段。我国最早的有关饲养动物损害责任的司法文件是 1981 年 1 月 22 日最高人民法院向内蒙古自治区高级人民法院作出的《关于李桂英诉孙桂清鸡啄眼赔偿一案的函复》。该批复认为李桂英带领自己 3 岁男孩外出,应认识到对小孩负有看护之责,李桂英抛开孩子,自己与他人在路上闲聊,造成孩子被鸡啄伤右眼,这是李桂英做母亲的过失,与养鸡者无直接关系,判决饲养人孙桂清负担医药费是没有法律根据的,但饲养人自愿补给李桂英家一部分医药费是可以的。该解释的核心要义是"受害人过错,饲养人免除责任"。1984 年 8 月 30 日,最高人民法院《关于贯彻执行民事政策法律若干问题的意见》第 74 条规定:"动物因饲养人或管理人管理不善,而致他人人身或财物损害的,应由饲养人或管理人承担赔偿责任。"这条司法解释规定动物损害责任的责任主体是饲养人或者管理人,未提及受害人过错。

1986 年 4 月 12 日通过的《民法通则》在第 127 条规定了饲养动物损害责任的规则:"饲养的动物造成他人损害的,动物饲养人或者管理人应当承担民事责任;由于受害人的过错造成损害的,动物饲养人或者管理人不承担民事责任;由于第三人的过错造成损害的,第三人应当承担民事责任。"

二是《侵权责任法》阶段。考虑到各地动物致人损害增多,对人身安全的危害加大的客观情况,《侵权责任法》在《民法通则》的立法和实践基础上认真总结经验,专门在第 10 章全面建立了我国的饲养动物损害责任制度。其中第 78 条为一般条款,第 79 条至第 83 条为对特殊情形作出的特别规定。上述规定将《民法通则》中"受害人过错,饲养人责任免除"修改为被侵权人的过失相抵原则。

三是《民法典》阶段。《民法典》在全面继承《侵权责任法》原有立法基础和思路上,调整了动物园的动物损害条款的文字表述,在适用过错相抵责任规则上作了比较大的改变。即《民法典》第 1246 条在《侵权责任法》第 79 条规定的基础上,将未对动物采取安全措施造成损害的规定增加了但书:"但是,能够证明是因被侵权人故意造成的,可以减轻责任"。对未采取安全措施的严格绝对责任,也可以适用过失相抵原则。

二、饲养动物损害中饲养人或者管理人承担无过错责任

对于动物损害责任的归责原则,有一个发展过程。在《民法通则》实施前的司

法实践主要采用过错责任原则;《民法通则》实施后则兼采无过错责任原则和过错责任原则;《侵权责任法》和《民法典》的出台,确定饲养动物损害中的归责原则为饲养人或者管理人适用无过错责任原则。

基于这一理解,在责任构成要件中,不要求被告的过错,也不要求原告对被告的过错进行举证和证明。如果被告否认自己的责任,则可以通过对受害人或第三人的过错进行举证和证明来实现。《民法典》第1245条规定,"饲养的动物造成他人损害的,动物饲养人或者管理人应当承担侵权责任";第1246条规定,"违反管理规定,未对动物采取安全措施造成他人损害的,动物饲养人或者管理人应当承担侵权责任"。前一条为一般规定,后一条为特别规定。综合起来讲,饲养动物致人损害的,对饲养人或者管理人来说,都应当适用无过错责任原则,即是强调动物饲养人或者管理人对损害应负的责任是严格责任,不考虑其是否存在过错。

适用饲养动物损害无过错责任构成要件为:第一,动物为饲养的动物,而不是野生动物,也不是动物园饲养的动物;第二,造成他人损害的事实,被侵权人是动物饲养人或者管理人以外的他人,损害事实主要是人身损害,但也不排除财产损害;第三,饲养人或者管理人管束的动物的行为与他人的损害事实之间具有因果关系,即他人损害的事实是饲养的动物所致,原因是饲养人或者管理人管束动物不当。而如果行为人以动物为工具,致使动物致人损害,则行为人的行为所造成的损害不属于饲养动物损害责任。[①]

三、饲养动物损害中被侵权人过错的过失相抵原则的适用

所谓过失相抵,是指当受害人对于损害的发生或者损害结果的扩大具有过错时,依法减轻或者免除赔偿义务人的损害责任,从而公平合理地分配损害的一种制度。[②] 2003年《人身损害赔偿解释》(已于2020年修改)第2条第1款规定对过失相抵原则的适用范围、标准等进行了解释,过失相抵原则形成了相对完善的规定。《民法典》第1173条进一步予以完善:"被侵权人对同一损害的发生或者扩大有过错的,可以减轻侵权人的责任。"过失相抵原则在饲养动物损害责任中,通过但书规则体现在《民法典》第1245条:"但是,能够证明损害是因被侵权人故意或者重大过失造成的,可以不承担或者减轻责任。"第1246条规定:"但是,能够证明损害是因被侵权人故意造成的,可以减轻责任。"过失相抵原则在饲养动物损害中的适用,表

---

① 参见杨立新:《饲养动物损害责任一般条款的理解与适用》,载《法学》2013年第7期。

② 参见王利明:《侵权责任法研究》(上卷),中国人民大学出版社2010年版,第441页。

现为饲养动物损害因被侵权人过错的责任减免,这里的“过错”包括故意和重大过失,不包括被侵权人的一般过失。

(一)《民法典》第1245条但书规则的适用

损害系被侵权人故意或者重大过失造成的,动物饲养人或管理人可以不承担或者减轻责任。如何准确区分什么情况下不承担责任,什么情况下减轻责任呢?本书认为,《民法典》第1245条但书规则的立法本意,按因果关系来理解更为妥当。

第一,排除《民法典》饲养动物的其他特别条款的适用,符合其他特别条款的,直接适用特别条款。由于该但书规定了饲养人或管理人的免责事由或者减轻责任事由,因此在饲养动物损害责任中不再同时适用《民法典》其他特别条款的规定。

第二,被侵权人一般过失不作为免责或者减轻责任的事由。在饲养动物损害责任中,如果被侵权人对于损害的发生或者扩大具有一般过失,无论其构成损害的全部原因还是部分原因,都不得对饲养人或者管理人免除责任或者减轻责任。

第三,被侵权人的故意或者重大过失是损害发生的全部原因,具有完全的因果关系的,应当免除饲养人或者管理人的责任,无论是故意还是重大过失。

第四,被侵权人的故意或者重大过失是损害发生的部分原因的,饲养人或者管理人不能免责,可以依照其因果关系影响力的大小进行过失相抵,相应减轻饲养人或者管理人的赔偿责任。

(二)《民法典》第1246条但书规则的适用

《民法典》第1246条是对违反管理规定饲养动物致害的无过错责任的规定:“违反管理规定,未对动物采取安全措施造成他人损害的,动物饲养人或者管理人应当承担侵权责任。但是,能够证明损害是因被侵权人故意造成的,可以减轻责任。”这种特殊情况下责任认定,因有但书规定,可以适用过失相抵原则。该但书规则的法律适用规则如下:

第一,排除《民法典》第1246条一般条款的适用而直接适用特别条款,即符合违反管理规则,未对动物采取安全措施的情况。这里主要指饲养人、管理人应当对饲养动物采取安全措施,但违反管理规定而不采取相应的防范措施,特别是带动物去公共场所的情况,如果不采取安全措施就比较容易导致损害事故的发生,具有一定的危险性。正是基于这种危险性的考虑,《民法典》对饲养的一般动物未采取安全措施的危险性与饲养高度危险性动物如烈性犬归责原因作适当的区别对待,前者可以适用但书条款予以减轻,后者则不能减轻。

第二,被侵权人的故意是损害发生的全部原因,具有完整的因果关系,可以在较大程度上减轻饲养人或者管理人的责任。

第三,被侵权人的故意是损害发生的部分原因的,依照其部分原因所产生的影响力大小进行过失相抵,可以在较小的程度上相应减轻饲养人或者管理人的赔偿责任。

四、饲养动物损害责任认定在程序法上的适用

(一)饲养人无过错责任的举证规则

动物致害责任的归责原则为无过错责任原则。被侵权人在民事诉讼中应当举证证明的事实为:一是致害动物的饲养人、管理人。如果不能确定饲养人、管理人,则无法确定侵权责任主体。二是受害人受到动物的损害,即受到损害的具体情况及损害后果。三是所受到的损害与动物行为具有因果关系。这种因果关系可以是直接的,也可以是间接的。间接发生的情况较多,如被侵权人因动物的行为而受到惊吓、慌乱,发生摔倒或触碰其他物体导致损害发生。被侵权人无须证明饲养人、管理人是否存在过错,也无须证明自己是否有过错。

(二)被侵权人过错的举证责任规则

按照《民法典》饲养动物损害责任条款中的但书规定,饲养人或者管理人能够证明被侵权人存在过错的情况才能适用过失相抵原则。如饲养人或者管理人不能证明,则饲养人或者管理人承担举证不能的不利后果,应当视为被侵权人不存在过错。

(三)法院可以依职权适用过失相抵原则

过失相抵原则实质上是用受害人的过失抵销加害人的责任。"过失相抵的目的在于确定责任范围,因此一旦过失相抵的构成要件具备时,法院无须当事人主张即可依职权减轻或者免除加害人的赔偿责任。"[①]法院在适用过失相抵原则时应当注意,无过错责任只是不论加害人有无过错,都应当进行最终的归责,但并非不考虑加害人过错,这与无过错责任的法理并不矛盾。因此,法院在饲养人或者管理人承担无过错责任中适用过失相抵原则时,仍可以综合考虑饲养人、管理人的过错程度与损害结果产生的因果关系,将损害后果的分担过程落实在最终责任的划分上。同时,法院也应当考虑个案的具体情况,当事人的职业、文化水平、社会经验等因素进行认定,并作出合理的责任划分。

---

① 最高人民法院侵权责任法研究小组编著:《〈中华人民共和国侵权责任法〉条文理解与适用》,人民法院出版社2016年版,第532页。

例如,在蒋某青与李某诚饲养动物损害责任纠纷一案中,李某诚在未经蒋某青许可及注意安全之情形下,私自进入牛圈并被牛伤害,其行为有重大过失。但李某诚能轻易地进入牛圈被蒋某青饲养的牛所伤,说明蒋某青并未尽到必要的管理注意义务。为此,法院认定李某诚自担30%的责任份额,减轻了蒋某青的责任。从这个案例来看,法院在本案的审理过程中适用过失相抵原则时,既考虑了被侵权人存在的重大过失,又考虑了饲养人本身存在的过错情况,从而综合认定并作出了适当的责任划分。

第十一章　建筑物和物件损害责任

专题一　高空抛物侵权责任

一、高空抛物侵权责任概述

《民法典》第 1254 条规定："禁止从建筑物中抛掷物品。从建筑物中抛掷物品或者从建筑物上坠落的物品造成他人损害的，由侵权人依法承担侵权责任；经调查难以确定具体侵权人的，除能够证明自己不是侵权人的外，由可能加害的建筑物使用人给予补偿。可能加害的建筑物使用人补偿后，有权向侵权人追偿。""物业服务企业等建筑物管理人应当采取必要的安全保障措施防止前款规定情形的发生；未采取必要的安全保障措施的，应当依法承担未履行安全保障义务的侵权责任。""发生本条第一款规定的情形的，公安等机关应当依法及时调查，查清责任人。"高空抛物侵权责任承担规则的修改，是《民法典》编纂中的一大亮点。相较《侵权责任法》第 87 条规定，该条的重大变化主要有：一是开宗明义新增规定"禁止从建筑物中抛掷物品"，旗帜鲜明表明态度。二是明确了从建筑物中抛掷物品或者从建筑物上坠落的物品造成他人损害，由侵权人依法承担侵权责任为一般规则，由可能加害的建筑物使用人给予补偿为例外的做法。三是新增了物业服务企业等建筑物管理人的责任，明确"物业服务企业等建筑物管理人应当采取必要的安全保障措施防止前款规定情形的发生；未采取必要的安全保障措施的，应当依法承担未履行安全保障义务的侵权责任"。四是新增了公安等机关的调查职责。

二、高空抛物侵权责任的承担规则

(一)高空抛物侵权人直接责任的承担

依据《民法典》第 1254 条第 1 款的规定，从建筑物中抛掷物品或者从建筑物上坠落的物品造成他人损害的，应当由侵权人承担责任。在归责原则和构成要件上，该条规定应为过错推定责任。第1253条关于建筑物、构筑物或者其他设施及其搁置物、悬挂物坠落致人损害的情形,就采取了过错推定责任,其规定:“建筑物、构筑物或者其他设施及其搁置物、悬挂物发生脱落、坠落造成他人损害,所有人、管理人或者使用人不能证明自己没有过错的,应当承担侵权责任。所有人、管理人或者使用人赔偿后,有其他责任人的,有权向其他责任人追偿。”第1254条第1款规定的从建筑上坠落的物品造成他人损害的,应当适用与第1253条相同的规则。高空抛物行为,行为主观恶性更重,社会危险性更大,举轻以明重,此种情形更要适用过错推定责任,而不能适用过错责任加重受害人的负担。

(二)可能加害人补偿责任的适用

《民法典》第1254条第1款后段规定的“经调查难以确定具体侵权人的,除能够证明自己不是侵权人的外,由可能加害的建筑物使用人给予补偿”。这一规则在《侵权责任法》中就存在。在侵权责任法立法过程中,多数意见认为应当对这种情形作出规定,由可能加害的建筑物使用人对被侵权人进行补偿,这有利于合理分散损失,及时救济受害人,实现社会公平正义,促进社会和谐稳定。确立举证责任倒置制度,不是对被告的不公平,而是为了平衡当事人之间的利益,合理地保护被侵权人,最终实现实质意义上的公平。因此,建筑物抛掷物、坠落物造成他人损害,难以确定具体加害人时,让可能加害的建筑物使用人举证证明自己不是真正的加害人,符合民法公平正义的精神。① 在此需要注意的是,就可能加害人的补偿问题,民法典虽然沿用了《侵权责任法》的内容,但从体系解释上讲,此二者有重大区别,即民法典完全改变了《侵权责任法》将此补偿规则作为一般规则的做法。同时,本条采取了举证责任倒置的做法。关于此种情形的适用,要注意以下两点:

一是关于可能加害的建筑物使用人的范围问题。“可能加害”的建筑物区分所有单元范围内的侵权人的确定问题,可以依据科技手段和日常生活经验法则来进行。比如,在一楼的住户显然不属于高空抛物可能加害人的范围。此外,如果通过鉴定该损害发生的实际情况,可以确定坠落物来源高度超过一定楼层,则该楼层以下建筑物区分使用人也可以免除责任。如果不能确定为坠落物,则应该是由可能抛掷物品的窗户所在建筑物区分使用人承担责任。这主要是因为抛掷物品来源的范围比坠落物的大。如果有证据证明抛掷物来自一定楼层或者一定方向,即可以确定一定范围内的“可能加害的建筑物使用人”,则应该尽量缩小责任人的范围。②

---

① 参见王胜明主编:《中华人民共和国侵权责任法释义》,法律出版社2010年版,第430页。

② 参见王竹:《侵权责任法疑难问题专题研究》(第2版),中国人民大学出版社2018年版,第338页。

对于这一内容的适用,有必要做好相应的利益平衡保护,既要依法保护受害人的合法权益,又要注重维护建筑物使用人特别是建筑物居民的合法权益,尽量查明直接侵权人,尽量限缩"可能加害的建筑物使用人"的范围,实现救济损害与保障安居乐业的有机统一,促进社会和谐稳定。

二是关于举证责任倒置。根据该条规定,无法确定具体的侵权人的,由被侵权人证明自己是被建筑物上的抛掷物、坠落物伤害,由建筑物使用人证明自己不是侵权人。建筑物使用人不能证明自己不是侵权人的,要对被侵权人受到的损害进行补偿。当然,如果有证据能够确定具体的侵权人,则其他可能加害的建筑物使用人无须再举证证明自己不是侵权人。[①] 在此要注意的是,一方面,这一举证责任倒置的做法,一定程度上加重了建筑物使用人的负担,但这是立法上分散风险、公平救济受害人的制度设计所要求的;另一方面,这一补偿责任主要是基于道义、公平的理念进行的,不能理解为是赔偿责任,不能理解为是可以被归责的过错责任。

(三)物业服务企业等建筑物管理人的责任承担

依据《民法典》第1254条规定,物业服务企业等建筑物管理人承担侵权责任的前提是其未采取必要的安全保障措施,即未履行相应的安全保障义务。本书认为,对此的判断依据应在于,其不履行或者不完全履行物业服务合同约定或者法律法规规定、相关行业规范确定的维修、养护、管理和维护义务。而违反此义务的行为与造成建筑物及其搁置物、悬挂物发生脱落、坠落并最终致使他人损害具有因果关系。从责任形态上讲,物业服务企业等建筑物管理人承担的是违反安全保障义务的法律后果。对此,《民法典》第1198条第1款规定:"宾馆、商场、银行、车站、机场、体育场馆、娱乐场所等经营场所、公共场所的经营者、管理者或者群众性活动的组织者,未尽到安全保障义务,造成他人损害的,应当承担侵权责任。"第2款规定:"因第三人的行为造成他人损害的,由第三人承担侵权责任;经营者、管理者或者组织者未尽到安全保障义务的,承担相应的补充责任。经营者、管理者或者组织者承担补充责任后,可以向第三人追偿。"上述第1款是关于违反安全保障义务的直接侵权责任的规定,第2款则是存在第三人直接侵权时,安全保障义务人承担补充责任的规定。这两款规定的基本精神和内容对于物业服务企业违反安全保障义务的情形都可以适用。但需要注意的是,《民法典》第1254条要求的物业服务企业承担责任的前提应当是"采取必要的安全保障措施",即此安全保障措施以"必要"为限,

---

① 参见王胜明主编:《中华人民共和国侵权责任法释义》,法律出版社2010年版,第429页。

这需要结合有关法律法规、行业规范、日常生活经验法则来予以判定。

在有其他侵权人的情形下,依据第1253条规定,物业服务企业等建筑物管理人在承担赔偿责任后,可以向其他责任人追偿。在此需要注意的是,这里的"向其他责任人追偿"必须严格限定在第1253条规定的情形,即必须是"建筑物、构筑物或者其他设施及其搁置物、悬挂物发生脱落、坠落造成他人损害"。

专题二　物件致害责任中的其他重点修改问题

关于建筑物和物件损害责任的内容,除了上述第1254条关于高空抛物的规定有重大修改外,侵权责任编第10章大多沿用了《侵权责任法》的相关规定,但也有些修改会影响具体的法律适用。

一、建筑物倒塌致人损害责任的承担

《民法典》第1252条规定:"建筑物、构筑物或者其他设施倒塌、塌陷造成他人损害的,由建设单位与施工单位承担连带责任,但是建设单位与施工单位能够证明不存在质量缺陷的除外。建设单位、施工单位赔偿后,有其他责任人的,有权向其他责任人追偿。因所有人、管理人、使用人或者第三人的原因,建筑物、构筑物或者其他设施倒塌、塌陷造成他人损害的,由所有人、管理人、使用人或者第三人承担侵权责任。"就此内容相较于《侵权责任法》第86条的规定,主要进行了三处修改:一是第1款增加了免责抗辩的情形:"但是建设单位与施工单位能够证明不存在质量缺陷的除外";二是第2款对"其他责任人"进行了明确界定,改为"所有人、管理人、使用人或者第三人";三是增加了"塌陷"这一情形,更符合实际情况。

关于建筑物致人损害责任问题,《民法通则》第126条对此问题有所规定。如规定将建筑物致人损害的三种表现形式即倒塌、脱落和坠落共同规定于同一条文之中,有关归责原则、赔偿义务主体等,三者都是完全相同的。2003年《人身损害赔偿解释》出台后,其第16条作出了进一步较为明确的规定:"下列情形,适用民法通则第一百二十六条的规定,由所有人或者管理人承担赔偿责任,但能够证明自己没有过错的除外:(一)道路、桥梁、隧道等人工建造的构筑物因维护、管理瑕疵致人损害的;(二)堆放物品滚落、滑落或者堆放物倒塌致人损害的;(三)树木倾倒、折断或者果实坠落致人损害的。前款第(一)项情形,因设计、施工缺陷造成损害的,由所有人、管理人与设计、施工者承担连带责任。"(现已删除)本司法解释的贡献在于明确了构筑物倒塌导致他人损害的责任,同时也对《民法通则》规定的情形予以了细化。《民法典》第 1252 条在此基础上对于建筑物倒塌、塌陷造成他人损害的,规定了建设单位与施工单位承担连带责任。关于该条的适用要注意以下问题:

《民法典》第 1252 条第 1 款第 1 句规定了建设单位与施工单位承担连带责任。我国一些法律和司法解释都对相关问题作了规定。根据《建筑法》第 55 条、第 56 条的规定,建筑工程实行总承包的,工程质量由工程总承包单位负责,总承包单位将建筑工程分包给其他单位的,应当对分包工程的质量与分包单位承担连带责任。分包单位应当接受总承包单位的质量管理。建筑工程的勘察、设计单位必须对其勘察、设计的质量负责。根据《民法典》第 1252 条第 1 款的规定,建筑物、构筑物或者其他设施倒塌、塌陷造成他人损害的,由建设单位与施工单位承担连带责任,那么建筑物倒塌、塌陷造成他人损害的,被侵权人既可以要求建设单位承担侵权责任,也可以要求施工单位承担侵权责任,还可以要求二者共同承担侵权责任。同时还明确了建设单位和施工单位的免责要件,即他们能够证明不存在质量缺陷时即可免责。这一但书条款即是免责要件的规定,也是对举证责任的明确。有关建筑物、构筑物或者其他设施是否存在缺陷的问题,要依据有关法律、行政法规的规定以及有关国家标准、行业标准来确定。

《民法典》第 1252 条第 1 款还规定,建设单位、施工单位赔偿后,有其他责任人的,有权向其他责任人追偿。建筑物、构筑物或者其他设施倒塌的,除了建设单位、施工单位以外,可能还存在其他责任人。比如,勘察单位、设计单位或者监理单位等。《建筑法》第 56 条规定,建筑工程的勘察、设计单位必须对其勘察、设计的质量负责。《建筑法》第 35 条规定,工程监理单位不履行监理义务,给建设单位造成损失的,应当承担相应的赔偿责任;工程监理单位与承包单位串通,给建设单位造成损失的,应当与承包单位承担连带赔偿责任。

依据《民法典》第 1254 条第 2 款规定,因所有人、管理人、使用人或者第三人的原因,建筑物、构筑物或者其他设施倒塌造成他人损害的,由所有人、管理人、使用人或者第三人承担侵权责任。比如,业主擅自改变房屋基本结构等造成损害的,被侵权人可以依法直接请求造成建筑物等设施倒塌的所有人或者使用人承担侵权责任。该款规定既是所有人、管理人、使用人或者第三人承担建筑物等倒塌、塌陷责任的法律依据,也是建筑物等的建设单位和施工单位主张免责的一个重要依据,即他们只要能够证明造成建筑物倒塌或者塌陷是由上述其他责任人造成的,即可免责。当然,本书认为,这并非建设单位或者施工单位的唯一免责事由,只要其能够证明其行为不符合相应的侵权责任构成,就可以阻却侵权责任的成立,从而免责。

二、公共场所或者道路上施工致人损害责任的承担

关于在公共场所或者道路上施工等造成他人损害责任和窨井等地下设施造成他人损害责任的问题,《侵权责任法》第 91 条规定:"在公共场所或者道路上挖坑、修缮安装地下设施等,没有设置明显标志和采取安全措施造成他人损害的,施工人应当承担侵权责任。窨井等地下设施造成他人损害,管理人不能证明尽到管理职责的,应当承担侵权责任。"《民法典》第 1258 条基本沿用了这一规定,修改有两点:一是将"挖坑"修改成"挖掘",对侵权行为的范围进行了扩展;二是将"没有设置明显标志和采取安全措施造成他人损害的,施工人应当承担侵权责任"修改为"施工人不能证明已经设置明显标志和采取安全措施的,应当承担侵权责任",明确了施工人根据过错推定原则举证证明自己免责。概言之,地面施工致人损害侵权责任的承担,是以施工人没有设置明显标志和采取安全措施为条件的,也就是说,如果施工人已设置明显标志和采取安全措施,客观上已尽其应有的注意义务,即可以免除责任。对此,应由施工人来证明自己已按规定设置明显标志和采取安全措施;举证不能或举证不足的,应承担赔偿责任。① 对于第 1258 条第 2 款规定的窨井等地下设施致人损害的问题,通常而言,管理人对此要承担安全保障义务,但其承担义务也是有一定界限的,不能上升为绝对义务。只要管理人能够证明已经尽到了合理注意义务,即管理职责的,就可以免除责任。

三、其他修改问题

与上述情形相类似的情形还有,《民法典》第 1256 条即关于在公共道路上堆放、倾倒、遗撒妨碍通行的物品造成他人损害责任的规定。相较《侵权责任法》第 89 条规定,增加了"公共道路管理人不能证明已经尽到清理、防护、警示等义务的,应当承担相应的责任",即采取过错推定原则,公共道路管理人举证证明其已尽到相应责任,即可免责。《民法典》第 1252 条关于建筑物、构筑物或者其他设施倒塌造

---

① 参见最高人民法院侵权责任法研究小组编著:《中华人民共和国侵权责任法条文理解与适用》,人民法院出版社 2010 年版,第 603 页。

成他人损害责任的规定中,明确了建设单位与施工单位能够证明不存在质量缺陷的就可以免责。

此外,《民法典》第 1255 条系关于堆放物倒塌、滚落或者滑落造成他人损害责任的规定。《侵权责任法》第 88 条规定:“堆放物倒塌造成他人损害,堆放人不能证明自己没有过错的,应当承担侵权责任。”第 1255 条基本沿用了这一规定,仅把“倒塌”修改为“倒塌、滚落或者滑落”,根据司法实践和其他相关法条对侵权行为情形进行了细化,更能满足审判实践的需要。《民法典》第 1257 条系关于折断、倾倒或者果实坠落等造成他人损害责任的规定。《侵权责任法》第 90 条规定:“因林木折断造成他人损害,林木的所有人或者管理人不能证明自己没有过错的,应当承担侵权责任。”第 1257 条基本沿用了这一规定,仅把“折断”修改为“折断、倾倒或者果实坠落等”,根据司法实践和其他相关法条对侵权行为进行了明确列举,更有利于指导具体的审判实践。